Les ressources numériques de votre manuel papier

W0182060

Les ressources numériques de votre manuel papier en accès direct
Pour apprendre et s'entraîner efficacement, en classe comme à la maison !

Accédez rapidement et facilement aux différentes ressources de votre manuel grâce aux QR-Codes ou en vous rendant directement sur le site de la collection.

COMMENT FAIRE ? DEUX SOLUTIONS :

1 Flashez le QR-code

Avec l'appareil photo de votre smartphone ou de votre tablette, flashez le QR-Code présent en début de chaque chapitre et des études de cas de chaque thème. Vous accéderez immédiatement aux ressources du chapitre concerné ou à l'étude de cas.

2 Rendez-vous sur le site collection

Dans votre navigateur, saisissez l'URL de la collection, présent à proximité de chaque QR-Code : lycee.hachette-education.com/hg/geo-tle

Le QR-Code et le site lycee.hachette-education.com/hg/geo-tle vous mèneront directement à toutes les ressources du manuel :

- **10 études de cas supplémentaires** 100 % numériques.
- **Des croquis et des schémas** à télécharger en PDF et à compléter.
- **Des versions interactives d'exemples** pour apprendre à exploiter le numérique.
- **Des vidéos** pour prolonger le cours.
- **Des QCM interactifs** d'autoévaluation pour tester ses connaissances.
- Des liens vers **des ressources complémentaires** pour aller plus loin.

Retrouvez également ces ressources dans le manuel numérique !

Thème 2 Dynamiques territoriales, coopérations et tensions dans la mondialisation

Thème 3 L'Union européenne dans la mondialisation : des dynamiques complexes

Questions sur le monde

Question sur la France

Les épreuves communes de contrôle continu (E3C) en Terminale

Classe de Terminale : troisième épreuve d'E3C

Comme pour les deux épreuves de Première, l'épreuve d'E3C d'histoire-géographie de Terminale se compose de deux parties. La première consiste en une question problématisée ; la seconde est soit une analyse de document(s), soit la réalisation d'une production graphique.

Durée : 2 heures
Période : 3e trimestre

Possibilité 1

- 1re partie — Question problématisée — HISTOIRE
- +
- 2e partie — Analyse de document(s) ou production graphique — GÉOGRAPHIE

Possibilité 2

- 1re partie — Question problématisée — GÉOGRAPHIE
- +
- 2e partie — Analyse de document(s) — HISTOIRE

1h — 1re partie

Réponse à une question problématisée 10 points

Il s'agit d'une réponse rédigée et construite. Le candidat doit montrer qu'il a acquis des capacités d'analyse, qu'il maîtrise des connaissances, sait les sélectionner et les organiser de manière à répondre à la problématique de la question. En Terminale, le candidat devra construire son plan.

1h — 2e partie

Analyse de document(s) ou réalisation d'une production graphique 10 points

L'analyse de document(s)

Elle est accompagnée d'une consigne suggérant une problématique et des éléments de construction de l'analyse. Le ou les documents comportent un titre, et si nécessaire un nombre limité de notes explicatives.

La production graphique

Lorsque la production graphique est un croquis, ce croquis est réalisé à partir d'un texte élaboré pour l'exercice qui présente une situation géographique. Un fond de carte est fourni. Le candidat fait preuve d'une plus grande autonomie qu'en Première pour identifier, organiser et hiérarchiser les éléments à présenter et construire la légende.
Dans le cas d'une autre production graphique, les consignes et les données servant à l'élaboration de cette production sont fournies avec l'exercice.

Critères évalués

Critères généraux
- Mobiliser des connaissances.
- Rédiger des réponses construites et argumentées, montrant une maîtrise correcte de la langue.
- Exploiter, organiser et confronter des informations.

Critères spécifiques
- Analyser un document de source et de nature diverses.
- Comprendre, interpréter et pratiquer différents langages graphiques.

Méthode
BAC-E3C

Question problématisée

Il s'agit de rédiger un texte cohérent et structuré pour répondre à une question problématisée. À l'inverse de la classe de Première, la question n'est pas toujours accompagnée d'une consigne précisant le plan.

Les étapes de réalisation

10 mn — Étape 1

Analyser et comprendre la question problématisée

- Identifier les notions clés.
- Délimiter l'espace concerné : échelle, type d'espace.
- Comprendre les enjeux de la question problématisée : que faut-il démontrer ?

Quelle est la définition de puissance ?

Pourquoi est-il nécessaire d'aborder cette question à l'échelle mondiale ?

Comment la puissance maritime de la France s'exprime-t-elle dans le monde ?

Vous présenterez les fondements puis les manifestations de la puissance maritime française. Enfin, vous soulignerez les limites de cette puissance.

Sur quels élements repose la puissance maritime de la France ?

Comment la puissance française s'exprime-t-elle sur les mers et les océans ? Classez ces manifestations en différents thèmes.

À l'aide de la page 96, relevez les éléments qui limitent la puissance maritime de la France.

10 mn — Étape 2

Préparer la réponse à la question problématisée

- Élaborer un plan qui réponde à la question problématisée.
- Organiser ses idées en les plaçant dans les différents paragraphes du plan et en les hiérarchisant (idée générale, argument, exemples).

40 mn — Étape 3

Rédiger la réponse à la question problématisée

- Rédiger une ou deux phrases d'introduction.
- Rédiger les paragraphes en utilisant des exemples précis, intégrant un schéma si le sujet s'y prête, soignant les liaisons entre les paragraphes.
- Rédiger une ou deux phrases de conclusion.
- Relire attentivement la rédaction pour éviter les fautes d'orthographe.

Introduction : débuter par une référence à l'actualité en lien avec le sujet.

L'extension récente de sa ZEE permet à la France de posséder le 2e domaine maritime mondial et d'affirmer sa puissance maritime sur l'ensemble des mers et océans de la planète. Il s'agit ainsi pour elle de disposer d'une présence et d'une capacité d'action internationale. ↩
Aussi, comment la puissance maritime française s'exprime-t-elle dans le monde ? ↩
Dans un premier temps, nous étudierons les fondements de la puissance maritime française avant de nous intéresser à ses manifestations puis à ses limites.

Poser la problématique en commençant par un connecteur logique.

Annoncer le plan en une seule phase.

Dans cette première partie, nous nous intéresserons aux fondements de la puissance maritime de la France. ↩

Commencer chaque partie par une petite phrase d'introduction.

Tout d'abord, avec 5 000 km de littoral, la France métropolitaine est le seul pays européen à posséder trois façades maritimes (Atlantique, Méditerranée et Manche). ↩

Toutefois, la puissance française repose sur l'étendue de sa zone économique exclusive qui couvre 10,7 millions de km² grâce, notamment, à ses territoires ultramarins des océans Atlantique (Saint-Pierre-et-Miquelon, Antilles françaises, Guyane), Indien (La Réunion, Mayotte, Terres australes et antarctiques françaises) et Pacifique (Nouvelle-Calédonie, Wallis-et-Futuna, Polynésie française). ↩

(...)

Dans cette deuxième partie, nous verrons comment se manifeste la puissance maritime de la France. ↩

Elle est d'abord une puissance géopolitique. En effet, l'étendue de la ZEE permet à la France de posséder des bases militaires sur l'ensemble des océans et de pouvoir déployer rapidement ses forces militaires partout dans le monde. Elle dispose de la sixième force navale mondiale. Elle peut ainsi participer au contrôle des mers et océans et lutter contre les activités illicites (surpêche, piraterie, terrorisme). ↩

La France dispose également d'une économie maritime très développée. Elle est portée par les secteurs traditionnels de la marine marchande, de l'industrie, de la pêche et du tourisme grâce à la présence de grandes entreprises au rayonnement international (CMA CGM, Chantiers de l'Atlantique ...). Elle cherche, par ailleurs, à développer sa présence dans les nouveaux secteurs de l'économie bleue (biotechnologies, énergies maritimes renouvelables...). ↩

(...)

Pour conclure, la puissance maritime française repose d'abord sur un vaste domaine maritime qui lui permet d'exprimer sa puissance militaire, économique et environnementale. Toutefois, cette puissance n'est pas sans limite, que cela soit d'un point de vue politique ou économique. En définitive, la France valorise donc sa puissance maritime par tous les moyens dont elle dispose.

Conclusion : répondre à la problématique en une ou deux phrases résumant les grandes idées du développement.

Méthode BAC-E3C

Analyse de document(s)

Il s'agit de rédiger un texte cohérent et structuré d'analyse d'un ou de deux documents, accompagnés d'une consigne. La consigne peut ou non fournir le plan de l'analyse.

A Les étapes de réalisation

10 mn Étape 1

Comprendre la consigne accompagnant le(s) document(s)

- Identifier les notions clés.
- Comprendre les enjeux de la consigne : que faut-il démontrer ? Un plan d'analyse est-il fourni ou faut-il le construire ?

En analysant les documents, vous montrerez les priorités, les effets et les évolutions de la politique de cohésion de l'UE dans les années 2010.

L'analyse des documents constitue le cœur de votre travail, mais nécessite pour être menée la mobilisation de vos connaissances.

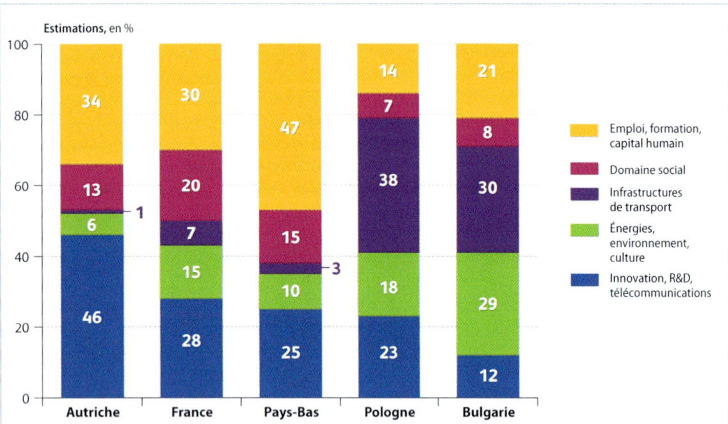

Source : Sébastien Bourdin, « Concevoir autrement la politique de cohésion de l'UE : la spécialisation intelligente comme approche davantage territorialisée ? », *Économie et institutions*, 2019

1 L'usage des fonds européens selon les pays

2 La réorientation de la politique de cohésion

La question de savoir quel est le meilleur usage des fonds de cohésion est régulièrement posée. Les Allemands ont pesé pour que l'utilisation des fonds de cohésion soit réorientée. La politique de cohésion aidera l'ensemble des régions à moderniser leur industrie et à investir dans l'innovation, ainsi que dans la transition vers une économique circulaire à faibles émissions de carbone. En somme : on arrête avec les routes, les lampadaires et les pistes cyclables... L'outil lui-même sera également piloté différemment. La Commission européenne entend privilégier une « approche sur mesure ». Le PIB par habitant reste le critère prépondérant, mais de nouveaux critères viennent pondérer celui-ci puisque la Commission prendra en compte le taux de chômage chez les jeunes, le faible niveau d'éducation, les effets du changement climatique et l'intégration des migrations. Ces critères ont été pensés pour réorienter une partie importante des fonds de cohésion vers l'Espagne (35 % des jeunes au chômage en mars 2018), la Grèce et l'Italie. Les pays de l'Est ne connaissant quasiment pas le chômage reçoivent nettement moins ... Ce qui est une habile façon de mettre la Hongrie et la Pologne sous pression. Mais également de montrer à l'Italie pourquoi l'Europe est bonne pour elle.

Le Point, 31 mai 2018.

20 mn Étape 2

Préparer l'analyse de document(s)

- Lire attentivement le(s) document(s).
- Élaborer un plan qui réponde aux attentes de la consigne. Pour dégager les grandes idées des documents, s'aider des notions clés du chapitre qui doivent apparaître clairement.
- Prélever les informations du (des) document(s) en les classant dans les parties du plan. Au brouillon, les idées peuvent être classées dans un tableau, par exemple.
- Mobiliser des connaissances pour définir, expliquer, illustrer ou critiquer les informations prélevées.

30 mn Étape 3

Rédiger l'analyse de document(s)

- Rédiger une ou deux phrases d'introduction (nature de ou des document(s), problématique guidant l'analyse)
- Rédiger les parties de l'analyse de document en articulant informations prélevées dans le(s) document(s) et connaissances.
- Rédiger une phrase de conclusion qui insiste sur l'apport des documents pour répondre à la consigne.
- Relire attentivement la rédaction pour éviter les fautes d'orthographe.

B Conseils de réalisation lorsque le document est...

• une carte

Repérer, en les entourant sur le document si nécessaire, les grands ensemble géographiques et identifier les exceptions au sein de chaque grand ensemble Méthode p. 78

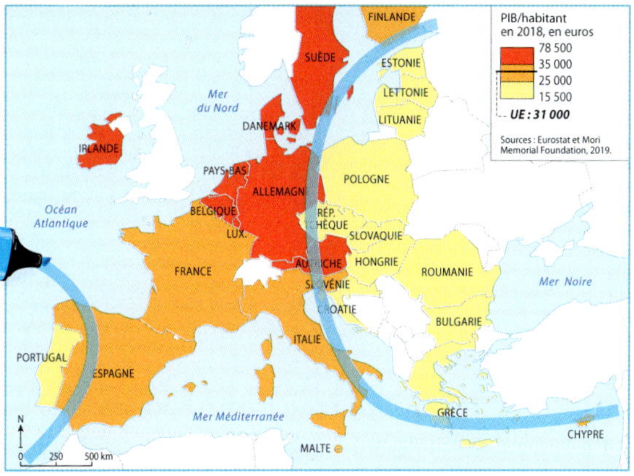

• un graphique

Repérer les éléments de construction (forme du graphique, unité de mesure), tendances générales (augmentation, diminution,...) ; procéder à des calculs simples pour mesurer les tendances, les rapports de force... Méthode p. 210

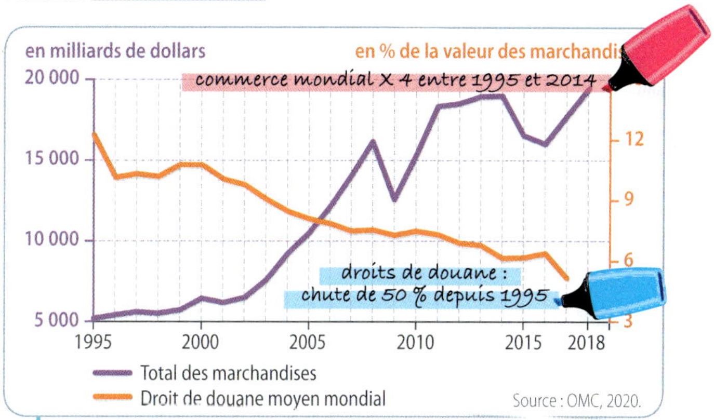

L'évolution du commerce mondial depuis 1995

• un texte

Repérer les différents arguments et exemples en utilisant un code couleur les attribuant l'une ou l'autre des parties du plan choisi pour l'analyse. Méthode p. 110

2 Les métropoles, au cœur du système financier mondial

L'œil du géographe Les marchés financiers (actions, dettes, monnaies, matières premières...) sont des constructions politiques, juridiques, techniques et sociales ancrées dans les territoires. Le marché mondial des actions est organisé par une soixantaine de bourses, mais seulement 10 d'entre elles polarisent 80 % de la capitalisation boursière mondiale, [illegible] % pour les seuls Nyse et Nasdaq new-yorkais. Avec 40 % de la capitalisation mondiale, les places financières des pays en développement ont cependant connu ces dernières décennies une croissance fulgurante (Chine, Inde, Brésil...). Dans les matières agricoles, pétrolières ou minières, les places occidentales gardent un rôle prépondérant (Londres, New York, Chicago, Paris, Rotter[illegible] malgré la multiplication de places seconda[illegible]cialisées sur un continent et sur un produit [illegible]a Lumpur, Singapour, Sydney, Winnipeg). Dans des marchés interconnectés et interdépendants, les acteurs jouent sur les heures d'ouverture en lien avec les fuseaux horaires, car le monde ne vit pas à la même heure.

L. Carroué, *Atlas de la mondialisation*, Autrement, 2018.

• un dessin de presse

Repérer et expliquer les différents procédés graphiques (décor, personnages, couleurs...) et les slogans. Identifier l'auteur et son intention. Méthode p. 179

L'évolution de la mondialisation selon Paresh (2016)

Méthode BAC-E3C

Production graphique

Il s'agit de réaliser une production graphique (croquis, schéma cartographique, schéma fléché) à partir d'un texte. Lorsqu'il s'agit d'un croquis, un fond de carte est fourni.

A Les étapes de réalisation

10 mn **Étape 1**

Comprendre le texte à transposer

- Lire attentivement le texte fourni.
- Reconstituer le plan du texte pour en dégager les idées générales qui constitueront les grandes parties de la légende. Ces idées générales doivent répondre au sujet à traiter.

Sujet : La maritimisation de l'économie mondiale

Consigne : **À partir du texte, vous construirez, à l'aide du fond de carte fourni, un croquis correspondant au sujet suivant : « La maritimisation de l'économie mondiale » accompagné d'une légende organisée.**

L'expansion du commerce a profondément marqué la géographie maritime : les routes maritimes se sont déplacées et amplifiées pour coller aux besoins des producteurs et des consommateurs, des canaux (Suez, Panama) ont dû repousser leurs limites pour s'adapter au gigantisme croissant des navires, tandis que des détroits (Malacca, Ormuz, Bab-el Mandeb, Gibraltar) sont au bord de la congestion du fait de l'explosion du trafic.

Les trois grands blocs, à la fois premiers exportateurs et premiers importateurs mondiaux (Chine, Union européenne, États-Unis), tracent un chemin est-ouest : le chemin transpacifique (Asie-Amérique), le chemin de l'Asie à l'Europe et, dans une moindre mesure, le chemin transatlantique (Europe-Amérique). Cette route est particulièrement empruntée par les porte-conteneurs transportant des produits manufacturés (lesquels représentent 73 % des exportations mondiales). Assez naturellement aussi, les trafics de vracs liquides (notamment les hydrocarbures) tracent une route des régions d'exportation de matières premières et énergétiques (Moyen-Orient, Afrique, Russie) vers l'Amérique, l'Europe et l'Asie orientale. De même, la liaison entre les continents les plus riches (Amérique du Nord, Europe occidentale) d'une part et l'Afrique occidentale, l'Amérique du Sud et l'océan Indien d'autre part est assurée par des porte-conteneurs de dimension moyenne. Enfin, l'évolution contemporaine du commerce a conduit à la mise en place d'une nouvelle route, la sud-sud. Le développement des pays émergents (Chine, Brésil, Afrique du Sud, Inde, Mexique), les ressources minières de l'Australie, les ressources agricoles de l'Amérique latine ont inscrit ces pays dans ces nouveaux tracés. Mais les commerçants rêvent déjà à une nouvelle route, celle du nord-est à travers l'Arctique : un passage où pourraient se frayer les navires parmi les glaces fondues du fait du réchauffement climatique. Tous les États éloignés de ces routes maritimes sont enclavés et marginalisés dans la mondialisation.

D'après G. Le Solleu et A. Piot, « La carte des routes maritimes », *L'Éléphant*, n°22, avril 2018.

20 mn **Étape 2**

Préparer la légende du croquis

- Identifier les informations à cartographier et leurs localisations en surlignant le texte. Limiter leur nombre afin de ne pas surcharger le croquis (8-10 est souvent conseillé).
- Classer les informations dans la légende organisée en deux ou trois parties. Les formulations doivent privilégier des expressions claires et concises. Il est conseillé d'utiliser les notions clés vues en classe.
- Proposer des figurés possibles pour chaque information. Il faut les adapter aux informations à représenter (memento cartographique). Varier les couleurs et la taille des figurés pour traiter les informations.

30 mn **Étape 3**

Réaliser l'ensemble du croquis

- Reporter la légende au propre en problématisant chaque titre de partie.
- Réaliser le croquis en commençant par les figurés de surface.
- Reporter les éléments de nomenclature prélevés dans le texte ainsi que le titre.

B Les conseils de réalisation

D'abord les figurés de surface au crayon de couleur

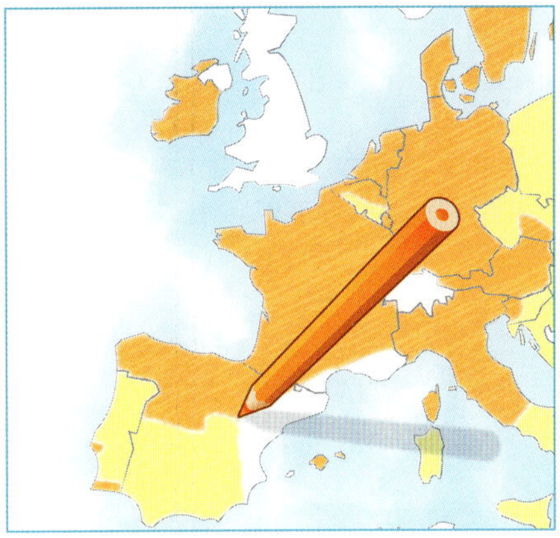

Puis les figurés ponctuels et linéaires au feutre

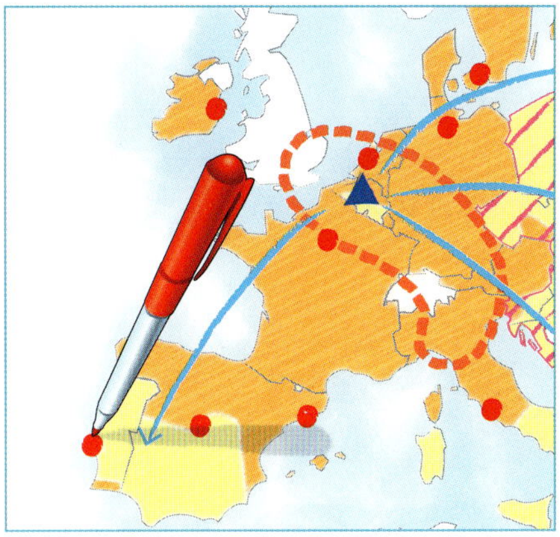

Enfin, la nomenclature et le titre au feutre fin

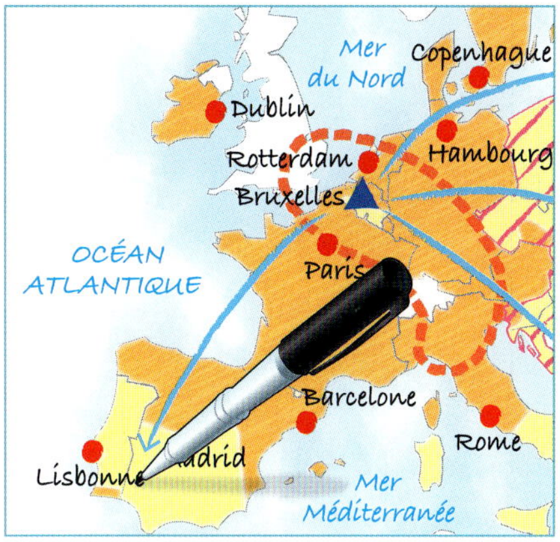

Le croquis sera réalisé sur un fond de carte fourni avec le sujet et devra proposer une transposition du texte. Quelques localisations peuvent vous aider à vous repérer.

Le titre reprend l'idée essentielle du croquis. Il est toujours placé en haut du croquis.

La maritimisation de l'économie en Méditerranée

Le croquis doit être lisible grâce à l'utilisation de bons outils et au soin.

La nomenclature est adaptée au sujet traité en faisant varier les caractères et les couleurs utilisés.

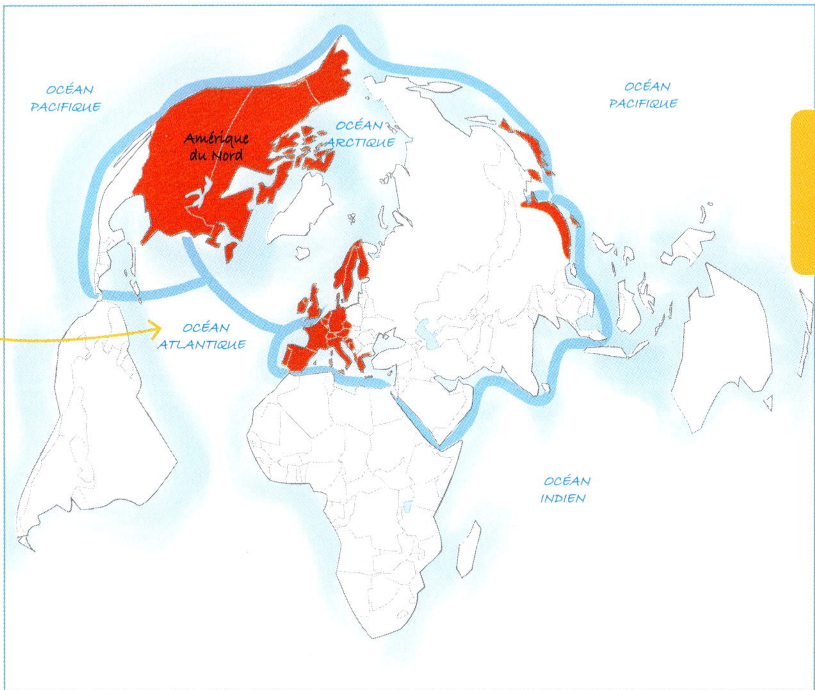

Le croquis doit être accompagné d'une légende clairement organisée en parties. Elle peut prendre plusieurs formes (tableau, linéaire).

1. Une maritimisation reflet des mutations de l'économie mondiale	2.	3. ....
grand pôle commercial du commerce mondial économie émergente et	route des marchandises conteneurisées .... majeure secondaire	....

Les figurés sont variés (figurés de surface, ponctuels, linéaires) et leurs couleurs adaptées aux informations représentées

Sommaire des méthodes

Programme

Les territoires dans la mondialisation : entre intégrations et rivalités

Thème 1 — Mers et océans au cœur de la mondialisation — 13-15 heures

Questions

- Mers et océans : vecteurs essentiels de la mondialisation.
- Mers et océans : entre appropriation, protection et liberté de circulation.

Commentaire

La maritimisation des économies et l'ouverture des échanges internationaux confèrent aux mers et aux océans un rôle fondamental tant pour la fourniture de ressources (halieutiques, énergétiques, biochimiques...) que pour la circulation des hommes et les échanges matériels ou immatériels. L'importance des routes et les itinéraires diffèrent selon la nature des flux (de matières premières, de produits intermédiaires, industriels, d'informations...). Mais les territoires sont inégalement intégrés dans la mondialisation.

Les routes maritimes et les câbles sous-marins, tout comme les ports et les zones d'exploitation, restent concentrés sur quelques axes principaux. D'importants bouleversements s'opèrent, ce qui accroît les enjeux géostratégiques et les rivalités de puissance, notamment autour des canaux et des détroits internationaux.

La mise en valeur et l'utilisation des mers et des océans relèvent d'une logique ambivalente, entre liberté de circulation et volonté d'appropriation, de valorisation et de protection. La délimitation des zones économiques exclusives (ZEE) est aujourd'hui la principale cause de tensions entre les États en raison des ressources présentes dans ces zones et de la volonté de ces États de les exploiter.

Études de cas possibles :

- Le golfe Arabo-Persique : un espace au cœur des enjeux contemporains.
- La mer de Chine méridionale : concurrences territoriales, enjeux économiques et liberté de circulation.
- L'océan Indien : rivalités régionales et coopérations internationales.
- Le détroit de Malacca : un point de passage majeur et stratégique.

Question spécifique sur la France

La France : une puissance maritime ?

Commentaire

La France (métropolitaine et ultramarine), du fait de ses départements et territoires d'outre-mer, contrôle la deuxième zone économique exclusive (ZEE) mondiale et s'affirme encore comme une puissance maritime malgré la perte de compétitivité de ses ports. Les mers et océans demeurent, pour la France, des enjeux à la fois économiques, environnementaux et géostratégiques.

Thème 2 — Dynamiques territoriales, coopérations et tensions dans la mondialisation — 13-15 heures

Questions

- Des territoires inégalement intégrés dans la mondialisation.
- Coopérations, tensions et régulations aux échelles mondiale, régionale et locale.

Commentaire

La mondialisation contemporaine conduit à l'affirmation ou à la réaffirmation de puissances et à l'émergence de nouveaux acteurs. Les territoires, quelle que soit l'échelle considérée (États, régions infra- et supra-étatiques, métropoles...) ont inégalement accès à la mondialisation.

La distance est encore un facteur contraignant, d'autant plus que des protections et des barrières sont mises en place, limitant les échanges internationaux. La hiérarchie des centres de décision mondiaux est en constante évolution. Parmi les plus grands centres financiers, cinq sont aujourd'hui en Asie, trois en Europe (Londres, Zurich et Francfort) et deux en Amérique du Nord.

Concernant les inégalités territoriales, l'Union européenne a permis un rattrapage considérable du sud de l'Europe par rapport au nord. Les disparités inter-régionales se réduisent toutefois plus lentement. Dans le reste du monde, de nombreux accords régionaux économiques se sont réalisés (ASEAN, ALENA, MERCOSUR), mais certains sont peu porteurs de développement.

Études de cas possibles :

- Les îles de la Caraïbe et des Antilles : entre intégration régionale et ouverture mondiale.
- La Russie, un pays dans la mondialisation : inégale intégration des territoires, tensions et coopérations internationales.
- Les corridors de développement en Amérique latine : un outil d'intégration et de désenclavement.
- L'Asie du Sud-Est : inégalités d'intégration et enjeux de coopération.

Question spécifique sur la France

La France : un rayonnement international différencié et une inégale attractivité dans la mondialisation.

Commentaire

La France affirme sa place dans la mondialisation, d'un point de vue diplomatique, militaire, linguistique, culturel et économique. Elle entre en rivalité avec les autres pays et cherche à consolider ses alliances.

La France maintient son influence à l'étranger *via* son réseau diplomatique et éducatif, des organisations culturelles, scientifiques et linguistiques (instituts français, Organisation internationale de la francophonie, Louvre Abu Dhabi, lycées français à l'étranger...), mais également à travers les implantations de filiales d'entreprises françaises. Elle attire sur son territoire, plus particulièrement à Paris et dans les principales métropoles, des sièges d'organisations internationales, des filiales d'entreprises étrangères, des manifestations sportives et culturelles aux retombées mondiales, des touristes...

Thème 3 — L'Union européenne dans la mondialisation : des dynamiques complexes

12-14 heures

Questions

- Des politiques européennes entre compétitivité et cohésion des territoires.
- L'Union européenne, un espace plus ou moins ouvert sur le monde.

Commentaire

L'Union européenne présente une grande diversité de territoires, tout en étant l'organisation régionale au degré d'intégration le plus marqué au monde. L'UE est le premier pôle commercial mondial. Elle est cependant exposée à des défis et tensions externes et internes (difficulté à établir une politique commune en matière de défense, d'immigration, de fiscalité...), ce qui limite son affirmation comme puissance sur la scène mondiale.

Les politiques européennes de cohésion économique, sociale et territoriale visent deux objectifs : d'une part la réduction des inégalités territoriales, d'autre part la valorisation des atouts des territoires des États membres pour faire face à la concurrence mondiale.

Études de cas possibles :

- L'Allemagne : une puissance européenne aux territoires inégalement intégrés dans la mondialisation.
- Les transports dans l'Union européenne : un outil d'ouverture, de cohésion et de compétitivité.
- La politique agricole commune (PAC) : les effets territoriaux d'une politique européenne.
- La cartographie d'une agglomération industrielle ou technologique en France.

Question spécifique sur la France

La France : les dynamiques différenciées des territoires transfrontaliers.

Commentaire

Les territoires transfrontaliers se caractérisent par des échanges et des mobilités de part et d'autre de la frontière. L'Union européenne encourage les coopérations transfrontalières, en assurant notamment la libre circulation et en instituant un cadre réglementaire. Elle finance des projets et des équipements transfrontaliers par des programmes spécifiques. Les territoires transfrontaliers ont cependant des dynamiques différenciées.

Thème 4 — La France et ses régions dans l'Union européenne et dans la mondialisation : lignes de force et recompositions

6-8 heures

Questions

- Les lignes de force du territoire français.
- Des recompositions territoriales à toutes les échelles, entre attractivité, concurrence et inégalités.

Commentaire

L'étude de la France et de ses régions vise à interroger le rôle des acteurs, à différentes échelles, dans l'intégration européenne et mondiale, et les effets territoriaux différenciés de cette intégration.

L'étude de la région du lycée permet de mobiliser les connaissances acquises sur la France pour les appliquer à une autre échelle d'analyse. Il s'agit d'envisager avec les élèves les territoires de proximité et les divers aspects de leur attractivité. Cette approche leur fournit des clés de lecture pour comprendre leur territoire de proximité.

Capacités et méthodes au programme

Maîtriser et utiliser des repères chronologiques et spatiaux

Connaître et se repérer	› Identifier et nommer les périodes historiques, les continuités et ruptures chronologiques. › Identifier et expliciter les dates et acteurs des grands événements. › Nommer et localiser les grands repères géographiques ainsi que les principaux processus et phénomènes étudiés. › Utiliser l'échelle appropriée pour étudier un phénomène.
Contextualiser	› Mettre un événement ou une figure en perspective. › Mettre en œuvre le changement d'échelles, ou l'analyse à différentes échelles (multiscalaire), en géographie. › Identifier les contraintes et les ressources, d'un contexte historique ou d'une situation géographique. › Mettre en relation des faits ou événements de natures, de périodes, de localisations différentes. › Confronter le savoir acquis en histoire et en géographie avec ce qui est entendu, lu et vécu.

S'approprier les exigences, les notions et les outils de la démarche historique et de la démarche géographique

Employer les notions et exploiter les outils spécifiques aux disciplines	› Employer les notions et le lexique acquis en histoire et en géographie à bon escient. › Transposer un texte en croquis. › Réaliser des productions graphiques et cartographiques dans le cadre d'une analyse. › Savoir lire, comprendre et critiquer une carte, un croquis, un document iconographique, une série statistique...
Conduire une démarche géographique et la justifier.	› S'approprier un questionnement historique et géographique. › Construire et vérifier des hypothèses sur une situation historique ou géographique. › Justifier des choix, une interprétation, une production.
Construire une argumentation géographique	› Procéder à l'analyse critique d'un document selon une approche historique ou géographique. › Utiliser une approche historique ou géographique pour mener une analyse ou construire une argumentation.
Utiliser le numérique	› Utiliser les outils numériques pour produire des cartes, des graphiques, des présentations. › Identifier et évaluer les ressources pertinentes en histoire-géographie.

La mondialisation, une intensification des échanges

Employer les notions de géographie à bon escient

La mondialisation dans les programmes de seconde et de première

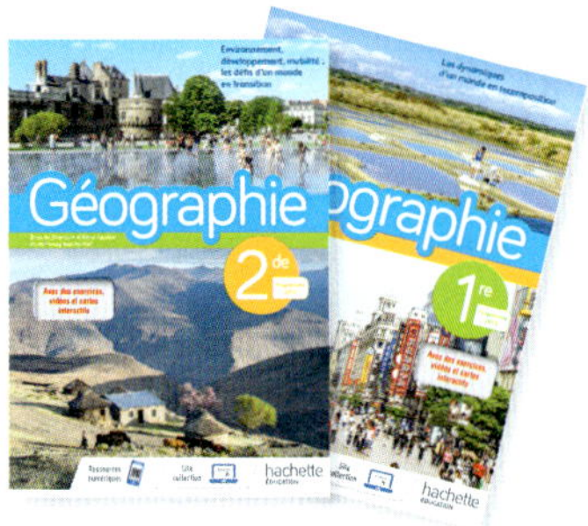

Des espaces de production qui s'organisent à l'échelle du monde (1re) › Des flux et des mobilités qui s'accroissent (2de et 1re) › Une littoralisation et une métropolisation des espaces productifs (1re)

La mondialisation : une explosion des flux dans le monde

La mondialisation en géographie

L'œil du géographe La « mondialisation » se définit comme un processus multidimensionnel concernant différents aspects de la vie des sociétés et des individus. Elle se traduit par l'intensification des flux d'échanges de biens matériels et immatériels. Elle concerne les registres social, culturel, environnemental et économique, et interpelle différentes disciplines. En évoquant le « global », les géographes font également référence à la révolution numérique qui autorise les acteurs (individus, ONG, terroristes, entreprises, etc.) à communiquer en temps réel indépendamment de leur localisation géographique, voire de « coordonner leur action » en temps réel. Ce qui entraîne à son tour une accélération de la circulation de biens, dont celle des capitaux. La mondialisation évoque donc l'avènement d'un « territoire-monde » et d'une « société-monde », compte tenu de la compression de l'espace-temps.

Cynthia Ghorra-Gobin, *La mondialisation*, Géoconfluences, 20 décembre 2017.

Vocabulaire

- **Flux :** quantité de personnes, de biens, d'informations ou de capitaux qui se déplacent dans l'espace mondial.

Ne pas confondre

- **Mondialisation :** processus de mise en relation des différentes parties du monde par l'intensification des flux. Elle résulte de la diffusion mondiale du capitalisme et engendre une intégration différenciée des territoires dans un monde de plus en plus interdépendant.

- **Globalisation :** étape ultime de la mondialisation qui aboutit à un marché planétaire, organisé par des acteurs et des réseaux qui ignorent les frontières.

Les acteurs de la mondialisation

Des entreprises
notamment les firmes transnationales (FTN) qui organisent les chaînes de production à l'échelle mondiale

Des États et des collectivités territoriales
Ex : promotion des entreprises à l'international, aménagement d'infrastructures

La main-d'œuvre
Ex : cadres qualifiés, chercheurs, techniciens, ouvriers

Les consommateurs
Ex : organisations de défense des consommateurs

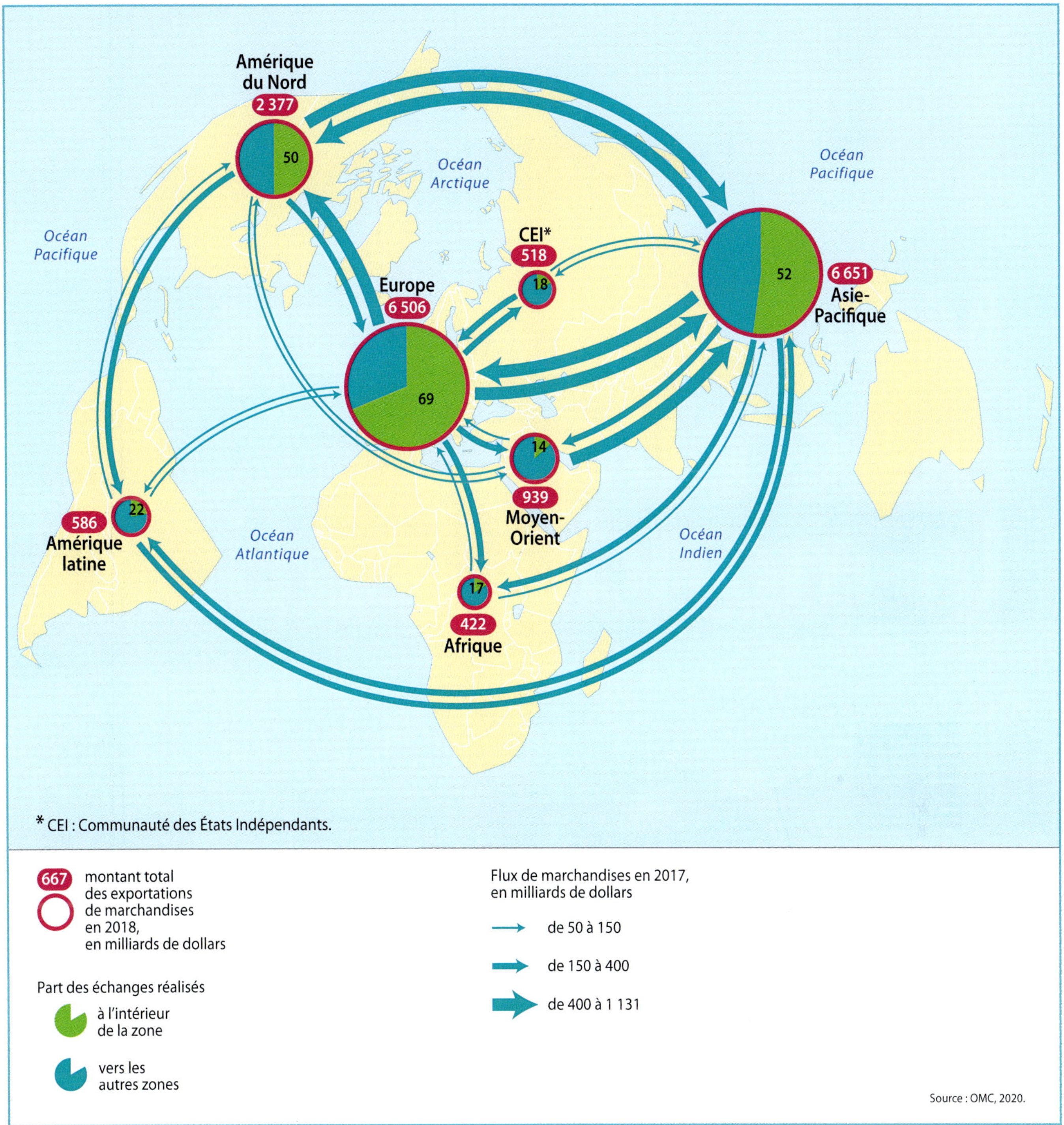

Les flux de marchandises dans le monde

Questions

1. En utilisant la carte des flux de marchandises dans le monde, expliquez l'affirmation de Cynthia Ghorra-Gobin : « *La mondialisation évoque donc l'avènement d'un territoire-monde* ».
2. Formulez des hypothèses pour expliquer que la globalisation constitue l'étape finale de la mondialisation.

THÈME

1

Mers et océans au cœur de la mondialisation

L'un des plus grands porte-conteneurs au monde, transportant plus de 20 000 unités, accoste ici dans le port du Pirée en Grèce. Il appartient à l'armateur chinois Cosco qui s'est hissé au 3e rang mondial en 2019, témoignant de l'émergence rapide de la Chine dans le contrôle du commerce maritime mondial.

Le Pirée
GRÈCE
ITALIA
COSCO SHIPPING

Les territoires maritimes au cœur de la mondialisation

Employer les notions de géographie à bon escient

Les mers et les océans dans les programmes de Géographie Seconde et Première

Des espaces soumis au changement climatique et aux risques pour les sociétés
Programme de Seconde

Des inondations côtières au Bangladesh

Des espaces qui participent à la recomposition des territoires productifs dans le monde Programme de Première

La zone franche portuaire de Shenzhen (Chine)

Les mers et les océans au cœur de la mondialisation

L'œil du géographe Les approches géographiques ont permis d'approfondir la connaissance des mers et des océans et notamment leur importance pour les sociétés humaines. Des synergies nouvelles unissent le monde maritime et le monde terrestre au service des sociétés humaines. Les câbles sous-marins symbolisent ces liens dans un monde où les TIC (Technologies de l'Information et de la Communication) ont un rôle majeur. Les concepts et les démarches de la géographie ont permis d'améliorer la connaissance des mers et des océans et, plus largement, ont renouvelé les grilles de lecture et d'analyse du monde contemporain. L'étude des routes commerciales, de la territorialisation de l'espace marin, de l'affirmation de la puissance des États par l'importance accordée à la flotte, des conflits nombreux à propos des ZEE, et de la lutte contre la piraterie, ont permis aux géographes de souligner le rôle essentiel des mers et des océans dans le processus de mondialisation. Les réseaux de routes, avec leurs nœuds que constituent les grands ports et les ports secondaires ainsi que les points de passage obligés que sont les détroits, conduisent à une hiérarchisation des espaces océaniques et maritimes mais aussi continentaux, en fonction de leur accès et de leur desserte à et par ces réseaux. L'analyse de la répartition des flux maritimes au sein des grandes régions du monde, des hiérarchies portuaires et des taux de croissance des économies de ces zones a mis en évidence le passage assez net d'une domination Atlantique (Europe, Amériques) à une domination Pacifique.

Florence Smits, « Mers et océans, un défi pour les géographes », *la Revue maritime 509*, juillet 2017.

La maritimisation de l'économie

La maritimisation correspond au processus d'accroissement des échanges internationaux par voie maritime, qui s'accélère depuis les années 1970.

Des facteurs

- Baisse du coût et des temps du transport maritime grâce au gigantisme des navires et à la révolution du conteneur
- Mondialisation des échanges

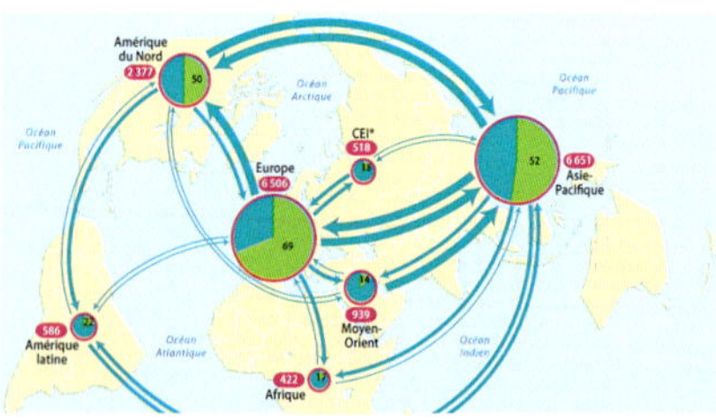

Les flux de marchandises dans le monde

Des acteurs

- Compagnies de transport maritime
- Firmes transnationales
- États, villes

Un porte-conteneur de la compagnie chinoise Cosco

Des lieux

- Routes maritimes
- Ports qui peuvent former des façades maritimes
- Passages stratégiques (canaux, détroits)

Le canal de Panama

Des espaces maritimes au cœur des enjeux de la mondialisation

Des espaces de plus en plus parcourus au cœur de la mondialisation

Paquebot de croisière au départ de Miami (États-Unis)

Des espaces de plus en plus exploités et appropriés par les États

Exploitation du gaz *offshore* au Qatar

Enjeux économiques	Enjeux politiques et militaires	Enjeux environnementaux
Les mers et des océans sont : • des réservoirs de ressources énergétiques et alimentaires ; • des vecteurs de transport au cœur de la mondialisation (routes maritimes, câbles numériques sous-marins).	**Les mers et des océans sont :** • en partie appropriés par les États qui les intègrent à leur territoire (ZEE) ; • des espaces stratégiques à contrôler ; • des espaces de libre circulation à sécuriser.	**Les mers et des océans sont :** • des espaces vulnérables et transformés par les activités humaines ; • un élément majeur des équilibres climatiques de la planète ; • des espaces à protéger.

Les planisphères usuels privilégient les continents en déformant ou en fragmentant les espaces maritimes. Athelstan Spilhaus (1911-1998), géophysicien et océanographe, propose une représentation de la Terre centrée sur les océans et non sur les continents. Apparaît alors un seul océan mondial qui couvre 71 % de la surface de la terre, enjeu majeur pour la maritimisation de l'économie mondiale, l'exploitation des richesses, mais aussi pour le maintien de la biodiversité de la planète. Cependant, cette représentation ne montre pas que cet océan échappe encore à une gouvernance mondiale, tandis que les États y fixent de plus en plus des frontières politiques.

Une représentation des espaces maritimes transformée par la mondialisation

Vocabulaire

- **ZEE (zone économique exclusive) :** espace marin large de 200 milles nautiques (370 km) dans lequel l'État côtier dispose de droits exclusifs sur l'exploration et l'exploitation des ressources.

Questions

1. À l'aide des documents, expliquez l'affirmation de Florence Smits : « *Des synergies nouvelles unissent le monde maritime et le monde terrestre au service des sociétés humaines* ».
2. Cherchez des exemples de flux qui parcourent les espaces maritimes et des ressources qui y sont exploitées.
3. Pourquoi peut-on dire que les mers et les océans sont au cœur de la mondialisation ? Comment la carte de l'océan mondial en rend-elle compte ?

Ne pas confondre

- **Espace maritime :** ensemble formé par les mers et les océans qui recouvrent 71 % de la surface terrestre.
- **Littoral :** zone de contact entre la terre et la mer.

Le golfe Arabo-Persique, un espace maritime aux enjeux planétaires

Le golfe Arabo-Persique voit transiter un quart des flux pétroliers planétaires. Les divisions entre les États riverains et la présence de puissances étrangères en font un espace maritime sous tensions.

A Pourquoi le golfe Persique est-il un espace clé de la mondialisation des échanges ?

Question 1, p. 38-53

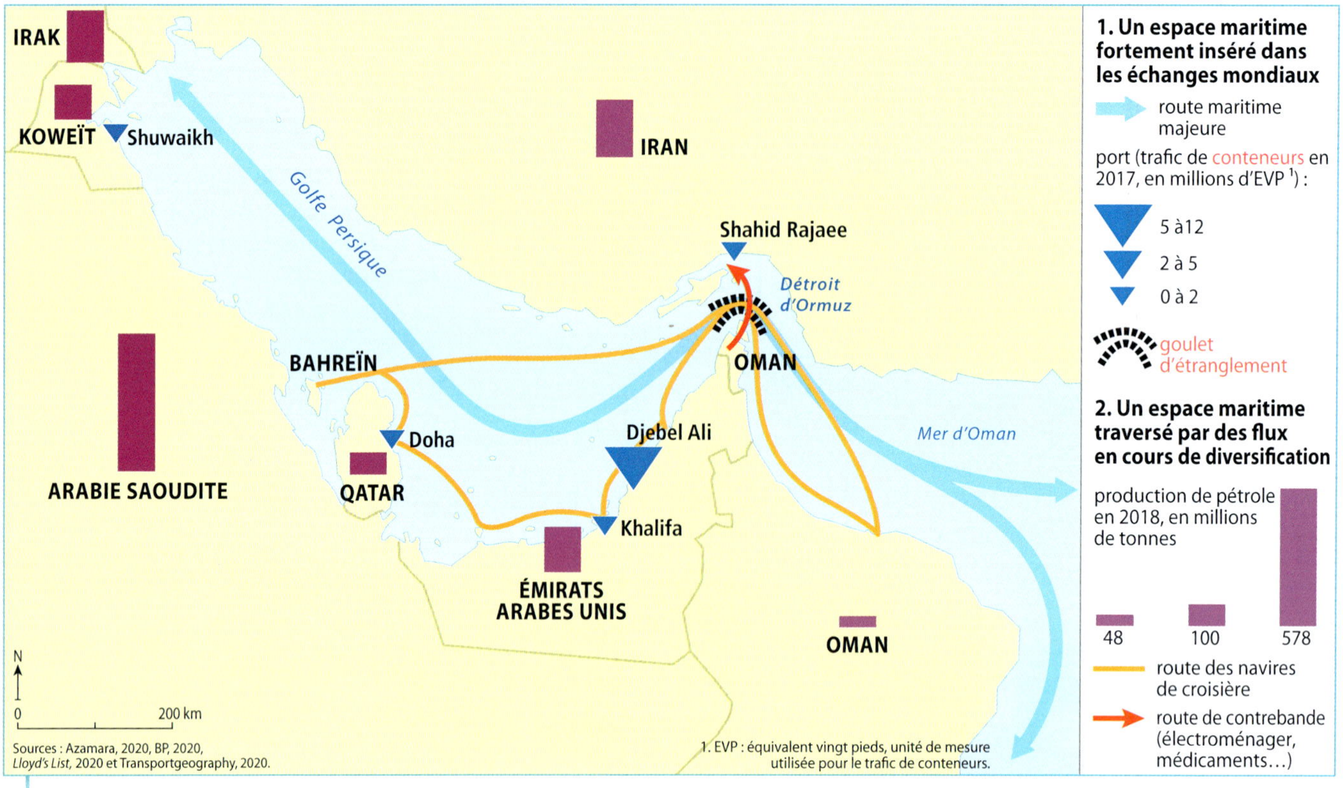

1 Le golfe Arabo-Persique, une route maritime majeure des flux pétroliers mondiaux

2

Le port méthanier de Ras Laffan (Qatar)

Ras Laffan est le complexe de transformation et d'exportation du gaz naturel liquéfié (GNL) du Qatar, au bout d'un processus qui consiste à refroidir le gaz à –162 °C pour pouvoir l'exporter à travers le monde.

3 Dubaï, un hub portuaire de la mondialisation

L'œil du géographe En l'espace d'une quinzaine d'années, Dubaï est devenue une place tournante du commerce mondial et régional grâce à son gigantesque port de Djebel Ali. Ce port fait partie depuis 2010 des dix premiers ports à conteneurs du monde, se hissant au 9e rang mondial en 2017 avec un trafic de 15,3 millions d'EVP. Avec Hong Kong et Singapour, Djebel Ali constitue l'un des plus importants terminaux de transbordement. Il est capable d'accueillir les porte-conteneurs de 400 m de long et d'une capacité de 18 000 EVP. Le port de Dubaï a su tirer parti du basculement asiatique du commerce maritime mondial qui s'opère depuis la fin des années 1990, en jouant de sa position stratégique entre l'Europe et l'Asie, au cœur de la péninsule arabique, c'est-à-dire à courte portée des marchés du sous-continent indien et du pourtour de l'océan Indien. C'est d'ailleurs le seul port non situé en Asie orientale parmi les dix premiers mondiaux. Le port de Djebel Ali est une plateforme logistique multimodale, un hub de commerce, qui tire sa richesse de la réexportation de produits importés[1] d'Europe et d'Asie vers ses partenaires traditionnels du golfe, l'Iran et la corne de l'Afrique, ainsi que l'Asie centrale enclavée.

1. 70 % des produits importés à Dubaï, principalement des produits manufacturés, sont réexportés.

F. Tétart, « Émirats arabes unis. Dubaï, l'espace mondialisé par excellence ? », *Diploweb*, mai 2018.

Vocabulaire

- **Conteneur :** boîte métallique de taille standardisée facilitant le transport et la manutention des marchandises.
- **Goulet d'étranglement :** passage stratégique en matière de transports. Les goulets d'étranglement maritimes (détroits, canaux) sont étroits, peu profonds et leur traversée limite la capacité des navires.
- **Hub :** point d'un réseau (aéroport, port) drainant passagers et marchandises pour les redistribuer à une échelle internationale.
- **Nouvelle route de la soie :** programme chinois visant à développer les infrastructures de transport entre la Chine, l'Europe et l'Afrique grâce à des partenariats avec les pays traversés.

4 Inauguration du terminal du groupe chinois Cosco dans le port Khalifa à Abu Dhabi (2018)

Ce terminal, le plus grand du Moyen-Orient, s'inscrit dans la stratégie du gouvernement chinois d'étendre ses investissements tout au long de cette nouvelle route de la soie. La Chine représente le premier partenaire commercial des Émirats arabes unis hors les échanges de produits pétroliers.

Utiliser une approche géographique pour construire une argumentation

Itinéraire 1

Lire et analyser des documents

1. Identifiez les types d'échanges qui parcourent cet espace maritime. Pourquoi est-ce un espace clé de la mondialisation actuelle ? (doc. 1, 2 et 3)
2. Comment ces flux transforment-ils les littoraux du golfe ? (doc. 1, 2 et 3)
3. Expliquez la stratégie de l'armateur chinois Cosco dans le choix du terminal de Khalifa. Pourquoi ce terminal renforce-t-il l'intégration du golfe Arabo-Persique dans la mondialisation ? (doc. 1, 4 et Repère B p. 42)

Synthétiser les informations

4. Montrez que la circulation du pétrole n'est pas le seul enjeu stratégique du golfe.

Itinéraire 2 BAC E3C

Question problématisée

Pourquoi le golfe Arabo-Persique est-il un espace maritime au cœur de la mondialisation ?

Pour vous guider

Vous montrerez
- que le golfe est traversé par des flux divers et nombreux ;
- que son intégration dans la mondialisation se renforce.

B Pourquoi le contrôle de la circulation dans le golfe oppose-t-il de multiples acteurs ?

Question 2, p. 54-73

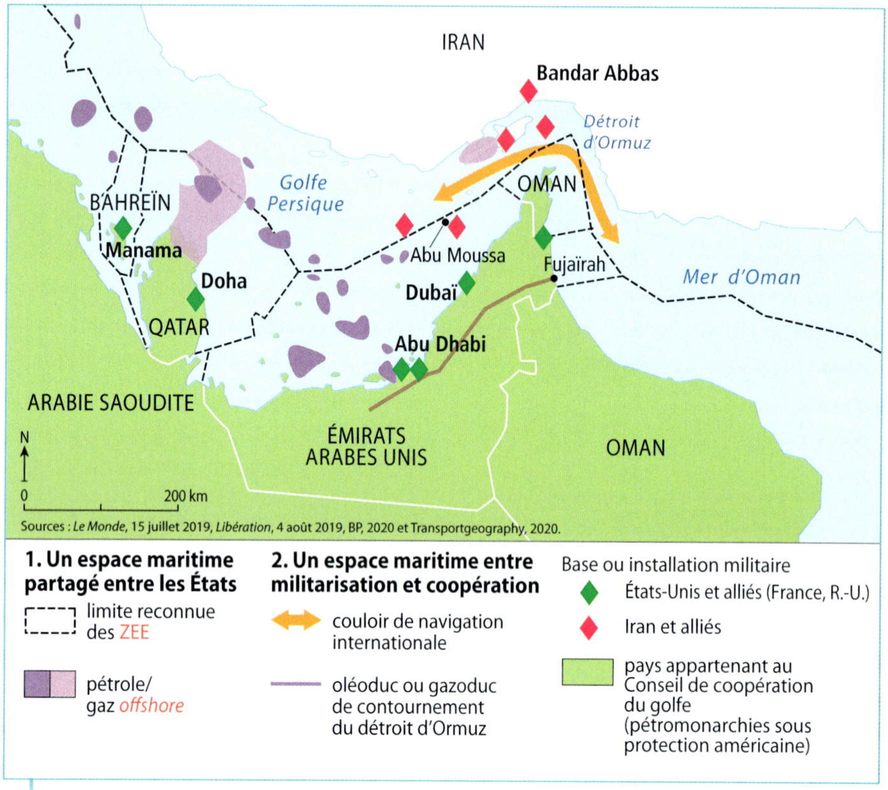

5 Un espace sous tensions

6

Un espace au cœur des divisions entre les États-Unis et l'Iran

En juin 2019, deux pétroliers ont été sabotés au milieu du détroit d'Ormuz. Immédiatement, les États-Unis (a) ont accusé l'Iran (b) d'être responsable des attaques. Depuis, les relations entre l'Iran et les États-Unis se tendent alors que l'Onu (c) reste impuissante à faire respecter la libre circulation maritime.

7

Le détroit d'Ormuz, un « couloir international » menacé

Le détroit d'Ormuz est un petit bras de mer large de 50 km. Ses eaux étant peu profondes (pas plus de 60 m), les navires doivent emprunter un chenal de navigation parsemé de trois îles : la Grande Tomb, la Petite Tomb et Abu Moussa. Ces dernières sont contrôlées par l'Iran depuis 1971, et revendiquées depuis par les Émirats arabes unis. En moyenne, plus d'une trentaine de pétroliers et méthaniers quittent le golfe par le détroit chaque jour. Si ses eaux sont partagées entre l'Iran et Oman, le détroit est un couloir international, et en principe tous les navires bénéficient du droit de passage en transit, conformément à la Convention des Nations unies sur le droit de la mer. Cependant, pour des raisons politiques, l'Iran a menacé à plusieurs reprises de bloquer le détroit. La République islamique, qui a renforcé ses bases militaires, en particulier dans le complexe portuaire de Bandar Abbas, mais aussi ses postes d'observation sur les îles Tomb et Abu Moussa, effectue fréquemment des manœuvres navales dans la zone.

France 24, 14 mai 2019.

Vocabulaire

- ***Offshore* :** activité se déroulant en mer.
- **ZEE (zone économique exclusive) :** espace marin large de 200 milles nautiques (370 km) dans lequel l'État côtier dispose de droits exclusifs sur l'exploration et l'exploitation des ressources.

Itinéraire 1

Décrire et analyser les documents

1. Pourquoi peut-on dire que le golfe Arabo-Persique est un espace maritime approprié par les États ? (doc. 5)
2. Comment la liberté de circulation maritime est-elle assurée ? (doc. 5 et 7)
3. Expliquez pourquoi les tensions sont nombreuses dans le golfe et en quoi elles menacent la fluidité des échanges. (doc. 5 et 6)

Itinéraire 2 BAC E3C

Réaliser une production graphique

Réalisez, à partir des doc. 5, 6 et 7, une carte mentale pour montrer les causes et les acteurs des tensions dans le golfe aux échelles régionale et mondiale.

QCM interactif | Organigramme PDF à télécharger | Croquis interactif + Version PDF à télécharger

Bilan de l'étude de cas

Retenir l'essentiel

Complétez le schéma fléché à l'aide des informations présentes dans les pages 24 à 26.

Le golfe Arabo-Persique

- Un espace maritime au cœur de la mondialisation
  ....
- Un espace approprié riche en ressources
  ....
- Un espace entre libre circulation et tensions
  ....

Schématiser l'essentiel

À l'aide des documents des pages 24 à 26, complétez le schéma suivant.

Titre : ....

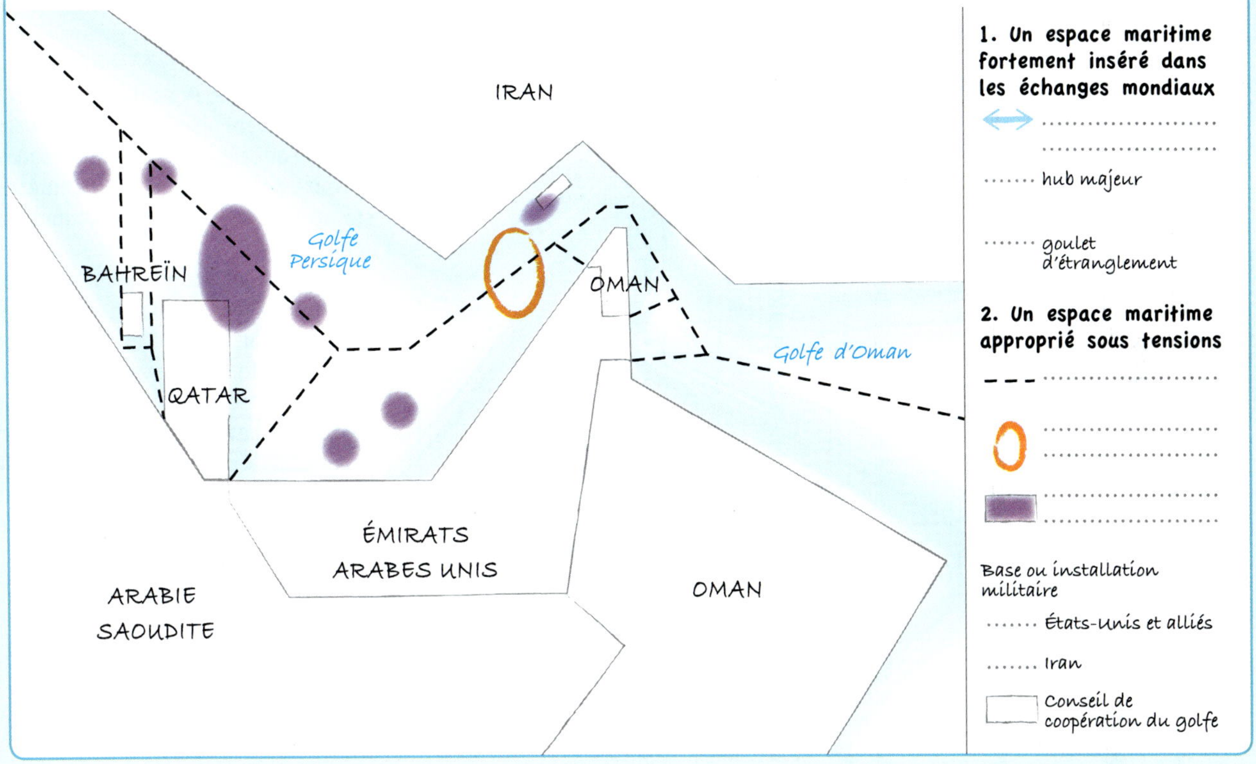

Changer d'échelle

De l'étude de cas... au monde

1. Quels autres espaces maritimes présentent les mêmes enjeux dans la mondialisation que le golfe Arabo-Persique ? Question 1, p.38-53
2. Tous les espaces aussi riches en ressources que le golfe Arabo-Persique sont-ils l'objet de tensions ? Question 2, p. 54-73

Étude de cas 2

La mer de Chine méridionale, une des mers les plus convoitées au monde

La mer de Chine méridionale est un espace maritime majeur de la mondialisation. Les concurrences territoriales pour le contrôle des ressources et des flux maritimes sont donc fortes sur cet espace qui accueille 30 % du trafic maritime mondial.

A Pourquoi la mer de Chine devient-elle un espace stratégique dans la mondialisation ?

Question 1, p. 38-53

Sources : É. Mottet, F. Lasserre et B. Courmont, *Géopolitique de la mer de Chine méridionale*, 2018, Cnuced, 2019, FMI, 2020 et Llyod's List, 2020.

1 La mer de Chine, Un espace central de la maritimisation

2 Une mer aux forts enjeux économiques et stratégiques

La région Asie-Pacifique est et restera, pour les décennies à venir, le poumon de l'économie mondiale. Elle abrite les deux tiers de la population mondiale, pèse 45 % du PIB mondial et génère près de 60 % de la croissance de l'économie de la planète.

La mer de Chine méridionale se situe au cœur de cette zone dont elle est une artère vitale. Près de 200 navires marchands franchissent chaque jour le détroit de Malacca, avant de poursuivre leur route à travers la mer de Chine. Ce système est donc extrêmement sensible à la fluidité des flux maritimes.

La libre circulation maritime est la condition de la bonne santé du commerce mondial. La route qui relie l'Asie au Moyen-Orient est essentielle pour l'Asie, qui importe 65 % de son pétrole de cette région. Les détroits de Malacca et de Lombok sont cruciaux pour l'économie japonaise car 80 % des importations en hydrocarbures du pays y transitent. Quant à la Chine, la quasi-totalité de son commerce extérieur (90 %) passe par le détroit de Malacca. Ainsi, une rupture des approvisionnements via la mer de Chine aurait des conséquences dramatiques pour cette région. De même, l'axe mer de Chine – océan Indien – Suez – Méditerranée – Manche est vital pour l'Europe. C'est en effet la route principale pour son commerce maritime, qui représente 50 % de ce qu'elle achète et vend. La maîtrise de cet axe maritime est donc devenue un enjeu stratégique essentiel pour notre continent.

D. O et J.-L. Reitzer, « Les enjeux stratégiques en mer de Chine méridionale », Assemblée nationale, 2019.

3

Ho Chi Minh-Ville (Vietnam), un port en croissance qui attire les convoitises

Depuis les travaux de 2016, le port de Ho Chi Minh-Ville est capable d'accueillir les plus grands porte-conteneurs du monde. Sa situation stratégique en pleine mer de Chine méridionale et la très forte croissance du trafic conteneurisé attirent les grands armateurs. CMA CGM, un des plus importants armateurs français, en a fait un hub.

Vidéo

4 **Des littoraux transformés : Phénix au sud de l'île d'Hainan (Chine)**

L'île Phénix est un terre-plein aménagé sur le littoral de l'île d'Hainan, destiné à devenir le plus grand port de croisière d'Asie. L'essor de ce tourisme en mer de Chine méridionale, en lien avec l'essor des classes moyennes chinoises, participe à la transformation du littoral.

Vocabulaire

- **Conteneur :** boîte métallique de taille standardisée facilitant le transport et la manutention des marchandises.
- **Goulet d'étranglement :** passage stratégique en matière de transports. Les goulets d'étranglement maritimes (détroits, canaux) sont étroits, peu profonds et leur traversée limite la capacité des navires.
- **Hub :** point d'un réseau (aéroport, port) drainant passagers et marchandises pour les redistribuer à une échelle internationale.
- **Maritimisation :** processus d'accroissement des échanges par les voies maritimes depuis les années 1970 dans le contexte de la mondialisation.

Utiliser une approche géographique pour construire une argumentation

Itinéraire 1

Lire les documents

1. Quels sont les enjeux économiques de la mer de Chine pour l'Asie orientale ? (doc. 1 et 2)

Interpréter les documents

2. Pourquoi ces enjeux économiques font-ils de la mer de Chine un espace stratégique pour les États riverains et le reste du monde ? (doc. 1 et 2)
3. Comment toutes ces mutations transforment-elles les littoraux de la mer de Chine ? (doc. 3 et 4)

Itinéraire 2 BAC E3C

Question problématisée

Pourquoi l'émergence de l'Asie orientale fait-elle de la mer de Chine un espace stratégique de la mondialisation ?

Pour vous guider

Vous montrerez que cet espace maritime est au cœur d'enjeux économiques et stratégiques qui sont les manifestations de son émergence.

B Pourquoi l'affirmation de la mer de Chine dans la mondialisation entraîne-t-elle des tensions ?

Question 2, p. 54-73

5 Une coopération maritime récente

L'œil du géographe La coopération maritime en Asie orientale est largement répandue. Par exemple, le Programme régional de protection de l'environnement maritime[1] mis en place en 1994 est soutenu par les Nations unies et la Banque mondiale. Y participent le Brunei, le Cambodge, la Chine, la Corée du Nord, la Corée du Sud, l'Indonésie, le Japon, la Malaisie, les Philippines, Singapour, la Thaïlande et le Vietnam. Son objectif est de soutenir les efforts dans la prévention et la gestion de la pollution maritime. Il prend appui sur deux sites pilotes à Xiamen en Chine et à Batangas Bay aux Philippines. Ce programme a ainsi installé un réseau de veille sur la pollution maritime, promouvant les liens entre les pays.

Par ailleurs, en 2004, fut signé l'Accord de coopération régionale sur la lutte contre la piraterie et le vol armé par les pays riverains de la mer de Chine méridionale, sauf la Malaisie et l'Indonésie. Il contraint les pays signataires à arrêter les pirates, confisquer leurs navires et venir en aide aux victimes. Il s'est imposé comme un modèle pour d'autres accords régionaux[2].

É. Mottet, F. Lasserre et B. Courmont, *Géopolitique de la mer de Chine méridionale*, Presses de l'Université du Québec, 2018.

1. La population des poissons dans la mer de Chine méridionale a baissé de 95 % depuis les années 1950.
2. Accords de coopération pour la lutte contre la piraterie dans l'ouest de l'océan Indien en 2009 et 2018.

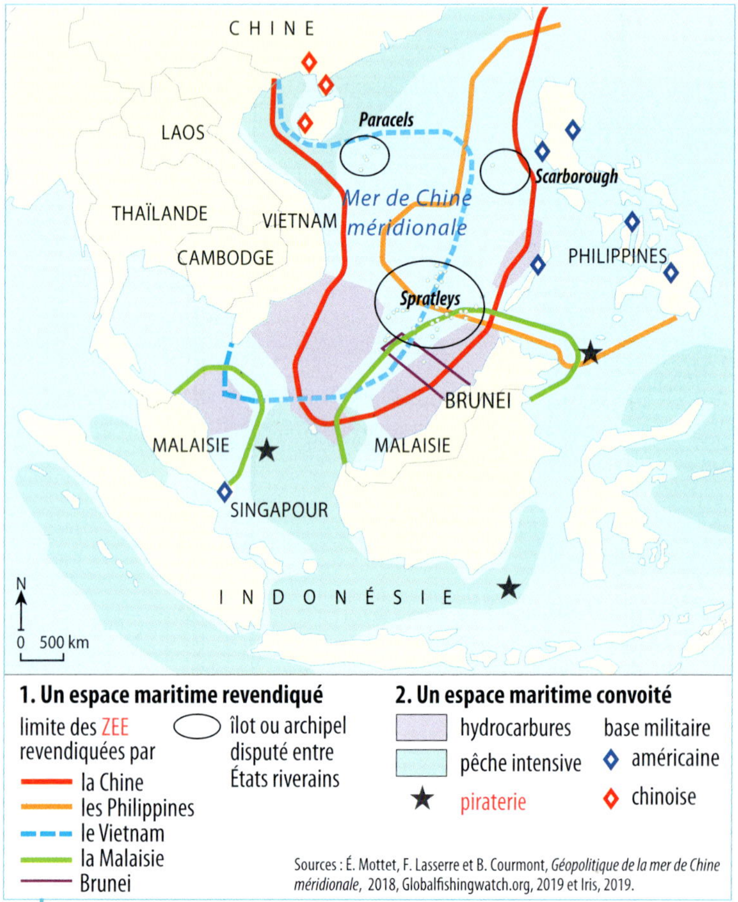

6 Une mer disputée par de nombreux acteurs

7 Une liberté de circulation sous contrôle

Dessin de presse de Vitaly Podvitski, octobre 2015.

Depuis 2014, la Chine érige une « grande muraille de sable » en mer de Chine méridionale en créant des terre-pleins dans les îles et îlots (a) disputés afin de mieux contrôler (b) la circulation de ses navires marchands et s'approprier les ressources maritimes.

Itinéraire 1

1. Pourquoi la mer de Chine méridionale est-elle un espace sous tension ? (doc. 1 et 6)
2. Comment ces tensions se manifestent-elles ? (doc. 6 et 7)
3. Quels sont les succès et les limites de la gouvernance régionale en mer de Chine méridionale ? (doc. 5 et 7)

Itinéraire 2 BAC E3C

Analyse de documents

En analysant les doc. 5 et 6, présentez et expliquez les tensions en mer de Chine dans le contexte de la mondialisation.

Vocabulaire

- **Piraterie :** acte de violence ou de détention dirigé contre un navire ou ses occupants à des fins privées (vol, demande de rançon ...).
- **ZEE (zone économique exclusive) :** espace marin large de 200 milles nautiques (370 km) dans lequel l'État côtier dispose de droits exclusifs sur l'exploration et l'exploitation des ressources.

QCM interactif | Organigramme PDF à télécharger | Croquis interactif + Version PDF à télécharger

Bilan de l'étude de cas

Retenir l'essentiel

Complétez l'organigramme à l'aide des informations présentes dans les pages 28 à 30.

Un espace maritime aux forts enjeux économiques	+	Un espace maritime stratégique	=	Un espace maritime sous tension
....		• à l'échelle mondiale :		....
....		• à l'échelle régionale :		....
....				....

Schématiser l'essentiel

À l'aide des documents p. 28 à 30, complétez le schéma suivant.

Titre : ....

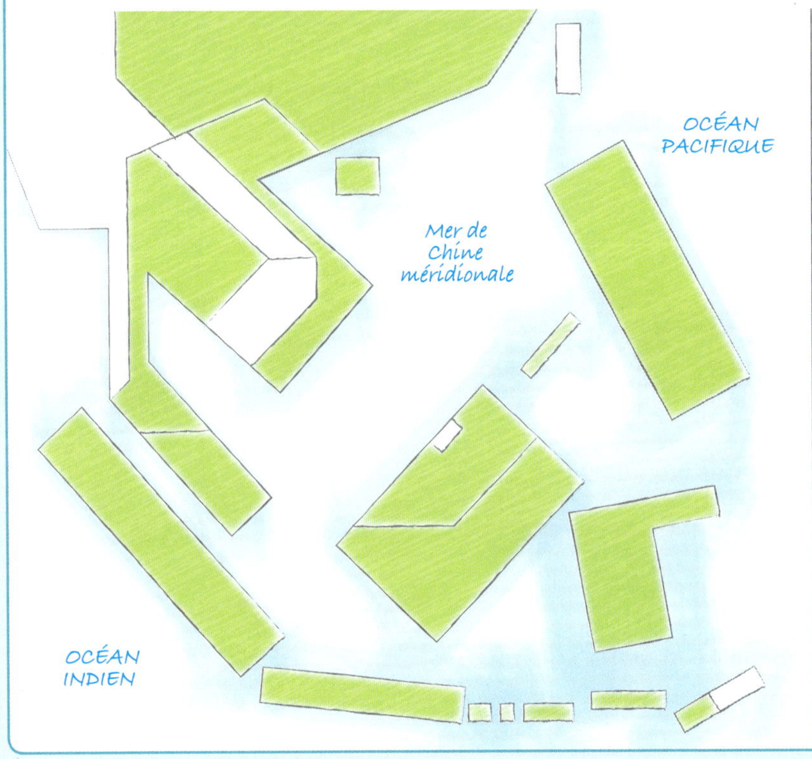

1. Un espace maritime aux forts enjeux économiques

- [vert] ....
- ...... route maritime majeure du commerce mondial
- ...... port mondial en forte croissance

2. Un espace maritime stratégique

- [gris] ....
- ...... archipel revendiqué
- ...... goulet d'étranglement

3. Un espace maritime sous tension

- ★ ....
- ♦ (orange) ....
- ♦ (bleu) ....

Changer d'échelle

De l'étude de cas... au monde

1. Toutes les routes maritimes participent-elles à l'intégration dans la mondialisation des États côtiers ? Question 1, p. 38-53
2. Toutes les mers sont-elles des espaces stratégiques de la mondialisation ? Question 2, p. 54-73

L'océan Indien : rivalités régionales et coopérations internationales

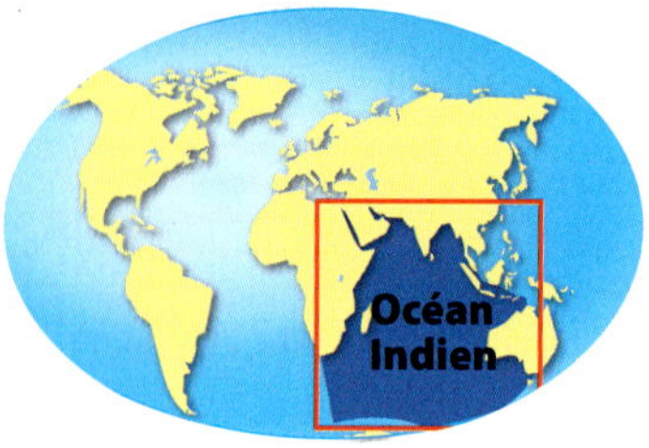

Aujourd'hui, un tiers du trafic maritime mondial et les deux tiers du trafic pétrolier du monde transitent par l'océan Indien. Si les échanges transatlantiques et transpacifiques sont plus nombreux, c'est dans l'océan Indien que la croissance du trafic est la plus forte. Le rôle de l'Inde et des autres acteurs régionaux s'en trouve bouleversé.

A Pourquoi le poids croissant de l'océan Indien dans l'économie mondiale engendre-t-il des rivalités régionales ?

Question 1, p. 38-53

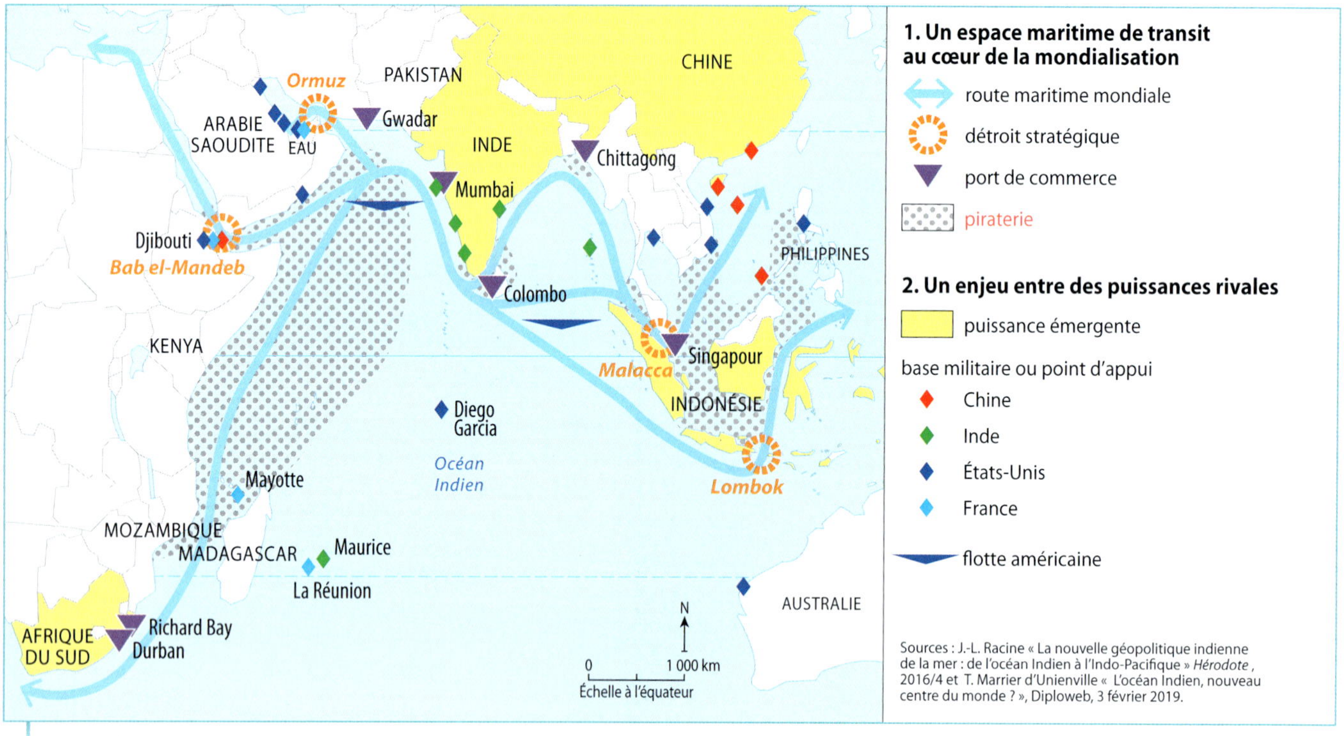

1 Un océan convoité par les puissances émergentes mondiales

2 Un terrain de rivalités entre l'Inde et la Chine
Dessin de Peter Schrank, publié dans *The Economist*, juin 2012.

Vocabulaire

- **Maritimisation :** processus d'accroissement des échanges par les voies maritimes depuis les années 1970 dans le contexte de la mondialisation.
- **Nouvelle route de la soie :** programme chinois visant à développer les infrastructures de transport entre la Chine, l'Europe et l'Afrique grâce à des partenariats avec les pays traversés.
- **Piraterie :** acte de violence ou de détention dirigé contre un navire ou ses occupants à des fins privées (vol, demande de rançon, ...).

3 Un développement portuaire soutenu par la Chine : le port de Gwadar (Pakistan)

Les États de l'océan Indien tirent profit de la maritimisation de l'économie mondiale pour étendre et moderniser leurs ports. La Chine y joue un rôle majeur en participant à la construction de ces infrastructures, comme ici à Gwadar, sur les nouvelles routes de la soie.

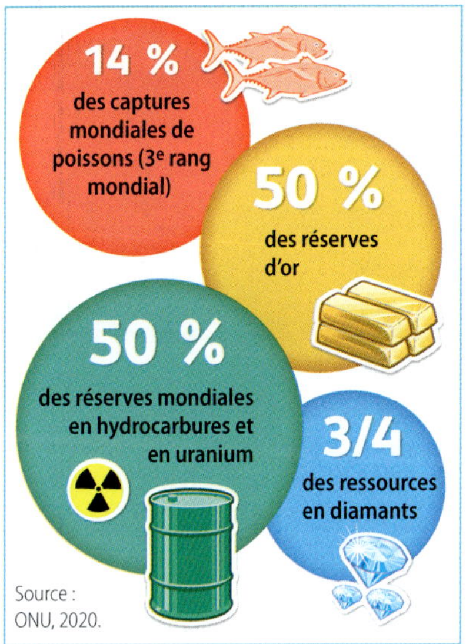

4 Des ressources potentielles convoitées

5 Un terrain d'affirmation des puissances mondiales

Les puissances telles que l'Inde, la Chine, les États-Unis ou la France, cherchent à pérenniser la stabilité sur ce territoire. L'Inde, par exemple, est progressivement devenue un élément incontournable des relations internationales. Elle cherche notamment à contrer la Chine, qui s'investit dans l'océan Indien. Pour ce faire, elle renforce ses forts maritimes, lui donnant ainsi le statut de puissance mondiale. Elle cherche aussi à obtenir un deuxième porte-avions. De son côté, la France dispose d'une présence permanente sur l'océan Indien. Enfin, sur cette aire géostratégique, les États-Unis se placent en garants de la stabilité régionale.

L'océan Indien regroupe donc un bon nombre de puissances. Toutes prétendument présentes pour consolider la zone de paix et protéger l'axe Shangaï-Rotterdam. Les zones de piraterie sont notamment le golfe d'Aden et le détroit de Malacca (30 % du commerce mondial y transite). Mais si ces puissances servent les intérêts d'autrui, elles servent en premier lieu leurs intérêts commerciaux et stratégiques. Le plus grand porte-conteneurs français - Saint Exupéry - inauguré en septembre 2018 témoigne de la volonté de la France de rivaliser avec les navires américains et chinois. Une telle variété de puissances dans une même région dans le but de soutenir leurs intérêts propres et ceux d'autrui est-elle vraiment source de stabilité ?

T. Marrier d'Unienville « L'océan Indien, nouveau centre du monde ? », Diploweb, 3 février 2019.

Utiliser une approche géographique pour mener une analyse

Itinéraire 1

Décrire

1. Montrez que l'océan Indien est un espace maritime de transit dans la mondialisation (routes, espaces reliés). (doc. 1)
2. Comment se manifeste la présence des grandes puissances dans l'océan Indien ? (doc. 1, 2 et 5)

Interpréter et synthétiser

3. Comment expliquer les rivalités au sein de l'océan Indien ? (doc. 4 et 5)
4. Dans quelle mesure les ambitions mondiales de la Chine attisent-elles ces rivalités régionales ? (doc. 1, 2 et 3)

Itinéraire 2 BAC E3C

Question problématisée

Pourquoi les rivalités de l'océan Indien sont-elles à la fois politiques et économiques ?

Pour vous guider

Réalisez ce tableau au brouillon pour classer les informations des documents en sélectionnant les acteurs principaux présents dans l'océan Indien.

	politiques	économiques
Raisons		
Exemples		

B Les coopérations internationales peuvent-elles apaiser les rivalités régionales ?

Question 2, p. 54-73

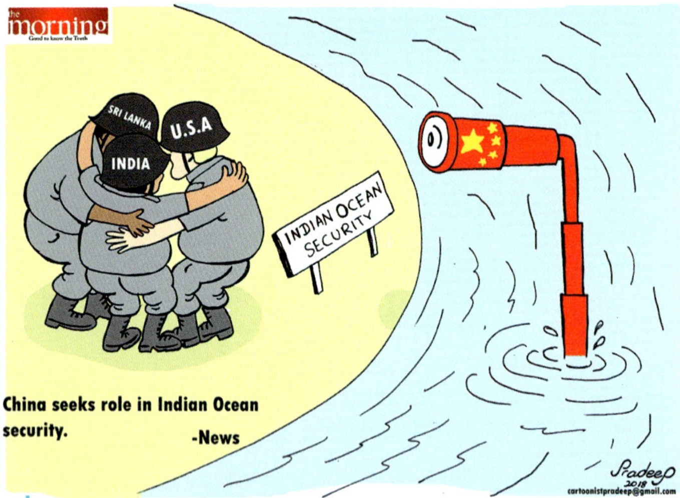

6 Des coopérations régionales aux dépens de la Chine ?
Dessin de Sradeep, publié dans *The Sunday morning*, octobre 2018.

7 Des coopérations régionales au profit de l'Inde ?

L'œil du géographe Depuis 1997, l'Inde tente de créer des connexions internes à l'océan Indien à l'aide de l'IORA, l'Indian Ocean Rim Association (L'Association de la côte de l'océan Indien) qui réunit 22 membres. Certains États sont acceptés comme partenaires de dialogue : Chine, États-Unis, France, Royaume-Uni, Japon et Égypte. Les thématiques abordées sont pragmatiques : sécurité maritime, gestion des risques de catastrophes, amélioration des conditions d'investissements et du commerce entre les membres, coopérations universitaires scientifiques et technologiques et développement d'une économie maritime plus durable centrée sur l'océan Indien.

De plus, pour mieux faire accepter l'idée d'une sécurité maritime de l'océan Indien obtenue par les riverains eux-mêmes, l'Inde a créé en 2008 un forum de discussion des États-majors des marines des États de l'Océan indien, l'Indian ocean naval symposium (IONS). Le but est de créer une coopération navale profitant à tous en termes de sécurisation des échanges maritimes et permettant aussi à l'Inde de s'y développer voire d'en être un leader militaire et commercial. En somme, l'Inde encourage la coopération navale à tous les niveaux, ce qui lui permet d'entrevoir la création d'un espace d'échanges commerciaux plus importants et des approvisionnements en hydrocarbures et en minéraux, proches et sécurisés. Elle offre aussi à tous les États riverains une option alternative à la sécurisation par les États-Unis.

N. Péné, « L'Indian Navy : de la défense littorale à la puissance océanique », *Bulletin de l'association de géographes français*, 2017.

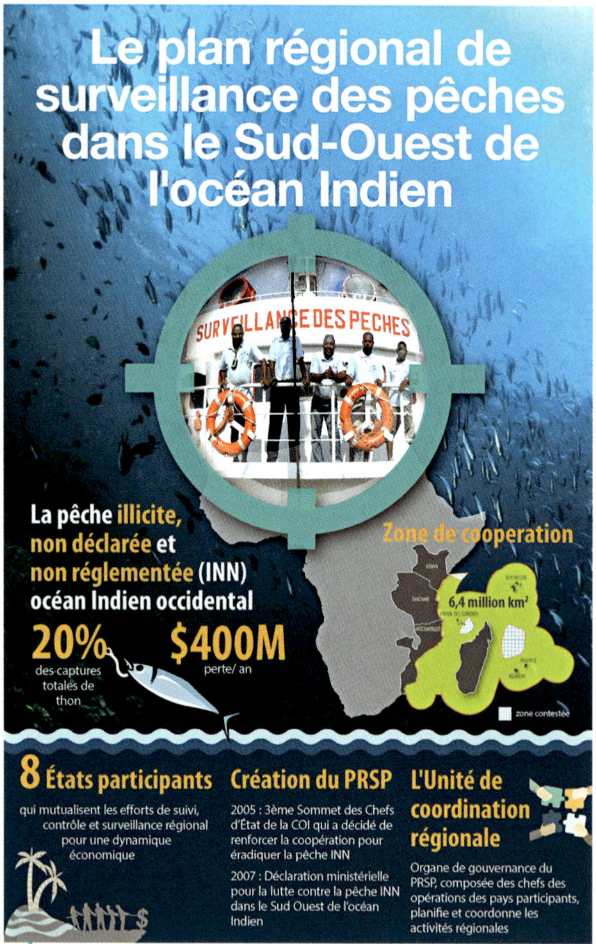

8 Un exemple de coopération : La Commission de l'océan Indien (COI)
Créée en 1982, elle favorise la solidarité régionale à travers des projets de coopération couvrant un large éventail de secteurs, dont la pêche.

Itinéraire 1

Décrire et interpréter les documents

1. Quelles formes prennent les coopérations dans l'océan Indien ? À quelles échelles ? (doc. 7 et 8)
2. Montrez que le but de ces coopérations est d'assurer développement régional et lutte contre l'insécurité. (doc. 7 et 8)
3. Quels autres objectifs sont poursuivis par les grandes puissances régionales ? (doc. 6 et 7)

Itinéraire 2 BAC E3C

Analyse de documents

En analysant le doc. 7, expliquez les objectifs poursuivis par l'Inde dans l'élaboration d'une coopération internationale de l'océan Indien.

QCM interactif | Organigramme PDF à télécharger | Croquis interactif + Version PDF à télécharger

Bilan de l'étude de cas

Retenir l'essentiel

Complétez l'organigramme à l'aide des informations présentes dans les pages 32 à 34.

Un espace de transit majeur dans la mondialisation	+	Des rivalités régionales intenses	=	Des coopérations internationales en essor
une route maritime majeure		des puissances régionales :		des coopérations à toutes les échelles
....		des puissances mondiales :		....
....				....

Schématiser l'essentiel

À l'aide des documents p. 32 à 34, complétez le schéma suivant.

Titre : ....

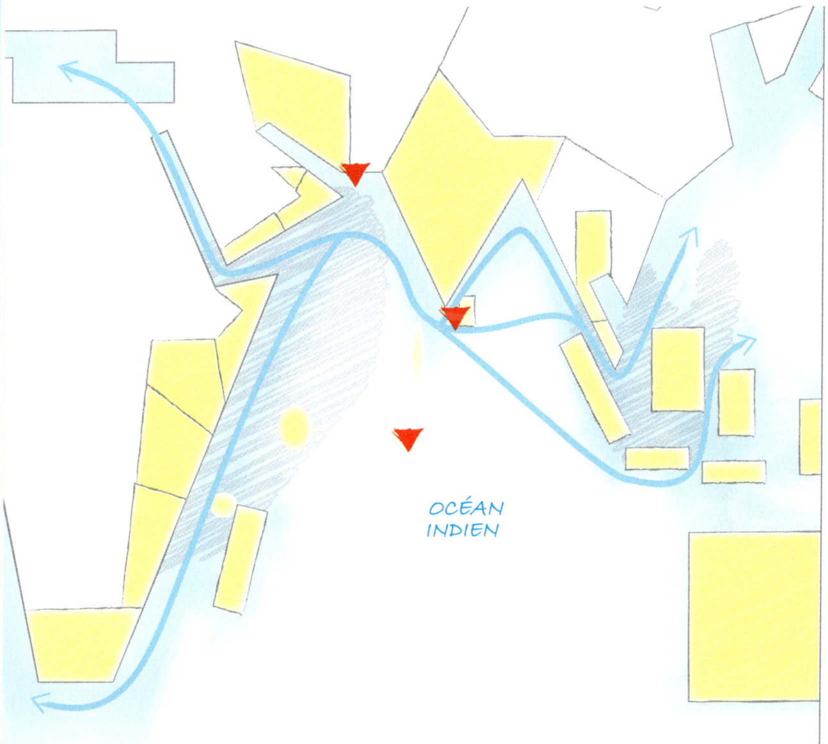

1. Un espace de transit maritime sous tensions

.... route maritime

.... détroit

.... piraterie

2. De fortes rivalités régionales pour assurer la sécurité

.... puissance émergente qui cherche à renforcer leur contrôle dans l'océan Indien

base militaire / flotte :
- chinoise
- indienne
- française
- étasunienne

3. Des coopérations en essor

....

....

.... coopération régionale insulaire en faveur du développement durable

Changer d'échelle

De l'étude de cas... au monde

1. Quels autres espaces maritimes sont des espaces majeurs de transit dans la mondialisation ?
Question 1, p. 38-53

2. Quels autres espaces maritimes sont disputés dans la mondialisation ? Question 2, p. 54-73

Le détroit de Malacca, un enjeu stratégique dans la mondialisation ?

Plus court chemin entre les océans Indien et Pacifique, le détroit de Malacca constitue une route majeure de la mondialisation. Sa sécurité devient ainsi un enjeu stratégique pour ses usagers comme pour les pays riverains.

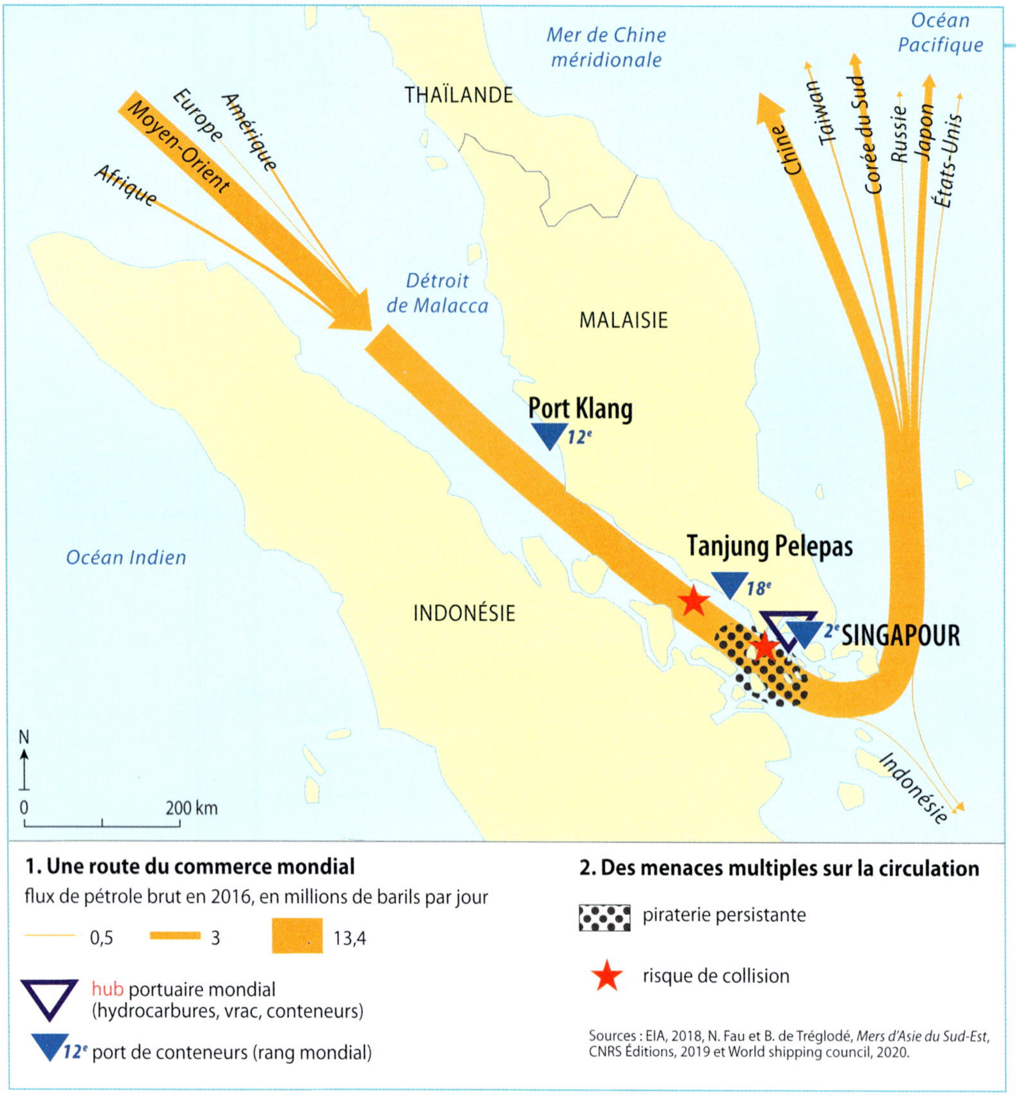

1 **Malacca, un détroit au cœur des échanges mondiaux**

Vocabulaire

- **Goulet d'étranglement :** passage stratégique en matière de transports. Les goulets d'étranglement maritimes (détroits, canaux) sont étroits, peu profonds et leur traversée limite la capacité des navires.
- **Hub :** point d'un réseau (aéroport, port) drainant passagers et marchandises pour les redistribuer à une échelle internationale.

Mesures	Acteurs
Mise en place de couloirs de navigation et d'un système d'aide à la navigation (1991 - 1997)	Coopération trilatérale (Indonésie, Philippines, Singapour)
Signalement obligatoire des navires en transit (1998)	Japon (financement), Indonésie, Philippines, Singapour
Création d'un centre régional de lutte contre la piraterie à Kuala Lumpur (1991) Accord de coopération régionale contre la piraterie (2006)	Bureau maritime international Sous l'impulsion du Japon
Système de coopération incitant les États usagers du détroit à participer au financement de sa sécurisation (2007)	Organisation maritime internationale + États riverains + États usagers (Chine, États-Unis, Australie, Corée du Sud, Inde, Japon)

2 **Une sécurisation de plus en plus internationalisée**

3 Un passage stratégique dans la mondialisation

Encore plus que pour le Japon, le détroit est vital pour la Chine devenue la plus grande nation portuaire de notre monde globalisé. En 2003, le président Hu Jintao, selon un journal de Hong Kong, aurait évoqué le « dilemme de Malacca ». La Chine est très dépendante de ce détroit par lequel transite 100 % du soja importé, 90 % du pétrole, 40 % du fer et 40 % du gaz. Le **goulet d'étranglement** de Malacca est aussi sensible pour toutes les économies exportatrices d'Extrême-Orient. Pour la Chine comme pour ses voisins, la route vers l'ouest est celle des exportations de produits manufacturés vers le reste de l'Asie, l'Europe et l'Afrique. De 5 millions d'EVP[1] dans les années 1990, le trafic atteint aujourd'hui 50 millions d'EVP. Plus que la piraterie ou les tensions de voisinage en mer de Chine méridionale sous pression chinoise, la menace directe sur le détroit est simplement la congestion maritime. Au début des années 2000, le trafic au large de Singapour était de 50 000 navires par an, en 2016, il s'est élevé à 83 740 unités.

Institut supérieur d'économie maritime (Isemar), mai 2017.

1. Équivalent vingt pieds : unité de mesure utilisée pour le trafic de conteneurs

4 Des grandes puissances de plus en plus présentes dans le détroit

Entre mai et juin 2019, dans le cadre de la mission Clemenceau, le porte-avions français *Charles de Gaulle* (a) a mené des exercices conjoints avec la marine singapourienne (b) dans le détroit de Malacca ainsi qu'avec les marines malaisienne, japonaise et australienne.

Utiliser une approche géographique pour construire une argumentation

Itinéraire 1

Lire et confronter les documents

Complétez le tableau ci-dessous.

À l'échelle mondiale :	un détroit important pour le commerce (doc. 1 et 3)	....
À l'échelle régionale :	la sécurité du détroit, un enjeu qui dépasse les États souverains (doc. 2 et 4)	....
À l'échelle locale :	des risques majeurs pour la circulation (doc. 1 et 3)	....

Itinéraire 2 BAC E3C

Question problématisée

Pourquoi le détroit de Malacca est-il un axe stratégique de l'économie mondiale à toutes les échelles ?

1 **Navires de croisière (Cozumel, Mexique, mer des Caraïbes)**

Activités numériques

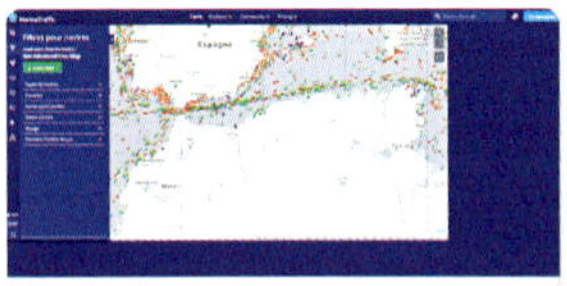

Sur le site www.marinetraffic.com, zoomez sur le détroit de Gibraltar.

a. Distinguez les types de navires qui traversent le détroit.

b. Choisissez un navire et identifiez son activité : type de navire, origine, destination.

c. Comparez votre travail avec les sélections du reste de la classe pour montrer l'importance du détroit de Gibraltar dans les flux maritimes.

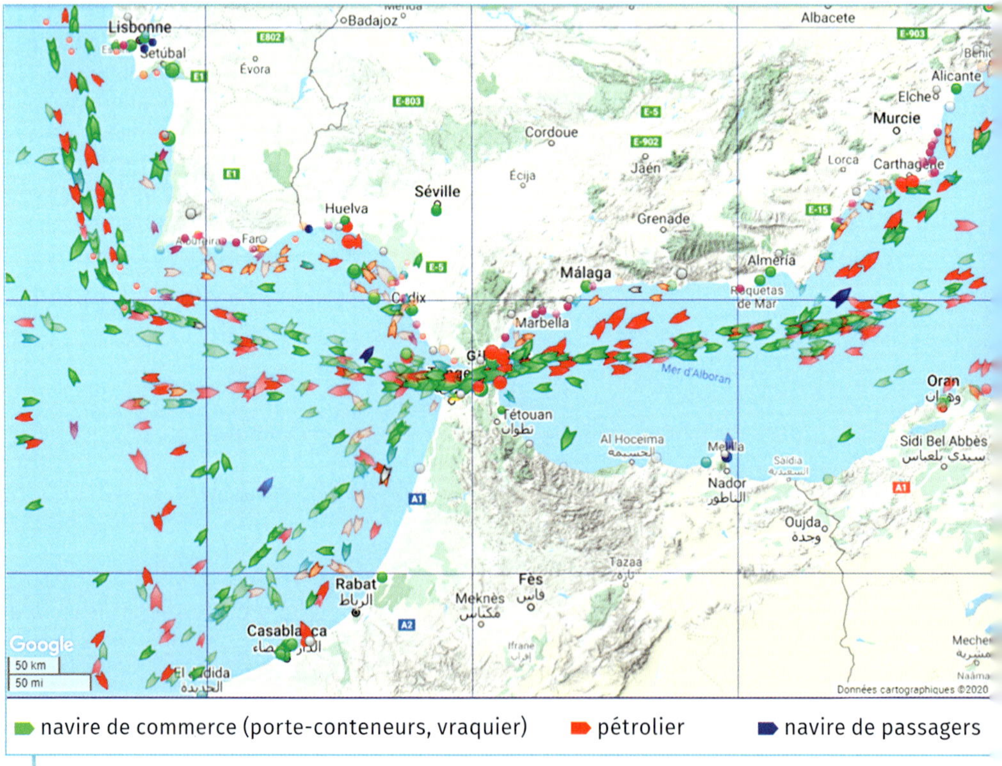

2 **Une vue du trafic maritime autour de Gibraltar, janvier 2020**

QUESTION 1

RESSOURCES EN +
Sur le site collection :
lycee.hachette-education.com/hg/geo-tle

Mers et océans : vecteurs essentiels de la mondialisation

Comment les mers et océans organisent-ils la mondialisation ?

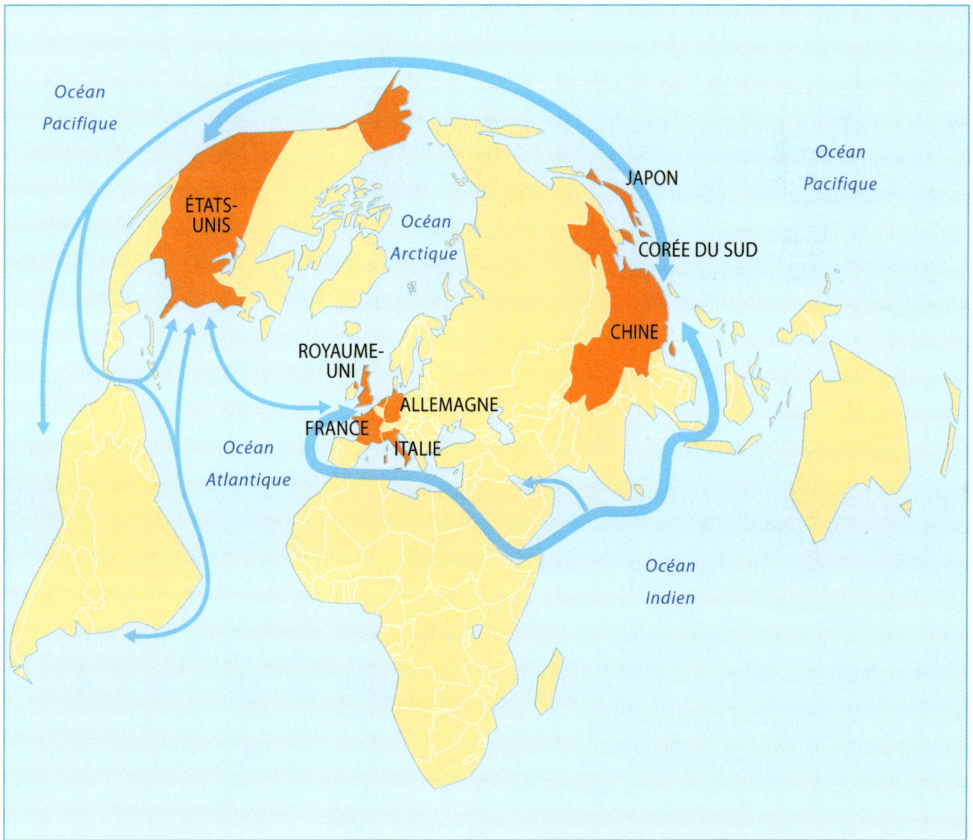

Sources : OMC, 2020 et World Shipping Council, 2020.

3 Les routes maritimes, artères de la mondialisation

1. Quel lien peut-on établir entre la localisation des grandes puissances exportatrices et celle des grandes routes maritimes ? (doc. 2 et 3)
2. Détaillez les types d'échanges qui traversent les mers et océans. (doc. 1 et 2)
3. Expliquez pourquoi le détroit de Gibraltar est un lieu stratégique de la mondialisation à l'échelle européenne et mondiale. Quels autres espaces dans le monde peuvent être considérés comme des points majeurs de la circulation maritime ? (doc. 3)

Carte interactive

Les réseaux maritimes, au cœur de la mondialisation

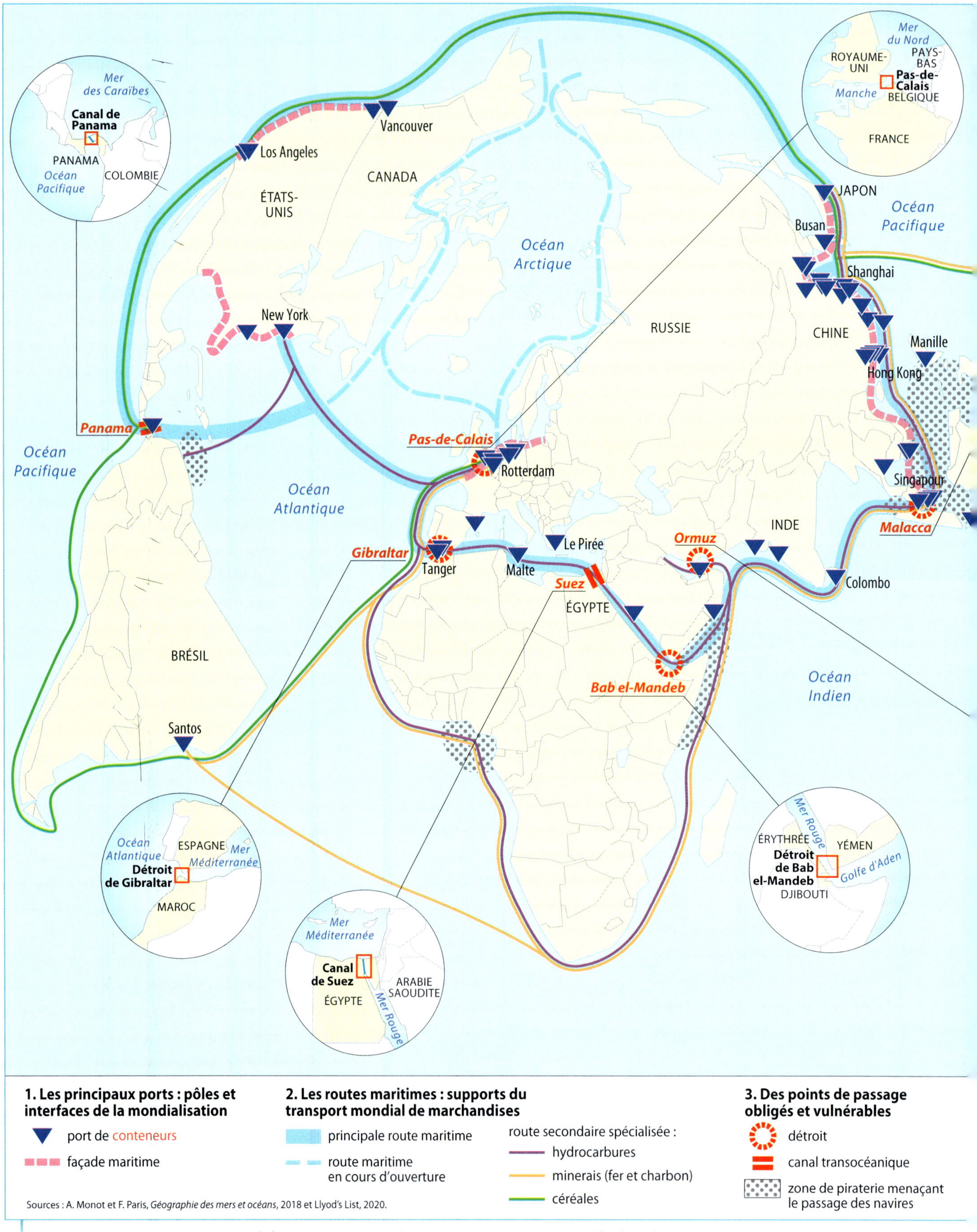

1 Grands ports et routes maritimes : au cœur du processus de la mondialisation

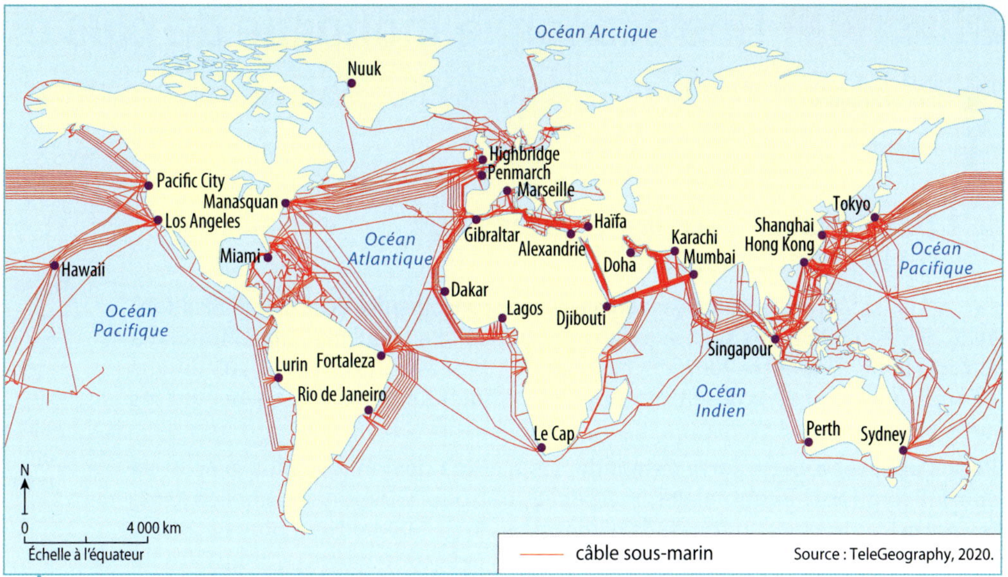

2 **Le réseau sous-marin des câbles Internet**

Des planisphères...

1. Identifiez et localisez les différents éléments des réseaux maritimes : routes, câbles, points d'entrée sur les continents. Quels territoires mettent-ils en valeur ?
2. Pourquoi, selon vous, les réseaux sont-ils des supports de la mondialisation ?
3. Pourquoi les détroits d'Ormuz et de Malacca sont-ils des lieux stratégiques dans la mondialisation ? Identifiez d'autres lieux similaires.

Vocabulaire

- **Conteneur :** boîte métallique de taille standardisée facilitant le transport et la manutention des marchandises.

... au schéma

À l'aide des cartes, complétez le schéma de synthèse suivant.

Schéma PDF à télécharger

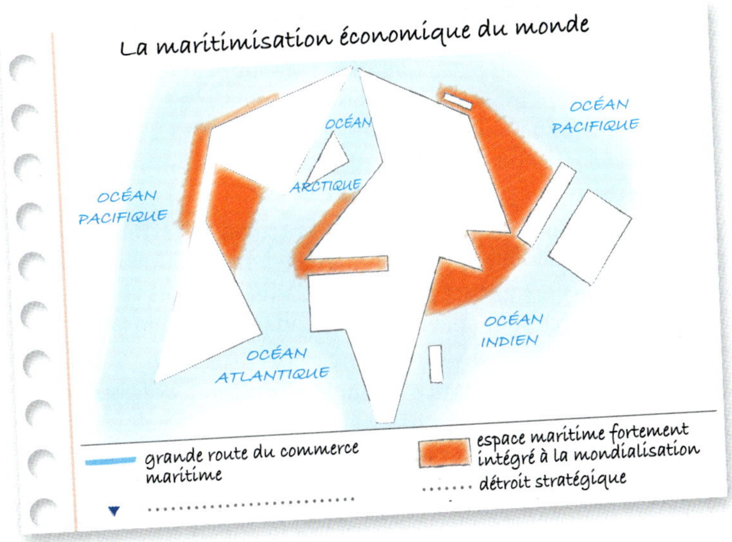

Cours 1

Une économie mondiale de plus en plus maritime

QCM interactif cours

Podcast

Quelle place les mers et océans occupent-ils dans la mondialisation ?

A Des espaces parcourus par les flux de la mondialisation

La maritimisation de l'économie mondiale est une conséquence de la mondialisation : 90 % des marchandises sont exportés par bateau. Le trafic maritime mondial a augmenté de 25 % entre 2007 et 2017 (Repère A). Par ailleurs, en 2018, 28 millions de croisiéristes et 99 % des flux Internet (380 câbles sous-marins) traversent les mers et océans (doc. 2).

Pour s'adapter à cette forte demande, les navires deviennent plus gros et se spécialisent (porte-conteneurs, méthanier, pétrolier). Depuis les années 1960, les porte-conteneurs sont passés d'une capacité de 500 boîtes à plus de 21 000 aujourd'hui et atteignent 400 m de long (doc. 1). Cela contribue à la compétitivité du coût du transport maritime (moins de 2 % du prix de revient des marchandises).

Cette course au gigantisme est menée par des armateurs. Le marché est dominé par des groupes européens (Repère B), mais parmi les dix premiers, six sont asiatiques (contre quatre en 2000). Ils investissent dans les infrastructures portuaires (CMA CGM à Kingston en Jamaïque, Maersk à Rotterdam) et dans l'innovation. En 2019, CMA CGM lance son premier porte-conteneur géant (le CMA CGM Jacques Saadé) propulsé au gaz naturel liquéfié, rejetant moins de polluants nocifs que le fioul lourd maritime utilisé aujourd'hui.

B Des espaces qui structurent la mondialisation

La route circumterrestre relie les principaux pôles de l'économie mondiale. Le Pacifique est devenu l'océan de la mondialisation. Depuis 1984, les flux y ont dépassé ceux de l'Atlantique : en 2018, 27,6 million de conteneurs l'ont traversé, contre 24,8 pour l'océan Indien et 8,1 pour l'Atlantique. Cette route est jalonnée de hubs qui redistribuent les marchandises vers des ports secondaires et leur arrière-pays.

Le réseau des échanges maritimes est complété par des lignes spécialisées. Les routes des hydrocarbures depuis le Moyen-Orient (45 % des exportations) et l'Afrique de l'Est traversent les océans Indien et Atlantique. Les routes du fer et du charbon partent depuis l'Amérique et l'Australie, les routes agricoles depuis l'Europe et l'Amérique.

Les canaux transocéaniques, points de passage incontournables, s'adaptent au gigantisme des navires. Le nouveau canal de Suez (2015) voit transiter jusqu'à 97 navires par jour (49 avant les travaux). En 2017, la Turquie a lancé le projet du canal d'Istanbul pour contourner le détroit du Bosphore aujourd'hui saturé par la circulation maritime (navires de marchandises, paquebots de croisière, ferries ...).

C Des espaces menacés par des flux croissants

L'explosion du trafic maritime conduit à des pollutions. Responsable de 3 % des gaz à effet de serre, la part du transport maritime pourrait passer à 17 % en 2050. Si le nombre de marées noires diminue (64 en 1990 à 6 en 2018), la quantité de pétrole déversé reste élevée (113 000 tonnes lors du naufrage du *Sanchi* en mer de Chine en 2018), en raison de la capacité des navires.

La compétition pour le transport de marchandises entraîne la recherche de nouvelles routes. La route polaire du nord-est permet un gain de distance entre l'Europe et l'Asie de 40 %, mais est encore incertaine (dangerosité et coût). Des ponts continentaux sont renforcés pour diminuer la dépendance au trafic maritime (nouvelles routes de la soie).

La concentration du trafic dans des goulets d'étranglement freine et fragilise le trafic. Les détroits et les canaux transocéaniques restent des lieux de vulnérabilité géopolitique. En 2019, l'Iran a menacé de fermer le détroit d'Ormuz, par où transite 35 % du pétrole exporté par voie maritime.

La maritimisation de l'économie et la mondialisation influent l'une sur l'autre.

Vocabulaire

- **Armateur :** personne ou entreprise qui possède une flotte de navires et qui s'occupe de son exploitation commerciale.
- **Hub :** point d'un réseau (aéroport, port) drainant passagers et marchandises pour les redistribuer à une échelle internationale.
- **Maritimisation :** processus d'accroissement des échanges par les voies maritimes depuis les années 1970 dans le contexte de la mondialisation.
- **Route circumterrestre :** route maritime faisant le tour de la terre en passant par les principaux foyers de l'économie mondiale.
- **Route polaire :** route maritime arctique en cours d'ouverture (passage du nord-est, passage du nord-ouest et route transpolaire).

REPÈRE A

La maritimisation des échanges

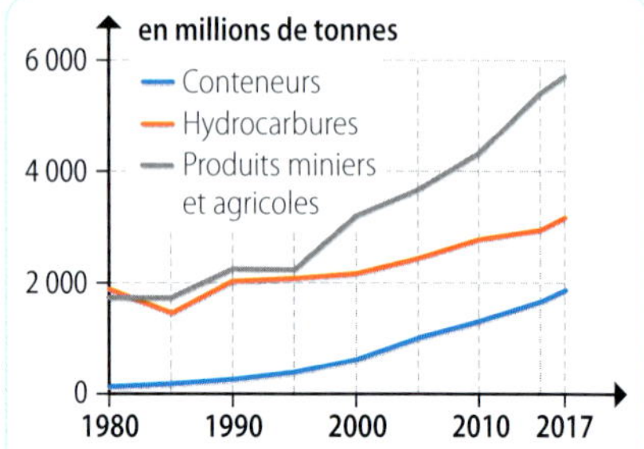

Source : Cnuced, 2020.

REPÈRE B

Classement des armateurs en 2019

Armateurs	Trafic annuel, en nombre de conteneurs (en % du total)
1er APM-Maersk (Danemark)	4 176 890 (18)
2e MSC (Suisse-Italie)	3 475 818 (15)
3e Cosco (Chine)	2 912 651 (12,6)
4e CMA CGM (France)	2 721 084 (11,7)
5e Hapag-Lloyd (Allemagne)	1 700 384 (7,3)

Source : Alphaliner, 2020.

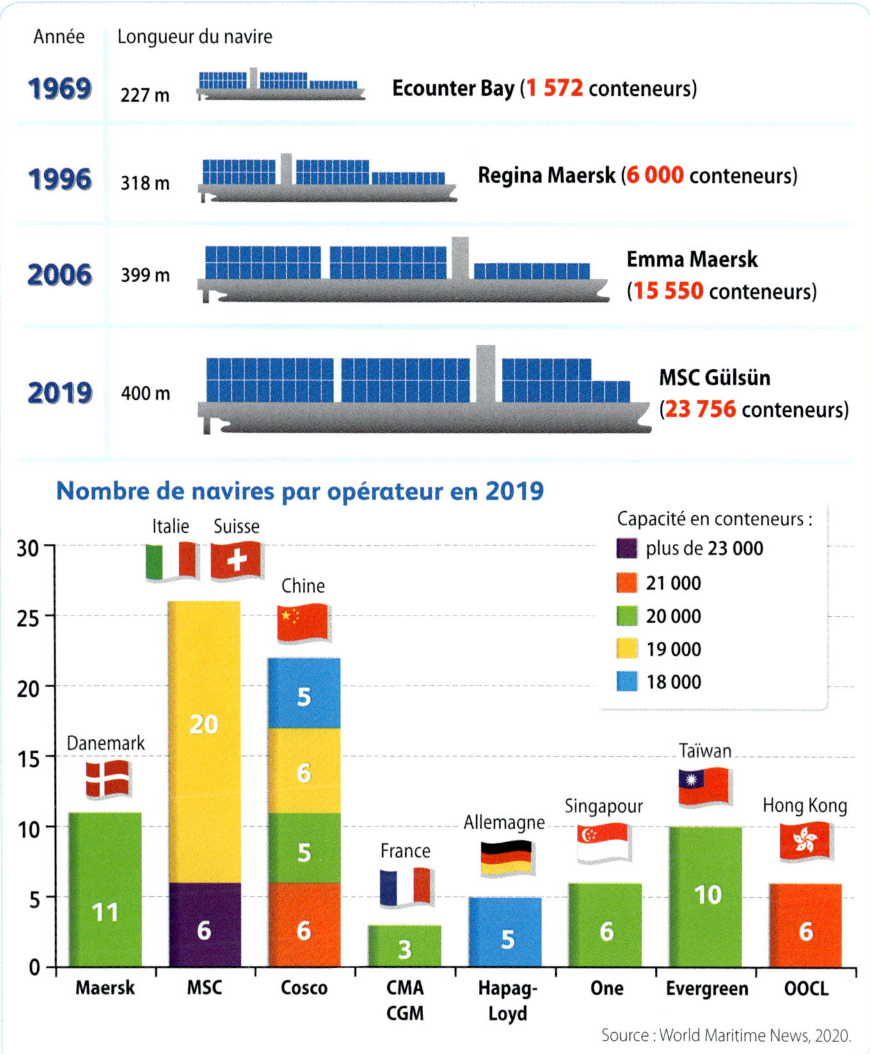

1 L'évolution de la taille des navires

2 Le réseau de l'Internet maritime

Les câbles sous-marins sont devenus l'infrastructure essentielle de notre monde. Si Internet est un phénomène mondial, si nous vivons dans un village planétaire, c'est parce qu'il existe des câbles sous l'océan. Pour fonctionner, Internet a en effet besoin d'infrastructures colossales, essentiellement de tuyaux de plastique et d'acier et de gros *data centers* qui font le lien avec les réseaux de communication terrestres. Car, contrairement aux idées reçues, les satellites ne représentent même pas 1 % des échanges de données. Très utiles pour atteindre des zones reculées par exemple, ils coûtent en revanche beaucoup plus cher que les câbles et sont moins rapides. Près de 99 % du trafic intercontinental est assuré par les lignes sous-marines. Aujourd'hui, la plupart des pays côtiers disposent d'au moins un câble sous-marin : l'Antarctique, la Corée du Nord, l'Erythrée ou encore l'île de Pâques font partie des rares zones du globe non connectées au reste du monde. En février 2019, cette immense toile comptait quelque 380 câbles en service, soit environ 1,2 million de kilomètres de « tuyaux » qui serpentent sous les mers. Une soixantaine d'autres sont en projet ou en cours de construction.

RFI, 2019.

Capacités & Méthodes

Utiliser les outils numériques

En vous aidant du document 2 et des trois rubriques du webdoc RFI (https://webdoc.rfi.fr), complétez le schéma ci-dessous afin de répondre au sujet : « Les océans, pivot d'Internet ». Ce schéma peut être le support d'une présentation orale de 5 minutes.

site Internet

Les océans, pivot d'Internet

Les autoroutes du web : chiffres clés
- ....
- ....

Puissances : les acteurs
- ....
- ....

Enjeux stratégiques
- ....
- ....

Menaces sous les mers : vulnérabilités
- ....
- ....

Exemple Pourquoi le canal de Suez est-il contraint de s'élargir ?

Le canal de Suez a longtemps déterminé la taille des navires. Mais depuis 30 ans, le rapport de force s'est inversé : il doit s'adapter au gigantisme du transport maritime.

Carte interactive

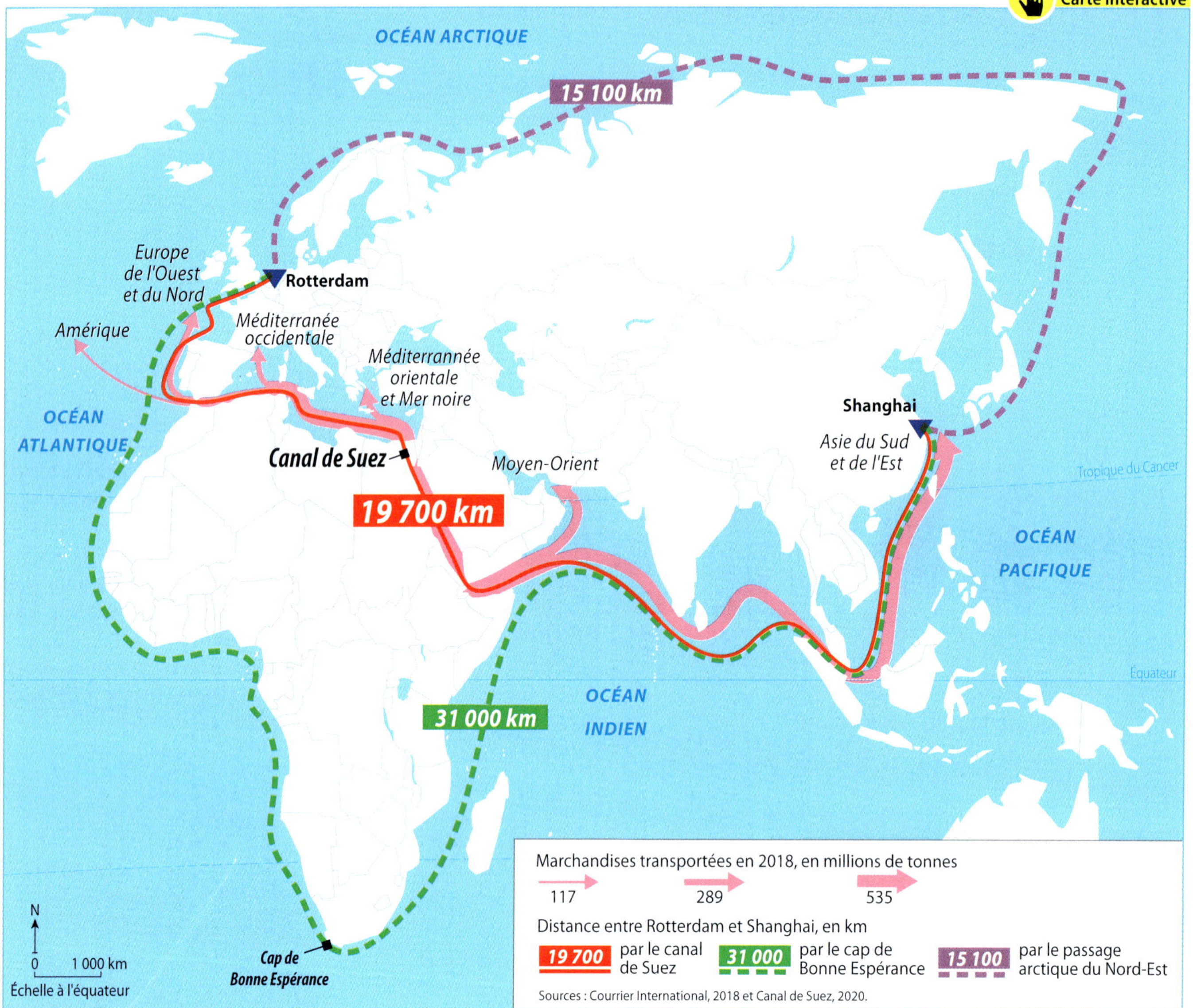

1 Suez, un passage majeur de la route maritime entre l'Europe et l'Asie

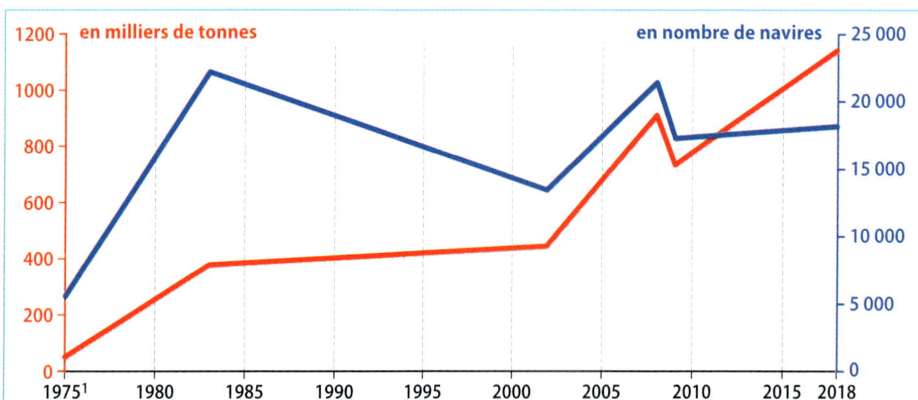

1. Entre les guerres des Six Jours (1967) et du Kippour (1973) puis 15 mois de travaux, le canal est fermé pendant 8 ans. Il ouvre à nouveau en 1975.

Source : Canal de Suez, 2020.

2 La croissance du fret maritime

Vocabulaire

- **Zone franche :** zone qui présente des avantages fiscaux pour attirer les entreprises et développer l'activité économique.

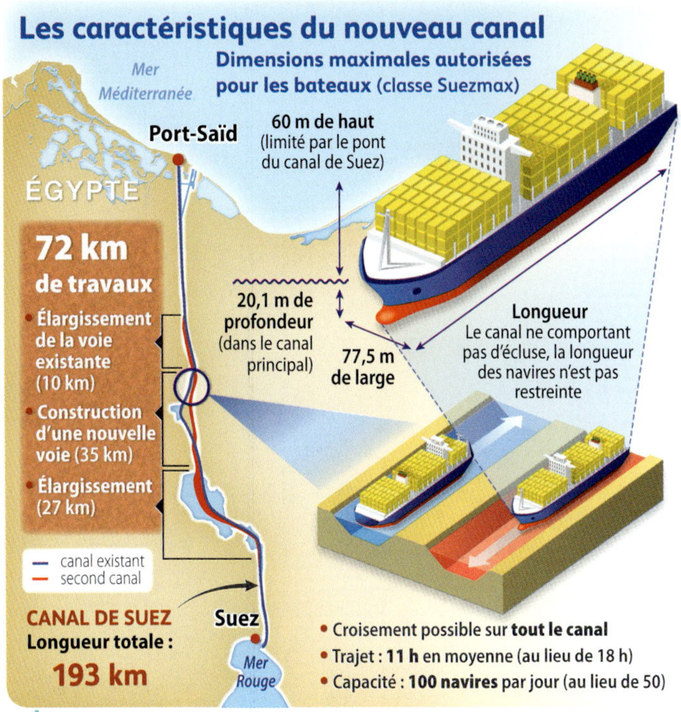

3 Les travaux d'agrandissement (2014-2015)

4 Les enjeux du canal de Suez pour l'Égypte

L'œil du géographe Les redevances du canal de Suez constituent une rente pour l'Égypte. En 2014, avant les travaux du canal, celui-ci rapportait 4,7 milliards d'euros, soit 1,9 % du PIB et 31 % des recettes en devises du pays. Les tarifs de transit sont établis par l'Autorité du canal. Un navire de 18 000 conteneurs paie environ 730 000 euros chaque passage. Les travaux conduits sur le canal ont pour objectif d'augmenter le revenu qu'en tire le pays. En effet, la fluidification du trafic permise par la nouvelle voie laisse espérer une augmentation conséquente du passage des navires et des recettes correspondantes. Le gouvernement égyptien compte sur une croissance des revenus du nouveau canal à 11,7 milliards d'euros en 2023. Mais l'évolution du trafic constatée entre 2015 et 2017 ne confirme pas pour l'instant les espoirs placés dans la modernisation du canal.

Pourtant, depuis 2015, l'axe du canal de Suez est devenu une **zone franche** de 460 km², destinée à attirer toute entreprise. Les autorités égyptiennes attendent du nouveau canal qu'il stimule la transformation de la zone en un centre mondial logistique, industriel, et de services pour le commerce international. Pour l'instant, les Chinois ont pris une concession sur 7 km² qui s'inscrit dans leur « nouvelle route de la soie maritime », la Russie s'implante sur 5 km² à Port-Saïd, l'Espagne négocie 4 km², ce qui représente toutefois une part encore modeste de l'immense zone.

M.-C. Doceul et S. Tabarly, « Le canal de Suez, les nouvelles dimensions d'une voie de passage stratégique », *Géoconfluences*, 2018.

5

Un canal sous haute surveillance

L'insécurité accrue autour du canal de Suez (attentats dans le Sinaï, guerre civile au Yémen) et la piraterie dans la mer Rouge et l'océan Indien font courir des risques matériels et humains.

Utiliser une approche géographique pour construire une argumentation

Itinéraire guidé

Décrire

1. Identifiez les avantages du canal de Suez pour les transporteurs maritimes. (doc. 1 et 3)
2. Montrez que le trafic du canal est dépendant du climat économique mondial. (doc. 2)

Expliquer

3. Comment interpréter la reprise du trafic depuis 2009 ? (doc. 2, 3 et 4)
4. À qui profite le plus la modernisation du canal : l'Égypte ou les armateurs ? (doc. 4)
5. Pourquoi la zone du canal est-elle une zone sous tension ? (doc. 5)

Synthétiser

6. Rédigez un paragraphe d'une dizaine de lignes montrant les enjeux de l'adaptation du canal de Suez au gigantisme des navires.

Itinéraire en autonomie

Reproduisez et complétez le tableau ci-dessous à l'aide des informations données par les documents pour montrer que le canal de Suez est contraint au gigantisme.

Les atouts du canal (doc 1, 3 et 4)	....
Les contraintes du canal (doc. 2 et 5)	....

Des espaces maritimes hiérarchisés

Carte interactive

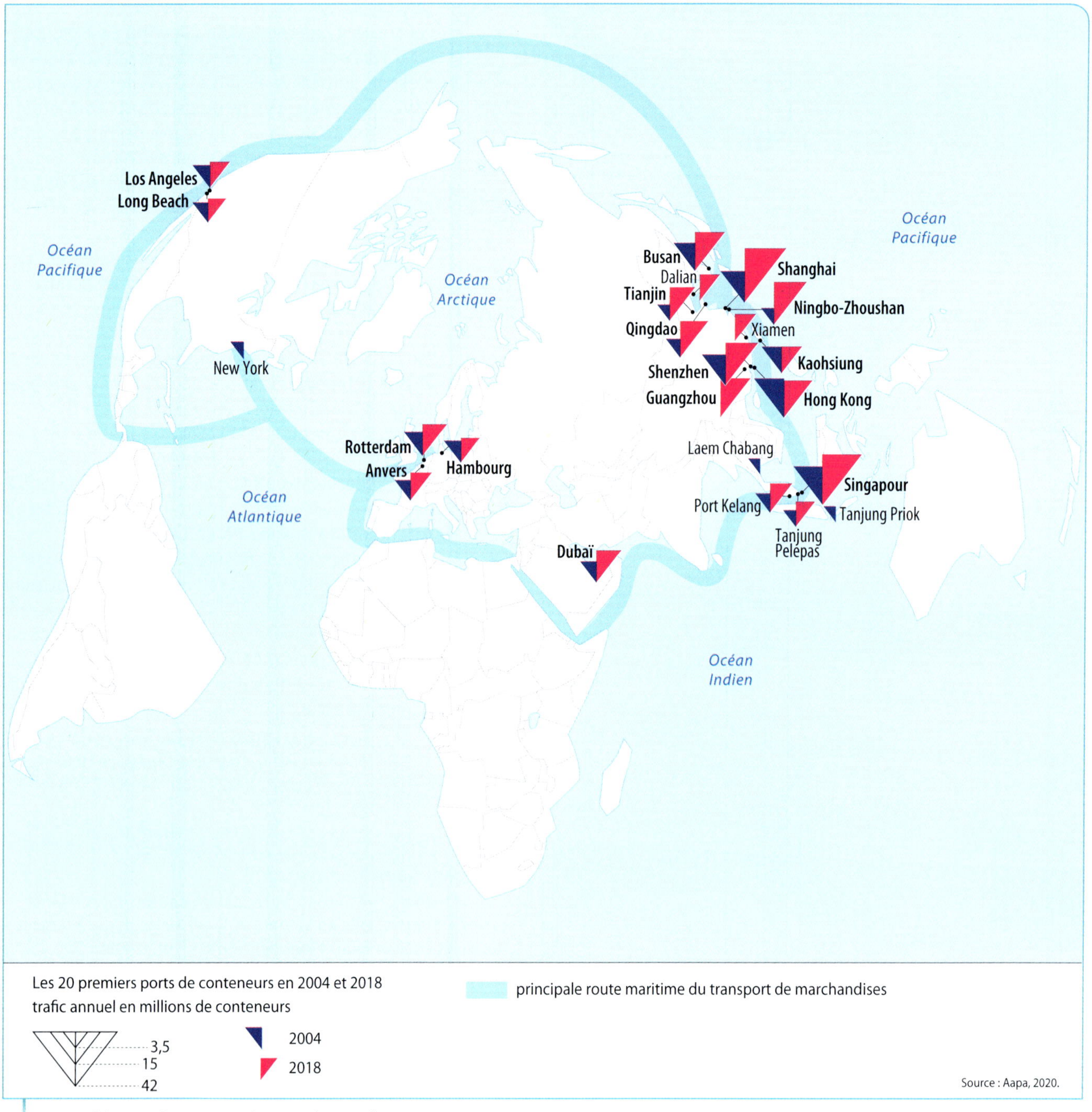

1 Une hiérarchie portuaire en évolution

Lire les cartes

Cartes 1 et 2

La hiérarchie des ports de conteneurs révèle l'importance des mers et océans pour le commerce mondial. En effet, les ports sont des éléments moteurs de l'économie mondiale. La mondialisation entraîne donc la concentration des activités maritimes sur certains littoraux.

Montrez que le début du XXIe siècle voit l'émergence de la façade asiatique. Quels territoires sont les plus intégrés à la mondialisation par la maritimisation ? Lesquels en sont exclus ?

Carte 3

Si les paquebots transocéaniques ont aujourd'hui disparu face à la concurrence du transport aérien, le tourisme de croisière est en pleine expansion. Les navires sont lancés dans une course au gigantisme, offrant toujours plus d'espaces dédiés aux loisirs (doc. 1 p. 38)**. Tout comme pour les marchandises, les flux maritimes de touristes sont concentrés sur un petit nombre de territoires.**

Quels sont ces territoires ? Comment expliquez-vous cette concentration ?

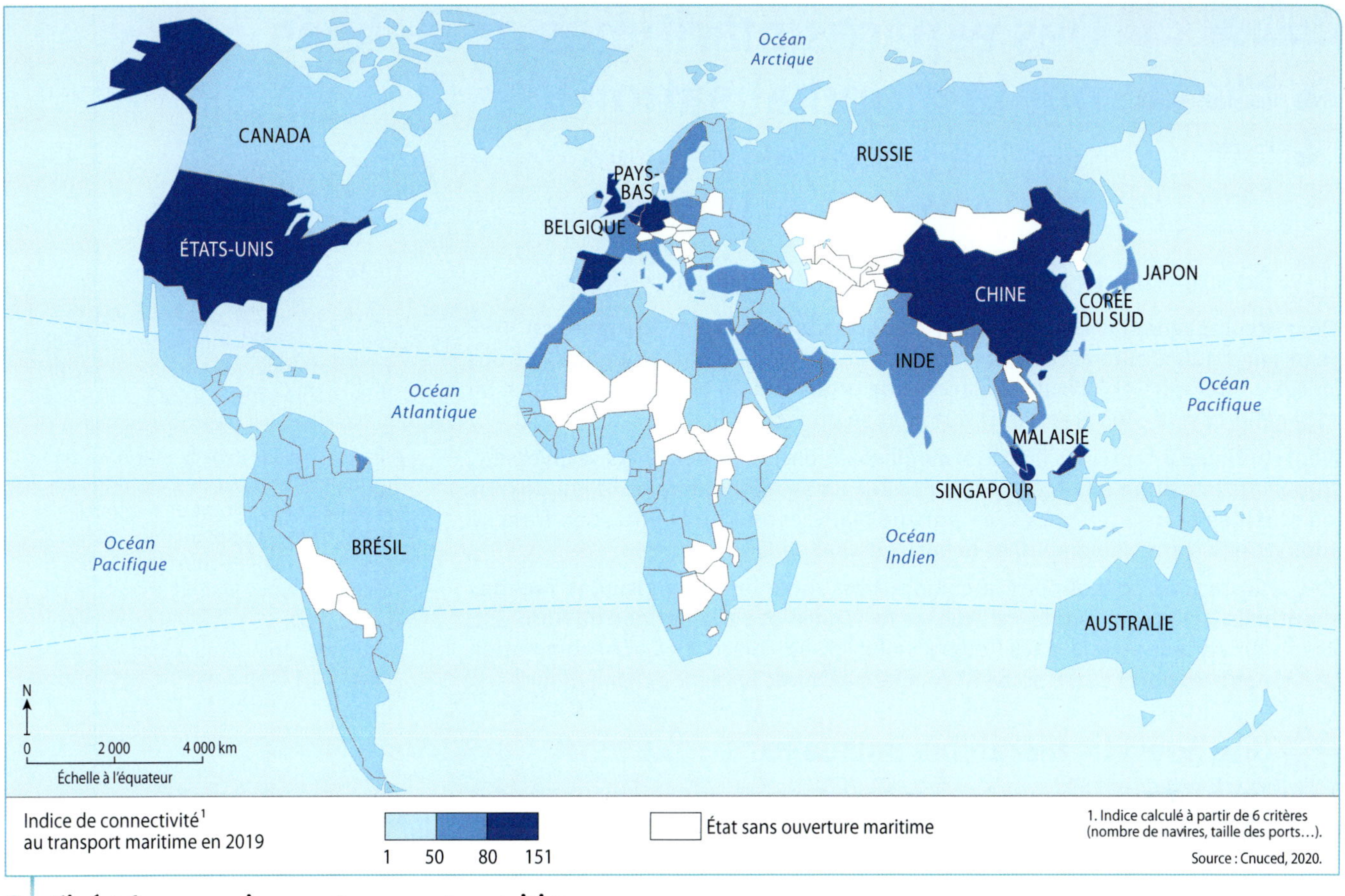

2 L'inégale connexion aux transports maritimes

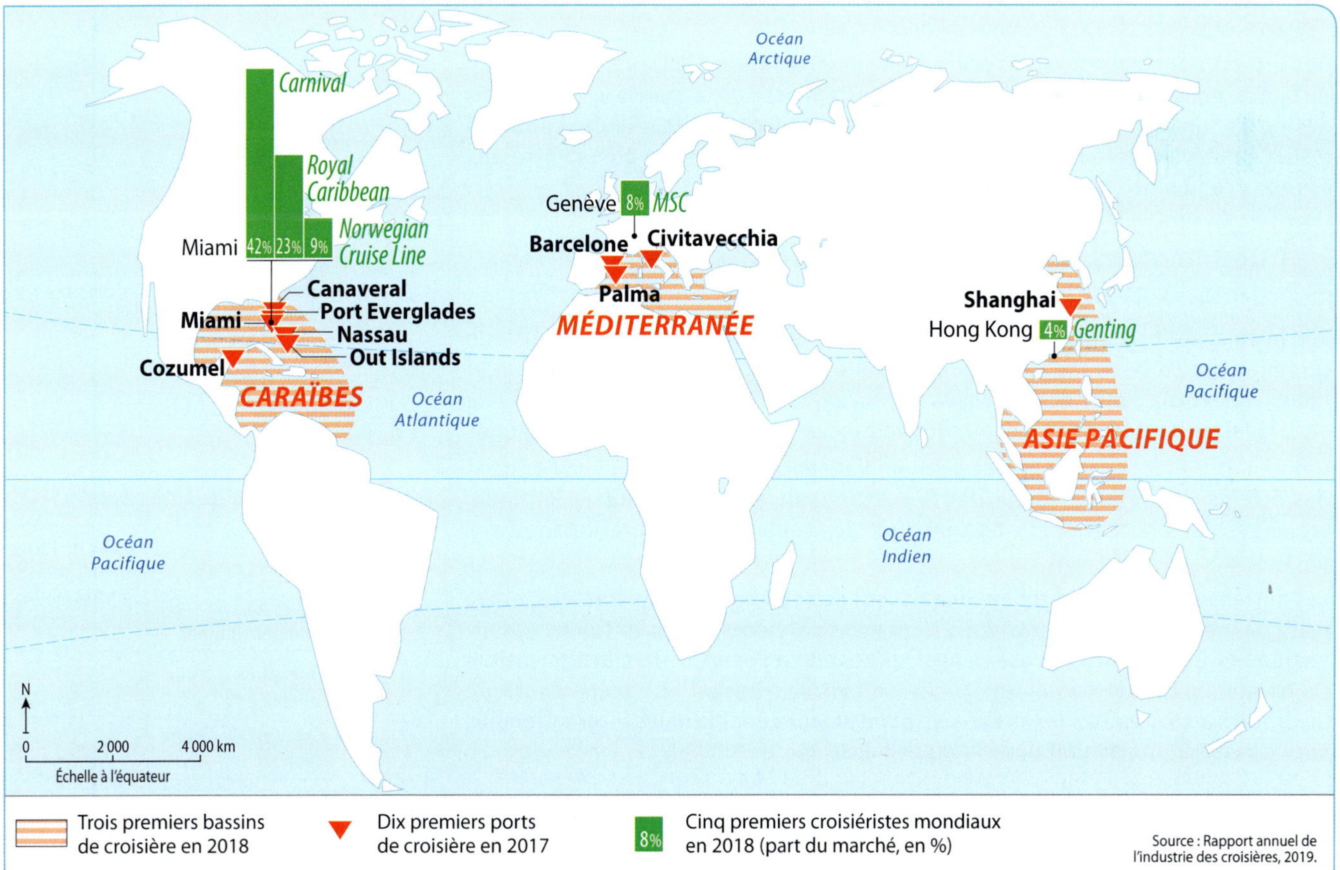

3 Le tourisme de croisière

Cours 2

QCM interactif cours

Podcast

Des espaces maritimes aménagés par la mondialisation

Comment la maritimisation de l'économie transforme-t-elle les territoires ?

A Des littoraux de plus en plus aménagés

Pour accompagner la maritimisation, les ports s'agrandissent. Inauguré en 2015, le terminal 100 % automatisé APM-Maersk à Rotterdam répond au gigantisme des porte-conteneurs et à l'exigence accrue de productivité. Depuis 2017, Yangshan (Shanghai) est le plus grand port automatisé du monde.

Pour continuer à capter les flux de la mondialisation, le rôle des ports se diversifie. Si la maritimisation a fait des ports des ZIP, ils deviennent aujourd'hui de plus en plus des pôles logistiques. Le port de Malte est à la fois une zone franche industrielle (usine Playmobil) et le hub régional de CMA CGM (doc. 1).

Ces adaptations consolident la compétition entre les trois grandes façades maritimes de l'Asie orientale, de l'Europe de l'Ouest et de l'Amérique du Nord-Est. Bien reliés à leur arrière-pays (les trois plus grands marchés de consommation au monde), les ports y sont souvent complémentaires par le *feedering* (Repère A).

B Une nouvelle hiérarchie portuaire

Les ports asiatiques dominent la maritimisation (Repère B). En 2019, 14 des 20 premiers ports mondiaux sont asiatiques (9 en 2000) dont 9 chinois (2 en 2000). Le port de Shanghai, 1er port mondial en 2019, traite 42 millions de conteneurs par an (5,6 en 2000).

Le déclassement des ports occidentaux est la conséquence de l'envolée des ports asiatiques. Los Angeles, 6e port mondial en 2000 est aujourd'hui à la 17e place, malgré une hausse de 48 % de son trafic. Ces ports se concurrencent pour accueillir le trafic en provenance d'Asie, notamment en se spécialisant : Baltimore dans le charbon et les voitures, Rouen dans les céréales.

Des littoraux portuaires sont à l'écart de la mondialisation. L'Afrique et l'Amérique du Sud ne possèdent pas de façade portuaire (faiblesse de leur arrière-pays), mais des ports sont en cours de modernisation (San Pedro en Côte d'Ivoire confiée à MSC, Chancay au Pérou à Cosco). Le *feedering* y hiérarchise les ports entre eux et renforce la place des plus grands hubs (Santos au Brésil).

C Des mers et océans inégalement intégrés dans la mondialisation

Les océans sont des marqueurs des étapes de la mondialisation. L'Atlantique (premier centre de la mondialisation) a cédé la place aux océans Pacifique et Indien, nouveaux cœurs des échanges mondiaux. Mais leur intégration est inégale et concentrée dans leur partie septentrionale (océan Indien) et asiatique (Pacifique).

Des méditerranées sont intégrées à la mondialisation. Ces espaces périphériques des océans y sont intégrés par des flux régionaux (*feedering* dans la Baltique, croisières dans les Caraïbes). Ils sont ainsi des couloirs de circulation intenses et contrôlés (mer de Chine).

Les autres territoires maritimes connaissent des dynamiques contrastées, entre marginalisation et affirmation (doc. 2). Les mers bordières sud-atlantiques et sud-pacifiques, à proximité de l'océan Austral, restent à l'écart de la maritimisation. En revanche, la mer Caspienne (riche en hydrocarbures) et l'océan Arctique (hydrocarbures et routes polaires), au cœur d'enjeux géopolitiques internationaux, sont en voie d'intégration dans la maritimisation.

La maritimisation est un processus sélectif, à la fois intégrateur et marginalisant.

Vocabulaire

- ***Feedering* :** technique qui consiste à redistribuer des conteneurs entre des ports secondaires et le port principal (hub) où ils sont chargés et déchargés sur des navires transocéaniques.
- **Méditerranée :** espace maritime semi-fermé traversé par des flux intenses et variés et suscitant une volonté d'appropriation par une puissance riveraine : mer Méditerranée, mer de Chine, Caraïbes, mer Baltique...
- **Pôle logistique :** espace de stockage et de redistribution de marchandises favorisant l'implantation d'entreprises.

REPÈRE A

L'organisation d'une façade maritime

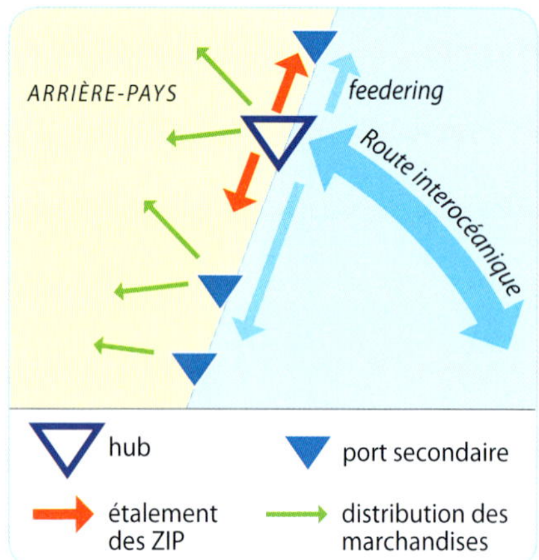

REPÈRE B

Les 5 premiers ports à conteneurs

Rang en 2018	Ports (pays)	Trafic en 2018, en millions de conteneurs
1	Shanghai (Chine)	42
2	Singapour (Singapour)	36
3	Ningbo-Zhoushan (Chine)	26
4	Shenzhen (Chine)	25
5	Guangzhou (Chine)	22

Source : Aapa, 2020.

1 **Le port Marsaxlokk de Malte, un hub méditerranéen**

ⓐ Porte-conteneur transocéanique
ⓑ Zone franche
ⓒ Portique à conteneurs
ⓓ Siège régional de l'armateur français CGM CMA
ⓔ Navire destiné au *feedering*
ⓕ Entrepôt d'hydrocarbures
ⓖ Pôle logistique

2 **L'Afrique : une faible intégration à la maritimisation**

Le commerce intercontinental de l'Afrique est lourdement tributaire des navires et des ports. Si le continent représente quelque 2,7 % du commerce mondial en valeur, il contribue bien davantage au commerce maritime mondial en volume, puisqu'il compte pour 7 % dans les exportations et 5 % dans les importations par voie maritime. Le commerce maritime africain est façonné par la forte concentration des échanges du continent et leur faible diversification. C'est ainsi qu'en 2017, 40 % des marchandises exportées par mer étaient constituées de pétrole brut, alors que plus des deux tiers des importations étaient composées de marchandises conteneurisées.

Les ports africains représentent 4 % du volume du trafic mondial portuaire de marchandises conteneurisées. Le transport maritime et les ports africains ne sont pas toujours conformes aux tendances et aux normes mondiales. Hormis quatre terminaux à conteneurs situés au Maroc, en Égypte et en Afrique du Sud, aucun port africain ne figure sur la liste des 100 premiers ports à conteneurs du monde. Les ports à conteneurs et les réseaux de transport de l'arrière-pays doivent moderniser leurs infrastructures et augmenter leur productivité ; la productivité moyenne est d'environ 20 mouvements par grue et par heure en Afrique de l'Ouest, 25 à 30 en Afrique du Sud, et 35 à 40 en Asie.

Conférence des Nations unies sur le commerce et le développement, octobre 2018.

Capacités & Méthodes

Construire une argumentation géographique

1. À partir des documents 1 et 2, expliquez la différence entre un port, un hub portuaire et une façade maritime.
2. En vous appuyant sur les doc. 1 et 2, cherchez trois arguments pour valider l'affirmation suivante : « Les ports d'une même façade maritime sont complémentaires et hiérarchisés ».

Exemple

L'océan Arctique, un espace maritime intégré dans le commerce mondial ?

SECTION EUROPÉENNE
Documents disponibles en anglais sur le site collection
lycee.hachette-education.com/hg/geo-tle

Dans le contexte du réchauffement climatique, les routes polaires fortement médiatisées apparaissent comme une nouvelle opportunité commerciale. Pourtant, elles demeurent risquées et peu fréquentées.

1 **Un environnement maritime risqué**
En 2017, un porte-conteneurs est endommagé au sud du Groenland, en raison du fort nombre d'icebergs détachés de la banquise par le réchauffement climatique.

2 **La faiblesse du trafic international**

L'œil du géographe Si l'activité maritime est en croissance (relative, car les trafics, surtout dans l'Arctique canadien, demeurent modestes), cette activité est essentiellement alimentée par du trafic dit de destination : les navires viennent dans l'Arctique pour y effectuer leur activité économique (pêche, croisière, desserte des communautés locales, desserte des sites miniers ou pétroliers et gaziers), puis repartent. Ce trafic s'oppose au trafic dit de transit, dans lequel les navires ne font que passer en profitant de routes plus courtes entre Atlantique et Asie. Or ce trafic ne se développe guère (en 2018, 27 traversées par le passage nord-est et 5 par le passage du nord-ouest). Les routes polaires demeureront longtemps potentiellement trop risquées et trop complexes pour la plupart des armateurs.

F. Lasserre, « La course à l'appropriation des plateaux continentaux arctiques, un mythe à déconstruire », *Géoconfluences*, 18 septembre 2019.

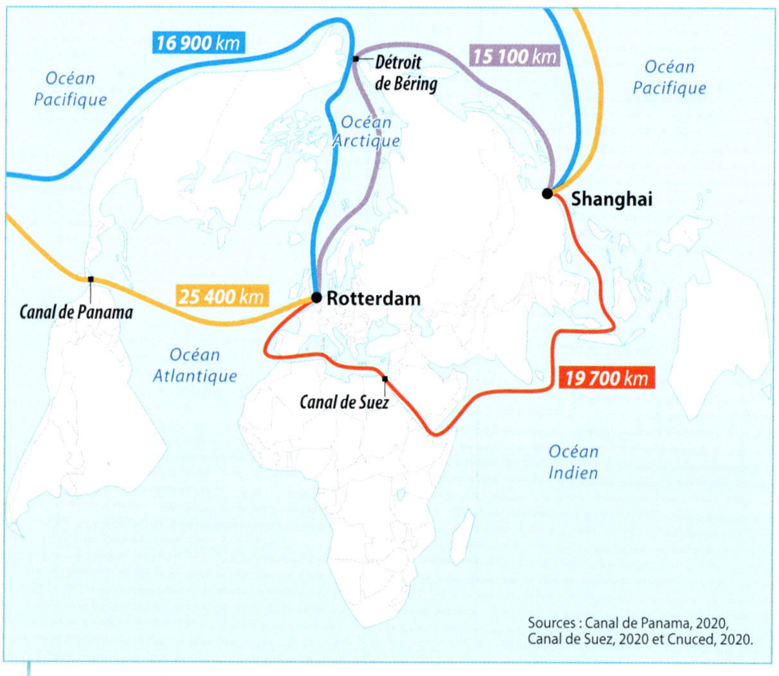

3 **De nouvelles routes maritimes mondiales potentielles**

4 L'océan arctique au service du transport des ressources — Carte interactive

5 **Des États inégalement impliqués dans la mise en valeur des routes arctiques**

La Russie renforce ses capacités civiles et militaires dans le Nord depuis une dizaine d'années. On dénombre quatre nouvelles équipes de combat de la brigade arctique, 14 nouveaux aérodromes opérationnels, 16 ports en eau profonde et 40 brise-glace, ainsi que 11 autres en construction. Les infrastructures commerciales ont également augmenté. Un vaste nouveau champ gazier a été ouvert dans la péninsule de Yamal.

Le Canada ne semble pas pouvoir se mesurer à cela. Une route a été achevée sur la côte arctique dans les Territoires du Nord-Ouest, et des travaux sont en cours dans le port d'Iqaluit, au Nunavut. Le premier navire de patrouille arctique est entré en fonction, la surveillance par satellite a été améliorée et un poste de ravitaillement en carburant a été construit sur l'île de Baffin. Mais la plupart des ambitions en infrastructures ne sont pas réalisées dans le Nord. Il n'existe aucune route praticable en toute saison dans le centre-nord des Territoires du Nord-Ouest, riches en minéraux. Les besoins modernes, tels que l'Internet à haut débit, ne sont toujours pas accessibles dans la plupart des régions du Nord. Et la construction d'un nouveau brise-glace a été retardée.

Radio Canada, 11 février 2019.

Identifier les contraintes et les ressources d'une situation géographique

Itinéraire guidé

Expliquer

1. Quels sont les atouts des routes polaires à l'échelle planétaire ? (doc. 3 et 1 p. 44. Quelles en sont les contraintes ? (doc. 1 et 2)
2. En comparant les littoraux russe et canadien, montrez que les littoraux arctiques profitent inégalement de l'ouverture des routes polaires. Pourquoi ? (doc. 4 et 5)
3. Montrez que la route du passage du nord-est est davantage une route régionale qu'internationale. (doc. 4)

Synthétiser

Rédigez une synthèse d'une dizaine de lignes montrant que les ressources et les contraintes des routes polaires en font davantage des routes régionales qu'internationales.

Itinéraire en autonomie

Un armateur doit choisir l'itinéraire pour acheminer des marchandises de Shanghai à Rotterdam : par une route polaire ou par le canal de Suez ?

Rédigez, en binôme, un argumentaire permettant de faire un choix raisonné distinguant le potentiel (doc. 2, 4 et 5). et la réalité des routes polaires (doc. 1, 2 et 5).

Pour vous guider
Utilisez aussi les documents p. 44-45.

L'essentiel audio-vidéo | Organigramme version interactive

L'essentiel

Comment les mers et océans organisent-ils la mondialisation ?

Une économie mondiale de plus en plus maritime

Des échanges maritimes au cœur de la mondialisation
+
Des réseaux maritimes qui structurent la mondialisation
↓
Des défis nés de la mondialisation

Des espaces maritimes aménagés par la mondialisation

Des littoraux transformés
+
Des hiérarchies portuaires nouvelles
↓
Des mers et océans inégalement intégrés dans la mondialisation

Cours 1

La **maritimisation** se traduit par la domination du transport maritime dans le commerce mondial (90 % des exportations). Ces échanges en forte croissance (25 % entre 2007 et 2017) s'accompagnent d'une **course au gigantisme** des navires.

Les flux maritimes dessinent une géographie de **routes spécialisées** (conteneurs, hydrocarbures) dont l'Asie-Pacifique est le pivot.

Mais l'intensité et la polarisation des flux posent des défis à surmonter : pollutions, recherche de **nouvelles routes** (en Arctique).

Cours 2

La maritimisation transforme les littoraux portuaires. Les **ports** s'agrandissent et se modernisent (Shanghai) afin de capter davantage de trafic et de mieux desservir leur **arrière-pays**.

Cela participe à une compétition entre les **façades maritimes** et bouleverse la **hiérarchie portuaire**, dominée par les ports asiatiques.

Ainsi, les **océans Pacifique et Indien** sont les nouveaux cœurs de la mondialisation, et des **méditerranées** (mer de Chine) y sont fortement intégrées. Mais cette intégration est inégale (Pacifique Sud).

Chiffres clés

Les trois États les plus insérés au trafic maritime

1er CHINE → 2e Singapour → 3e Corée du Sud

26,5 millions de conteneurs ont traversé l'**océan Pacifique** en 2019 contre 15 millions dans la **Manche** et 8 millions en **Méditerranée**

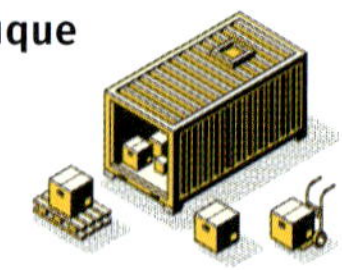

Pour aller plus loin

Un documentaire

« *Qui contrôle la mer ?* » (2015), documentaire sur les acteurs du transport maritime édité par l'ECSA (European Community Shipowners' Associations) qui propose aussi des vidéos en anglais.
https://www.youtube.com

Un documentaire

La Croisière des glaces : 200 passagers participent à une croisière en direction du Spitzberg, île à 1000 km du pôle Nord.
https://www.youtube.com

Un site Internet

Ports et Corridors est un site très riche sur la logistique portuaire et son actualité : articles, vidéos, graphiques, cartes, etc.
https://portsetcorridors.com

Un site Internet

Le site de cette jeune fondation (2015) permet d'approfondir le sujet de la maritimisation avec son baromètre de la maritimisation du monde et d'établir des liens d'approfondissement avec le programme de spécialité HGGSP (thème 1 – De nouveaux espaces de conquête).
http://www.fondationdelamer.org

EXERCICES

Localiser
Croquis PDF à télécharger

en complétant le croquis suivant

La maritimisation

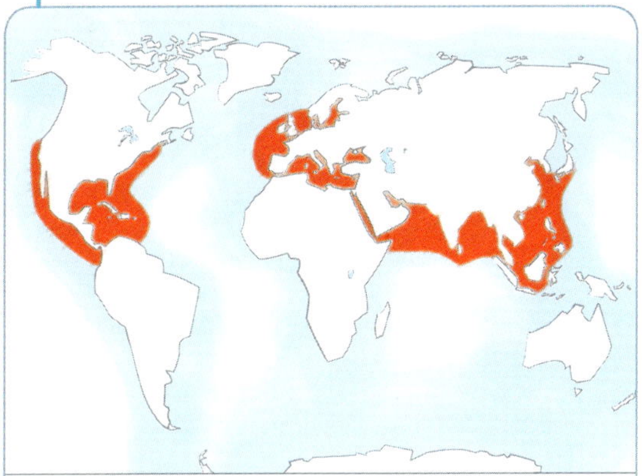

.... très grand port mondial

.... principale route maritime

espace maritime fortement intégré à la mondialisation

espace maritime faiblement intégré à la mondialisation

.... goulet d'étranglement

Expliquer
Organigramme PDF à télécharger

la révolution des transports maritimes

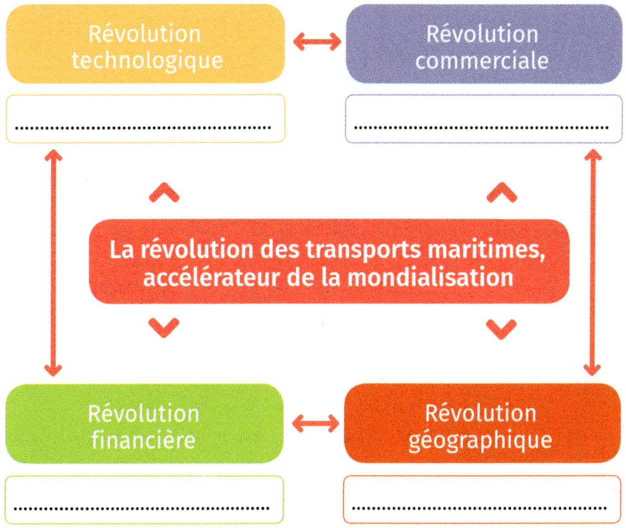

Analyser

une série statistique

En analysant les données statistiques, montrez que les canaux transocéaniques jouent un rôle important mais inégal dans la maritimisation de l'économie mondiale. Expliquez l'évolution de leur trafic de marchandises.

Années	Nombres de navires		Marchandises transportées, en millions de tonnes (en % du trafic mondial)	
	Suez	Panama	Suez	Panama
2018	18 174	13 795	1 139 (9,7)	441 (3,8)
2010	17 993	14 230	846 (10,1)	300 (3,6)

Sources : Canal de Panama, 2020, Canal de Suez, 2020 et Cnuced, 2020.

Argumenter

à l'aide d'exemples précis

- La mer de Chine méridionale est l'une des plus convoitées au monde, car ...
- La maritimisation se caractérise par des flux variés, comme ...
- La maritimisation hiérarchise les littoraux portuaires. En effet, ...
- La maritimisation hiérarchise les mers et océans. Ainsi, ...

Travailler autrement

Réaliser un compte-rendu de reportage pour expliquer la compétition entre le port de Montréal et celui de New York

1. Choisissez un logiciel de prise de notes sur vidéo (VideoAnt, MoocNote...). Cela vous permet de diviser votre écran en deux : à gauche la vidéo, à droite votre espace de prise de note.
2. Visionnez la vidéo une première fois sans rien écrire pour vous concentrer sur l'image et le son.
3. Visionnez une deuxième fois la vidéo avec le logiciel choisi et prenez des notes.

Vidéo

La stratégie du port de Montréal

Source : Port Montréal, 30 octobre 2018.

1 La plongée sous-marine, une activité de loisirs très pratiquée en mer Rouge

Activités numériques

À partir du site de cartographie interactive des ZEE, http://donutholes.ch, localisez la ZEE indonésienne et parcourez-la pour répondre aux questions suivantes.

a. Définissez les ZEE et précisez leurs atouts pour les États riverains.

b. Expliquez pourquoi la ZEE indonésienne occupe une position stratégique dans la mondialisation.

c. Repérez des zones potentielles de rivalités dans la délimitation de la ZEE de l'Indonésie. Justifiez vos choix.

2 La destruction par les autorités indonésiennes de chalutiers étrangers pêchant sans autorisation

QUESTION 2

RESSOURCES EN +
Sur le site collection : lycee.hachette-education.com/hg/geo-tle

Mers et océans, entre appropriation, protection et liberté de circulation

Pourquoi l'appropriation des mers et des océans par les États soulève-t-elle de nouveaux enjeux ?

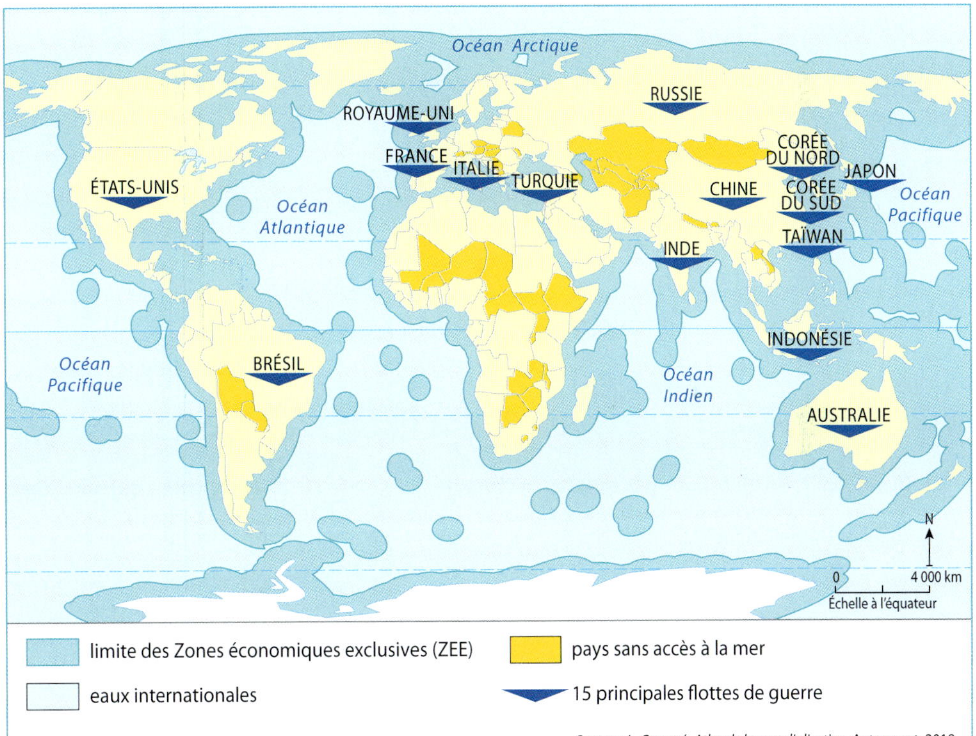

Source : L. Carroué, *Atlas de la mondialisation*, Autrement, 2018.

3 | Une inégale appropriation des mers et des océans

1. Comment les mers et océans sont-ils valorisés par les sociétés ? (doc. 1) Cherchez d'autres exemples de valorisation.
2. Comment l'Indonésie exprime-t-elle sa souveraineté dans ses eaux territoriales ? Formulez des hypothèses pour expliquer cette action. (doc. 2 et 3)
3. Montrez que l'accès aux mers et océans pour les États est un atout mais peut induire des tensions géopolitiques. (doc. 1, 2 et 3)

Cartes

Carte interactive

Les mers et océans : des espaces appropriés par les États

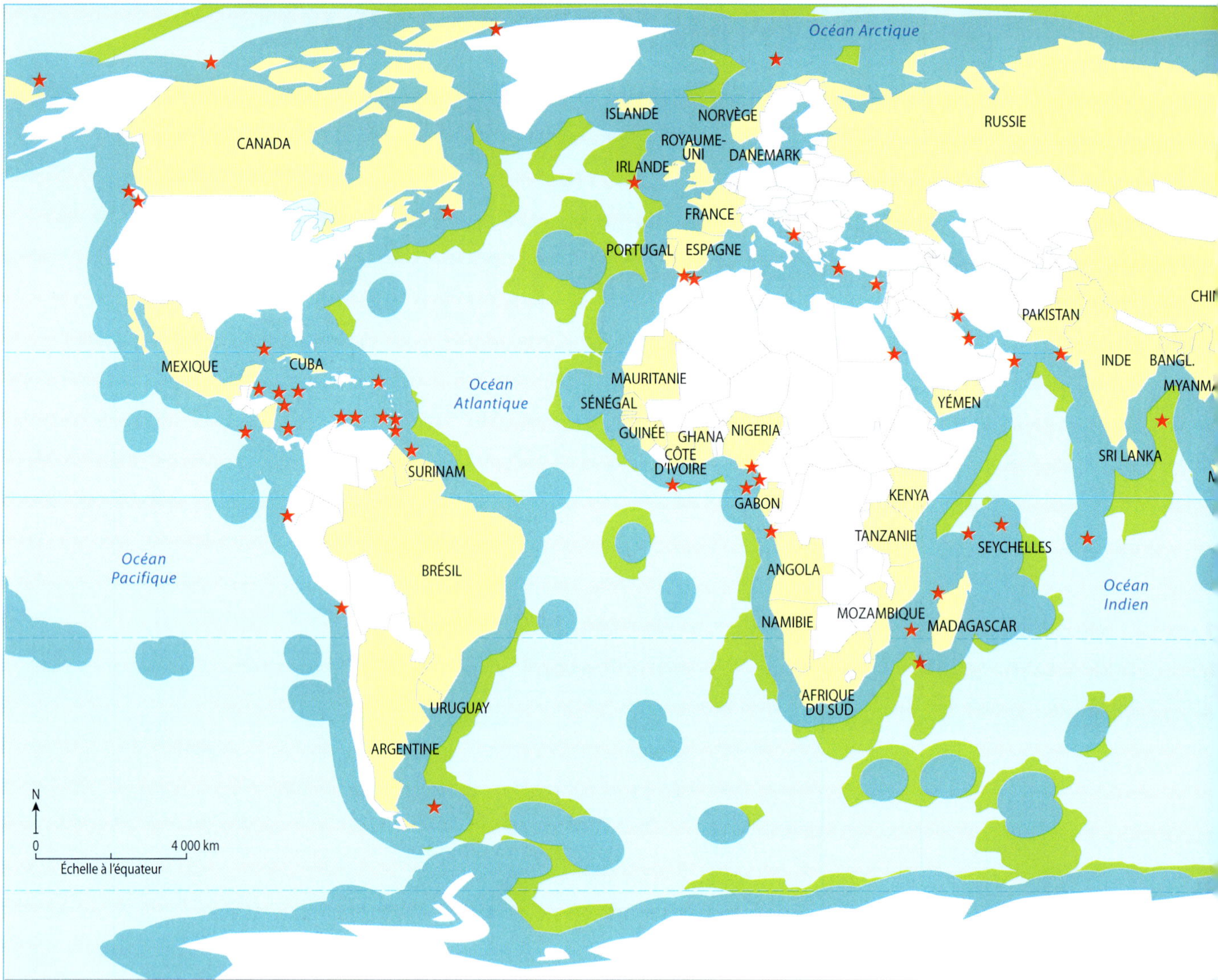

1. Une délimitation juridique des espaces maritimes

- ZEE des États littoraux
- haute mer

2. Des tensions qui persistent

- État ayant demandé une extension de sa ZEE
- espace maritime concerné par des demandes d'extension de la ZEE
- ★ tension pour la délimitation des ZEE

Sources : L. Carroué, *Atlas de la mondialisation*, 2018 et ONU, 2020.

1 Une volonté d'appropriation des mers et des océans par les États qui s'accélère

Vocabulaire

- **Appropriation :** action, pour un acteur, de s'emparer ou de contrôler un territoire de manière concrète ou symbolique.
- **Droit de la mer :** ensemble des règles internationales relatives à l'utilisation des espaces maritimes. Il résulte en grande partie de la Convention des Nations unies sur le droit de la mer, signée à Montego Bay (Jamaïque) en 1982 (création de ZEE, libre circulation des détroits, haute mer ouverte à tous les États).
- **Haute mer :** espace maritime situé au-delà de la ZEE, ouvert à tous les États, côtiers ou sans littoral, qui ont la liberté de navigation, de pêche, de survol et de pose de câbles et pipelines sous-marins.
- **ZEE (zone économique exclusive) :** espace marin large de 200 milles nautiques (370 km) dans lequel l'État côtier dispose de droits exclusifs sur l'exploration et l'exploitation des ressources.

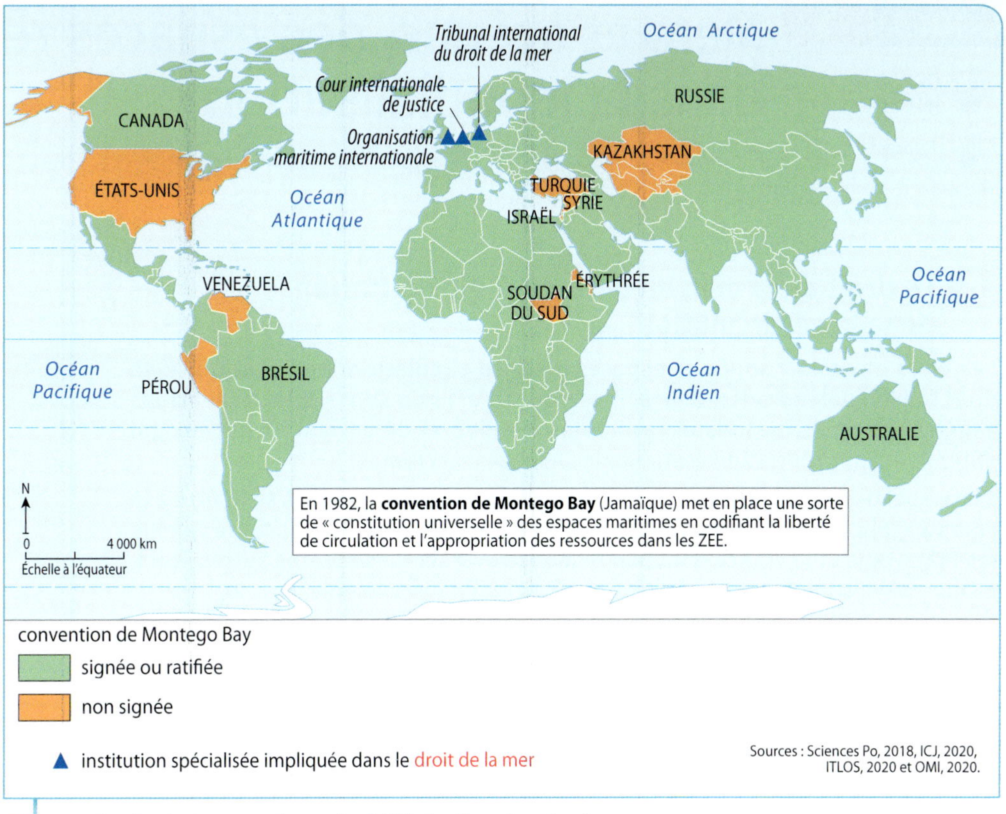

2 **Un droit de la mer étendu à l'échelle planétaire**

Des planisphères ...

1. Localisez les États signataires de la convention de Montego Bay. Formulez des hypothèses pour expliquer le refus de certains États. (doc. 2)
2. Comment le droit de la mer établi à Montego Bay limite-t-il l'appropriation des mers et des océans par les États ? (doc. 1 et 2)
3. Montrez qu'il n'empêche cependant pas les tensions entre les États. (doc. 1 et 2)

...au schéma

À partir des informations relevées dans les documents, complétez le schéma ci-dessous.

Schéma PDF à télécharger

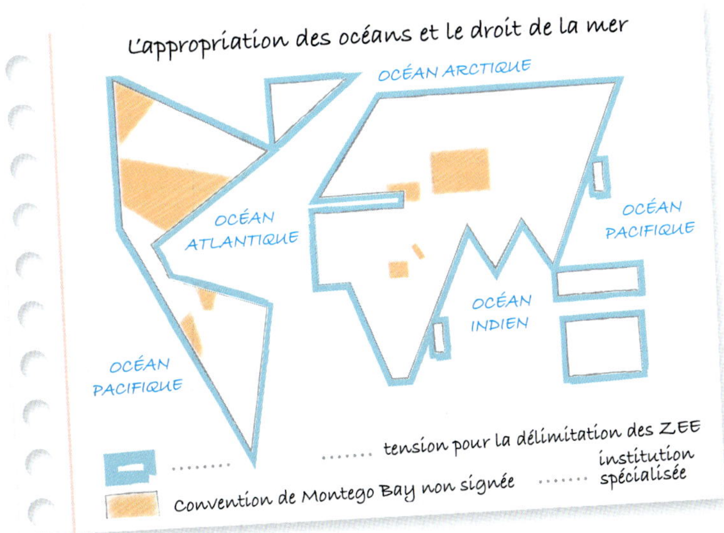

Cours 1

QCM interactif cours

Podcast

Mers et océans, des espaces réglementés dans la mondialisation

Comment le droit de la mer réglemente-t-il la circulation et l'utilisation des mers et des océans ?

A Le droit de la mer, un outil de réglementation de la libre circulation

Les mers et océans sont des espaces de libre circulation. Dès l'Antiquité, le droit romain défend cette liberté. Toutefois, à partir du XVIIe siècle, les tensions augmentent entre les juristes favorables à la liberté de navigation et ceux qui défendent l'appropriation étatique des espaces maritimes.

Cette liberté de circulation est garantie par le droit de la mer mais se heurte à la volonté d'appropriation des États. Certains en font un outil de puissance comme les États-Unis et la France dont les frégates traversent les ZEE des autres États, ce qui est vu comme une provocation par la Chine par exemple (doc. 2).

La libre circulation est primordiale dans certains passages maritimes. Les détroits situés sur des routes maritimes mondiales (Malacca, Gibraltar) sont surveillés le plus souvent dans le cadre d'une coopération des États riverains et des puissances. Le détroit d'Ormuz, par lequel transitent 80 % du pétrole à destination de l'Asie, est cependant le théâtre de rivalités très vives.

B Le droit de la mer, un outil d'appropriation des mers et des océans par les États

Depuis la convention des Nations unies de Montego Bay (1982), le droit de la mer établit des limites d'exploitation pour chaque État. Les ZEE symbolisent l'appropriation des mers et océans par les États (doc. 1). Bien que non signataire de la convention, les États-Unis disposent de la plus vaste au monde avec 12,2 millions de km² (Repère A).

L'extension des ZEE est possible sous conditions. Les États côtiers ont la possibilité d'étendre leur ZEE s'ils peuvent démontrer scientifiquement que leur plateau continental se prolonge sur le fond des océans. En 2015, la France a ainsi agrandi de 579 000 km² son emprise sur de nouveaux fonds sous-marins (Antilles, Nouvelle-Calédonie).

La haute mer échappe à l'appropriation des États. Mais elle est à tort décrite comme une zone de non-droit. La pêche d'espèces protégées comme les baleines y est interdite et un navire ne peut s'y aventurer sans être immatriculé : il doit donc appliquer les lois de l'État dans lequel il est enregistré. Cet espace maritime international est encore peu connu puisque seulement 20 % des fonds marins dans le monde sont cartographiés (Repère B).

C Des activités maritimes qui échappent au droit de la mer

La piraterie symbolise la maritimisation des menaces. En 2018, 201 attaques de pirates en mer ont été recensées (180 en 2017) surtout dans la mer des Caraïbes, au large de l'Afrique et de l'Indonésie. Dans le golfe de Guinée, les attaques augmentent contre les navires transportant des produits pétroliers.

L'essentiel des flux illicites emprunte la voie maritime : drogues, armes ou migrants. Ainsi, la cocaïne d'Amérique latine voyage de plus en plus par la mer via les Caraïbes et l'Afrique de l'Ouest. Les passeurs de migrants en Méditerranée empruntent les routes maritimes les moins surveillées, notamment depuis la Libye.

La lutte contre les activités illicites en mer s'intensifie. Les marines sont mobilisées pour lutter contre les trafics. En novembre 2019, un sous-marin rempli de drogue et provenant d'Amérique du Sud a été intercepté en Espagne, suite à une enquête internationale.

Le droit de la mer a accéléré l'appropriation des mers et des océans par la création de ZEE mais, dans le même temps, il défend la liberté de circulation.

Vocabulaire

- **Haute mer :** espace maritime situé au-delà de la ZEE, ouvert à tous les États, côtiers ou sans littoral, qui ont la liberté de navigation, de pêche, de survol et de pose de câbles et pipelines sous-marins.
- **ZEE (zone économique exclusive) :** espace marin large de 200 milles nautiques (370 km) dans lequel l'État côtier dispose de droits exclusifs sur l'exploration et l'exploitation des ressources.

REPÈRE A

Les 5 plus grandes ZEE

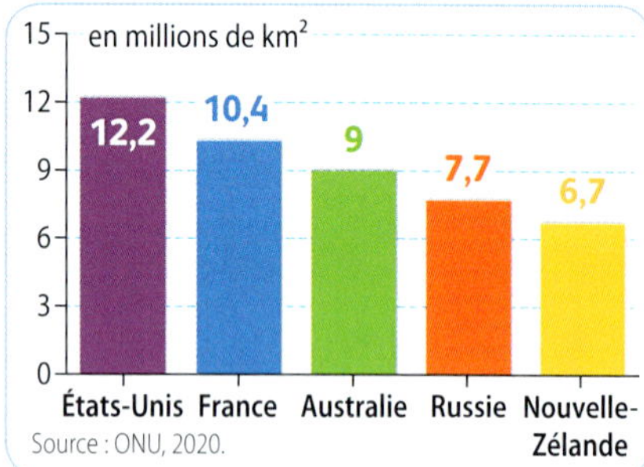

Source : ONU, 2020.

REPÈRE B

La haute mer

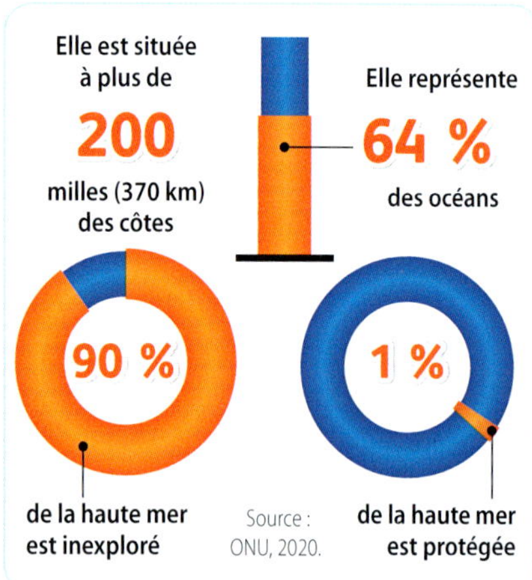

Source : ONU, 2020.

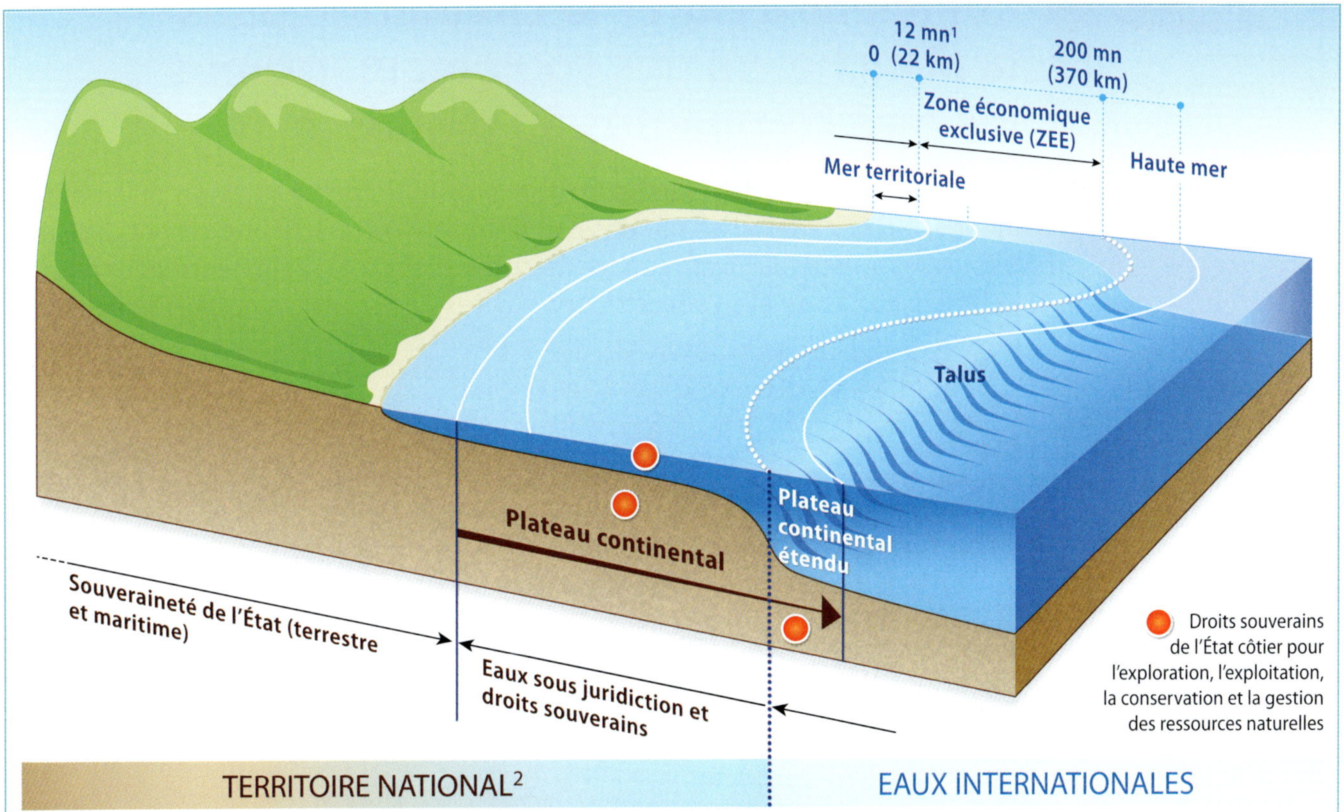

1. 1 mille nautique (mn) = 1 852 mètres

2. Dans cet espace maritime, l'État côtier doit autoriser le passage « inoffensif » des navires de guerre et marchands en transit, à condition que ceux-ci ne lui fassent pas de tort.

Source : Sciences Po, 2020.

1 La délimitation juridique des espaces maritimes

2

Les tensions entre les États-Unis et la Chine autour de la libre circulation dans le détroit de Taiwan

La marine américaine conduit régulièrement des opérations dites de « liberté de navigation » dans le détroit séparant la Chine continentale de Taiwan alors que la Chine considère Taiwan comme une partie de son territoire.

Capacités & Méthodes

Savoir lire, comprendre et critiquer une caricature

1. Quel principe du droit de la mer les États-Unis souhaitent-ils faire respecter dans le détroit de Taiwan ? Émettez des hypothèses pour expliquer le mécontentement chinois. (doc. 2)
2. D'après le document 1 montrez que, juridiquement, la Chine ne peut pas empêcher ces passages de navires.

Exemple

Comment assurer la circulation dans la Manche, un des couloirs maritimes les plus fréquentés au monde ?

La Manche est l'un des plus importants couloirs de circulation maritime au monde, qui se caractérise par des conditions de mer particulièrement difficiles. Depuis les années 1970, cet espace maritime a été très réglementé pour assurer la libre circulation et la sécurité des navires, mais des traversées irrégulières se multiplient.

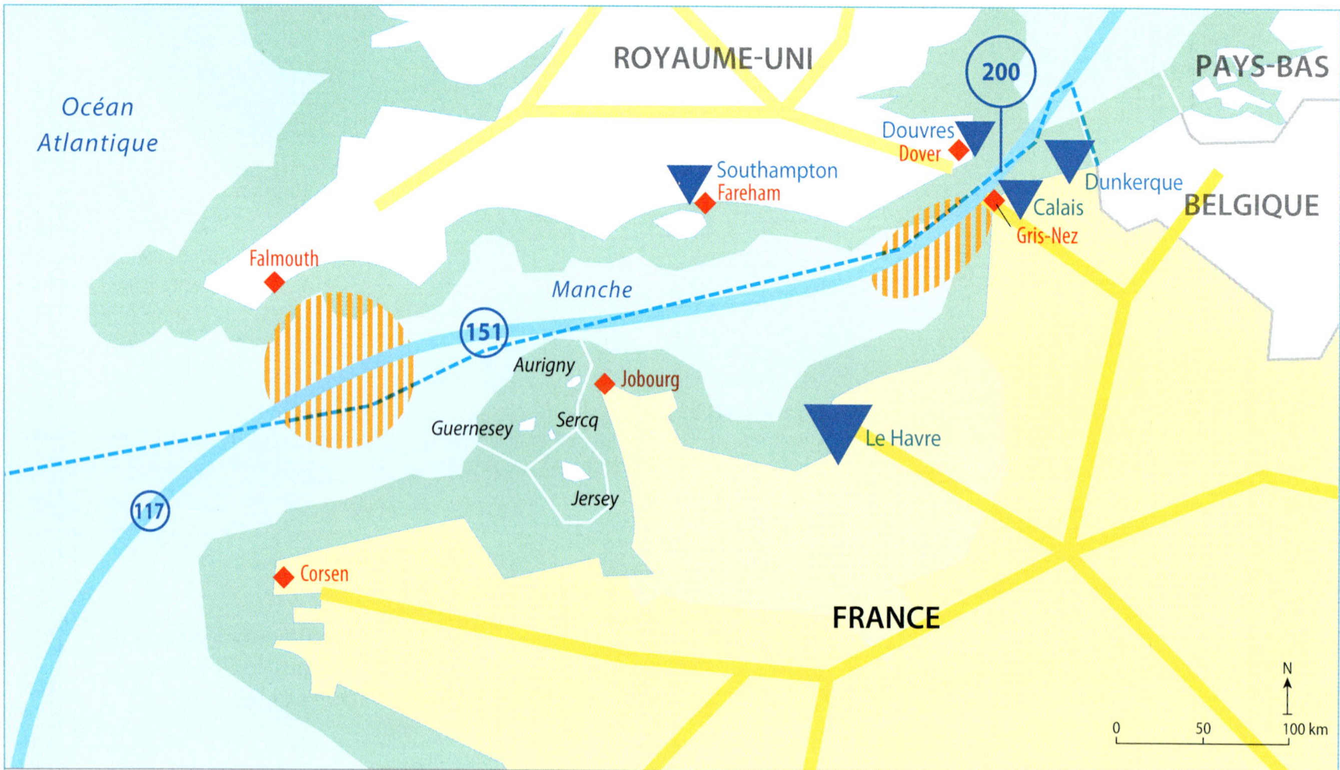

1. Un couloir maritime partagé et surveillé à l'échelle régionale

- limite des eaux territoriales
- limite de ZEE
- centre opérationnel de surveillance et de sauvetage (coopération France/Royaume-Uni)

2. Un couloir maritime fortement emprunté à l'échelle mondiale

- flux de navires de plus de 300 tonnes
- 151 nombre moyen de navires déclarés par jour
- port trafic annuel de marchandises, en millions de tonnes : 35, 70
- zone dangereuse (trafic élevé avec risque d'accident majeur)

Sources : Agence maritime et des garde-côtes, 2020, *Atlas transmanche*, 2020 et SHOM, 2020.

1 La Manche : un espace maritime fortement contrôlé

2 Une forte coopération franco-britannique

L'œil du géographe En Manche, la plupart des événements de mer sont susceptibles de mettre en cause à la fois les intérêts britanniques et français. C'est pourquoi les autorités maritimes des deux États ont choisi de planifier des modes de coopération en cas de sinistre maritime. Cet accord, appelé Manche Plan, existe depuis mai 1978 et a été actualisé en 2013. Il n'a pas besoin d'être activé en cas de crise, l'ensemble des parties prenantes étant en veille permanente. Le Manche Plan s'applique en matière de recherche et de sauvetage en mer, d'assistance à un navire en difficulté, de lutte contre la pollution[1] quelle que soit sa nature et de gestion de la circulation perturbée. En cas d'événement de mer, la préfecture maritime Manche-Mer du Nord pour la France et la Maritime Coastguard Agency pour le Royaume-Uni s'appuient sur des centres opérationnels de part et d'autre de la Manche.

F. Turbout (géographe à l'université de Caen), 2020.

1. En 2018, plus de 355 millions de tonnes de marchandises dangereuses ont transité par la Manche (dont 80 % de liquides inflammables).

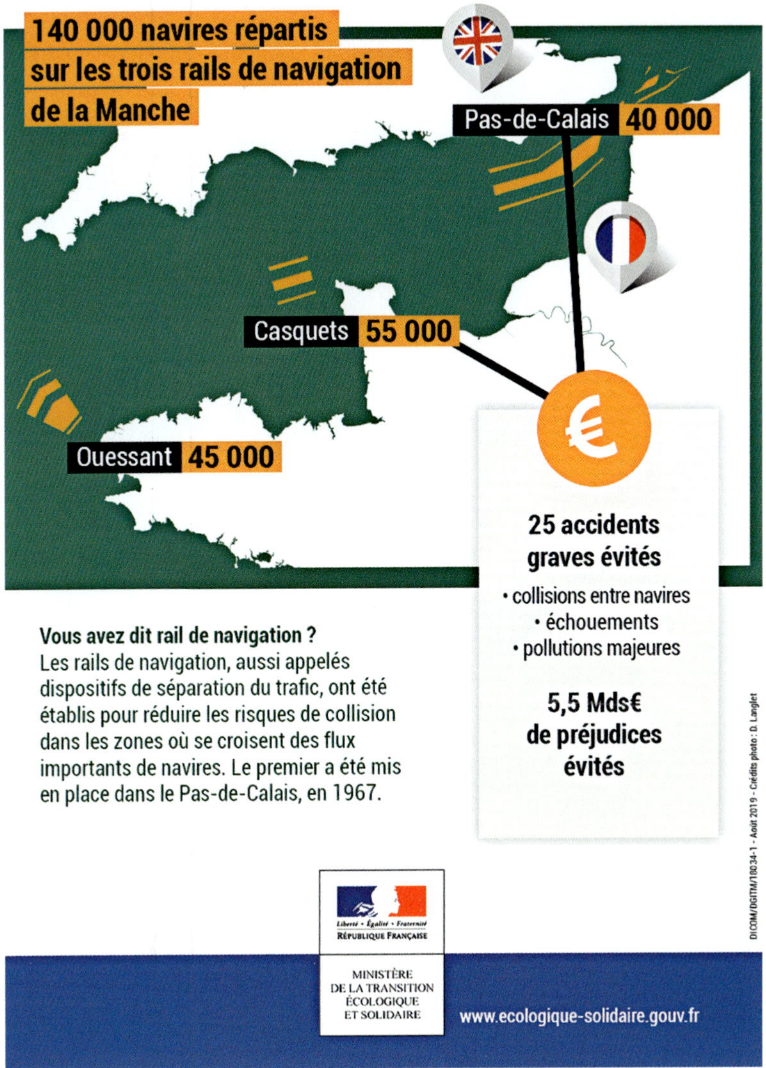

3 **Des rails de navigation pour sécuriser le trafic maritime**

Source : Ministère de la Transition écologique et solidaire, 2020.

4 De nouveaux enjeux pour la sécurité maritime : les traversées migratoires irrégulières

En 2019, 2 358 personnes ont été ramenées sur les côtes françaises ou anglaises. Ce total correspond à 261 « cas de traversées » ou « tentatives de traversées », le plus souvent sur des petites embarcations pneumatiques surchargées. Les autorités avaient compté 78 « opérations de sauvetage » concernant 586 personnes en 2018. L'explication de cette augmentation est connue : le renforcement des contrôles sur les camions empruntant les ferries et le tunnel sous la Manche a poussé les candidats à utiliser la voie maritime. Cette option relève surtout de passeurs qui proposent des places pour plusieurs milliers d'euros. Pour tenter d'endiguer ce flux, les autorités ne cessent de rappeler la dangerosité d'un détroit qui est l'un des plus fréquentés du monde. Un plan d'action franco-britannique a également été lancé en janvier 2019. Il consiste notamment à accentuer la surveillance des plages où se positionnent les exilés avant d'embarquer. Les gendarmes ont pour mission de prévenir les départs et de détecter le matériel caché dans les dunes sur près de 100 kilomètres de littoral. Motos tout-terrain, drones, caméras thermiques, hélicoptères... Les moyens engagés sont multiples, avec le soutien financier de la Grande-Bretagne.

La Croix, 2 janvier 2020.

Vidéo

Source : France 2, 6 janvier 2019.

Réaliser un schéma cartographique dans le cadre d'une analyse

Itinéraire guidé

Lire les documents

1. Montrez que la Manche est un couloir maritime approprié par les États et partagé. (doc. 1 et 3)
2. Identifiez les formes de coopération entre la France et le Royaume-Uni pour assurer la libre circulation dans la Manche et surveiller le trafic maritime. (doc. 2 et 3)

Interpréter et synthétiser

3. Montrez que les traversées irrégulières de migrants renforcent les liens entre la France et le Royaume-Uni pour une surveillance commune de la Manche. (doc. 4)
4. À l'aide de vos réponses, complétez le schéma ci-contre.

Itinéraire en autonomie

À l'aide des documents, complétez le schéma pour montrer comment la Manche est règlementée pour assurer libre-circulation et sécurité.

Titre : ....

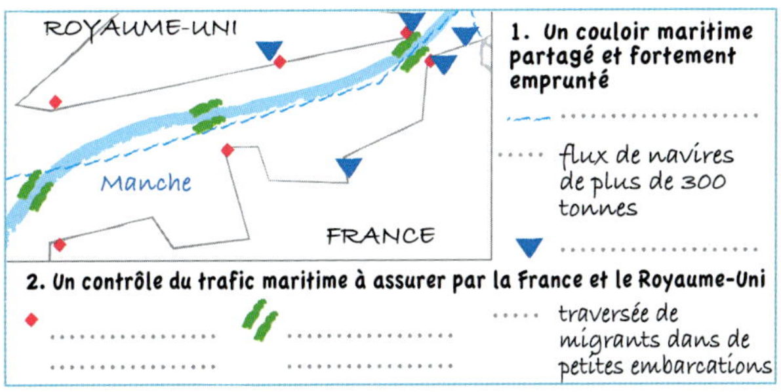

Cartes

Carte interactive

Les mers et océans : des espaces entre valorisation et protection

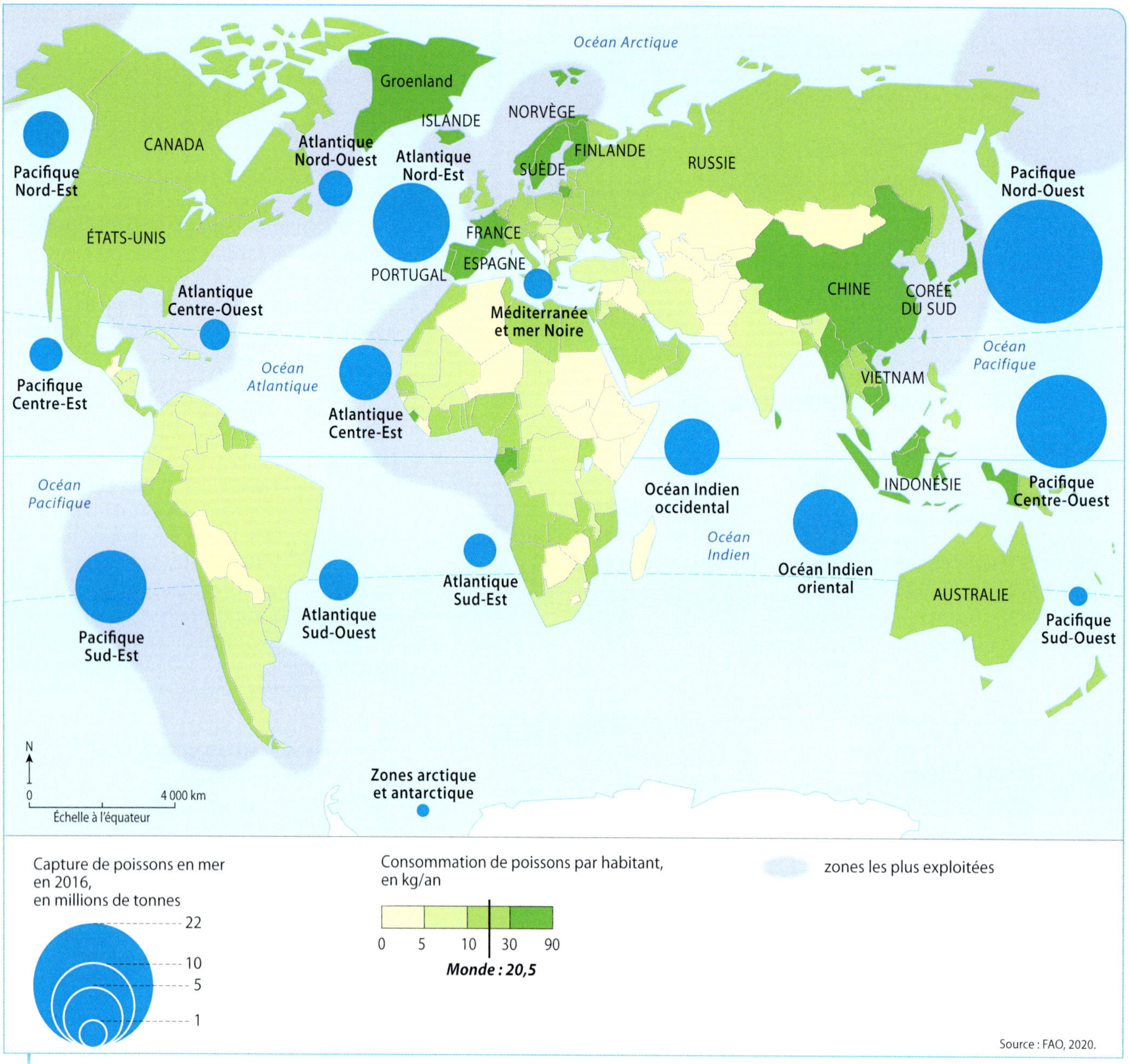

1 Des ressources halieutiques exploitées

Lire les cartes

Carte 1

Si le total mondial des prises en mer s'élevait à 79 millions de tonnes en 2016, les captures varient selon les espaces maritimes.

Localisez les océans où les captures de poissons sont les plus élevées et ceux où elles sont les moins élevées. Formulez des hypothèses pour expliquer ces différences.

La consommation de poisson est passée de 9 kg par personne en 1961 à 20,5 en 2016.

Identifiez les régions où la consommation de poissons est la plus forte dans le monde. Confrontez ces localisations avec celles des zones de capture.

Vocabulaire

– **Aire marine protégée :** espace délimité en mer qui répond à des objectifs de protection de l'environnement à long terme.

Cartes 2 et 3

Les États exploitent leurs ressources dans leur ZEE, mais de plus en plus de ressources sont découvertes en haute mer. Dans le même temps, la protection des océans est encouragée.

Montrez que l'exploitation des ressources minières est très contrôlée aujourd'hui. Identifiez des espaces maritimes où cette exploitation pourrait être freinée par l'existence d'aires marines protégées.

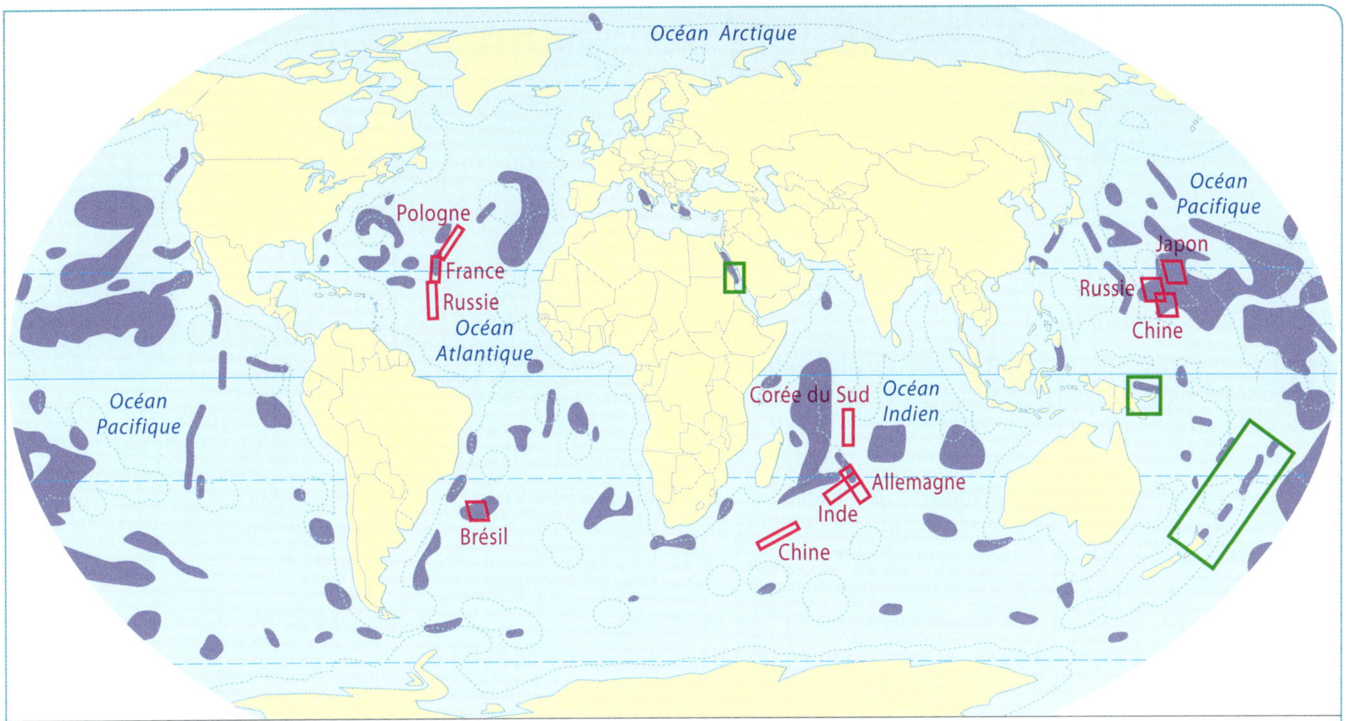

ressource minérale[1] connue mais non exploitée
exploitation et exploration en cours dans les ZEE
permis d'exploration délivré par l'Autorité internationale des fonds marins[2] en haute mer

1. Fer, manganèse, cobalt, cuivre, zinc et nickel. 2. Organisme intergouvernemental fondé en 1994 sous l'égide des Nations unies. Sources : Ifremer, 2020 et FAO, 2020.

2 **De nouvelles ressources minérales potentielles**

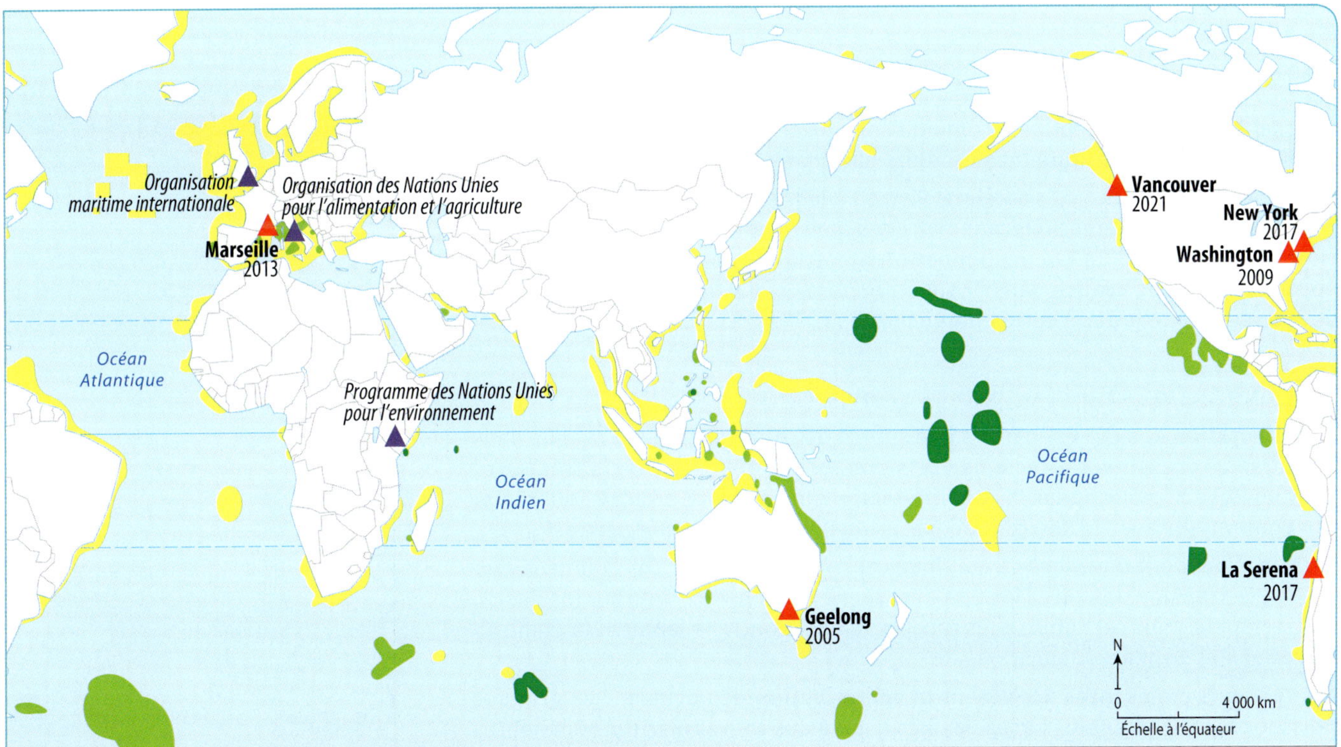

Aires marines protégées
accès et exploitation interdits en totalité
accès et exploitation interdits partiellement
peu de règles de protection
rencontre internationale pour la préservation des océans
organisation internationale impliquée dans la protection des mers et océans et leurs ressources

Sources : ONU, 2017, La Fondation Heinrich Böll, *Atlas de l'océan*, 2018 et Impac5, 2020.

3 **La protection des mers et des océans dans le monde**

Cours 2

QCM interactif cours

Podcast

Mers et océans, des espaces valorisés sous tensions

Pourquoi la valorisation des ressources océaniques augmente-t-elle les tensions dans les espaces maritimes ?

A Des ressources alimentaires et énergétiques de plus en plus exploitées

Les ressources halieutiques sont de plus en plus valorisées (Repère A). En 2020, les captures sont 4 fois plus importantes qu'en 1950 (79 millions de tonnes). Elles participent à la sécurité alimentaire des pays en développement où ces ressources représentent jusqu'à 50 % des protéines animales consommées.

Les ressources halieutiques sont insérées dans un commerce mondialisé. Les 2/3 des exportations des pays en développement sont à destination des pays développés (Europe, Amérique du Nord, Japon). La Chine est à la fois le premier producteur et le premier exportateur mondial de poisson, même si ses importations ne cessent d'augmenter pour satisfaire une demande intérieure croissante.

Les espaces maritimes sont au cœur des enjeux énergétiques. La production d'hydrocarbures *offshore* représente 30 % de l'approvisionnement énergétique mondial. De nouveaux gisements sont encore découverts comme celui au large du Sénégal qui sera exploité à partir de 2023. Mais les gisements les plus profonds sont coûteux à exploiter et leur rentabilité incertaine (doc. 1).

B De nouvelles ressources maritimes de plus en plus convoitées

Les océans représentent un nouvel eldorado minier. Les profondeurs renferment des minerais (nickel, cuivre, terres rares) et certains pays ont déjà commencé à les exploiter dans leur ZEE, tel le Japon depuis 2017. Au contraire, pour les eaux internationales, seule l'Autorité internationale des fonds marins est habilitée à accorder des permis d'exploration.

Les ressources génétiques marines sont de plus en plus convoitées. Ces ressources pourraient se révéler indispensables à la fabrication de produits agroalimentaires dans le futur. Des entreprises, comme l'entreprise espagnole Pharmamar, les utilisent déjà pour fabriquer des produits pharmaceutiques.

Le développement des EMR s'accélère. Bien qu'elles ne représentent actuellement que 0,03 % du mix énergétique mondial, elles pourraient fournir potentiellement cinq fois la totalité de la consommation électrique mondiale (Repère B). Le Royaume-Uni, très avancé dans l'éolien *offshore*, projette de produire un tiers de son électricité grâce à cette énergie en 2030.

C Des espaces maritimes de plus en plus disputés

La délimitation des ZEE est parfois une source de conflits (doc. 2). Engagés dans la course aux ressources, certains États s'opposent pour fixer leurs frontières maritimes. La Somalie a saisi la Cour internationale de justice en 2014 pour régler son contentieux avec le Kenya et acquérir 100 000 km² riches en pétrole.

Certaines îles sont devenues stratégiques et sont convoitées. Le droit de la mer prévoit l'extension des ZEE si les États prouvent leur souveraineté sur les îles ou des archipels. Mais cela nourrit les tensions comme entre le Japon et la Chine au sujet des îles Senkaku/Diaoyu.

Les tensions croissantes accélèrent la militarisation des océans. Les grandes puissances multiplient les bases navales le long des routes maritimes majeures (base chinoise à Djibouti, base française à Abu Dhabi). Des États renforcent leur puissance navale comme, l'Australie qui a acheté 12 sous-marins à la France en 2016 afin d'affirmer sa position face à son voisin chinois.

La course aux ressources des mers et des océans accélère leur appropriation et peut être source de tensions entre les États.

Vocabulaire

- **EMR (énergies marines renouvelables) :** technologies permettant de produire de l'électricité à partir du milieu marin (vents, courants marins…).
- ***Offshore* :** activité qui se déroule en mer.
- **Ressources halieutiques :** ressources vivantes (animales et végétales) des milieux aquatiques exploitées par l'homme (pêche, aquaculture).

REPÈRE A

La production de la pêche en mer dans le monde

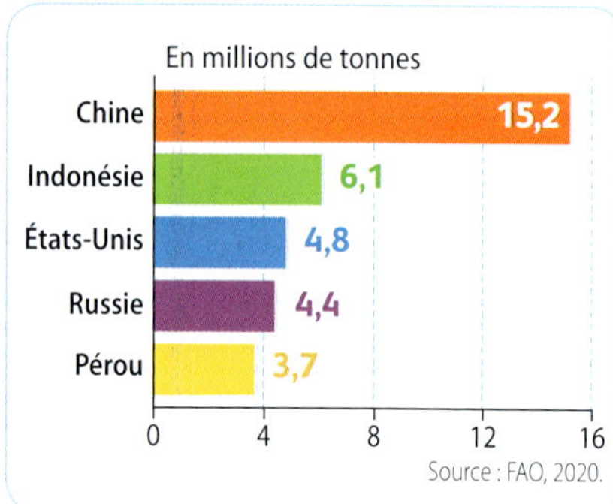

REPÈRE B

Le potentiel des énergies marines dans le monde

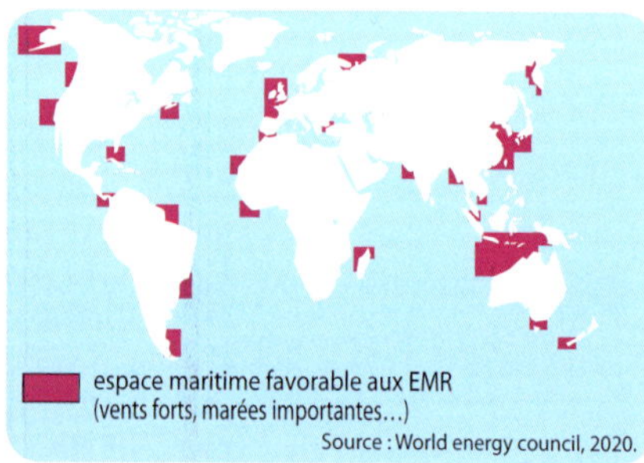

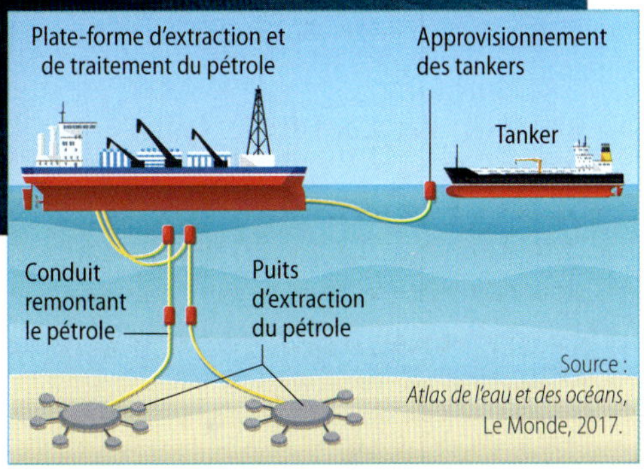

Source : *Atlas de l'eau et des océans*, Le Monde, 2017.

1 Une unité flottante de production de pétrole de la FTN Total au Nigeria

Situé à 200 kilomètres des côtes du Nigeria, ce vaisseau (sur la photo au départ du port de Lagos) est relié à 44 puits sous-marins situés à 1 600 mètres de profondeur. Il produit 200 000 barils de pétrole par jour.

2 L'appropriation des mers et des océans, source de tensions

L'œil du géopolitologue Les frontières maritimes sont de plus en plus disputées. Il est vrai que la mer constitue un enjeu économique croissant : transport, ressources (pêche, pétrole et gaz, minerais du sous-sol...) et que les puissances émergentes cherchent à y affirmer leur nationalisme, voire à accroître leur territoire. Au contraire des frontières terrestres, les frontières maritimes sont encore peu délimitées : environ un tiers d'entre elles seulement l'ont été, sur un total de près de 450 frontières potentielles. Certaines puissances cherchent à contrôler davantage leur environnement maritime. Elles ne respectent pas toujours le droit international et rechignent à accepter l'arbitrage des instances internationales pour trancher les désaccords qui les opposent à leurs voisins. Il existe plusieurs types de contentieux maritimes : ils concernent la délimitation de la frontière, le droit de passage, les territoires insulaires symboliques, les ressources (pêche, fonds marins, sous-sols...) ; ainsi les contentieux qui se jouent « en mer » ne sont pas toujours « pour la mer ». Mais ces enjeux se mêlent souvent. En cas de différend territorial non réglé de manière bilatérale, un arbitrage peut être demandé à la Cour permanente d'arbitrage ou à la Cour internationale de justice (organe des Nations unies).

B. Tertrais, « *Avis de tempête sur les frontières maritimes* », *Géopolitique des îles en 40 cartes*, *Le Monde*, Hors-série, 2019.

Capacités & Méthodes

Confronter deux documents

1. À partir des documents 1 et 2, expliquez pourquoi les mers et océans représentent un enjeu économique croissant.
2. En vous appuyant sur le document 2, discutez l'affirmation suivante : « La délimitation des ZEE est aujourd'hui la principale cause de tensions entre les États. »

Exemple

Les ressources halieutiques de l'Afrique de l'Ouest, facteurs de tensions ?

En Afrique de l'Ouest, le poisson représente une importante source de protéines et génère du revenu et des emplois pour 7 millions de personnes. Dans le même temps, un nombre croissant de flottes étrangères a accès à ces zones de pêche au large de l'Afrique, ce qui accentue les pressions sur les stocks de poissons.

Carte interactive

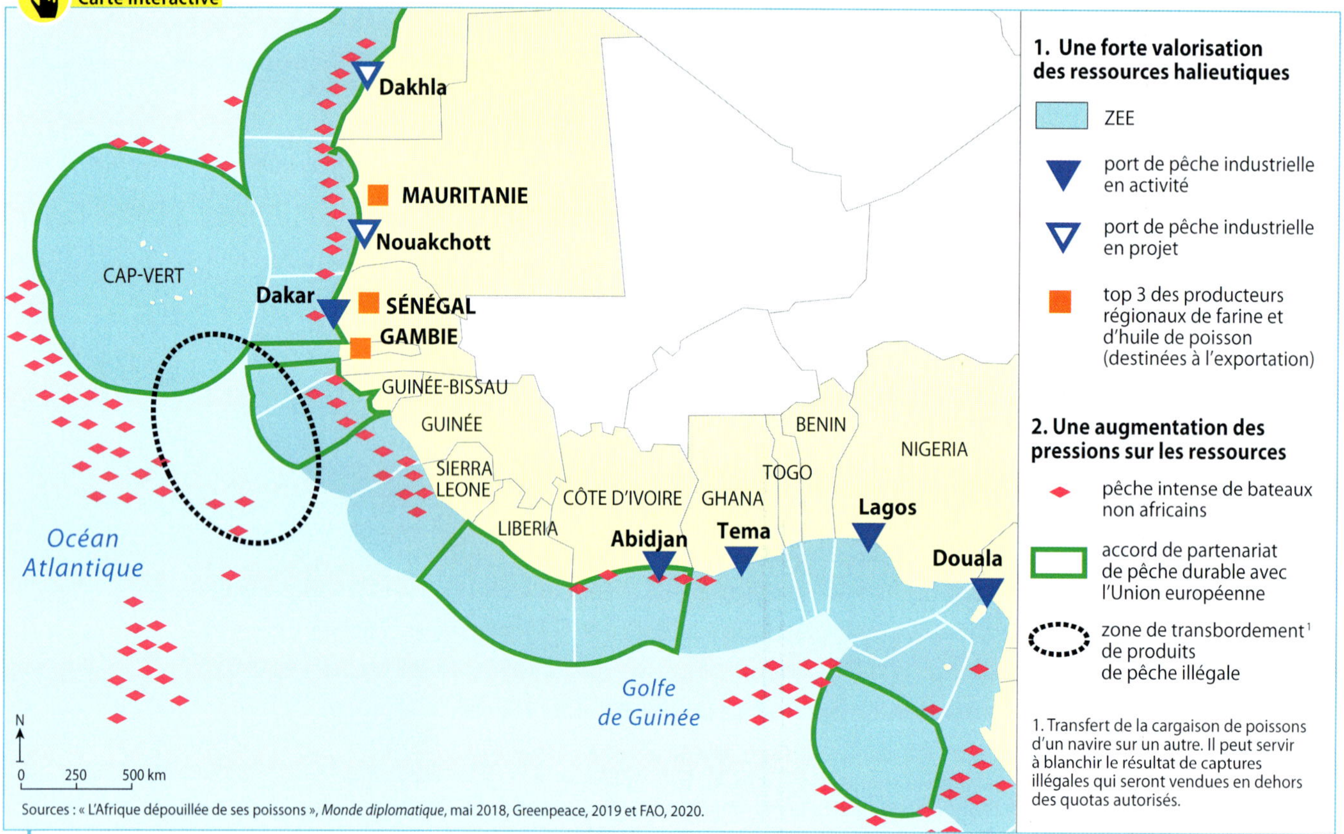

1 Les ressources halieutiques en Afrique de l'Ouest

2 Des retombées locales limitées ?

Selon le ministère de la Pêche et de l'Économie maritime mauritanien, la quantité de poissons exportés est passée de 215 000 tonnes en 2014 à 360 000 en 2017[1]. Pendant la même période, les usines de transformation des produits halieutiques sont passées de 40 à 133, alors que le nombre de navires accrédités est passé de 100 à 190. La Mauritanie a même reçu plusieurs accréditations de pêche internationale, notamment par l'Afrique du Sud et la Namibie. Toutefois, cette thèse gouvernementale n'est pas partagée par tous les acteurs. Ainsi, O. M. Chekkh, expert des affaires maritimes, révèle qu'en dépit des efforts visant le développement durable du secteur de la pêche, la pêche artisanale souffre d'un désordre total qui handicape l'intégration effective du secteur à l'économie nationale.

Le 360 (média digital marocain), 10 mars 2018.

1. En Mauritanie, on dénombre une flotte de 7 000 pirogues et 150 navires côtiers, plus de 40 000 emplois de pêcheurs, avec une production globale de 400 000 tonnes de différentes espèces.

3 Des conséquences sociales et environnementales

À la malédiction de la pêche illégale s'ajoute la surpêche « légale », car autorisée par les accords entre les pays côtiers et les armateurs, ainsi que par les accords de partenariat de pêche durable, signés entre l'UE et plusieurs pays africains. Ces derniers cèdent aux navires européens le droit d'exploiter leurs ZEE en échange d'un soutien technique et financier très variable — 1,8 million d'euros pour le Sénégal et 59 millions pour la Mauritanie. Un argent dont les pêcheurs locaux ne voient guère la couleur. « La pêche industrielle est une catastrophe pour le Sénégal », juge M. Sall, président de la plate-forme des pêcheurs artisanaux du Sénégal. « Les navires étrangers pêchent dans des zones interdites et ils utilisent un équipement qui détruit l'habitat naturel de la faune marine. » Comme leurs prises sont de plus en plus maigres, les pêcheurs sénégalais s'aventurent dans les eaux mauritaniennes et plusieurs piroguiers sénégalais sont morts sous les balles des garde-côtes mauritaniens[1].

Le Monde diplomatique, mai 2018.

1. Un nouvel accord a été signé en juillet 2018 entre les deux pays. D'une durée d'un an, celui-ci prévoit l'octroi de 400 licences aux pêcheurs sénégalais pour la prise de 50 000 tonnes de poissons par an.

4 **Les conséquences de la pêche industrielle au Sénégal**

Au Sénégal, les ressources halieutiques se sont effondrées du fait notamment des conséquences de la pêche industrielle. De nombreux artisans pêcheurs ne sortent plus en mer et les pirogues s'entassent sur les plages.

5 **La lutte contre la pêche illégale : une préoccupation commune à tous les pays africains**

En 2016, plus de 40 pays africains se sont réunis au Togo pour trouver des solutions afin de lutter contre la pêche illégale.

Identifier les contraintes et les ressources d'une situation géographique

Itinéraire guidé

Décrire

1. Montrez que les ressources halieutiques ont une importance majeure pour les populations d'Afrique de l'Ouest. Quelles en sont les limites ? (doc. 1, 2 et 4)

2. Identifiez les tensions entre les États d'Afrique de l'Ouest d'une part, et entre les pays d'Afrique de l'Ouest et des pays étrangers d'autre part. (doc. 1 et 3)

Interpréter

3. Quels sont les risques liés à l'augmentation des prises en Afrique de l'Ouest ? (doc. 2, 3 et 4)

4. Montrez qu'une prise de conscience émerge mais qu'elle reste insuffisante. (doc. 5)

Itinéraire en groupe

Formez des groupes de trois élèves où chacun représente les pêcheurs artisanaux, un État d'Afrique de l'Ouest et l'Organisation des Nations unies. Préparez un débat sur l'intérêt des ressources halieutiques en Afrique de l'Ouest, les tensions liées à leur valorisation et les risques liés à leur surexploitation. Chaque élève doit défendre et expliciter les arguments de l'acteur qu'il représente.

Cours 3 Mers et océans, des espaces à protéger

QCM interactif cours

Podcast

Pourquoi et comment protéger les mers et les océans dans le monde ?

A Une augmentation des pressions sur les mers et les océans

La surpêche menace les océans. Selon la FAO (Organisation des Nations unies pour l'alimentation et l'agriculture), la part des espèces surexploitées est passée de 10 % en 1974 à 33 % en 2015, tandis que celle des espèces capturées à la limite de leur capacité de renouvellement est passée de 50 à 60 %. C'est en Méditerranée et en mer Noire que la situation est la plus critique. Le chinchard du Chili et la morue de l'Atlantique font partie des espèces les plus menacées.

Les océans sont contaminés par de nombreux polluants (doc.3). Les pollutions d'origine terrestre, comme le rejet de pesticides ou de déchets non traités, représentent environ 80 % de la pollution marine. Dans le Pacifique, un tourbillon de déchets drainant 1 800 milliards de morceaux de plastique s'étale sur une surface trois fois plus grande que la France.

Les modifications des océans s'accélèrent. L'océan absorbe 26 % du CO_2 dégagé dans l'atmosphère, ce qui contribue à son acidification. Face à l'augmentation du CO_2 liée aux activités humaines, la capacité de l'océan à les absorber pourrait se réduire, participant ainsi au changement climatique.

B Des acteurs qui participent inégalement à la protection des mers et des océans

Des ONG se mobilisent pour une exploitation durable des ressources. Certaines comme Sea Shepherd sillonnent les ZEE des pays qui ont peu de moyens pour les surveiller contre la pêche illégale (Bénin en 2019). D'autres, comme Bloom, critiquent certaines techniques de pêche (chalutage de fond, pêche électrique).

Un développement plus durable des océans est voulu par les États. Ils multiplient les aires marines protégées mais celles-ci couvrent seulement 4,8 % de la surface totale des océans (doc. 1 et Repère A). D'autres acteurs souhaitent l'essor d'une économie bleue qui a fait l'objet d'une conférence internationale pour la première fois en 2018 au Kenya. (Repère B).

Des associations régionales règlementent les pratiques. En 2019, les dix pays de l'Asean ont adopté la déclaration de Bangkok pour réduire significativement les débris marins en Asie du Sud-Est. L'UE interdira également la pêche électrique en 2021 mais, dans le même temps, elle élargit les aides financières pour la construction de grands chalutiers.

C Une lente coopération mondiale pour concilier valorisation et protection

La protection des océans à l'échelle mondiale est encouragée. La première conférence internationale spécialement dédiée à la préservation des océans a été organisée par l'ONU en 2017. Un des objectifs souhaités était la protection d'au moins 10 % des océans d'ici 2020. La COP25 organisée en 2019 a également rappelé le rôle joué par les océans pour réguler le climat mondial.

L'avenir durable de la haute mer est discuté (doc. 2). Alors que la présence humaine et l'exploitation des ressources s'y développent, des négociations ont été ouvertes à l'ONU en 2018 pour établir un instrument juridiquement contraignant pour la préservation et l'utilisation durables de ses ressources.

La coopération entre les États sur la haute mer ne fait pas consensus. Le G77, qui regroupe 134 pays en développement, plaide pour l'application du principe d'héritage commun de l'humanité aux eaux de la haute mer, une position refusée par les grandes puissances maritimes, dont les États-Unis, le Canada et la Russie.

Face aux pressions sur les mers et océans, leur protection fait débat : même si de nombreux acteurs prennent conscience de cette nécessité, protéger et valoriser les ressources marines n'est pas toujours compatible.

Vocabulaire

- **Acidification :** modification chimique liée à la dissolution du CO_2 dans l'eau.
- **Économie bleue :** économie garantissant la meilleure utilisation possible des espaces maritimes en conciliant développement économique et protection.
- **Surpêche :** pêche qui menace le renouvellement des ressources marines.

REPÈRE A

Les cinq plus grandes aires marines protégées dans le monde

	Superficie en km²
Réserve marine de la mer de Ross (Antarctique)	2 090 027
Parc marin des îles Cook (Océanie)	1 976 000
Terres australes françaises (océan Austral)	1 662 774
Papahānaumokuākea à Hawaii (États-Unis)	1 508 870
Parc naturel de la mer de Corail (Nouvelle-Calédonie)	1 292 967

Source : ONU, 2020.

REPÈRE B

Les objectifs de l'économie bleue

Source : *Blue Economy*, 2020.

1 L'aire marine protégée de Betty's Bay en Afrique du Sud

2 Une protection des océans pensée à différentes échelles

L'œil du géographe Les différentes mesures en faveur d'une protection des espaces maritimes et des composantes marines, décidées par des autorités nationales ou fédérales, sont relayées par les instances internationales. Le Patrimoine mondial de l'humanité s'attache à un classement pour reconnaître la valeur des territoires à l'image de la Grande Barrière de Corail (Australie). L'Unesco, qui les répertorie, développe d'autres actions, comme les années internationales. L'océan a été le thème de l'année 1998. L'ONU a par ailleurs institué une journée mondiale des océans, qui se tient tous les 8 juin depuis 2009. Cette volonté de gouvernance mondiale trouve des relais à des échelons régionaux. Les réalisations en faveur de la pêche durable en témoignent. La Commission interaméricaine du thon tropical est un dernier exemple d'organisme régional, qui veille à la gestion de multiples thonidés. Vingt entités sont réunies dans cette association qui met en présence l'Union européenne et des pays au domaine maritime important comme le Canada ou les États-Unis. Un écho local aux principes de la durabilité se repère enfin. Le port de Marseille est par exemple doté d'un PGEN (Plan de gestion des espaces naturels) depuis 2004.

A. Monot et F. Paris, *Géographie des mers et des océans*, Bréal, 2018.

3 Un programme européen pour évaluer la pollution plastique en Méditerranée

Source : Medsealitter, 2020.

Capacités & Méthodes

Mettre en œuvre le changement d'échelles

1. Identifiez les acteurs qui participent à la protection des espaces maritimes et des espèces marines. (doc. 1 à 3)
2. Montrez que la protection des mers et des océans est aujourd'hui pensée à différentes échelles (mondiale, régionale et locale). (doc. 1 à 3)

Exemple

La protection des océans doit-elle empêcher toute valorisation des ressources maritimes en Australie ?

SECTION EUROPÉENNE
Documents disponibles en anglais sur le site collection lycee.hachette-education.com/hg/geo-tle

Bordée par les océans Indien et Pacifique, l'Australie possède la troisième ZEE au monde avec 9 millions de km². Entre acteurs favorables à la valorisation des ressources marines et ceux souhaitant renforcer la protection des espaces maritimes, des tensions surgissent.

Carte interactive

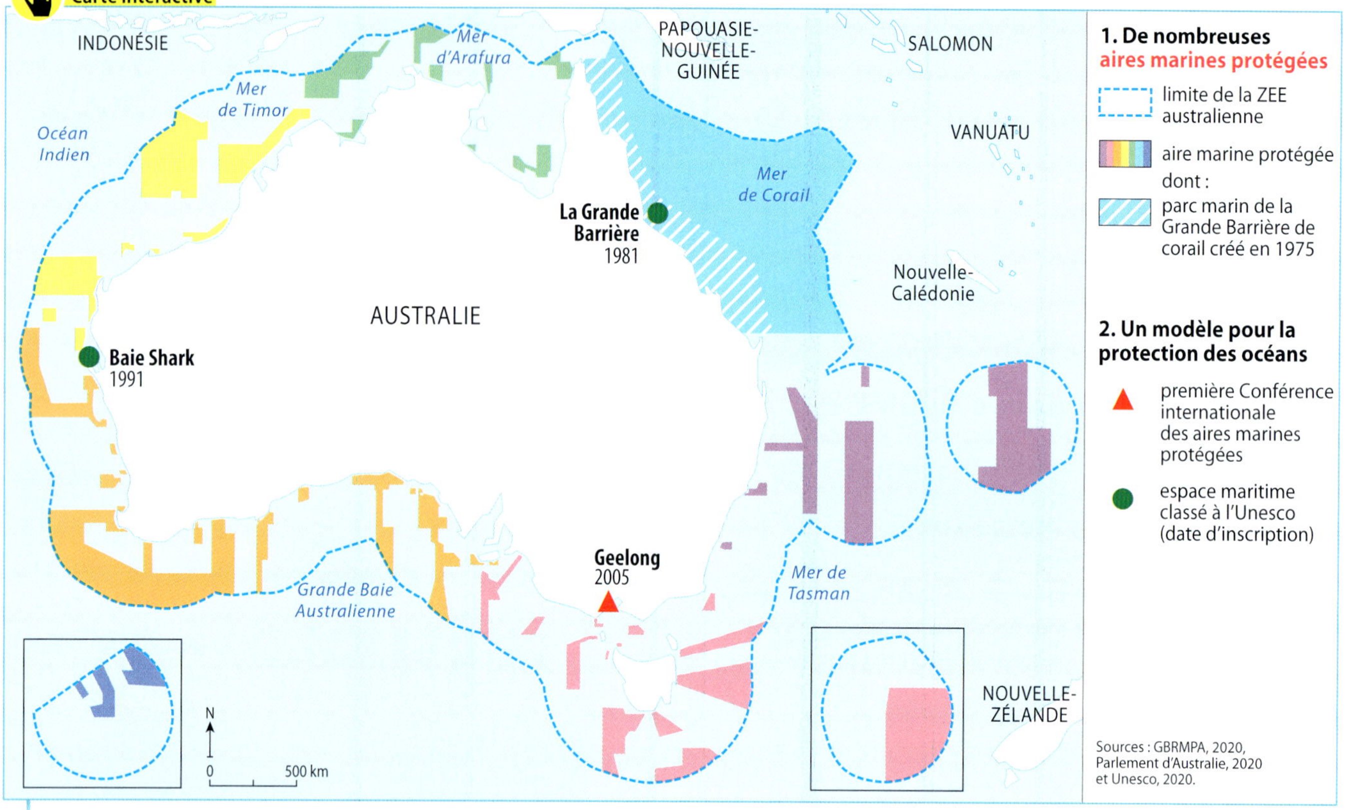

1 L'Australie : un vaste réseau de protection marine

2 **Vers une ouverture des aires marines protégées à la pêche industrielle**

L'Australie a recommandé d'ouvrir davantage ses parcs marins à la pêche industrielle. Le gouvernement a expliqué avoir émis cette proposition qui concerne 44 parcs après une évaluation scientifique indépendante. Elle permettra une approche plus équilibrée de la protection des océans et de la pêche durable tout en développant l'écotourisme, assure-t-il. Les surfaces où la pêche industrielle est autorisée dans les parcs sera augmentée de 17 %. Les zones où la pêche de loisirs est possible seront également agrandies. Mais les zones où les groupes miniers sont autorisés à opérer seront réduites, avec 200 000 km² de fonds marins protégés supplémentaires. WWF-Australia a dénoncé « le déclassement le plus important de zone protégée du monde ». « La mer de Corail, considérée comme la porte d'entrée de la Grande Barrière de corail, est la région la plus durement touchée, avec une baisse de 50 % des zones protégées », a déclaré Richard Leck, chargé des océans chez WWF. Cette mer largement intacte sera vulnérable « à des pratiques commerciales destructives comme la pêche au chalut, au filet maillant et à la palangre ».

Polynésie première, 21 mars 2018.

3 La réglementation des activités dans le parc marin de Jervis Bay

4 La mobilisation contre un projet de forage pétrolier

La grande Baie australienne est l'un des environnements océaniques les plus vierges de la planète. Elle abrite de nombreuses communautés locales qui garantissent des emplois et des activités de loisirs. La Baie est également une source pour les industries de la pêche et de l'aquaculture. La région possède des réserves nutritives uniques qui fournissent un habitat essentiel à d'innombrables espèces. Les scientifiques estiment qu'environ 85 % des espèces qui vivent dans la grande Baie australienne ne se trouvent nulle part ailleurs sur Terre. Donner accès à l'exploitation pétrolière dans la grande Baie constitue une menace inacceptable. Un déversement catastrophique de pétrole, le risque de collision et la pollution sonore due aux forages et au trafic de bateaux sont susceptibles de perturber cet environnement marin unique. Les icônes mondiales du surf ont exprimé leurs préoccupations concernant les risques encourus. Cette démarche a donné naissance à de fortes mobilisations de citoyens activistes pour protester contre le forage pétrolier. En tant qu'ONG dédiée à la protection des océans, Surfrider Europe soutient les actions de protestation contre un projet de forage pétrolier.

Surfrider Foundation Europe, 2019.

5 L'impact du changement climatique sur la Grande barrière de corail

Source : Steve Sack, *Minneapolis Star Tribune*, 25 mars 2017.

Traduction : « Tour en bateau à fond de verre ».

Les émissions australiennes de gaz à effet de serre ont augmenté ces quatre dernières années et le gouvernement soutient le gigantesque secteur minier et énergétique du pays. En juillet 2019, l'autorité du parc marin de la Grande Barrière de corail rappelait l'urgence de les réduire pour protéger l'immense récif corallien.

Vocabulaire

- **Aire marine protégée :** espace délimité en mer qui répond à des objectifs de protection de l'environnement à long terme.

S'approprier un questionnement géographique

Itinéraire guidé

Décrire

1. Montrez que les espaces maritimes sont très protégés en Australie. (doc. 1)
2. Quelles activités sont réglementées par ces mesures de protection ? (doc. 2 et 3)

Expliquer

3. Pourquoi le gouvernement australien a-t-il décidé d'ouvrir les aires marines protégées à certaines activités économiques ? Expliquez les arguments des opposants. (doc. 2 et 4)
4. Quelles sont les autres menaces qui pèsent sur les espaces maritimes en Australie ? Montrez que les actions menées par le gouvernement australien ont une part de responsabilité. (doc. 5)

Itinéraire en groupe

Formez des groupes de quatre élèves pour débattre, par binôme, du sujet suivant : « La protection des océans doit-elle empêcher toute valorisation des ressources maritimes en Australie ? »

Arguments du débat	
La protection des océans doit empêcher la valorisation des ressources	**La valorisation des océans peut se faire en parallèle de leur protection**
– La valorisation des hydrocarbures *offshore* doit être définitivement interdite (doc. 4)	

RÉVISER

L'essentiel audio-vidéo

Organigramme version interactive

L'essentiel

Pourquoi l'appropriation des mers et des océans par les États soulève-t-elle de nouveaux enjeux ?

Des espaces réglementés dans la mondialisation
- Des espaces de libre circulation préservés
- ➕ Une territorialisation croissante
- ➕ Des activités maritimes qui échappent au droit de la mer

Des espaces valorisés sous tensions
- Une pression accrue sur les ressources vivantes et énergétiques
- ➕ Vers une exploitation de nouvelles ressources
- ➕ Des espaces maritimes sous tensions

Des espaces à protéger
- Une augmentation des pressions sur les mers et océans
- ➕ Des acteurs qui souhaitent une protection accrue des océans
- ➕ Une coopération mondiale en construction pour concilier valorisation et protection

Cours 1

En raison de leur importance pour le commerce mondial, la **liberté de circulation** est préservée dans les océans.

Les **ZEE contrôlées par les États** sont un des symboles de l'appropriation des espaces maritimes.

En raison de leur immensité, les océans sont également des espaces empruntés pour les **trafics illicites**.

Cours 2

L'appropriation des mers et des océans par les États s'accélère avec la **valorisation des ressources marines** (ressources halieutiques, hydrocarbures *offshore*, métaux).

La course aux ressources explique la multiplication des **tensions entre les États** concernant la délimitation de leur ZEE.

Des **bases militaires** sont installées le long des principales routes maritimes mondiales.

Cours 3

Les menaces environnementales augmentent : **surpêche, pollution, réchauffement et acidification**.

Certains acteurs comme les ONG ou l'ONU appellent à une multiplication des **aires marines protégées** et souhaitent une **protection accrue de la haute mer.**

Toutefois, cette protection fait l'objet de **multiples débats** car les mers et océans sont de vastes espaces de ressources pour l'humanité.

Chiffres clés

2 560 milliards d'euros

représente la valeur annuelle des activités directement liées à la mer, soit 5 % du PIB mondial.

200 millions d'individus

travaillent dans les activités de pêche maritime dans le monde et 97 % des pêcheurs habitent les pays en développement.

3,5 milliards de personnes

dépendent des océans pour leur subsistance.

Pour aller plus loin

Une application

Lancée par Google et deux ONG en 2016, l'application Global Fishing Watch met à disposition une cartographie des bateaux de pêche dans le monde entier.

https://www.globalfishingwatch.org/map/

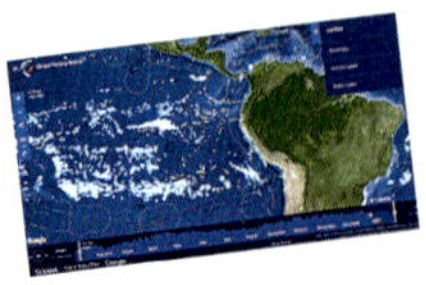

Des photographies

Le travail du photographe de Greenpeace Pierre Gleizes notamment sur la surpêche.

http://pierregleizes.com

Un livre

Ian Urbina, *La Jungle des océans*, Payot, 2019.

Une enquête menée par un journaliste américain sur les dérives qui ont lieu sur les océans (pêche illégale, trafics, piraterie...).

Un documentaire

Océans, le mystère plastique, Arte, 2016.

Des scientifiques se focalisent sur les micro-plastiques présents dans les océans et montrent les conséquences sur son fonctionnement.

http://www.film-documentaire

EXERCICES

Localiser
Croquis PDF à télécharger

en complétant le croquis suivant

Des océans partagés et exploités

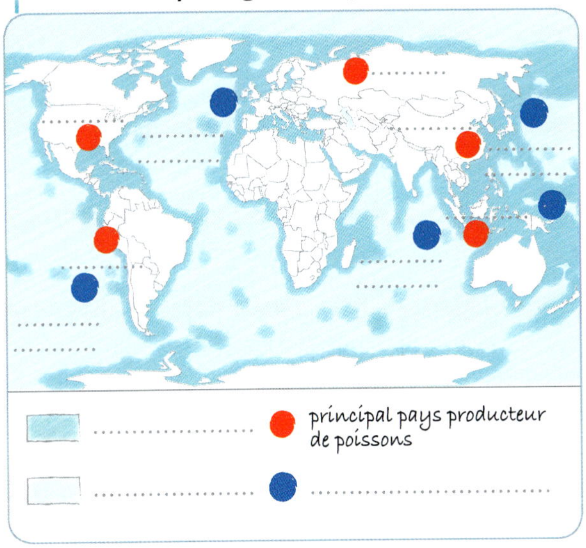

Argumenter
par des exemples précis

Validez ou invalidez chaque affirmation suivante à l'aide d'exemples précis à différentes échelles.

- La libre circulation est assurée sur les mers et océans.
- La valorisation des ressources halieutiques est parfois source de tensions.
- La protection des mers et des océans est encouragée.

Schématiser
Schéma PDF à télécharger

la notion de Zone économique exclusive

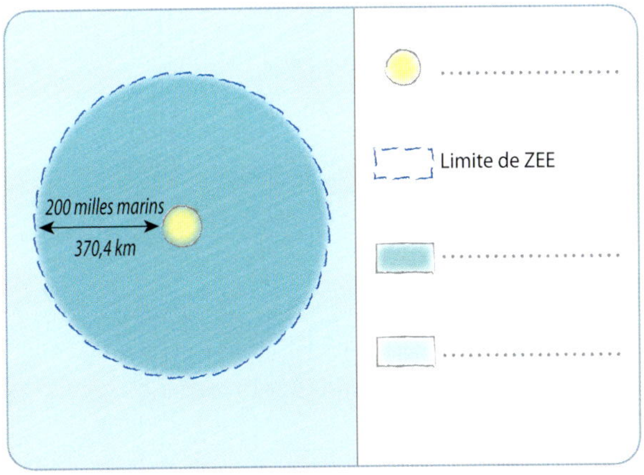

Analyser
une affiche

En analysant le document, soulignez la diversité des pollutions qui contaminent les océans. À partir de vos connaissances, proposez des solutions pour lutter contre ces pollutions.

Gestes Propres est le nom de la campagne nationale de prévention des déchets sauvages, menée en 2019 par l'État français et l'ONG Progrès et Environnement.

Travailler autrement
Analyser une vidéo Vidéo

À partir du site Internet https://lumni.fr/video, recherchez la vidéo « Les espaces maritimes : entre affrontements et coexistence », pour expliquer pourquoi l'utilisation des espaces maritimes est devenue un enjeu géostratégique majeur.

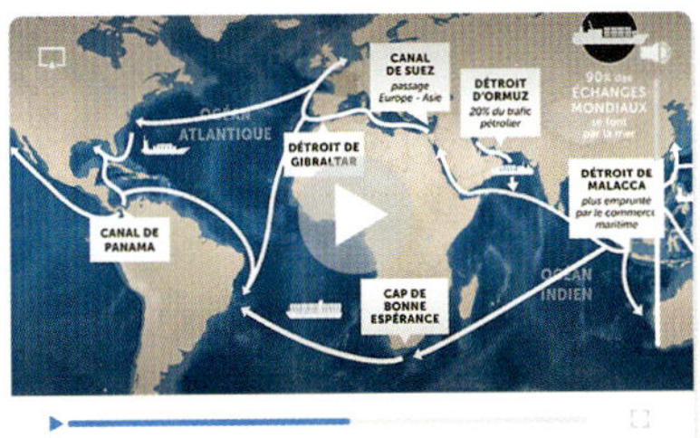

Méthode
BAC-E3C

Réalisation d'une production graphique

Sujet : La maritimisation de l'économie mondiale

Consigne : À partir du texte, vous construirez, à l'aide du fond de carte fourni, un croquis correspondant au sujet suivant : « La maritimisation de l'économie mondiale » accompagné d'une légende organisée.

L'expansion du commerce a profondément marqué la géographie maritime : les routes maritimes se sont déplacées et amplifiées pour coller aux besoins des producteurs et des consommateurs, des canaux (Suez, Panama) ont dû repousser leurs limites pour s'adapter au gigantisme croissant des navires, tandis que des détroits (Malacca, Ormuz, Bab el Mandeb, Gibraltar) sont au bord de la congestion du fait de l'explosion du trafic.

Les trois grands blocs, à la fois premiers exportateurs et premiers importateurs mondiaux (Chine, Union européenne, États-Unis), tracent un chemin est-ouest : le chemin transpacifique (Asie-Amérique), le chemin de l'Asie à l'Europe et, dans une moindre mesure, le chemin transatlantique (Europe-Amérique). Cette route est particulièrement empruntée par les porte-conteneurs transportant des produits manufacturés (lesquels représentent 73 % des exportations mondiales). Assez naturellement aussi, les trafics de vracs liquides (notamment les hydrocarbures) tracent une route des régions d'exportation de matières premières et énergétiques (Moyen-Orient, Afrique, Russie) vers l'Amérique, l'Europe et l'Asie orientale. De même, la liaison entre les continents les plus riches (Amérique du Nord, Europe occidentale) d'une part et l'Afrique occidentale, l'Amérique du Sud et l'océan Indien d'autre part est assurée par des porte-conteneurs de dimension moyenne. Enfin, l'évolution contemporaine du commerce a conduit à la mise en place d'une nouvelle route, la sud-sud. Le développement des pays émergents (Chine, Brésil, Afrique du Sud, Inde, Mexique), les ressources minières de l'Australie, les ressources agricoles de l'Amérique latine ont inscrit ces pays dans ces nouveaux tracés. Mais les commerçants rêvent déjà à une nouvelle route, celle du nord-est à travers l'Arctique : un passage où pourraient se frayer les navires parmi les glaces fondues du fait du réchauffement climatique. Tous les États éloignés de ces routes maritimes sont enclavés et marginalisés dans la mondialisation.

D'après G. Le Solleu et A. Piot, « La carte des routes maritimes », *L'Éléphant*, n° 22, avril 2018.

A Analyser le sujet et organiser la légende

1. En vous appuyant sur la Méthode p. 12-13, analysez le sujet.
2. Lisez le texte, si nécessaire plusieurs fois, pour en repérer les idées principales. Associez-les à une notion de géographie pour formuler les titres des parties de la légende (ici, maritimisation, routes maritimes, passages stratégiques). Reportez ces titres dans la légende.
3. Sur le modèle de la première partie (jaune), attribuez une couleur aux 2e et 3e parties. Surlignez les informations du texte à cartographier selon ce code couleur.
4. Reportez les informations surlignées dans la légende du croquis.

CONSEIL
En raison du nombre limité d'informations sur un croquis, seules les informations essentielles (8-10 maximum) sont mobilisées.

B Choisir les figurés adaptés

5. À partir de l'exemple ci-dessous, sélectionnez un figuré pour chaque information et reportez-les dans un tableau.

	Choix de figurés possibles	Informations
Figurés de surface	[rouge] ou [orange] ou [jaune]	grand pôle du commerce mondial
Figurés linéaires		....
Figurés ponctuels		....

6. Reportez la sélection d'informations qui vous semble la plus adaptée et complétez le croquis.

C Réaliser le croquis

7. Représentez les informations sur le croquis en vous appuyant sur les localisations dans le texte.

8. Présentez le croquis en respectant les règles de présentation (TONLEC). Méthode p. 12-13

9. Reportez la nomenclature proposée dans le texte pour chaque information cartographiée.

Titre : ....

Croquis interactif
Version PDF à télécharger

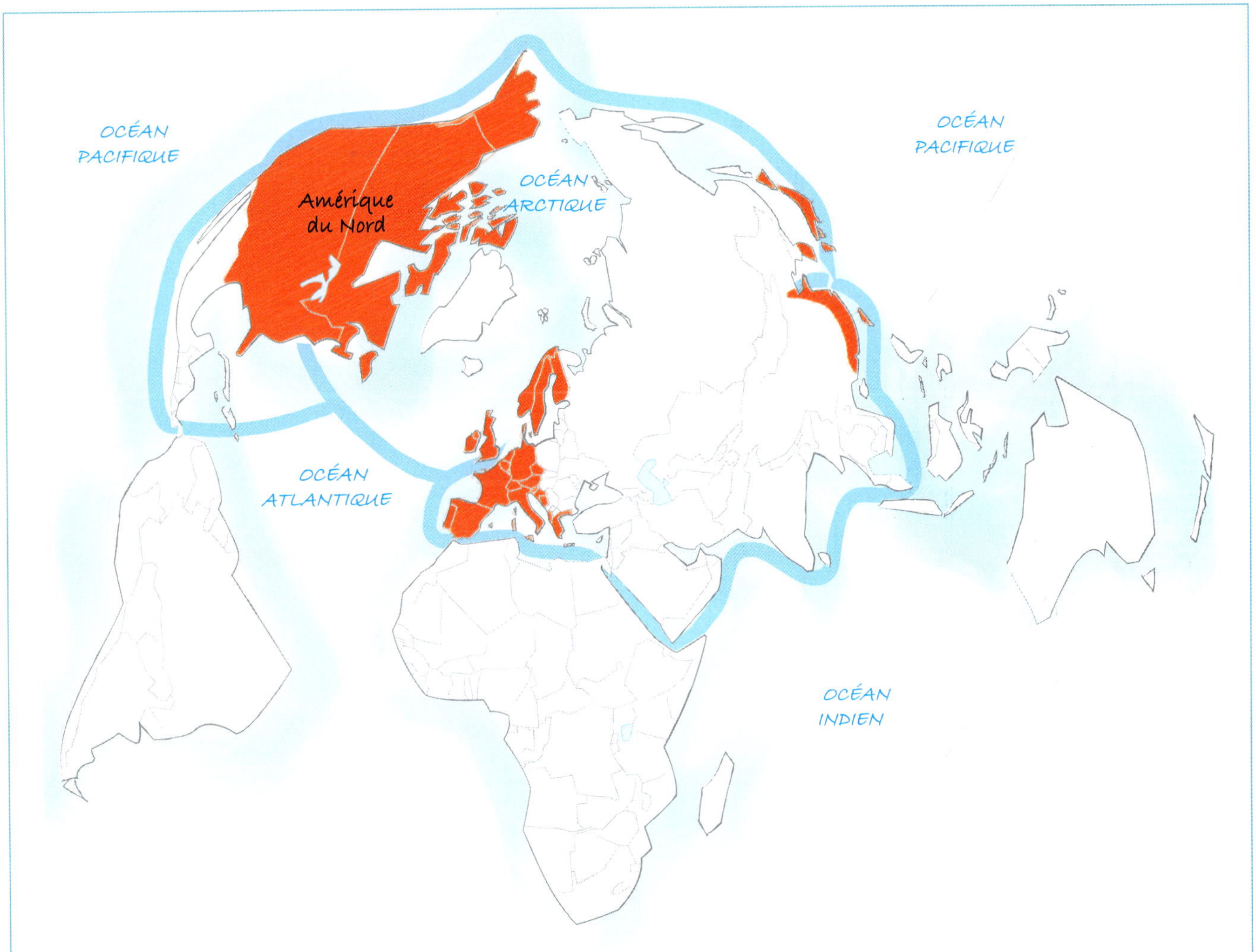

1. Une maritimisation reflet des mutations de l'économie mondiale	2.	3. ....
[orange] grand pôle du commerce mondial [jaune] économie émergente et .... [blanc]	route des marchandises conteneurisées .... majeure [bleu clair] secondaire [vert] .... [tirets bleus]	....

Méthode BAC-E3C

Analyse de documents

En analysant les documents, vous montrerez que la maritimisation des économies se manifeste par un rôle croissant des mers et océans dans les échanges mondiaux et dans la fourniture de ressources. Vous expliquerez aussi les tensions qui en résultent.

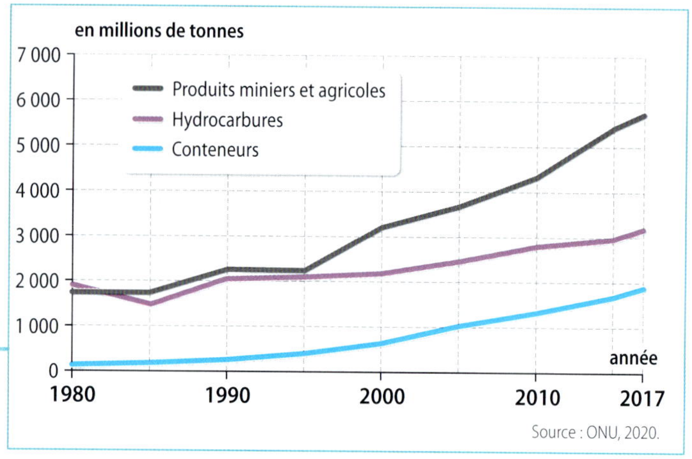

1 La croissance des échanges de marchandises par les mers et océans dans le monde

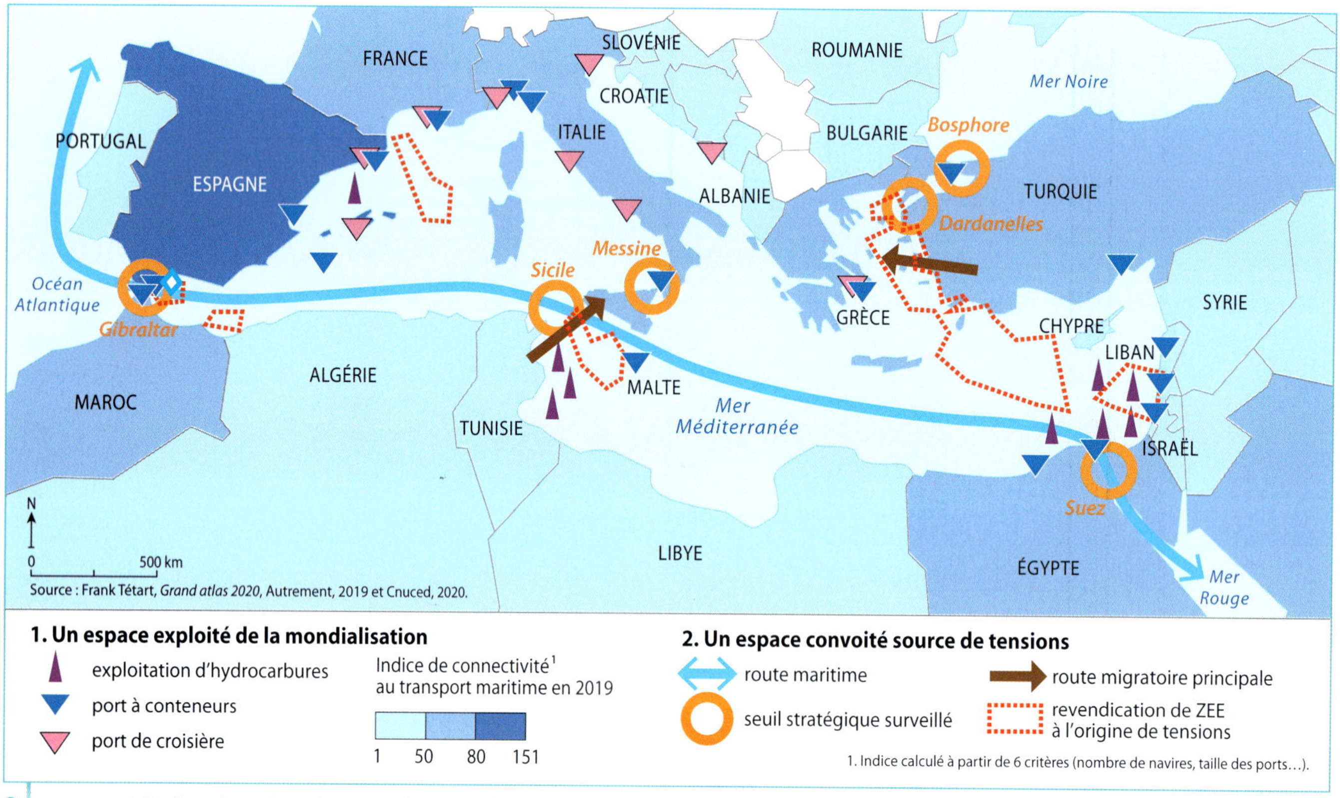

2 La maritimisation de l'économie en Méditerranée

Introduction : présenter rapidement le ou les documents.

Deux documents sont proposés à l'étude : le premier est un graphique présentant l'évolution des échanges maritimes de marchandises construit à partir de données venant de l'ONU ; le second est une carte présentant la maritimisation de l'économie à l'échelle de la Méditerranée construite à partir des données d'un atlas de géopolitique.

Poser la problématique en vous interrogeant sur l'intérêt des documents pour répondre au sujet.

Comment ces documents illustrent-ils la maritimisation de l'économie mondiale ?

Dans un premier temps, nous étudierons la maritimisation des échanges de marchandises et les tensions qu'elle engendre, avant de nous intéresser aux mobilités qui parcourent les océans et enfin aux pressions exercées sur les ressources.

Annoncer le plan en une seule phase.

Commencer chaque partie par une petite phrase d'introduction.

Dans cette première partie, nous nous intéresserons à la maritimisation des échanges mondiaux de marchandises et leurs conséquences. ↩

Tout d'abord, le graphique (doc. 1) montre une croissance continue des échanges de marchandises par les mers et océans à l'échelle mondiale depuis les années 1980. Cela concerne d'abord les produits bruts (productions agricoles et énergétiques, matières premières) transportés par navires car ils sont pondéreux (lourds et volumineux). Le transport des produits manufacturés s'est profondément transformé avec l'apparition récente du conteneur, illustrée par le graphique 1. Ainsi, comme le montre l'exemple méditerranéen (doc. 2), les ports se spécialisent dans l'accueil de ces boîtes au format calibré : installation de quais de déchargement dédié, de portiques pour faciliter le déchargement. Les marchandises sont alors redistribuées selon le principe du feedering. C'est ainsi que les ports méditerranéens de Gênes ou Valence redistribuent les conteneurs aux ports plus éloignés de la route maritime. ↩

Aller à la ligne à la fin de chaque idée du développement (↩)

Ces échanges engendrent également des tensions, notamment au niveau des seuils stratégiques : canaux interocéaniques (Panama ou Suez, comme l'illustre le doc. 2), détroits (Gibraltar, Bosphore en Méditerranée, mais également Malacca ou Ormuz). Les grandes puissances y assurent d'ailleurs une surveillance active, notamment grâce à leur présence militaire afin d'assurer la liberté de circulation dans ces zones stratégiques pour l'économie mondiale (approvisionnement en énergie, notamment).

Dans cette deuxième partie, nous examinerons les conséquences de la maritimisation sur les flux des humains. ↩

Utiliser des connecteurs logiques pour faire progresser la démonstration.

Chaque paragraphe doit être construit autour d'une idée extraite du document, explicitée par les connaissances personnelles (définition, exemple, nuance...).

En effet, les échanges mondiaux par les mers et océans ne concernent pas seulement les marchandises : les mobilités y sont également croissantes. Les mobilités touristiques, notamment de croisières, voient leur nombre exploser comme en Méditerranée (doc. 2), mais aussi dans les Caraïbes ou la mer de Chine. Cette explosion est la conséquence de la part croissante des loisirs dans les modes de vie, dans les pays développés ou émergents. Des ports se spécialisent dans l'accueil de navires de plus en plus grands, comme Barcelone ou Civitavecchia (Rome) en Méditerranée, mais également Miami, dans le bassin Caraïbes, ou Shanghai, en Asie orientale.

L'exemple méditerranéen (doc. 2) illustre également l'importance des mers et océans dans les flux migratoires. Moins facilement contrôlables, les mers sont parcourues par les migrants qui cherchent à quitter les pays en développement ou en conflit pour ces espaces plus riches, susceptibles de leur offrir une vie meilleure : migrants africains traversant la Méditerranée pour l'Europe, mer des Caraïbes parcourue par les migrants d'Amérique latine... Ces flux sont source de tensions, les pays développés cherchant à les limiter (Frontex en Méditerranée par exemple). Pourtant, ces flux seuls ne suffisent pas à définir les tensions qui s'expriment sur les mers et océans. ↩

Chaque paragraphe doit, dans la mesure du possible, faire allusion aux deux documents.

Dans cette dernière partie, nous verrons comment les ressources maritimes sont de plus en plus convoitées, ce qui génère des tensions. ↩

La Méditerranée, par exemple, est abondamment exploitée pour ses ressources minérales, et notamment ses hydrocarbures (pétrole et gaz). Au niveau mondial, leur consommation n'a cessé de progresser, expliquant l'augmentation constante de leur transport (doc. 1). L'exploitation des ressources maritimes explique les tensions qui peuvent exister entre pays riverains pour le tracé de leur ZEE. En effet, cette zone économique exclusive confère à l'État, dont elle relève, la propriété des ressources océaniques (y compris le sous-sol). Ainsi, en Méditerranée orientale, le tracé des ZEE fait l'objet de discussions. ↩

Il en est de même pour les ressources halieutiques, même si les documents ne les illustrent pas.

Conclusion : répondre à la problématique en une ou deux phrases, dresser le bilan du développement.

Pour conclure, l'analyse des documents a permis de montrer la maritimisation croissante de l'économie mondiale, tant du point de vue des échanges qui parcourent les océans que par l'exploitation des ressources. Dans un cas comme dans l'autre, les tensions qui en résultent sont nombreuses.

Méthode
BAC-E3C

Analyse de document

En analysant le document, vous montrerez que les espaces maritimes deviennent stratégiques car ils sont riches en ressources et qu'il est nécessaire de les protéger.

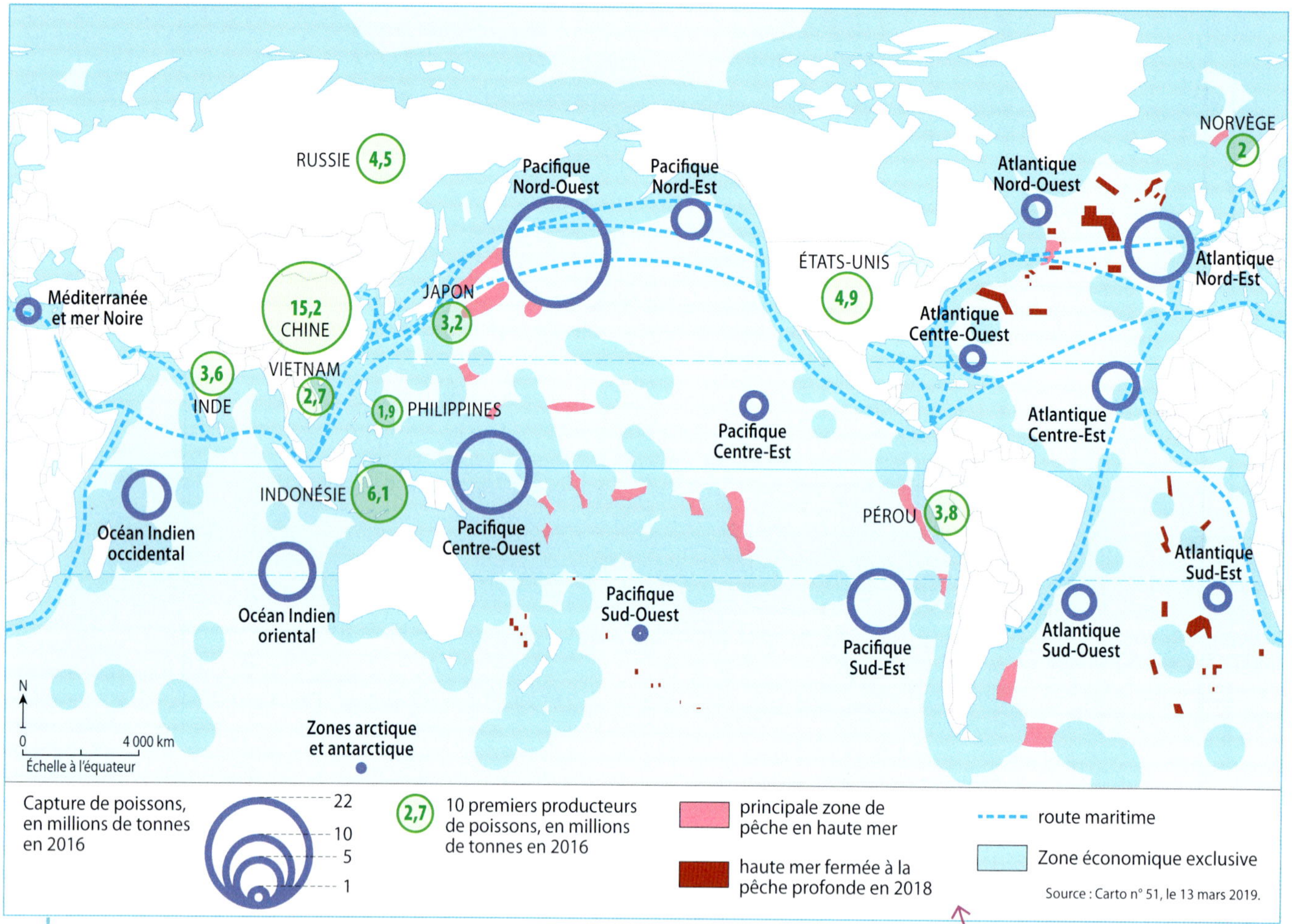

Les enjeux de l'exploitation des espaces maritimes dans le monde

CONSEIL
Commencez par lire le titre et la légende de la carte pour cerner les mots clés du sujet et l'échelle d'analyse.

A Identifier le document

Thème, espace concerné, date, source

1. Rédigez une phrase de présentation du document en définissant « haute mer » et « ZEE » sans oublier de préciser l'échelle d'analyse.

B Prélever des informations dans une carte

2. Présentez les principales zones de pêche et les principales routes et façades portuaires.
3. Montrez que la haute mer est un espace très exploité mais encore peu préservé d'après cette carte.

Méthode

La carte est l'outil de géographie par excellence. Pour décrire une carte, il faut nommer et localiser les phénomènes et les processus représentés sur la carte (à l'aide des points cardinaux et des noms de lieux). Vous pouvez repérer les grands ensembles géographiques et identifier les exceptions au sein de ces grands ensembles.

C Interpréter la carte

4. Expliquez pourquoi les espaces maritimes sont convoités par les États en différenciant les ZEE et la haute mer et en utilisant le vocabulaire suivant : *droit de la mer, appropriation, liberté de circulation, exploitation.*

5. Montrez que le statut de la haute mer rend difficile une coopération en faveur de la protection des océans.

6. Rédigez l'analyse en suivant le plan ci-dessous après l'avoir complété.

CONSEIL
Appuyez-vous sur des exemples précis pour expliquer les phénomènes et processus identifiés sur la carte.

I. Des usages multiples des espaces maritimes
1. L'exploitation des ressources maritimes
ex : ressources halieutiques dans l'Atlantique et le Pacifique nord
2. Un espace de circulation de la mondialisation
ex : route maritime circumterrestre

II. Des espaces maritimes à préserver
1. ....
2. ....

III. Des espaces maritimes convoités par les États
1. ....
2. ....

CONSEIL
Présentez différents outils et acteurs de la protection des mers et des océans.

Sujet BAC-E3C Analyse de document

En analysant le document, vous montrerez que l'océan Arctique est un espace maritime convoité sous tensions. L'analyse de document constitue le cœur de votre travail, mais nécessite pour être menée la mobilisation de vos connaissances.

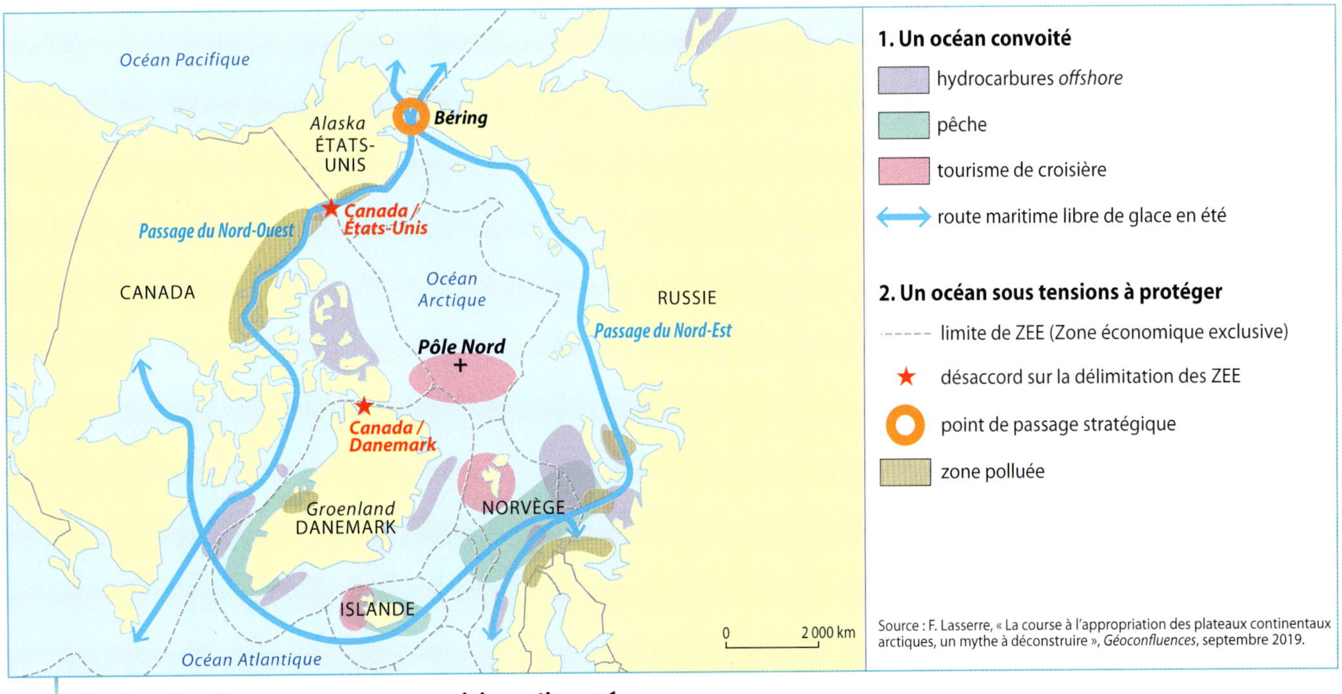

L'océan Arctique : un espace maritime disputé

Méthode BAC-E3C

Analyse de document

En analysant la série statistique sur les premiers ports à conteneurs et leur évolution, vous montrerez que la hiérarchie portuaire mondiale connaît de profonds bouleversements.

Rang en 2018 (2000)	Ports (pays)	Trafic en 2018, en milliers de tonnes (croissance 2000-2018, en %)
1er (6e)	Shanghai (Chine)	42 010 (+87)
2e (2e)	Singapour (Singapour)	36 600 (+53)
3e (65e)	Ningbo-Zhoushan (Chine)	26 000 (+97)
4e (11e)	Shenzhen (Chine)	25 730 (+97)
5e (38e)	Guangzhou (Chine)	21 920 (+93)
6e (3e)	Busan (Corée du Sud)	21 592 (+65)
7e (1er)	Hong Kong (Chine)	19 641 (+8)
8e (24e)	Qingdao (Chine)	19 300 (+89)
9e (32e)	Tianjin (Chine)	16 000 (+89)
10e (13e)	Dubaï (Émirats arabes unis)	14 954 (+80)
11e (5e)	Rotterdam (Pays-Bas)	14 513 (+57)
12e (12e)	Port Kelang (Malaisie)	12 030 (+73)
13e (10e)	Anvers (Belgique)	11 100 (+63)
14e (NC)	Xiamen (Chine)	10 650 (NC)
15e (4e)	Kaohsiung (Taiwan)	10 446 (+29)
16e (NC)	Dalian (Chine)	9 770 (NC)
17e (7e)	Los Angeles (États-Unis)	9 459 (+48)
18e (113e)	Tanjung Pelepas (Malaisie)	8 961 (+95)
19e (9e)	Hambourg (Allemagne)	8 726 (+51)
20e (8e)	Long Beach (États-Unis)	8 091 (+43)

Sources : Port d'Hambourg, 2020 et Bureau of Transportation Statistics, 2020.
NC : non classé en 2000

L'évolution des principaux trafics portuaires dans le monde

A Identifier le document

Auteur, date, provenance des chiffres

1. Rédigez une phrase de présentation du document en précisant ses sources.

B Décrire la série statistique

Méthode

Pour décrire une série statistique, il faut identifier les indicateurs présentés et leur nature : valeur brute, rang, pourcentage... ; repérer les tendances à la fois en ligne et en colonne, les valeurs les plus hautes, les plus basses... ; mesurer ces tendances par des calculs simples (addition, soustraction, moyenne, taux de variation...).

2. Pour vous aider à décrire le document, sélectionnez les informations qui traduisent convenablement la série statistique.
   - *La Chine compte 7 ports parmi les 20 premiers mondiaux en 2018 contre 2 en 2000.*
   - *Le port ayant enregistré la croissance la plus forte depuis 2000 est Shanghai.*
   - *Le port de Ningbo-Zhoushan a quasiment doublé son trafic depuis 2000.*
   - *7 des ports classés en 2018 dans le Top 20 ne l'étaient pas en 2000.*
   - *Les ports chinois représentent la moitié du trafic des 10 premiers ports mondiaux.*
3. Sur le modèle des propositions sélectionnées dans la question 2, formulez des phrases qui traduisent quelques données de la série statistique.

C Interpréter la série statistique

CONSEIL
Utilisez les connaissances extraites du cours pour expliquer les grandes tendances.

4. Pour vous aider à interpréter le document, organisez vos idées selon le plan suivant.
   I. Des ports développés en perte de vitesse
   II. Des ports émergents qui s'affirment
   III. Des espaces maritimes totalement absents du classement
5. Rédigez la réponse au sujet en vous aidant de la Méthode p. 10-11.

Question problématisée

Comment les réseaux de transport et de communication contribuent-ils à hiérarchiser les espaces maritimes dans la mondialisation ?

A Analyser la question problématisée

Activité interactive

1. Répondez aux questions posées dans les cartouches ci-dessous.

« Comment » peut-il être remplacé par « de quelle manière » ?

Les réseaux maritimes sont-ils composés uniquement des ports et des routes maritimes ?

CONSEIL
Pour définir les notions clés, aidez-vous de la rubrique vocabulaire du lexique p. 360-364

Comment les réseaux de transport et de communication contribuent-ils à hiérarchiser les espaces maritimes dans la mondialisation ?

« Hiérarchiser » revient à montrer les inégalités d'intégration des espaces maritimes. Aidez-vous des cartes p. 46-47 pour les mettre en évidence.

Pourquoi, dans une approche géographique, doit-on aussi considérer les littoraux et ne pas se limiter aux mers et océans ?

Pourquoi les espaces maritimes occupent-ils une place majeure dans la mondialisation ?

B Organiser la réponse à la question problématisée

2. Choisissez le plan qui répond le mieux au sujet et justifiez votre réponse.

Plan 1
I. Les réseaux de transport maritime assurent l'essentiel des échanges de la mondialisation **II.** Les réseaux les plus utilisés intègrent les espaces maritimes qui relient les pôles majeurs de la mondialisation **III.** D'autres espaces maritimes, moins équipés, restent à l'écart de la mondialisation
Plan 2
I. Des réseaux de transport et de communication qui organisent les espaces maritimes **II.** Des espaces maritimes transformés par la mondialisation

CONSEIL
Les informations s'organisent autour de deux ou trois paragraphes développant deux ou trois idées clés.

3. Dans quel paragraphe pourriez-vous utiliser les termes ou les notions suivantes ?
maritimisation, port, conteneur, façade maritime, ZIP, enclavement, canal transocéanique, hiérarchie portuaire en évolution, éloignement.

C Rédiger la réponse à la question problématisée

4. En vous aidant de la Méthode p. 9, repérez les deux étapes de l'introduction de la réponse à la question problématisée et complétez les passages manquants.

Les réseaux de transport et de communication jouent un rôle croissant dans la mondialisation. Ce constat conduit à se demander comment ils contribuent à hiérarchiser les espaces maritimes dans la mondialisation. Il s'agira de répondre à cette question en analysant dans un premier temps …………………………………………, puis …………………………………………, et enfin, …………………………………………

5. Rédigez la suite de la réponse à la question problématisée en vous aidant de la Méthode p. 9.

Sujet BAC-E3C Réalisation d'une production graphique

Sujet : L'industrie de la croisière dans le monde

Consigne : À partir du texte, vous construirez, à l'aide du fond de carte fourni, un croquis correspondant au sujet suivant : « L'industrie de la croisière dans le monde », accompagné d'une légende organisée.

L'industrie de la croisière ne cesse de se démocratiser et de se différencier. Entre 2006 et 2017, le nombre de croisiéristes a été multiplié par deux.

Les Caraïbes avec 35,4 % de part de marché, la Méditerranée (15,8 %) et l'Europe du Nord (11,3 %) concentrent l'essentiel des croisiéristes. Mais des espaces maritimes de croisières secondaires émergent en Asie de l'Est, en Alaska et dans le Pacifique. Cependant, alors que le marché de la croisière croit lentement dans les Caraïbes et que l'Amérique du Nord recule, la Méditerranée et l'Europe du Nord progressent (+8 % par an depuis 2005) et la zone Pacifique s'affirme (+12,2 %).

Les croisiéristes proviennent majoritairement (50 %) d'Amérique du Nord (13,5 millions), dont 11 millions des États-Unis. En plus de constituer le marché le plus volumineux, l'Amérique du Nord concentre aussi les ports d'embarquement les plus importants en Floride. Pour leur part, les Européens occupent 30 % du marché total. Les passagers originaires du Royaume-Uni, de l'Allemagne, de l'Italie, de la France et de l'Espagne s'avèrent les plus nombreux. Les ports européens qui accueillent le plus de croisiéristes en transit sont Barcelone, Civitavecchia (près de Rome) et Palma de Majorque. L'Australie est également un marché important.

Mais c'est la Chine qui constitue un véritable marché en explosion. Cet engouement des Chinois pour la croisière s'explique par l'ouverture de l'État chinois au tourisme et l'émergence d'une classe moyenne. La croisière devient un produit de distinction sociale dans une Chine où prendre des vacances et voyager à l'étranger n'est pas un acte banal. Les autres pays qui fournissent de nombreux croisiéristes en Asie sont Taiwan, le Japon, Singapour, Hong Kong mais aussi l'Inde. Les itinéraires sont bien souvent exclusivement asiatiques. Shanghai reste le principal port d'embarquement. L'effet de nouveauté marche à plein mais cette nouvelle clientèle chinoise qui porte désormais le marché sera-t-elle aussi fidèle que les Américains et les Européens ?

D'après Isemar, *L'Industrie de la croisière : entre défis et croissance*, septembre 2018 et rapport annuel de l'industrie des croisières, 2019.

CONSEIL
Commencez par lister tous les espaces maritimes cités dans le texte. Pour gagner du temps, classez-les selon les continents.

Titre : ....

CONSEIL
Pour construire votre réponse, réfléchissez aux différentes formes d'appropriation des mers et des océans par les États (droit, exploitation, circulation)

Sujet BAC-E3C Question problématisée

Comment l'appropriation des mers et des océans renforce-t-elle les tensions entre les États ?

Analyse de documents

En analysant les documents, vous montrerez que la mer Baltique est parcourue par de nombreux échanges mais que ses infrastructures doivent être adaptées aux mutations économiques mondiales.

L'analyse des documents constitue le cœur de votre travail, mais nécessite pour être menée la mobilisation de vos connaissances.

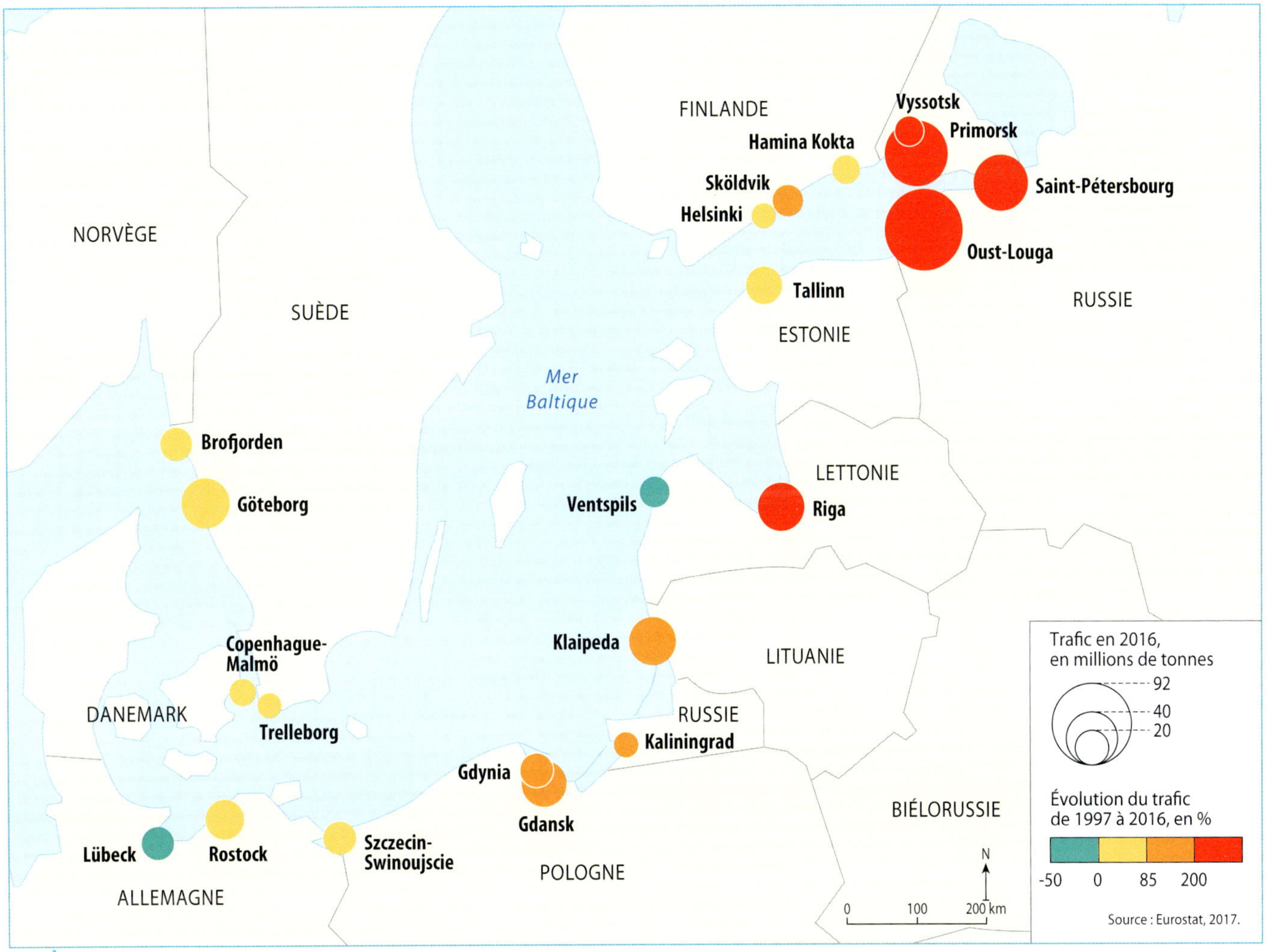

1 Des échanges maritimes surtout régionaux

2 Une mer concurrencée

Aujourd'hui dans une situation d'interface entre la Russie et l'Europe, la mer Baltique voit ce rôle possiblement remis en cause, même si la question de la relation gazière russo-européenne reste importante. La première remise en cause vient d'abord des mutations de la Russie. Elle a été et reste le principal marché pour de nombreux ports de la région, de Gdansk à la Finlande. Mais le ralentissement de la croissance économique russe, les incertitudes géopolitiques[1], la baisse du cours du pétrole ou encore un manque de réformes économiques ne laisse pas entrevoir un futur étincelant et un rebond des volumes d'échange. Ainsi, les ports de la région doivent s'adapter à des trafics de transit moins importants qu'au cours des dernières années. Par ailleurs, l'impact du développement d'axes terrestres entre l'Asie et l'Europe (nouvelle route de la soie) reste à évaluer pour la région baltique. Si ses ports, et l'ensemble de la filière logistique, peuvent en tirer profit, ces mêmes corridors ferroviaires eurasiatiques peuvent constituer une réelle concurrence notamment pour la desserte du monde russe. *A contrario*, la région baltique pourrait stratégiquement devenir une zone de redistribution des marchandises en provenance de l'Asie.

1. L'Europe rencontre des difficultés récurrentes à établir un dialogue constructif avec la Russie depuis l'annexion de la Crimée (Ukraine) en 2014.

A. Serry, « Le transport maritime en mer Baltique : note stratégique et prospective », mars 2018.

Conclusion

Mers et océans au cœur de la mondialisation

Cartographier

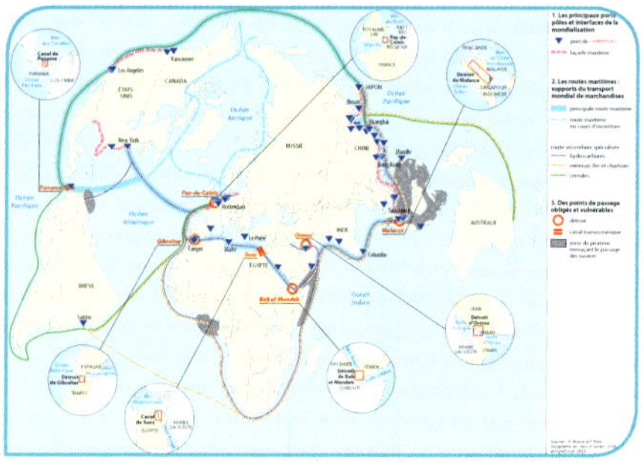

Question 1 Planisphère p. 40

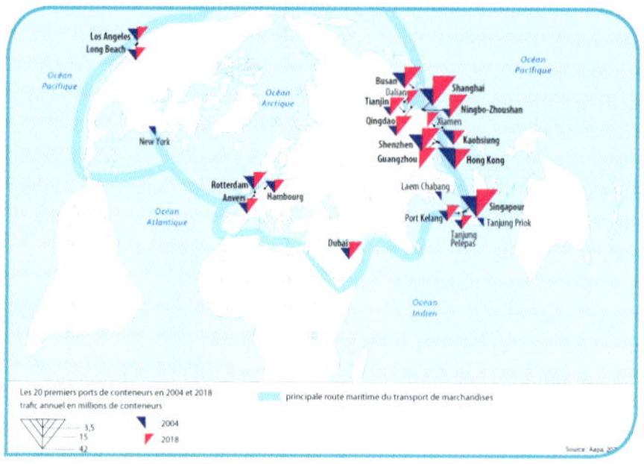

Question 1 Planisphère p. 46

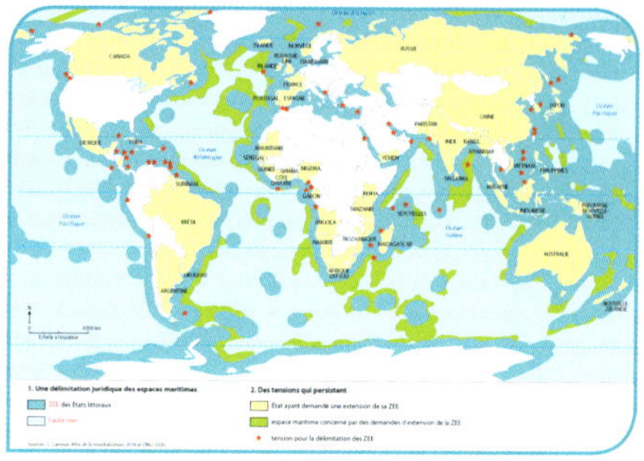

Question 2 Planisphère p. 56

À l'aide des documents ci-dessus, complétez le croquis de typologie suivant.

Titre : ....

Croquis PDF à télécharger

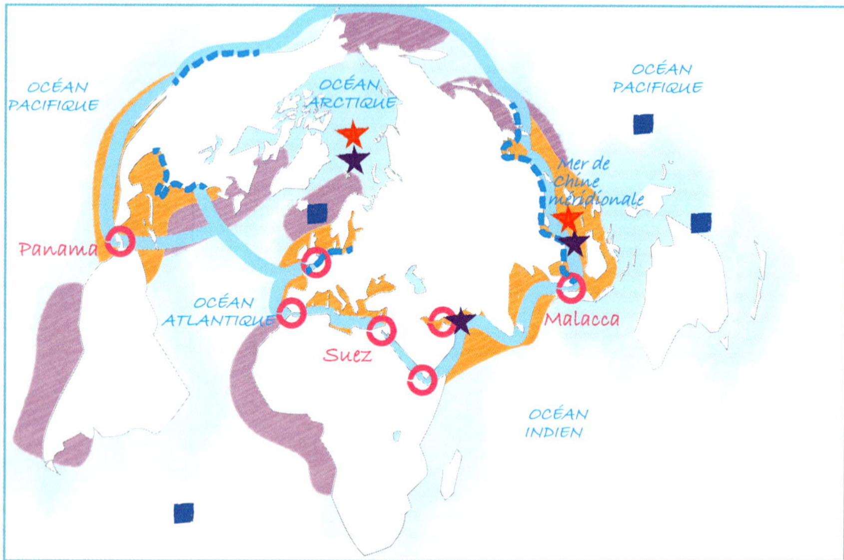

1. Des espaces maritimes, vecteurs de la mondialisation

....

....

....

....

2. Des espaces entre appropriation, protection et liberté de circulation

....

....

....

....

Ne pas confondre

- **Maritimisation :** processus d'accroissement des échanges par les voies maritimes depuis les années 1970 dans le contexte de la mondialisation.

Qui s'explique par :
- la baisse du coût des transports maritimes (révolution du conteneur) ;
- la libéralisation générale des échanges ;
- la mise en place d'une Division internationale du travail.

- **Littoralisation :** concentration des hommes et des activités sur les littoraux.

Qui s'explique par :
- le développement de hubs portuaires (industrialisation, zones logistiques) ;
- la croissance urbaine et l'attractivité touristique.

Dans le contexte de la mondialisation, la **maritimisation** du monde accroit la **littoralisation** à toutes les échelles :
- échelle mondiale : présence de façades maritimes majeures, ex : *Northern Range*, façade de l'Asie orientale ;
- échelle régionale : émergence de hubs portuaires attractifs, ex : Singapour, Dubaï, Malte ;
- échelle locale : extension des ports vers la mer, ex : Shanghai, Rotterdam.

Mettre en relation

Les mers et les océans dans la mondialisation

- **Des espaces vecteurs de la mondialisation**
  - Routes maritimes
  - Goulets d'étranglement
  - Nouvelles routes maritimes
- **Des espaces réglementés par le droit de la mer**
  - Des espaces de libre circulation
  - Des espaces de plus en plus appropriés par les États (ZEE, militarisation)
  - Le statut de la haute mer en débat
- **Des espaces inégalement intégrés dans la mondialisation**
  - Des espaces maritimes très intégrés
  - Des façades maritimes majeures
  - Une nouvelle hiérarchie portuaire
- **Des espaces à protéger**
  - Un réservoir de ressources alimentaires et énergétiques
  - Une forte dégradation des milieux marins
  - Des politiques de protection en développement

Changer d'échelle

Du monde...

1. À l'aide de votre cours, illustrez chaque case de l'organigramme ci-dessus à partir d'exemples précis. Dans le choix des exemples, pensez à varier l'échelle.

... à la puissance maritime de la France

2. À quelle catégorie du croquis de typologie de la page ci-contre les espaces maritimes de la France appartiennent-ils ? Comment le doc. 1 p. 100 nuance-t-il cette classification ?
3. À partir de vos connaissances sur l'inégale maritimisation du monde, faites des hypothèses pour montrer les facteurs de la puissance maritime de la France. Complétez la légende du croquis ci-dessous avec ces hypothèses.

Titre : ....

Croquis PDF à télécharger

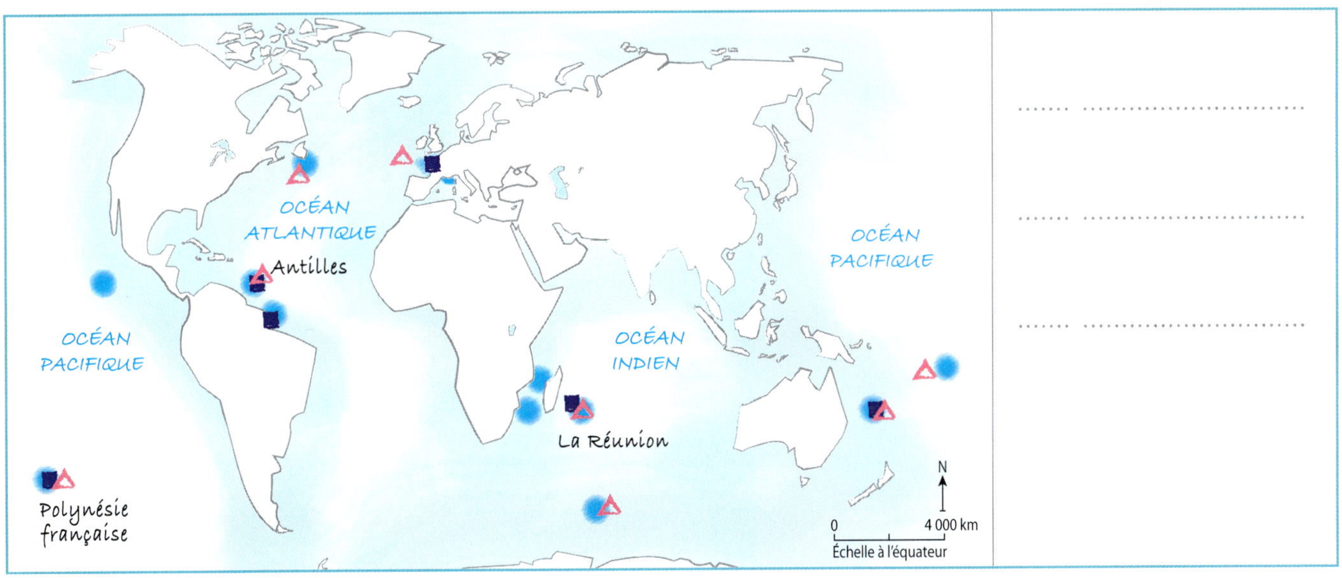

4. Vérifiez la justesse de vos réponses en les confrontant aux documents p. 94-95.

1 **Le *MSC Grandiosa*, dernier-né des Chantiers de l'Atlantique**

Construit à Saint-Nazaire (Pays de la Loire), ce paquebot, mis en service en novembre 2019, est le 6e plus gros au monde (6 400 passagers).

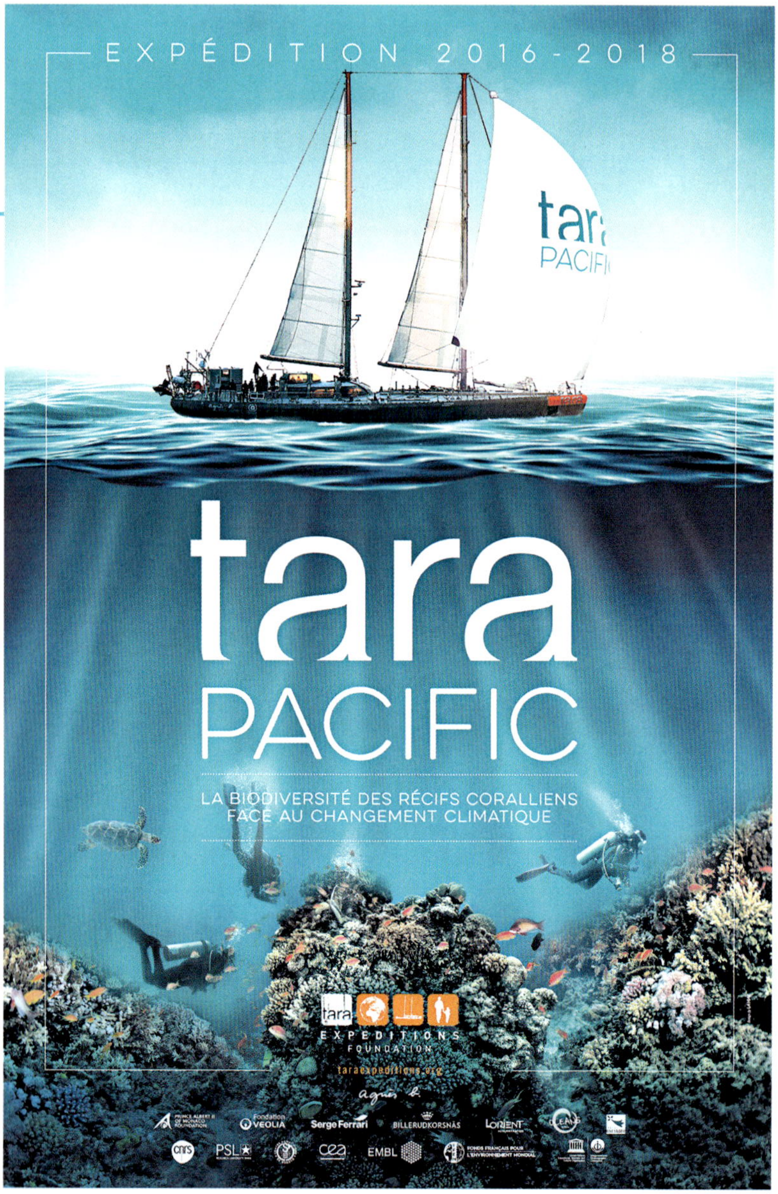

2 **La goélette *Tara*, un voilier français pour la recherche scientifique**

L'expédition *Tara Pacific* a permis d'étudier l'impact du changement climatique sur les récifs coralliens en collaboration avec des universités japonaises et des centres de recherches internationaux.

Activités numériques

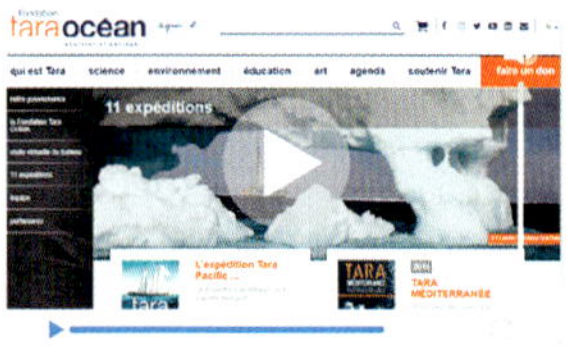

Sur le site www.oceans.taraexpeditions.org, choisissez une des expéditions de la goélette *Tara*, dans la rubrique « Qui est *Tara* ? ».

a. Décrivez le parcours de l'expédition choisie.

b. Quels étaient les objectifs de cette expédition ?

c. Dans quels domaines cette expédition a-t-elle contribué à la puissance maritime de la France ?

QUESTION

3

RESSOURCES EN ⊕
Sur le site collection :
lycee.hachette-education.com/hg/geo-tle

La France : une puissance maritime ?

Pourquoi les mers et les océans constituent-ils un enjeu pour la puissance française ?

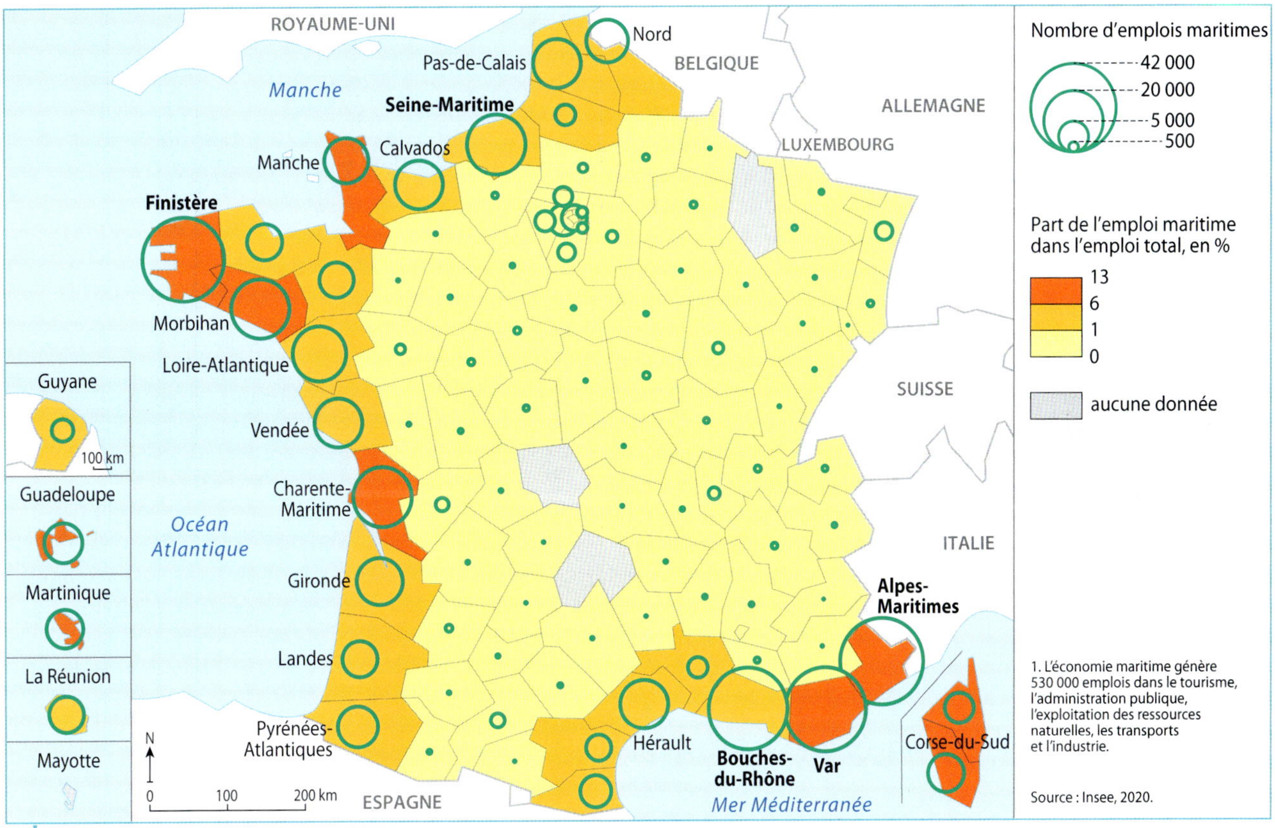

3 Les emplois générés par l'économie maritime en France

❶ Sur quels secteurs repose l'économie maritime en France ? Dans quelles régions est-elle la plus développée ? (doc. 1 et 3)

❷ Montrez que la puissance qu'un pays retire des mers et des océans n'est pas uniquement d'ordre économique. (doc. 2)

❸ D'après vos connaissances, dans quels autres domaines cette puissance maritime française s'exprime-t-elle ?

L'Indo-Pacifique, un enjeu pour la puissance maritime de la France

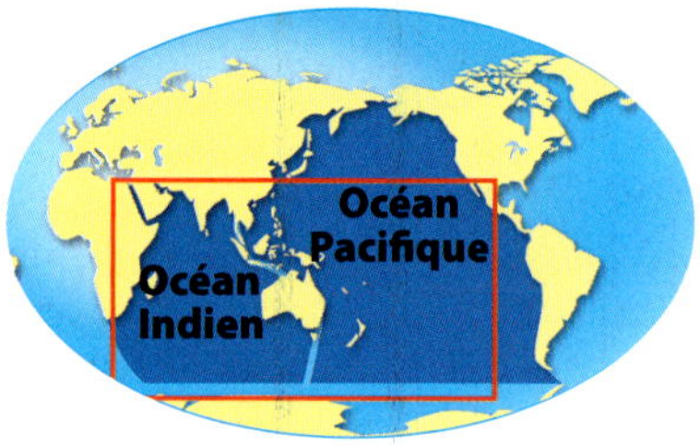

Concentrant 60 % de la population mondiale et un tiers du commerce international, la région Indo-Pacifique constitue un espace stratégique. Du fait de ses territoires ultramarins, la France y renforce sa présence considérant la stabilité de cette zone comme une des priorités de sa politique de sécurité.

A Pourquoi la France renforce-t-elle sa présence dans l'Indo-Pacifique ?

Cours 1, p. 96-97

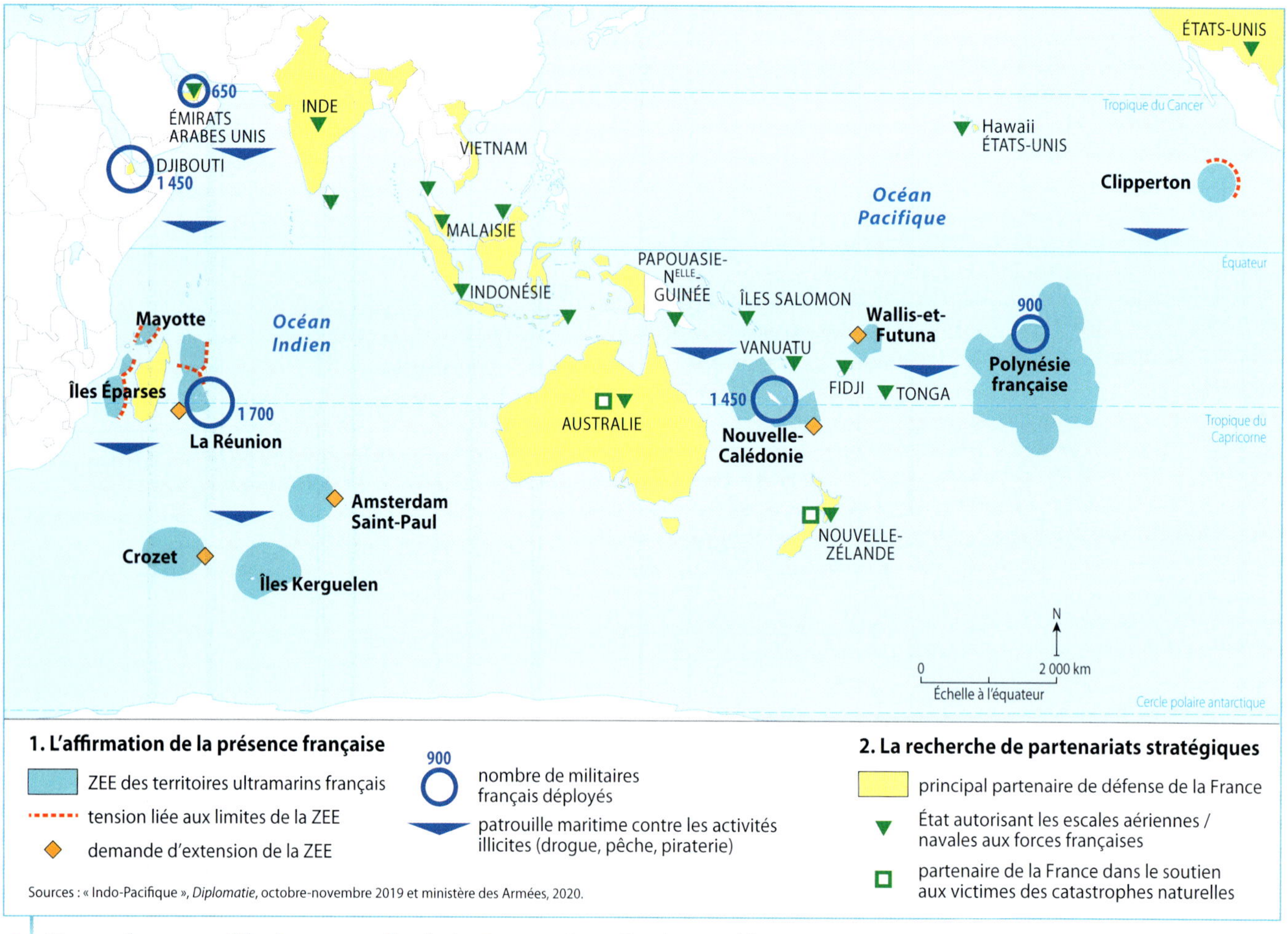

1 Une présence militaire marquée de la France dans l'Indo-Pacifique

2 Les raisons de l'intérêt de la France pour l'Indo-Pacifique

La France est une puissance souveraine de l'Indo-Pacifique par sa population (1,6 million de citoyens français) et ses territoires ultramarins qui représentent 10 des 11 millions de km² de sa ZEE.

L'Indo-Pacifique est une région cruciale pour son économie : plus d'un tiers des exportations françaises hors UE sont à destination de la région et en retour, elle représente plus de 40 % de nos importations hors UE. Il existe ainsi une véritable interdépendance économique entre la France et cet espace.

Malgré l'éloignement, la mondialisation induit que toute crise en Indo-Pacifique a des conséquences directes pour la France et l'Europe. Et malheureusement, le contexte sécuritaire de cet espace est en dégradation. La compétition entre la Chine et les États-Unis se superpose à une mosaïque de tensions : crise nord-coréenne, conflits territoriaux ou conséquences sécuritaires du changement climatique. Dans ce contexte géostratégique en mutation, les ambitions de la France sont de préserver son influence et sa capacité d'action afin de maintenir un environnement sécuritaire propice à ses activités économiques et politiques, ainsi qu'à celles de ses partenaires.

A. Guitton, « Quelle stratégie pour la France en Indo-Pacifique ? », *Diplomatie*, Grands dossiers, novembre 2019.

1
Assurer la sécurité des citoyens et des territoires français de l'Indo-Pacifique

2
Préserver un accès libre aux océans et sécuriser les voies de communication maritime

3
Venir en aide aux victimes des catastrophes naturelles et faire face aux effets du changement climatique

4
Contribuer à la stabilité régionale par le renforcement des dispositifs multilatéraux de coopération militaire

Source : *Diplomatie*, 2 janvier 2020.

3 Les objectifs de l'action de la France en Indo-Pacifique

5 Une image attractive des territoires ultramarins du Pacifique : l'exemple de la Polynésie française

4 Les limites de la puissance maritime de la France en Indo-Pacifique

Si la France possède bien des territoires importants dans l'Indo-pacifique, sa présence militaire y demeure réduite, en partie du fait de la faiblesse des budgets alloués à ces questions : 7 000 militaires français sont déployés de façon permanente. Ces forces sont principalement actives dans l'océan Indien et dans l'océan Pacifique Sud et n'exercent, par conséquent, qu'une influence limitée dans l'océan Pacifique Nord, où se concentrent pourtant un certain nombre d'enjeux stratégiques importants, à l'image des conflits en mer de Chine. La France y multiplie néanmoins les missions navales destinées à réaffirmer le primat du droit international et à y assurer la liberté de navigation, y compris dans le détroit de Taïwan, au risque de s'attirer les foudres d'un État chinois tolérant de moins en moins ces pratiques. En l'absence de bases militaires permanentes situées à proximité des principales voies de communication maritimes, la France ne peut espérer peser de manière décisive sur les affaires de cet espace.

H. Decis, « Dans l'Indo-pacifique, la posture française doit évoluer », Iris, 24 octobre 2019.

Utiliser une approche géographique pour construire une argumentation

Itinéraire 1

Lire et analyser

1. Quelles sont les trois raisons de l'intérêt de la France pour l'Indo-Pacifique ? (doc. 2)
2. Comment l'armée française répond-elle aux missions qui lui ont été assignées dans cet espace sous tension ? Pourquoi la recherche de partenariats stratégiques est-elle une nécessité ? (doc. 1 et 3)

Interpréter

3. Quelles autres activités relevant du rayonnement culturel permettent à la France de renforcer sa présence dans cet espace ? (doc. 1, 2 et 5)
4. Quelles sont les limites à l'influence française dans cet espace ? (doc. 1 et 4)

Itinéraire 2 BAC E3C

Analyse de documents

En confrontant les documents 1 et 2, montrez que l'Indo-Pacifique revêt un enjeu géostratégique majeur dans l'organisation géopolitique du monde et que la France veut y jouer un rôle important.

B Comment l'économie et l'environnement sont-ils mis au service de la puissance maritime française dans l'Indo-Pacifique ?

Cours 2, p. 102-103

Enjeux économiques 	Enjeux environnementaux 
– Assurer la libre circulation sur une route maritime essentielle pour les importations et les exportations françaises – Lutter contre les trafics illégaux (drogue, pêche illicite)	– Répondre à la vulnérabilité de certains États au changement climatique – Faire face à la diminution des ressources halieutiques et de la biodiversité
▸ Mise en réseaux des moyens de surveillance marine (Pacific Quad) ▸ Patrouilles maritimes ▸ Soutien aux centres régionaux de surveillance des voies maritimes	▸ Programme d'alerte précoce des cyclones par l'observation du comportement des oiseaux ▸ Réalisation d'une cartographie des risques environnementaux ▸ Création d'aires marines protégées

6 Des enjeux importants pour la puissance française

Sources : A. Monot et F. Paris, *Géographie des mers et des océans*, 2018 et *Le Monde*, 1er juin 2019.

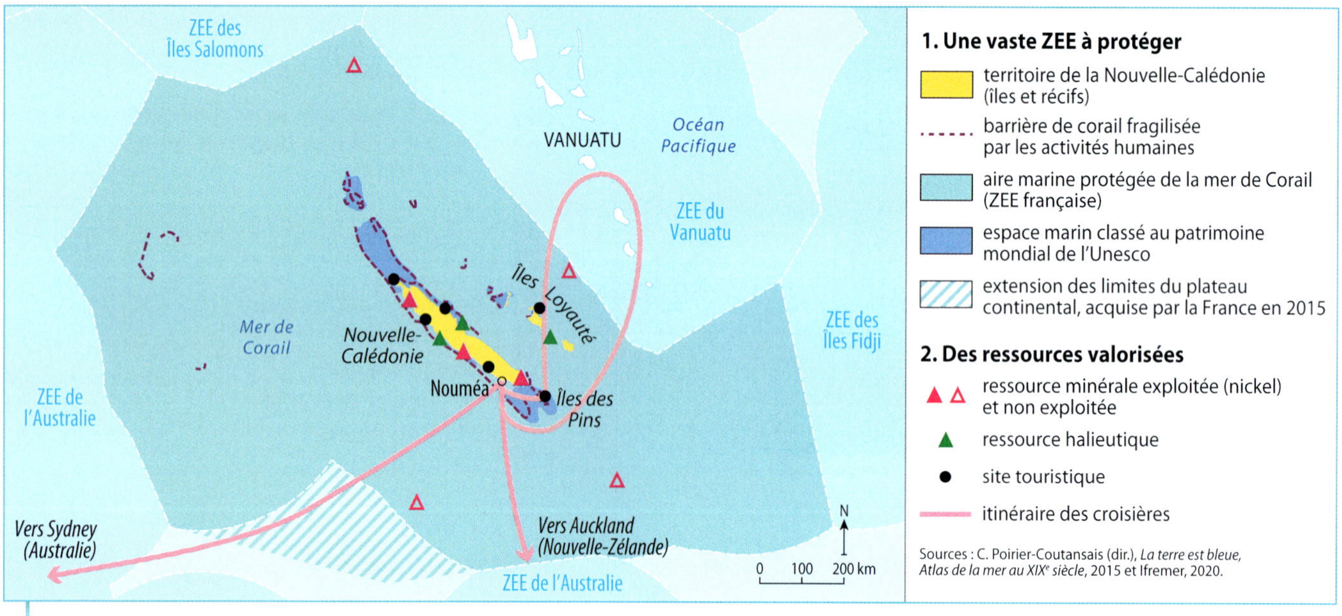

7 La mise en valeur du potentiel maritime : l'exemple de la Nouvelle-Calédonie

Itinéraire 1

Lire et confronter des documents

1. Sur quelles ressources économiques l'intérêt de la France pour l'Indo-Pacifique repose-t-il ? (doc. 6 et 7)
2. Comment la France cherche-t-elle à concilier développement et enjeux environnementaux dans ces territoires ? (doc. 7)
3. Au-delà de ses territoires ultramarins, comment la France utilise-t-elle l'enjeu environnemental pour renforcer sa présence dans l'Indo-Pacifique ? (doc. 6)

Itinéraire 2 BAC E3C

Question problématisée

Comment la France utilise-t-elle les enjeux économiques et environnementaux pour renforcer sa puissance dans l'Indo-Pacifique ?

Pour vous guider

Vous montrerez : les enjeux économiques et environnementaux de cet espace pour la France ; la façon dont la France renforce sa puissance en s'appuyant sur ces enjeux.

QCM interactif | Organigramme PDF à télécharger | Croquis interactif + Version PDF à télécharger

Bilan de l'étude de cas

Retenir l'essentiel

Complétez le schéma fléché à l'aide des informations présentes dans les pages 88 à 90.

L'Indo-Pacifique, un enjeu majeur pour la puissance de la France

- Des enjeux géostratégiques ....
- Des enjeux économiques ....
- Des enjeux environnementaux ....

→ Des limites ....

Schématiser l'essentiel

À l'aide des documents des pages 88 à 90, complétez le schéma suivant.

Titre : ....

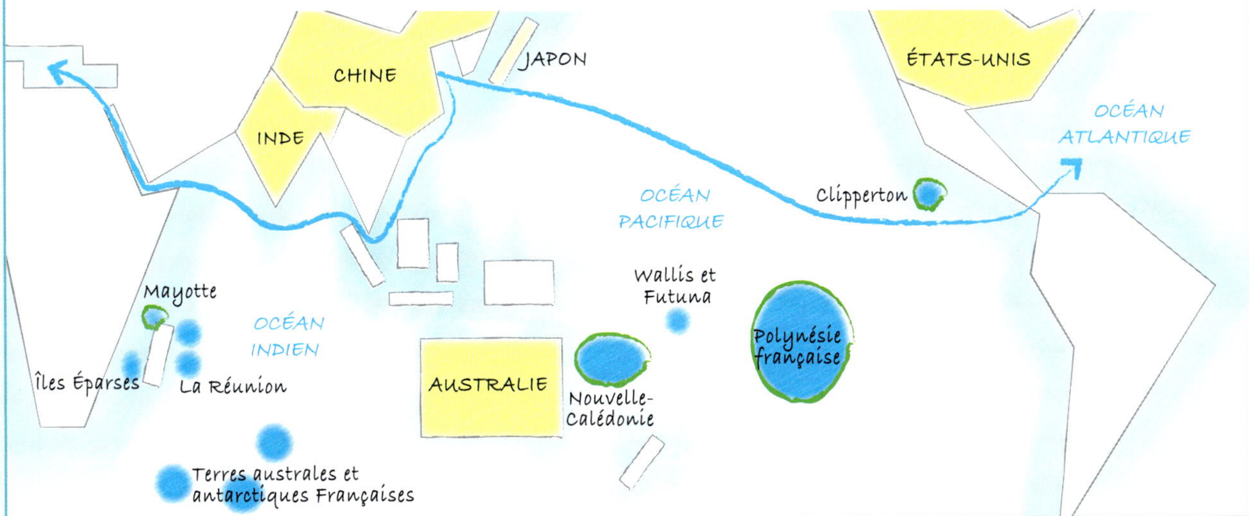

1. Un espace géostratégique pour la France

- ....
- .... patrouille de sécurité maritime
- .... tension liée aux limites des ZEE
- ....

2. Un espace aux enjeux économiques et environnementaux

- ....
- ....

Changer d'échelle

De l'étude de cas... à la France

1. Dans quels autres espaces maritimes la France renforce-t-elle sa puissance militaire ? Cours 1, p. 96-97
2. Les autres espaces maritimes français présentent-ils les mêmes enjeux économiques et environnementaux ? Sont-ils pris en compte de la même façon ? Cours 2, p. 102-103

La CMA CGM : quelles stratégies pour rester un géant maritime ?

Société française incontournable du transport maritime, la CMA CGM a longtemps été le 3e armateur mondial avant d'être dépassé par le chinois Cosco en 2018. Dans un marché concurrentiel, l'entreprise doit en permanence s'adapter pour rester un géant maritime et contribuer ainsi à la puissance maritime de la France.

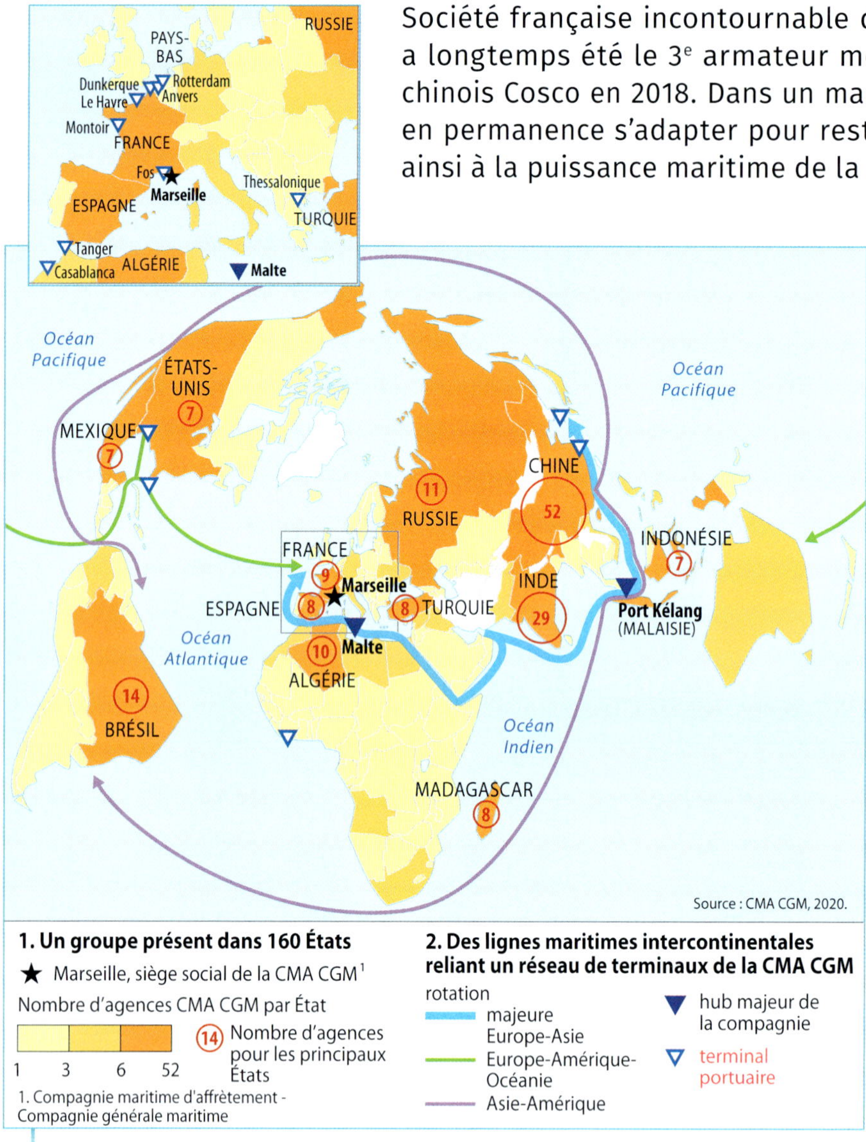

1 Assurer une présence mondiale

Acquisition de compagnies de transports maritimes

- **Containers Ship** (Europe)
- **APL** (Singapour)
- **ANL** (Océanie)
- **CNC** (inter-Asie)
- **Mercosul Line** (Amérique du Sud)
- **Comanav** (Afrique)

CMA CGM

Acquisition et aménagement d'infrastructures portuaires

- **Société Terminal Link**
  - **14 terminaux** dont Malte et Port Kelang
  - **2,8 M** d'EVP en 2018
- **Société CMA Terminal**
  - **32 terminaux**
  - **8,5 M** d'EVP en 2018

Développement des activités de logistique et de transport

- **CMA CGM Log**
  Gamme de services : fret aérien ou maritime, transport multimodal, opérations douanières, stockage...
- **Greenmodal**
  Activités de transport multimodal (rail-route et barge-route) à partir des terminaux portuaires de France, Allemagne, Pays-Bas et Belgique.

Sources : Isemar (note de synthèse 173), 2015 et L'Antenne, 2020.

3 Se développer à l'international

2 Réduire les coûts par le gigantisme

Vidéo

La Méditerranée est un marché convoité pour les armateurs, qui, progressivement, font monter en puissance la taille et la capacité des porte-conteneurs affectés à la desserte de l'Asie. Parmi ceux-ci, les plus importants font aujourd'hui un peu plus de 20 000 EVP[1]. Mais l'armateur français CMA CGM vient de commander en Chine neuf porte-conteneurs de 22 000 EVP (2020), quand son concurrent MSC vise encore plus gros. Censés officiellement atteindre les 22 000 EVP, les onze navires commandés en Corée par MSC, numéro 2 mondial, auraient en réalité une capacité de 23 500 EVP. Cette course à la taille oblige les ports à suivre, s'ils ne veulent pas être marginalisés. Le Maroc a largement investi pour profiter de l'emplacement stratégique du détroit de Gibraltar. Les 100 ha du port de Tanger Med, dont le premier terminal a ouvert en juillet 2007, sont un succès majeur. Il est devenu l'un des tout premiers en Afrique grâce notamment à une bonne connexion par navires rouliers (transport de véhicules). Ce mode de transport est conforté par le choix de la CMA CGM de mettre en ligne deux gros navires entre Casablanca, Tanger, Marseille et Gênes pour essayer de capter une partie des flux de camions transitant par l'Espagne.

Jeune Afrique, 7 décembre 2017.

1. EVP (équivalent vingt pieds) : unité de mesure utilisée pour le trafic de conteneurs.

Vocabulaire

- **Terminal portuaire :** infrastructure spécialisée dans le chargement et déchargement des conteneurs transportés par les porte-conteneurs.

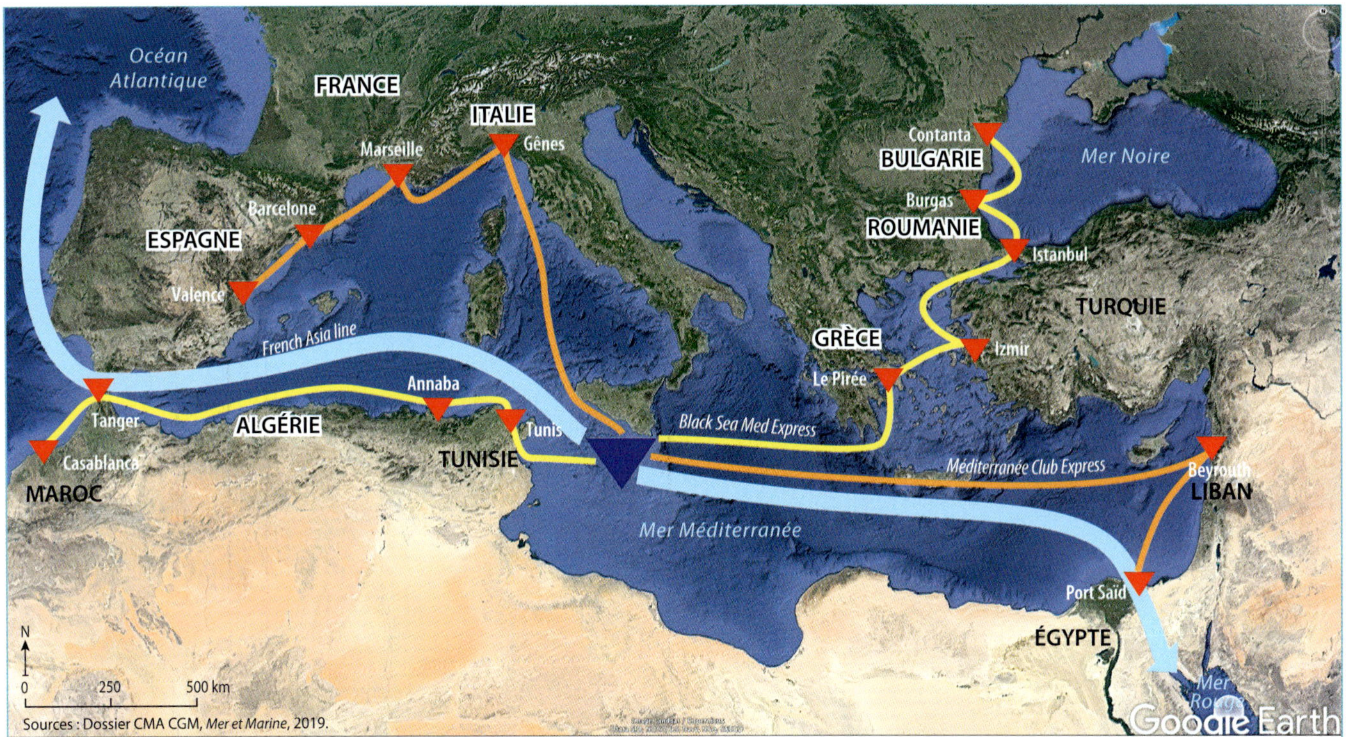

1. Malte, un hub central en Méditerranée

- hub de la CMA CGM (4e port à conteneurs de Méditerranée)
- ligne maritime de la CMA CGM entre l'Europe et l'Asie

2. Un système efficace de redistribution

- ligne maritime de *feedering*
- port desservi à partir de Malte

4 Construire un réseau de redistribution efficace en Méditerranée

5 Entretenir son image de marque

Dans une planète où l'information circule quasi instantanément et où les réseaux sociaux forgent l'opinion, les FTN (Firmes transnationales) cherchent à se prémunir des critiques relatives à leurs activités. C'est pourquoi la CMA CGM s'affaire pour contrôler son image en tablant sur les thématiques du développement durable et de la lutte contre les discriminations. Sa fondation d'entreprise s'engage pour la défense des enfants, en particulier en collaborant avec des ONG (organisations non gouvernementales) humanitaires françaises dans le cadre de l'opération « Conteneurs d'espoir ». Ses nouveaux géants des mers consomment toujours moins de carburant, moyennant une réduction des vitesses de navigation. Cette dimension environnementale participe d'un modèle économique fondé sur la recherche d'optimisation des coûts de production.

S. Dubois et K. Sutton (sous la direction de), *La France, géographies d'un pays qui se réinvente*, Bréal, 2018.

Justifier des choix

Itinéraire 1

Lire et analyser les documents

1. Montrez que la CMA CGM est une des plus puissantes firmes transnationales du transport maritime. (doc. 1 et 3)
2. Comment la CMA CGM renforce-t-elle son implantation mondiale ? (doc. 2, 3 et 4)

Interpréter les documents

3. Expliquez le choix de Malte comme hub de la Méditerranée pour la CMA CGM. (doc. 2, 4 et doc. 1 p. 49)
4. Sur quels autres éléments la stratégie de développement de la CMA CGM repose-t-elle ? (doc. 3 et 5)

Itinéraire 2 BAC E3C

Question problématisée

Rédigez, en vous appuyant sur les documents, une réponse à la question problématisée suivante : « Quelles sont les stratégies adoptées par la CMA CGM pour rester un géant maritime ? ».

Pour vous guider

Vous montrerez que l'entreprise cherche à réduire ses coûts tout en développant de nouveaux services pour ses clients.

Carte interactive

Une puissance maritime française présente sur tous les océans

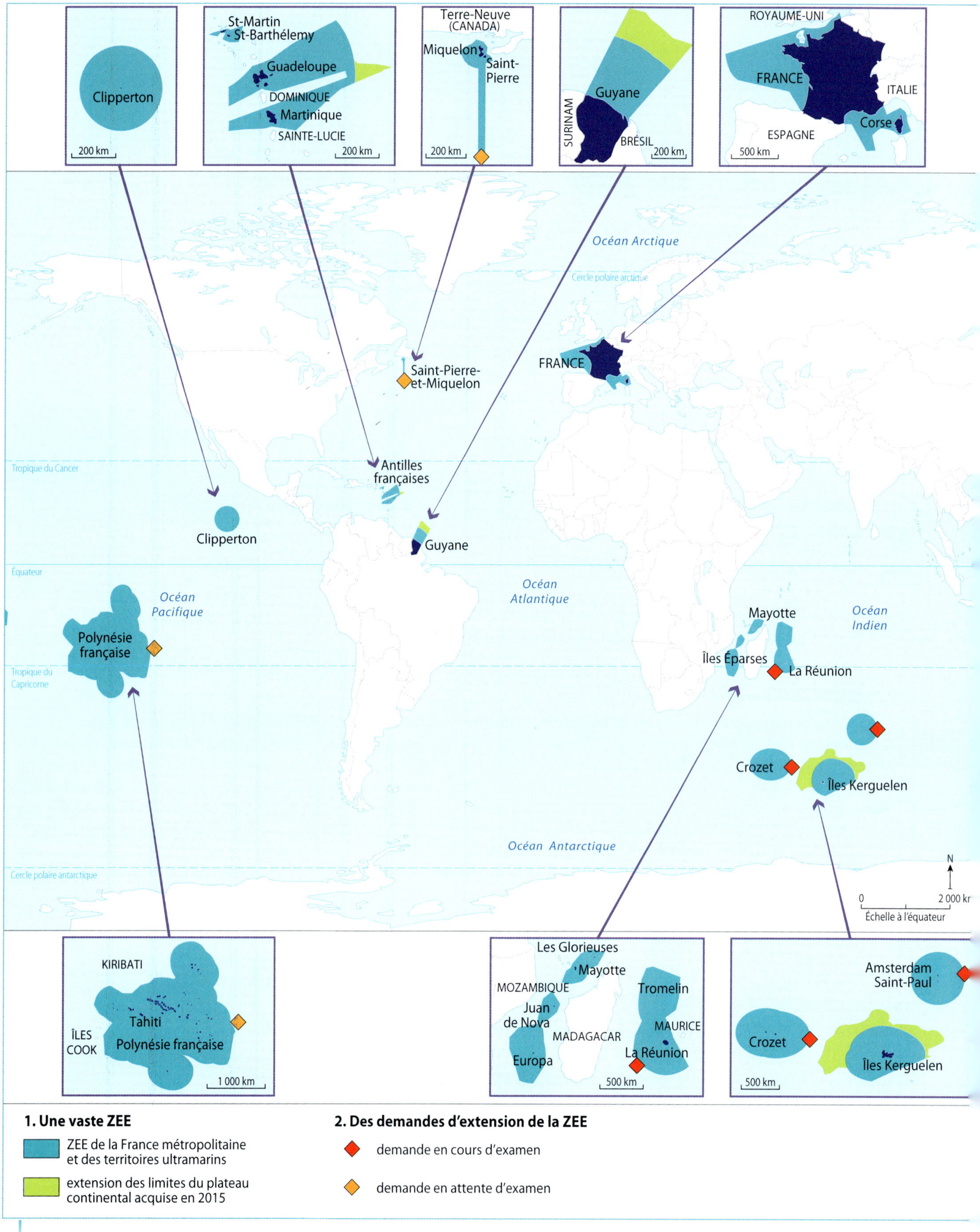

1 Un très vaste espace maritime

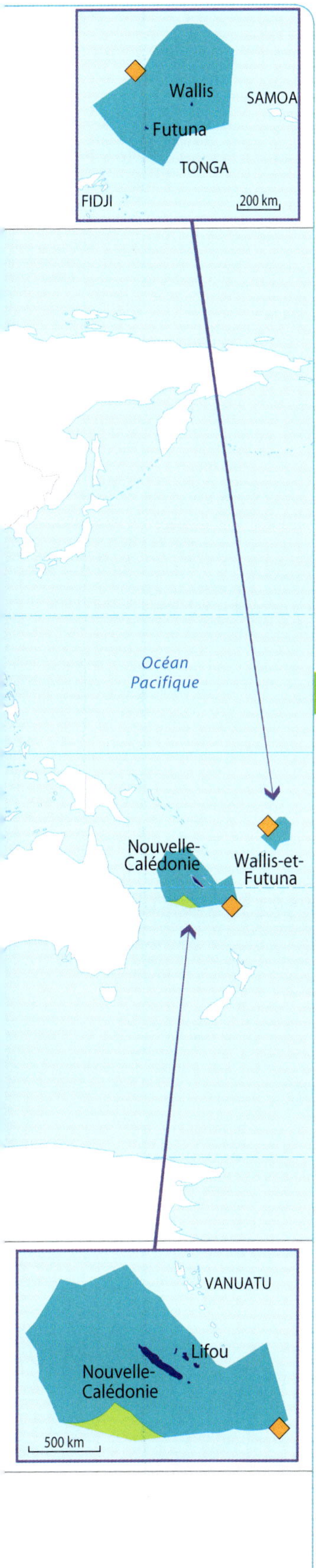

Source : *Le Monde*, 4 août 2019.

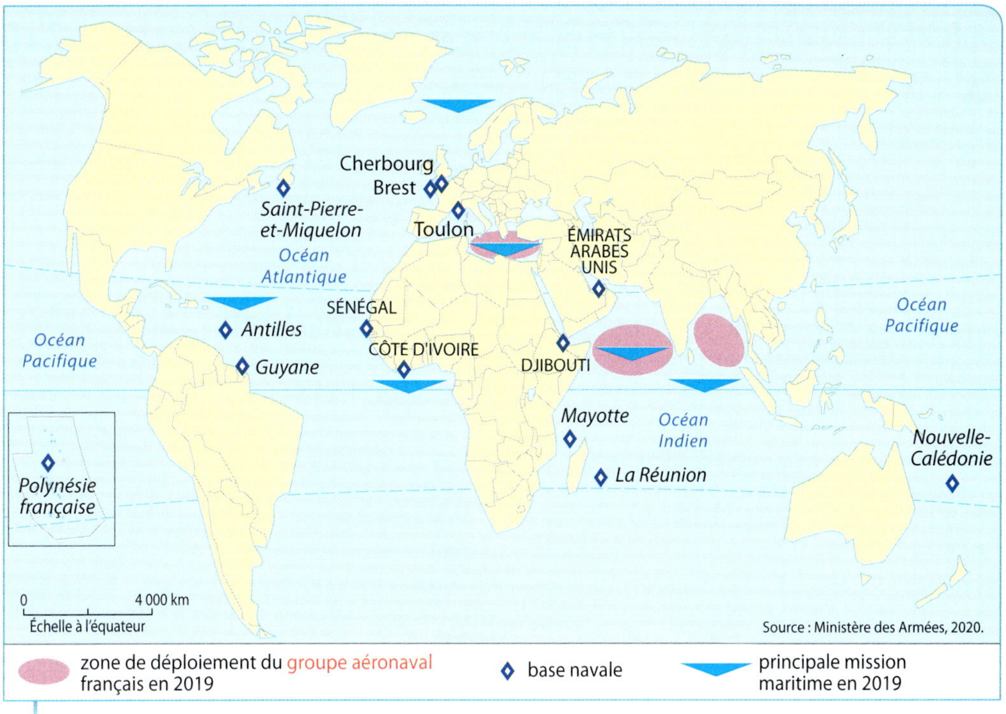

2 **La France : une puissance navale**

Des planisphères...

1. Où se trouvent les principales ZEE françaises ? Comment la France cherche-t-elle à les étendre ?
2. Où se trouvent les principaux points d'appui des forces navales françaises ? À partir de vos connaissances, formulez des hypothèses permettant d'expliquer leur localisation.
3. Pourquoi les ZEE françaises constituent-elles un atout pour la puissance française ?

Vocabulaire

- **Groupe aéronaval :** groupe de navires de combat naval intégrant un porte-avions et une escorte composée d'un sous-marin nucléaire d'attaque et de frégates.

... au schéma

À partir des informations relevées dans les documents, complétez le schéma ci-dessous.

Schéma PDF à télécharger

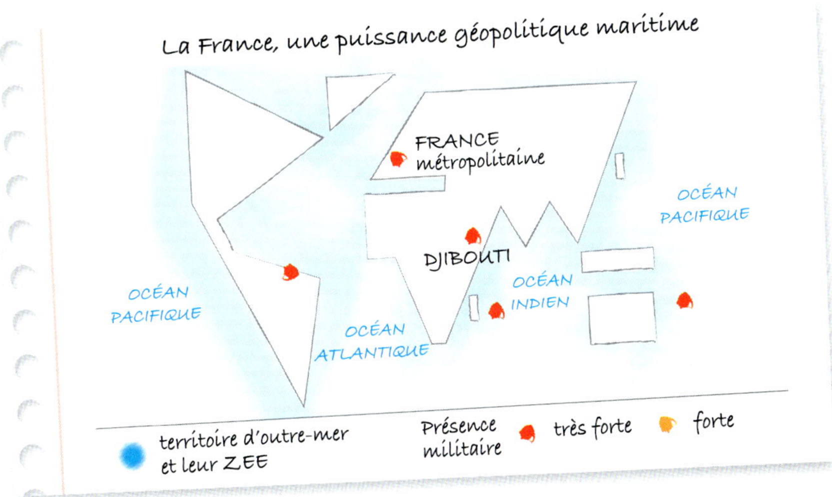

Cours 1 Les océans, un enjeu géopolitique pour la France

QCM interactif cours

Podcast

Pourquoi les océans sont-ils un atout pour le maintien de la puissance française dans le monde ?

A Un atout territorial

Avec 5 000 km de littoral, la France métropolitaine est le seul pays européen à posséder trois façades maritimes (Atlantique, Méditerranée et Manche). Toutefois, ce sont les territoires ultramarins qui confèrent à la France sa présence maritime sur tous les océans (Pacifique, Indien, Atlantique).

La France dispose de la 2e ZEE au monde (10,7 millions de km²) dont 96 % en outre-mer. Son ambition est d'ailleurs de dépasser les États-Unis par l'extension des limites du plateau continental de ses ZEE. Les demandes déposées auprès de l'ONU représentent un million de km² supplémentaires (doc. 1 p. 94).

Cette présence maritime planétaire est source de tensions avec d'autres États, notamment pour l'exploitation des ressources maritimes dans les ZEE (doc. 1). De plus, certains territoires ultramarins (îles Éparses, Clipperton, Mayotte) sont revendiqués par d'autres pays, ce qui fragilise la souveraineté française sur ces espaces.

B Un atout militaire

Au 6e rang mondial, la marine nationale dispose d'un porte-avions et de dix sous-marins lanceurs d'engins qui constituent les vecteurs de sa dissuasion nucléaire. Avec l'US Navy et la Royal Navy britannique, elle est considérée comme une marine de haute mer du fait de sa capacité de projection mondiale.

Les océans sont des points d'ancrage de la puissance militaire française permettant une présence stratégique sur tous les océans ainsi que la surveillance de la ZEE (Repère A). Les bases navales situées dans les territoires d'outre-mer ou dans les États alliés (Djibouti, Sénégal ou Émirats arabes unis) facilitent le déploiement rapide de l'armée dans les territoires en crise où la France intervient (Mali en 2013, Syrie et Irak en 2015).

La France s'affirme comme un gendarme des mers et des océans. Elle participe à des missions internationales de surveillance des espaces maritimes pour lutter contre la piraterie, les trafics illégaux ou le terrorisme. Les forces navales sont aussi mobilisées pour venir en aide aux populations en cas de catastrophes naturelles (livraison de vivres et de matériel au Mozambique après le passage du cyclone Idai en mars 2019).

C Des défis à relever

Dans un contexte de remilitarisation globale des océans, la capacité de projection de la France se réduit. La baisse des effectifs de la marine nationale (-20 % en 10 ans, Repère B), l'absence d'un 2e porte-avions et la diminution du nombre de navires de combat limitent les capacités d'action de la France alors qu'elle cherche à jouer un rôle plus important sur les mers et les océans.

Toutefois, elle entend affirmer sa place de puissance maritime mondiale. Elle exerce pacifiquement son droit à la navigation dans des espaces maritimes convoités par d'autres États et s'investit pour faire appliquer le droit international en mer (mer de Chine).

La maîtrise de son domaine maritime est essentielle pour développer le rayonnement de la France dans le monde. Ainsi, le tourisme balnéaire dans les territoires ultramarins participe au *soft power* français en véhiculant une image positive de la France dans le monde. (doc. 2)

Les océans permettent à la France d'élargir sa base territoriale et sa présence géopolitique afin de maintenir sa puissance dans le monde.

Vocabulaire

- **Projection :** intervention militaire d'un État en dehors de ses frontières.

REPÈRE A

Les territoires ultramarins, des atouts pour la puissance maritime de la France

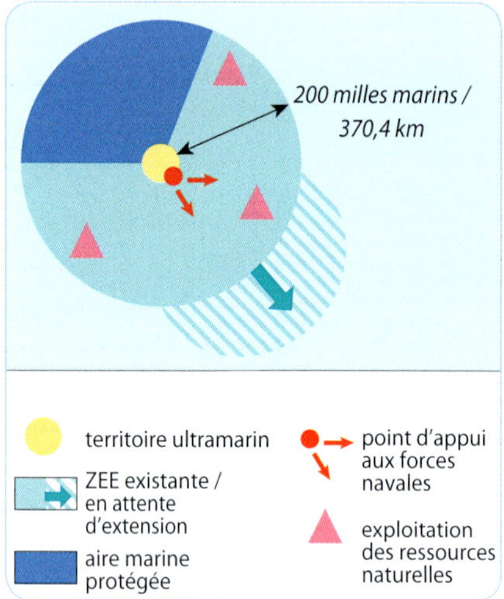

REPÈRE B

Des capacités navales en baisse

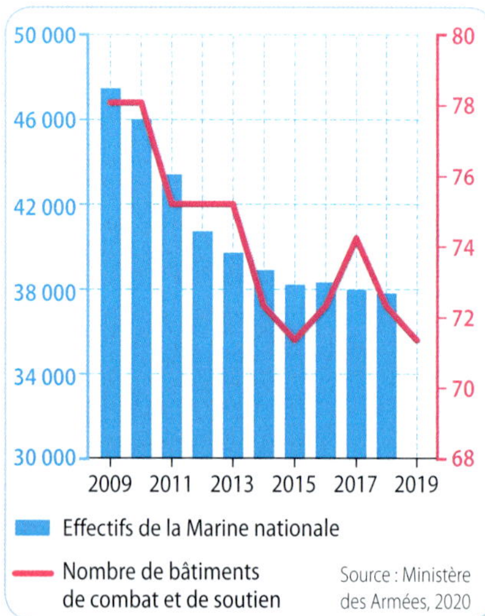

Source : Ministère des Armées, 2020

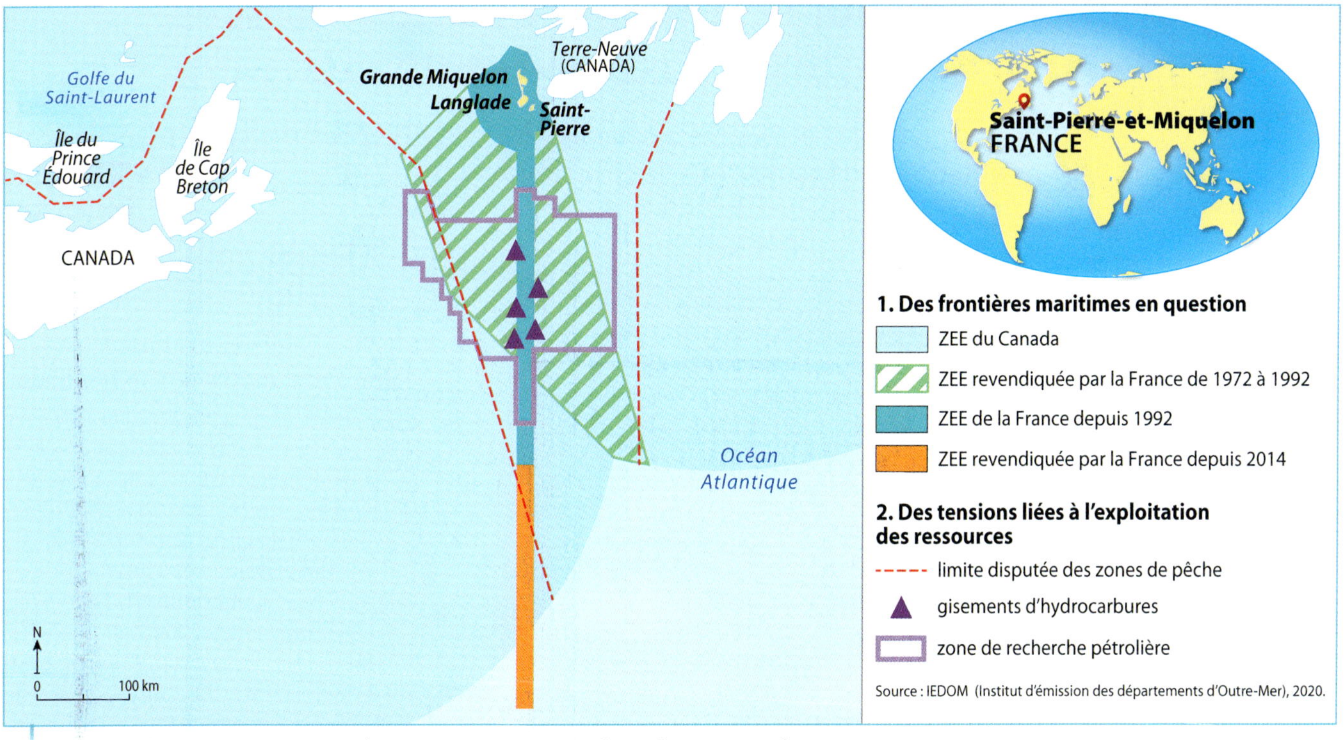

1 Les tensions franco-canadiennes autour de Saint-Pierre-et-Miquelon

2

Développer le tourisme dans les territoires ultramarins

La Réunion a accueilli plus de 570 000 touristes en 2018 mais ambitionne de s'ouvrir davantage à la clientèle de l'océan Indien qui ne représente que 9 % des visiteurs.

Capacités & Méthodes

Construire une production graphique

À l'aide du doc. 1, complétez le schéma fléché pour montrer que les tensions franco-canadiennes sont géopolitiques, mais également géoéconomiques.

Des tensions géopolitiques →

Anciennes
- ....
- ....
- ....

Plus récentes
- ....
- ....
- ....

→ **Des tensions géoéconomiques** →

Exploitations des ressources halieutiques
- ....
- ....
- ....

Exploitations des ressources du sous-sol marin
- ....
- ....
- ....

Exemple Pourquoi le contrôle des îles Éparses par la France suscite-t-il des tensions ?

Situées de part et d'autre de Madagascar, dans l'océan Indien, les îles Éparses sont constituées de cinq îlots inhabités (de 1 à 30 km²) offrant à la France une ZEE de plus de 700 000 km². La France y renforce sa présence car les îles Éparses représentent un enjeu important pour sa puissance.

1 Des îles inhospitalières, l'exemple d'Europa

Europa, la plus grande des îles Éparses (30 km²), se situe à quinze heures de vol de Paris en passant par la Réunion. Malgré son inhospitalité, la France y entretient, depuis 1950, une présence permanente de scientifiques et de militaires.

2 Des îles convoitées le long d'une route maritime mondialisée

L'œil du géographe Les îles Éparses offrent à la France le contrôle d'un tiers du canal du Mozambique. Depuis le début du XXIe siècle, il est devenu une voie de circulation majeure des hydrocarbures issus du golfe Arabo-Persique et à destination de l'Europe et de l'Amérique (30 % du trafic mondial de pétroliers). Si le trafic maritime au sein de cet espace augmente, c'est aussi qu'il est bordé d'États en pleine croissance économique et que les formes d'exploitation *offshore* des hydrocarbures s'y développent. Or, les eaux françaises pouvant regorger d'importantes richesses, les autorités y multiplient les contrats pour l'exploration des fonds marins ainsi que des missions de suivi de la richesse halieutique. Dans ce contexte, la question de la souveraineté sur les espaces insulaires et des délimitations des ZEE est cruciale. La possession des îles Éparses a été au cœur de la campagne présidentielle de Madagascar en 2013 et nourrit les tensions diplomatiques avec la France.

S. Dubois et K. Sutton, *La France, géographies d'un pays qui se réinvente*, Bréal, 2018.

3 Des tensions régulièrement attisées

Depuis 1973, Madagascar revendique les îles Éparses, espérant ainsi exploiter les ressources naturelles d'une ZEE élargie. Refusant de faire appel à la justice internationale, la France et Madagascar ont mis en place une commission mixte chargée des négociations. Mais la tension est latente et ranimée au moindre geste diplomatique (comme en 2019 lors de la visite du chef d'État français aux îles Glorieuses).

Andry Rajoelina @SE_Rajoelina Suivre

#Madagascar est le sanctuaire de la biodiversité mondiale. Le respect de l'intégrité territoriale & la défense de nos intérêts passent par le dialogue.
Une commission mixte sur les îles éparses sera en place le 18/11.
Ayez confiance en notre détermination & notre patriotisme !

04:56 - 24 oct. 2019

Tweet du président de la République de Madagascar suite à la visite du Président français aux îles Glorieuses.

Philippe Folliot @philippefolliot Suivre

Je salue le passage ce matin du Président @EmmanuelMacron sur les îles #Glorieuses. Premier Président de la République à s'y rendre, il prouve l'attachement de la France aux îles #Éparses et au caractère indivisible de notre #République #MacronMayotte #MacronLaReunion #Madagascar

07:54 - 23 oct. 2019

Tweet d'un député membre de la délégation aux outre-mer de l'Assemblée nationale.

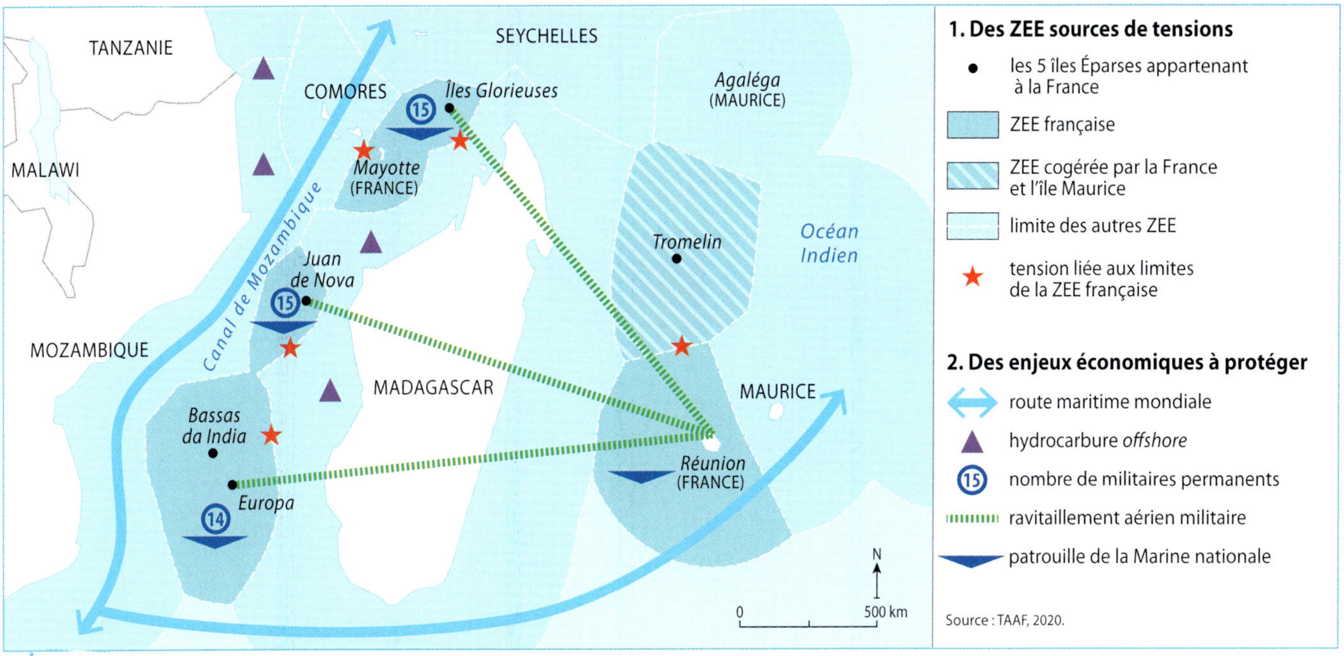

4 **Un renforcement de la présence française dans les îles Éparses**

5

La position française vue de Madagascar

Dessin de presse, publié suite à la visite du président Macron aux îles Glorieuses en octobre 2019.

Source : Nino, *2424.mg*, (site d'informations de Madagascar) 24 octobre 2019.

Vocabulaire

- **Souveraineté** : autorité suprême qui s'exerce sur un territoire.

Identifier les ressources et les contraintes d'une situation géographique

Itinéraire guidé

Analyser

1. Quels intérêts la France a-t-elle à posséder des îlots inhabités ? (doc. 2 et 4)
2. Comment la France y affirme-t-elle sa présence ? (doc. 1, 4 et 5)
3. Pourquoi les îles Éparses constituent-elles une source de tensions avec Madagascar et les Comores ? (doc. 3, 4 et 5)

Synthétiser

4. Rédigez une synthèse d'une dizaine de lignes montrant que les îles Éparses constituent un enjeu pour la puissance de la France.

Itinéraire en autonomie

Les représentants français de la commission mixte franco-malgache chargée de trouver un accord au sujet de la souveraineté des îles Éparses doivent rédiger une synthèse montrant l'importance des îles Éparses dans la puissance maritime de la France.

Pour vous guider

Vous montrerez :

– que le contrôle des îles Éparses est un enjeu pour la puissance française ;
– que leur rattachement à la France est une source de tensions et donc une limite à l'influence française.

Cartes

Carte interactive

Les océans : une ressource économique à préserver

1 Les grands ports maritimes : un atout économique pour la France

Lire les cartes

Carte 1

La littoralisation de la population et des activités conduit à renforcer la place des mers et océans dans la puissance française

Montrez que les ports sont désormais des espaces moteurs pour l'économie de la France. Localisez les principaux ports français. Quelles activités s'y concentrent ? Pourquoi sont-ils essentiels pour ouvrir la France sur le monde et l'Europe ?

Cartes 1, 2 et 3

L'étendue de la ZEE française est également une source de puissance du fait de son double intérêt économique et environnemental.

Discutez cette affirmation : « Les océans restent une ressource économique inexploitée par la France. » (*Le Figaro*, 8 juin 2018)

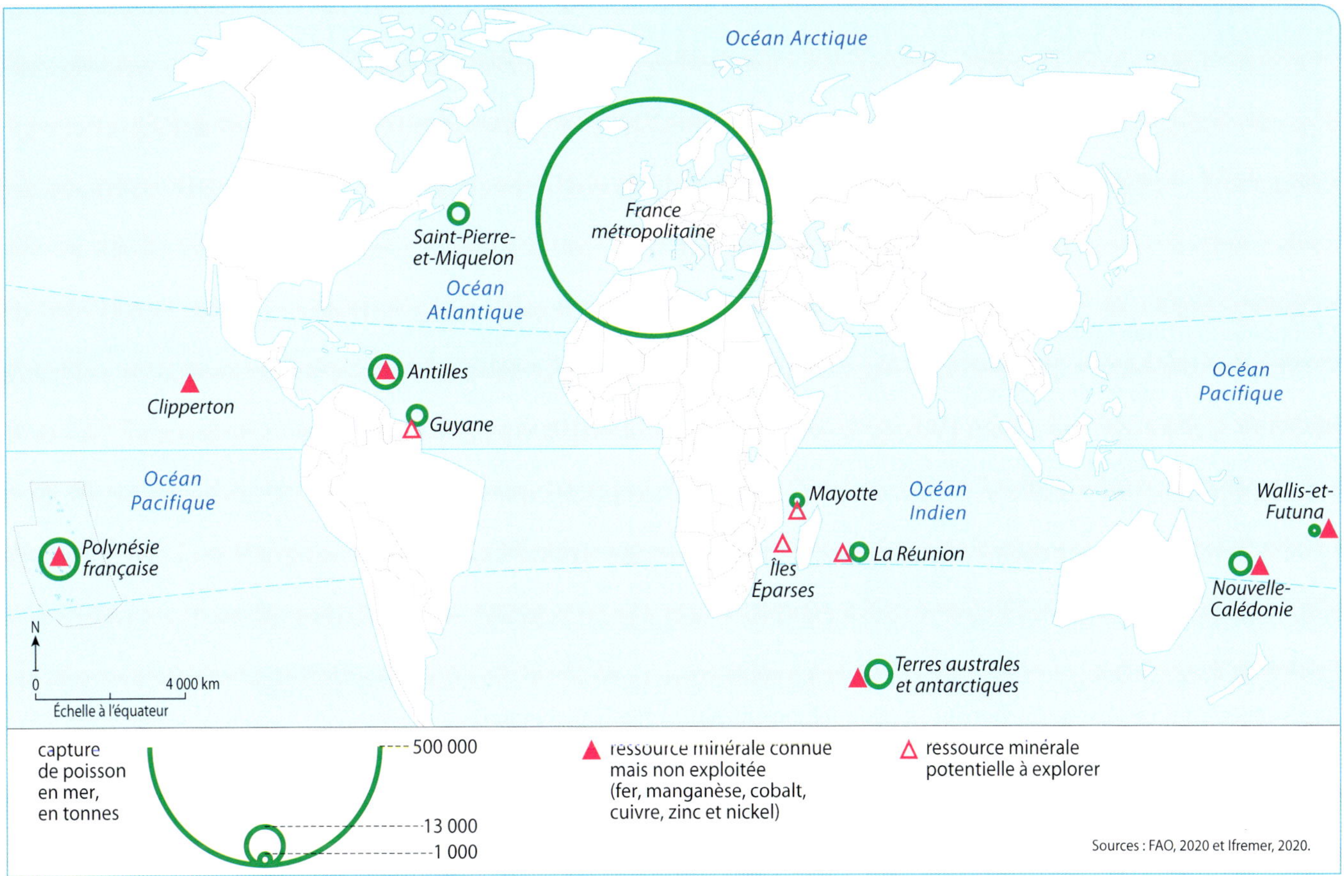

2 Un potentiel de ressources naturelles à exploiter

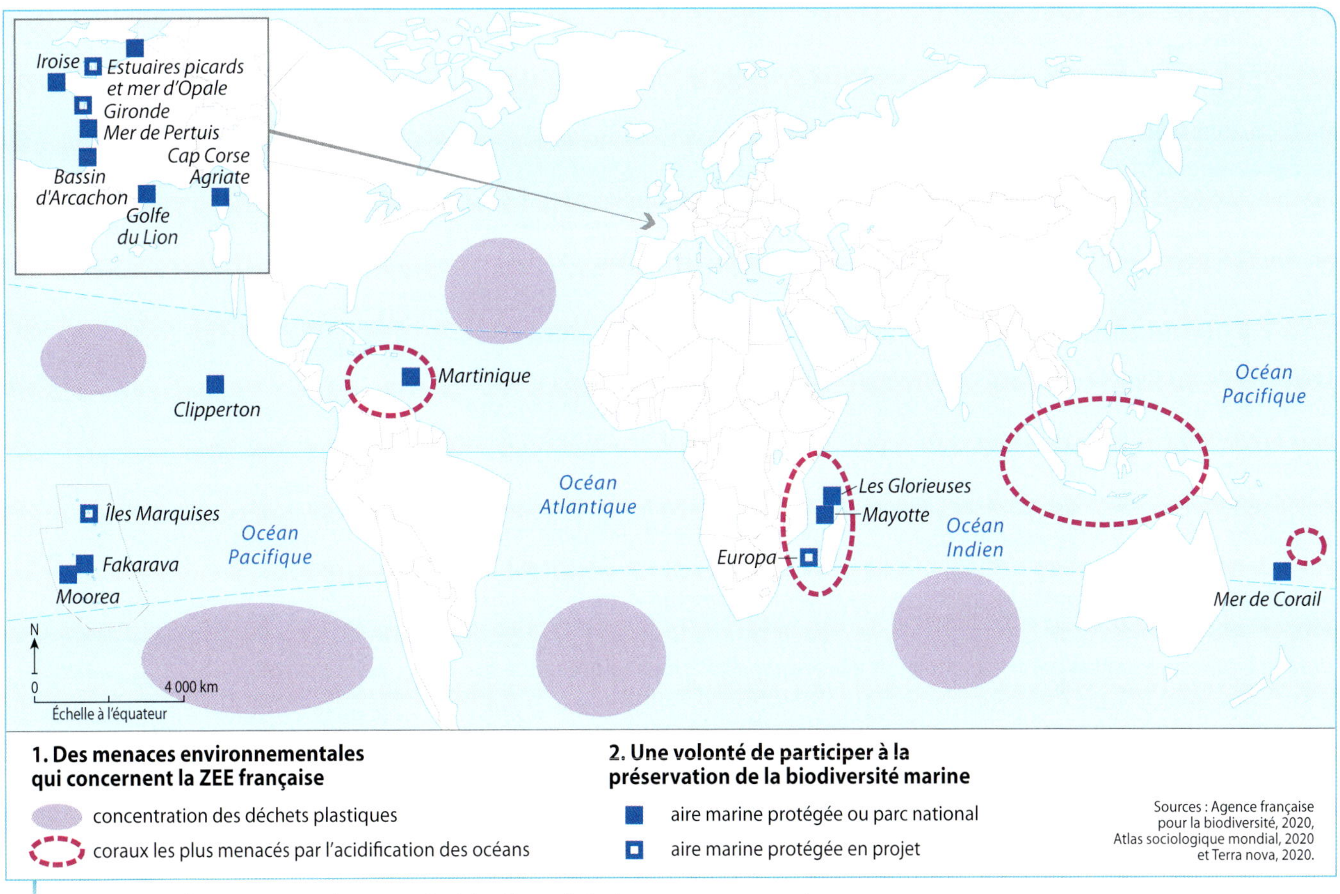

3 Une volonté forte de préserver la biodiversité des espaces marins

Cours 2

QCM interactif cours

Podcast

Les océans, un enjeu économique et environnemental pour la France

Comment l'exploitation et la préservation des ressources maritimes participent-elles à la puissance de la France ?

A Les océans, source de puissance économique

L'économie maritime représente plus de 530 000 emplois et a un poids économique supérieur au secteur de l'automobile (Repère A). La France assure 11 % de l'activité maritime européenne se classant au 4e rang derrière le Royaume-Uni, l'Espagne et l'Italie.

L'économie maritime est portée par des secteurs traditionnels : la pêche, le transport maritime, la plaisance, la construction navale (10e rang mondial) et l'assurance maritime (7e). Dans ces secteurs, la France possède des entreprises parmi les leaders mondiaux : CMA CGM (4e armateur mondial), Chantiers de l'Atlantique (1er constructeur de navires de croisière), Bénéteau (1re entreprise de plaisance).

Dans le transport maritime, la France dispose d'un réseau de 66 ports de commerce, mais ses principaux ports sont en perte de compétitivité par rapport à leurs concurrents : 1er port français, Marseille n'est qu'au 52e rang mondial (Repère B). Seuls Marseille, Le Havre, Dunkerque et Calais figurent parmi les 100 premiers ports mondiaux.

B L'économie bleue, de nouvelles opportunités à développer

La France cherche à renforcer sa présence dans les nouveaux secteurs de l'économie bleue au fort potentiel de création de richesses et d'emplois : aquaculture, biotechnologies, énergies marines renouvelables (EMR) et minerais des fonds marins.

La France favorise la création de *clusters* maritimes qui allient recherches scientifiques, nouvelles technologies et industries (doc. 2). Ainsi, le *cluster* Neopolia (Pays de la Loire) qui rassemble plus de 220 partenaires autour de la thématique des transports accompagne la conception de cargos à voiles afin de réduire l'empreinte carbone du transport maritime.

Le développement de l'économie bleue reste insuffisant. Les ressources sous-marines de la ZEE restent inexploitées. Les freins au développement des EMR font que la France ne disposera pas de parc éolien marin avant 2022 alors qu'il en existe 69 en Europe.

C La protection des océans, nouveau levier de puissance

La France plaide pour la mise en place d'une gouvernance mondiale des océans. Elle participe à plusieurs conventions internationales visant à protéger la biodiversité et les ressources des espaces marins en Méditerranée, autour de ses territoires ultramarins ou dans l'Antarctique (doc. 1).

À l'échelle nationale, l'Agence française pour la biodiversité est gestionnaire de 9 aires marines protégées qui couvrent un quart des eaux françaises. Elle y coordonne la protection et la restauration de la biodiversité en encadrant les activités humaines comme le tourisme ou l'exploitation des ressources mais des efforts restent à faire.

L'enjeu environnemental permet également à la France d'affirmer sa présence sur les océans. Elle participe à des programmes scientifiques qui étudient les effets du changement climatique et la préservation de la biodiversité marine (programme de la Fondation *Tara* Océan). Elle utilise également l'argument écologique pour renforcer sa souveraineté dans les espaces revendiqués par d'autres États (création d'aires marines protégées aux îles Éparses et à Clipperton).

La mise en valeur de ressources maritimes et la création d'aires protégées renforcent la puissance de la France même si l'économie bleue peut encore être développée.

Vocabulaire

- *Cluster* : regroupement d'entreprises spécialisées dans un même secteur d'activités innovantes et fonctionnant en réseau.
- EMR (énergies marines renouvelables) : technologies permettant de produire de l'électricité à partir du milieu marin (vents, courants marins...).

REPÈRE A

Les activités de l'économie maritime en 2019

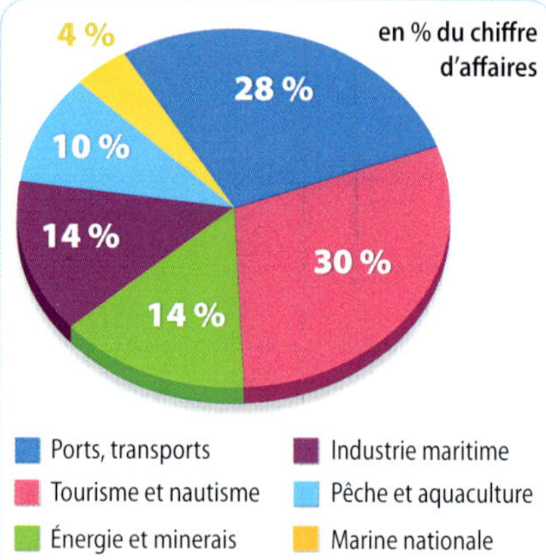

Source : *Cluster* maritime français, 2020.

REPÈRE B

Marseille, le 1er port français en perte de vitesse

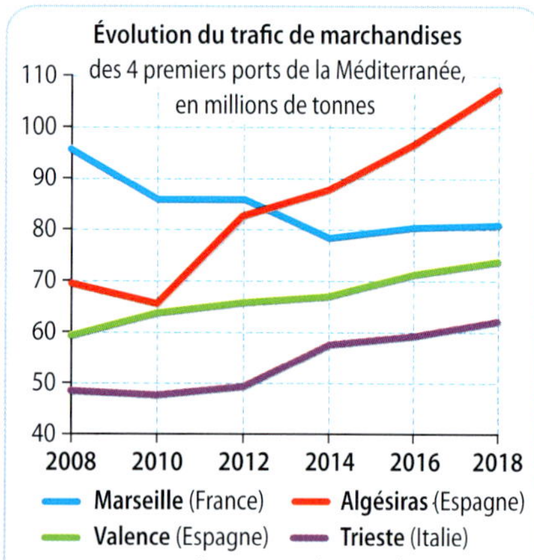

Sources : sites Internet des ports, 2020.

1 *L'Astrolabe* au service de la préservation de l'Antarctique

Le patrouilleur français *L'Astrolabe* participe à la préservation de l'Antarctique en apportant un soutien logistique aux bases scientifiques françaises durant l'été austral.

2 La Surf Valley, un *cluster* pour affirmer la place de la France dans l'économie bleue

L'œil du géographe La côte Aquitaine, de Hossegor à Saint-Jean-de-Luz, marquée par de puissantes vagues, a suscité une fréquentation précoce de la part des surfeurs et un intérêt des grandes marques étrangères pour cette clientèle potentielle. Ces FTN (Quiksilver, Rip Curl...) investissent en Aquitaine, en ne se limitant pas à la production d'équipements sportifs et de vêtements, implantant aussi laboratoires et activités liés à la R&D[1] (Biarritz, Bayonne). Les effets d'entraînement sont nombreux sur le tissu économique local, au titre des sous-traitants industriels comme de la multiplication de services indirects (écoles de surf...). L'appellation *cluster* est celle désormais utilisée par la chambre de commerce et d'industrie de Bayonne, apportant financements et concertation pour accroître l'emprise des entreprises sur les marchés européens et confirmer la place de leader de l'Aquitaine à l'échelle du continent. Le *cluster* fournit en effet 4 000 emplois, réunit 400 entreprises, pour un chiffre d'affaires annuel de plus d'1,8 milliard d'euros.

A. Monot et F. Paris, *Géographie des mers et des océans*, Bréal, 2018.

1. Recherche et développement.

Capacités & Méthodes

Lire et comprendre un document (doc. 2)

1. Pourquoi les entreprises spécialisées dans le surf ont-elles fait le choix de s'implanter massivement en Aquitaine ?
2. Comment la présence de ces entreprises spécialisées favorise-t-elle l'émergence d'un *cluster* autour du surf ?
3. Quels sont les acteurs publics qui ont facilité l'émergence de la Surf Valley ? De quelle manière interviennent-ils ? Avec quels résultats ?

Synthétiser

À partir des informations contenues dans le doc. 2, complétez ce schéma pouvant illustrer un paragraphe de composition sur les enjeux économiques de la puissance maritime de la France.

Titre : La Surf Valley, un *cluster* maritime dynamique

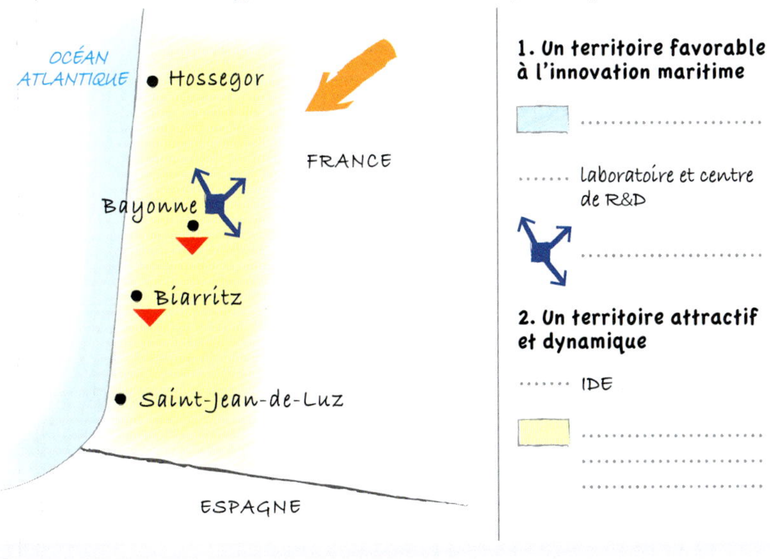

Exemple Comment le port du Havre s'adapte-t-il à une concurrence mondiale croissante ?

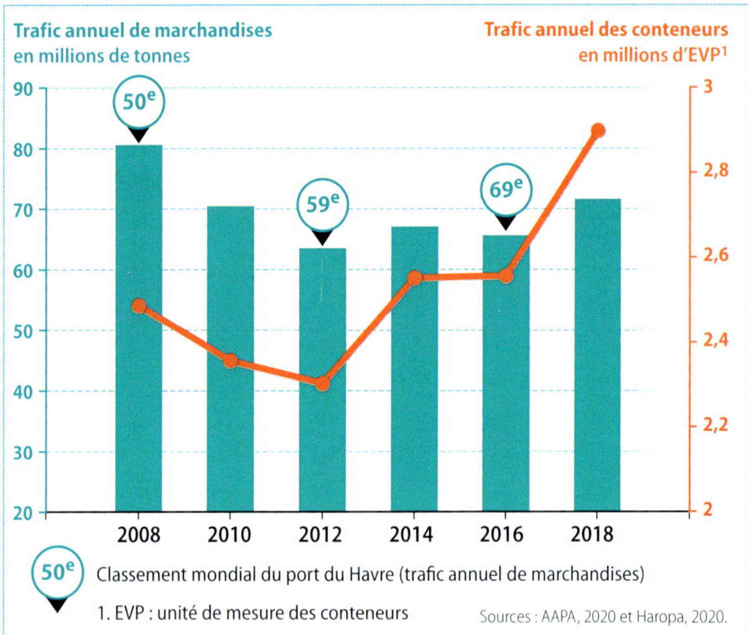

1 Le Havre, un port concurrencé

2 Devenir un port 2.0

À l'ère du e-commerce et de la conteneurisation, la performance des grands ports nationaux passe désormais par les outils numériques. L'objectif est de faciliter l'entrée des navires et d'accélérer leur déchargement grâce à une automatisation de plus en plus poussée. Le Havre utilise des logiciels portuaires qui permettent de relier les différents acteurs de la chaîne du port comme les armateurs, les manutentionnaires, ou encore les autorités portuaires. La performance des ports passe aussi par leur connexion à l'arrière-pays pour écouler rapidement la marchandise qui arrive par bateaux, via le fret, le transport fluvial ou routier. Sur ce point, Le Havre a mis en service en 2015 un terminal multimodal qui s'étend sur une centaine d'hectares sous le pont de Normandie. Conçu pour accueillir 1/4 du trafic total, ce terminal dispose d'une cour ferroviaire de huit voies, d'un quai de 400 mètres de long et d'une zone de stockage de 2 600 conteneurs.

Le Figaro, 10 septembre 2018.

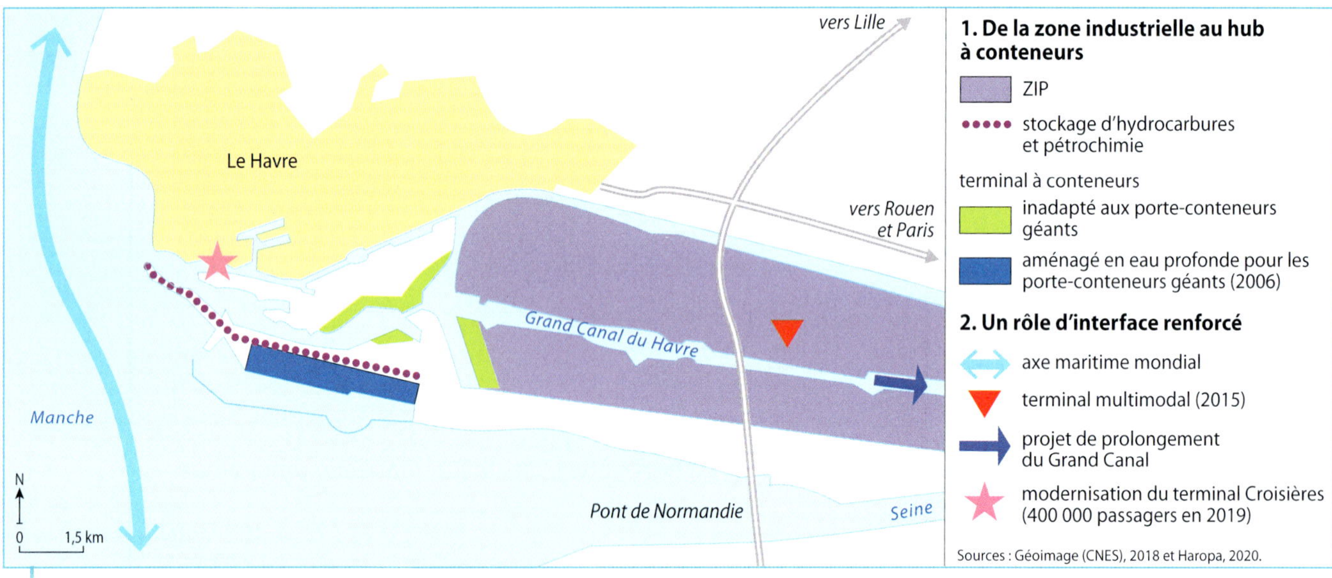

3 Faire face au risque de déclassement

Construire une argumentation géographique

Itinéraire guidé

Lire et confronter les documents

1. Relevez les informations qui montrent que le port du Havre est en difficulté face aux évolutions du transport maritime. (doc. 1 et 3)
2. Quels projets sont mis en place pour s'adapter à la concurrence portuaire ? Quels en sont les effets ? (doc. 1, 2 et 3)

Itinéraire en autonomie

Construisez un organigramme pour répondre au sujet : « Comment le port du Havre s'adapte-t-il à une concurrence mondiale croissante ? »

Pour vous guider

Utilisez les titres suivants pour les 4 cases de votre organigramme : une ZIP aux activités diversifiées ; un risque de déclassement ; un port qui cherche à s'adapter ; Pour quels résultats ?

Exemple

Les EMR (énergies marines renouvelables) : un nouveau potentiel énergétique pour la France ?

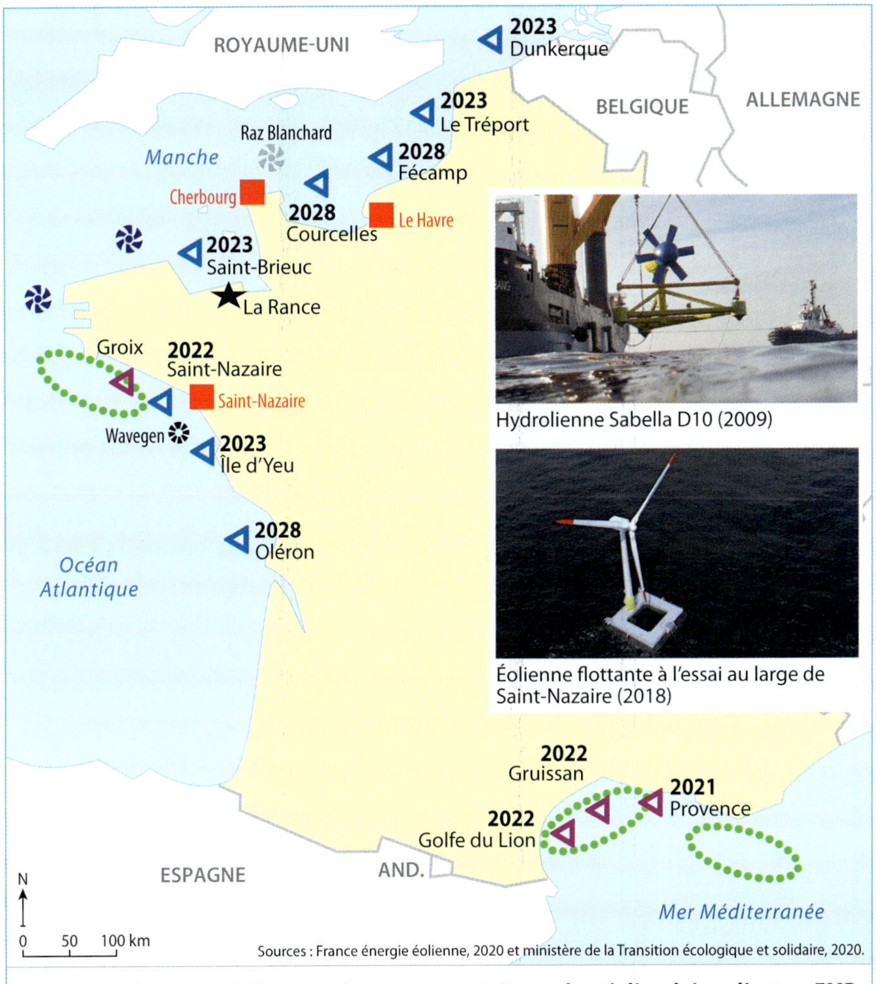

1. Les premiers parcs éoliens marins
- parc éolien fixe en projet (60 à 80 mâts)
- parc éolien flottant en projet (3 à 4 mâts)
- **2028** Date de mise en service prévue
- périmètre défini pour de futurs parcs éoliens flottants
- fabrication d'éoliennes

2. Une volonté d'exploiter d'autres EMR
- centrale électrique utilisant l'énergie des marées
- hydrolienne utilisant l'énergie des courants marins à l'essai
- ferme hydrolienne (projet à l'arrêt)
- plateforme utilisant l'énergie des vagues à l'essai

1 Une volonté affichée de développer les énergies marines renouvelables

2 Le retard français dans l'éolien *offshore*

Avec 5 000 km de côtes, la France dispose du 2e gisement éolien marin d'Europe soit une capacité équivalente à 46 % du parc électrique français. Fin 2018, la capacité européenne installée en éolien *offshore* s'élève à 18 500 MW[1], reposant sur environ 4 500 éoliennes dans une dizaine de pays, dont plus de 70 % au Royaume-Uni et en Allemagne. Alors que la première éolienne en mer a été installée en 1991 au Danemark, la France n'en compte qu'une seule à ce jour : une éolienne flottante pilote installée au large de Saint-Nazaire. La France s'est pourtant dotée d'objectifs ambitieux en termes de développement de l'éolien marin. Dès 2007, elle visait une capacité de 6 000 MW en 2020. Ces objectifs ont été fixés afin de faire émerger une filière électrique décarbonée, source de développement économique. Pourtant, le premier parc éolien au large des côtes françaises n'est toujours pas opérationnel. Le retard de la France vis-à-vis de ses voisins européens s'explique par de nombreux facteurs, notamment le délai des procédures administratives et le manque de lisibilité de la stratégie nationale, limitant ainsi l'anticipation nécessaire des projets par les territoires et les industriels.

La Fabrique écologique (groupe de réflexion visant à promouvoir le développement durable dans les politiques publiques), juillet 2019.

1. Un mégawatt (MW) permet d'alimenter en électricité 1 000 à 1 500 foyers par an.

Vérifier une hypothèse sur une situation géographique

Itinéraire guidé

Lire et confronter les documents

1. Montrez que la France a accumulé un important retard dans le développement des EMR au regard des objectifs ambitieux affichés par les pouvoirs publics. (doc. 2)
2. Comment la France entend-elle rattraper ce retard ? (doc. 1 et 2)

Itinéraire en autonomie

Un journaliste enquête sur le développement des EMR en France. Rédigez son article intitulé : « Les EMR : un nouveau potentiel énergétique pour la France ? »

Pour vous guider

Vous pouvez suivre le plan suivant :
les enjeux du développement des EMR pour la France ; le retard de la France au regard de ses objectifs ambitieux ; la mise en place des premiers projets.

RÉVISER

L'essentiel audio-vidéo

Organigramme version interactive

L'essentiel

Pourquoi les mers et océans constituent-ils un enjeu pour la puissance française ?

Les océans, un enjeu géopolitique	Les océans, un enjeu géoéconomique et géoenvironnemental
Une vaste ZEE en extension	Un poids important de l'économie maritime
Une grande puissance navale (6e rang mondial)	Une volonté de développer l'économie bleue
Un espace du *soft power* français	La protection, nouveau levier de puissance

Cours 1

Dotée de la 2e **ZEE au monde**, la France utilise les mers et océans pour renforcer sa puissance politique.

Les **bases navales sur trois océans** sont des points d'appui essentiels au déploiement de ses forces armées.

Le **tourisme balnéaire** dans les territoires ultramarins participe au **rayonnement** de la France.

Cours 2

L'économie maritime en France est portée par les **secteurs traditionnels** : transport (Le Havre, Marseille), pêche, construction navale.

La France cherche à renforcer sa présence dans les nouveaux secteurs de l'**économie bleue** mais son retard reste important dans plusieurs secteurs d'activités (EMR).

La France contribue à la préservation de la biodiversité marine (**aires marines protégées, programmes scientifiques**) et encourage la naissance d'une **gouvernance mondiale des océans** tout en renforçant sa souveraineté sur les territoires ultramarins.

Chiffres clés

La France dans le classement des ZEE mondiales

France (10,7 millions de km²)

États-Unis d'Amérique (12,2 millions de km²)

Australie (9 millions de km²)

Évolution de la production d'EMR en France d'ici à 2028

2019 0,5 GW

2028 6 GW

Pour aller plus loin

Un site Internet

• Le site Internet de France énergies marines
Des publications régulières pour suivre le développement des EMR en France.
https://www.france-energies-marines.org/

Une bande-dessinée

Tramp de J.-C. Kraehn et P. Jusseaume (11 volumes publiés par Dargaud depuis 2002) présente la naissance de la marine marchande française dans les années 1950 et 1960 sur fond de décolonisation et de rivalités internationales.

Un film

Le Chant du loup, réalisé en 2019 par Antonin Baudry, présente le rôle des sous-marins dans la stratégie de défense de la France.

EXERCICES

Localiser

Schéma PDF à télécharger

en complétant la légende du schéma suivant :

Les territoires ultramarins : une source de puissance pour la France

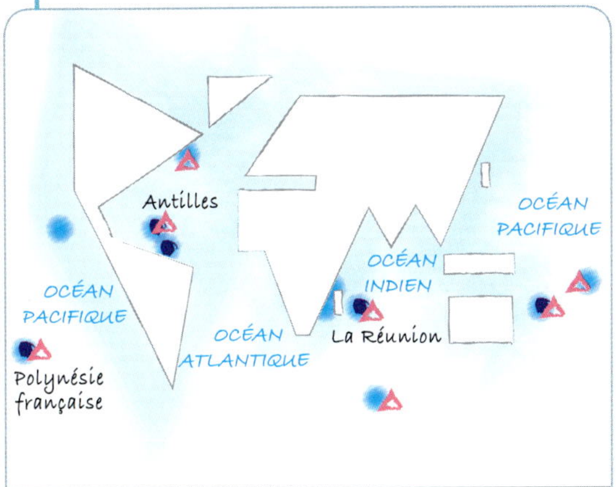

- (cercle bleu) ……………………………………
- (point bleu foncé) ……………………………………
- (triangle rouge) ……………………………………

Expliquer

Organigramme PDF à télécharger

l'intérêt des ZEE pour la France en complétant le schéma fléché ci-dessous avec des exemples précis

La France dispose de la 2e ZEE au monde

Intérêts géopolitiques	Intérêts géoéconomiques
………………………	………………………

Actions de la France

- Surveiller : ……………………………………
- Préserver : ……………………………………
- Étendre : ……………………………………

Tensions avec les États riverains

- Exemple 1 : ……………………………………
- Exemple 2 : ……………………………………

Analyser

un texte

En analysant le document, vous montrerez les moyens mis en œuvre par la France pour affirmer sa puissance maritime.

La France affirme sa présence en mer de Chine

Depuis peu, la marine française s'est engagée dans de délicates opérations de type FONOP (Freedom of navigation operation) sur le modèle de celles que la marine des États-Unis réalise, notamment en mer de Chine. Il s'agit de défendre une interprétation consensuelle du traité de Montego Bay en exerçant pacifiquement son droit à la navigation dans des espaces que les États riverains cherchent à s'approprier. En s'invitant en mer de Chine, la France entend rappeler sa vocation à être une puissance mondiale. Sa marine est la cheville ouvrière de cette diplomatie ; elle s'appuie sur plusieurs bases qui lui permettent d'assurer sa présence dans l'océan Indien. Il s'agit de la base opérationnelle de Djibouti, qui compte un peu plus de 1 450 militaires français, ainsi que de celle d'Abu Dhabi, dans le golfe Persique. À cela, il faut ajouter les bases situées dans les territoires français et à partir desquelles il est prévu de déployer les « forces de souveraineté ».

Les Grands Dossiers de *Diplomatie* n° 46, « Mers et océans : géopolitique & géostratégie », août-septembre 2018.

Travailler autrement

Mener une recherche

Une entreprise de Nantes est chargée d'organiser le transport d'un conteneur standard de 20 pieds au départ de Montoir-de-Bretagne et à destination de Shanghai dans un délai de 3 semaines. Par groupes de trois élèves, vous devez rédiger une fiche illustrée par un croquis et préciser l'itinéraire, la date, la durée et le prix du voyage que vous conseillez.

Pour vous guider

Vous pouvez compléter la recherche en vous connectant au site Internet de la CMA CGM (www.cma-cgm.fr - rubrique « Routes et tarifs ») : choisissez l'itinéraire le plus rapide puis déterminez le prix du transport.

Méthode
BAC-E3C

Analyse de documents

En analysant les documents, vous montrerez que la compétitivité des ports français est un enjeu de la puissance maritime de la France.

1 **Le port de Marseille (terminal Med Europe)**
(A) port de transport polyvalent - (B) zone industrielle - (C) voie ferrée - (D) stockage des hydrocarbures - (E) conteneurs

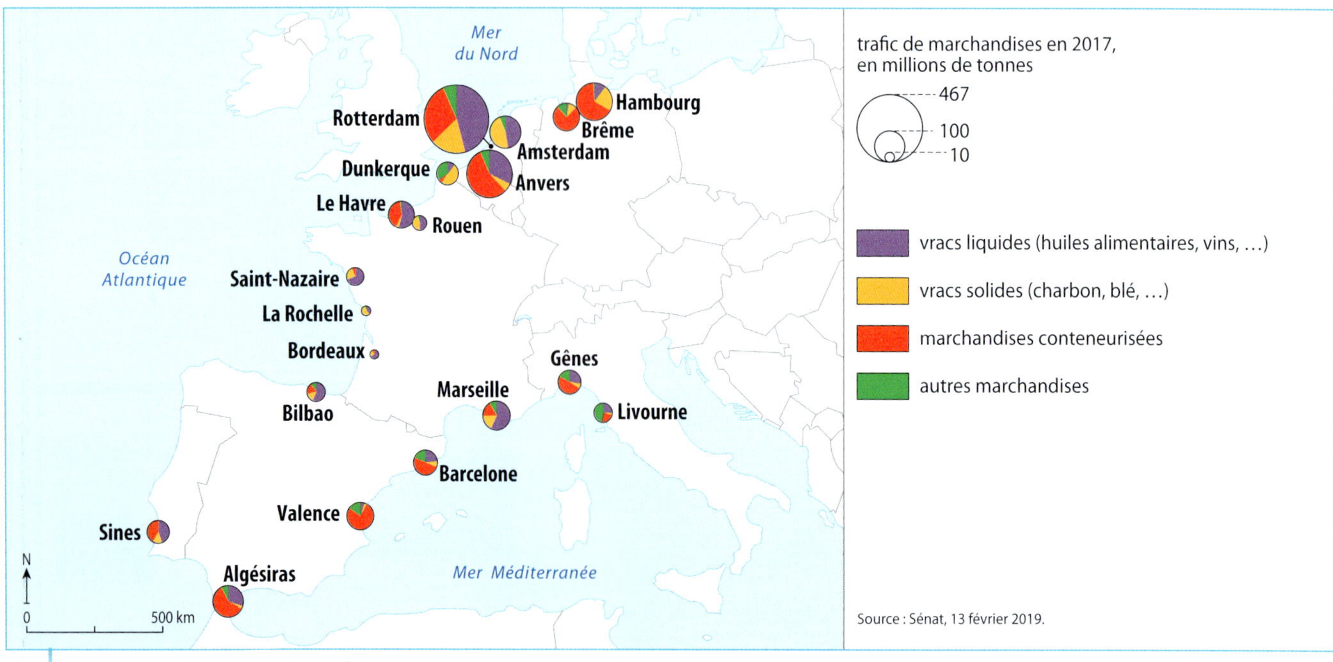

2 **Les ports français face à la concurrence européenne**

A Comprendre le sens général des documents

1. Sélectionnez parmi les propositions suivantes celles qui traduisent correctement les documents.
   - *Les ports intègrent le territoire français à la mondialisation ;*
   - *Les ports français sont spécialisés ;*
   - *Les ports français sont moins spécialisés que les autres ports européens ;*
   - *Marseille souffre de la concurrence des autres ports méditerranéens ;*
   - *Les ports français peuvent recevoir tout type de marchandises ;*
   - *Les ports français ne rivalisent pas avec les autres ports européens ;*
   - *Les ports français sont complémentaires entre eux ;*
   - *Les ports français ne sont pas suffisamment équipés pour l'accueil de conteneurs ;*
   - *Le port de Marseille est spécialisé dans l'accueil de certaines marchandises ;*
   - *Certains ports français sont intégrés à une façade maritime dynamique ;*
   - *Les ports français participent au feedering de la Northern Range ;*
   - *Le port du Havre est plus spécialisé que le port de Marseille ;*
   - *Malgré son littoral, la France est en retard dans la compétition portuaire européenne ;*
   - *Marseille est en retrait des routes maritimes majeures.*

B Construire l'analyse de documents

Méthode

Si la consigne ne suggère pas de plan à suivre, il faut le construire. Vous vous aiderez des notions clés et des documents pour en dégager les grands thèmes. Ici, les documents suggèrent une analyse par échelle (plan 1), tandis que la consigne invite à discuter la compétitivité (plan 2).

2. Classez les informations retenues de la question 1 dans le tableau suivant.

1er plan possible / 2e plan possible	I. La compétitivité des ports à l'échelle européenne	II. La compétitivité des ports à l'échelle locale
I. Des facteurs de compétitivité des ports français	– *Les ports intègrent le territoire français à la mondialisation* –	....
II. Des limites à la compétitivité des ports français	....	....

CONSEIL
Aidez-vous de votre cours à l'échelle mondiale pour expliquer la situation des ports français.

3. Choisissez l'un des plans proposés et, à l'intérieur de chaque partie, organisez des paragraphes en associant les informations les unes aux autres. Utilisez vos connaissances pour interpréter chaque élément.

C Rédiger l'analyse de documents

4. Rédigez une phrase de présentation des documents en montrant la complémentarité de leur changement d'échelle.

5. Rédigez les deux parties de l'analyse de documents en fonction du travail préparatoire (questions 1 à 3, voir Méthode p. 10-11).

6. Choisissez et terminez la conclusion qui convient au plan retenu.

CONSEIL
Dans la conclusion, il faut montrer l'apport des documents pour traiter le sujet.

Conclusion 1

L'analyse de documents a pu montrer que la compétitivité des ports français diffère selon l'échelle d'observation. En effet, si à l'échelle européenne ils…

Conclusion 2

L'analyse de la carte des ports français à l'échelle européenne et de la photographie des infrastructures portuaires de Marseille-Fos a permis de mettre en évidence les facteurs de compétitivité mais également…

Méthode BAC-E3C

Analyse de document

En analysant le document, vous montrerez que les îles occupent une place majeure mais fragile dans la stratégie géopolitique, économique et environnementale de la France.

CONSEIL

Montrez l'intérêt de l'exemple de l'Océanie pour réfléchir au rôle des îles, mais utilisez également d'autres exemples insulaires français.

Les îles, points d'appui de la puissance de la France dans le monde : l'exemple de l'Océanie

Si la Nouvelle-Calédonie a d'abord occupé les fonctions de lieu de déportation pour la France, les enjeux économiques et géostratégiques ont rapidement pris le pas sur l'intérêt carcéral et sur l'attrait scientifique et culturel. L'importance acquise par la région est visible avec la création en 1963 du Centre d'expérimentation du Pacifique, où il a été procédé à 210 essais nucléaires entre 1963 et 1996.

Surfaces restreintes, faibles populations, mais intérêts stratégiques majeurs, notamment en ce qui concerne les zones économiques exclusives de ces archipels, 6,8 millions de km² pour le seul Pacifique. Car le partage des mers est aujourd'hui un enjeu économique mondial. Plus de la moitié de la pêche mondiale de poissons sauvages provient de l'océan Pacifique, qui constitue le plus gros réservoir de thonidés au monde. Par ailleurs, une étude de l'Ifremer de 2011 rapportait la richesse de la ZEE polynésienne en cobalt et en platine. L'exploitation de cette zone, cependant, n'est pas prévue avant 2030.

La présence de la France en Polynésie et en Nouvelle-Calédonie lui assure une position stratégique dans cette zone et, à ce titre, elle est la seule nation européenne partenaire du dialogue Forum des îles du Pacifique, réunion de 16 pays indépendants et associés de l'Océanie dans les domaines de l'environnement, des télécommunications, de l'aviation civile, de l'énergie, de la sécurité, du commerce, de la pêche et des communications maritimes. Ces territoires, cependant, sont aujourd'hui l'objet de convoitise des grandes puissances limitrophes, à commencer par la Chine, et des investisseurs étrangers. Cette attirance des investisseurs étrangers pose, à terme, la question de l'évolution de leur statut dès lors que la France ne serait plus un partenaire privilégié. Car il ne faut pas oublier que tant la Nouvelle-Calédonie que la Polynésie française figurent sur la liste des « territoires non autonomes ». Quel avenir pour ces territoires océaniens ? Dans une période où, au développement économique de ces petites économies insulaires s'ajoute l'enjeu du dérèglement climatique, la réponse réside probablement dans la redéfinition des liens, tant avec la France qu'avec l'environnement régional.

Patrick Roger (journaliste), *Géopolitique des îles en 40 cartes*, hors-série *Le Monde*, août 2019.

A Comprendre le sens général

Méthode

Repérer l'idée générale (notions clés, espace concerné) et l'organisation du texte : grandes parties, arguments (causes, conséquences) et exemples (preuves chiffrées, espaces).

1. Repérez dans le texte la phrase qui résume son idée générale.
2. En vous appuyant sur vos connaissances, définissez toutes les notions clés (surlignées en jaune dans le texte).

CONSEIL

Pour définir les notions, utilisez le lexique p. 360-364.

3. Puis, reportez-les dans la colonne « sélectionner les informations » du tableau ci-contre.

B Interpréter le document

4. Complétez le tableau suivant pour interpréter le texte.

Méthode

Pour interpréter le texte, il faut expliquer ses informations à l'aide des connaissances ; illustrer les idées par des exemples ; dégager le point de vue du texte.

	Sélectionner les informations	Utiliser les connaissances
Les îles du Pacifique, un enjeu majeur pour la France	– « zones économiques exclusives »	La ZEE est une zone dans laquelle la France peut exercer des droits souverains (propriété des ressources de la mer et du sous-sol).
Les fragilités de la puissance française dans le Pacifique	....	....

5. Rédigez l'analyse du texte en vous aidant de la Méthode p. 10-11.

CONSEIL

Dans votre rédaction, citez le texte en plaçant ces extraits entre guillemets.

Méthode
BAC-E3C

Analyse de document

En analysant le document, vous montrerez que les aires marines protégées sont un reflet de la puissance maritime de la France. En parallèle, à l'aide de vos connaissances, vous identifierez les motivations françaises dans la délimitation des périmètres protégés.

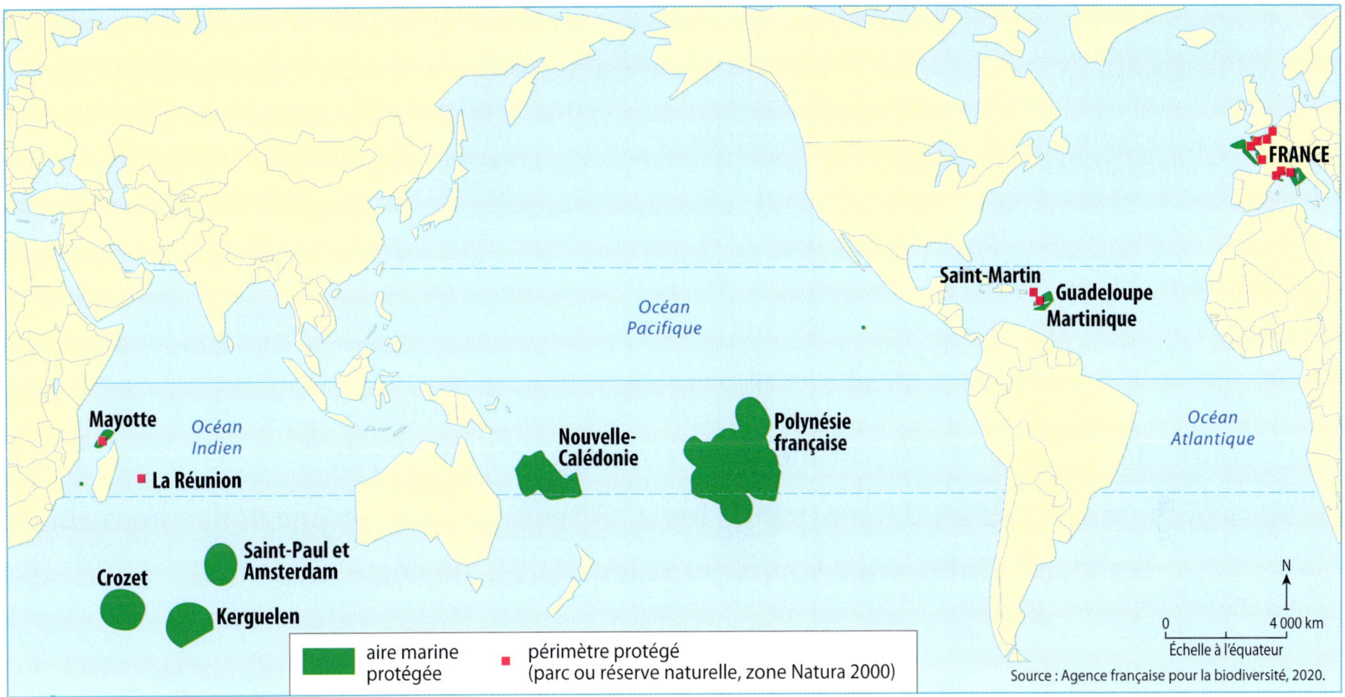

Les aires marines protégées françaises

Méthode

Sélectionner les informations en les organisant pour répondre à la consigne. Il s'agit de prélever des idées (elles sont contenues dans les informations de la légende), des éléments d'explication (le croisement des informations de la carte permet d'en dégager) et des exemples précis (localisations fournies par la carte).

Expliciter les informations en mobilisant des connaissances pour définir les notions, apporter d'autres exemples, des explications ou des nuances.

Sélectionner et expliciter les informations

1. Complétez le tableau suivant pour interpréter le document.

	Sélectionner les informations	Expliciter les informations
Un reflet de la puissance maritime de la France	– Les aires marines sont nombreuses, particulièrement dans l'océan Pacifique (Polynésie...) –	– Elles sont situées dans la ZEE de la France à l'échelle métropolitaine et mondiale (2e ZEE au monde) ; – ....
Des motivations diverses	– Une protection dans des zones de grande biodiversité (TAAF, barrières de corail...) – Une présence dans des régions stratégiques de la mondialisation (...) –	– .... – .... – ....

CONSEIL
Utilisez les exemples vus en cours (îles Éparses, Nouvelle-Calédonie) pour montrer que les enjeux environnementaux peuvent être mis au service de la puissance de la France.

2. Rédigez l'analyse du document en vous aidant de la Méthode p. 10-11.

CONSEIL
Commencez votre analyse de document en le présentant et en instistant, notamment, sur sa source.

Méthode BAC-E3C

Question problématisée

Comment la puissance maritime de la France s'exprime-t-elle dans le monde ?

Vous présenterez les fondements puis les manifestations de la puissance maritime française. Enfin, vous soulignerez les limites de cette puissance.

A Analyser la question problématisée

Répondez aux questions contenues dans les cartouches pour comprendre les termes du sujet.

Méthode

Repérer la problématique à laquelle il faut répondre. Identifier les notions clés du sujet en s'aidant du manuel (ici fondements, manifestations, puissance maritime). Délimiter l'espace concerné par le sujet.

Activité interactive

Quelle est la définition de puissance ?

Pourquoi est-il nécessaire d'aborder cette question à l'échelle mondiale ?

Comment la puissance maritime de la France s'exprime-t-elle dans le monde ?

Vous présentrez les fondements puis les manifestations de la puissance maritime française. Enfin, vous soulignerez les limites de cette puissance.

Sur quels élements repose la puissance maritime de la France ?

Comment la puissance française s'exprime-t-elle sur les mers et les océans ? Classez ces manifestations en différents thèmes.

À l'aide de la page 96, relevez les éléments qui limitent la puissance maritime de la France.

B Rédiger la réponse à la question problématisée

Introduction : débuter par une référence à l'actualité en lien avec le sujet.

L'extension récente de sa ZEE permet à la France de posséder le 2e domaine maritime mondial et d'affirmer sa puissance maritime sur l'ensemble des mers et océans de la planète. Il s'agit ainsi pour elle de disposer d'une présence et d'une capacité d'action internationale.

Aussi, comment la puissance maritime française s'exprime-t-elle dans le monde ?

Dans un premier temps, nous étudierons les fondements de la puissance maritime française avant de nous intéresser à ses manifestations puis à ses limites.

Poser la problématique en commençant par un connecteur logique.

Annoncer le plan en une seule phase.

Dans cette première partie, nous nous intéresserons aux fondements de la puissance maritime de la France.

Tout d'abord, avec 5 000 km de littoral, la France métropolitaine est le seul pays européen à posséder trois façades maritimes (Atlantique, Méditerranée et Manche).

Toutefois, la puissance française repose sur l'étendue de sa zone économique exclusive qui couvre 10,7 millions de km² grâce, notamment, à ses territoires ultramarins des océans Atlantique (Saint-Pierre-et-Miquelon, Antilles françaises, Guyane), Indien (La Réunion, Mayotte, Terres australes et antarctiques françaises) et Pacifique (Nouvelle-Calédonie, Wallis-et-Futuna, Polynésie française).

Commencer chaque partie par une petite phrase d'introduction.

Par ailleurs, la France ambitionne de dépasser les États-Unis d'Amérique en étendant son domaine maritime. Elle a déposé sept demandes d'extension de sa ZEE auprès de l'ONU dont certaines sont en cours d'examen (La Réunion, Terres australes et antarctiques).

Donner des exemples précis (localisation, données chiffrées…) à pointer sur un exemple précis

Sauter une ou deux lignes entre chaque partie.

Dans cette deuxième partie, nous verrons comment se manifeste la puissance maritime de la France. ↵

Elle est d'abord une puissance géopolitique. En effet, l'étendue de la ZEE permet à la France de posséder des bases militaires sur l'ensemble des océans et de pouvoir déployer rapidement ses forces militaires partout dans le monde. Elle dispose de la sixième force navale mondiale. Elle peut ainsi participer au contrôle des mers et océans et lutter contre les activités illicites (surpêche, piraterie, terrorisme). ↵

La France dispose également d'une économie maritime très développée. Elle est portée par les secteurs traditionnels de la marine marchande, de l'industrie, de la pêche et du tourisme grâce à la présence de grandes entreprises au rayonnement international (CMA CGM, Chantiers de l'Atlantique …). Elle cherche, par ailleurs, à développer sa présence dans les nouveaux secteurs de l'économie bleue (biotechnologies, énergies maritimes renouvelables…). ↵

Utiliser des connecteurs logiques pour faire progresser la démonstration.

Enfin, sa puissance maritime revêt un aspect environnemental. En effet, la France contribue à la préservation de la biodiversité marine par la création d'aires marines protégées (aire protégée de la mer de Corail par exemple). Elle participe à des programmes scientifiques pour étudier les interactions entre les océans et le climat (soutien aux expéditions de la fondation Tara). Ces actions lui permettent de participer à l'émergence d'une gouvernance mondiale des océans tout en renforçant sa souveraineté sur ses territoires ultramarins. ↵

Aller à la ligne à la fin de chaque idée du développement (↵)

Dans cette dernière partie, nous verrons que la puissance maritime de la France n'est pas sans limite.

En premier lieu, dans un contexte de remilitarisation globale des océans, la capacité de projection de la France se réduit. La baisse des effectifs de la Marine nationale, l'absence d'un deuxième porte-avions et la diminution du nombre de navires de combat limitent les capacités d'action de la France alors qu'elle entend jouer un rôle plus important sur les mers et les océans.

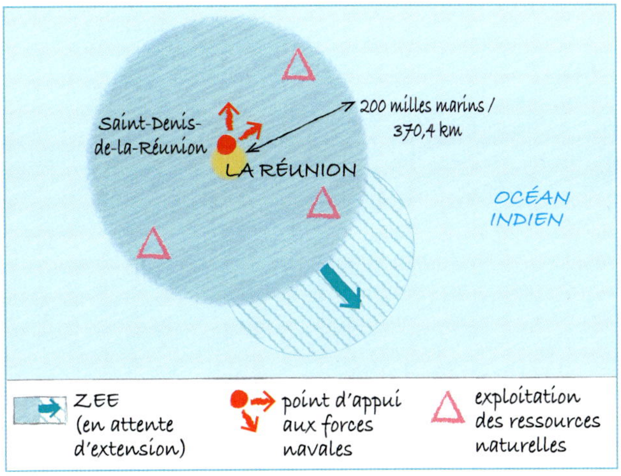

Conclusion : répondre à la problématique en une ou deux phrases résumant les grandes idées du développement.

De même, d'un point de vue économique, la France possède un retard important dans plusieurs secteurs d'activités. Les ressources sous-marines de la ZEE restent inexploitées. Les freins au développement des EMR font que la France ne disposera pas de parc éolien marin avant 2022 alors qu'il en existe 69 en Europe.

Pour conclure, la puissance maritime française repose d'abord sur un vaste domaine maritime qui lui permet d'exprimer sa puissance militaire, économique et environnementale. Toutefois, cette puissance n'est pas sans limite, que cela soit d'un point de vue politique ou économique. En définitive, la France valorise donc sa puissance maritime par tous les moyens dont elle dispose.

Sujet BAC-E3C — Réalisation d'une production graphique

Sujet : La puissance maritime de la France dans le monde

Consigne : À partir du texte, vous construirez, à l'aide du fond de carte fourni, un croquis correspondant au sujet suivant : « La puissance maritime de la France dans le monde », accompagné d'une légende organisée.

La France bénéficie d'une présence géostratégique planétaire sur les océans. Sa zone économique exclusive est d'ailleurs la seconde au monde en superficie lorsqu'on cumule les franges bordant les littoraux métropolitains et ultramarins. Cette zone marine sous souveraineté française a d'ailleurs été étendue en 2015 suite à la reconnaissance de l'extension des limites du plateau continental au large de la Guyane, au nord des îles Kerguelen et au sud de la Nouvelle-Calédonie. Des demandes d'extension de la ZEE sont toujours en cours, voire en attente d'examen, dans l'océan Pacifique au niveau de Wallis-et-Futuna, de la Polynésie française et de la Nouvelle-Calédonie, dans l'océan Indien au niveau de l'île de la Réunion, des îles Crozet, des îles Saint-Paul et Amsterdam, et enfin, dans l'océan Atlantique, au sud de Saint-Pierre-et-Miquelon. Les nombreux territoires maritimes sous souveraineté française lui offrent de multiples possibilités d'implantations militaires. Ainsi, la France compte trois grandes bases navales sur son territoire métropolitain (Brest, Cherbourg et Toulon) et sept sur ses territoires ultramarins (Antilles, Guyane, Saint-Pierre-et-Miquelon, Mayotte, la Réunion, Nouvelle-Calédonie et Polynésie française). Elle a également contracté des accords avec des États alliés pour l'accueil de bases navales (Sénégal, Côte d'Ivoire, Djibouti et Émirats arabes unis) dans des territoires jugés stratégiques pour sa puissance. Il s'agit aussi de fournir une base arrière pour les flottes en déploiement (golfe du Bengale, golfe d'Aden, Méditerranée orientale).

CONSEIL
Utilisez des stylos de couleurs différentes pour surligner les informations sélectionnées en fonction des idées principales du texte qui constitueront la légende.

Titre : ....

Sujet BAC-E3C — Question problématisée

Pourquoi les mers et les océans restent-ils des enjeux économiques, environnementaux et géostratégiques pour la France ?

CONSEIL
Listez les différents enjeux maritimes de la puissance française en les classant selon les trois domaines précisés par la question.

Sujet BAC-E3C

Analyse de documents

En analysant les documents, vous montrerez comment la France prend en compte les différents enjeux maritimes pour affirmer sa puissance sur les mers et les océans.

L'analyse des documents constitue le cœur de votre travail, mais nécessite pour être menée la mobilisation de vos connaissances.

1 Faire respecter le droit international

La France fait partie du petit groupe d'États prêts à s'investir pour faire appliquer le droit international en mer, avec cette particularité qu'elle ne se contente pas de le faire dans les eaux qu'elle a sous sa souveraineté ou sa juridiction, mais également en haute mer. En ce sens, elle contribue à ce que les océans demeurent un espace profitable à tous. La marine française s'investit donc dans le cadre de l'action de l'État en mer. Cette appellation recouvre un grand nombre d'activités très variées. La plus médiatisée est sans doute la lutte contre la piraterie. La marine française fournit ainsi une part importante des moyens mis en œuvre dans le cadre de la mission Atalanta organisée par l'Union européenne dans le nord-ouest de l'océan Indien. Dans la mer des Caraïbes, les forces françaises sont également engagées dans la répression du trafic de drogue. Enfin, la marine française participe à la lutte contre la pêche illégale et ne se limite pas au cadre de sa ZEE. Il est difficile de mesurer l'impact de toutes ces actions en termes de puissance. Tout cela ne pourrait bien n'être qu'un coût et n'apporter aucun bénéfice. Cependant, en finançant ces opérations, la France entretient un savoir-faire industriel et défend notamment sa place dans le marché prometteur des systèmes de surveillance des espaces maritimes.

I. Delumeau, « La puissance maritime française ». Les grands dossiers, *Diplomatie*, 27 mai 2019.

CONSEIL
Utilisez les doc. p. 88 et 89 pour illustrer le texte avec des exemples précis.

2 Affiche de promotion du parc naturel de la mer de Corail (Nouvelle-Calédonie)

Parmi les parties du monde qui sont exploitées, voire surexploitées, la Nouvelle-Calédonie est la seule zone de la région à ne pas être dans le rouge ! Les enjeux de biodiversité sont énormes. Toute économie qui consiste à détruire la nature ou à la surexploiter, c'est terminé ! C'est pourquoi, le parc naturel de la mer de Corail s'étendant sur l'ensemble de la ZEE de la Nouvelle-Calédonie s'est fixé 3 objectifs :

- Préserver la biodiversité exceptionnelle des zones marines par une meilleure connaissance scientifique de l'espace marin.
- Gérer durablement les ressources halieutiques, renforcer l'attractivité touristique et mieux connaître les ressources profondes potentielles (hydrocarbures, minerais).
- Participer au rayonnement de la Nouvelle-Calédonie en développant des coopérations régionales au profit de la région mer de Corail.

Source : site Internet du Parc naturel de la mer de Corail, 2020.

CONSEIL
Utiliser la carte p. 90 pour expliquer la façon dont la France met en valeur les ressources naturelles de la Nouvelle-Calédonie.

THÈME

2

Dynamiques territoriales, coopérations et tensions dans la mondialisation

Chongqing a connu un développement tardif, mais exceptionnellement rapide (+ 12 à 15 % d'habitants par an depuis 2000, + 65 % du trafic ferroviaire de marchandises depuis 2013). Distante du littoral de près de 1 700 km, cette ville de l'intérieur de la Chine a longtemps été négligée dans les stratégies de développement menées par l'État chinois qui privilégiaient les régions côtières ouvertes sur la mondialisation. Aujourd'hui, la politique de rééquilibrage vers l'Ouest a développé les infrastructures de transport et l'industrialisation de la ville, devenue un relais de l'intégration de l'Ouest de la Chine à la mondialisation.

La mondialisation, facteur de recomposition des territoires

Employer les notions de géographie à bon escient

Une intégration croissante mais inégale des territoires à l'échelle mondiale

Des territoires connectés par des flux divers

- Flux matériels : matières premières, produits agricoles, produits manufacturés, etc.
- Flux immatériels : informations, capitaux, etc.
- Flux humains : mobilités migratoires, touristiques, etc.

Un avion de fret de la Compagnie allemande Lufthansa.

+

Des territoires en concurrence pour attirer les investisseurs

- en fonction de leur main-d'œuvre plus ou moins qualifiée ou bon marché ;
- en fonction de leurs politiques d'attractivité : infrastructures d'accueil, politique fiscale, etc.

Campagne de marketing pour l'investissement aux Philippines.

Des territoires inégalement intégrés dans la mondialisation à toutes les échelles

À l'échelle mondiale

- Des territoires très intégrés : façades maritimes, métropoles.
- Des territoires moins intégrés : régions enclavées ou trop pauvres.

Ex : L'archipel métropolitain mondial

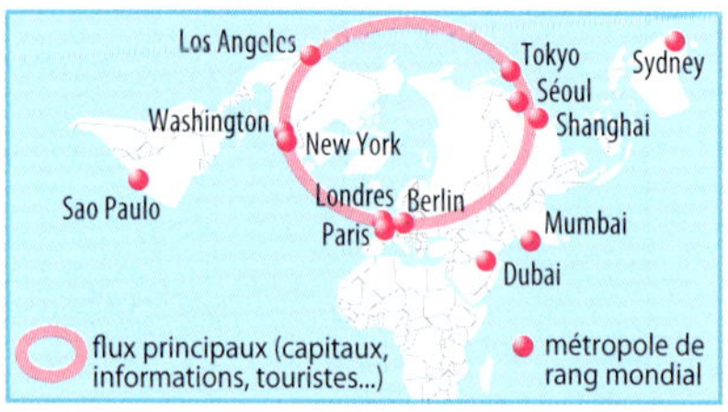

À l'échelle régionale

- Des territoires très intégrés : façades maritimes, hubs, métropoles.
- Des territoires moins intégrés : régions intérieures et rurales.

Ex : L'inégale intégration des territoires chinois.

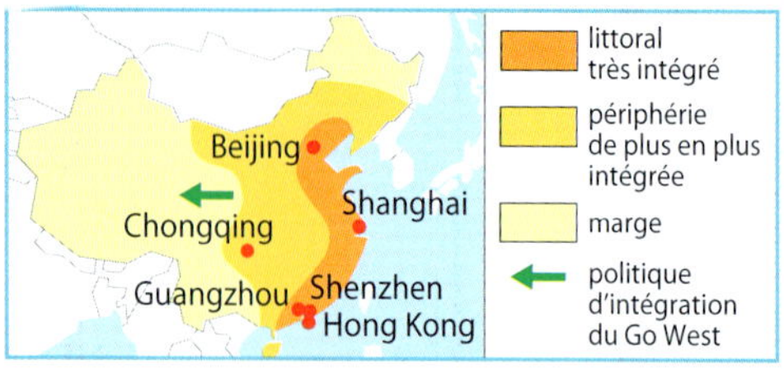

À l'échelle urbaine

- Des territoires très intégrés : quartiers d'affaires, technopôles.
- Des territoires moins intégrés : quartiers défavorisés.

Ex : L'inégale intégration à Addis Abeba (Éthiopie)

La recomposition des territoires sous l'effet de la mondialisation

L'œil du géographe L'explosion des flux mondiaux n'est que la partie la plus visible, donc la plus spectaculaire, d'une mise en relation des hommes et des territoires. Se déployant souvent à moyennes ou longues distances, les relations entre les États organisent le monde et donnent naissance à la division internationale du travail. Loin d'uniformiser l'espace mondial, la mondialisation est au contraire un facteur majeur de différenciation des territoires. Pour deux raisons essentielles. Premièrement, c'est un processus concurrentiel qui se fonde sur une survalorisation systématique à toutes les échelles des moindres différences territoriales (accès aux ressources, coûts salariaux, niveaux d'équipement et crises...). Il construit donc des hiérarchies entre pôles dominants, périphéries intégrées, plus ou moins dominées, et marges aux logiques fluctuantes. Deuxièmement, loin d'être des entités passives, les territoires – comme constructions politiques, économiques et sociales autonomes – sont des acteurs déterminants de leurs trajectoires. À toutes les échelles, ils recomposent en permanence leurs modes d'intégration dans la mondialisation.

Laurent Carroué, *Atlas de la mondialisation*, Autrement, 2018.

Des dynamiques contrastées d'intégration à l'échelle régionale

Des tensions

La mondialisation, par la mise en concurrence des territoires entre eux, conduit à des tensions à toutes les échelles. Ainsi, certains États (États-Unis, Chine) rétablissent des barrières protectionnistes dans l'espoir de protéger leur économie.

Des coopérations

Outre les tentatives pour mettre en place une régulation des échanges à l'échelle mondiale, les États s'organisent aussi pour développer les échanges à l'échelle régionale, comme ici en Asie du Sud-Est.

Ne pas confondre

• **Intégration à la mondialisation :** insertion aux échanges mondiaux de toute sorte (mobilités humaines, marchandises, capitaux, ...) dans le cadre de la mondialisation.

• **Intégration régionale :** participation à une association économique régionale qui encourage les échanges avec les pays voisins membres de l'association.

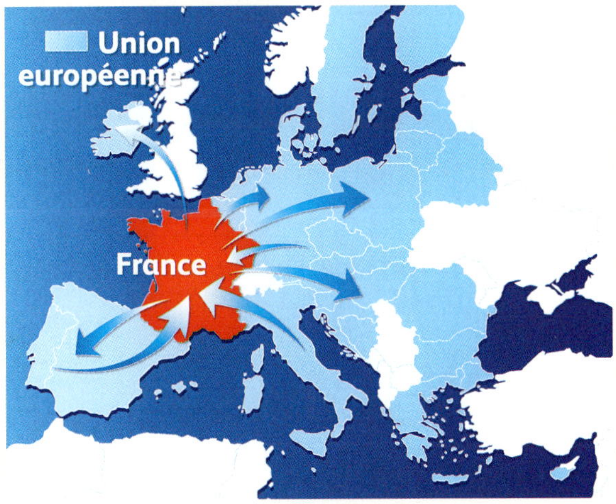

Questions

1. En utilisant les documents, justifiez l'affirmation de Laurent Carroué : « *L'explosion des flux mondiaux n'est que la partie la plus visible, donc la plus spectaculaire, d'une mise en relation des hommes et des territoires* ».
2. Formulez des hypothèses pour expliquer les réactions contrastées des territoires à la mondialisation, entre coopération et tensions.

Vocabulaire

– **AMM (archipel métropolitain mondial) :** ensemble de métropoles étroitement connectées en réseaux (transports et numérique) et nouant des relations privilégiées entre elles.

– **Recomposition des territoires :** réagencement d'un espace dans la durée, et sous l'effet combiné de facteurs externes (développement des échanges) ou internes (action des acteurs publics ou privés sur les territoires).

Étude de cas 1

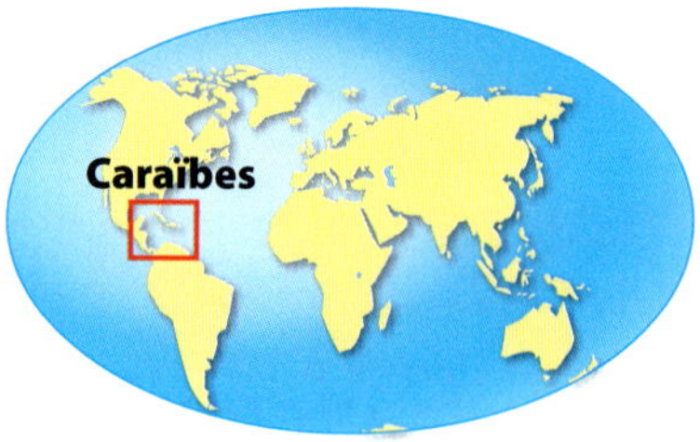

Les îles de la Caraïbe et des Antilles : entre ouverture mondiale et intégration régionale

Plages de sable blanc, soleil et cocotiers, les images véhiculées par les îles de la Caraïbe et des Antilles expliquent les nombreux flux touristiques vers cette région proche du continent américain. Pourtant, les défis de l'ouverture au monde et de l'unité régionale restent nombreux.

A Quels sont les défis posés par l'inégale ouverture au monde des îles de la Caraïbe et des Antilles ?

Question 4, p. 134-153

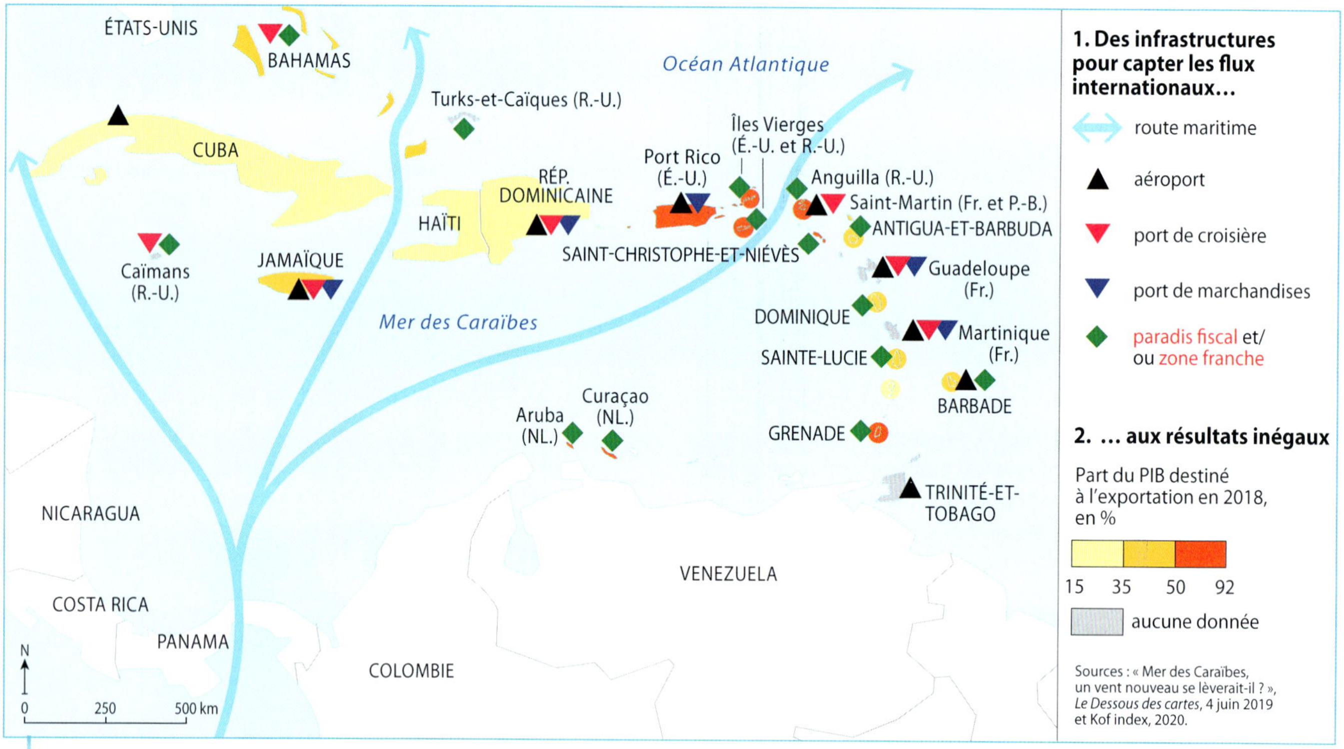

1 L'ouverture de l'archipel caraïbe et antillais sur le monde

2 Des stratégies pour attirer les investisseurs

Vocabulaire

- **Paradis fiscal :** territoire sans fiscalité ou à fiscalité très basse qui attire les capitaux internationaux.
- **Zone franche :** zone délimitée par un acteur public qui présente des avantages fiscaux pour attirer les entreprises et développer l'activité économique.

3 Des contrastes régionaux, sources de dépendance extérieure

La région compte une quarantaine d'îles dont 17 sont sous tutelle extérieure : française (Martinique, Guadeloupe), britannique (Caïmans, Anguila), hollandaise (Aruba, Bonaire), étasunienne (Porto Rico). Ce morcellement politique s'accompagne d'importantes disparités de richesse : l'écart des revenus par habitant entre les îles les plus pauvres (Haïti, Jamaïque) et les plus riches (Bahamas, Porto Rico) est de 1 à 5. La conséquence de ces inégalités est que ces États ont peu de relations économiques entre eux et qu'ils sont dépendants du marché américain. L'économie régionale est en effet axée sur le tourisme en provenance pour plus de la moitié des États-Unis. La proximité avec les États-Unis a aussi favorisé le développement de services financiers plus ou moins légaux (zones franches, paradis fiscaux) car la mer des Caraïbes est à la fois une zone de production de toutes sortes de drogues et une plaque tournante des trafics, vers les États-Unis et dans une moindre mesure vers l'Europe. Les fortes inégalités alimentent enfin une forte émigration, à 90 % vers les États-Unis, qui passe par les grandes îles antillaises (Haïti, Jamaïque, Cuba). L'économie caribéenne ne pourrait se passer des fonds que ces travailleurs envoient à leur famille. Mais aujourd'hui, cette suprématie américaine dans la région est mise au défi par un concurrent de taille, la Chine, qui en devient un acteur économique de premier plan.

« Mer des Caraïbes, un vent nouveau se lèverait-il ? », *Le Dessous des cartes*, 4 juin 2019.

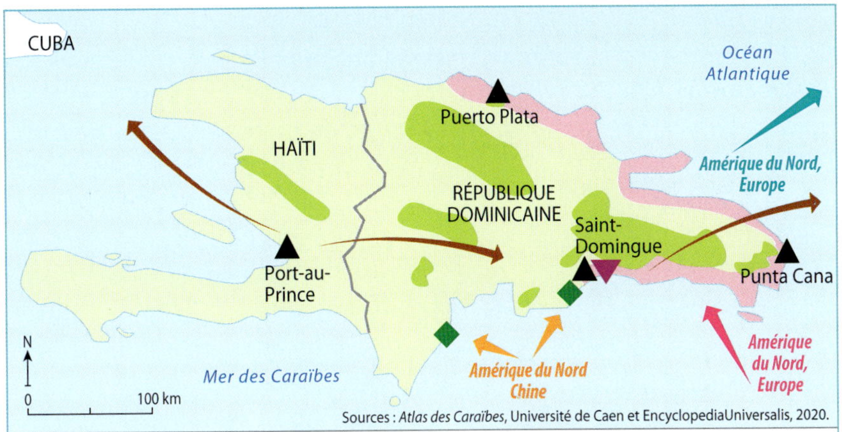

Sources : *Atlas des Caraïbes*, Université de Caen et EncyclopediaUniversalis, 2020.

1. Des infrastructures d'ouverture au monde inégales
- aéroport international
- port (croisière, marchandises)
- zone franche

2. Des activités contrastées
- agriculture commerciale
- agriculture vivrière
- tourisme balnéaire

2. Des flux qui reflètent l'inégale ouverture
- flux migratoires irréguliers
- flux touristiques
- flux de capitaux (investissements étrangers)
- flux de marchandises (produits agricoles, produits manufacturés)

4 Haïti-République dominicaine : des territoires contrastés

5 Des investissements en débat : l'exemple de Sainte Lucie

À Sainte-Lucie, l'implantation d'un projet chinois destiné au tourisme de luxe divise la population entre les partisans convaincus par les créations d'emplois et les opposants qui déplorent la privatisation des plages et la dégradation de l'environnement.

Utiliser une approche géographique pour construire une argumentation

Itinéraire 1

Lire et analyser les documents

1. Quelles infrastructures permettent l'ouverture des îles du bassin caraïbe et des Antilles au monde ? (doc. 1 et 4)
2. Listez les flux qui parcourent la région. (doc. 1, 3 et 4)
3. Identifiez les territoires les plus intégrés à la mondialisation à l'échelle régionale et à l'échelle locale. Identifiez ceux qui le sont moins. (doc. 1, 3 et 4)

Expliquer les documents

4. Expliquez l'inégal résultat de cette intégration. (doc. 2 et 4)
5. Expliquez les problèmes que cette intégration peut engendrer. (doc. 3, 4 et 5)

Itinéraire 2 BAC E3C

Question problématisée

Quels sont les défis posés par l'ouverture au monde des îles de la Caraïbe et des Antilles ?

Pour vous guider

Organisez votre réponse en structurant vos informations autour des trois idées suivantes :
Des infrastructures d'ouverture de plus en plus nombreuses ; Des contrastes importants à toutes les échelles ; Des problèmes à surmonter

B Une intégration régionale efficace malgré l'insularité ?

Question 5, p. 154-173

6 De multiples associations régionales

7 Les freins à l'intégration régionale : l'exemple des transports aériens

L'œil du géographe De la Martinique, on peut rejoindre Cuba ou Haïti en deux ou trois heures d'avion, mais il faut une à trois escales, pour se rendre dans les îles anglophones proches. Ce constat montre que le programme « Unification de la Caraïbe par voie aérienne et maritime » de l'AEC, lancé en 1999, est loin d'être atteint. S'agissant des tarifs moyens, les liaisons extérieures se font à bien meilleur compte (0,12 €/km/passager) que les relations régionales (0,62 €/km/passager) en raison de la faiblesse des flux et du poids des taxes. Les timides velléités pour mettre le transport aérien au service d'un ambitieux projet régional ont échoué. La tenace prééminence des proximités culturelles anciennes sur les solidarités de voisinage, les intérêts divergents et la faiblesse des acteurs locaux de l'aérien ont constitué autant d'obstacles. Le transport aérien souligne brutalement le fossé qui sépare les rêves d'unité caraïbe de la réalité d'aujourd'hui.

C. Ranély Vergé-Dupré et P. Roth, *L'avion, facteur d'unification du bassin caraïbe*, Mappemonde, avril 2017.

8 Les atouts de l'intégration régionale vus par un journaliste haïtien

Les États de la Caraïbe cumulent les difficultés sur l'échiquier international : taille géographique réduite, petite population, petite richesse, instabilité politique, influence politique limitée. Pour résister, ils ont dû s'unir et en conséquence, certains petits États caribéens sont parvenus à la prospérité économique. Avec la Caricom, un marché plus intéressant se présente aux entreprises haïtiennes en termes de population et de pouvoir d'achat. Les retombées économiques de l'intégration d'Haïti dans la communauté sont pour le moment faibles. Toutefois, sortir du Caricom serait un acte d'isolement. Haïti doit donc œuvrer pour attirer les flux de capitaux et de touristes comme les autres pays membres ; renforcer les liens entre la société civile haïtienne et la société civile caribéenne ; impliquer Haïti dans les institutions du Caricom ; profiter de l'expérience des États membres de la communauté.

Le Nouvelliste (quotidien haïtien francophone), 26 février 2018.

Itinéraire 1

Lire les documents et interpréter

1. Identifiez les formes de l'intégration des îles de la Caraïbe et des Antilles dans leur région. (doc. 6 et 8)
2. Quelles en sont les limites ? (doc. 7 et 8)

Itinéraire 2 BAC E3C

Analyse de documents

En analysant les documents 7 et 8, vous montrerez que l'intégration régionale des îles du bassin caraïbe et des Antilles est limitée mais constitue aussi une solution pour surmonter les obstacles posés par l'insularité.

QCM interactif
Organigramme PDF à télécharger
Croquis interactif + Version PDF à télécharger

Bilan de l'étude de cas

Retenir l'essentiel

Complétez le schéma fléché à l'aide des informations des pages 120 à 122.

Les îles de la Caraïbe et des Antilles

Une ouverture au monde multiforme
- Des infrastructures nombreuses ....
- Des flux divers ....

Des limites à l'ouverture au monde
- Des inégalités territoriales à toutes les échelles ....
- Une dépendance au reste du monde ....

Les défis de l'intégration régionale
- Des associations régionales très nombreuses ....
  - Des atouts à valoriser ....
  - Des freins à surmonter ....

Schématiser l'essentiel

À l'aide des documents des pages 120 à 122, complétez le croquis suivant.

Titre : ....

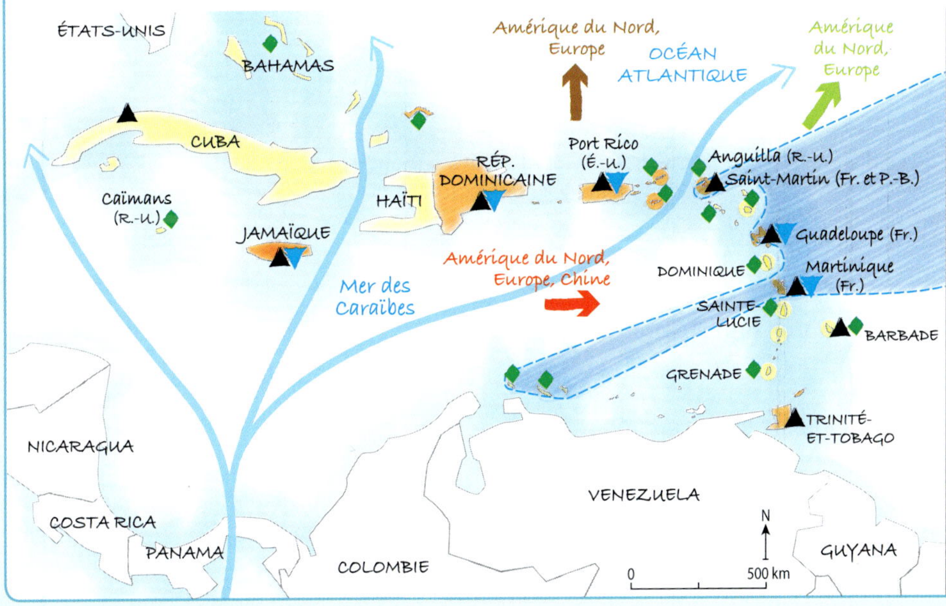

1. Des infrastructures pour capter les flux internationaux
- ....
- ...... aéroport ▼ ....
- ...... paradis fiscal/zone franche
- flux de → .... → ....
- → ....

2. De nombreuses associations régionales
- ....
- ....

3. Des territoires inégalement intégrés
- ....
- ....

Changer d'échelle

De l'étude de cas... au monde

1. Quelles régions du monde sont mieux connectées aux flux mondiaux que les îles de la Caraïbe et des Antilles ? Question 4, p. 134-153
2. Identifiez les régions du monde où l'intégration régionale fonctionne mieux que dans le bassin caraïbe. Question 5, p. 154-173

Étude de cas 2

La Russie, un pays dans la mondialisation

2e producteur et 1er exportateur mondial de gaz, la Russie mise d'abord sur ses hydrocarbures pour s'intégrer aux flux mondiaux. Mais pour réduire sa dépendance économique à l'UE et s'affirmer comme puissance régionale, elle construit de nouvelles coopérations et tente de surmonter l'inégale intégration de ces territoires.

A Pourquoi l'intégration de la Russie dans la mondialisation est-elle marquée par des tensions ?

Question 4, p. 134-153

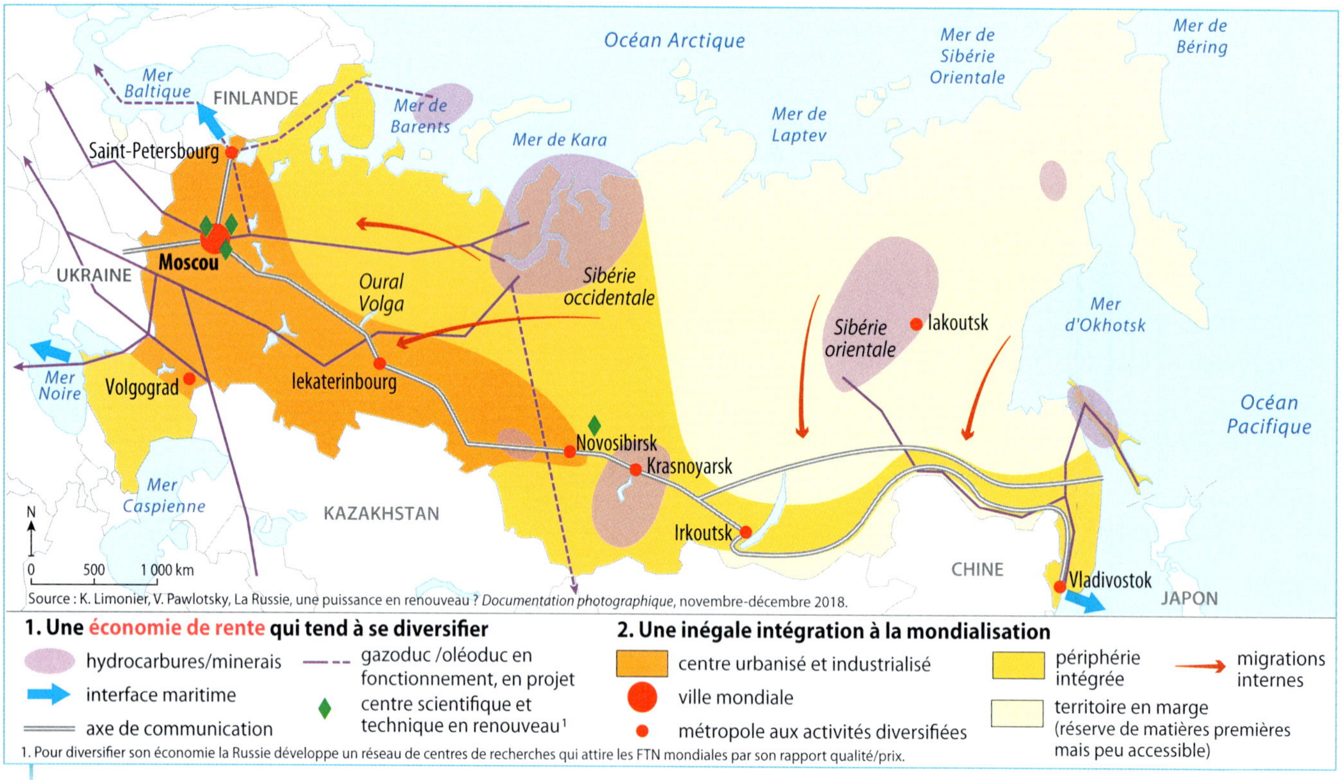

1 **Des territoires russes inégalement intégrés dans la mondialisation**

2 **Une interdépendance entre l'UE et la Russie sous tensions**

Les pays de l'UE représentent près de la moitié du commerce extérieur russe. Les échanges commerciaux sont donc un moyen de pression important vis-à-vis de la Russie. Ainsi, c'est en mars 2014 que l'UE a adopté des sanctions économiques pour la première fois contre Moscou[1]. Elle y a interdit les exportations de technologie militaire et d'équipements de forage pour l'Arctique, ainsi que les échanges financiers avec les principales banques russes. En représailles, le Kremlin a mis en place un embargo contre les produits alimentaires européens, américains et australiens. Le blocus sur la Crimée pèse aujourd'hui lourd sur l'économie du territoire, celui-ci n'ayant plus accès aux produits européens par les voies officielles et l'implantation des entreprises étrangères y étant interdit.

Si le blocage des transferts de technologie est problématique pour la Russie, le manque de produits agricoles a pu être résorbé par une augmentation des productions. De fait, les pertes ne sont pas extrêmement handicapantes. L'UE a néanmoins su imposer des sanctions relativement substantielles et d'une valeur politique forte à un coût très modeste pour sa propre économie.

Enfin, la Russie a certainement été surprise de voir l'UE s'accorder aussi rapidement sur une question de politique extérieure. Toutefois l'instrumentalisation de ces sanctions [par le pouvoir russe] permet aussi de diffuser une mauvaise image de l'UE, perçue par la population comme un ennemi de la modernisation de la Russie.

« Russie-Union européenne : un état des lieux », *Toute l'Europe*, le 19 mars 2018.

1. Suite à l'annexion de la Crimée ukrainienne par la Russie.

3

Une forte concentration des activités économiques : le Lakha, nouveau quartier d'affaires de Saint-Petersbourg

Situé à 9 km du centre-ville, ce quartier encore en construction est dominé par un gratte-ciel de 462 m qui accueille le nouveau siège social de la FTN russe Gazprom. Cette société privée, dont la moitié du capital appartient à l'État russe, est un acteur majeur de l'exportation de gaz dont 80 % est dirigée vers l'Europe.

	Exportations de la Russie en 2016	Importations de la Russie en 2016
UE	45, 7 %	38, 4 %
Chine	8, 3 %	19, 1 %
États-Unis	2, 8 %	6, 3 %
Biélorussie	4,5 %	4.9 %
Kazakhstan	3,3 %	2, 6 %
Ukraine	2,7 %	3, 1 %

4 **Les partenaires commerciaux de la Russie**

Source : Rosstat, 2020.

5 **Des oppositions au renforcement du contrôle de l'Internet russe**

Officiellement, les autorités cherchent à protéger la Russie des cyberattaques mondiales en développant leurs propres infrastructures numériques (pour contrer la domination des États-Unis dans ce domaine). Mais les opposants y voient surtout une opportunité pour surveiller, voire bloquer ces flux d'informations.

Vocabulaire

- **Économie de rente :** économie faiblement diversifiée reposant sur l'exploitation des ressources naturelles.

Utiliser une approche géographique pour construire une argumentation

Itinéraire 1

Décrire

1. Montrez que les hydrocarbures sont un des principaux facteurs d'intégration de la Russie à la mondialisation. Quels sont les autres ? (doc. 1 et 3)

Mettre en relation

2. Quels liens pouvez-vous établir entre les partenaires commerciaux de la Russie et l'inégale intégration des territoires russes dans la mondialisation ? (doc. 1 et 4)
3. Comment se manifestent les tensions qui accompagnent cette intégration dans la mondialisation ? Montrez que ces tensions résultent de choix politiques du pouvoir russe. (doc. 2 et 5)

Itinéraire 2 BAC E3C

Analyse de document

À l'aide du doc. 2, montrez que le commerce international de la Russie est fortement marqué par une situation d'interdépendance avec l'Union européenne (échanges, tensions).

B Les coopérations régionales, facteurs d'apaisement pour la Russie ?

Question 5, p. 154-173

6 Une intégration économique surtout régionale

7 Les difficultés de l'UEE

L'œil du géographe L'Union économique eurasiatique (UEE), projet porté par le président russe Vladimir Poutine, est née en 2015 de la volonté de la Russie, de la Biélorussie et du Kazakhstan de créer une **association économique régionale** équivalente à l'Union européenne à l'est du continent. Ces trois États avaient instauré en 2008 une union douanière et visent à terme la création d'une grande zone de libre-échange en Eurasie. Ils ont été rejoints ensuite par l'Arménie et le Kirghizstan.

L'Union eurasiatique fonctionne sur le papier mais connaît dans les faits des difficultés structurelles : faute de monnaie commune, les échanges internes souffrent des variations des taux de changes, dans un contexte où l'économie russe souffre toujours des sanctions européennes et américaines depuis 2014. L'asymétrie économique entre la Russie et les autres membres est manifeste, l'UEE ne représente qu'une faible part des échanges commerciaux de la Russie. De nombreuses entraves administratives aux échanges ont été constatées, tandis que l'alignement des prix à l'export a entraîné une hausse des prix. On constate aussi une multiplication des différends commerciaux.

P. Orcier, « L'Europe entre associations, alliances et partenariats », *Géoconfluences*, 11 juin 2019.

Vocabulaire

- **Association économique régionale :** accord entre des États permettant d'établir un marché unifié par la suppression des droits de douane. Il peut aussi harmoniser les services, les investissements ou la protection de la propriété intellectuelle.

8 Le rapprochement entre la Russie et la Chine : la mise en service du nouveau gazoduc Force de Sibérie

La Russie tente d'atténuer sa dépendance économique envers l'Europe en établissant des relations avec ses voisins asiatiques. Bien que sa rentabilité soit incertaine, le nouveau gazoduc Force de Sibérie permet à la fois de contourner les sanctions européennes et de développer le Sud-Est sibérien enclavé mais riche en hydrocarbures.

Itinéraire 1

1. Quelles coopérations régionales la Russie a-t-elle favorisées ? (doc. 6 et 7)
2. Montrez que ces coopérations permettent à la Russie de limiter les tensions avec l'Europe mais qu'elles présentent encore des limites. (doc. 6 et 7)
3. Quels bénéfices la Russie peut-elle tirer d'une telle coopération économique avec la Chine ? (doc. 2 p. 124 et doc. 8)

Itinéraire 2 BAC E3C

Question problématisée

Quels sont les facteurs d'intégration de la Russie dans la mondialisation ?

QCM interactif | Organigramme PDF à télécharger | Croquis interactif + Version PDF à télécharger

Bilan de l'étude de cas

Retenir l'essentiel

Complétez le schéma fléché à l'aide des informations des pages 124 à 126.

- Une intégration favorisée par les hydrocarbures ……………………
- Des tensions à toutes les échelles ……………………

→ Des territoires inégalement intégrés dans la mondialisation ……………………

→ La mise en place de nouvelles formes de coopérations régionales ……………………

↓ Des résultats inégaux ……………………

Schématiser l'essentiel

À l'aide des documents des pages 124 à 126, complétez le schéma suivant.

Titre : ……………………………………………………

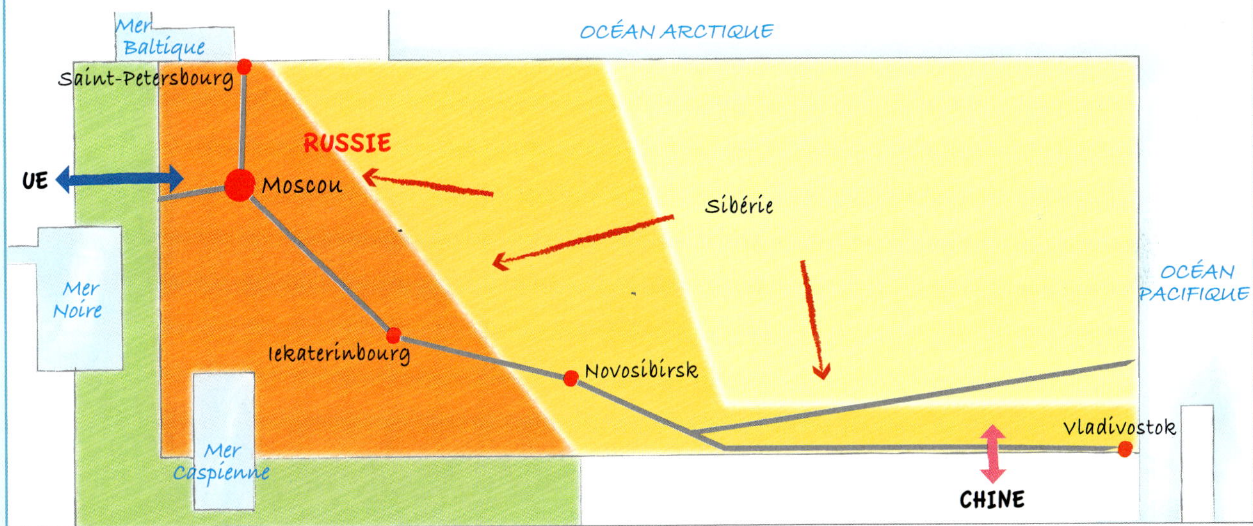

1. Une inégale intégration des territoires russes

- (orange) ……………………
- (jaune) ……………………
- (jaune clair) ……………………
- ● ……………………
- …… hydrocarbures/minerais
- …… migrations internes

2. Une intégration surtout régionale

- ↔ ……………………
- ★ zone majeure de tension entre l'UE et la Russie
- (vert) ……………………
- RUSSIE partenaire de l'UEE
- …… ……………………

Changer d'échelle

De l'étude de cas... au monde

1. Quels États du monde sont mieux connectés aux flux mondiaux que la Russie ? Question 4, p. 134-153
2. Identifiez les régions du monde où les associations régionales sont plus dynamiques que celles dominées par la Russie. Question 5, p. 154-173

L'Asie du Sud-Est : inégalités d'intégration et enjeux de coopération

Les 11 États de l'Asie du Sud-Est se caractérisent par une réussite économique spectaculaire. Les défis de l'ouverture au monde et de la coopération régionale restent cependant nombreux.

A Comment les territoires de l'Asie du Sud-Est tirent-ils profit de l'ouverture au monde ?

Question 4, p. 134-153

1 L'inégale ouverture de l'Asie du Sud-Est sur le monde

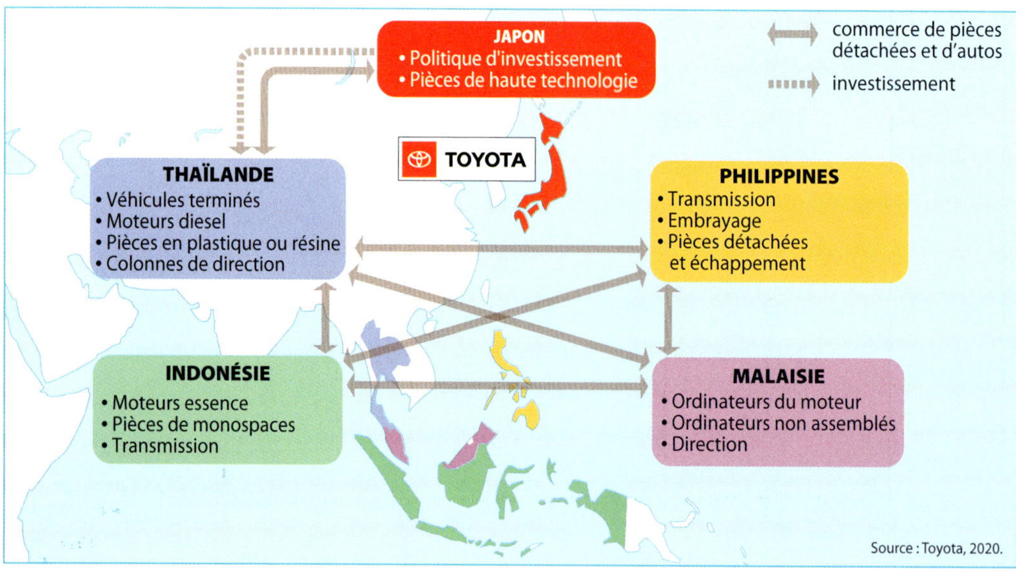

2 L'intégration du Sud-Est dans un circuit intégré asiatique : l'exemple de Toyota

Source : Toyota, 2020.

Le Japon joue un rôle moteur dans le développement de l'Asie du Sud-Est puisqu'il en constitue à la fois un modèle (remontée de filière) et le donneur d'ordre qui tire profit des différences entre les territoires.

3 Des métropoles inégalement intégrées à la mondialisation

L'œil du géographe Singapour est la seule ville du Sud-Est asiatique à apparaître dans le classement des villes mondiales. Un ton en dessous, Kuala Lumpur, vient à peu près à égalité avec Jakarta et Bangkok. Les autres villes sont nettement distancées. Mais toutes ces métropoles sont des centres de commandement pour l'Asie du Sud-Est et, dans certains cas, pour le monde. Ainsi, Bursa Malaysia, la bourse des valeurs de Kuala Lumpur, cote l'huile de palme pour le monde entier. Mais, en tirant leur richesse de leurs interconnexions, les métropoles se désintéressent du reste de leur espace national. En Malaisie, un ensemble urbain commence à se former sur la façade des détroits, alors que l'État a dû engager des programmes de lutte contre la pauvreté du côté de la mer de Chine. Les armatures urbaines montrent de profonds déséquilibres, avec des villes principales (Bangkok, Manille, Phnom Penh) au poids écrasant par rapport aux villes secondaires. S'éloigner de la région-capitale revient à se priver de nombreux services, ou à vivre dans des régions marginales. Il en résulte donc un dilemme pour les États : développer leur territoire national tout en consacrant de grands investissements pour assurer la compétitivité de leur métropole principale face à la concurrence.

M. Sabrié et R. Woessner, *L'Asie du Sud-Est*, Atlande, 2019.

4 Singapour, plateforme logistique et financière de l'Asie du Sud-Est

Vocabulaire

- **Circuit intégré asiatique :** spécialisation des territoires asiatiques dans des secteurs d'activité qui se complètent, occasionnant de nombreux échanges de matières premières et de produits manufacturés.
- **Remontée de filière :** processus économique qui vise à fabriquer des produits de plus en plus innovants et élaborés.
- **Zone franche :** zone délimitée par un acteur public qui présente des avantages fiscaux pour attirer les entreprises et développer l'activité économique.

Mettre en œuvre le changement d'échelles

Itinéraire 1

Lire et analyser les documents

1. Identifiez les infrastructures qui permettent l'ouverture de l'Asie du Sud-Est au monde. (doc. 1 et 4)
2. Quels types de flux circulent au sein de l'Asie du Sud-est ? entre l'Asie du Sud-est et le reste du monde ? (doc. 1, 3 et 4)
3. Localisez les territoires les plus intégrés à la mondialisation à l'échelle régionale et à l'échelle locale. Quels sont ceux qui le sont moins ? (doc. 1, 2 et 5)

Expliquer les documents

4. Pourquoi l'intégration de la région dans la mondialisation se traduit-elle par une plus grande interdépendance des États ? (doc. 2 et 7 p. 130)

Itinéraire 2 BAC E3C

Analyse de documents

À partir des doc. 1 et 4, montrez que l'intégration des territoires d'Asie du Sud-Est à la mondialisation est inégale selon l'échelle d'observation.

Pour vous guider
Avant de rédiger votre réponse, organisez vos idées au brouillon dans un tableau croisant les échelles d'analyse d'une part, les réussites et les limites d'autre part.

B Quels sont les défis à relever pour renforcer l'intégration régionale ?

Question 5, p. 154-173

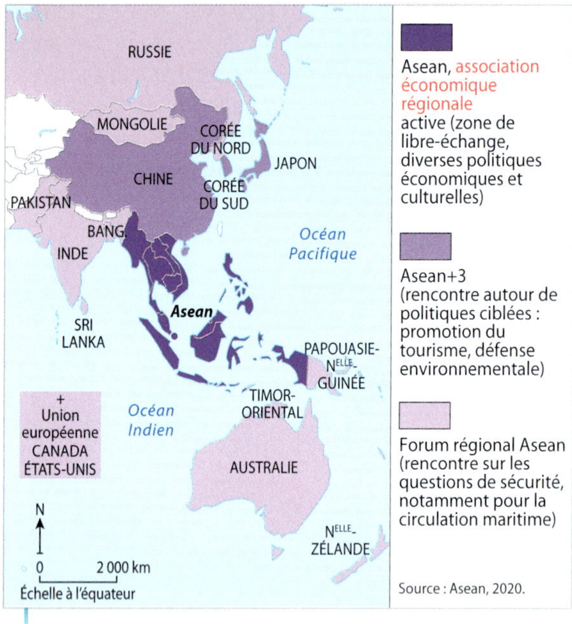

5 Une coopération régionale à géométrie variable

Vocabulaire

- **Association économique régionale :** accord entre des États permettant d'établir un marché unifié par la suppression des droits de douane. Il peut aussi harmoniser les services, les investissements ou la protection de la propriété intellectuelle.
- **Corridor de développement :** espace combinant infrastructures de transport et activités productives permettant le développement économique d'un territoire, le plus souvent traversant plusieurs pays, qui, jusque-là, étaient en marge.

6 L'Asean, une organisation régionale dépendante du puissant voisin chinois ?

Dans la pratique des institutions, « l'ASEAN way » repose sur trois principes : une prise de décision par consensus et jamais à l'unanimité, un refus d'aborder les questions de politique intérieure des États membres, et une grande flexibilité. Mais ses détracteurs voient « l'ASEAN way » comme le problème majeur de l'organisation régionale : il la réduirait à un forum de discussion à l'efficacité limitée. Par exemple, dans la relation avec la Chine, caractérisée à la fois par une forte dépendance économique et une profonde défiance vis-à-vis d'une Chine dont la puissance ne cesse de s'affirmer, souvent au détriment des intérêts des États membres de l'ASEAN. Ces derniers adoptent des attitudes variées en fonction du niveau de perception de la menace ou des opportunités que la Chine représente pour eux. Pékin ne manque pas de tirer profit de ces divisions pour peser de tout son poids sur l'ASEAN.

Asialyst, 12 août 2017.

Source : Paresh Nath, 3 novembre 2019.

7 Deux générations de coopérations transfrontalières

L'œil du géographe En Asie du Sud-Est, les triangles de croissance ont d'abord eu pour but d'exploiter la complémentarité des territoires limitrophes : le triangle de SIJORI (Singapour-Johor en Malaisie à Riau en Indonésie) s'appuie sur le financement public d'un réseau de transport transfrontalier pour mettre en place une division du travail à l'échelle microrégionale (délocalisation des activités industrielles de Singapour vers Johor et Riau où les salaires sont respectivement 9 fois et 25 moins élevés qu'à Singapour). À la fin des années 1990, les **corridors de développement** se développent dans le but de favoriser la création d'un espace multipolaire et le développement des marges. C'est dans la région du Grand Mékong que ce modèle de développement est le plus poussé. Cette stratégie a notamment permis au Laos de sortir de sa situation enclavée et favorisé l'afflux d'investissements étrangers, de travailleurs migrants dans les zones frontalières, notamment avec la Chine.

N. Fau et M. Franck, *L'Asie du Sud-Est, émergence d'une région, mutation des territoires*, 2019.

Itinéraire 1

Lire et analyser les documents

1. Construisez un schéma fléché à trois branches qui représente les formes, les acteurs et les freins de l'intégration. (doc. 5, 6 et 7 et 1 p. 141)
2. En vous appuyant sur le schéma fléché précédent, rédigez un paragraphe d'une dizaine de lignes dressant le bilan de l'intégration régionale en Asie du Sud-Est.

Itinéraire 2 BAC E3C

Production graphique

1. Identifiez les formes et les limites de l'intégration à l'échelle régionale. (doc. 5 et 6)
2. À partir des informations du doc. 7, reconstituez un schéma sur le triangle de SIJORI pour illustrer l'intégration à l'échelle locale.

QCM interactif
Organigramme PDF à télécharger
Croquis interactif + Version PDF à télécharger

Bilan de l'étude de cas

Retenir l'essentiel

Complétez le schéma fléché à l'aide des informations des pages 128 à 130.

L'Asie du Sud-Est

Une ouverture au monde multiforme

- Des infrastructures nombreuses ....
- Des chaînes de valeur ajoutée ....

Des limites à l'ouverture au monde

- Des inégalités territoriales à toutes les échelles ....
- Une dépendance au reste du monde ....

Les défis de l'intégration régionale

- À l'échelle régionale ....
- À l'échelle locale ....

Schématiser l'essentiel

À l'aide des documents des pages 128 à 130, complétez le croquis suivant

Titre : ....

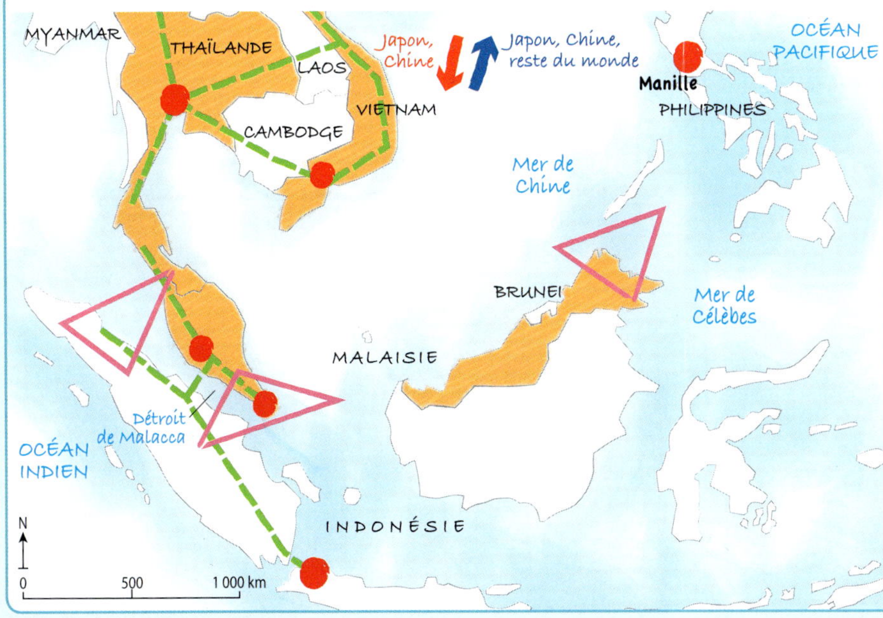

1. Des infrastructures pour capter les flux internationaux

- .... route maritime mondiale
- .... métropole
- ....
- .... zone franche
- ....
- .... flux de marchandises

2. Une intégration des territoires inégale

... à la mondialisation

- .... forte
- ....

... à la coopération régionale

- .... Asean
- ....
- .... corridor de développement

Changer d'échelle

De l'étude de cas... au monde

1. Toutes les régions du monde sont-elles aussi intégrées à la mondialisation que l'Asie du Sud-Est ?

Question 4, p. 134-153

2. Quelles autres régions bénéficient d'une intégration régionale aussi poussée que celle de l'Asie du Sud-Est ?

Question 5, p. 154-173

Étude de cas 4

Les corridors de développement, une solution pour dynamiser l'Amérique latine ?

Encouragés par les grandes institutions internationales comme l'ONU, la Banque mondiale ou les associations régionales, les **corridors de développement** se multiplient en Amérique latine dans le but de faciliter l'ouverture au monde et les relations entre pays voisins.

Sources : A. Ruckert et C. Carneiro, « Quelle intégration de l'Amérique du Sud ? », Diploweb, 25 février 2018 et L. Médina, « *Les projets de corridors interocéaniques en Amérique centrale* », Échogéo n° 49, septembre 2019.

1 Les corridors de développement en Amérique latine, des outils d'intégration

	Acteurs à l'initiative du projet	État d'avancement / Difficultés rencontrées
Corridor Santos (Brésil) - Ilo (Chili) : Chemin de fer 3 755 km (capacité de transport de 10 millions de tonnes par convoi)	États traversés (Brésil, Chili, ...), Banque interaméricaine de développement Mercosur Banque commerciale de la Chine	Tensions au sujet du tracé par la Bolivie et le Chili, d'une part, ou par le Pérou d'autre part ; Travaux en attente
Corridor Salvador-Honduras : autoroute de 393 km (trafic prévu de 1,8 million de tonnes par jour)	Honduras SICA Banque mondiale, Banque de développement du Brésil Entreprise autoroutière (PPP)	Travaux achevés au Honduras, interrompus au Salvador
Grand canal du Nicaragua : canal maritime de 278 km pouvant accueillir les plus grands porte-conteneurs	Nicaragua Chine	Projet à l'arrêt

2 Des projets aux nombreux défis

Sources : L. Médina, « *Les projets de corridors interocéaniques en Amérique centrale* », Échogéo, septembre 2019 et Centre de recherche sur la mondialisation, 2020.

3 Des corridors qui peinent à désenclaver les régions traversées

En Amérique latine, les infrastructures de transport des corridors créent un **effet tunnel** dans les régions traversées sans régler la question du **désenclavement**, à l'exception des extrémités, des pôles urbains et des espaces transfrontaliers.

4 Les espoirs suscités par les corridors de développement

L'œil du géographe Les projets de corridors génèrent de grandes attentes en matière de développement dans chaque pays concerné et les bénéfices supposés des projets de construction d'infrastructures apparaissent pour beaucoup comme des opportunités à saisir. La création de zones franches, dans les ports mais aussi le long des infrastructures terrestres, alimente l'espoir d'emplois pérennes, une fois la phase de construction terminée. Les gouvernements insistent notamment sur les bénéfices qu'en retireraient les périphéries nationales, souvent mal connectées et en retard de développement. Dans les projets, sont également mises en avant les facilités d'accès aux marchés extérieurs dont bénéficieraient les producteurs nationaux. Enfin, la promotion de l'intégration régionale est aussi mise en avant par les États sud-américains mais la multiplication des projets de corridors transocéaniques doit être replacée dans le contexte actuel de croissance des flux entre Asie et Amériques, pour lesquels les corridors de transport deviennent un enjeu de taille.

L. Médina, « *Les projets de corridors interocéaniques en Amérique centrale* », Échogéo, septembre 2019.

5 Les limites de la stratégie des corridors

L'œil du géographe En Amérique centrale, les corridors de développement suscitent de nombreux espoirs auprès des populations locales mais en réalité, ils ont soit pour rôle de relier, le plus rapidement possible, les deux façades océaniques, soit de connecter des zones productives aux ports d'exportation ; ils ne profitent donc souvent qu'aux extrémités portuaires. De plus, le modèle de financement associant les entreprises suscite de nouvelles inquiétudes : en Amérique centrale, la plupart des projets sont inachevés, soit en raison de la faillite de l'investisseur principal, soit du fait de la volatilité des investissements. Les organisations régionales présentent enfin les corridors comme un support d'intégration régionale visant à favoriser les échanges économiques au sein d'un marché efficace car intégré. Mais la multiplication des projets vient contredire le discours. Chaque État met en avant son propre projet de corridor, souvent en concurrence avec les autres. L'Amérique centrale est ainsi au cœur d'une rivalité entre les investisseurs chinois (projet du creusement du Grand Canal de Nicaragua) et américains (Plan Panama).

N. Fau, « *Les corridors de développement* », Échogéo, septembre 2019.

6 Ciudad del Este (Paraguay), une zone franche dynamisée par les activités illicites

Dynamisée par la Triple frontière (Brésil, Argentine, Paraguay) et la construction d'infrastructures (barrage hydro-électrique d'Itaipu, pont), Ciudad del Este est devenue une zone d'échanges intenses, fréquentée par les touristes et les trafiquants.

Vocabulaire

- **Corridor de développement :** espace combinant infrastructures de transport et activités productives permettant le développement économique d'un territoire, le plus souvent traversant plusieurs pays, qui, jusque-là, étaient en marge.
- **Désenclavement :** opération consistant à rendre accessible un territoire isolé en améliorant la desserte par les voies de communication et de transport pour le relier aux autres territoires.
- **Effet tunnel :** situation dans laquelle un espace est traversé par une voie de transport rapide mais sans y avoir accès (pas de gare, par exemple). L'espace a les nuisances du trafic sans en avoir les effets économiques ou sociaux dynamisants.

Identifier les contraintes et les ressources d'une situation géographique

Itinéraire 1

Lire et analyser les documents

1. Comment les corridors de développement peuvent-ils renforcer l'ouverture au monde de l'Amérique latine ? Quels en sont les bénéficiaires ? (doc. 2, 4 et 6)
2. À l'aide des doc. 1 et 2, justifiez la phrase du doc. 5 « Les organisations régionales présentent les corridors comme un support d'intégration régionale ».
3. Quelles sont les limites de l'impact des corridors sur le développement des territoires ? (doc. 3 et 5)

Itinéraire 2 BAC E3C

Question problématisée

Les corridors de développement sont-ils une solution pour favoriser l'ouverture au monde de l'Amérique latine et son intégration régionale ?

Pour vous guider

Organisez vos idées dans un tableau opposant les arguments.

1 Le Morocco Mall à Casablanca (Maroc)

Activités numériques

À partir du site https://geoimage.cnes.fr, utilisez l'onglet Pays, Régions, Continents pour accéder à l'étude « Maroc - Casablanca : les ambitions mondiales d'une métropole d'Afrique du Nord ».

a. Relevez les atouts qui permettent à Casablanca de mieux s'intégrer dans les flux de la mondialisation.

b. À l'aide de l'image satellitale, réalisez un schéma où vous ferez apparaître les aménagements et projets d'aménagement qui devraient permettre à Casablanca de rayonner dans le monde.

2 **La zone franche de Tanger (Maroc)**

Située à 30 minutes du port, la zone franche du port accueille des entreprises étrangères attirées par des conditions fiscales avantageuses.

QUESTION 4

RESSOURCES EN +
Sur le site collection :
lycee.hachette-education.com/hg/geo-tle

Des territoires inégalement intégrés dans la mondialisation

Comment la mondialisation conduit-elle à une hiérarchisation des territoires ?

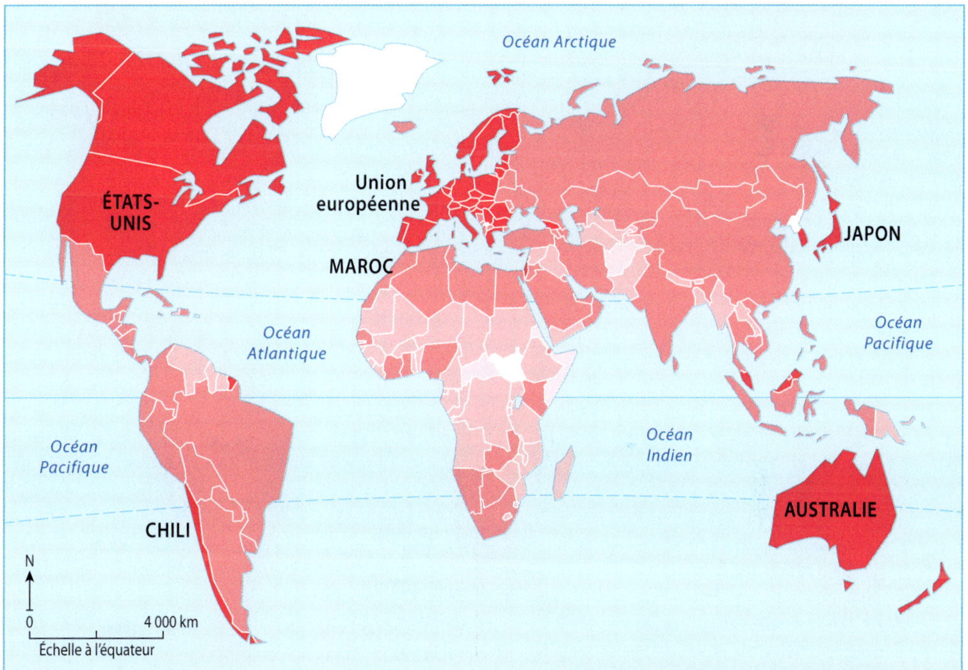

1. Indice (de 0 à 100) publié par l'institut suisse KOF pour chercher à évaluer l'intégration dans la mondialisation en combinant 42 critères dont l'intensité des flux économiques et financiers, les flux d'informations, le nombre d'ambassadeurs, etc.

Source : KOF, 2020.

3 L'intégration dans la mondialisation

1. Localisez les territoires les mieux intégrés à l'échelle mondiale. (doc. 3) Formulez des hypothèses pour expliquer leur concentration.
2. Identifiez les manifestations de l'intégration du Maroc dans la mondialisation. (doc. 1 et 2)
3. Utilisez le doc. 3 pour nuancer l'intégration du Maroc dans la mondialisation.

Cartes — Des facteurs de hiérarchisation dans la mondialisation

Carte interactive

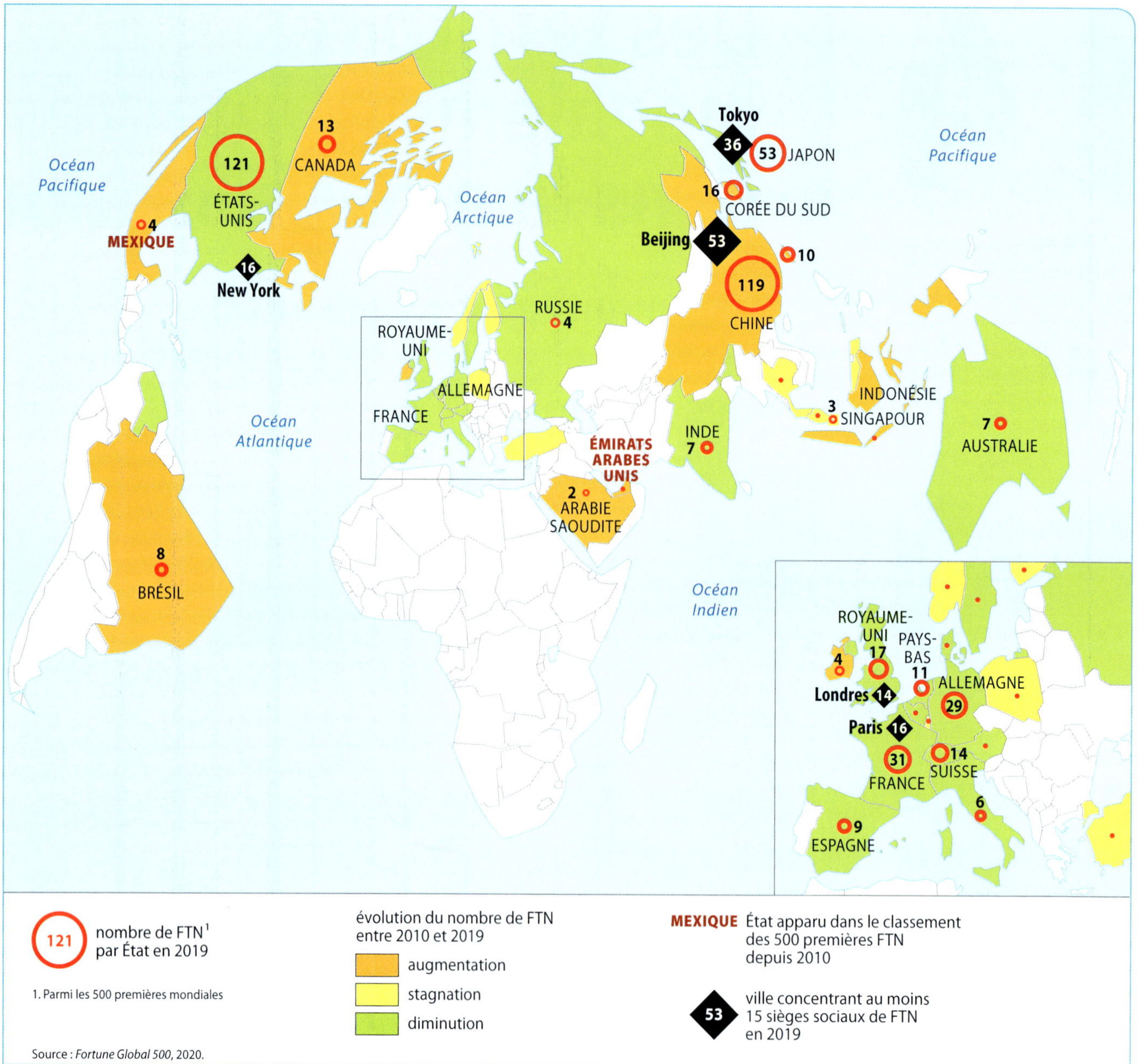

Source : *Fortune Global 500*, 2020.

1 Des FTN (firmes transnationales) inégalement concentrées

Lire les cartes

Carte 1

Symboles de la mondialisation, les FTN développent des stratégies d'implantation dans le monde et génèrent un chiffre d'affaires parfois supérieur au PIB de certains États.

À partir de la carte, montrez quels États concentrent le plus de FTN. Quelles mutations constatez-vous dans l'évolution de leur pays d'origine ?

Cartes 2 et 3

Longtemps cantonnés aux pays développés, les acteurs financiers se concentrent de plus en plus dans de nouvelles parties du monde. De même, l'investissement dans la recherche n'est plus une spécificité des États développés.

Identifiez les régions qui polarisent de plus en plus la finance et la recherche.

Cartes 1, 2 et 3

L'organisation des territoires de la planète se caractérise par l'affirmation de pôles qui sont particulièrement intégrés aux flux mondiaux.

D'après les documents, récapitulez les principaux facteurs et les aspects de l'intégration à la mondialisation.

Vocabulaire

- **Intégration :** processus d'insertion des territoires dans des réseaux d'échanges à toutes les échelles.

2 Une forte concentration des acteurs financiers

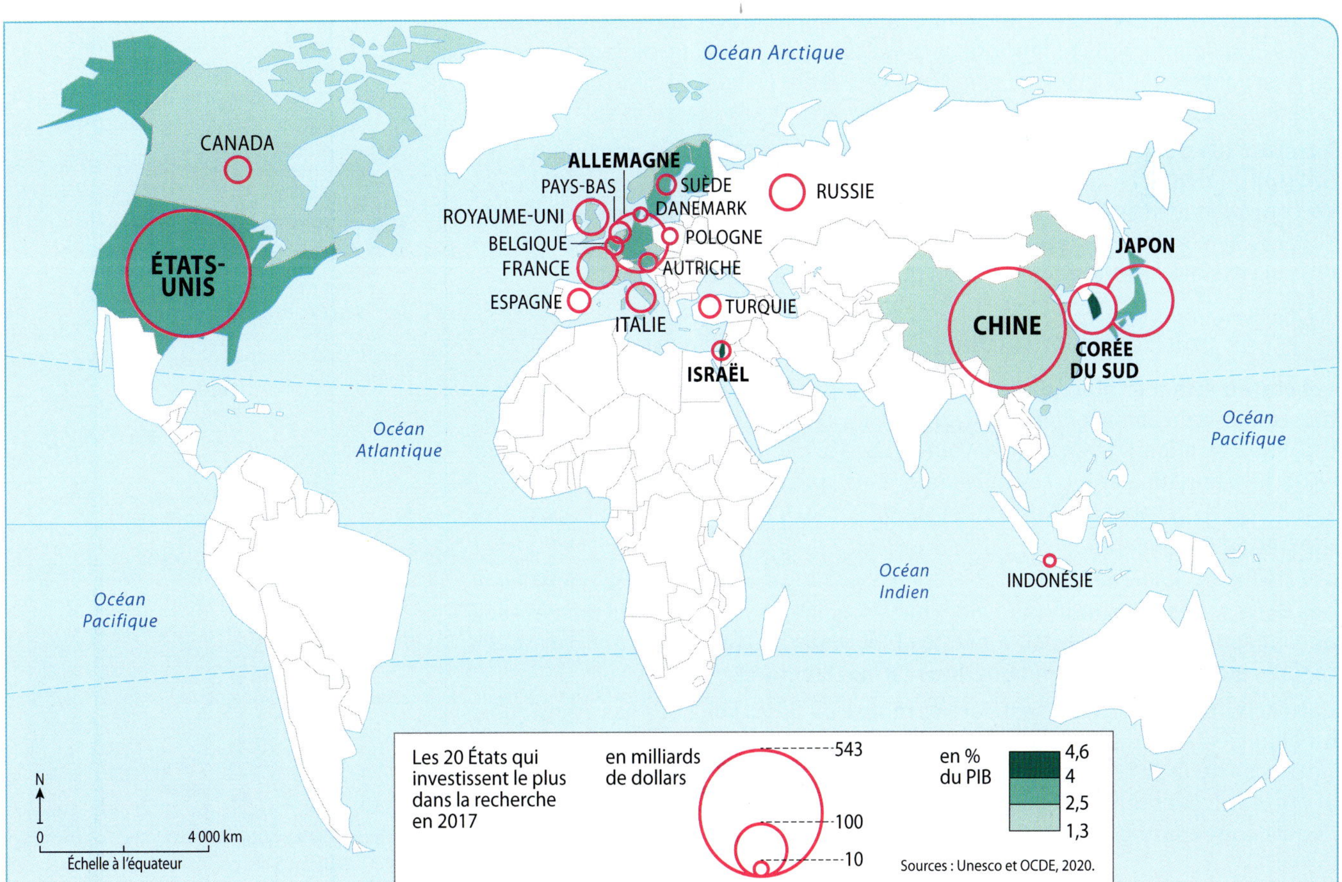

3 La recherche publique mondiale

Cours 1

Les facteurs d'intégration à la mondialisation

QCM interactif cours

Podcast

Quels sont les moteurs de l'intégration des territoires dans la mondialisation ?

A Les firmes transnationales, de multiples stratégies d'intégration

Les FTN s'appuient sur les différences entre les territoires pour organiser leurs productions : taille du marché, stabilité politique, coût des salaires, fiscalité et infrastructures (Repère). Elles investissent ainsi dans le monde entier par l'intermédiaire d'IDE qui ont été multipliés par 12 entre 1990 et 2016.

Les FTN entretiennent la division internationale du travail en chaîne de valeur ajoutée. La fabrication des produits se décompose en différentes étapes et intègre les pays en fonction de leurs avantages (doc. 1). En raison des faibles coûts de la main-d'œuvre, le Bangladesh et l'Éthiopie bénéficient des délocalisations des industries textiles au point que le développement du Bangladesh devrait lui permettre de quitter la catégorie des PMA en 2024.

Les investissements étrangers permettent aussi la remontée de filière. Ainsi, des États passent de la fabrication de produits d'exportation à faible valeur ajoutée à celle de produits à haute valeur ajoutée en s'adaptant à la demande mondiale. Ce processus peut accélérer l'intégration à l'instar d'États comme la Corée du Sud dans les années 1990, la Chine aujourd'hui.

B L'accessibilité, une condition indispensable à l'intégration

À l'échelle mondiale, la concentration des moyens de transport valorise les interfaces. Les hubs portuaires et aéroportuaires, de plus en plus performants, connectent les territoires aux flux mondiaux. Ainsi, Atlanta, 1er hub aéroportuaire au monde, redistribue les flux aériens de l'ensemble du continent américain.

L'accessibilité numérique est désormais un facteur d'intégration incontournable. Les câbles sous-marins et les *data centers* jouent un rôle central dans le réseau de télécommunication. Leur localisation est le reflet de la hiérarchie qui organise l'espace mondial (42 % des *data centers* se trouvent aux États-Unis).

À toutes les échelles, l'enclavement peut néanmoins être dépassé dans les territoires riches en ressources qui suscitent des convoitises. Les ressources du continent africain sont de plus en plus exploitées (doc. 1), y compris dans le Sahara aux conditions d'accès difficiles. La fonte de la banquise rend l'Arctique plus accessible, même si les coûts de production restent importants.

C Les politiques publiques, outils d'intégration

Les États mettent en place des politiques publiques d'attractivité. Ils développent des politiques d'aménagement du territoire (zones franches au Mexique, aéroport de Dubaï) ou d'innovation (Silicon Valley). Les États-Unis cherchent à faire revenir leurs entreprises sur le territoire américain grâce aux réductions d'impôts : Fiat-Chrysler a rapatrié dans le Michigan la fabrication de pick-up jusque-là assemblés au Mexique.

À l'échelle régionale, des corridors de développement se multiplient sous l'impulsion des États et des associations économiques régionales (doc. 2). Grâce aux réseaux de transport, ils attirent peu à peu les FTN et permettent d'intégrer certaines régions autrefois enclavées (Amérique latine, Sibérie).

L'attractivité d'un territoire est parfois remise en question. Les crises politiques ou financières peuvent rendre un territoire répulsif ou attractif. La Grèce, pour lutter contre la crise financière, privatise depuis 2008 des biens publics, ce qui attire les investissements chinois et russes. À l'inverse, l'instabilité politique qui hypothèque toute politique publique rend certains territoires répulsifs (Libye).

Les acteurs et facteurs de l'intégration à la mondialisation sont multiples, ils touchent tous les territoires et à toutes les échelles.

Vocabulaire

- **Corridor de développement :** espace combinant infrastructures de transport et activités productives permettant le développement économique d'un territoire, qui traverse le plus souvent plusieurs pays et qui, jusque-là, était en marge.
- **Division internationale du travail :** spécialisation des territoires dans un type d'activités (conception, production, montage).
- **Enclavement :** situation d'un espace géographique isolé du fait d'une desserte insuffisante par les voies de communication et de transport.
- **FTN (firme transnationale) :** grande entreprise, développant son activité à l'échelle internationale à travers la présence de filiales productives ou commerciales dans plusieurs pays.
- **IDE :** investissement d'une FTN à l'étranger par la création ou le rachat d'une entreprise, ou encore la prise de participation dans son capital.
- **Interface :** zone de contact entre un espace et le reste du monde.
- **Zone franche :** zone délimitée par un acteur public qui présente des avantages fiscaux pour attirer les entreprises et développer l'activité économique.

REPÈRE

Les 5 premières FTN mondiales

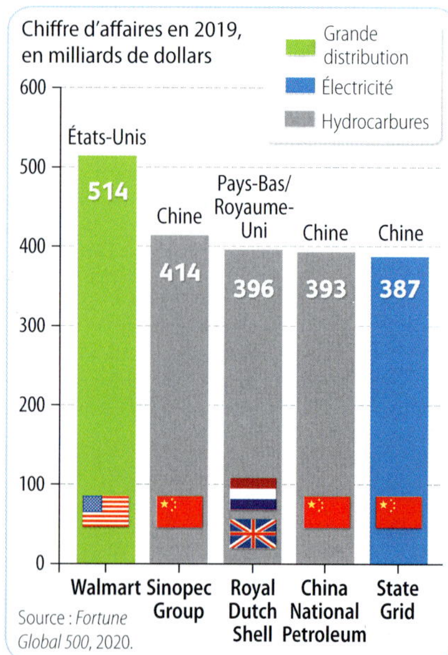

Source : *Fortune Global 500*, 2020.

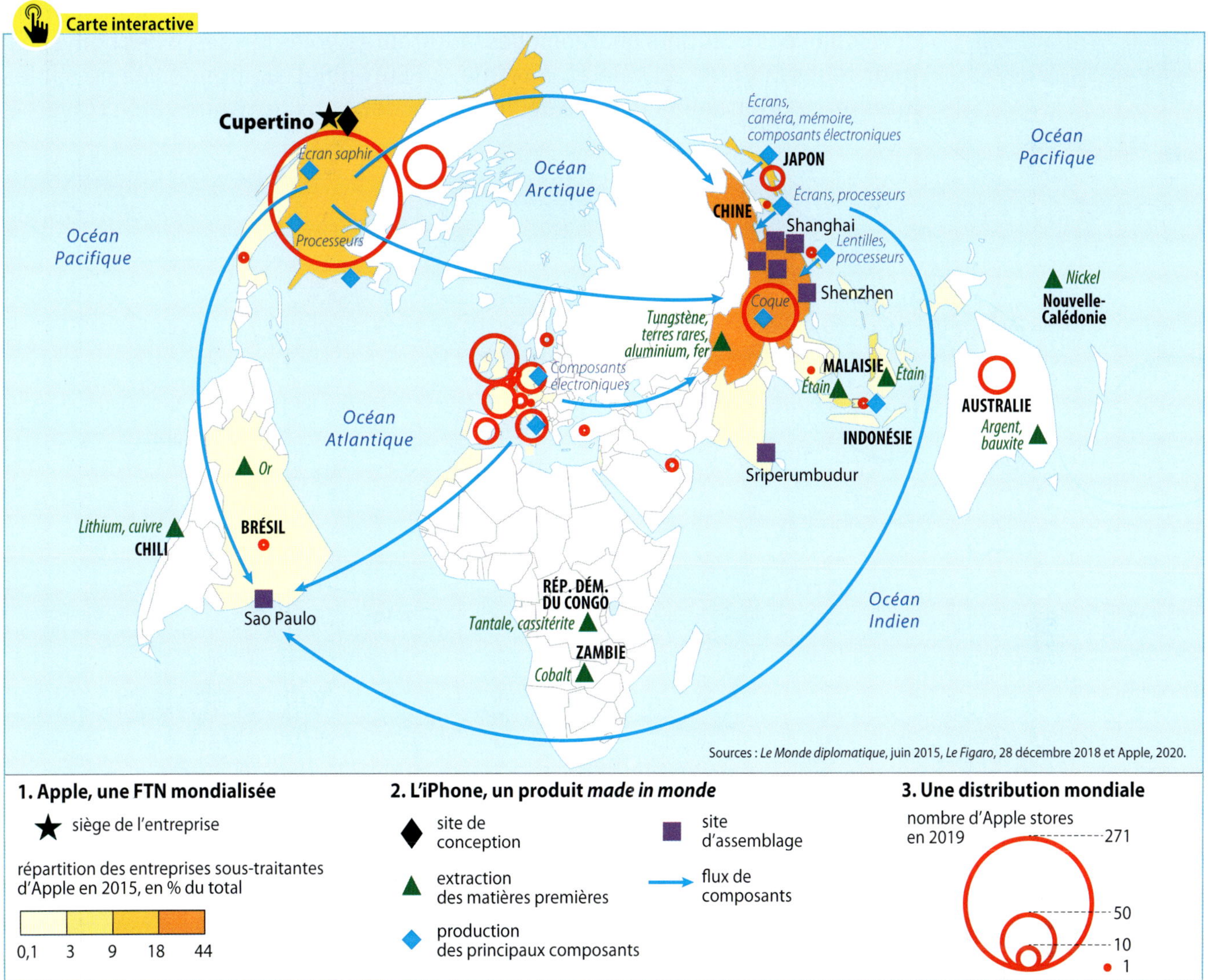

1 L'iphone, un produit mondialisé

2 Les corridors de développement, une nouvelle forme d'intégration

L'œil du géographe Les corridors de développement ont pour fonction de favoriser l'implantation de nouvelles activités productives grâce à l'amélioration de l'accès aux sites de production énergétique et aux productions locales. Ils visent à favoriser le développement des marges et non uniquement des principaux nœuds structurants. Il ne s'agit donc pas seulement de relier les villes entre elles par des axes de communication plus performants mais de développer un nouveau type d'espace multipolaire et transnational articulant entre elles des régions urbaines existantes et des régions émergentes. Que ce soit en Amérique latine, en Afrique ou en Asie, et même en Europe, les associations régionales ont ainsi repris et dupliqué un même modèle de développement et d'organisation de l'espace. La figure du corridor a également été adoptée par les États, soit comme outil d'aménagement de leur propre territoire, soit comme moyen d'affirmation de leur puissance à l'échelle internationale. Le projet actuellement le plus ambitieux et le plus médiatique est ainsi celui des « nouvelles routes de la soie » qui doivent relier la Chine au reste du monde grâce à un réseau complexe et multimodal d'infrastructures.

N. Fau, « Les corridors de développement », *Echogéo*, 25 octobre 2019.

Capacités & Méthodes

Comprendre un texte de géographe

1. D'après le doc. 2, quels sont les moyens mis en place au sein des corridors pour favoriser le développement des territoires ?
2. Selon l'auteur, en quoi ces corridors sont-ils des facteurs d'intégration des territoires à la mondialisation ? Aidez-vous des pages 140-141 pour illustrer votre réponse avec des exemples précis.

Exemple

Les nouvelles routes de la soie, nouvel outil d'intégration des territoires ?

SECTION EUROPÉENNE
Documents disponibles en anglais sur le site collection lycee.hachette-education.com/hg/geo-tle

Le programme des nouvelles routes de la soie émanant de l'État chinois développe des chantiers pharaoniques (autoroutes, voies ferrées, villes nouvelles) pour relier la Chine à l'Asie et, à terme, à l'Europe et au monde. Même s'il les intègre, ce programme impose de nouveaux défis aux territoires qu'il traverse.

Carte interactive

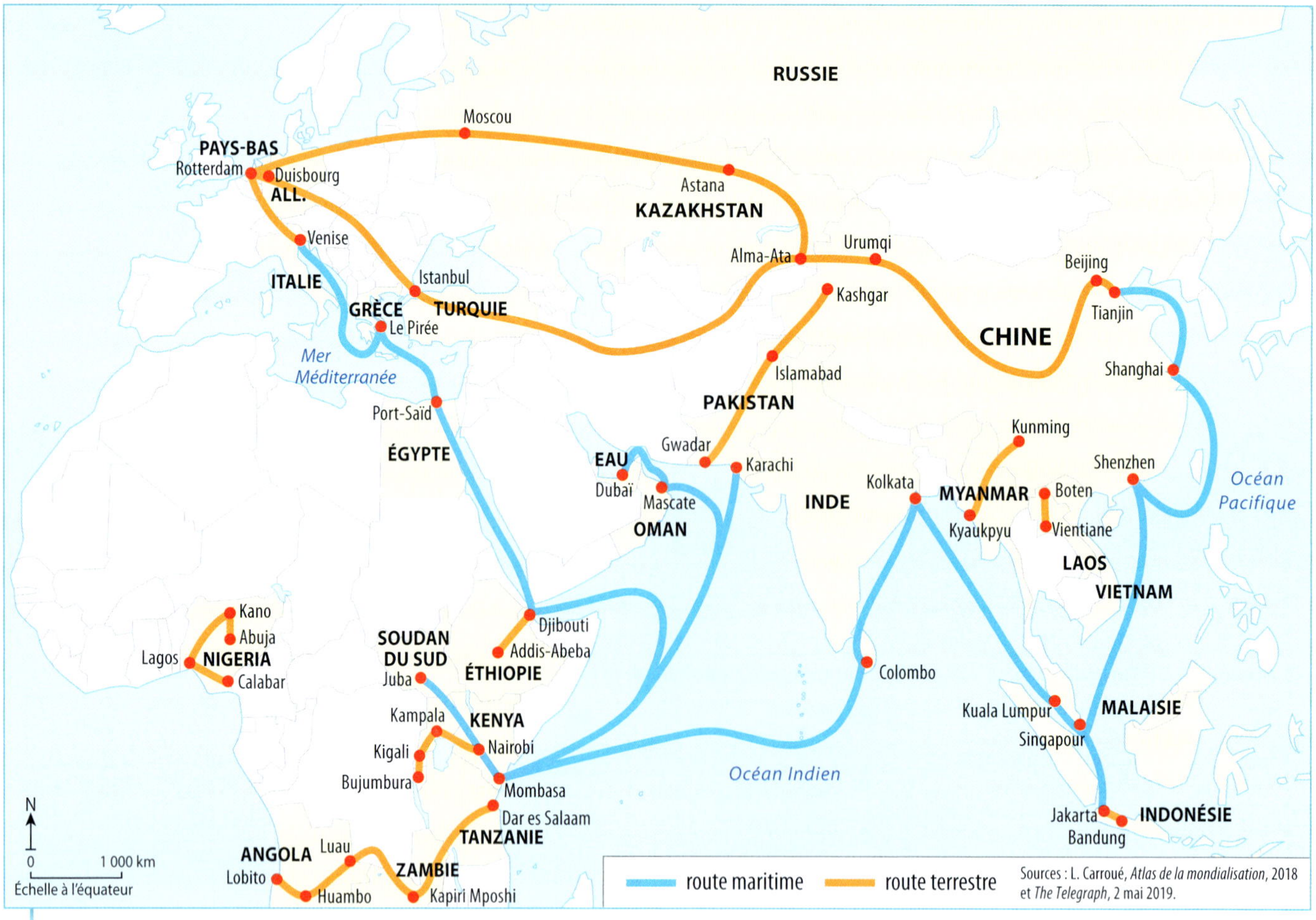

1 Les nouvelles routes de la soie, un projet chinois d'intégration à l'échelle mondiale

2 **Des territoires africains intégrés au projet chinois**

L'œil du géographe L'Éthiopie et le Kenya, les deux puissances économiques d'Afrique de l'Est, sont au centre des plus importants investissements chinois dans les infrastructures de transport sur le continent. Dans le cadre des nouvelles routes de la soie, Pékin a financé plus de 3 000 projets d'infrastructures stratégiques en Afrique. Les projets ferroviaires les plus importants sont le chemin de fer Mombasa-Nairobi construit au Kenya et le chemin de fer Addis-Abeba-Djibouti. Les nouvelles lignes sont beaucoup plus rapides et transportent des millions de tonnes de marchandises par an, ce qui devrait améliorer le commerce régional et réduire les embouteillages. La nouvelle ligne de chemin de fer diminue le temps de trajet jusqu'à Djibouti à seulement 12 heures ; le même trajet par la route prendrait des jours. Le système est exploité par des conducteurs chinois, mais Pékin a promis que les opérations seraient confiées aux travailleurs locaux après 5 ans. Les deux projets ont fait l'objet d'une controverse au sujet de leurs coûts. Le projet de chemin de fer kenyan a également été critiqué pour sa traversée des parcs nationaux de Tsavo et de Nairobi. Sur la ligne Addis-Djibouti, les agriculteurs éthiopiens bloquent souvent les voies ferrées et exigent des sommes importantes si leurs animaux sont tués par le train. L'augmentation de la dette des pays africains liée à ces projets a suscité de nombreuses inquiétudes quant au déséquilibre commercial croissant de l'Éthiopie et du Kenya avec la Chine et à ce que cela signifie pour l'avenir de la région.

N. Muller, « Les voies de chemin de fer chinoises remodèlent l'Afrique de l'Est », *The Diplomat*, 25 janvier 2019.

Vocabulaire

- **Nouvelle route de la soie :** programme chinois visant à développer les infrastructures de transport entre la Chine, l'Europe et l'Afrique grâce à des partenariats avec les pays traversés.

3 La transformation du port de Colombo (Sri Lanka)

La CCCC (Compagnie chinoise de communications et construction) a commencé à Colombo les travaux d'une plate-forme de 270 hectares gagnés sur la mer. À l'horizon 2030, le site devrait accueillir 200 000 résidents et 80 000 emplois dans le port et le quartier d'affaires.

4 Des territoires intégrés mais dépendants de la Chine

Les nouvelles routes de la soie développent six routes terrestres et un réseau portuaire : au total, 60 % de la population mondiale, 30 % du PIB et plus du tiers du commerce international sont concernés. Jusqu'ici, les projets couvrent une multitude de pays en Afrique (Nigeria, Égypte), au Moyen-Orient (Turquie, Oman), en Asie (Tadjikistan, Indonésie, Inde, Philippines), et même en Europe (Géorgie, Grèce et maintenant Italie). Ports, réseaux ferrés, infrastructures de commerce, pipelines... se multiplient. La Chine a soutenu le développement d'infrastructures touristiques, sur l'île de Lombok, en Indonésie, la construction d'une nouvelle ligne de métro à Bangalore, en Inde, et le renforcement des réseaux de télécommunication à Oman. Mais l'implication dans les infrastructures compromet parfois les finances des États hôtes. C'est ainsi que le Sri Lanka a dû céder le contrôle de son port de Hambantota, stratégiquement situé, à une entreprise chinoise après avoir échoué à rembourser ses dettes. Certains voient donc dans cette politique une forme de néocolonialisme[1], renforçant le contrôle chinois sur les pays émergents tout en sécurisant ses routes d'approvisionnement et s'accaparant des marchés avantageux, notamment en Afrique. Les financements chinois conduisent souvent les pays hôtes des projets à devoir sélectionner des entreprises chinoises pour leur mise en œuvre, limitant les retombées économiques sur le tissu local, et suscitant la méfiance voire le rejet des populations.

Le Figaro, 26 mars 2019.

1. Après les décolonisations, certains pays et groupes politiques accusent les États puissants de maintenir leur domination sur les anciennes colonies (dette, échange inégal).

Vidéo

Vérifier une hypothèse

Itinéraire guidé

Lire et interpréter les documents

1. Localisez les axes et les infrastructures de transport qui matérialisent les nouvelles routes de la soie. (doc. 1, 3 et 4)
2. Identifiez les conséquences du passage des routes de la soie sur les territoires qu'elles traversent. (doc. 1, 2 et 4)
3. Quelles sont les limites de l'intégration des territoires concernés ? (doc. 2 et 4)
4. Rédigez une synthèse d'une dizaine de lignes pour vérifier l'hypothèse suivante : « Les nouvelles routes de la soie permettent l'intégration des territoires à la mondialisation. »

Itinéraire en autonomie

Afin de vérifier l'hypothèse que les nouvelles routes de la soie sont des facteurs d'intégration d'un territoire, utilisez le logiciel Google Earth (onglet « Remonter le temps ») pour observer les transformations entre 2010 et 2019 des territoires mentionnés dans les documents (Mombasa, Hambantota ...).

Cartes Des territoires hiérarchisés par la mondialisation

Carte interactive

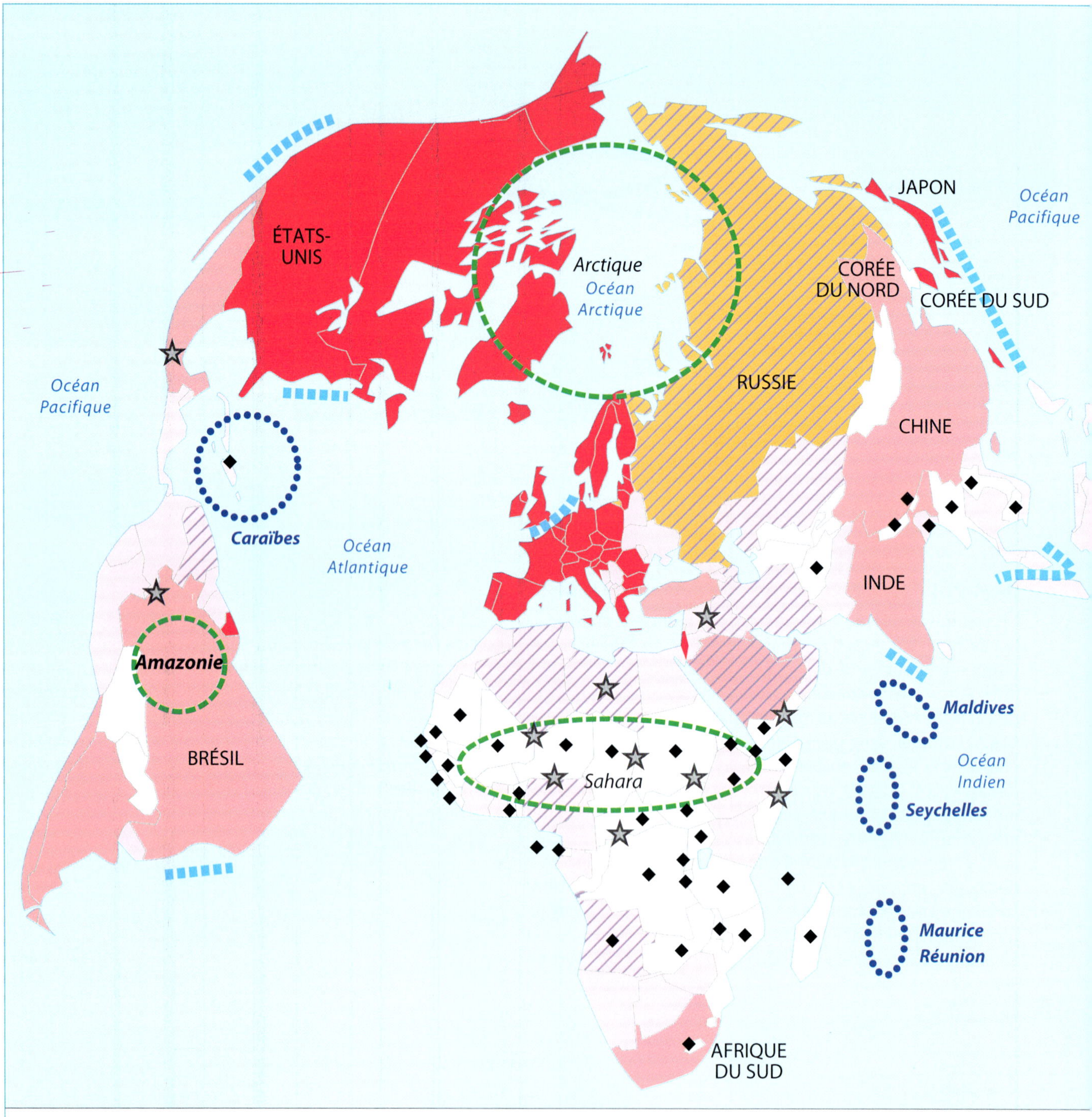

1. Des pôles majeurs de la mondialisation en concurrence

- pôle majeur de la mondialisation
- grand pays émergent
- puissance ré-émergente dans la mondialisation
- façade maritime majeure

2. Des territoires intégrés à la mondialisation de façon sélective

- pays exportateur d'hydrocarbures
- pays en cours d'intégration mais dominé (atelier des FTN, fournisseur de matières premières)
- bassin insulaire attractif (paradis fiscal, tourisme)

3. Des espaces en marge de la mondialisation

- pays faiblement intégré à la mondialisation
- ◆ PMA (Pays moins avancé)
- espace en réserve (minerais, hydrocarbures, biodiversité)
- ☆ zone grise

Sources : L. Carroué, *Atlas de la mondialisation*, Autrement, 2018 et ONU, 2020.

1 Des territoires inégalement intégrés

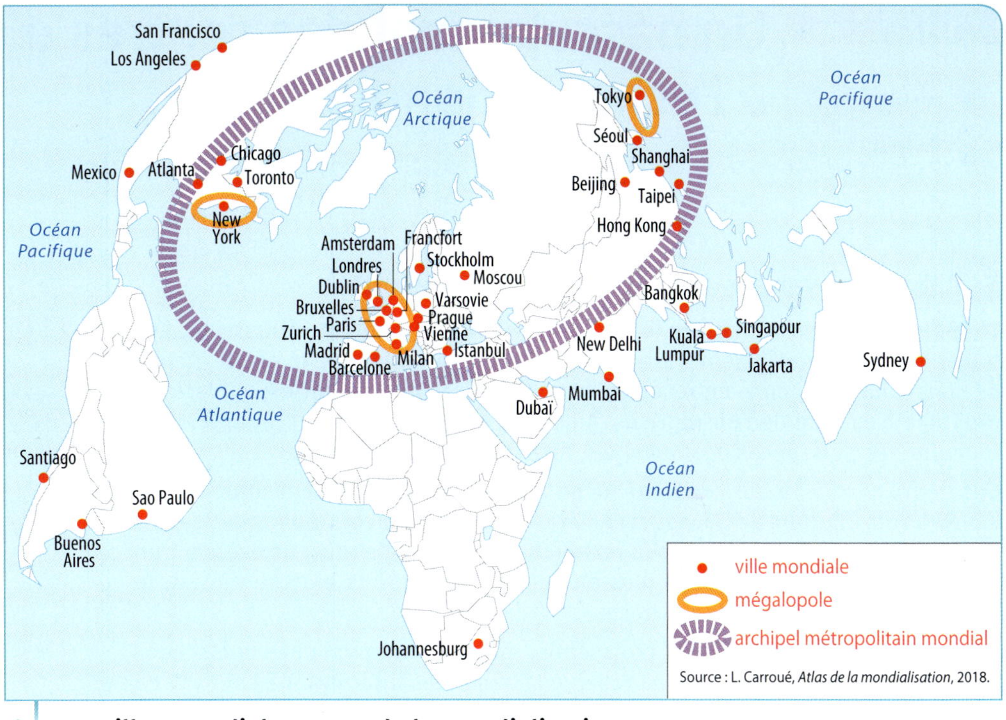

2 **Les villes mondiales, cœur de la mondialisation**

Des planisphères...

1. Identifiez les espaces moteurs de la mondialisation et les espaces les moins intégrés. (doc. 1 et 2)
2. En vous aidant du cours 1, formulez des hypothèses pour expliquer cette inégale intégration.

Vocabulaire

- **Archipel métropolitain mondial :** ensemble de métropoles étroitement connectées en réseaux (de transport et numériques) nouant des relations privilégiées entre elles.
- **Mégalopole :** vaste espace urbanisé qui se caractérise par une forte concentration de métropoles et d'axes de communication.
- **PMA (pays les moins avancés) :** États les plus pauvres et les moins développés selon l'ONU (47 États en 2020).
- **Ville mondiale :** grande métropole concentrant des fonctions de commandement et exerçant une influence à l'échelle mondiale dans les domaines politique, économique et culturel.
- **Zone grise :** espace où les institutions internationales et nationales ne parviennent pas à imposer leurs règles.

... au schéma

À partir des informations relevées dans les documents, complétez le schéma ci-dessous.

Schéma PDF à télécharger

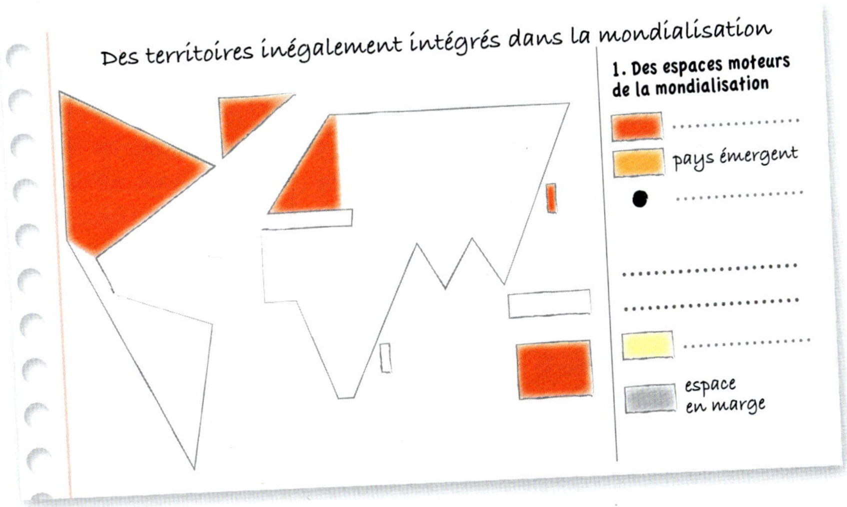

Cours 2

Un basculement des centres d'impulsion à l'échelle mondiale

QCM interactif cours

Podcast

Comment la mondialisation recompose-t-elle les hiérarchies entre les territoires ?

A Des puissances anciennes encore présentes

La mondialisation consolide les puissances anciennement industrialisées (Repère A). Elles bénéficient d'atouts nombreux : main-d'œuvre qualifiée, foyers de consommation, mise en réseaux, infrastructures performantes, universités prestigieuses, grandes entreprises. Ainsi, les États-Unis, l'UE et le Japon sont toujours des puissances économiques, financières et culturelles.

Ces centres d'impulsion restent incontournables grâce à leur maîtrise de l'innovation. L'Europe de l'Ouest et l'Amérique du Nord concentrent à elles seules 40 % des investissements dans la recherche mondiale. De plus, ils exercent un monopole sur les activités les plus en pointe telles que la biotechnologie, la robotique ou les nanotechnologies.

Cependant, la concurrence est croissante : en 2016, ces anciennes puissances ne détiennent plus que 30 % des réserves financières internationales (78 % en 1990). Les pays développés polarisent encore une très grande partie du stock mondial d'investissements (69 %) mais cette part est progressivement grignotée par les pays émergents.

B L'affirmation de nouveaux centres d'impulsion

De nouvelles puissances émergent (Repère B). La Chine est désormais le 2e pays émetteur d'IDE et le 1er déposant de brevets (doc. 1). Leurs FTN progressent : sur les 500 premières FTN mondiales, 119 sont chinoises et 7 indiennes (contre 9 et 1 en 2000).

L'émergence recouvre en réalité des situations très diverses. La croissance chinoise est le résultat d'une politique étatique qui investit dans ses FTN. Depuis 2015, le Brésil, pourtant annoncé comme un géant économique en devenir, est en récession. La croissance indienne est fragilisée par une production industrielle stagnante et le faible marché intérieur.

Les grands pays émergents tentent de repenser leur modèle de développement, trop dépendant des exportations, et de s'appuyer sur leur marché intérieur. Ainsi, la Chine développe depuis 2013, le projet pharaonique des nouvelles routes de la soie afin de sécuriser ses approvisionnements et de trouver de nouveaux partenaires commerciaux.

C Des espaces moins intégrés persistent à toutes les échelles

À l'échelle mondiale, les pays les plus pauvres restent à l'écart de la mondialisation. Le manque d'infrastructures, la pauvreté ou l'insécurité sont des facteurs répulsifs pour les FTN qui y voient des risques pour leurs investissements. Les 47 PMA sont donc exclus des principaux flux mondiaux.

À l'échelle régionale, la mondialisation creuse les contrastes entre les interfaces (littoraux, métropoles), au contact des flux mondiaux, et les campagnes intérieures qui en sont souvent exclues. Au Vietnam, les IDE se concentrent à 70 % sur Hô Chi Minh-Ville et Hanoi, espaces déjà dynamiques alors que les campagnes du nord restent peu développées.

Dans les pays développés, certains territoires touchés par la désindustrialisation sont en crise. Le déclin économique s'accompagne souvent d'un déclin démographique (Grands lacs aux États-Unis, Midlands britanniques). Les friches industrielles et urbaines s'y multiplient comme à Leipzig (Allemagne), Liverpool (Angleterre) ou Detroit (États-Unis) qui deviennent des ***shrinking cities*** (doc. 2).

La mondialisation conduit à un basculement des centres d'impulsion dans le monde mais des espaces moins intégrés persistent à toutes les échelles.

Vocabulaire

- **Centre d'impulsion :** ville ou région motrice de la mondialisation dans laquelle sont concentrées des fonctions de commandement internationales (économique, politique, culturelle).
- **Émergence :** situation d'un pays en développement dont la croissance économique est forte et dont les conditions de vie des populations s'améliorent, mais de manière inégale.
- ***Shrinking city* (« ville en décroissance ») :** ville marquée par un déclin démographique et économique (perte de population et d'emplois, hausse de la pauvreté).

REPÈRE A

Les pays les plus attractifs au monde (IDE entrants) en 2018

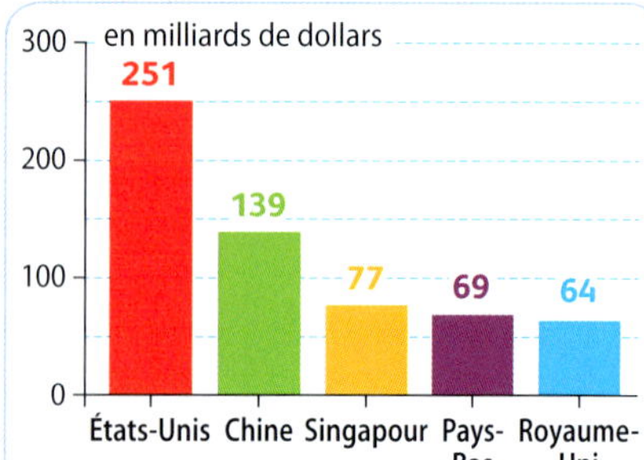

Source : CNUCED, 2020.

REPÈRE B

Les caractéristiques de l'émergence

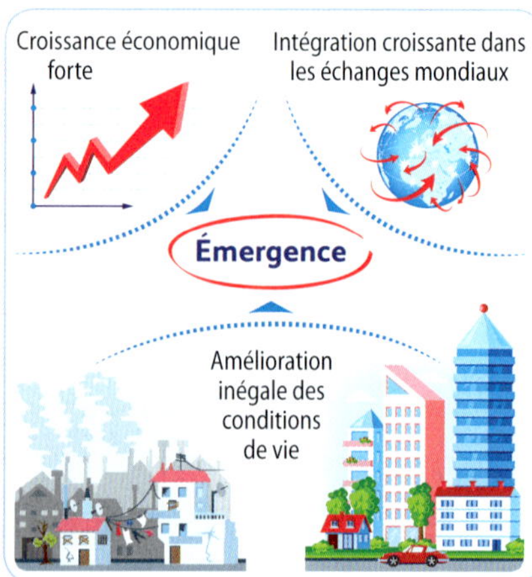

1 La Chine, nouveau géant de la recherche mondiale ?

En Chine, l'État fixe les axes stratégiques de la recherche et met en place les infrastructures nécessaires, notamment les parcs de haute technologie. Il en existe 146 dans le pays, avec pour objectif une meilleure valorisation industrielle de la R&D grâce aux échanges entre les entreprises, les universités et les instituts de recherche. Les résultats sont à la mesure des énormes moyens engagés, si l'on en juge par la production d'articles scientifiques, par le dépôt de brevets et par les avancées décisives accomplies dans certaines technologies. La publication d'articles scientifiques a été multipliée par 10 depuis 2000, la Chine a dépassé les États-Unis en 2016, même si les articles de chercheurs chinois sont encore relativement peu cités. La Chine s'est imposée comme le premier déposant de brevets au monde avec 35 % du total. Pour les demandes internationales de brevets, deux entreprises chinoises, ZTE et Huawei[1], sont au 1er rang mondial mais elles sont l'exception. En effet, la quasi-totalité des demandes déposées ne concerne que le marché intérieur. Le retard à combler par rapport aux pays développés est très important, notamment en ce qui concerne les brevets déposés simultanément en Europe, aux États-Unis et au Japon, pour lesquels la part de la Chine ne dépasse pas 5 % du total mondial.

C. Meyer, *L'Occident face à la renaissance de la Chine*, Odile Jacob, 2018.

1. ZTE et Huawei sont des entreprises chinoises spécialisées dans les télécommunications.

Vidéo

2 Detroit, une *shrinking city*

En raison de la désindustrialisation et de la crise financière de la fin des années 2000, certains quartiers de Detroit ont été délaissés par leurs habitants contraints d'abandonner leur logement pour rembourser leurs dettes. Les maisons tombent en ruine, les raser coûte souvent moins cher que de les rénover.

Capacités & Méthodes

S'approprier un questionnement géographique (doc. 1)

1. Identifiez les moyens mis en œuvre par l'État chinois pour devenir une puissance dans le secteur de la recherche. Quels en sont les résultats ?
2. Pourquoi ces résultats illustrent-ils le basculement des centres d'impulsion à l'échelle mondiale ?

Exemple

Pourquoi les territoires indiens ne bénéficient-ils pas tous de l'intégration à la mondialisation ?

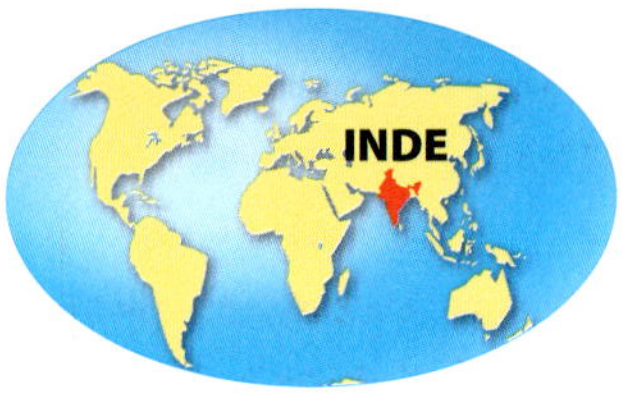

Souvent qualifiée de « puissance en devenir », l'Inde affiche une croissance solide (+ 6 % en 2018) et s'intègre progressivement aux flux mondiaux, mais cette intégration est inégale et inachevée.

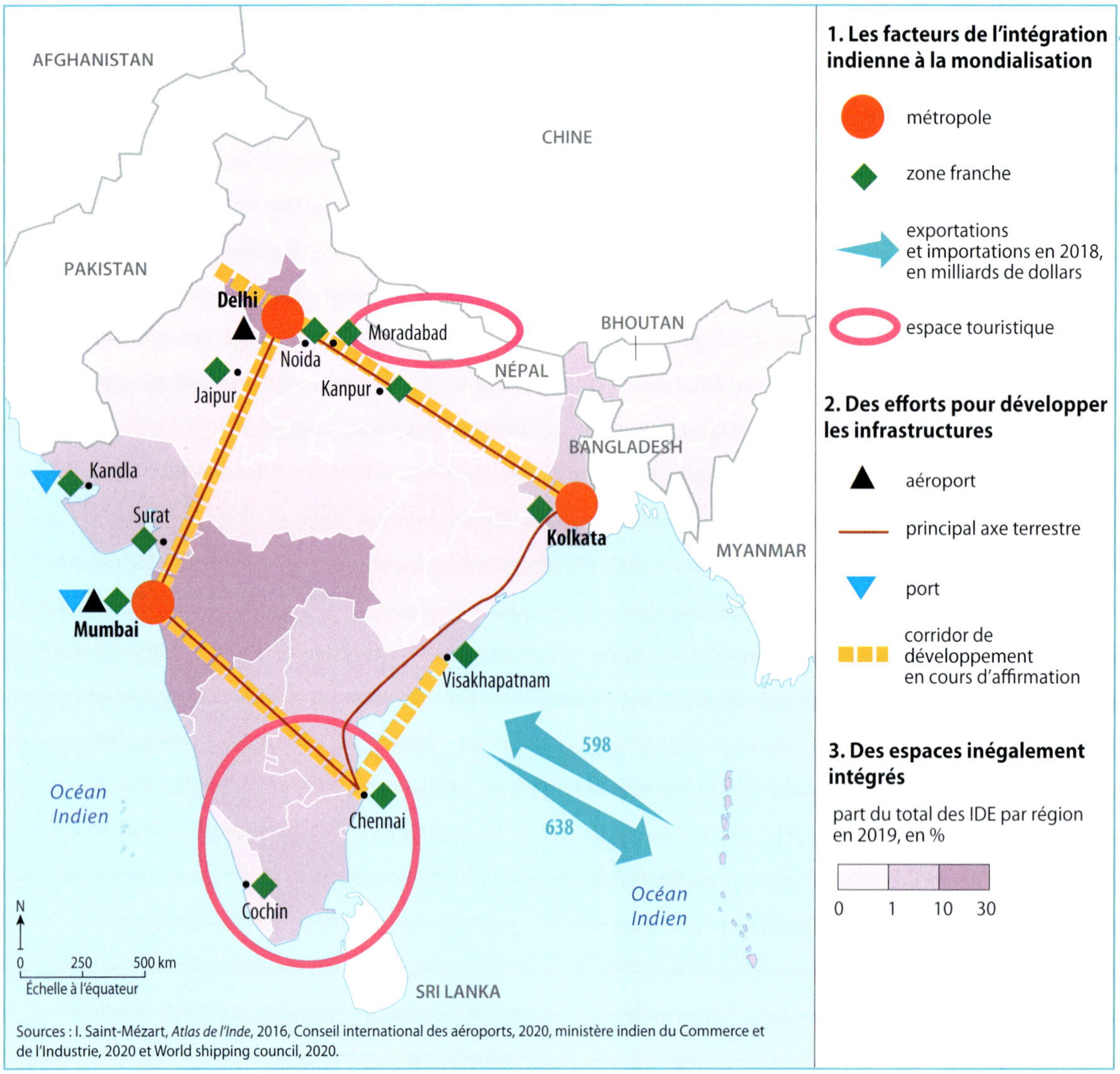

Sources : I. Saint-Mézart, *Atlas de l'Inde*, 2016, Conseil international des aéroports, 2020, ministère indien du Commerce et de l'Industrie, 2020 et World shipping council, 2020.

1 L'Inde, un territoire inégalement intégré dans la mondialisation

Carte interactive

2 Des facteurs informels d'intégration : l'exemple du bidonville de Dharavi (Mumbai)

Derrière les signes extérieurs du *slum* (« bidonville »), on découvre une des communautés les plus affairées du monde. Pauvre selon nos critères, sans doute, mais plus industrieuse qu'une ruche. Les trois ou quatre grandes artères du quartier offrent une enfilade sans fin de commerces miniatures (8 à 9 mètres carrés), du marchand de cartes de téléphone à l'imprimeur, de l'épicerie de poche au vendeur de samoussas. Faufilez-vous derrière, c'est un autre univers, où se mélangent espace privé et atelier de travail : potiers, tanneurs, petits bijoutiers, recycleurs, pas un mètre carré de terrain ne reste inoccupé, tout le monde est à l'ouvrage. Dharavi est porté par une économie informelle florissante qui essaime dans tout Mumbai et a parfaitement intégré la mondialisation : les sandales cousues dans ses ateliers de cuir finissent souvent l'été sur les plages de Capri et d'Ibiza ; les maillots empilés en ballots seront portés partout où l'on joue au foot. Au total, on estime à quelque 600 millions d'euros par an les revenus de la production « intérieure » du quartier.

Télérama, 1er février 2018.

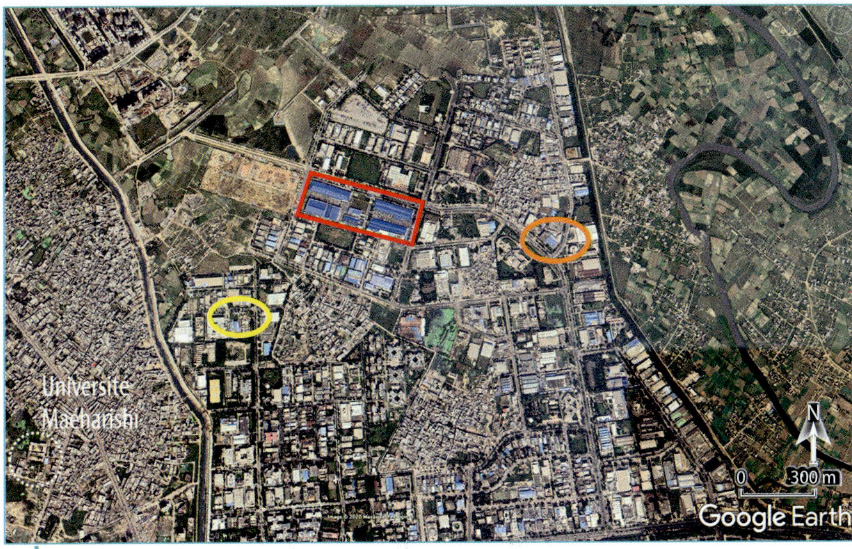

Samsung (entreprise sud-coréenne), plus grande usine du monde pour la fabrication de smartphones, inaugurée le 9 juillet 2018

Tata Consulting Services (entreprise indienne), 6e entreprise de services numériques au monde par son chiffre d'affaires en 2019

Capgemini (entreprise française), 1re entreprise française de services numériques et 9e mondiale par son chiffre d'affaires en 2019

Sources : Fortune Global 500, 2020.

3 La zone franche de Noida (Delhi) nouveau territoire du *Made in India*

4 Une émergence inégalement partagée

L'œil du géographe

L'Inde qui brille

Le pays est devenu « le bureau du monde » : centres d'appels, d'e-commerce et gestion administrative sont délocalisées en Inde par des entreprises étrangères qui valorisent une main-d'œuvre qualifiée parlant couramment anglais. Ces mutations ont des conséquences spatiales considérables en faisant émerger un « quadrilatère d'or » reliant les quatre principales métropoles (Mumbai-Delhi-Kolkata-Chennai) reliées par de grands corridors. Mumbai en est la capitale financière et assure 40 % des échanges extérieurs indiens dont 60 % du trafic de conteneurs. Chennai est la 2e plateforme du pays et produit le tiers des automobiles assemblées en Inde. L'État du Karnataka au sud et sa capitale Bangalore forment le « Silicon plateau » indien.

L'Inde « immergée »

En 2019, plus de 200 millions d'Indiens sont encore en situation de sous-alimentation (14 % de la population) dont une majorité d'enfants, l'une des proportions les plus fortes de la planète. L'entrée dans la mondialisation a accéléré le dépérissement de ses marges : le nord et le centre du pays (Delhi excepté) se sont enfoncés dans la misère tandis que les pourtours côtiers ont été happés par la mondialisation. Ces constats se retrouvent dans les métropoles où, dès que l'on s'écarte des quartiers d' affaires, les *slums* en restent les paysages fondamentaux : 54 % de la population de Mumbai y vivrait.

V. Adoumié, J.-M. Escarras,
Lieux et territoires de la mondialisation, Hachette, 2019.

Réaliser une production graphique dans le cadre d'une analyse

Itinéraire guidé

Lire les documents

1. Identifiez les facteurs d'intégration de l'Inde à la mondialisation. (doc. 1, 2 et 3)
2. Quels sont les moyens (infrastructures, politiques) mis en place pour favoriser cette intégration ? (doc. 1, 3 et 4)
3. À l'aide des doc. 1 et 4, montrez que malgré des stratégies efficaces, l'intégration des territoires indiens à la mondialisation doit être nuancée.

Synthétiser les documents

4. À l'aide de vos réponses, réalisez un schéma fléché pour montrer que les territoires indiens sont inégalement intégrés à la mondialisation.

Itinéraire en autonomie

1. À partir du doc. 3, proposez une légende et complétez le schéma suivant pour montrer l'intégration de Delhi à la mondialisation grâce aux politiques d'aménagement.

La création d'une zone franche, un facteur d'intégration

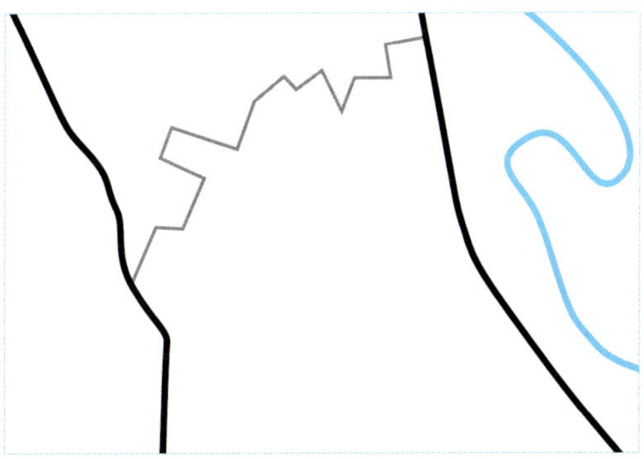

Pour vous guider
Vous pouvez construire la légende du croquis en distinguant les territoires et les facteurs de l'intégration. (doc. 2, 3 et 4)

2. Rédigez une synthèse répondant au sujet : « l'inégale intégration des territoires indiens dans la mondialisation ».

QCM interactif cours

Podcast

Des métropoles recomposées par la mondialisation

Comment la mondialisation transforme-t-elle les métropoles les plus puissantes ?

A Des villes mondiales qui renforcent leur intégration

Les villes mondiales sont des centres de commandement majeurs de la mondialisation. Elles exercent un rayonnement financier, économique, culturel ou politique planétaire. Les PIB de Tokyo et de New York les placent au même niveau que des pays comme le Canada, l'Espagne ou la Turquie. Leur accessibilité est renforcée par la présence de hubs (Repère).

La puissance de ces villes mondiales repose sur leur capacité à s'intégrer dans des réseaux. À l'échelle régionale, elles dynamisent les espaces voisins et organisent souvent les mégalopoles. À l'échelle mondiale, elles sont connectées entre elles au sein de l'archipel métropolitain mondial, tout en étant en concurrence pour capter les flux mondiaux (Dubaï (doc. 1), et Abu Dhabi).

L'intégration à la mondialisation s'observe jusque dans le paysage de ces villes mondiales avec la multiplication des gratte-ciel. Ils se concentrent dans les quartiers d'affaires et sont le symbole de leur puissance économique (La City à Londres, Manhattan à New York, Pudong à Shanghai).

B Une hiérarchie des métropoles en constante évolution

Le système urbain mondial est dominé par des villes dont l'influence est planétaire : New York, Londres, Tokyo, Paris. Ces villes mondiales font l'objet de nombreux classements qui tentent de comptabiliser leur influence et leur attractivité mais aussi désormais la qualité de vie pour leurs habitants et leur impact environnemental.

La hiérarchie des villes mondiales témoigne du basculement de la puissance à l'échelle mondiale (doc. 3). Les places financières des pays émergents détiennent désormais 40 % de la capitalisation mondiale (doc. 2) et connaissent une très forte croissance, notamment les bourses de Hong Kong et de Shanghai. Les centres d'affaires s'y transforment : 15 des 20 premières villes abritant le plus de gratte-ciel sont émergentes.

La rivalité entre les grandes métropoles se manifeste dans la volonté d'accueillir de grands événements politiques (sommet sur le climat à New York en 2019), sportifs (Jeux olympiques à Tokyo en 2020 puis Paris en 2024) ou culturels (Exposition universelle à Dubaï en 2020).

C Des inégalités socio-spatiales renforcées au sein des métropoles

Au nord, les inégalités socio-spatiales sont renforcées par la métropolisation. Des quartiers centraux anciennement défavorisés sont réhabilités voire rasés (New York, Tokyo). La gentrification entraîne l'exclusion des populations aux bas revenus vers les banlieues où les loyers sont moins élevés.

Au sud, la fracture entre quartiers aisés et bidonvilles s'accentue. Les populations les plus pauvres sont souvent repoussées en périphérie (favelas de Rio détruites pour les Jeux Olympiques), dans des quartiers dépourvus de services ou d'infrastructures de transport. Parfois, quartiers aisés (*gated communities*) et bidonvilles se juxtaposent (Nairobi, Jakarta).

Certains quartiers semblent en marge de la mondialisation par le poids de l'économie informelle, qui occupe 60 % de la population active mondiale en 2018. Mais l'activité informelle peut parfois s'intégrer à la mondialisation (industrie du cuir à Dharavi).

Les villes mondiales sont des pôles majeurs de la mondialisation car elles concentrent l'essentiel du pouvoir économique, financier et politique.

Vocabulaire

- **Archipel métropolitain mondial :** ensemble de métropoles étroitement connectées en réseaux (de transport et numérique) nouant des relations privilégiées entre elles.
- **Gentrification :** afflux d'une population aisée dans un quartier auparavant populaire, à la suite d'opérations immobilières.
- **Métropolisation :** concentration croissante des hommes et des activités dans les métropoles.
- **Ville mondiale :** grande métropole concentrant des fonctions de commandement et exerçant une influence à l'échelle mondiale dans les domaines politique, économique et culturel.

REPÈRE

L'organisation d'une ville mondiale

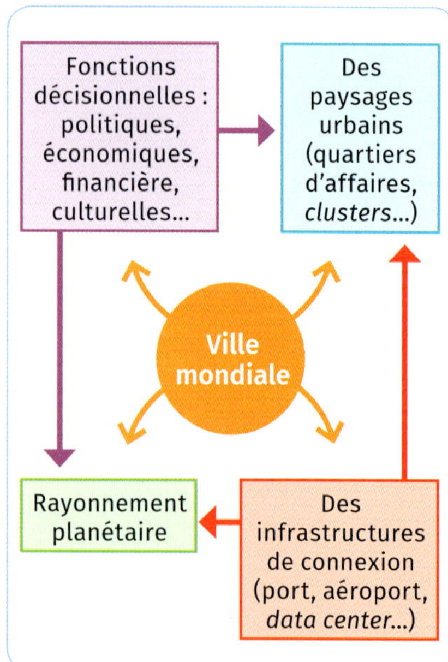

1 **Dubaï, une ville intégrée aux flux mondiaux**

2 Les métropoles, au cœur du système financier mondial

L'œil du géographe Les marchés financiers (actions, dettes, monnaies, matières premières…) sont des constructions politiques, juridiques, techniques et sociales ancrées dans les territoires. Le marché mondial des actions est organisé par une soixantaine de bourses, mais seulement 10 d'entre elles polarisent 80 % de la capitalisation boursière mondiale, dont 41 % pour les seuls NYSE et Nasdaq new-yorkais. Avec 40 % de la capitalisation mondiale, les places financières des pays en développement ont cependant connu ces dernières décennies une croissance fulgurante (Chine, Inde, Brésil…). Dans les matières agricoles, pétrolières ou minières, les places occidentales gardent un rôle prépondérant (Londres, New York, Chicago, Paris, Rotterdam) malgré la multiplication de places secondaires spécialisées sur un continent et sur un produit (Kuala Lumpur, Singapour, Sydney, Winnipeg). Dans des marchés interconnectés et interdépendants, les acteurs jouent sur les heures d'ouverture en lien avec les fuseaux horaires, car le monde ne vit pas à la même heure.

L. Carroué, *Atlas de la mondialisation*, Autrement, 2018.

Classement des 5 métropoles accueillant le plus de sièges de FTN dans le monde	Nombre de sièges sociaux de FTN (parmi les 500 premières mondiales)	
	En 2015	En 2019
Beijing	51	53 ↗
Tokyo	38	36 ↘
New York	17	16 ↘
Paris	18	16 ↘
Londres	19	14 ↘

3 **Les sièges sociaux des FTN dans les villes mondiales**

Source : *Fortune Global 500*, 2020.

Capacités & Méthodes

Utiliser une approche géographique pour mener une analyse

1. Identifiez dans le paysage les éléments de la puissance de Dubaï. (doc. 1)
2. Pourquoi l'absence de Dubaï dans la liste des places boursières les plus importantes peut-elle être un frein à la puissance de la ville ? (doc. 2)
3. Quelle phrase du doc. 2 permet d'illustrer le basculement des centres d'impulsion dans la hiérarchie mondiale ?

Exemple — Pourquoi Times Square apparaît-il comme un centre du monde ?

1 Times Square (New York), un carrefour mondial

Times Square est un des lieux les plus visités au monde. Il accueille 365 000 visiteurs par jour et plus de 50 millions chaque année.

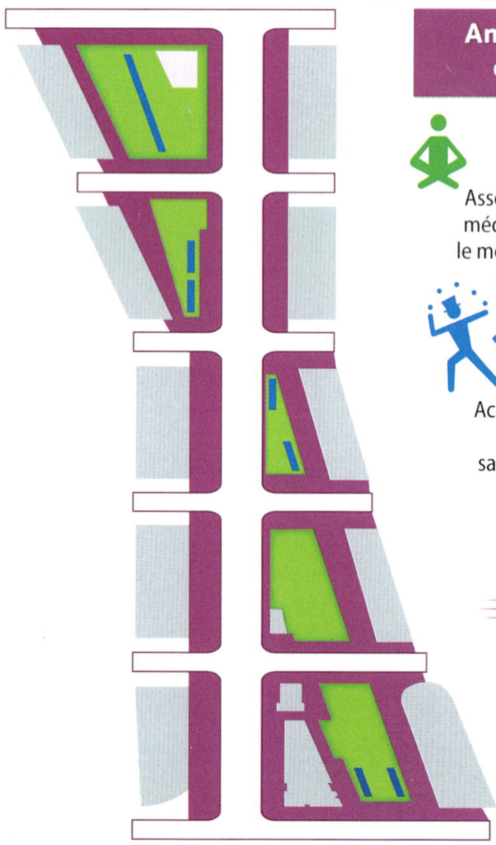

Anti-sèche des règles de Times Square

Espace de détente (en mode Times Square)

Asseyez-vous, mangez un morceau, méditez, admirez la vue et regardez le monde avancer (littéralement) sur différentes scènes de Broadway.

Espace d'activité délimité

Activités commerciales, spectacles de rue, poses-photos, vendeurs sans tables ni chaises, en échange de compensations financières, de dons ou de pourboires. (Les règles de vente restent en vigueur).

Lignes express

Voies piétonnières (NYC style) pour aller où vous avez besoin de vous rendre sans tracas, interférences ou encombres.

Source : Times Square Alliance, 2020.

3 Un réaménagement en 2016 pour concilier les différentes fonctions du quartier

2 Times Square vu par un géographe

L'œil du géographe C'est l'exemple parfait de l'hyper-lieu[1], un lieu exaspéré, de l'humain porté à ébullition. Les gens s'y réunissent pour le passage d'une année à l'autre, alors qu'au milieu des années 1970, elle était le symbole du déclin new-yorkais. L'ancien quartier des théâtres d'avant la crise de 1929 était devenu une place peu sûre, malfamée, ruinée. En trente ans, il s'est transformé en un hyper-lieu global emblématique avec les investissements de Disney. Des millions de personnes y passent chaque année en étant elles-mêmes connectées au reste du monde, de façon individuelle avec des portables, mais aussi de manière collective grâce aux écrans géants partout autour de la place qui retransmettent les nouvelles du monde entier… Il y a peu d'endroits où l'on ressent à ce point l'intensité de la connectivité. On peut être littéralement ici et ailleurs à la fois. Dans ce lieu iconique de la ville mondiale, je peux montrer sur FaceTime ce qu'il se passe à Times Square à un ami qui se trouve dans sa chambre à Paris. On s'invente une « hyper-spatialité », une capacité à connecter en permanence un espace à d'autres. Times Square signifie quelque chose de l'ambiance urbaine du monde.

Entretien avec Michel Lussault, *Libération*, 24 février 2017.

1. Concept créé par le géographe Michel Lussault pour désigner un espace de concentration des individus, un espace de densité, un espace de diversité. Ces espaces apparaissent comme des centres de la mondialisation.

Décrire et analyser les documents

Itinéraire guidé

1. À partir des doc. 1 et 2, montrez que Times Square est un lieu très intégré à la mondialisation.
2. Appuyez-vous sur les doc. 1, 2 et 3 pour expliquer cette citation de Michel Lussault : « *En trente ans, Times Square s'est transformé en un hyper-lieu global emblématique.* »
3. À partir de vos réponses, rédigez une synthèse d'une dizaine de lignes où vous expliquez pourquoi Times Square peut être considéré comme un centre du monde.

Exemple Comment les zones franches intègrent-elles Nairobi dans la mondialisation ?

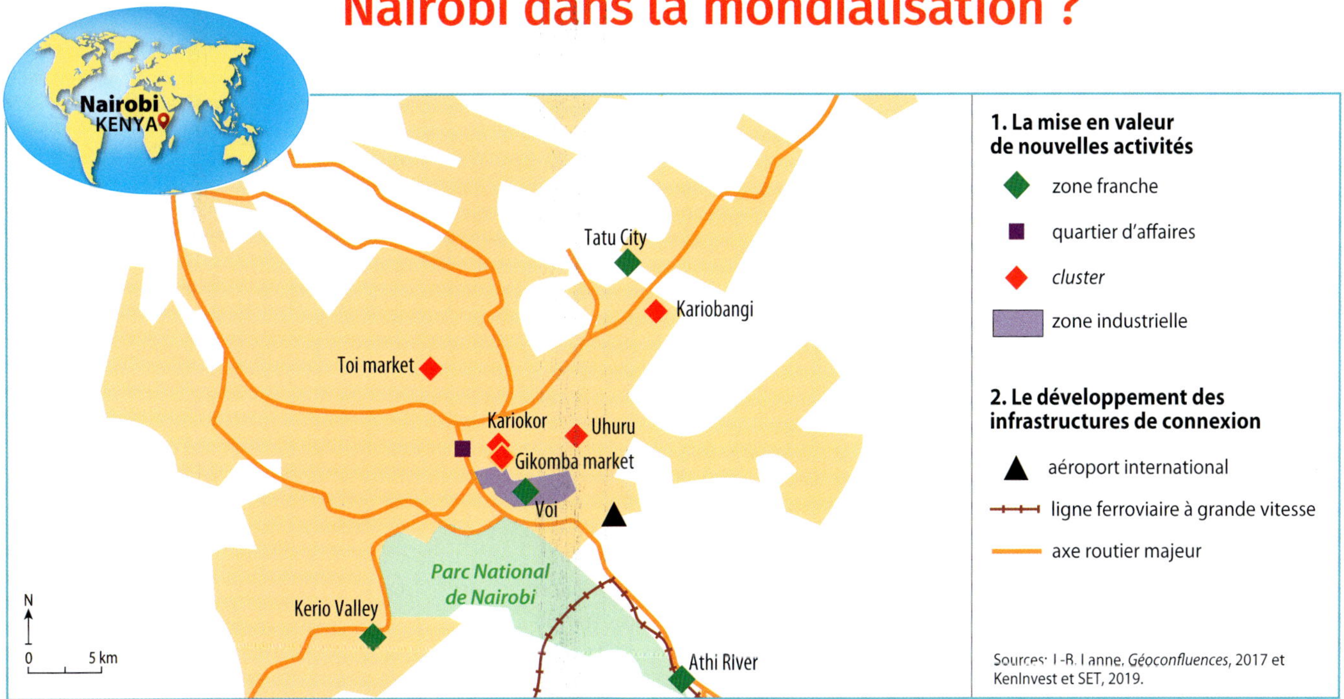

1 Les zones franches de Nairobi (Kenya) dans la mondialisation

2 Ouvrières dans une usine textile de la zone franche d'Athi River

Alors que la zone franche d'Athi River devait accueillir à sa création en 2016 des activités technologiques et d'innovation, elle concentre en 2020 essentiellement des usines spécialisées dans des tâches d'exécution (machines, produits agricoles, textile, meubles, appareils ménagers), en majorité financées par des investissements chinois.

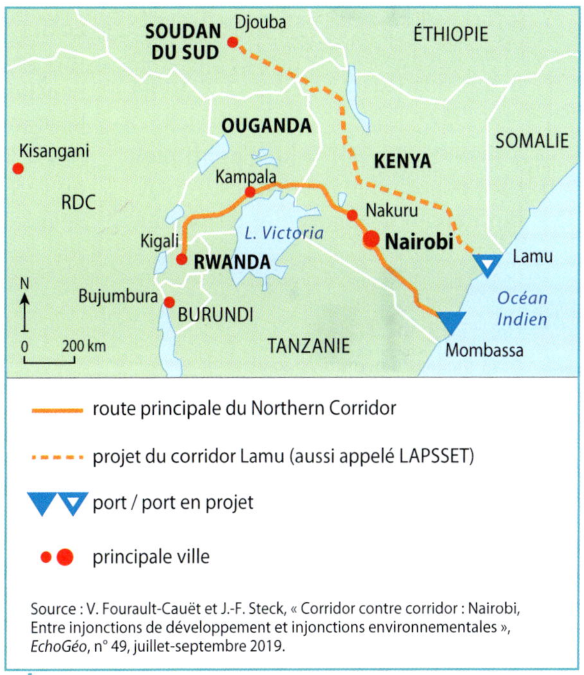

3 Nairobi, un pôle majeur du Northern Corridor

Justifier des choix

Itinéraire en autonomie

En 2019, le groupe sri-lankais Mas Holdings, un des plus grands fabricants de lingerie d'Asie, a investi 130 millions d'euros dans une usine située dans la zone franche d'Athi River au sud de Nairobi.
Cette usine emploie 1 500 Kenyans et les vêtements produits sont exportés aux États-Unis, au Royaume-Uni et aux Pays-Bas.

En vous appuyant sur les documents, justifiez à l'oral le choix de ces investisseurs et présentez votre analyse devant la classe.

RÉVISER

L'essentiel audio-vidéo

Organigramme version interactive

L'essentiel

Comment la mondialisation conduit-elle à une hiérarchisation des territoires ?

Les facteurs d'intégration à la mondialisation

- Les stratégies des entreprises, acteurs essentiels de la mondialisation
- +
- L'accessibilité, une condition indispensable à la mondialisation
- +
- Les politiques publiques, un moyen de gérer l'intégration

Un basculement des centres d'impulsion à l'échelle mondiale

- Des puissances anciennes encore présentes
- +
- L'affirmation de nouveaux centres d'impulsion
- Des espaces moins intégrés persistent à toutes les échelles

Des métropoles mondiales recomposées par la mondialisation

- Des villes mondiales qui renforcent leur intégration
- Une hiérarchie des métropoles en constante évolution
- Des inégalités socio-spatiales renforcées au sein des métropoles

Cours 1

Les stratégies des entreprises sont un facteur essentiel de l'intégration à la mondialisation car elles hiérarchisent les territoires avec la **division internationale du travail**.

L'**accessibilité** apparaît aussi comme un facteur déterminant. Ainsi, les **interfaces** sont des espaces attractifs alors que les territoires enclavés ont des difficultés à s'intégrer aux flux mondiaux.

Souvent, des **politiques publiques** sont mises en place pour attirer ces flux et pour dynamiser les territoires.

Cours 2

Les puissances anciennes sont encore présentes, notamment grâce à la maîtrise de l'**innovation**.

La hiérarchie est désormais bousculée par l'**émergence** de nouvelles puissances aux modèles de développement très différents.

Enfin, des territoires restent peu intégrés notamment en raison de l'**enclavement**, de la pauvreté et de l'instabilité, facteurs répulsifs pour les FTN. À l'échelle locale, les campagnes ou certains territoires en crise sont souvent exclus des flux mondiaux.

Cours 3

Les **villes mondiales** renforcent leur intégration à la mondialisation car elles en sont des centres de commandement majeurs et sont particulièrement intégrées aux réseaux mondiaux.

Cependant, la hiérarchie entre ces métropoles est en **constante évolution** selon leur capacité à rayonner, influencer mais aussi à s'adapter.

Elles doivent également relever le défi de la croissance des **inégalités** socio-spatiales au sein de leurs territoires.

Chiffres clés

Classement 5 premiers pays exportateurs de services en 2019 (OMC)

Royaume-Uni 6,6 %

Allemagne 5,8 %

États-Unis 13,9 %

Les villes mondiales

Avec le plus grand nombre de gratte-ciel

1er HONG KONG 1 436 gratte-ciel

2e New York : 817

3e Shenzhen : 549

Pour aller plus loin

Une vidéo

Chine, sur les nouvelles routes de la soie, Arte, 2019. Un documentaire sur le programme chinois de développement d'infrastructures de transport entre la Chine, l'Asie, l'Afrique et l'Europe. https://www.youtube.com

Un film

R. Hossain, *Made in Bangladesh*, 2019.
Malgré les menaces, une ouvrière d'une usine de textile de Dacca décide de monter un syndicat pour dénoncer les conditions de travail des ouvrières dans les entreprises étrangères.

Un roman

C. Ngozi Adichie, *Americanah*, 2015.
Itinéraire d'une jeune lycéenne de Lagos, qui après avoir quitté le Nigeria pour les États-Unis, y revient : son parcours la conduit à voir les évolutions de sa ville natale, mise en comparaison avec la ville américaine.

Une bande dessinée

S. Lamouret, *Bangalore*, Warum, 2017.
Portraits des habitants de la ville sous la forme d'une BD-reportage.

EXERCICES

Localiser
Schémas PDF à télécharger

en complétant les schémas suivants

1 Un basculement des centres d'impulsion à l'échelle mondiale

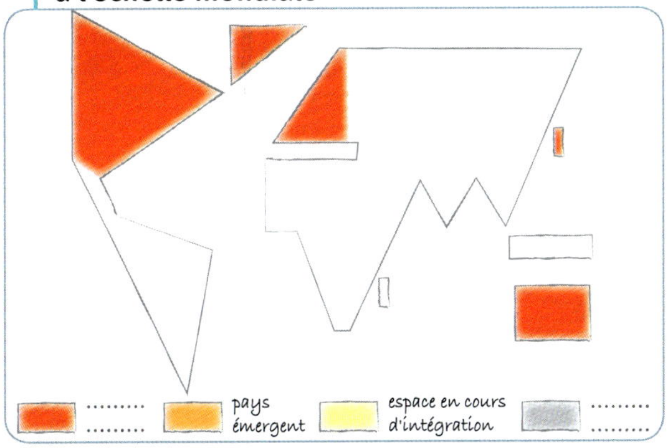

2 L'archipel métropolitain mondial

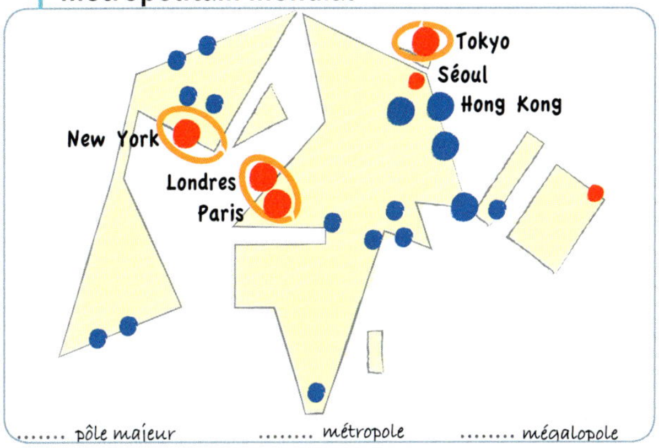

Analyser
un texte

En analysant le document, vous montrerez les caractéristiques qui font du Mozambique un Pays moins avancé puis présentez les mutations que connaît cet État.

L'œil du géographe Le Mozambique demeure l'un des pays les plus pauvres d'Afrique. Son PIB par habitant est de 441 dollars en 2017, ce qui le situe dans les abîmes des classements internationaux. Le rapport du PNUD sur le développement humain le classe en 2017 en 180e position (sur 189 pays classés) avec une valeur de 0,437. Avec un seuil fixé à 0,65 dollar par personne et par jour, 46,1 % de la population vit toujours sous le seuil de pauvreté. Le pays demeure frappé par des pandémies importantes comme la tuberculose, le choléra et surtout le sida, tandis que l'une des premières causes de mortalité est le paludisme. Cela étant, son profil socio-économique est disparate, alliant forte croissance et investissements récents à haut niveau de pauvreté et inégalités héritées. Car le Mozambique n'est pas à l'écart des flux de la globalisation. Comme d'autres États africains, il connaît une dynamique de flux d'investissements. Le Mozambique reste un État localement pauvre, mais économiquement mondialisé.

F. Folio, « Dynamisme et réorientation territoriale au Mozambique : un PMA en sortie ? », *Géoconfluences*, janvier 2017.

Argumenter
à l'aide d'exemples précis

- Avec la DIT, certaines périphéries parviennent à tirer profit de la mondialisation comme.............
- Des corridors de développement se multiplient et permettent.............
- De nouvelles puissances émergent, c'est le cas de.............
- Les villes mondiales sont des centres de commandement majeurs de la mondialisation car.............
- L'enclavement est un handicap pour ....

Travailler autrement
Préparer une fiche de synthèse sur un reportage :

À l'aide du reportage *Éthiopie-Djibouti : la renaissance de la ligne de chemin de fer*, préparez une présentation orale sur le sujet : L'Éthiopie, un État enclavé en cours d'intégration à la mondialisation.

Vidéo

Source : France 24, 16 février 2018.

1 **Sommet rassemblant les 20 États les plus riches du monde (G20), au Japon, le 29 juin 2019**

Activités numériques

Sur le site www.globalcarbonatlas.org

a. Identifiez les deux plus gros émetteurs de CO_2 en 2017.

b. À partir de l'onglet « CO_2 émissions », utilisez l'outil « Séries temporelles » accessible à droite pour étudier l'évolution de leurs émissions de CO_2. Quel pays présente l'évolution la plus marquée ?

c. Pourquoi le retrait des États-Unis de l'Accord de Paris sur le climat représente-t-il un défi mondial ?

2 **Manifestation devant la Maison Blanche en avril 2017, après le retrait des États-Unis de l'Accord mondial sur le climat signé à Paris en 2015**

QUESTION

5

RESSOURCES EN +
Sur le site collection :
lycee.hachette-education.com/hg/geo-tle

Coopérations, tensions et régulations aux échelles mondiale, régionale et locale

Comment les acteurs publics et privés tentent-ils de répondre aux défis de la mondialisation à toutes les échelles ?

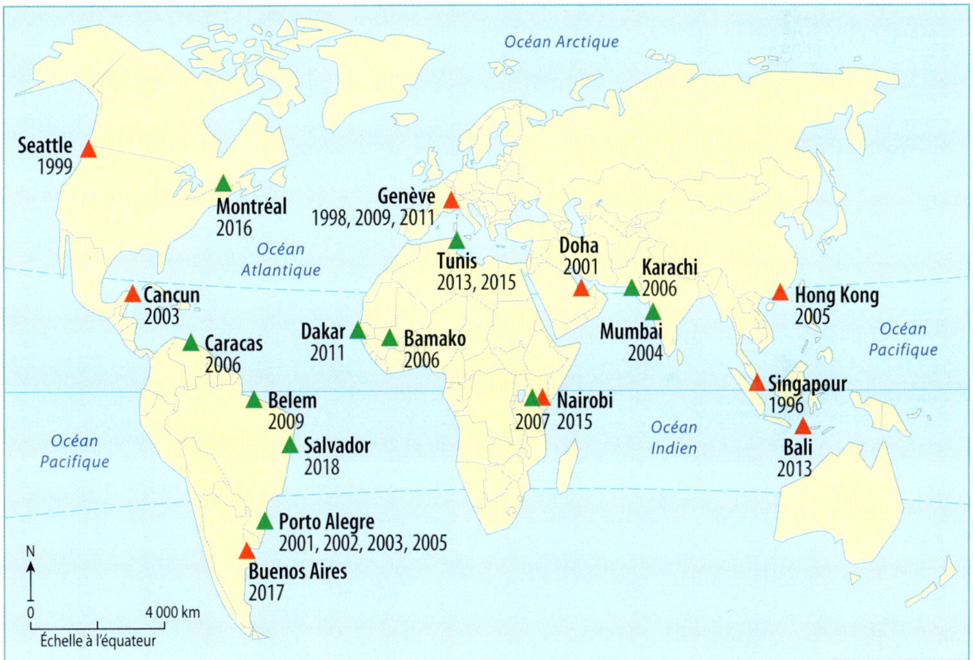

▲ Conférence de l'Organisation mondiale du commerce (OMC) qui encourage la mondialisation

▲ Forum social mondial qui dénonce les inégalités de la mondialisation (citoyens, associations, ONG...)

Sources : D. Oster et N. Balaresque, *La Mondialisation contemporaine, rapports de force et enjeux*, 2019 et OMC, 2020.

3 **Des réunions internationales qui participent à la mondialisation**

1. Quelles sont les formes de coopération entre les États qui visent à encadrer la mondialisation ? (doc. 1 et 3)
2. Identifiez les différentes formes de mobilisation des citoyens pour dénoncer les effets néfastes de la mondialisation. À quelles échelles ont-elles lieu ? (doc. 2 et 3)
3. Que réclament les manifestants sur leur banderole ? Formulez des hypothèses pour expliquer ces revendications ? (doc. 2)

Les défis de la mondialisation

Carte interactive

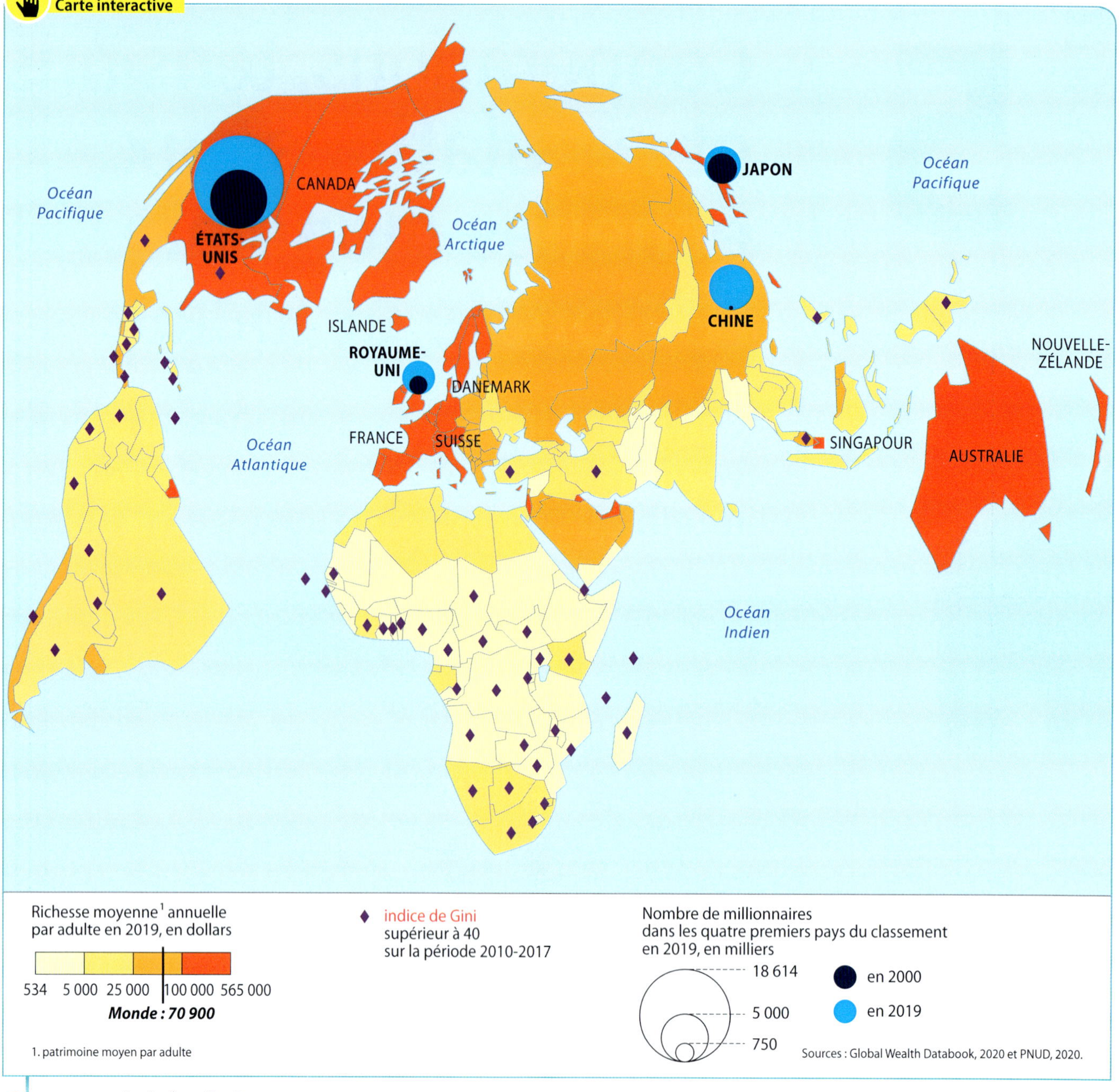

1 Un monde inégalitaire

Lire les cartes

Carte 1

À l'échelle mondiale, la richesse reste concentrée géographiquement. L'indice de Gini permet aussi de mesurer l'écart entre les revenus des habitants au sein d'un même pays.

Quelles régions du monde concentrent de fortes inégalités de revenus à l'échelle nationale ? Montrez à l'aide d'exemples précis que la mondialisation s'accompagne de fortes inégalités à toutes les échelles.

Carte 2

Depuis la fin de la Seconde Guerre mondiale, la mondialisation des échanges s'appuie sur une baisse des tarifs douaniers à l'échelle mondiale. Cependant, les États cherchent à protéger leur marché intérieur de la concurrence.

Identifiez les pays les plus protectionnistes. Formulez des hypothèses pour expliquer les écarts entre les droits de douane et les tensions qu'ils génèrent.

Carte 3

L'impact des émissions de CO_2 sur le changement climatique et l'aggravation des risques naturels constituent les défis du XXIe siècle.

Quels types de pays sont les plus gros émetteurs de CO_2 ? Identifiez les régions et les pays les plus vulnérables au changement climatique. Que pouvez-vous en conclure ?

2 Des États en quête de protectionnisme

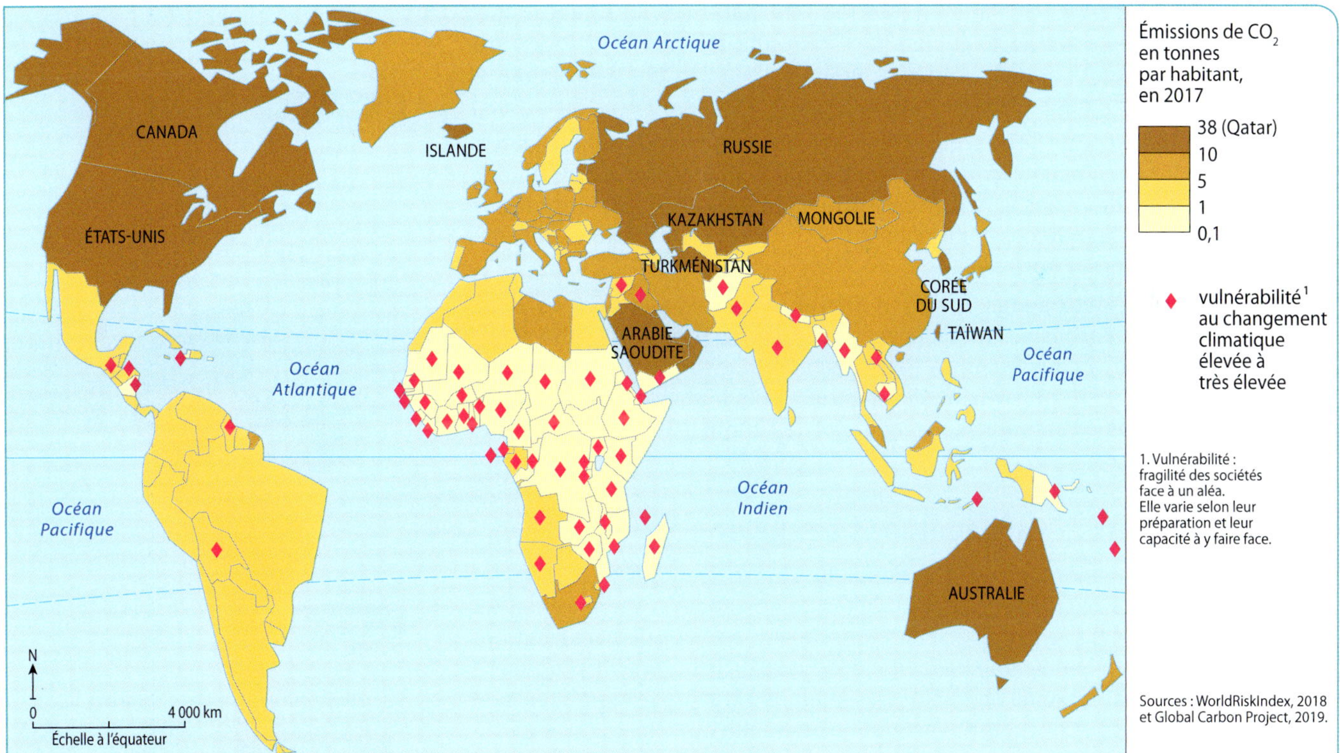

3 Un défi environnemental majeur

Vocabulaire

- **Indice de Gini :** instrument de mesure des inégalités entre les revenus des habitants à l'intérieur d'un pays (indice 100 = inégalité maximale).
- **OMC (organisation mondiale du commerce) :** organisation régulant le commerce international et réglant les différends commerciaux. Son objectif est de réduire les obstacles au libre-échange.
- **Protectionnisme :** politique visant à protéger l'économie nationale de la concurrence étrangère (contraire du libre-échange).

Cours 1 Une mondialisation sous tensions

QCM interactif cours

Podcast

Quels sont les défis posés par l'interdépendance des territoires dans la mondialisation ?

A Une forte concurrence économique

La mondialisation accroît la concurrence entre les territoires. La baisse des tarifs douaniers et du coût des transports depuis 1945 ainsi que la dérèglementation ont amplifié les échanges mondiaux. Par ailleurs, les stratégies des firmes transnationales (conquête de marchés, coûts de main-d'œuvre) utilisent les différences de législation ou de développement entre les États et contribuent à une nouvelle division internationale du travail.

Dans ce contexte, certains États cherchent à protéger leur marché national. Les États-Unis appliquent des barrières tarifaires sur les produits de leurs principaux concurrents (industrie chinoise) et soutiennent leurs propres entreprises (subventions). Au Japon, des barrières non tarifaires (normes, quotas, licences) rendent le marché difficile à conquérir pour les firmes étrangères.

Des tensions résultent des guerres commerciales entre les États. À l'aide de droits de douane, de l'espionnage industriel ou d'outils juridiques, chaque État tente de peser davantage dans la mondialisation. Ainsi, depuis 2018, les États-Unis et la Chine s'intimident économiquement en taxant leurs importations réciproques (doc. 3).

B Des défis économiques et sociaux à toutes les échelles

L'essor des flux financiers mondialisés s'accompagne de crises économiques. La suppression des obstacles à la circulation internationale des capitaux et l'interconnexion des marchés financiers facilitent une spéculation croissante. Le gonflement de la dette mondiale, passée de 61 % à 225 % du PIB mondial entre 2001 et 2017, inquiète les milieux financiers.

La mondialisation est accusée de creuser les inégalités sociales. La mondialisation a permis l'intégration dans l'économie mondiale des pays en développement. Mais la production de richesse reste concentrée : en 2019, 8 % de la population disposent de 86 % de la richesse mondiale (Repère A) et les inégalités sociales progressent à l'intérieur des pays.

La mondialisation favorise les activités illicites. Les réseaux criminels ont consolidé des trafics transnationaux (armes, drogues, traites d'êtres humains, contrefaçons - doc. 2) contribuant à l'extension de zones grises. Les paradis fiscaux (Repère B) facilitent l'évasion des capitaux et le blanchiment de l'argent provenant d'activités illicites. Ainsi, Singapour offre l'anonymat aux bénéficiaires de comptes bancaires.

C De nouveaux défis planétaires à relever

Les enjeux environnementaux se mondialisent. L'accroissement des échanges favorise des modèles de croissance peu durables. La demande en énergies fossiles (pétrole, charbon, gaz) augmente les émissions de GES, sources de perturbations climatiques affectant l'ensemble de la planète. En 2020, le coronavirus Covid-19 apparu en Chine s'est répandu en quelques semaines à travers le monde, faisant des milliers de morts et impactant l'économie mondiale (doc. 1).

Face à un risque global aggravé, les États se divisent. L'Accord de Paris sur le climat (2015) n'est pas contraignant et repose sur la bonne volonté des 195 pays signataires. En 2017, Donald Trump a désengagé les États-Unis, 2e émetteur mondial de GES après la Chine, de l'Accord de Paris.

ONG et opinions publiques se mobilisent face à l'urgence environnementale. L'ONG néerlandaise Urgenda a obtenu en justice que les Pays-Bas accélèrent la réduction des GES. En 2019, une grève mondiale pour le climat a été organisée par une jeunesse de plus en plus impliquée.

La mondialisation s'accompagne de tensions politiques entre les États et pose des défis sociaux, économiques et environnementaux à l'échelle mondiale.

Vocabulaire

- **Dérèglementation :** démantèlement des règles organisant un secteur économique pour accroître la libre concurrence.
- **GES (gaz à effet de serre) :** gaz (CO_2, méthane ou ozone) piégé dans l'atmosphère contribuant au changement climatique.
- **ONG (organisation non gouvernementale) :** acteur de la société civile aux divers domaines d'intervention (environnement, humanitaire, droits de l'homme).
- **Paradis fiscal :** territoire sans fiscalité ou à fiscalité très basse qui attire les capitaux internationaux.
- **Zone grise :** espace où les institutions internationales et nationales ne parviennent pas à imposer leurs règles.

REPÈRE A

Les États et associations régionales les plus riches du monde

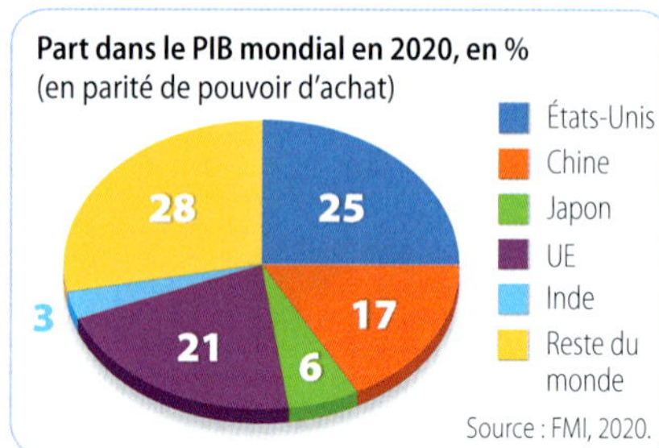

REPÈRE B

Le fonctionnement d'un paradis fiscal

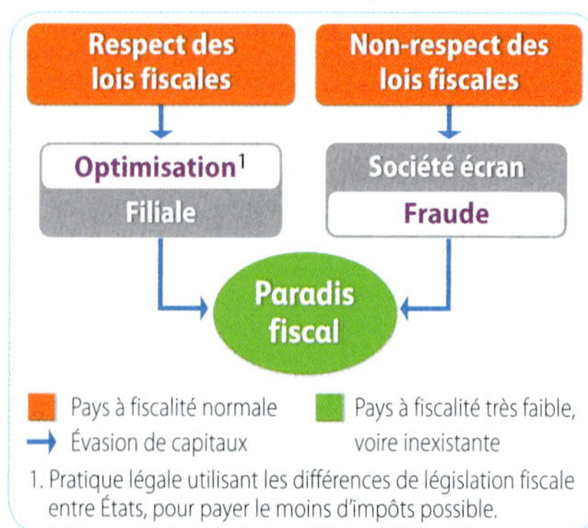

1 Les facteurs de la diffusion du Coronavirus dans un espace mondialisé

Tout commence dans une ville au cœur des chaînes de valeur ajoutée : Wuhan est un lieu-clé d'implantation de firmes transnationales comme General Motors, Honda ou Renault. Dotée de gigantesques zones industrielles, elle a reçu plus de 20 milliards de dollars d'investissements étrangers ces dernières années. Noeud ferroviaire et lieu d'intenses circulations, Wuhan accueillait chaque année 1 milliard de passagers par train ou avion au début des années 2000 et 4 milliards à la fin 2019. Quelque 3 500 passagers en décollaient chaque jour vers l'étranger. La mise à l'arrêt des industries productives en Chine a donc littéralement cassé le premier maillon des chaînes de valeur ajoutée et entraîné, à l'autre bout de la chaîne, le plongeon des marchés financiers dans les villes mondiales – Tokyo, Londres, New York.

L'épidémie a poursuivi son trajet à travers un second dispositif, celui des paquebots touristiques. Les affres du *Diamond-Princess* doivent être replacées dans un contexte d'explosion de ce type de tourisme : il y avait 10 millions de passagers sur les paquebots au début des années 2000, ils sont désormais 30 millions. De même, le virus est arrivé en Europe par le tourisme et par avion, que ce soit en Haute-Savoie, en Italie du Nord ou dans l'Oise, à proximité de Roissy-Charles-de-Gaulle.

Le virus a aussi emprunté la voie des « transmigrations », terme qui désigne les allers-retours fréquents entre deux localités de deux pays différents. Il est ainsi arrivé d'Asie en Californie et en Colombie-britannique, au Canada. Sur la côte Est, il est arrivé à Montréal et New York depuis l'Iran.

« Le Covid-19 met au jour toute une série de phénomènes associés à la mondialisation », tribune de Romain Leclerc, *Le Monde*, le 6 mars 2020.

2 La lutte mondiale contre la contrefaçon

Depuis 1998, une journée mondiale anti-contrefaçon est organisée afin de sensibiliser le grand public aux conséquences de la contrefaçon. La contrefaçon se définit comme la reproduction, l'imitation ou l'utilisation totale ou partielle d'un droit de propriété intellectuelle sans l'autorisation de son propriétaire.

3 La menace d'un retour du protectionnisme

En 2019, Donald Trump a interdit, par un décret, à la firme Google de fournir son système d'exploitation Android à l'entreprise de téléphonie mobile chinoise Huawei provoquant un vent de panique chez les consommateurs. Cependant, la menace n'a toujours pas été mise à exécution et est un levier de négociation avec la Chine accusée de protéger son propre marché.

Capacités & Méthodes

Savoir lire et apprécier un dessin de presse (doc. 3)

Décrire	Interpréter	Critiquer
Comment le dessinateur a-t-il représenté les États-Unis et la Chine ?	Quel est le sens de la référence à *Game of Thrones* ?	Montrez que les relations entre les puissances commerciales peuvent prendre d'autres formes (p. 154-155)

Comment le commerce des déchets reflète-t-il les tensions de la mondialisation ?

Chaque année, quatre milliards de tonnes de déchets sont produites dans le monde, principalement dans les pays industrialisés. Or, depuis le 1er janvier 2018, la Chine, principal importateur de déchets, a décidé de ne plus accepter de déchets plastiques, bouleversant ce commerce mondialisé.

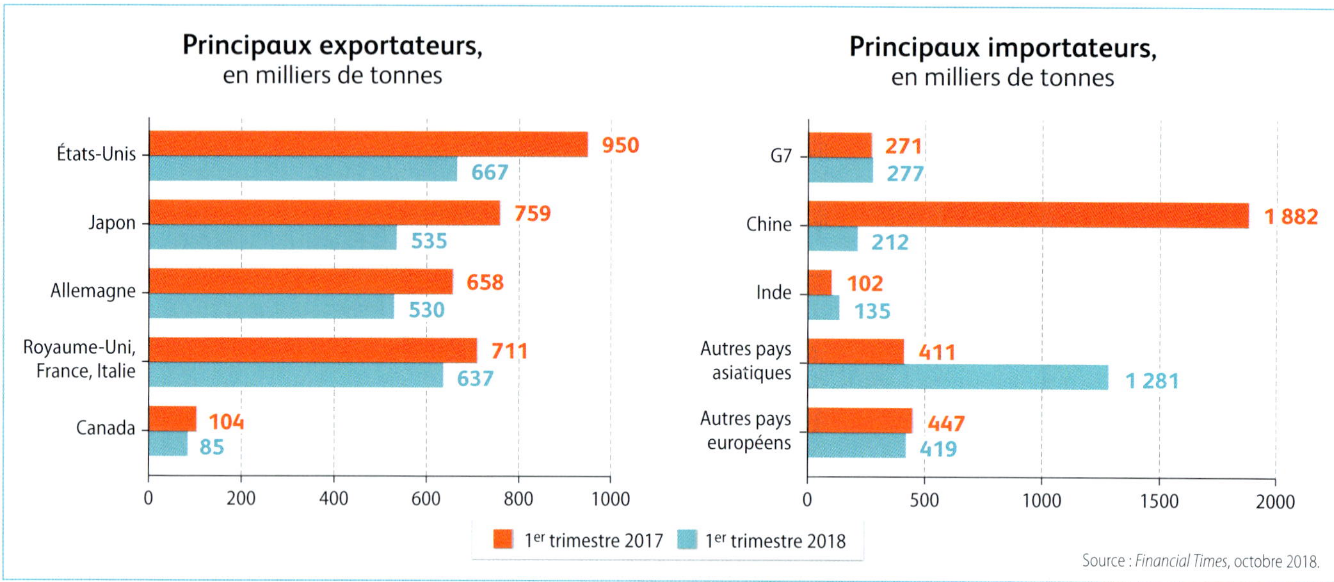

1 **Les déchets plastiques : un commerce mondial en mutation**

2 Un marché mondial bouleversé par la Chine

En 2013, Pékin a commencé à s'attaquer de front au problème de la pollution. Avec son programme « *Green Fence* » (« clôture verte »), le pays a renforcé les contrôles douaniers sur les matières recyclées afin de bloquer les lots de déchets impurs ou non recyclables. Un durcissement qui a surpris les acteurs occidentaux de l'industrie, pris au dépourvu. Les importations chinoises de plastique ont peu à peu baissé, passant de 600 000 tonnes par mois en 2016 à 30 000 tonnes par mois en 2018. Mais, en 2018, au nom de sa politique environnementale, le gouvernement chinois a franchi un cap. Pour ne plus être la première destination mondiale du recyclage, la Chine a carrément banni l'importation de plastiques et de plusieurs autres catégories de déchets qu'elle recyclait jusqu'alors. Tout le réseau de recyclage mondial a été redistribué. Beaucoup d'industriels chinois ont transféré leurs activités vers l'Asie du Sud-Est : au Vietnam, en Thaïlande mais surtout en Malaisie[1]. Le pays, qui compte une importante minorité chinoise, est devenu une destination de choix pour les industriels qui ont déménagé leurs activités de Chine.

France 2, 7 juin 2019.

1. En mai 2019, la Malaisie, qui autorise l'importation de déchets plastiques propres, a retourné à l'envoyeur 450 tonnes de plastique contaminé provenant d'Australie, du Bangladesh, du Canada, de Chine, du Japon, d'Arabie saoudite et des États-Unis.

3 **L'Afrique au cœur de la mondialisation des déchets électroniques**

La décharge d'Agbogbloshie, un quartier d'Accra au Ghana, est la plus grande décharge de produits électroniques d'Afrique. Les industriels des pays développés profitent de normes environnementales et sociales peu contraignantes pour se débarrasser d'objets dont le coût de recyclage est moins élevé dans les pays en développement.

4

Manifestation des militants de l'ONG EcoWaste Coalition à Manille (Philippines)

Les manifestants protestent devant l'ambassade du Canada, en mai 2019. Ils demandent, au nom de la Convention de Bâle, le retour de conteneurs de déchets souillés et non recyclables stockés depuis 2014 dans le port de Manille.

Vocabulaire

- **Convention de Bâle :** traité international signé en 1992 par 166 pays (mais non ratifié par les États-Unis et Haïti) qui vise à contrôler les échanges internationaux de déchets dangereux. Depuis 2019, il interdit l'exportation de déchets dangereux à partir de pays développés en direction de pays en développement.

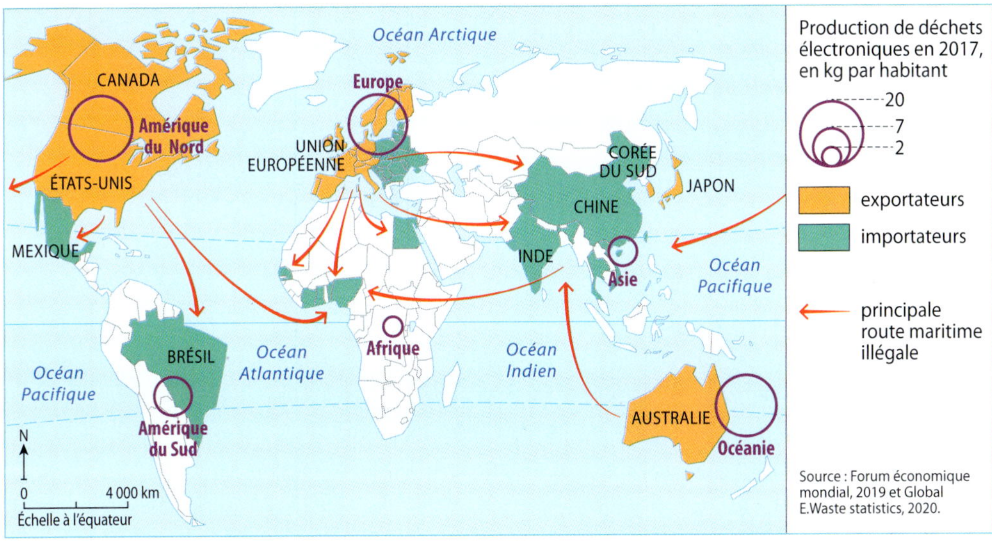

5

Les filières illégales des déchets électroniques

Mettre en relation des faits de localisations différentes

Itinéraire guidé

Décrire

1. Identifiez les différents acteurs et l'évolution de leur rôle dans la commercialisation des déchets. (doc. 1 et 2)
2. Pourquoi certains types de déchets exportés posent-ils des défis mondiaux ? (doc. 3, 4 et 5)
3. Montrez les limites de la Convention de Bâle régulant au niveau international le commerce des déchets dangereux. (doc. 3, 4 et 5)

Interpréter

4. Pourquoi la réorganisation du marché mondial des déchets s'accompagne-t-elle de tensions ? (doc. 2 et 4)

Itinéraire en autonomie

À l'aide des documents, expliquez les relations qui impliquent les différents acteurs du commerce mondial des déchets.

États (doc. 1, 2 et 3)	ONG (doc. 4)	Institutions internationales (doc. 4)	Entreprises (doc. 3 et 5)

Puis, rédigez une synthèse expliquant les tensions et le rôle des acteurs du commerce mondial des déchets.

Cartes

Carte interactive

Une mondialisation entre coopérations et régulations

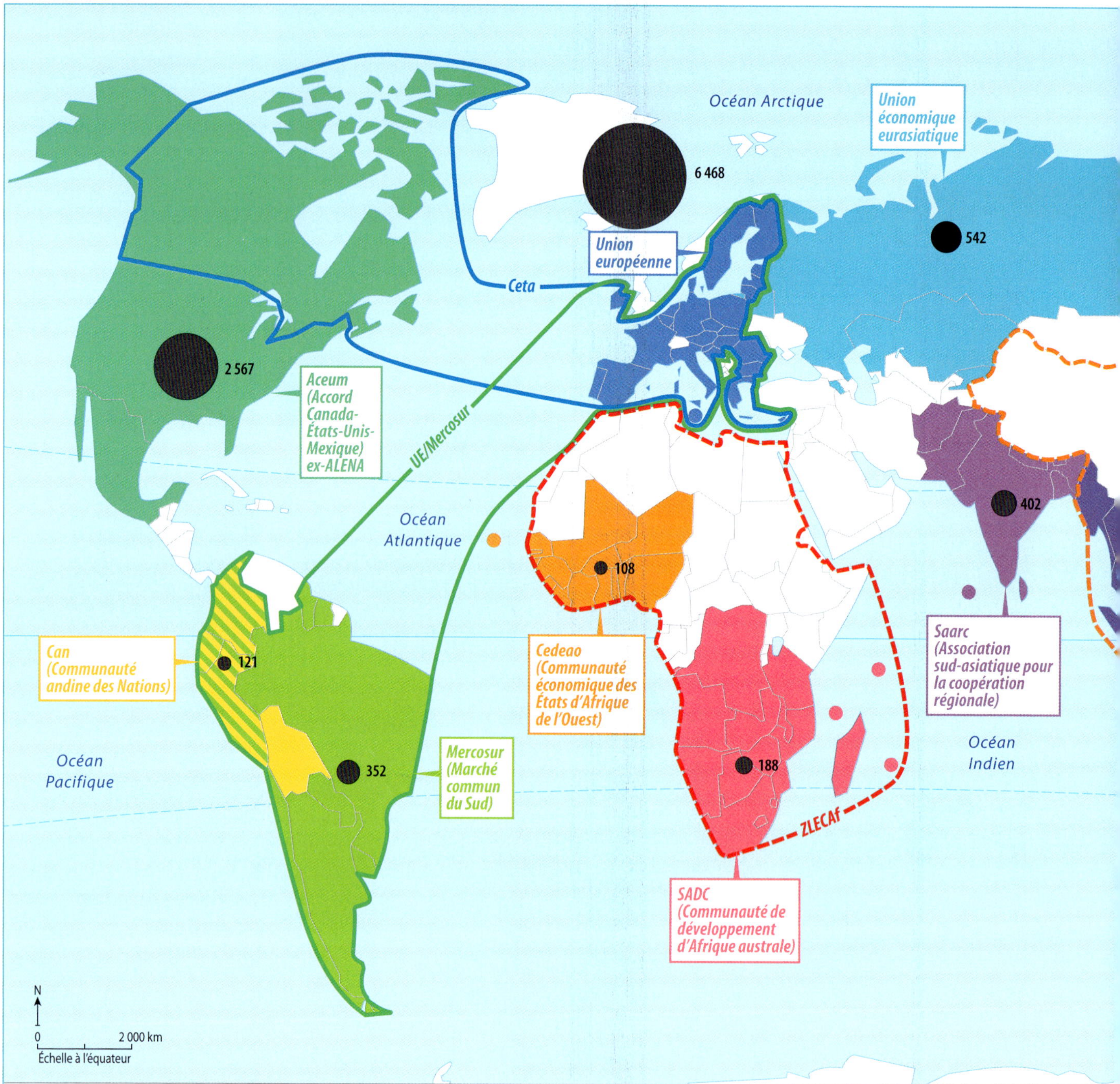

1. Des associations économiques régionales au poids économique inégal

associations économiques régionales

valeur de leurs exportations en 2018, en milliards de dollars

6 468
1 500
100

2. La constitution récente de méga-accords régionaux

Accords signés depuis 2016

Ceta (Comprehensive Economic and Trade Agreement) suppression de 98 % des droits de douane sur les marchandises échangées entre l'UE et le Canada

UE/Mercosur

Accords en projet

RCEP (Regional Comprehensive Economic Partnership) projet promu par la Chine, qui regrouperait 45 % de la population mondiale

ZLECAf (Zone de libre-échange continentale africaine) projet représentant un marché de 1,2 milliard de personnes, en négociation depuis 2015

1 Une coopération économique régionale croissante

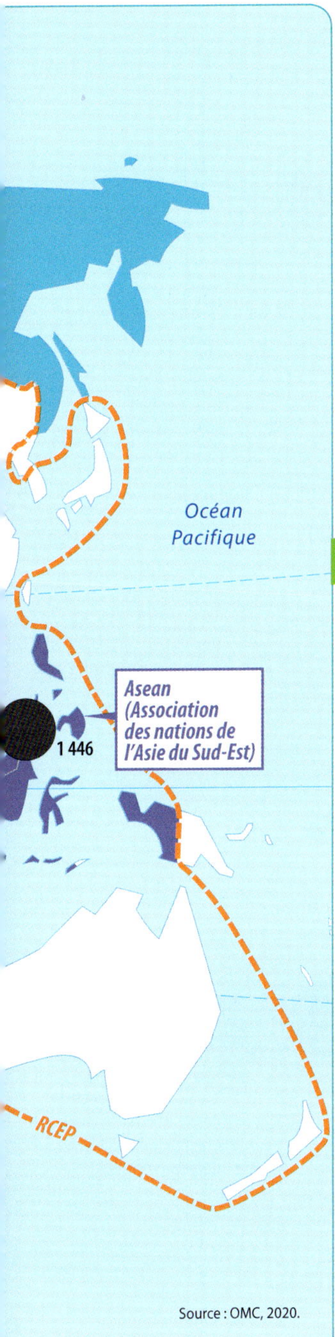

Source : OMC, 2020.

Source : N. Balaresque et D. Oster, *La Mondialisation contemporaine*, 2019.

1. Des organisations internationales de coopération et de régulation
- ▲ siège de l'ONU
- ▲ siège de la Banque mondiale et du Fonds monétaire international (FMI)
- ▲ siège de l'Organisation mondiale du commerce (OMC) et de l'Organisation internationale du travail (OIT)
- ▲ siège d'Interpol (Organisation internationale de police criminelle, pour promouvoir la coopération policière)

2. Des « clubs » de puissances mondiales
- ITALIE membre du G7
- membre du G20
- INDE BRICS

2 Une gouvernance mondiale multiforme

> Des planisphères...

1. Identifiez les domaines dans lesquels les États collaborent et les outils de collaboration.
2. Quels sont les objectifs des associations économiques régionales ? Localisez celles qui pèsent le plus dans les échanges mondiaux. Formulez des hypothèses pour expliquer leur poids inégal.
3. Montrez que les coopérations se font à des échelles diverses.

Vocabulaire

- **Association économique régionale :** accord entre des États permettant d'établir un marché unifié par la suppression des droits de douane. Il peut aussi harmoniser les services, les investissements ou la protection de la propriété intellectuelle.
- **BRICS (Brésil, Russie, Inde, Chine et Afrique du Sud) :** groupe de puissances ascendantes appelées à remettre en cause la domination des pays développés dans l'économie mondiale.
- **Gouvernance :** coordination de l'ensemble des acteurs et des règles qui constituent une autorité pour gérer les affaires publiques.
- **G7 (groupe des Sept) :** groupe de discussion et de partenariat économique entre les chefs d'État et de gouvernement de l'Allemagne, du Canada, des États-Unis, de la France, de l'Italie, du Japon et du Royaume-Uni, créé en 1975. Depuis 1999, 12 pays ainsi que l'Union européenne s'y sont ajoutés pour former le G20.

... au schéma

Schéma PDF à télécharger

À partir des informations relevées dans les documents, complétez le schéma ci-dessous.

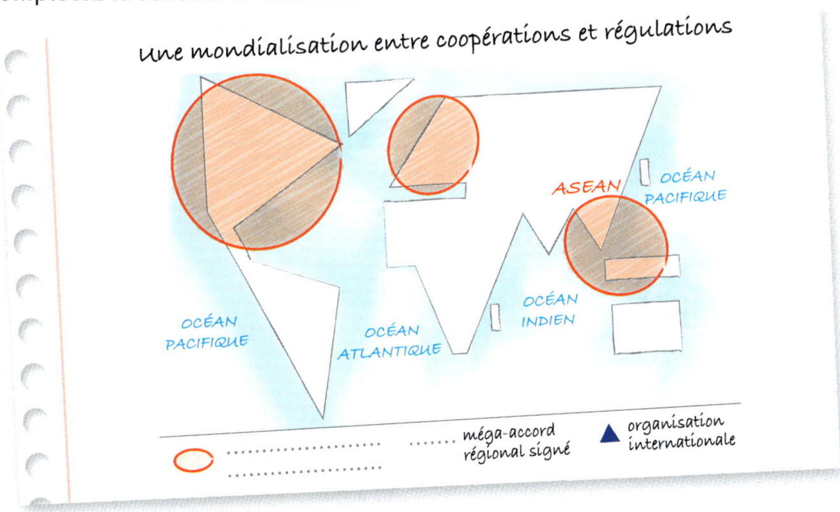

Cours 2 Régulations et coopérations dans la mondialisation

QCM interactif cours

Podcast

Pourquoi les réponses aux défis de la mondialisation sont-elles complexes ?

A Des organisations internationales de régulation fragilisées

Des organisations internationales nées après 1945 régulent la gouvernance mondiale (Repère A). Fondées sur le **multilatéralisme**, elles édictent des normes sanitaires, environnementales, politiques et économiques. Ainsi, le Gatt puis l'OMC, créée en 1995, ont établi les règles du commerce mondial. L'ONU a mis en place un droit international (droits de l'homme, désarmement, frontières maritimes...).

Mais ces organisations internationales sont concurrencées. Une logique de « clubs » dans des structures informelles (G7 depuis 1975, G20 à partir de 1999, BRICS depuis 2006) s'est développée en marge des organisations internationales. Le multilatéralisme est remis en question (rejet de l'accord sur le nucléaire iranien par les États-Unis en 2017).

Les puissances émergentes bousculent aujourd'hui l'ordre international établi (doc. 2). Elles revendiquent une place accrue au sein du FMI et du Conseil de sécurité de l'ONU (Inde, Nigeria, Brésil). La Nouvelle Banque de développement créée en 2014 par les BRICS cherche à concurrencer la Banque mondiale dans les pays en développement.

B Des coopérations indispensables à l'échelle internationale

Face aux défis de la mondialisation, des coopérations entre États se mettent en place. L'UE s'est attaquée depuis 2009 au secret bancaire dans les paradis fiscaux pour lutter contre l'évasion des capitaux. Mais l'action contre la spéculation financière reste encore à construire. La lutte contre les trafics s'est internationalisée par le renforcement des coopérations policières comme Interpol.

Les ONG sont devenues des partenaires incontournables (Repère B). Présentes dans les rencontres internationales (OMC, ONU), leurs stratégies de mobilisation des opinions publiques ont poussé certaines grandes entreprises (Zara, H&M, Nike) à signer des chartes éthiques (liberté syndicale, salaire minimum).

Certains États s'affranchissent des règles édictées par les organisations internationales. La Chine refuse toute régulation de sa monnaie. Sur les 189 conventions de l'Organisation Internationale du travail visant à un Code du travail mondial, les États-Unis en ont ratifié seulement 14, contre 127 pour la France. Les subventions aux agriculteurs de l'UE et des États-Unis faussent les règles fixées par l'OMC.

C Une coopération croissante à l'échelle locale

Acteurs économiques et politiques locaux se regroupent pour protéger leurs productions. Face à la concurrence mondiale, les labels et certifications comme les **indications géographiques** permettent de garantir l'origine d'un produit et de lutter contre les fraudes. Ils valorisent sur les marchés mondiaux des productions locales, comme le bœuf de Kobé au Japon ou les vins de Champagne.

Des communes se regroupent pour dynamiser leur territoire. En France, le réseau des collectivités territoriales pour l'**économie sociale et solidaire** regroupe 130 collectivités (métropoles, intercommunalités, conseils départementaux et régionaux). Au Costa Rica, les villages du parc national des tortues sont intégrés dans le développement de l'écotourisme.

À l'échelle locale, les relations entre producteurs et consommateurs se transforment. L'irruption du numérique modifie les circuits de distribution et offre une visibilité accrue aux producteurs locaux et à de nouvelles manières de consommer (circuits courts, commerce équitable). (doc. 1)

Malgré la présence d'organisations internationales, la coopération entre les États reste inégale. La régulation de la mondialisation passe aussi par de nouveaux acteurs.

Vocabulaire

- **Économie sociale et solidaire (ESS) :** ensemble d'entreprises organisées sous forme de coopératives, mutuelles, associations dont les activités reposent sur la solidarité, l'utilité sociale et une gestion participative.
- **Indication géographique :** signe identifiant des produits possédant des qualités et une notoriété liées à son lieu d'origine. Elle est protégée par l'OMC et l'Organisation mondiale de la propriété intellectuelle.
- **Multilatéralisme :** mode de relations interétatiques visant à établir des règles communes.

REPÈRE A

Le fonctionnement de la gouvernance mondiale

REPÈRE B

3 ONG influentes

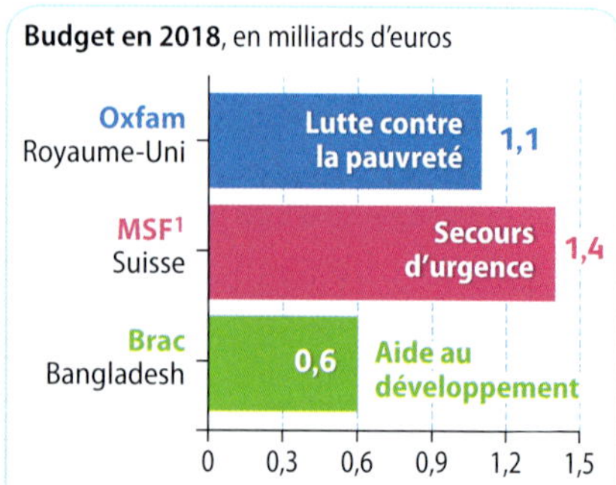

1. Médecins sans frontières

Source : NGO Advisor, 2018.

1 **Les circuits courts : vente directe de produits agricoles en Californie**

Le système du *teikei* apparu dans les années 1970 au Japon, est fondé sur des relations directes entre producteurs et consommateurs. On le retrouve aux États-Unis avec les *farmer's markets* nés dans les années 1930 ou les AMAP (Associations pour le maintien de l'agriculture paysanne) en France depuis les années 1990.

2 **Les organisations internationales face aux pays émergents**

L'œil du géographe Ce sont surtout aujourd'hui les grandes institutions économiques et financières comme le Fonds monétaire international et la Banque mondiale qui sont les plus fragilisées par une profonde crise de légitimité du fait de leur profond discrédit. Les logiques ultra-libérales[1], promues dans les décennies 1980-2010, ont abouti à la crise financière mondiale de 2008, mais de nombreux États occidentaux qui en tiennent les rênes, en premier lieu les États-Unis, refusent de les réformer en profondeur et d'en partager le pouvoir. Face aux blocages de Washington et faute de pouvoir les transformer de l'intérieur, les grands pays émergents tout particulièrement la Chine – ont donc choisi de contourner les accords de Bretton Woods[2] en se dotant de leurs propres institutions autonomes. Ainsi le sommet d'Ufa des BRICS du printemps 2015 valide la création d'une Nouvelle Banque de développement. Surtout, au printemps 2015, la Chine fonde la Banque asiatique d'investissement pour les infrastructures (BAII) afin de torpiller en Asie le monopole acquis par la Banque asiatique de développement créée en 1966, dominée par les États-Unis et le Japon, dont le siège est à Manille et le président japonais. Malgré l'opposition de Washington, la BAII – dont le siège est à Pékin – a acquis un véritable statut international puisque 97 États y adhèrent.

L. Carroué, *Géographie de la mondialisation*, A. Colin, 2019.

1. Les politiques libérales prônées par la Banque mondiale et le FMI ont abouti à une déréglementation qui a favorisé la spéculation financière, la libéralisation de la santé, de l'éducation ou la privatisation de l'énergie ou des transports.
2. Nés de la conférence réunie en 1944, aux États-Unis, ils débouchent sur la création du Fonds monétaire international (FMI) et de la Banque mondiale.

Capacités & Méthodes

Analyser un texte de géographe

Montrez, à partir du doc. 2, que les organisations internationales sont des éléments de régulation de la mondialisation de plus en plus critiqués.

Pour vous guider

Organisez votre réponse en 3 parties
- Des organisations internationales anciennes de la gouvernance économique
- Mais des organisations critiquées
- De nouvelles organisations concurrentes

Exemple

Comment l'OMC (Organisation mondiale du commerce) régule-t-elle le commerce mondial ?

État mis en cause / Plaignant	États-Unis	Union européenne	Canada	Brésil	Japon	Mexique	Inde	Chine
États-Unis	-	20	8	4	6	7	8	23
Union européenne	35	-	6	5	6	3	11	9
Canada	20	9	-	1	-	-	1	4
Brésil	11	7	4	-	-	1	1	1
Japon	8	1	2	-	-	-	2	2
Mexique	10	3	-	-	-	-	-	4
Inde	11	7	-	-	-	-	-	-
Chine	16	5	-	-	-	-	-	-

1 L'OMC, un arbitre des conflits économiques

Nombre de conflits entre les pays qui ont déposé le plus de plaintes.

Source : OMC, 2019.

2 L'OMC, une instance de régulation fragilisée

L'Organe de règlement des différends (ORD) constituait l'une des principales innovations de l'Organisation mondiale du commerce (OMC) lors de sa création en 1995. Mais ni l'OMC ni l'ORD n'ont un pouvoir de sanction et les experts de l'ORD ne peuvent qu'émettre un avis sur les dossiers, donnant alors la possibilité au pays qui a porté plainte d'imposer des sanctions à son partenaire commercial. Et cela a très souvent bien fonctionné. On peut ainsi rappeler la plainte déposée par le Brésil en 2005 contre les subventions accordées par les États-Unis à son industrie cotonnière et pour laquelle, en 2009, l'ORD l'autorisa à prendre des sanctions commerciales envers la première puissance mondiale. Depuis 1995, ce sont plus de 600 demandes de plaintes qui ont été déposées par des pays de tailles et de poids économiques très différents, l'un des principes clés de l'OMC étant l'égalité de ses membres. C'est ainsi qu'en 2004, le Bangladesh demandait un avis à l'ORD à propos de mesures imposées par l'Inde qui freinait leurs ventes de batteries vers ce pays. En 2009 le Guatemala déposait une plainte contre la Chine ou encore, en 2013, Antigua et Barbuda contre les États-Unis… Et c'est bien cela qui gêne les États-Unis très souvent mis en cause dans le cadre de l'ORD. Lors de la conférence annuelle de l'OMC à Buenos Aires en décembre 2017, le représentant au commerce américain a même annoncé que son pays allait refuser la nomination de nouveaux experts à l'ORD, bloquant de fait sa capacité à instruire les dossiers déposés.

S. Matelly, « *L'OMC, invitée surprise de la guerre commerciale* », Iris, 4 octobre 2019.

Utiliser une approche géographique pour mener une analyse

Itinéraire guidé

Décrire

1. Identifiez les États qui sont le plus souvent mis en cause devant l'OMC. (doc. 1 et 2)

Interpréter et synthétiser

2. Pourquoi les plaintes les plus nombreuses opposent-elles les mêmes États ? (doc. 1 et 2 et doc. p. 19)
3. Quels sont les obstacles à la régulation du commerce mondial par l'OMC ? (doc. 1 et 2)
4. Répondez de façon nuancée à la question : « L'OMC est-elle en capacité de réguler le commerce mondial ? »

Itinéraire en groupe

Au sein de groupes de 3 élèves, dans lesquels chacun défend un des trois arguments ci-dessous, organisez un débat sur la question « l'OMC est-elle en capacité de réguler le commerce mondial ? »

l'OMC contribue à la régulation du commerce mondial ; l'OMC n'arrive pas à réguler le commerce mondial ; l'OMC ne peut suffire à réguler le commerce mondial mais en est un acteur clé.

Exemple

Les États sont-ils en mesure de réguler les GAFA ?

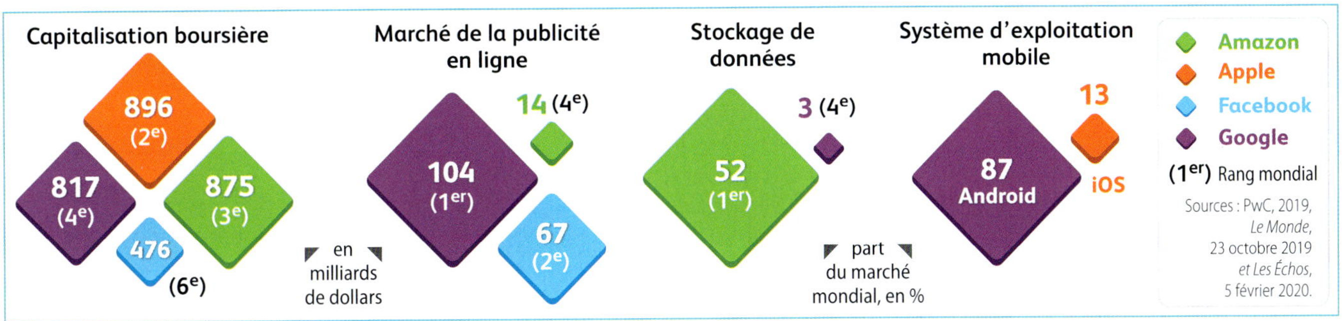

1 Le poids économique des GAFA

Google, Amazon, Facebook, Apple, sont devenus des acteurs incontournables d'un monde de plus en plus numérique. Leur puissance repose sur leur maîtrise technologique et l'étendue de leur champ d'action (contrôle des données, média et divertissement, publicité, distribution, finance) créant une dépendance sans cesse croissante qui inquiète.

2 Une régulation inégale

Les GAFA commencent à être fortement contestés, notamment pour leur utilisation à des fins lucratives d'informations privées fournies par les utilisateurs, pour l'exercice d'une technologie de domination, leur capacité à s'engager dans la spéculation financière, leur goût pour l'évasion fiscale et la mise en place d'une société de surveillance de masse. Il est vrai que ces sociétés exercent une influence politique indéniable dans tous les pays du monde, leurs instruments étant souvent utilisés à des fins stratégiques (comme l'a démontré l'affaire « Cambridge Analytica »[1]). Avec l'arrivée des mastodontes de l'économie numérique et l'ouverture des frontières, les GAFA ont situé leurs activités artificiellement dans les pays à fiscalité accommodante afin de payer moins de 10 % d'impôt sur les sociétés en Europe, contre une moyenne de 23 % pour les entreprises classiques. S'il paraît légitime que les GAFA paient l'impôt là où elles créent de la valeur, il faut néanmoins convaincre tous les pays de respecter les accords européens. Le 13 septembre 2018, le Parlement européen a voté le projet de directive relative à la protection des droits d'auteur à l'heure de l'« invasion » numérique. Lorsque Facebook et Google utilisent tout ou partie d'un article de presse, ils devront payer des droits d'auteur dont le calcul et le montant n'ont pas été précisés.

J. Fontanel, N. Sushcheva, *La puissance des GAFA : réalités, apports et dangers*, La Documentation française, 2019.

1. Entreprise condamnée pour manipulation de données au profit de la campagne électorale de Donald Trump.

3 Des tentatives pour freiner la régulation par les États

Les GAFA ont tenté par des pressions de freiner la directive européenne protégeant les droits d'auteur sur le Net, finalement adoptée en mars 2019.

Utiliser une approche géographique pour mener une analyse

Itinéraire guidé

Décrire et interpréter

1. Identifiez les éléments qui fondent la puissance économique et technologique des GAFA. (doc. 1 et 3)
2. Quelles mesures ont été prises par les États pour tenter de restreindre leur puissance ? Pourquoi sont-elles limitées ? (doc. 2 et 3)
3. Montrez que la puissance des GAFA repose sur un monopole, mais aussi sur la mise en concurrence des territoires. (doc. 1 et 2)

Cours 3 Vers une régionalisation des échanges

QCM interactif cours

Podcast

Comment les associations économiques régionales participent-elles à la mondialisation ?

A Une place croissante dans les échanges mondiaux

Les associations économiques régionales **se sont multipliées** (Repère A, doc. 1 p. 162). L'Europe a été pionnière dans la construction d'un vaste marché commun (1957). L'Asean en Asie (1967), le Mercosur (1991) et l'Aceum (2018, ex-Alena) en Amérique structurent de vastes marchés intérieurs de libre-échange ouvrant des productions locales à des marchés régionaux préférentiels.

Ces associations sont devenues des acteurs majeurs du commerce mondial. En 2018, l'UE représente 34 % du commerce mondial, l'Aceum 14 %. Les pays d'Afrique australe regroupés dans la SADC (1980) représentent 41 % des exportations de l'Afrique.

Depuis 2010, des méga-accords régionaux se développent. Un accord de libre-échange économique a été signé entre le Canada et l'UE malgré les oppositions (doc. 1). En 2018, un accord de partenariat économique transpacifique a été conclu sous l'égide du Canada et du Japon entre 11 pays de la zone pacifique, visant aussi à contrebalancer l'influence de la Chine.

Vocabulaire

- **Association économique régionale :** accord entre des États permettant d'établir un marché unifié par la suppression des droits de douane. Il peut aussi harmoniser les services, les investissements ou la protection de la propriété intellectuelle.

B Des outils d'intégration dans la mondialisation

Les associations régionales favorisent les échanges à toutes les échelles (doc. 2). L'élimination des droits de douane intérieurs dans l'UE et l'Aceum a dynamisé les échanges entre les États-membres. L'UE a permis d'atténuer les inégalités entre les États. L'Asean a développé ses échanges régionaux, profitant de sa proximité avec la Chine, le Japon et la Corée du Sud.

Les associations régionales renforcent l'intégration des régions frontalières. L'Aceum a contribué au développement des villes frontalières par l'installation d'usines de montage au Mexique (*maquiladoras*). 70 % de la valeur totale des échanges commerciaux entre la Thaïlande et ses voisins de l'Asean sont dus au commerce frontalier et aux zones franches frontalières.

Certaines associations poussent l'intégration vers de nouvelles coopérations. Elles visent à développer des investissements (transports) et élargissent les échanges à de nombreux autres domaines (santé, éducation, sécurité). L'association entre l'Asean et le Canada permet notamment de faciliter les échanges universitaires ou la lutte contre la criminalité transnationale.

REPÈRE A

Une explosion des accords commerciaux régionaux

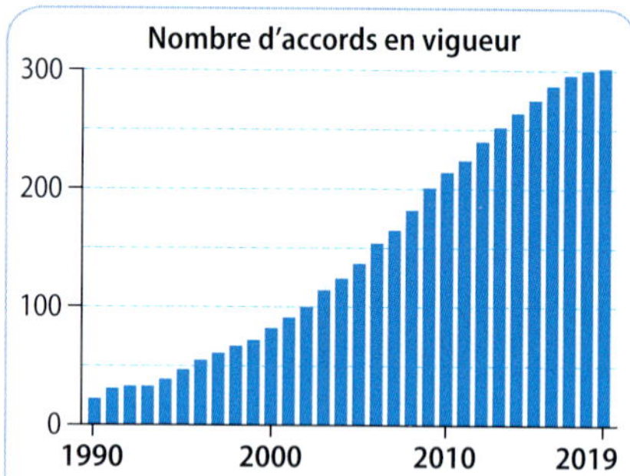

Source : OMC, 2020.

C Une efficacité inégale

Beaucoup d'associations restent encore des « coquilles vides » malgré la signature d'accords. Par exemple, le commerce au sein de la communauté des pays sahélo-sahariens (créé en 1988) est quasi inexistant. Des enjeux politiques peuvent être des facteurs de tensions. L'UMA (Union du Maghreb arabe) est paralysée par le conflit entre l'Algérie et le Maroc sur le Sahara occidental.

Certaines associations peinent à impulser un dynamisme régional (doc. 2). Le manque de capitaux, des marchés intérieurs étroits, une instabilité géopolitique entravent les coopérations pour développer des infrastructures (transports, numérique) dans les pays en développement. Ainsi, le commerce intra-zone reste faible au sein de la Cedeao en Afrique de l'Ouest (10 % contre 64 % pour l'UE).

Les associations régionales renforcent le poids des puissances influentes. Les États-Unis dans l'Aceum, l'Afrique du Sud dans la SADC ou le Brésil au sein du Mercosur ont un poids sans équivalent (Repère B). L'Union économique eurasiatique créée par la Russie en 2014 est un moyen d'asseoir son hégémonie en Asie centrale.

Les associations régionales se multiplient et développent des coopérations de plus en plus larges. Cependant, leurs poids et leur influence dans la mondialisation sont inégaux.

REPÈRE B

Les exportations du Mercosur en 2018

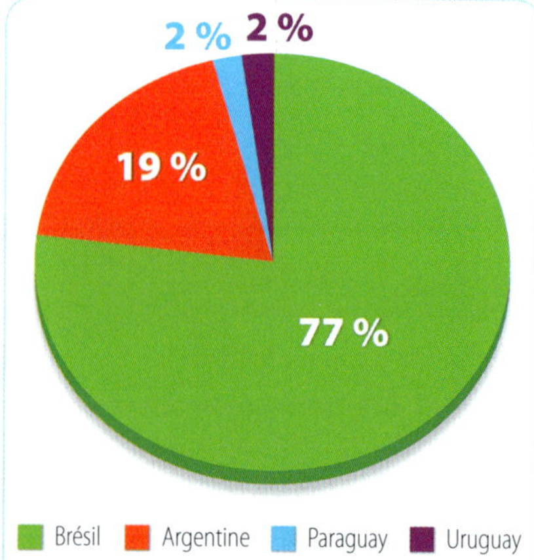

Source : Mercosur, 2020.

1 Des méga-accords régionaux croissants mais contestés

Des agriculteurs manifestent au Mans, le 2 juillet 2019, contre l'accord UE-Mercosur. Ce dernier prévoit l'élimination des droits de douane sur les exportations des deux ensembles. Les agriculteurs redoutent l'importation de viande bovine sud-américaine produite avec des normes sanitaires et environnementales moins exigeantes que celles de l'UE.

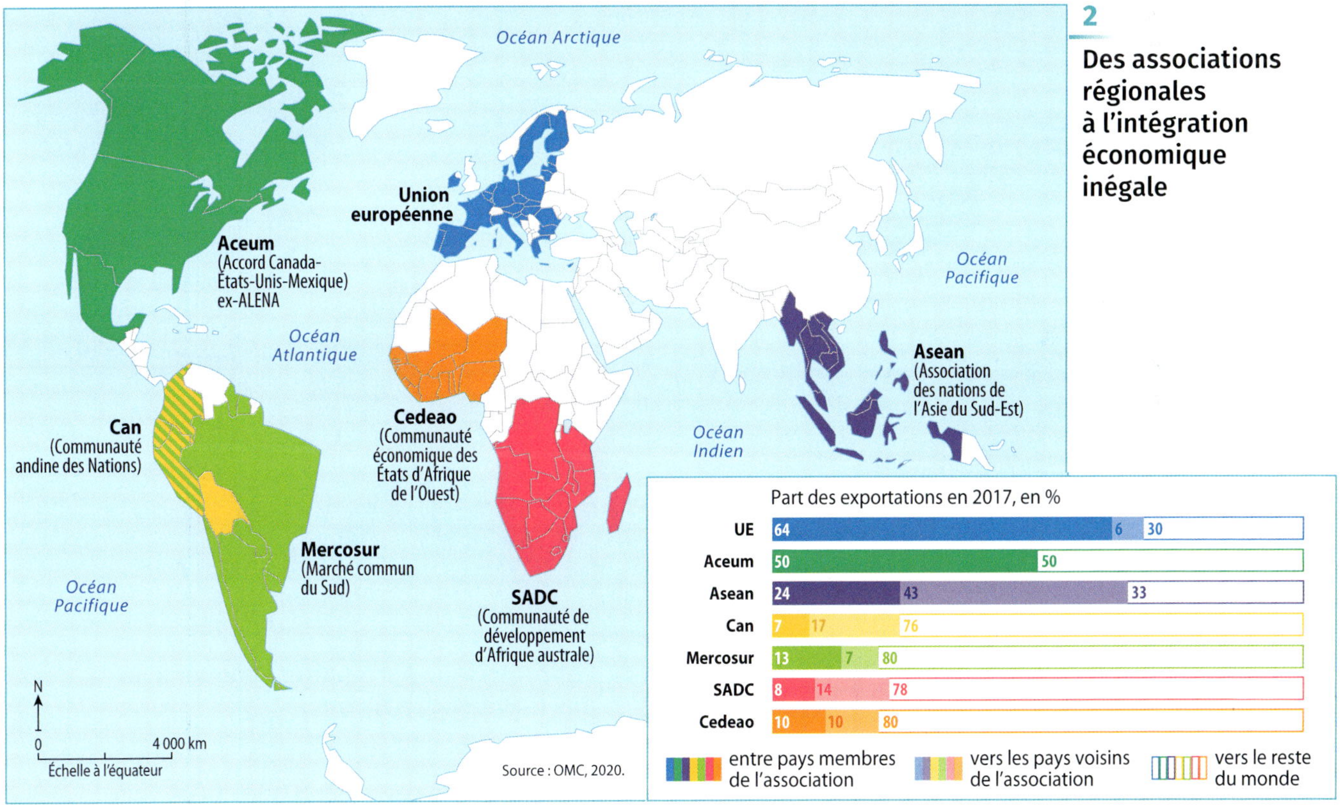

2 Des associations régionales à l'intégration économique inégale

Capacités & Méthodes

Procéder à l'analyse critique d'un document (doc. 2)

1. Quelles associations ont un commerce intra-zone élevé ? Comment expliquer les écarts constatés avec les associations d'Afrique ou d'Amérique latine ?
2. En utilisant les informations de la carte 1 p. 162, montrez que le poids économique de chaque association est inégal.

Exemple

L'Aceum (ex-Alena) est-il toujours un outil d'intégration en Amérique du Nord ?

SECTION EUROPÉENNE
Documents disponibles en anglais sur le site collection
lycee.hachette-education.com/hg/geo-tle

L'Alena, créé en 1994, a établi une zone de libre-échange économique nord-américaine de 481 millions de consommateurs. Mais, en novembre 2018, sous la pression du président américain, Donald Trump, un nouveau traité commercial, l'Accord Canada-États-Unis-Mexique (Aceum) a remplacé l'Alena, jugé inéquitable pour les États-Unis.

Exportations de marchandises entre les États membres en 2017, en milliards de dollars

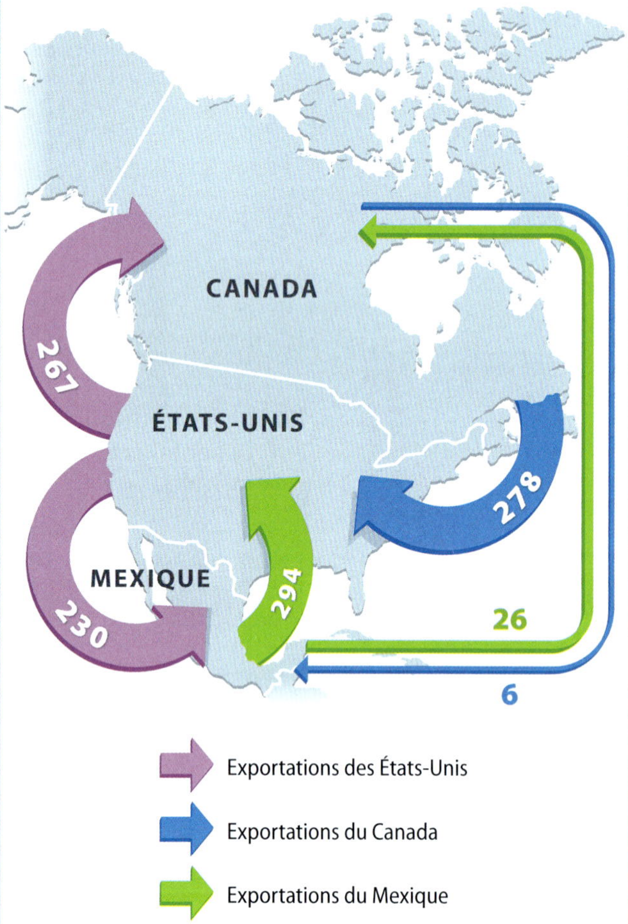

Source : OMC, 2020.

1 Les échanges commerciaux déséquilibrés

Part dans les exportations des partenaires de l'Alena en 2017, en %

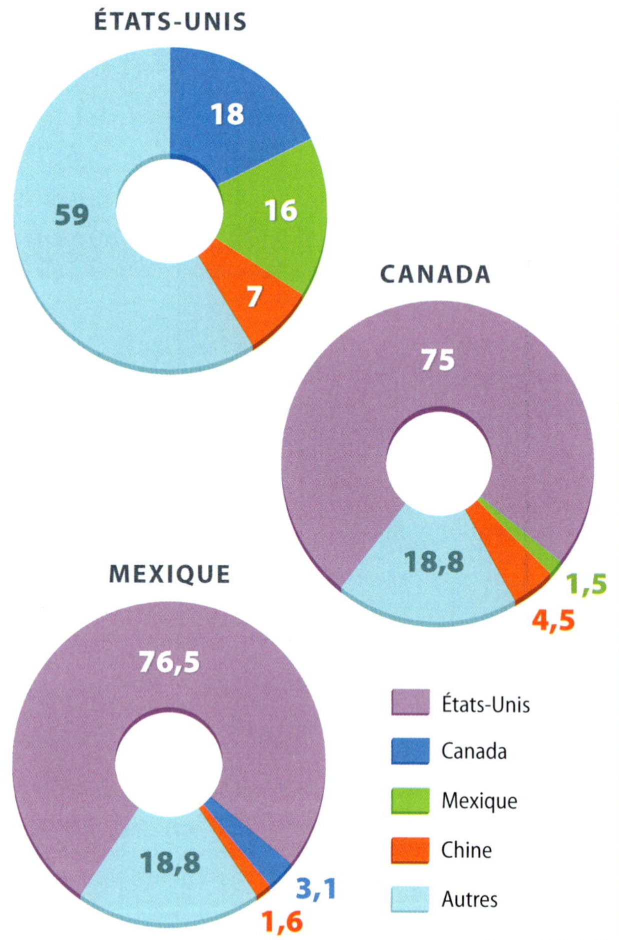

Source : OMC, 2020.

2 Les principaux partenaires commerciaux des membres de l'Aceum

3 Un accord source de déséquilibres

Donald Trump a exigé en 2017 une renégociation de l'Alena. Cette association économique régionale en résumé serait un accord hautement dommageable aux intérêts étasuniens. L'investissement nord-américain, il est vrai, est monté en puissance. Et avec lui les emplois délocalisés. Le Mexique est ainsi devenu en quelques années un des producteurs d'automobiles les plus importants du monde. Les grands fabricants sont tous là, Chrysler, Ford, Nissan, Toyota, Volkswagen. La construction aéronautique a suivi. L'immobilier a accompagné les flux industriels.

Le Mexique a-t-il fait une bonne affaire ? Les débats sont ouverts. Peu compétitive, son agriculture a souffert. Les paysans ont été poussés à l'émigration vers les États-Unis, faute de pouvoir continuer à vivre dans leurs villages. La croissance économique a été médiocre de 1995 à 2017, autour de 2 % par an. Le marché de l'emploi n'a pu, dans ces conditions, répondre à la demande. La délinquance a explosé. Elle offre en effet travail et argent à beaucoup d'oubliés sociaux.

Nouveaux Espaces latinos,
28 février 2018.

4 **La frontière américano-mexicaine, une intégration incomplète**

Des familles mexicaines, près de Tijuana, discutent avec leurs proches à travers le mur. C'est le seul endroit de la frontière, longue de 3 200 km, où elles peuvent le faire. Ouverte aux échanges commerciaux, elle est en revanche fermée aux flux migratoires.

5

Les négociations de l'Aceum vues par le dessinateur indien Paresh

Le nouvel accord a été imposé unilatéralement par Donald Trump. Il vise à faire revenir des emplois industriels aux États-Unis et à ouvrir le marché canadien à ses agriculteurs.

Traduction : « Je ne veux pas être exploité, les gars ! »

Sur le panneau : négociations de l'Alena.

Identifier les contraintes et les ressources d'une situation géographique

Itinéraire guidé

Décrire

1. Montrez que les échanges au sein de l'Aceum sont inégaux. (doc. 1, 2 et 3)
2. Sur quels atouts géographiques et économiques repose le dynamisme des échanges du Mexique dans l'Aceum ? (doc.1 et 3)

Interpréter et synthétiser

3. Quelles sont les limites de l'intégration régionale par l'Aceum ? (doc. 3 et 4)
4. Pourquoi les États-Unis sont-ils les grands bénéficiaires du nouvel accord ? (doc. 5)
5. Rédigez un paragraphe d'une dizaine de lignes montrant les atouts et les limites de l'Aceum comme outil d'intégration en Amérique du Nord.

Itinéraire en autonomie

À l'aide des documents, montrez que l'intégration au sein de l'Aceum est inégale et incomplète.

Pour vous guider, suivez le plan suivant :

Un espace d'échange économique... (doc. 1 et 2)

... qui repose sur des atouts... (doc. 1 et 3)

... mais qui reste une association incomplète et dominée par les États-Unis (doc. 3, 4 et 5)

RÉVISER

L'essentiel audio-vidéo
Organigramme version interactive

L'essentiel

Comment les acteurs publics et privés tentent-ils de répondre aux défis de la mondialisation à toutes les échelles ?

Une mondialisation source de tensions	Régulations et coopérations dans la mondialisation	Vers une régionalisation des échanges
Une concurrence mondiale qui favorise le retour du protectionnisme	Des organisations internationales fragilisées	Des associations économiques aux pouvoirs croissants
+	⌄	+
Une mondialisation source de défis économiques et sociaux majeurs	Des coopérations inégales à l'échelle internationale	Des outils d'intégration dans la mondialisation
+	+	⌄
De nouveaux défis sanitaires	Un retour du local	Des intégrations incomplétes

Cours 1

La mondialisation accroît les concurrences territoriales. Les États cherchent à protéger leur marché national (**barrière tarifaire, quotas**...) exacerbant les **tensions économiques** (États-Unis-Chine).

La mondialisation est source de **défis économiques** (spéculation, inégalités) et favorise les **activités illicites** (**paradis fiscaux**, trafics).

Face aux **enjeux environnementaux** mondialisés, les États sont divisés. Mais les **ONG** et l'**opinion publique** se mobilisent.

Cours 2

Les organisations internationales de régulation (ONU, OMC), fondées sur le **multilatéralisme**, sont concurrencées par des « clubs » (G7, G20) et les **puissances émergentes** (BRICS).

Des **coopérations** se mettent en place (**Interpol**) et les ONG jouent un rôle croissant mais certains États refusent les règles édictées (Chine, États-Unis).

À l'échelle locale, les coopérations valorisent les territoires (**indications géographiques**). Elles transforment les relations entre consommateurs et producteurs (**commerce équitable**).

Cours 3

Les **associations économiques régionales** structurent de vastes marchés intérieurs de **libre-échange** (UE, Aceum, Asean).

Acteurs clés du commerce mondial, elles renforcent la coopération entre États et l'**intégration** des régions frontalières.

Cependant, **leur poids est inégal** et elles peinent à impulser un développement régional en Afrique ou en Amérique latine. Enfin, elles sont parfois **facteurs de tensions** (agriculteurs européens contre le Ceta).

Chiffres clés

Nombre d'associations économiques régionales en 2019 : 302

Part dans les exportations mondiales en 2018

Chine 12,7 %

États-Unis 8, 5 %

UE 15 %

Pour aller plus loin

Une vidéo

La mondialisation : créatrice d'inégalités ? apporte un point de vue nuancé sur la mondialisation et les inégalités en introduisant une analyse à plusieurs échelles. (France.TV éducation 2017- durée : 3'52)
https://www.youtube.com

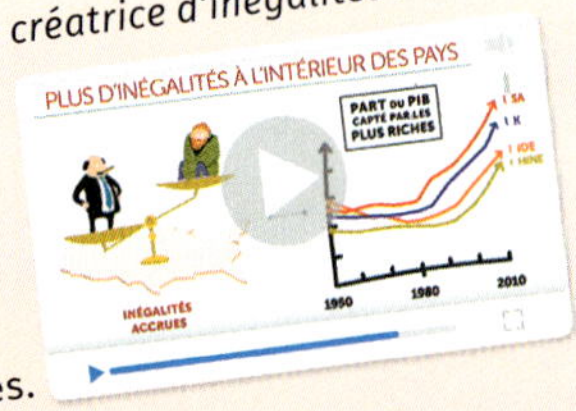

Des émissions de radio

Les ONG peuvent-elles pallier les déficiences des États ? (27 décembre 2018–durée : 39 minutes)
https://enseignants.lumni.fr

BRICS : les champions des émergents en quête d'un second souffle (14 nov. 2019-4 minutes)
https://www.franceculture.fr

Un documentaire

Du Gatt à l'OMC permet de comprendre comment sont nées et ont évolué les organisations internationales régulant le commerce mondial depuis la fin de la guerre. (2019-17 minutes 27)
https://www.youtube.com

EXERCICES

Localiser

Croquis PDF à télécharger

en complétant le croquis suivant

Les défis de la mondialisation

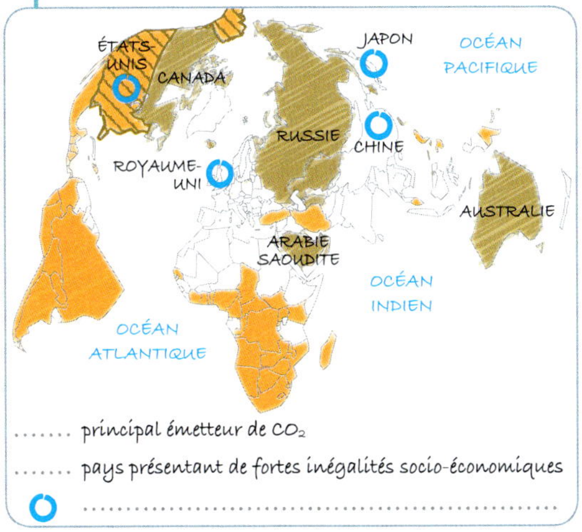

Expliquer

Organigramme PDF à télécharger

la régulation de la mondialisation et ses acteurs en remplissant le schéma fléché suivant :

La régulation de la mondialisation et ses acteurs

- sur le plan économique : ....
- sur le plan social : ....
- sur le plan politique : ....
- sur le plan environnemental : ....

Analyser

un graphique

En analysant le document, montrez comment évolue le commerce mondial depuis 1995. D'après vos connaissances, expliquez le rôle de l'OMC dans cette évolution.

Pour vous guider :
Vous étudierez les courbes l'une après l'autre avant d'expliquer le lien entre l'évolution du commerce et celui des droits de douane.

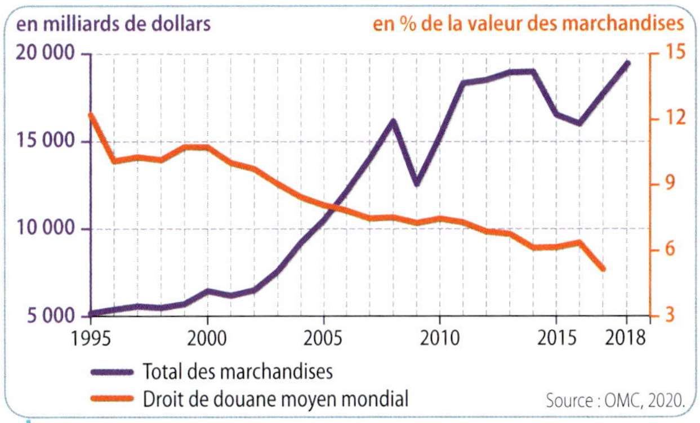

L'évolution du commerce mondial depuis 1995

Argumenter

à l'aide d'exemples précis

- La mondialisation est source de tensions car............
- L'OMC (Organisation mondiale du commerce) est une organisation qui participe à la régulation des échanges mondiaux. En effet............
- Les associations économiques régionales sont un outil d'intégration inégale dans la mondialisation. Ainsi............

Travailler autrement

Compléter ses notes de cours à l'aide d'une vidéo

Taxe des GAFA, une Europe déchirée (2' 30)

Commencez par cibler la partie du cours que cet exemple peut illustrer. Puis à l'aide des informations de la vidéo, rédigez une argumentation répondant au sujet : Pourquoi la taxe GAFA illustre-t-elle les défis de la régulation de la mondialisation ?

Vous veillerez à utiliser le vocabulaire du cours.

Vidéo

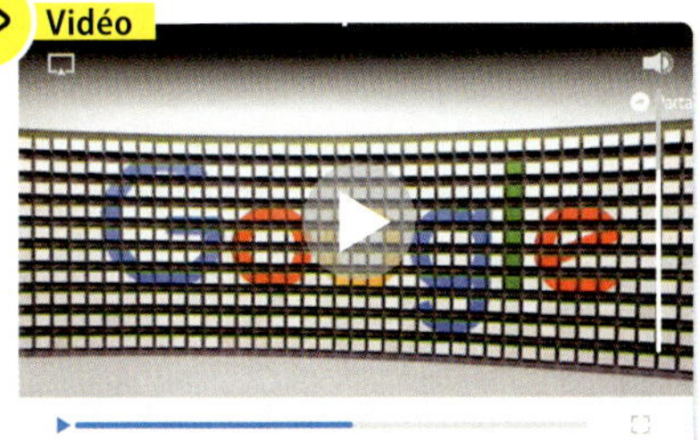

Méthode
BAC-E3C

Réalisation d'une production graphique

Sujet : Shanghai, une ville mondiale attractive dans la mondialisation

Consigne : À partir du texte, vous construirez, à l'aide du fond de carte fourni, un croquis correspondant au sujet suivant : « Shanghai, une ville mondiale attractive dans la mondialisation », accompagné d'une légende organisée.

Symbole de l'émergence de la Chine, la ville de Shanghai s'affirme de plus en plus comme une ville mondiale. À l'instar des grandes métropoles des pays développés (New York, Londres), elle attire dans son espace central des fonctions métropolitaines qui en font un centre décisionnel majeur. Pudong, son quartier d'affaires, incarne cette puissance par son paysage de gratte-ciel occupés par de nombreuses FTN. Il abrite le Shanghai Stock exchange qui se hisse au 5e rang des places financières mondiales. Le centre-ville de Shanghai abrite aussi le dynamique quartier commercial et touristique de Puxi, au nord de Pudong. Le reste du territoire urbanisé connaît une croissance démographique importante, et s'étale. Cet étalement se réalise aux dépens de l'espace agricole environnant qui s'en trouve menacé. Pour contrôler cette croissance, les autorités de Shanghai ont planifié des villes nouvelles tout autour du périmètre urbanisé dans le but de concentrer activités productives et fonctions résidentielles dans ces nouveaux pôles urbains et décongestionner la ville-centre. Ainsi, huit villes nouvelles (Jiading, Jinshanwei, Luchaogang, ...) ceinturent la ville, sans compter la construction de l'aéroville (ville nouvelle bâtie autour des fonctions aéroportuaires) de Hongquiao. Cette planification semble une nécessité pour assurer les conditions nécessaires à l'ouverture à la mondialisation. Ainsi, un aéroport d'affaires double l'aéroport international de Hongqiao à Pudona. De même, des zones industrialo-portuaires sont aménagées au sud de la ville, sur le continent, mais également en mer de Chine, notamment sur l'île de Yangshan qui devient un avant-port spécialisé dans l'accueil des porte-conteneurs. Toujours dans l'objectif de s'intégrer dans la mondialisation, l'implantation d'une zone franche dynamise les berges du fleuve Yangzi, attirant les investissements extérieurs. Tous ces aménagements reflètent la volonté croissante de Shanghai de s'imposer dans la hiérarchie des villes mondiales, incarnée par l'ouverture en 2016 d'un parc d'attraction Disney, à l'est de Pudong, le long du fleuve.

A Sélectionner les informations du texte pour organiser une légende

Méthode

Identifier les informations et les associer à une notion de géographie ; repérer des indices qui permettent de localiser les notions relevées (en raison du nombre limité d'informations sur un croquis, seules les informations essentielles – 8-10 maximum – sont mobilisées).

1. Sur le modèle réalisé pour le premier groupe d'informations (surlignées en jaune dans le texte), sélectionnez les autres informations utiles au sujet en utilisant deux autres couleurs. Reportez-les, en les reformulant si nécessaire, dans le tableau suivant.

	Expression du texte	Formulation des informations en légende
Partie 1 - ...	*« son quartier d'affaires incarne cette puissance par son paysage de gratte-ciel occupés par de nombreuses FTN »*	Quartier d'affaires (concentration de FTN) ....
Partie 2 - ...	....	....
Partie 3 - ...	....	....

2. Parmi les propositions suivantes, choisissez un titre problématisé correspondant aux informations surlignées en jaune dans le texte (première partie de la légende).
- *Le centre de Shanghai ;*
- *Un centre décisionnel attractif ;*
- *La concentration des fonctions décisionnelles.*

CONSEIL

Pour problématiser un titre, ciblez le sujet pour donner l'impression qu'il a été spécifiquement écrit pour le territoire étudié. Pour cela, utilisez un adjectif qui permet de personnaliser le titre.

3. Sur le modèle de la question 2, attribuez un titre aux deux dernières parties de la légende.

4. Reportez les titres et les informations dans la légende du croquis en réfléchissant à l'ordre des parties.

5. Attribuez un figuré à chaque élément de la légende.

B Réaliser le croquis

6. Complétez le croquis et la nomenclature manquante en distinguant les éléments précisant la situation de Shanghai (fleuve, mer), des localisations qui en font une ville mondiale (quartier d'affaires, aéroport).

Titre : ....

Croquis PDF à télécharger

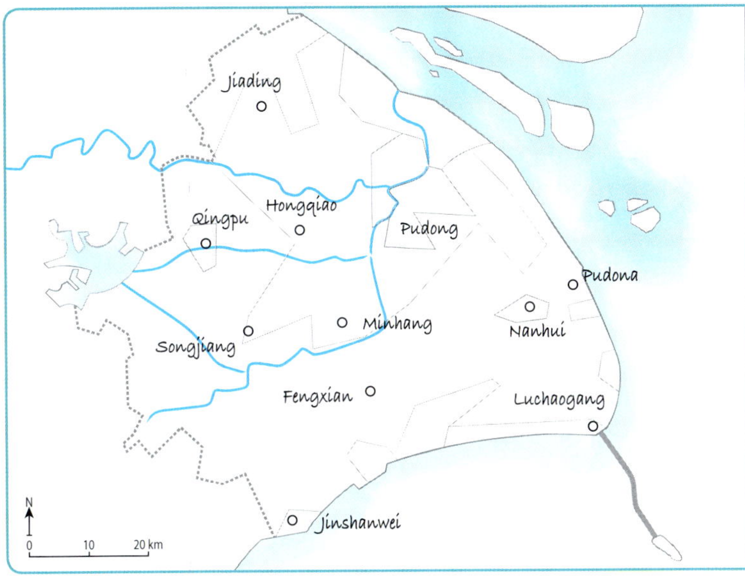

....

...... quartier d'affaires (concentration de FTN)
...... place financière
...... quartier commercial et touristique
...... autre espace urbanisé en cours d'étalement

....

....
....
....
....

....

....
....
....

Sujet BAC-E3C Réalisation d'une production graphique

Sujet : L'inégale intégration des territoires africains dans la mondialisation

Consigne : À partir du texte, vous construirez, à l'aide du fond de carte fourni, un croquis correspondant au sujet suivant : « L'inégale intégration des territoires africains dans la mondialisation », accompagné d'une légende organisée.

Les territoires africains bénéficient de nombreux atouts pour s'intégrer à la mondialisation. Le premier facteur repose sur les ressources naturelles, notamment les ressources énergétiques et minières qui sont particulièrement abondantes dans le Sahara (Algérie, Niger, Libye) et au sud de l'Afrique (de la RDC à l'Afrique du Sud). Les métropoles sont également des portes d'entrée, particulièrement celles qui ont un rayonnement international (Le Caire en Égypte, Casablanca au Maroc, Dakar au Sénégal, Abidjan en Côte d'Ivoire, Lagos au Nigeria, Le Cap et Johannesburg en Afrique du Sud, Nairobi au Kenya ou Addis-Abeba en Éthiopie). Certaines d'entre elles abritent des ports qui connectent l'Afrique au reste du monde (Le Cap, Lagos ou Abidjan). En dehors des métropoles, d'autres ports ouvrent l'Afrique sur la route maritime mondiale qui contourne le continent et traverse la mer Rouge (Tanger au Maroc, Alexandrie en Égypte, Mombasa au Kenya et Durban sur la côte est de l'Afrique du Sud). Ces ports permettent les exportations, essentiellement de produits bruts. D'autres flux s'organisent : des flux migratoires, essentiellement vers l'Europe, l'Amérique du Nord et le Moyen-Orient ; des flux de capitaux (IDE, transferts des migrants, aide au développement) en provenance de ces mêmes régions du monde. Au sein du continent, les flux migratoires sont également forts, notamment vers l'Afrique du Sud. Mais cette intégration croissante est aussi freinée par le mal développement et ses conséquences. L'explosion démographique hypothèque les progrès de la croissance économique, particulièrement en Afrique subsaharienne (exceptée l'Afrique du Sud) où on compte plus de 3 enfants par femme. Les zones grises, notamment du Sahara à la Corne d'Afrique, où règnent l'insécurité et le terrorisme sont aussi exclues de la mondialisation légale. La piraterie, enfin, dans le golfe d'Aden ou le golfe de Guinée est un autre frein aux échanges. En conséquence, les territoires sont donc inégalement intégrés. L'Afrique du Sud, seule puissance émergente africaine, s'individualise par son poids continental et mondial, même si les « lions africains » (Nigeria, Kenya, Éthiopie, Namibie, Bostwana, Cameroun, Gabon) mais également toute l'Afrique du Nord s'affirment. Le reste du continent est marqué par une faible intégration à la mondialisation en raison de leur grande pauvreté : ce sont les PMA.

Méthode
BAC-E3C

Analyse de documents

En analysant les documents, vous montrerez les objectifs, les réussites et les freins de la coopération des pays d'Asie du Sud-Est au sein de l'Asean dans le contexte de la mondialisation.

L'analyse des documents constitue le cœur de votre travail, mais nécessite pour être menée la mobilisation de vos connaissances.

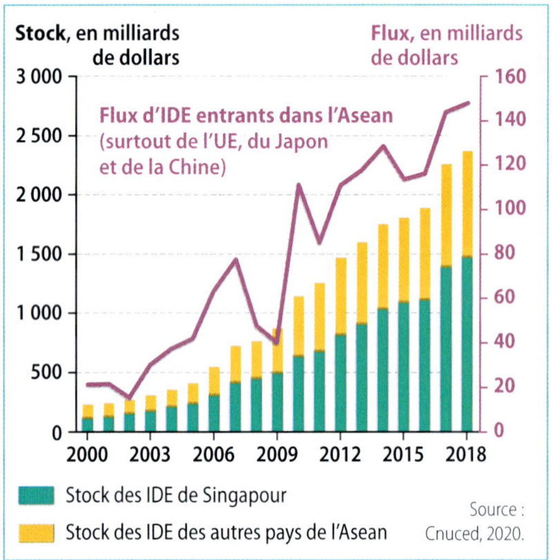

1 L'évolution des Investissements directs à l'étranger (IDE)

2 Réussites et limites de la coopération au sein de l'Asean

En janvier 1991, les pays d'Asie du Sud-Est ont signé l'Accord de Libre-Échange de l'Asean (*ASEAN Free Trade Agreement*). Son but : améliorer le commerce intrarégional et éviter que les investissements étrangers ne se dirigent plutôt vers la Chine, l'Europe, ou encore l'Amérique du Nord. C'est l'article 1.5 de la Charte de l'Asean du 20 novembre 2007 qui a affiché expressément le projet de création d'« un marché et [d']une base de production uniques, stables, prospères, très compétitifs et économiquement intégrés », pour faciliter « le commerce et les investissements en s'appuyant sur la libre circulation des marchandises, des services et des investissements, la libre circulation des hommes [...] et une plus grande circulation du capital ».

La réduction des inégalités de développement et de puissance économique entre États membres est un des objectifs essentiels que poursuit les 10 pays de l'Asean[1]. À cet égard, de nombreux programmes d'assistance sont mis en place au sein de la communauté des États membres. D'autres organisations régionales (principalement l'Union européenne), les pays partenaires de dialogue, ainsi que des institutions financières internationales (Banque mondiale, Banque asiatique du développement, Banque asiatique d'investissement des infrastructures, etc.) fournissent également un soutien indéfectible à cet objectif de modernisation de l'économie des pays les plus faibles (Cambodge, Laos, Myanmar, Viêt-Nam). C'est une démarche nécessairement engagée sur le long terme. Dans la plupart des pays de la région, la corruption reste pratiquée à grande échelle et les dirigeants politiques, soucieux de préserver leurs pouvoir et leur autorité, manifestent une certaine réticence à l'endiguer, malgré des promesses et des déclarations de bonne résolution. Par ailleurs, persistent de nombreuses barrières non tarifaires (sanitaires, bureaucratiques).

1. Indonésie, Malaisie, Singapour, Thaïlande, Philippines, Brunei, Viêt-Nam, Laos et la Myanmar (ex-Birmanie), Cambodge.

Jacques Dupouey, « La construction de la communauté économique de l'Asean », *L'Asie en 1000 mots*, 17 septembre 2018.

A Préparer l'analyse de documents

1. Présentez les documents de manière concise en expliquant les termes de la consigne.
2. Prélevez les informations des documents en complétant la 2e colonne du tableau.
3. Classez les propositions suivantes pour compléter la colonne « Interpréter les informations » des 2e et 3e paragraphes.
   - *L'Asean favorise l'intégration de l'Asie du Sud-Est dans la mondialisation ;*
   - *l'Asean favorise une intégration économique et territoriale entre les pays du Sud-Est ;*
   - *l'Asean peine à lutter contre les inégalités économiques entre les États pour des raisons politiques ;*
   - *l'Asean renforce la place de Singapour dans la mondialisation ;*
   - *l'Asean renforce l'intégration des régions frontalières ;*
   - *l'Asean profite du soutien des grands organismes de régulation de la mondialisation.*

	Prélever les informations	Interpréter les informations
Objectifs (1er paragraphe)	Doc. 2 :	– Constituer une zone de libre-échange – Intensifier les échanges commerciaux et attirer les IDE – Faire concurrence aux autres pôles mondiaux
Réussites (2e paragraphe)	Doc. 2 : .... Doc. 1 : *les stocks d'IDE de l'Asean ont été multipliés par 6 depuis 2000,*	....
Freins (3e paragraphe)	Doc. 1 et 2 :	....

B Rédiger l'analyse de documents

4. Identifiez les différents éléments du 1er paragraphe (phrase introductive, informations des documents, explications, mots de liaison).

Méthode

Commencer chaque paragraphe par une phrase indiquant l'idée générale ; utiliser les informations des documents qui sont à expliquer, à compléter ou à nuancer par les connaissances ; utiliser des mots de liaison pour donner du sens à votre démonstration ; terminer chaque paragraphe par une phrase de transition avec la suivante.

Le doc. 2 montre clairement que les objectifs de l'Asean ressemblent à ceux des autres associations économiques régionales dans le monde. Il s'agit de créer « un marché et une base de production uniques, stables, prospères, très compétitifs et économiquement intégrés » (doc. 2), c'est-à-dire un vaste marché intérieur de libre-échange regroupant ici 10 États d'Asie du Sud-Est. Ce marché a pour objectif de mettre en place à terme une « libre circulation des marchandises, des services et des investissements, la libre circulation des hommes [...] et une plus grande circulation du capital » en favorisant la baisse des barrières douanières et l'harmonisation des réglementations. En effet, les associations économiques régionales sont devenues des acteurs majeurs de la mondialisation à l'image de l'UE (34 % du commerce mondial) ou l'Aceum (14 %). Dans le contexte de la mondialisation, les territoires sont mis en concurrence par les firmes transnationales. Les États cherchent à coopérer pour intensifier leurs relations commerciales, attirer les IDE à l'échelle internationale et favoriser leur développement. Ainsi, l'Asean tente de s'affirmer comme un pôle économique majeur de la mondialisation pour rivaliser avec les autres puissances mondiales (UE, Chine, Aceum) (doc. 2 : « Son but : améliorer le commerce intrarégional et éviter que les investissements étrangers ne se dirigent plutôt vers la Chine, l'Europe, ou encore l'Amérique du Nord. »)

CONSEIL

Dans l'analyse de documents, il faut faire référence aux documents en les citant et utiliser ses connaissances pour les expliquer.

5. En vous appuyant sur le tableau et sur les propositions précédentes, rédigez les deux derniers paragraphes de l'analyse de document.

Sujet BAC-E3C

Analyse de document

En analysant le document, vous montrerez les formes de coopérations et de tensions dans la mondialisation.

L'évolution de la mondialisation selon Paresh (2016)

Méthode BAC-E3C

Analyse de document

En analysant le document, vous montrerez que Panama est une ville intégrée à la mondialisation, mais que tous les territoires ne bénéficient pas également de l'ouverture au monde.

L'analyse du document constitue le cœur de votre travail, mais nécessite pour être menée la mobilisation de vos connaissances.

Contrastes urbains à Panama City

Le quartier d'affaires de Panama (arrière-plan) attire les capitaux du monde entier en raison de son statut de paradis fiscal, tandis que le quartier Boca la Caja étire les habitations précaires le long de l'océan Pacifique.

A Décrire et interpréter la photographie

1. Complétez le tableau suivant pour décrire et interpréter la photographie.

	Sélectionner les informations	Interpréter les informations
Une métropole insérée dans la mondialisation (1er paragraphe)	– quartier d'affaires :	....
Des territoires urbains moins intégrés (2e paragraphe)	....	....

Méthode

Pour décrire une photographie, il faut localiser précisément le lieu et le type de prise de vue (au sol, aérienne, oblique) ; repérer les éléments structurants de l'image : fleuve, axe de circulation, zone d'habitation ; délimiter les plans de la photographie et les sous-ensembles.

CONSEIL

Pour interpréter la photographie, il faut utiliser ses connaissances pour expliquer les éléments géographiques identifiés.

B Rédiger l'analyse de documents

2. Rédigez une phrase de présentation de la photographie en localisant précisément la ville de Panama City.

3. En vous appuyant sur vos connaissances sur les métropoles mondiales, rédigez l'analyse de document en utilisant les notions suivantes :

enclavement – gratte-ciel – habitat précaire – centre décisionnel – manque d'infrastructures – sièges sociaux de FTN – place financière – paradis fiscal – marginalisation – fragmentation socio-spatiale.

Méthode BAC-E3C

Analyse de document

En analysant le document, vous montrerez comment les tensions de la mondialisation entravent le commerce mondial. Vous appuierez votre étude sur les exemples précis vus en classe.

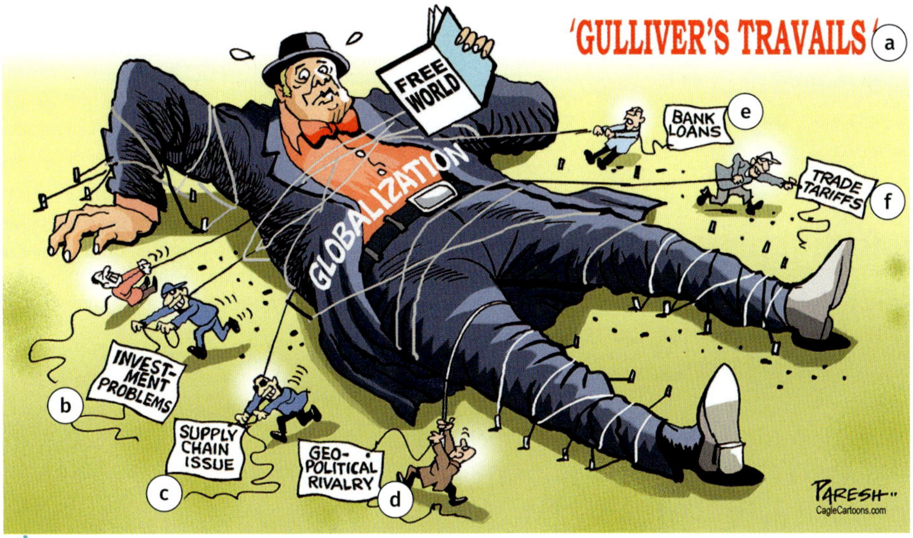

Les freins aux échanges mondiaux vus par le dessinateur Paresh
Paresh, 17 février 2019.
(a) Les tourments de Gulliver (b) Problèmes d'investissement (c) Problème de chaîne d'approvisionnement (d) Rivalités géopolitiques (e) Prêts bancaires (f) Tarifs douaniers

Décrire et interpréter le dessin de presse

Méthode
Pour décrire un dessin de presse, il faut repérer les éléments de construction : couleurs, personnages, symboles, décor ; décrypter les informations contenues dans le texte : titre, dialogue, ton employé ; identifier les exagérations du dessin en le remettant dans son contexte.

1. Après avoir rapidement présenté le dessin de presse, décrivez-le.
2. Sur une feuille de brouillon, définissez les différentes étiquettes du dessin qui représentent les facteurs qui freinent les échanges internationaux.

« Problème de chaîne d'approvisionnement » : les chaînes d'approvisionnement sont les chaînes de fabrication d'un produit qui se décompose en plusieurs étapes de la conception à l'assemblage à travers le monde.
« tarifs douaniers » : ....

3. Classez ces éléments dans la 2e colonne du tableau ci-dessous.
4. Interprétez le dessin de presse à l'aide des idées suivantes et de vos connaissances à placer dans la 3e colonne du tableau.
   - *instabilité politique des États*
   - *protectionnisme ;*
   - *États dépendants des investissements des FTN ;*
   - *rôle croissant des acteurs financiers (banques, bourses) ;*
   - *risque de crise financière.*
   - *une production mondiale éclatée ;*
   - *guerre économique entre les États-Unis et la Chine ;*
   - *matières premières utilisées comme arme diplomatique ;*

	Sélectionner les informations	Interpréter les informations
Paragraphe 1 : Des facteurs économiques	*Problème de chaîne d'approvisionnement*	*Une production mondiale éclatée*
Paragraphe 2 : Des facteurs financiers	....	....
Paragraphe 3 : Des facteurs politiques	....	....

CONSEIL
Pour interpréter le dessin de presse, il faut utiliser ses connaissances pour expliquer les facteurs économiques identifiés.

5. Rédigez l'analyse de document en vous aidant de la Méthode p. 10-11.

Méthode
BAC-E3C

Question problématisée

Comment les associations économiques régionales permettent-elles aux États de mieux s'intégrer dans la mondialisation ?

A Choisir un plan

Méthode

Structurer votre réponse autour de deux ou trois paragraphes qui regroupent les idées clés. Plusieurs plans sont possibles en géographie : un plan par échelle (échelle locale, régionale, mondiale), un plan explicatif (phénomène, explications, conséquences) ou un plan descriptif (politiques, acteurs, résultats).

1. Sélectionnez le plan qui vous semble le plus judicieux pour répondre au sujet. Justifiez votre réponse.

Plan 1	Plan 2	Plan 3
I. Des coopérations qui dynamisent l'économie des États	**I.** Des coopérations qui dynamisent l'économie des États	**I.** Des coopérations qui dynamisent l'économie des États
II. Des outils qui favorisent l'intégration des territoires	**II.** Des échanges qui se mondialisent	**II.** Des coopérations internationales qui régulent l'économie mondiale
III. Des outils d'intégration aux résultats inégaux	**III.** Des États qui intègrent les échanges mondiaux	**III.** Les coopérations locales qui mettent en réseau les acteurs locaux

2. Sélectionnez les idées clés qui répondent au sujet.
- *certaines associations n'impulsent pas un dynamisme économique régional ;*
- *les associations régionales renforcent l'intégration des régions frontalières ;*
- *les associations économiques régionales, acteurs majeurs du commerce mondial ;*
- *certaines associations poussent l'intégration vers de nouvelles coopérations ;*
- *des organisations internationales régulent la gouvernance mondiale ;*
- *des méga-accords régionaux se développent ;*
- *les associations intensifient les échanges et atténuent les inégalités entre les États ;*
- *les puissances émergentes bousculent la régulation de la mondialisation ;*
- *certaines associations fonctionnent au profit d'une puissance dominante.*

3. Classez les idées clés sélectionnées dans le plan (choisi dans la question 1).

4. Associez chaque idée clé à des explications et un ou deux exemples précis comme dans le modèle suivant.

« Certaines associations fonctionnent au profit d'une puissance dominante » : Le plus souvent, elles sont entraînées par une puissance régionale qui en fixe les règles à son profit : le Brésil au sein du Mercosur, les États-Unis au sein de l'Aceum (ex. Alena).

B Rédiger la question problématisée

Méthode

Chaque paragraphe est amorcé par une phase introductive qui reprend l'idée générale du paragraphe ; deux ou trois idées clés sont ensuite développées grâce à des arguments et du vocabulaire géographique précis. Chaque idée clé est illustrée par un ou plusieurs exemples qui la précisent ou la nuancent.

5. Rédigez le premier paragraphe en suivant le modèle suivant :

Les coopérations entre les États sont des facteurs majeurs de dynamisme économique. Elles se sont multipliées depuis la Seconde Guerre mondiale jusqu'à devenir des acteurs majeurs de la mondialisation. L'Union européenne, qui participe à plus d'un tiers du commerce mondial, demeure l'association la plus intégrée au monde ....
....

De plus, ces associations peuvent coopérer entre elles pour former de méga-accords régionaux. ....
....
....

6. Rédigez l'ensemble de la réponse à la question problématisée.

Sujet BAC-E3C — Réalisation d'une production graphique

Sujet : Le Sahara, un désert en cours d'intégration à la mondialisation

Consigne : À partir du texte, vous construirez, à l'aide du fond de carte fourni, un croquis correspondant au sujet suivant : « Le Sahara, un désert en cours d'intégration à la mondialisation », accompagné d'une légende organisée.

Le Sahara dispose de nombreuses ressources stratégiques qui en font en espace très convoité. Le sous-sol du plus grand désert d'Afrique est riche en hydrocarbures que l'on trouve au centre de l'Algérie, en Libye mais aussi au nord de la Mauritanie et du Mali sur la frontière que ces deux États se partagent et enfin, à l'est du Niger près de la frontière tchadienne. Les minerais sont également présents en grande quantité et sont très variés. L'est du Niger abrite d'importants gisements d'uranium, le Maroc est le premier producteur mondial de phosphates. Des gisements de cuivre, d'or ou encore de fer sont présents au sud-est de l'Algérie, en Tunisie ou au nord de la Mauritanie. Ces ressources sont exportées en Europe, en Amérique et en Asie.

Ainsi, les flux entre le Sahara et le reste du monde sont de plus en plus nombreux. Les ressources sont acheminées vers les ports méditerranéens via des oléoducs et des gazoducs. De plus, les firmes transnationales investissent de plus en plus au Sahara afin d'exploiter directement les gisements. C'est le cas de BP (British Petroleum), de l'américain Exxon, de Total mais aussi du russe Gazprom et de CNPC (China National Petroluem Corporation). Les hydrocarbures et minerais sont ensuite exportés vers le reste du monde. Enfin, le Sahara est aussi parcouru, du sud vers le nord, par des flux illicites tels que la drogue, les armes ou encore les migrants en proie aux passeurs.

La multiplication de ces flux est un facteur d'intégration du Sahara à la mondialisation même si ce désenclavement reste inégal. Ainsi, les ports du nord de l'Afrique tels Casablanca, Tanger, Alger et Alexandrie sont des portes d'entrée privilégiées qui mettent en relation les espaces de production d'hydrocarbures ou de minerais avec le reste du monde. Ils sont aussi reliés à des pôles urbains dont la croissance est très forte. C'est le cas de Laâyoune au Maroc, de Nouakchott, Agadez, Tamanrasset, In Salah ou encore Sebha. Ainsi le Sahara se divise entre des territoires intégrés à la mondialisation, ceux qui sont le long des littoraux, autour des villes et des sites de production. Le reste de cet immense désert encore reste en marge.

Sujet BAC-E3C — Question problématisée

Comment la mondialisation hiérarchise-t-elle les territoires à toutes les échelles ?

CONSEIL
Essayez d'intégrer un ou plusieurs schémas dans votre réponse.

Sujet BAC-E3C Analyse de documents

En analysant les documents, vous montrerez quels défis New York doit relever pour rester une ville mondiale attractive.

L'analyse des documents constitue le cœur de votre travail, mais nécessite pour être menée la mobilisation de vos connaissances.

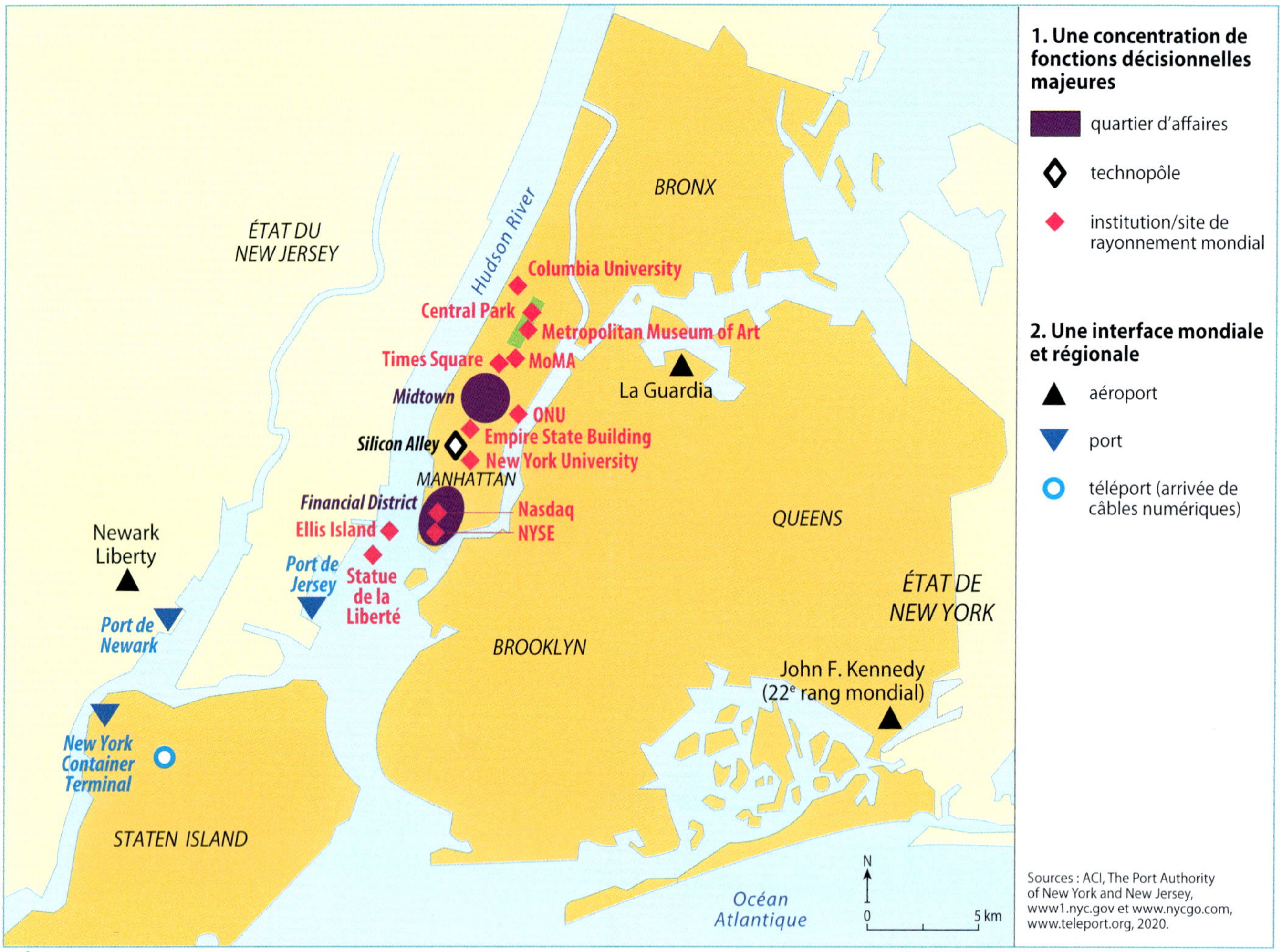

1 New York, un centre majeur de la mondialisation

CONSEIL
Relevez des exemples du rayonnement international de New York. Montrez la diversité des fonctions de prestige dans cette ville mondiale.

2 Le renforcement de l'accessibilité de New York

L'aéroport John Fitzgerald Kennedy (JFK) va bénéficier de nouveaux terminaux, d'un transport terrestre centralisé, d'une meilleure sécurité et de nouvelles pistes afin d'accroître sa capacité d'accueil d'au moins 15 millions de passagers par an. Le gouverneur A. Cumo a comparé ces efforts de réaménagement avec ceux de l'aéroport La Guardia et de la gare de Penn Station. Il a rappelé que New York devait mettre à jour ses infrastructures de transports ou se laisser dépasser par d'autres villes : « soit vous construisez et vous créez, soit vous vous laissez distancer ». Le plan prévoit une interconnexion entre les deux principaux terminaux afin que les passagers n'aient plus à sortir de l'aéroport pour en changer. Un terminal de 7 milliards de dollars sera financé et construit par un partenariat entre 4 transporteurs internationaux : Lufthansa, Air France, Korean Airlines et Japan Airlines. Un terminal de 3 milliards de dollars sera construit et financé par JetBlue[1]. L'amélioration de l'accès routier et des transports en commun est une autre priorité afin de réduire les embouteillages. 60 millions de passagers transitent par JFK chaque année. Ce chiffre devrait s'élever à 75 millions en 2030 et 100 millions en 2050.

1. Compagnie aérienne américaine à bas coûts.

D'après usatoday.com, 5 octobre 2018.

CONSEIL
Cherchez une citation du texte montrant que New York renforce son intégration à la mondialisation. Expliquez pourquoi.

Analyse de documents

En analysant les documents, vous montrerez que l'intégration des îles françaises des Antilles est inégale selon les échelles d'analyse, mais que des mutations sont en cours.

L'analyse des documents constitue le cœur de votre travail, mais nécessite pour être menée la mobilisation de vos connaissances.

1 Des territoires entre intégration européenne et régionale : le cas de la Martinique

CONSEIL
Utilisez vos connaissances (étude de cas sur le bassin de la Caraïbe) pour replacer les Antilles françaises dans leur environnement régional.

2 Des stratégies d'intégration diverses

L'intégration des îles françaises des Antilles dans les échanges mondiaux demeure souvent fragile, surtout lorsque celle-ci ne repose que sur quelques filières productives limitées (banane, canne à sucre). Cependant l'isolement est à nuancer au XXIe siècle. Dès les années 2000, l'UE et les conseils régionaux investissent dans la pose de câbles optiques sous-marins connectant les Antilles françaises à la dorsale numérique venue des États-Unis. L'isolement ultramarin n'est donc pas une fatalité et peut, dans certains cas, résulter d'un choix, comme l'illustre le tourisme de luxe à Saint-Barthélemy. Cette petite île du nord des Antilles, bien connectée aux câbles sous-marins assurant son intégration au réseau mondial numérique, ne dispose en revanche que d'un aéroport et d'un port aux dimensions volontairement modestes afin d'en limiter l'accès aux seuls yachts et jets privés.

Paradoxalement, bien qu'éloignés de la métropole, c'est avec celle-ci que les relations extérieures des îles antillaises sont les plus importantes et les échanges avec les autres territoires caribéens sont anecdotiques. La Guadeloupe ne réalise que 1,5 % de ses exportations avec les 15 pays du Cariforum[1]. Bien qu'au cœur des espaces maritimes parcourus par les grandes routes marchandes ou du tourisme de croisières, les îles françaises sont encore peu intégrées aux flux. En 2016, 63 % des 581 250 touristes ayant séjourné en Guadeloupe sont résidents de l'Hexagone.

Mais des évolutions récentes démontrent de timides réorientations commerciales et ouvertures au monde. Dans le cas guadeloupéen, des liens commerciaux se tissent avec les États-Unis ou le Canada en raison du développement de la filière du nautisme faisant de la Guadeloupe un pôle de production de navires. De même, l'inauguration en 2015, de 6 routes aériennes reliant les principales villes des États-Unis (New York, Washington) à Pointe-à-Pitre et Fort-de-France a contribué à réorienter les échanges commerciaux et touristiques (entre 2014 et 2016, le nombre de touristes nord-américains a doublé).

1. Groupe de pays d'Afrique, Caraïbes, Pacifique liés à l'Union européenne par différents partenariats.

Sophie Dubois et Kevin Sutton (géographes), *La France, géographies d'un pays qui se réinvente*, Bréal, 2018.

CONSEIL
À l'aide du doc. 1, justifiez l'affirmation du doc. 2 « Bien qu'au cœur des espaces maritimes parcourus par les grandes routes marchandes ou du tourisme de croisières, les îles françaises sont encore peu intégrées aux flux ».

Conclusion

Dynamiques territoriales, coopérations et tensions dans la mondialisation

Cartographier

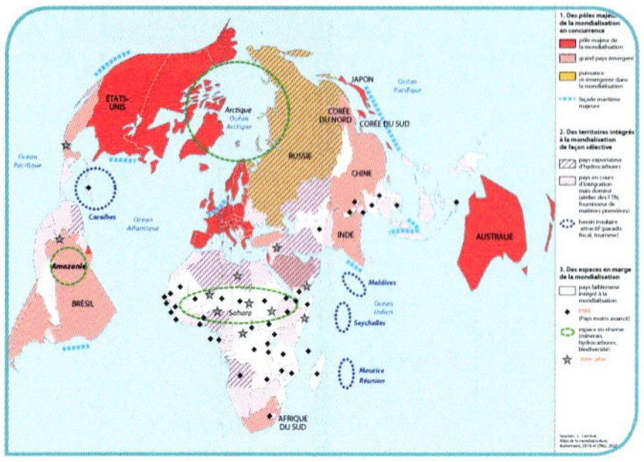

Question 4 Planisphère p. 142

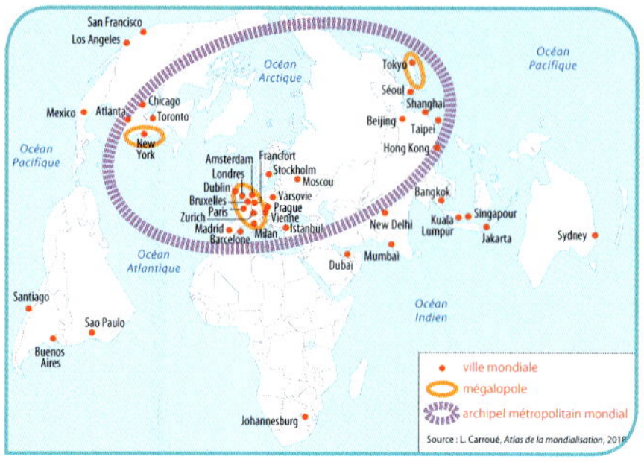

Question 4 Planisphère p. 143

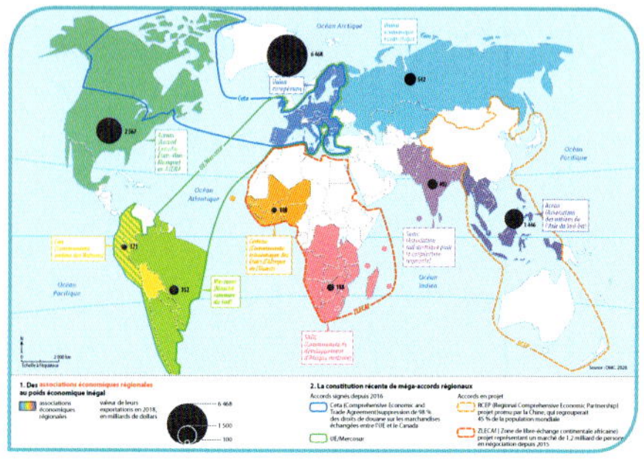

Question 5 Planisphère p. 162

À l'aide des documents ci-dessus, complétez le croquis de typologie suivant.

Titre : ....

Croquis PDF à télécharger

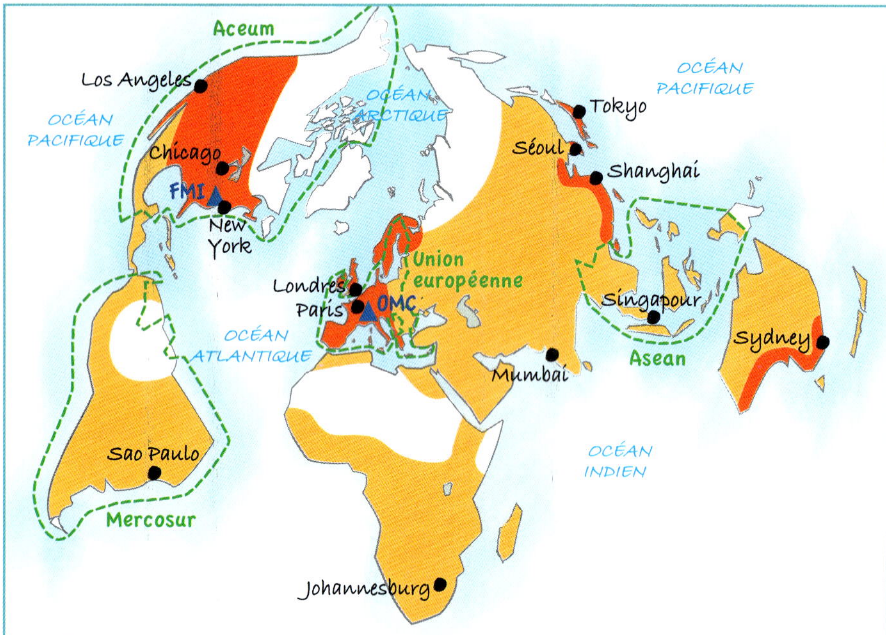

1. Des territoires inégalement intégrés à la mondialisation

....

....

....

....

2. Des territoires entre coopération et régulation

....

....

Ne pas confondre

- **Association économique régionale :** accord entre des États permettant d'établir un marché unifié par la suppression des droits de douane. EX : l'Aceum (Accord Canada–États-Unis–Mexique) (ex Alena)

- **Organisation internationale (de coopération ou de régulation) :** organisation spécialisée de gouvernance visant à réguler les relations internationales et à encourager la coopération : FMI (Fonds monétaire international) pour la coopération monétaire et la stabilité financière mondiale ; OMC (Organisation mondiale du commerce) pour réguler les échanges commerciaux ; etc.

Mettre en relation

- **Les territoires dans la mondialisation**
  - **Des territoires en concurrence dans la mondialisation**
    - Rôle des FTN
    - Rôle des États (infrastructures, politiques)
  - **Des tensions liées à la mondialisation**
    - Inégalités socio-spatiales
    - Activités illicites
    - Enjeux environnementaux
  - **Des territoires inégalement intégrés à toutes les échelles**
    - Pôles majeurs → Villes mondiales
    - Périphéries → Façades maritimes
  - **Des formes variées de gouvernance**
    - Organisations internationales de régulation
    - Associations économiques régionales
    - Coopérations à l'échelle locale

Changer d'échelle

Du monde...

1. À l'aide de votre cours, illustrez chaque case de l'organigramme ci-dessus à partir d'exemples précis. Dans le choix des exemples, pensez à varier l'échelle.

... à la France

2. À quelle catégorie du croquis de typologie de la page ci-contre la France appartient-elle ? Comment le doc. 1 p. 338 nuance-t-il cette classification ?
3. À partir de vos connaissances sur l'inégale intégration des territoires dans la mondialisation, faites des hypothèses pour hiérarchiser les territoires français dans la mondialisation. Complétez la légende du croquis ci-dessous avec ces hypothèses.

Titre : ....

Croquis PDF à télécharger

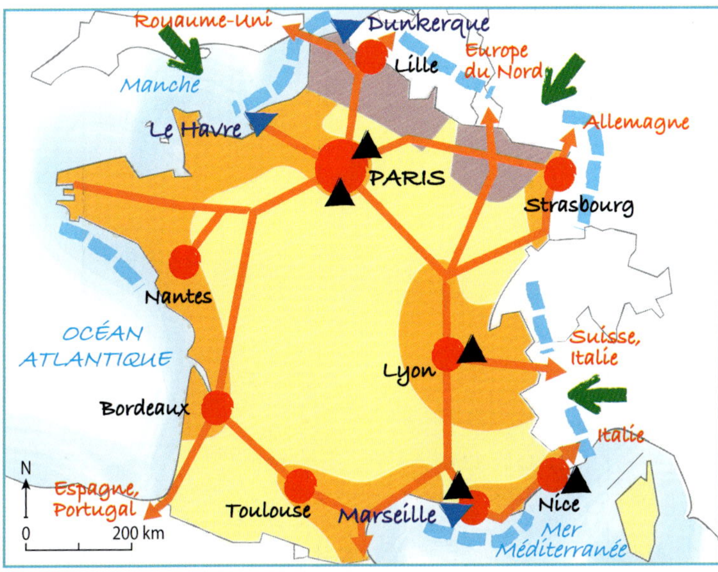

1. Les facteurs d'intégration dans la mondialisation

....

....

2. Des espaces productifs inégalement intégrés

....

....

....

4. Vérifiez la justesse de vos réponses en les confrontant au doc. 1 p. 342.

1 Le siège mondial de l'Unesco (Organisation des Nations Unies pour l'éducation, la science et la culture) à Paris

Activités numériques

L'université de la Sorbonne à Abu Dhabi.
https://www.francetvinfo.fr

a. Comment les universités et les grandes écoles françaises des pays du golfe Persique favorisent-elles le rayonnement de la France dans le monde ?

b. À quelles concurrences ce rayonnement se heurte-t-il ?

2 La « Sorbonne des sables » à Abu Dhabi (Émirats arabes unis)

QUESTION 6

RESSOURCES EN +
Sur le site collection : lycee.hachette-education.com/hg/geo-tle

La France : un rayonnement international différencié et une inégale attractivité dans la mondialisation

À quels défis la France fait-elle face pour maintenir son influence et développer son attractivité dans la mondialisation ?

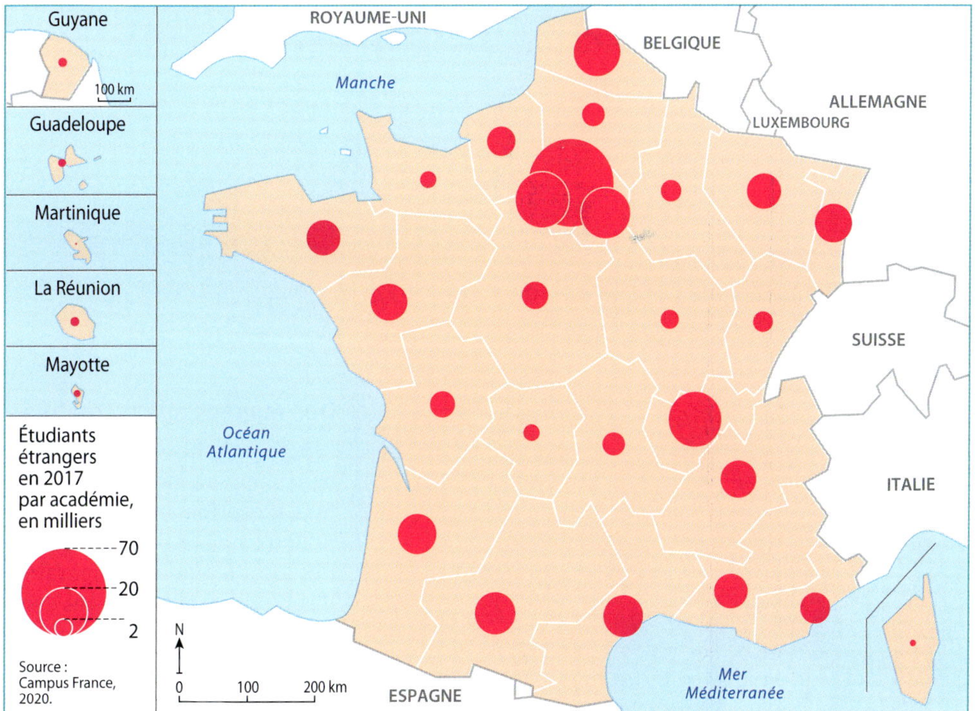

3 **Les étudiants étrangers en France**

1. Quels aspects du rayonnement français sont mis en valeur dans les doc. 1, 2 et 3 ?
2. Identifiez les territoires concernés par cette influence à l'échelle nationale. (doc. 3)
3. Quelles sont les limites de cette influence ? (vidéo et doc. 3)

Les musées français : entre influence culturelle et attractivité touristique

La France dispose, sur son territoire et à l'étranger, de 8 000 musées qui conservent des œuvres emblématiques de son histoire et du patrimoine mondial. Ces musées exercent cependant une attraction inégale, révélatrice des atouts et des limites de la France dans la mondialisation.

A Comment les musées, en France et à l'étranger, participent-ils au rayonnement de la France ?

Cours 1, p. 196-197

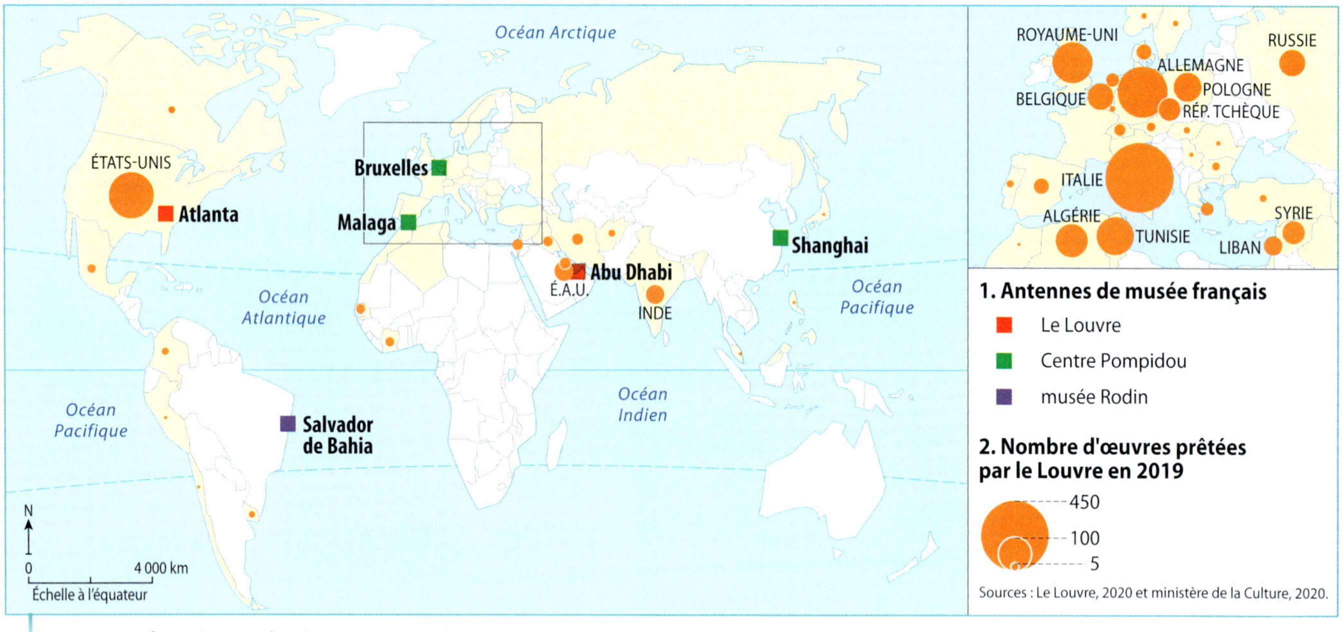

1 Les musées français dans le monde

2 **Le Louvre-Abu Dhabi, une réussite diplomatique**

Dessin de Chaunu pour l'inauguration du musée en 2017.

3 **Des musées aux retombées économiques majeures**

Dans un contexte de mondialisation effrénée de la culture, la Cour des comptes a mesuré le ***soft power*** des musées français. Le projet le plus exceptionnel concerne le Louvre-Abu Dhabi : il est prévu le prêt pour trente ans de la marque Le Louvre, la prestation de conseils et des prêts d'œuvres temporaires. Il devrait générer plus d'un milliard d'euros sur trente ans. Les Centres Pompidou à l'étranger reposent, eux, sur une vente temporaire de la marque dont la redevance, négociée pour cinq ans, apporte au minimum 1 million d'euros par an. Ce schéma pourrait être décliné en Corée du Sud, ou dans les pays d'Amérique du Sud et d'Afrique. La valorisation des musées se fait aussi en exportant des expositions clés en main. Elles concernent les musées bénéficiant d'une importante collection, comme le musée d'Orsay, qui a dégagé ainsi 16,6 millions de recettes entre 2012 et 2017, ou le Centre Pompidou qui a empoché 15,1 millions entre 2012 et 2018 avec trente expositions. Enfin, l'exportation de services techniques a pris de l'ampleur auprès de pays qui disposent d'infrastructures et de moyens financiers importants mais pas de collections : la Chine et les autres pays émergents sont demandeurs pour assurer une montée en gamme de leurs propres musées.

Le Monde, 17 juin 2019.

4 Une antenne du centre d'art contemporain Georges Pompidou à Malaga (Espagne)

Pays	Œuvres concernées	Origine du litige	Situation
Italie	Toiles de Léonard de Vinci pour une exposition au Louvre (2019-2020)	Blocage du prêt par l'Italie pour des raisons politiques	Déblocage en cours, prêt en retour de toiles de Raphaël pour une exposition à Rome
Nouvelle-Zélande	Têtes maories momifiées (musée du quai Branly et Musée de Rouen)	Demande de restitution de restes humains à vocation religieuse	Restitution effectuée (2013)
Bénin, Côte d'Ivoire	Œuvres symboliques de l'histoire des deux pays (musée du quai Branly)	Demande de restitution d'œuvres volées durant la colonisation	Restitution acceptée (2018)
Sénégal	2 000 œuvres du musée du quai Branly	Demande de restitution de toutes les œuvres volées	En attente depuis 2018

5 Des musées au cœur de litiges historiques
Source : *Télérama*, 23 février 2019.

Vocabulaire

- **Rayonnement :** fait pour un État d'exercer une influence sur un espace géographique extérieur.
- ***Soft power* :** capacité d'un État à influencer les autres États par des moyens culturels ou/et idéologiques.

Vérifier une hypothèse géographique

Itinéraire 1

Décrire et analyser les documents

1. Comment les musées français rayonnent-ils dans le monde ? (doc. 1, 3 et 4)
2. Identifiez les éléments faisant de l'ouverture du Louvre Abu Dhabi une réussite pour la France. (doc. 2 et 3)
3. Identifiez les limites au rayonnement des musées français dans le monde. (doc. 1 et 5)

Itinéraire 2 BAC E3C

Production graphique

Réalisez, à partir des doc. 1 à 5, une carte mentale pour vérifier l'hypothèse suivante :
« Les musées favorisent le rayonnement culturel de la France. »

Vous montrerez les moyens, les retombées et les limites du rayonnement des musées français.

B Comment les musées renforcent-ils l'attractivité du territoire français ?

Cours 2, p. 202-203

6 Le Château de Versailles, une attractivité exceptionnelle

Versailles, par sa taille et son faste, symbolise pour les touristes étrangers la richesse patrimoniale et historique de la France.

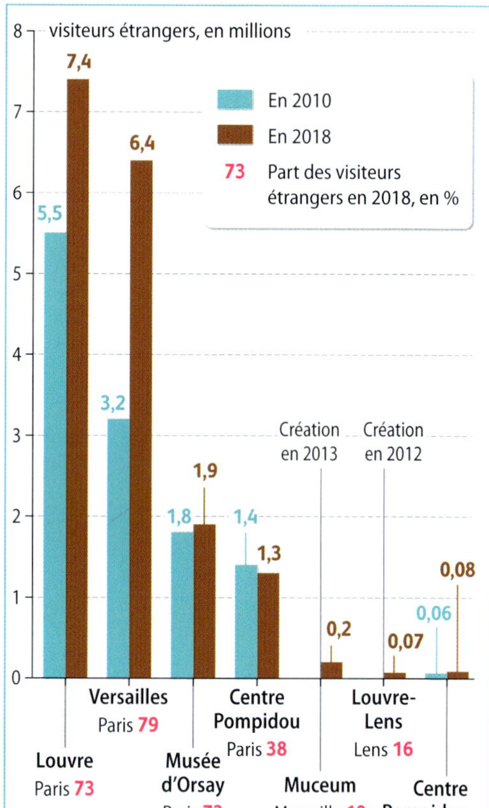

Source : Observatoire économique du tourisme parisien, 2019.

7 Une attractivité internationale

8 Le Louvre-Lens, moteur d'attractivité pour le Pas-de-Calais

Comment accélérer la transformation touristique du Bassin minier et l'attractivité du Louvre-Lens, sorti de terre en 2012 et qui attire environ 450 000 visiteurs chaque année ? Depuis trois ans, c'est le carnet de route de la Mission Louvre-Lens de Pas-de-Calais Tourisme : elle a créé le dispositif Autour du Louvre-Lens (ALL), dernier né des contrats signés avec l'État afin de faire émerger le potentiel touristique des territoires. Ce dispositif a permis d'accompagner 80 projets touristiques, dont la construction du futur hôtel 4 étoiles du Louvre-Lens. La destination ALL s'est aussi lancée à l'assaut du marché japonais en signant un partenariat inédit avec la marque japonaise de prêt-à-porter Pas-de-Calais, donnant naissance à une collection d'écharpes haut de gamme inspirée du Bassin minier[1]. L'objectif de la mission entre 2018 et 2021 sera d'augmenter le nombre et la durée des séjours sur la destination.

La Voix du Nord, 31 juillet 2018.

1. Celui-ci déborde cependant largement la ville de Lens (le périmètre classé à l'Unesco s'étend sur 120 km de long), ce qui entraîne une dilution de la fréquentation touristique.

Itinéraire 1

Décrire et analyser les documents

1. Pour quelles raisons les musées français attirent-ils les flux internationaux ? (doc. 6 et 7)
2. Montrez le poids prédominant de l'attraction des musées parisiens. (doc. 7)
3. Identifiez l'intérêt du Louvre-Lens pour le développement du Pas-de-Calais et expliquez ses limites. (doc. 7 et 8)

Itinéraire 2 BAC E3C

Question problématisée

En quoi la fréquentation des musées par les touristes étrangers reflète-t-elle l'inégale attractivité du territoire français ?

Pour vous guider

Vous suivrez le plan suivant : des musées qui attirent des flux touristiques ; une attractivité qui profite surtout à l'Île-de-France ; des métropoles régionales qui développent l'attractivité de leurs musées.

QCM interactif | Organigramme PDF à télécharger | Croquis interactif + Version PDF à télécharger

Bilan de l'étude de cas

Retenir l'essentiel

Complétez le schéma fléché suivant à l'aide des informations des pages 188 à 190.

LES MUSÉES FRANÇAIS

Rayonnement mondial	Retombées	Forme de leur présence	Différenciation spatiale
	....	....	....

Attractivité nationale	Attractivité sur les flux internationaux de visiteurs	Des musées au cœur des politiques de développement	Attractivité inégale
	....	....	....

Schématiser l'essentiel

À l'aide des documents des pages 188 à 190, complétez le schéma suivant.

Titre : ....

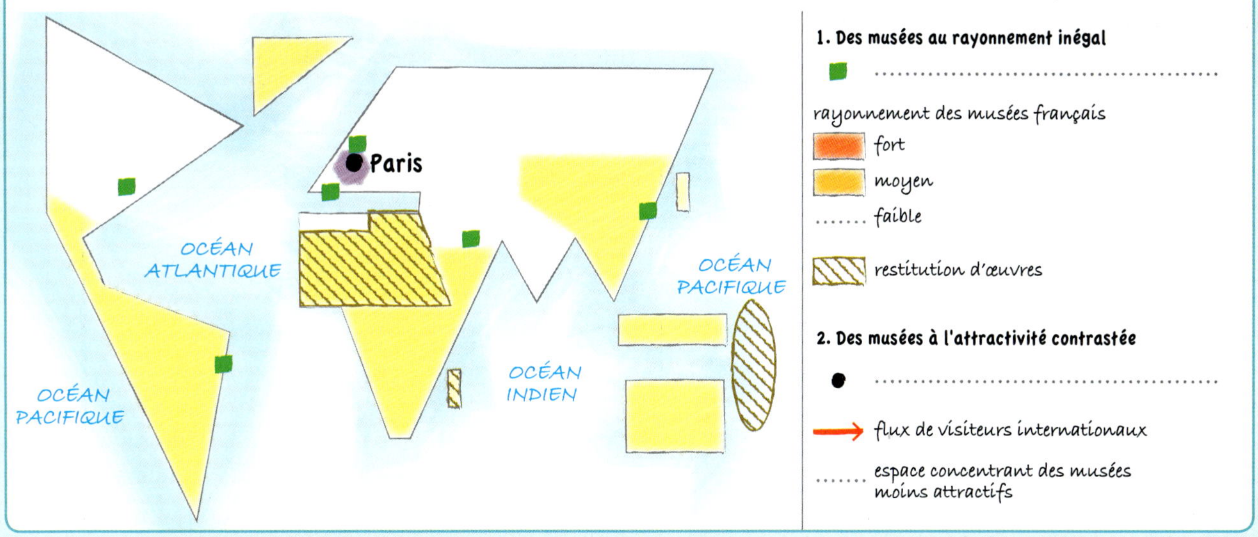

Changer d'échelle

De l'étude de cas... à la France

1. Dans quels autres domaines la France rayonne-t-elle dans le monde ? Cours 1, p. 196-197
2. En dehors des musées, dans quels autres domaines l'attractivité parisienne est-elle forte ? Cours 2, p. 202-203 Justifiez votre réponse à l'aide d'exemples précis.

Étude de cas 2

Comment la France peut-elle tirer parti de l'organisation des Jeux olympiques en 2024 ?

En 2024, la France organisera les Jeux olympiques d'été pour la 3e fois de son histoire, ce qui en fait la deuxième puissance olympique mondiale et contribue au renforcement tant de son rayonnement que de son attractivité.

1 **Paris, une métropole sous le regard de 3,5 milliards de téléspectateurs**
(1) Stade de France. (2) Autoroute (3) Piscine olympique (projet) (4) Passerelle sur l'autoroute (projet).

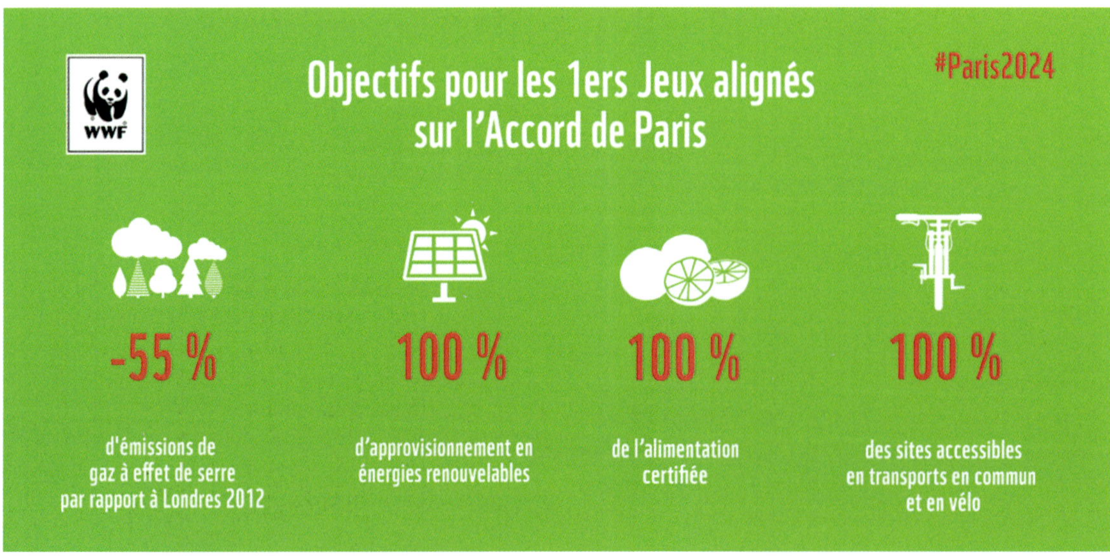

2 **La mise en valeur de la politique environnementale française**

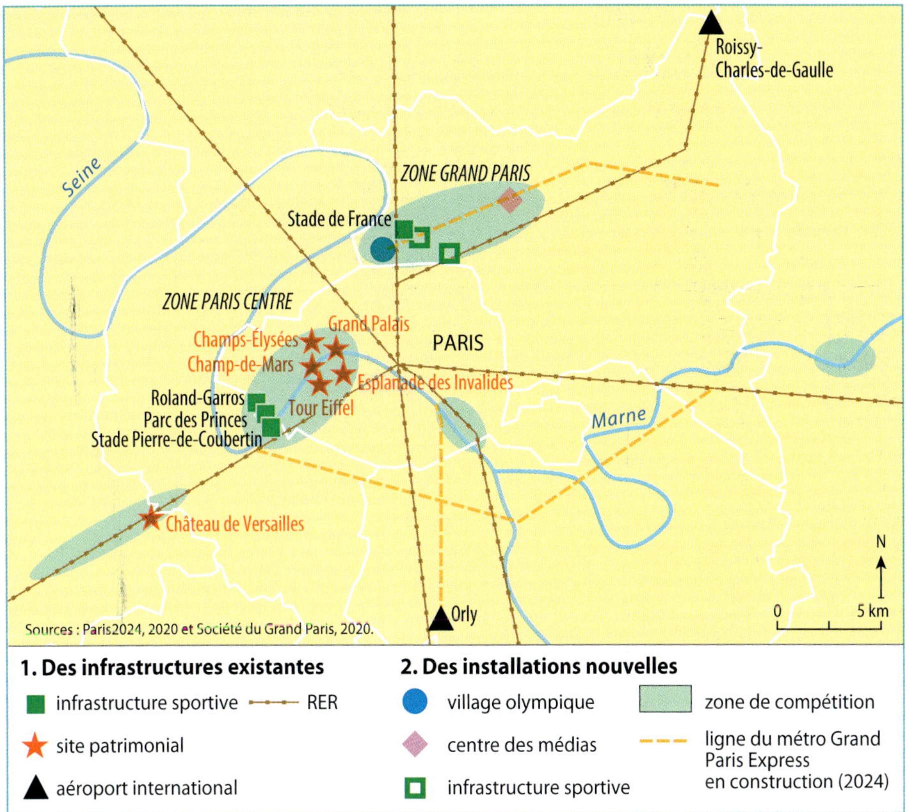

3 **Une attractivité parisienne renforcée**

	Coûts, en milliards d'euros	Retombées, en milliards d'euros (scénario moyen)
Organisation événementielle	3,9 (privé : CIO, billetterie)	3,9
Infrastructures	3 (public 1,5 ; privé 1,5)	1,3
Tourisme		2,8
Total	6,9[1]	8,1[2]

5 **Les JO (Jeux olympiques), une opportunité économique ?**

1. Le budget final pourrait connaître un dérapage de 0,5 milliard (évaluation 2018).
2. Le scénario bas ne prévoit en revanche que 5,3 milliards de retombées.
Sources : CDES (Centre de droit et d'économie du sport), rapport indépendant à destination de Paris 2024, 2019 et franceolympique.com, 2020.

4 **Les JO, une opportunité de développement pour la banlieue nord ?**

L'œil du géographe Certains voient dans les JO une chance inespérée de sortir la Seine-Saint-Denis de ses problèmes. Élus et organisateurs en attendent investissements et emplois, ainsi qu'une autre image de la banlieue. Effectivement, les Jeux devraient accélérer la réalisation d'anciennes opérations d'aménagement, comme la construction du village de la presse sur un ancien site de stockage de carburants, occasion d'accélérer une opération de logements qui date de 10 ans. Mais sur le front de l'emploi, le Mondial et l'Euro de football (1998 et 2016) ainsi que la Cop 21 (2015) n'ont rien changé au sort des habitants, car les emplois qu'ils génèrent sont temporaires et pas toujours adaptés aux populations résidentes. Les emplois générés par la construction des différents équipements des Jeux peuvent profiter temporairement aux habitants, à condition que les entreprises ne fassent pas appel à des travailleurs illégaux. De même, les habitants du territoire auront sans doute, grâce aux collectivités partenaires, un accès prioritaire aux emplois liés aux Jeux olympiques, mais ils seront cantonnés aux emplois les plus précaires.

B. Lebeau, *les Jeux olympiques de 2024 : une chance pour le Grand Paris ?*, *Echogéo*, 12 février 2018.

Confronter le savoir acquis en géographie avec ce qui est entendu, lu et vécu

Itinéraire 1

Lire et confronter les documents

1. Comment les Jeux olympiques de 2024 peuvent-ils contribuer à donner une image positive et moderne de la France à l'international ? (doc. 1 et 2) Pourquoi le doc. 2 nécessite-t-il toutefois un regard critique ?

2. Pourquoi les Jeux olympiques peuvent-ils renforcer le poids de la métropole parisienne ? (doc. 3, 4 et 5)

3. Quels peuvent être les problèmes et les limites de cette attractivité ? (doc. 4 et 5)

Itinéraire 2 BAC E3C

Question problématisée

Quand le Comité international olympique annonce en 2017 l'attribution des Jeux olympiques de 2024 à Paris, un sondage montre que 8 Français sur 10 considèrent que c'est une bonne nouvelle pour la France et Paris. Dans quelle mesure cette opinion est-elle fondée ?

Cartes — Le rayonnement international de la France

Carte interactive

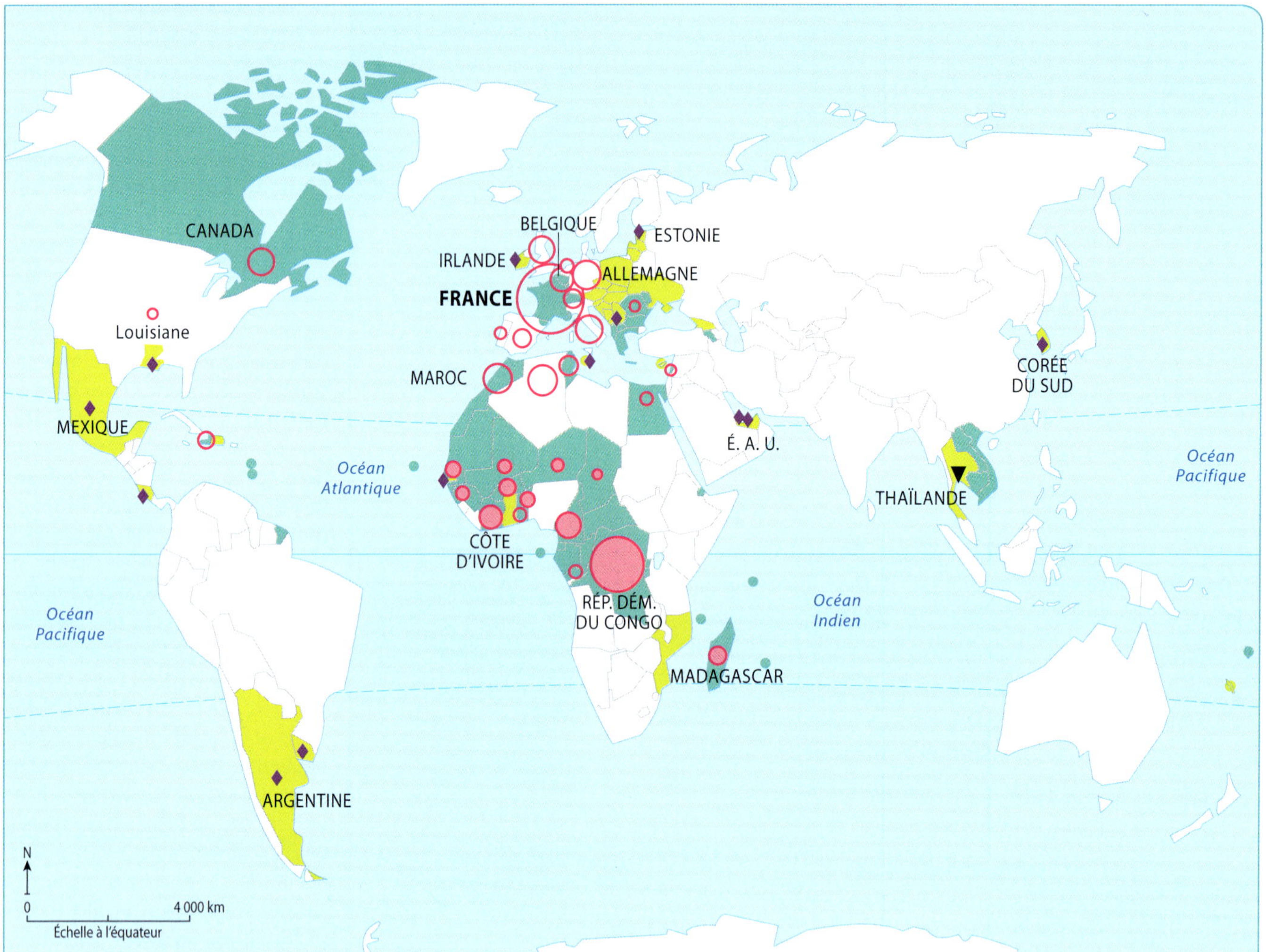

1. Une diffusion mondiale de la langue française

locuteurs francophones, en millions

66

10

2

prévision de croissance des locuteurs francophones de plus de 200 % entre 2015 et 2050

2. Un outil diplomatique

État membre de l'Organisation internationale de la francophonie (OIF)

État observateur ou associé

État suspendu [1]

adhésion depuis 2010

1. En raison du non-respect des droits et principes démocratiques promus par l'organisation.

Sources : B. Simmat, *Atlas de la France du futur*, 2016 et OIF, 2020.

1 La francophonie, un outil majeur de rayonnement

Lire les cartes

Carte 1

L'OIF vise à donner à la France une influence diplomatique majeure sur les pays qui utilisent le français comme langue officielle ou de communication. Elle a pour objectif de rayonner aussi sur ceux qui partagent ses valeurs de démocratie et de paix.

Identifiez les espaces où le français est particulièrement développé et expliquez pourquoi. Confrontez ces localisations à celles de l'OIF et émettez des hypothèses d'explication.

Cartes 2 et 3

La France participe aux réseaux de la mondialisation aussi bien en émettant des flux d'investissements qu'en organisant une présence militaire à l'échelle mondiale. Ce rayonnement montre cependant des limites.

Décrivez la répartition des IDE (investissements directs à l'étranger). Que peut-on en déduire sur les atouts et les faiblesses de la puissance économique française ? Dans quelles régions du monde la présence militaire française est-elle particulièrement développée ?

À l'aide des cartes 1, 2 et 3, dressez la liste des régions qui échappent au rayonnement de la France dans le monde.

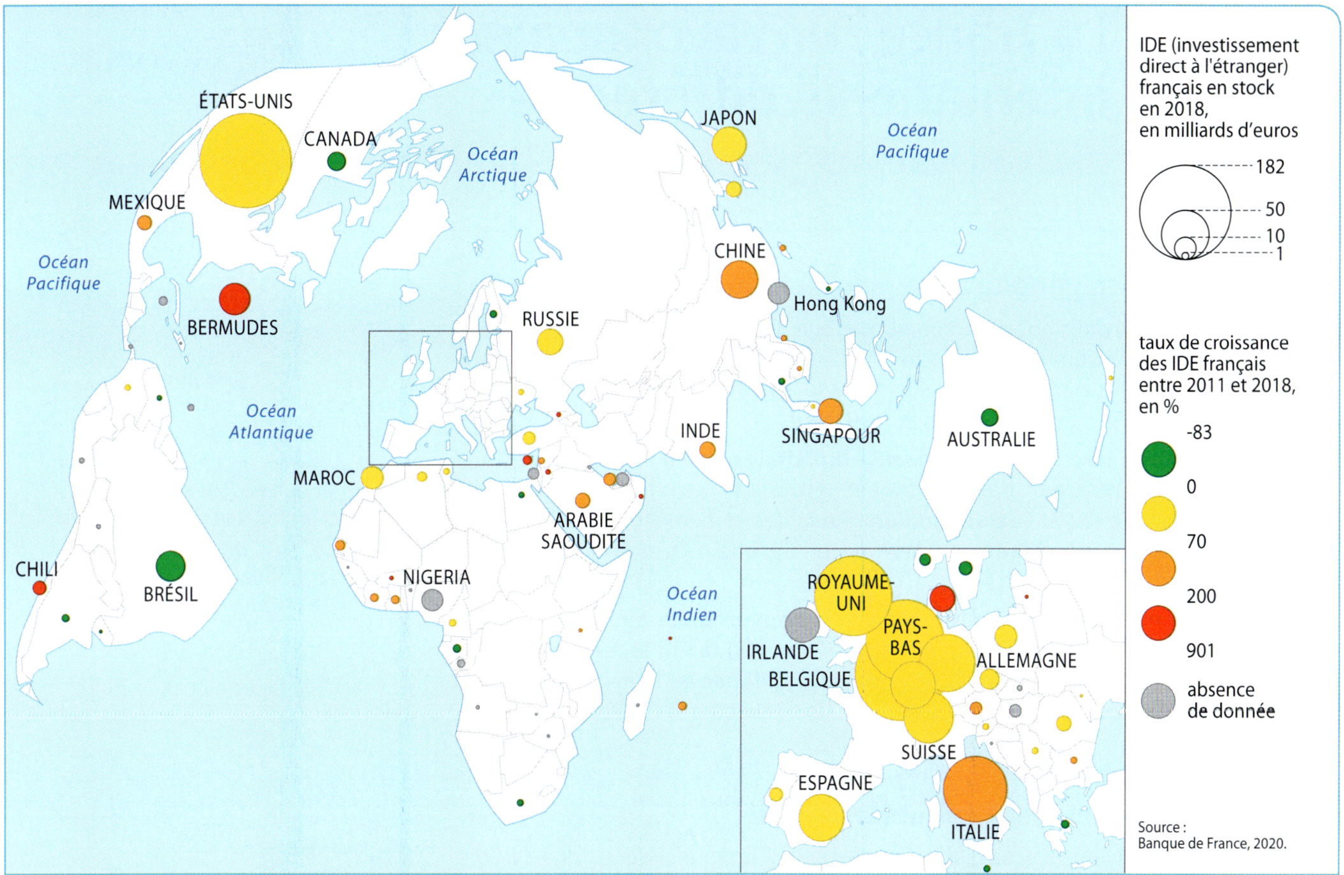

2 Les investissements des entreprises françaises à l'étranger, relais de l'influence dans le monde

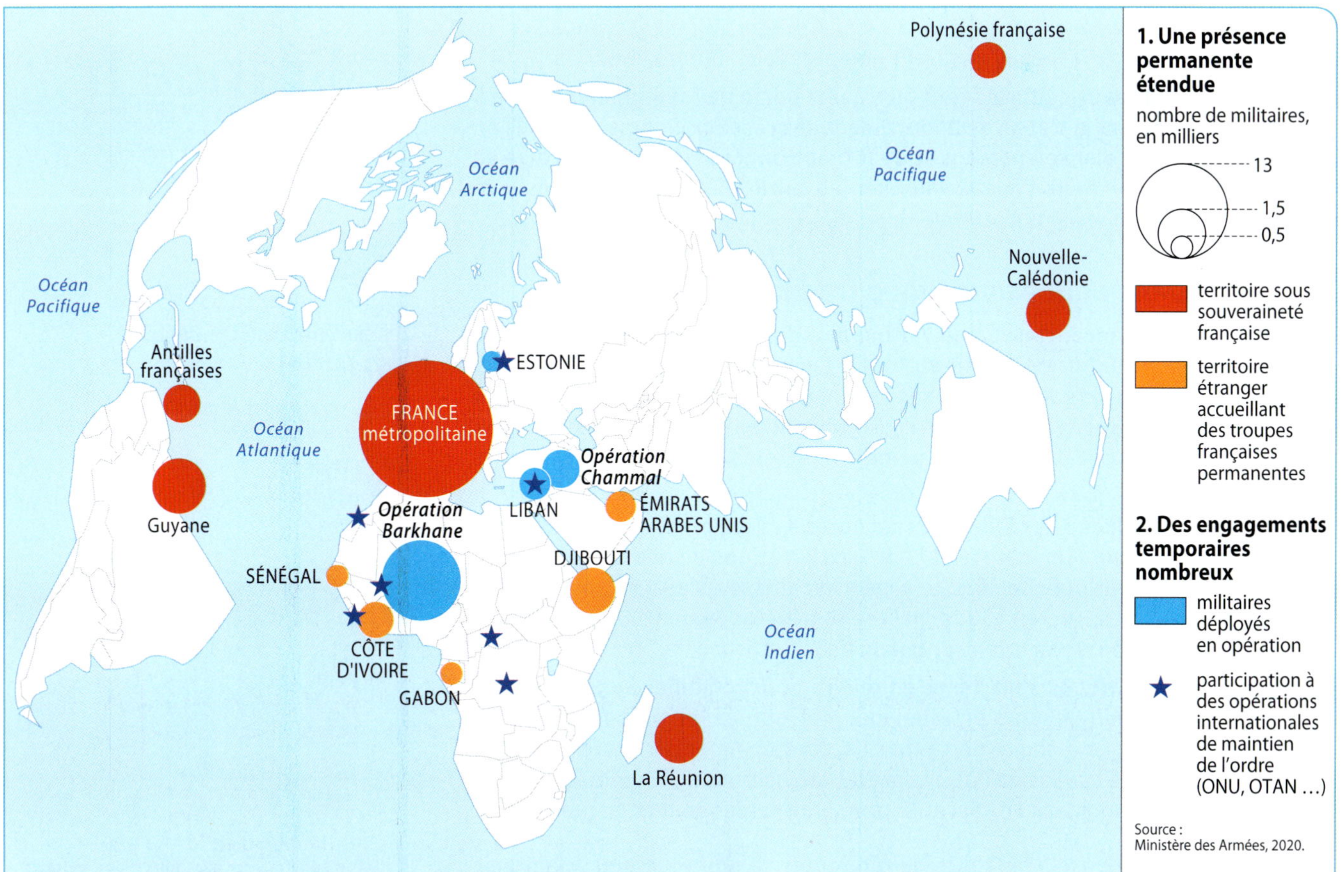

3 Le déploiement de l'armée française

Cours 1

QCM interactif cours

Podcast

La France : un rayonnement international différencié

Quels sont les effets de la mondialisation sur le rayonnement de la France ?

A Une influence géopolitique mondiale forte mais en recul

La France joue un rôle politique et diplomatique. Elle est présente dans les grandes organisations internationales comme le G7 et possède un siège permanent au conseil de sécurité des Nations unies. Elle dispose en outre du 3e réseau mondial d'ambassades, derrière la Chine et les États-Unis.

Son réseau militaire lui assure une présence mondiale mais se recompose. Elle appartient au club restreint des puissances militaires nucléaires et déploie hors de la métropole les 2/3 de ses soldats. Pour des raisons géopolitiques et financières, ce dispositif militaire se recentre sur l'Europe, l'Afrique et le Moyen-Orient (doc. 2).

La France cherche à redéfinir sa place dans la gouvernance mondiale. Pour compenser sa perte d'influence face aux États-Unis et à la Chine, elle mise sur le multilatéralisme, les valeurs d'universalité et la défense de l'environnement. Elle a pesé dans la réalisation de l'accord de Paris sur le climat et appelé en 2018 à des pratiques communes de cyberdéfense.

Vocabulaire

- **Francophonie :** ensemble des populations qui partagent l'usage de la langue française.
- **Multilatéralisme :** mode de relations interétatiques visant à établir des règles communes.
- **PME (petites et moyennes entreprises) :** entreprise qui emploie moins de 250 salariés.

B Un fort rayonnement culturel mondial

La France valorise son image et sa culture en créant la « marque France » (Repère A) pour soutenir ses domaines d'excellence. C'est le cas du luxe, dont les entreprises françaises détiennent le 1/4 du marché mondial, ou du cinéma, dont la France demeure le 2e exportateur au monde en nombre d'entrées.

Le pays bénéficie d'un réseau culturel étendu. L'Organisation internationale de la francophonie rassemble les pays partageant la langue française. Les réseaux de promotion de la langue (lycées français de l'étranger, Alliances françaises) et de la culture (Instituts français) assurent une présence mondiale.

Néanmoins, ces réseaux culturels font face à une perte de rayonnement. Face à la concurrence de l'anglais et au développement des réseaux chinois et russes en Afrique, les réseaux d'enseignement et de promotion de la culture française se rapprochent. Ils cherchent à mieux valoriser les cultures locales et la présence des 2 millions de Français de l'étranger (doc. 1).

REPÈRE A

Logo de la marque France

France.fr

C Un rayonnement économique fragilisé

L'économie de la France, classée au 7e rang mondial, souffre d'une ouverture insuffisante. Son intégration se fait surtout à l'échelle de l'Union européenne, avec laquelle la France réalise 2/3 de ses échanges. Les exportations, dominées par l'aéronautique et l'agroalimentaire, se concentrent aussi sur les marchés d'Amérique du Nord et du Japon, et peinent à atteindre les pays émergents (Repère B).

Ces difficultés sont dues à des faiblesses majeures. Les exportations reposent sur une gamme de produits limitée : les 2/3 des exportations de haute technologie relèvent de l'aéronautique. De plus, le pays n'est classé qu'au 13e rang mondial pour la part du PIB consacrée à la recherche et développement. Enfin, très peu de PME participent à l'ouverture économique.

Cependant, des politiques sont mises en œuvre pour remédier aux difficultés. Le réseau French Tech décerne un label aux métropoles les plus favorables à l'innovation. La France a choisi de ratifier l'accord commercial entre l'UE et le Canada pour élargir le marché de l'UE, malgré les oppositions de l'opinion publique. Elle tente de mettre en place une fiscalité commune sur les géants du numérique.

La mondialisation impose à la France de réorienter sa politique pour maintenir une influence dans l'ensemble du monde.

REPÈRE B

Les partenaires économiques de la France

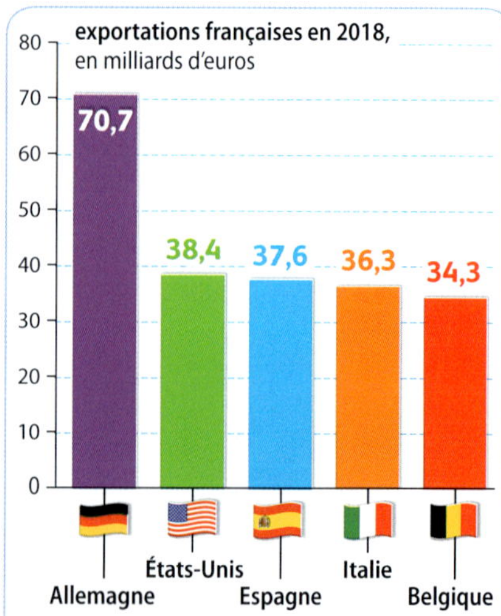

Source : Ministère de l'Économie et des Finances, 2020.

1 Affiche pour les Rencontres du cinéma francophone en Chine

2 Le rayonnement militaire français à Djibouti

Les forces françaises de Djibouti sont la plus grande force française permanente stationnée en Afrique. Ce réservoir permet de projeter rapidement des forces en cas de crise, comme ce fut le cas avec les opérations Barkhane ou Chammal[1]. Cette présence vise à répondre en outre à deux objectifs stratégiques majeurs : la capacité à intervenir sur les lignes de communication maritimes et la lutte contre le terrorisme. L'importance stratégique et la stabilité de Djibouti n'ont pas échappé aux autres puissances (États-Unis, Japon, Chine, Italie) qui se sont implantées, engendrant une perte d'influence relative de la France. Cette dernière a conservé une image de protecteur du pays, dont les autres partenaires ne bénéficient pas, mais cette image a. en même temps. été assombrie par un sentiment de désengagement militaire, politique et économique. Ainsi la politique d'économie budgétaire dans le domaine de la Défense envisagée en 2013 et le départ de la Légion étrangère, transférée dans les Émirats arabes unis en 2011, ont laissé des traces.

Diplomatie, avril-mai 2018.

1. Opérations militaires extérieures de la France, respectivement au Sahel, en Irak et en Syrie.

Capacités & Méthodes

Confronter deux documents

Remplissez le tableau suivant pour analyser le rayonnement de la France dans le monde.

Rayonnement de la France	Doc. 1 :	Doc. 2 : ....
Nature	*Langue et culture*	
Acteur		
Région concernée		
Enjeu		
Limites		

Pour vous guider
Aidez-vous des cartes p. 194-195 pour identifier des limites et porter un regard critique sur les documents.

Exemple Comment le groupe hôtelier Accor contribue-t-il à la puissance économique de la France ?

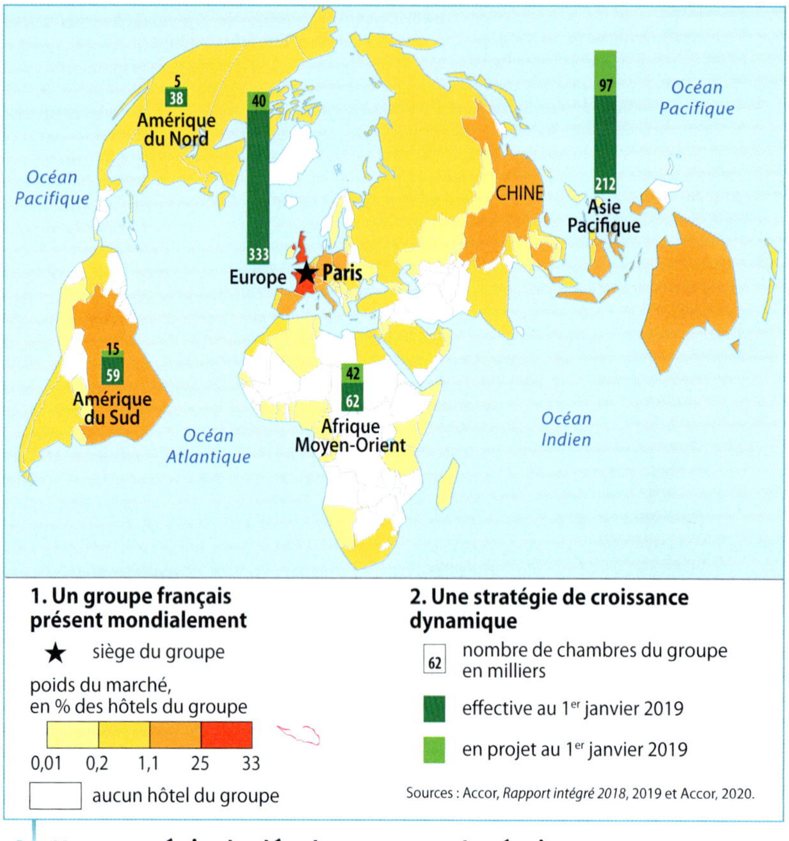

1 Une stratégie de développement planétaire

Nombre d'hôtels (rang)	Europe	Monde
Accor (France)	2 900 (1e)	4 900 (6e)
Marriott (États-Unis)	600 (4e)	6 400 (1e)
Hilton (États-Unis)	400 (7e)	5 685 (3e)

3 Un groupe confronté à une concurrence internationale

Sources : Accor, 2020, Hilton, 2020 et Marriott, 2020.

2 Une politique de rachat dans le secteur du luxe

Présent dans 20 pays d'Afrique avec 114 hôtels, Accor y rivalise avec l'américain Marriott, et si le français détient le plus grand nombre de chambres, l'américain le dépasse en nombre d'hôtels. En 2014, Marriott a racheté la plus grande chaîne d'hôtels sud-africaine. Or Accor n'avait jusque-là que 5 hôtels dans la première économie du continent : il a fait le choix d'un partenariat avec la marque Mantis, spécialisée dans le luxe et l'**écotourisme**, qui compte une trentaine d'établissements en Afrique du Sud et propose des safaris à une clientèle surtout européenne privilégiée. Mantis espère ainsi démultiplier son accès aux clients internationaux. Dans l'échange, Accor récupère un partenaire local, fin connaisseur de l'Afrique du Sud et de ses défis, pour pouvoir y développer ses marques. Selon le PDG d'Accor, « *on poursuit la stratégie de Mantis, une stratégie de niche, ce qui n'empêchera pas ensuite mes équipes de développeurs d'ouvrir un Pullman, un Novotel ou un Ibis*[1] *à Johannesburg ou Durban* ».

Le Monde, 7 avril 2018.

1. Marques du groupe représentant respectivement les catégories luxe, moyen de gamme et économique.

Vocabulaire

– **Écotourisme :** forme de tourisme respectueuse de l'environnement.

Identifier les ressources d'une situation géographique

Itinéraire en groupe

Dans le cadre d'un congrès, le PDG d'Accor est invité à présenter le développement international de son entreprise. Une partie de la classe écrit le texte de son discours.

Pour vous guider

Décrivez la présence mondiale actuelle de l'entreprise, puis montrez les stratégies de développement actuelles.

Une directrice du groupe Marriott lui répond en soulignant les limites de développement de son groupe. L'autre partie de la classe écrit son intervention.

Pour vous guider

Montrez à la fois les limites de la présence internationale du groupe Accor mais aussi la concurrence qu'il rencontre.

Exemple

Comment le groupe L'Occitane valorise-t-il son image locale pour se développer internationalement ?

1 Une publicité L'Occitane à Hong Kong

Né à Manosque, le groupe L'Occitane est désormais présent dans 90 pays et il est le 1er groupe français coté à la Bourse de Hong Kong.

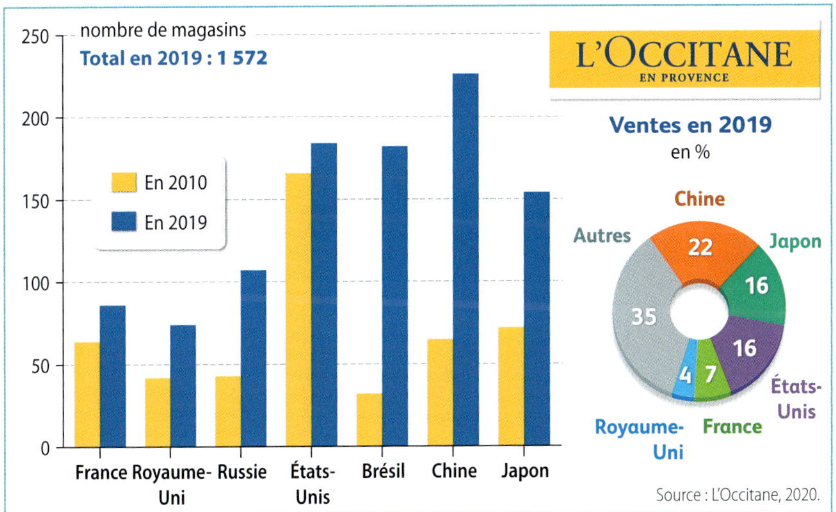

2 L'Occitane : les stratégies commerciales internationales d'une FTN

3 Des stratégies pour le marché anglo-saxon

Avec ses senteurs de Provence et ses racines françaises, L'Occitane a conquis le monde, Asie en tête. Elle prend à présent l'accent british en s'offrant une nouvelle marque de produits de beauté, britannique, naturelle et de luxe, Elemis. Il s'agit, pour le groupe d'accélérer sur un marché cosmétique mondial haut de gamme en hausse de 5 % en 2018. Elemis lui ouvre plus larges les portes du Royaume-Uni (58 % de son chiffre d'affaires de 140 millions de dollars) et des États-Unis (16 %). L'Occitane parie aussi sur l'énorme potentiel de croissance d'Elemis en Asie-Pacifique.

Le Figaro, 15 janvier 2019.

Mettre en relation des faits de localisations différentes

Itinéraire guidé

Complétez le tableau suivant pour comparer les exemples p. 198 et 199 et expliquer les stratégies de développement international des entreprises françaises.

	Accor	L'Occitane
Dynamisme du groupe		
Degré de développement international		
Valorisation de l'identité française		
Difficultés et limites		

Cartes

Carte interactive

Des territoires français inégalement attractifs dans la mondialisation

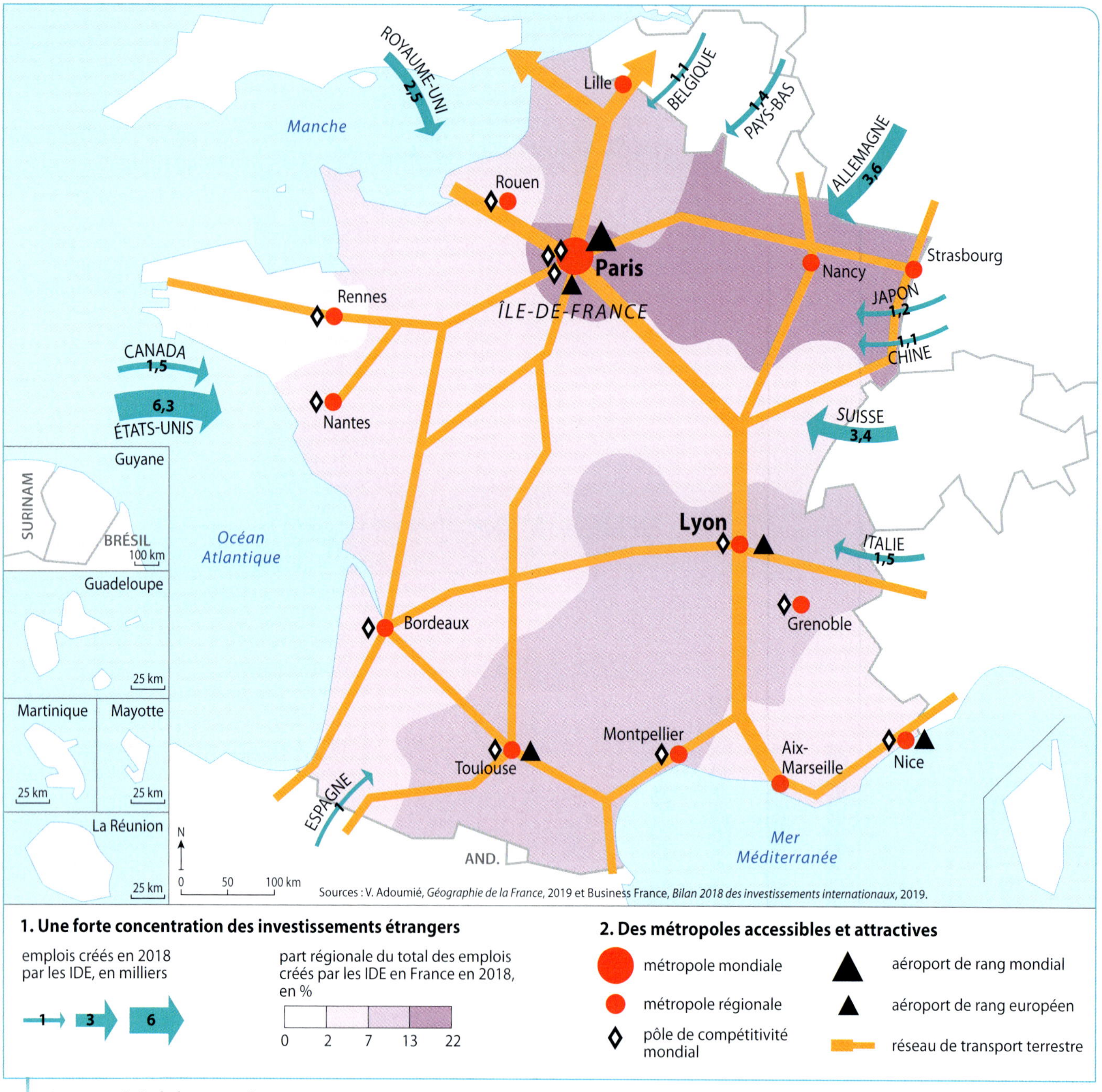

1 L'attractivité économique de la France

Lire les cartes

Carte 1

L'intégration de la France à la mondialisation se traduit par une forte attractivité sur les flux d'investissements, qui se concentrent toutefois dans quelques territoires.

Quels espaces sont les plus attractifs ? Quels espaces sont marginalisés ? Quels facteurs expliquent l'attractivité des régions pour les IDE ?

Cartes 2 et 3

Cette intégration se manifeste aussi par des flux humains, notamment de touristes, et aboutit à une forte hiérarchisation des territoires en fonction de multiples facteurs comme la concentration des chercheurs.

D'où provient la majorité des touristes étrangers et quelles régions françaises les attirent le plus ?

Comment la carte 3 peut-elle expliquer la répartition des investissements étrangers de la carte 1 ? Comment le poids de l'Île-de-France se trouve-t-il renforcé par les flux provenant de l'étranger (doc. 1, 2 et 3) ?

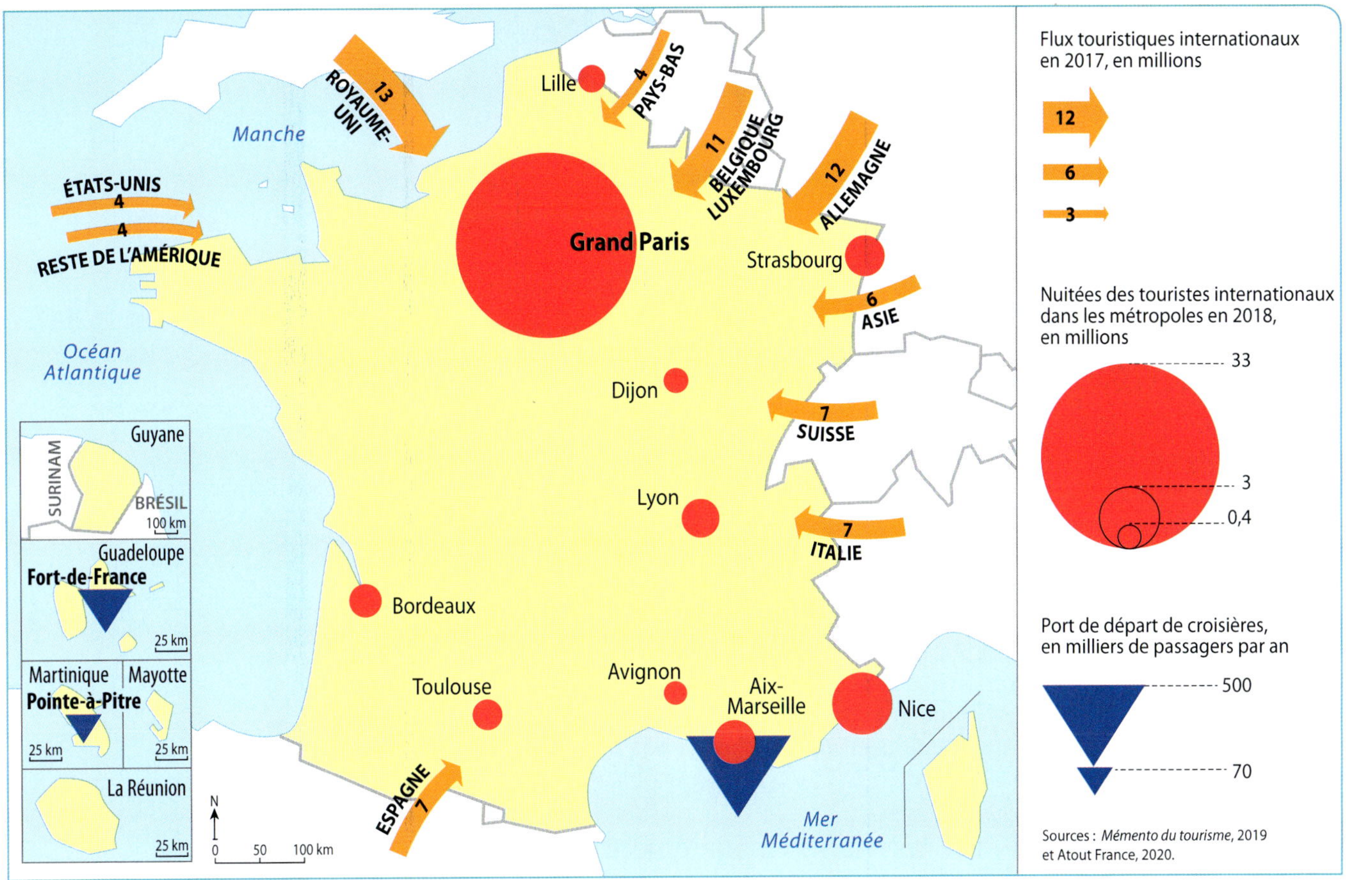

2 **L'attractivité touristique de la France**

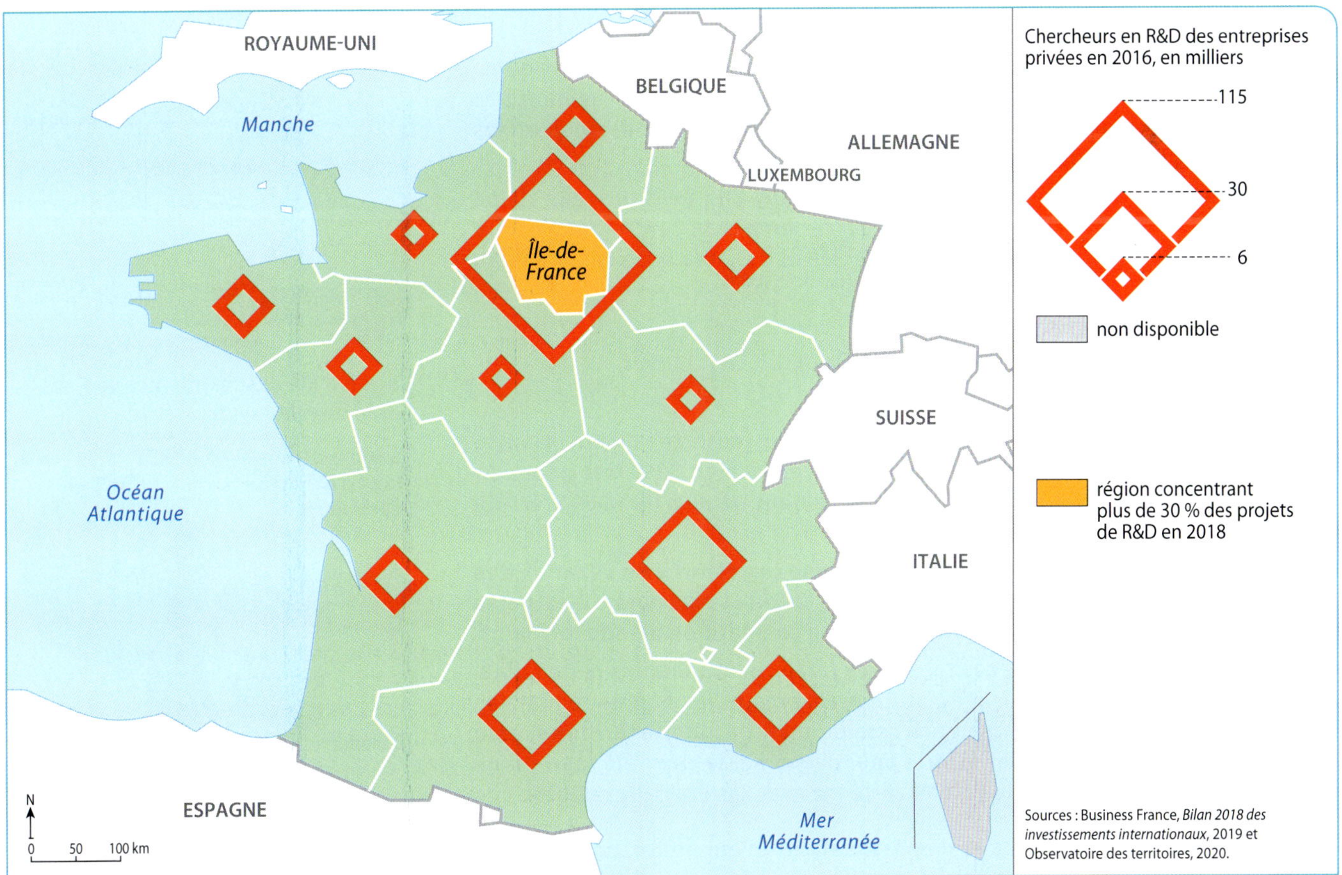

3 **L'innovation en France**

Cours 2

QCM interactif cours

Podcast

Une inégale attractivité des territoires français

Comment les territoires français font-ils face à la concurrence internationale ?

A À l'échelle nationale, un territoire qui valorise ses atouts

La France est le 5e pays le plus attractif au monde pour les investissements directs à l´étrangers en 2019 (Repère A). Ses atouts sont une main-d'œuvre bien formée et productive, une bonne accessibilité et un bassin de consommation national et européen. Les entreprises étrangères y emploient 2 millions de personnes (doc. 1).

Elle exerce également une attractivité touristique majeure : 1re destination touristique au monde, elle a accueilli 90 millions de touristes internationaux en 2018, ces derniers provenant aux 2/3 d'Europe. L'État et les collectivités cherchent à diversifier ces flux. Le nouveau label « Capitale française de la culture » (1er titre en 2021) vise en outre à attirer ces touristes en région.

Des institutions internationales siègent en France. La présence de l'Unesco (Organisation des Nations Unies pour l'éducation, la science et la culture) et de l'OCDE (Organisation de coopération et de développement économiques) à Paris témoignent du rayonnement politique et culturel du pays. L'Autorité bancaire européenne, contrainte de quitter Londres en 2019, a choisi Paris parmi 7 villes européennes susceptibles de l'accueillir.

B À l'échelle régionale, des territoires inégalement attractifs

La métropole parisienne reste la plus attractive. Porte d'entrée de la France pour les investissements les plus stratégiques comme ceux de la finance, dont elle réalise 91% de l'activité, Paris attire la majorité des flux du tourisme d'affaires. De plus, elle se classe au 1er rang mondial pour le nombre de congrès internationaux.

L'attractivité des métropoles régionales demeure modeste et ciblée (Repère B). Toulouse attire les IDE de l'aéronautique (doc. 2), Nice les flux touristiques. Grâce à sa position médiane en Europe, Lyon fait exception en accueillant des institutions (Centre international de recherche contre le cancer, Interpol) et des FTN étrangères (centre de formation du canadien Robotiq).

L'attractivité des autres territoires reste ponctuelle. Elle peut provenir d'une situation frontalière ou d'atouts touristiques : les hôtels de Centre-Val de Loire totalisent 1,4 million de nuitées étrangères grâce aux châteaux de la Loire et au zoo de Beauval.

C L'essor des politiques publiques pour favoriser l'attractivité

Face à la concurrence mondiale, les politiques pour renforcer l'innovation se multiplient. L'État favorise les *clusters* par la relance en 2019 des pôles de compétitivité. À Paris, il soutient la Station F, campus de plus de 1 000 *start-up* dont certaines sont parrainées par Microsoft.

Attirer des événements internationaux mobilise les efforts de l'État et des collectivités. Paris a obtenu les Jeux olympiques (2024) et plusieurs collectivités (Biarritz, Tahiti...) se disputent l'organisation de la compétition mondiale de surf.

Malgré les efforts, l'attractivité des territoires ruraux et ultramarins reste faible. La « Marque Auvergne » valorise la nature préservée et les filières régionales d'excellence (automobile), mais malgré l'installation de la fibre, le territoire reste peu attractif. En Guadeloupe, les efforts pour diversifier la clientèle touristique se heurtent à la fermeture de la liaison aérienne avec les États-Unis (2019).

L'attractivité de la France dans la mondialisation révèle de fortes inégalités territoriales que cherchent à atténuer les politiques publiques.

Vocabulaire

- **Pôle de compétitivité :** regroupement, sur un territoire donné, d'entreprises et de centres de recherche publics ou privés, dans le but de développer l'innovation. Encouragés par l'État, il existe 56 pôles de compétitivité en France en 2020.
- **Tourisme d'affaires :** ensemble des activités liées aux déplacements et séjours des hommes d'affaires et visiteurs des congrès.

REPÈRE A

Les États bénéficiant de la plus forte confiance des investisseurs

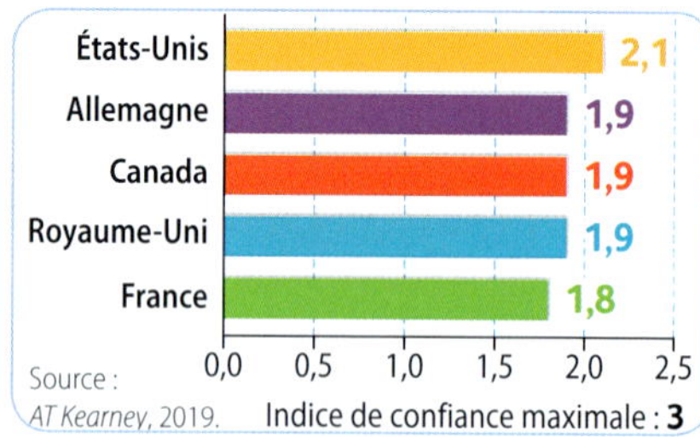

REPÈRE B

L'attractivité des métropoles vue par les investisseurs

1 Une attractivité inégale à toutes les échelles

L'attractivité économique de la France progresse. Une situation qu'expliquent divers facteurs : la qualité de ses infrastructures (notamment électriques), ses hubs de transports, la productivité horaire du travail et le potentiel de financement des entreprises, mais aussi la dynamique de création d'entreprise et celle des *start-up* et de la French Tech, sans omettre la qualité de la recherche. Des évolutions récentes soutiennent cette attractivité, comme le Programme d'investissement d'avenir et l'action de Business France, solide opérateur public unifié. Cependant, l'attractivité est très différenciée selon les territoires. Par exemple, le Nord-Est se montre plus ouvert aux capitaux étrangers, et davantage de sociétés étrangères y emploient des salariés que dans l'Ouest. Mais il est aussi nécessaire de réaliser un examen très fin, au niveau des intercommunalités et des communes. C'est là que se joue pour beaucoup l'attractivité : proximité d'infrastructures, présence des compétences recherchées et à offrir, capacité à proposer un foncier ou un immobilier adapté, ainsi qu'un cadre de vie attractif pour les actifs. Les métropoles concentrent beaucoup d'emplois, mais au-delà des sièges sociaux dans les métropoles, ce sont des territoires de villes moyennes, périurbains ou ruraux, qui ont très majoritairement attiré les projets industriels ou logistiques (69 % des projets) ces dernières années. Les périphéries des métropoles, les villes moyennes et les territoires ruraux profitent aussi de l'amélioration de l'image du pays.

Commissariat à l'égalité des territoires[1], 2020.

1. service d'État chargé de l'aménagement et de l'attractivité des territoires.

2 Campagne de communication de la métropole de Toulouse

Capacités & Méthodes

Vérifier une hypothèse sur une situation géographique

1. Quels sont les facteurs d'attractivité des métropoles ? (doc. 1 et 2)
2. Pourquoi l'attractivité du territoire ne se limite-t-elle pas aux métropoles ? (doc. 1)
3. Rédigez une synthèse d'une dizaine de lignes qui discute l'idée que les métropoles concentrent l'attractivité internationale.

Exemple

La nouvelle région Sud peut-elle devenir le 2e pôle d'attractivité économique en France ?

Située à 900 km de Paris, la nouvelle région Sud (anciennement PACA) cherche à mettre en valeur son environnement, sa culture et ses entreprises pour attirer et conserver sur son territoire les activités de haute technologie et les actifs les plus qualifiés.

1 Campagne de promotion de la technopole Sophia Antipolis

2 Un environnement économique favorable

Aix-Marseille est devenue l'une des douze villes françaises à recevoir le label « Capitale French Tech » : le dispositif permet par exemple de recruter du personnel étranger très qualifié en facilitant le processus de demande de visa. Elle souhaite devenir un centre des nouvelles technologies, avec un aéroport international (même s'il est petit), un port international et la plus grande université francophone au monde (elle compte plus de 77 000 étudiants). D'après Invest in Provence, l'agence de promotion régionale, le nombre de câbles sous-marins qui relient Marseille au reste du monde a quadruplé au cours des quatre dernières années et on espère arriver à 18 câbles en 2019. Par conséquent, les centres de données sont de plus en plus nombreux à s'installer dans la région, qui est celle qui en compte le plus en dehors de l'Île-de-France. Aix-Marseille French Tech Région Sud a maintenant 800 *start-up* sous son aile. Vingt-cinq d'entre elles se sont présentées au CES (Consumer Electronics Show), le plus grand salon du monde consacré à l'innovation en électronique grand public, à Las Vegas en 2019.

Forbes (magazine américain), publié dans *Courrier international*, 18-24 juillet 2019.

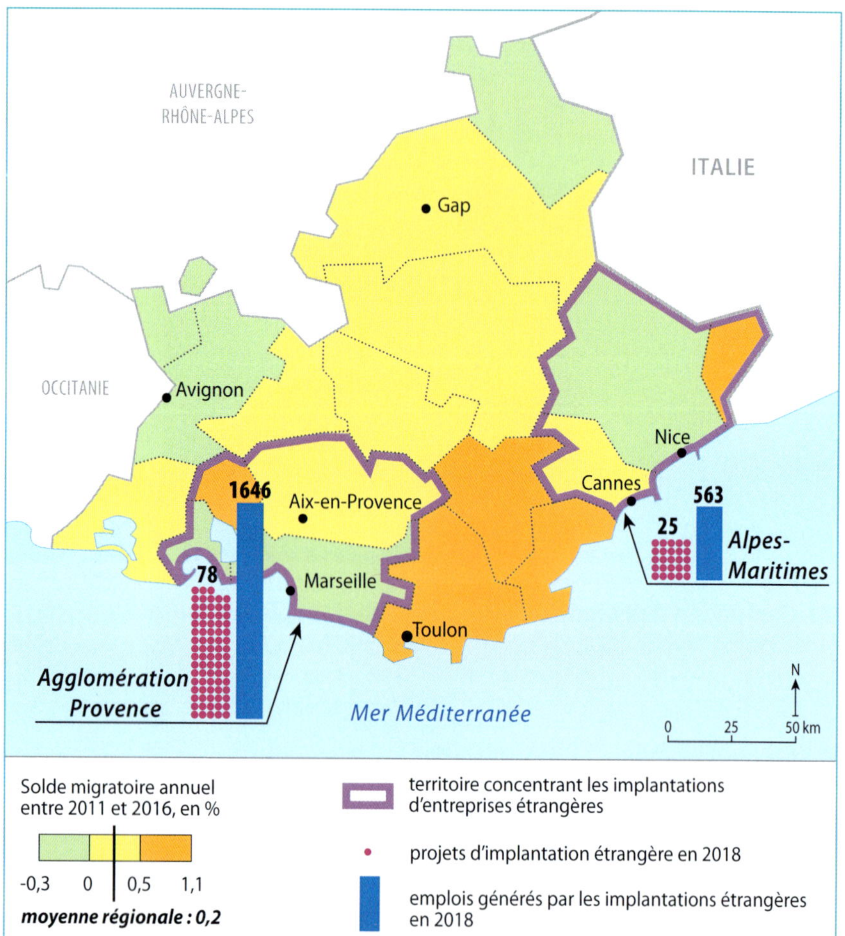

Sources : Provence Promotion, bilan 2019, 2019, Team Côte d'Azur, bilan 2018, 2019 et Insee, 2020.

3 La région Sud : une attractivité inégale

4 **Un cadre de vie attractif**

Le marché d'Aix-en-Provence, vitrine des productions locales agricoles (melon, olive, fraise) et artisanales (savonnerie, poterie), symbolise un art de vivre à la française. Il participe au rayonnement régional bien au-delà des frontières nationales.

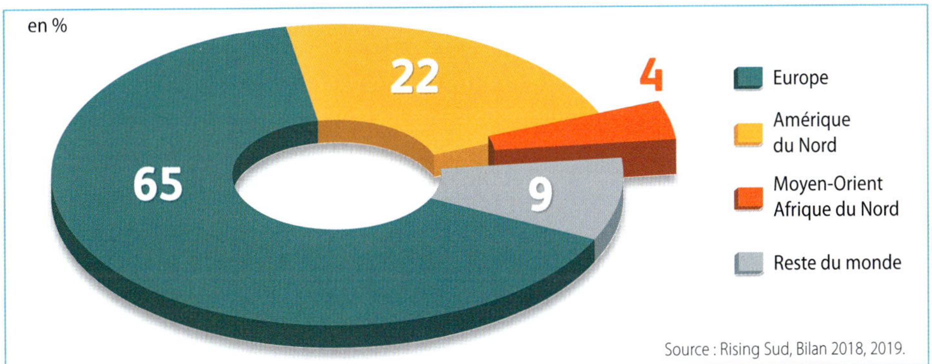

5 **Les créations d'emplois des entreprises étrangères en région Sud en 2018**

Vocabulaire

- **French Tech :** label qui réunit les acteurs du numérique (investisseurs, *start-up*...) pour favoriser le recrutement de travailleurs qualifiés.

Identifier les ressources d'une situation géographique

Itinéraire guidé

1. Classez les atouts de la région Sud dans le tableau suivant. (doc. 1, 2 et 4)

Facteurs d'attraction....	... pour les entreprises étrangères	... pour les populations étrangères (main-d'œuvre qualifiée, touristes, étudiants)
Environnement économique		
Cadre de vie		
Transports		
Rôle de l'État et des collectivités territoriales		

2. Quelles sont les réussites et les limites de l'attractivité du territoire régional ? (doc. 3 et 5)

Itinéraire en groupe

Une entreprise américaine spécialisée dans le e-commerce veut installer un site en Europe avec 10 salariés américains et 20 salariés à recruter sur place. Les collectivités territoriales veulent la convaincre de choisir la région Sud.

Pour vous guider

Distribuez les rôles (équipe entreprise : dirigeant, investisseurs, salariés ; équipe collectivités : technopole de Sophia Antipolis, métropole d'Aix-Marseille, Invest in Provence) et organisez la table ronde entre ces acteurs.

L'essentiel audio-vidéo | Organigramme version interactive

L'essentiel

À quels défis la France fait-elle face pour maintenir son influence et développer son attractivité dans la mondialisation ?

Un rayonnement international différencié

- Une influence géopolitique mondiale forte mais en recul
- Un fort rayonnement culturel mondial
- Un rayonnement économique fragilisé

Une inégale attractivité des territoires français

- À l'échelle nationale, un territoire qui valorise ses atouts
- À l'échelle régionale, des territoires inégalement attractifs
- L'essor des politiques publiques pour favoriser l'attractivité

Cours 1

La France dispose d'une **influence géopolitique**, culturelle et économique importante, en raison de son passé colonial. Sa présence est assurée par l'État (armée), mais aussi des entreprises ou des individus (Français de l'étranger).

Elle fait cependant face à un recul de son influence, en raison de difficultés économiques et du développement de **concurrences** (États-Unis, Chine). Son influence se maintient en **Europe**, mais décline en Afrique et peine à s'installer dans les **pays émergents**.

Elle tente donc d'**adapter ses politiques** à la concurrence internationale. Elle réorganise ses réseaux d'influence traditionnels et mène une politique active en faveur du multilatéralisme et de l'environnement.

Cours 2

La France constitue un territoire très attractif dans la mondialisation, en attirant les **touristes**, les **salariés étrangers** et les **investissements**. L'accueil d'organisations internationales ou de manifestations sportives symbolise cette attractivité.

Cependant, tous ces éléments favorisent surtout Paris. Ses **fonctions métropolitaines** et les **politiques d'attractivité** lui assurent un poids majeur pour les flux financiers, les institutions internationales et le tourisme.

Les autres territoires exercent en revanche une influence plus limitée. Les **métropoles régionales** possèdent une attractivité économique, mais de nombreux espaces (Corse, DROM...) forment des **marges peu attractives** en raison de leur manque d'accessibilité.

Chiffres clés

Les échanges économiques de la France

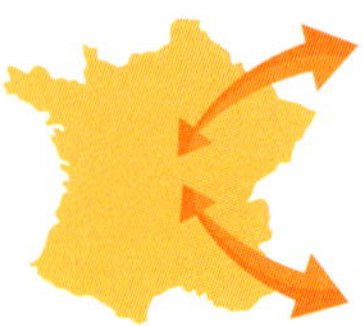

Union européenne : 2/3

Reste du monde : 1/3

L'attractivité touristique de la France

1re destination mondiale
90 millions de touristes

1er centre de Congrès mondial
212 congrès par an

Pour aller plus loin

Un site Internet

L'AFD (Agence française de développement), qui gère l'aide de la France aux pays en développement, recense les projets et objectifs soutenus par la France à l'étranger.

https://www.afd.fr/fr

Une émission de radio

Un géopoliticien et un économiste du sport présentent l'intérêt des Jeux olympiques pour la France.

L'invité des matins d'été, «Paris 2024, y a-t-il un intérêt à organiser les JO»

https://www.franceculture.fr/

Un roman

Camarade Wang achète la France, de Stéphane Fière, éd. Phébus, 2016, montre comment les flux de capitaux et de touristes posent des questions politiques et sociales à la France.

EXERCICES

Localiser

Croquis PDF à télécharger

en complétant les croquis suivants

1 La langue française dans le monde

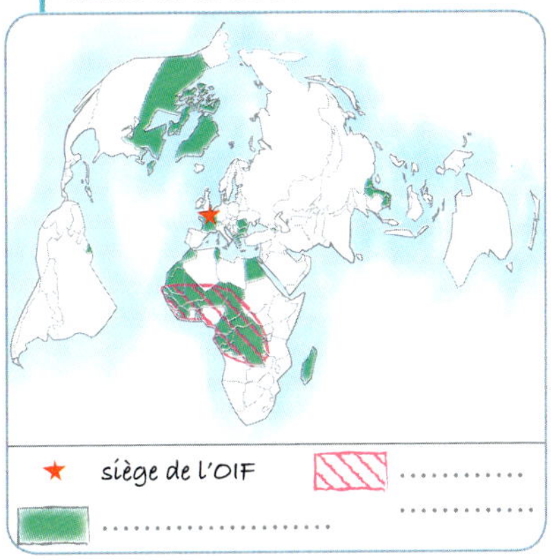

2 Les entreprises françaises à l'étranger

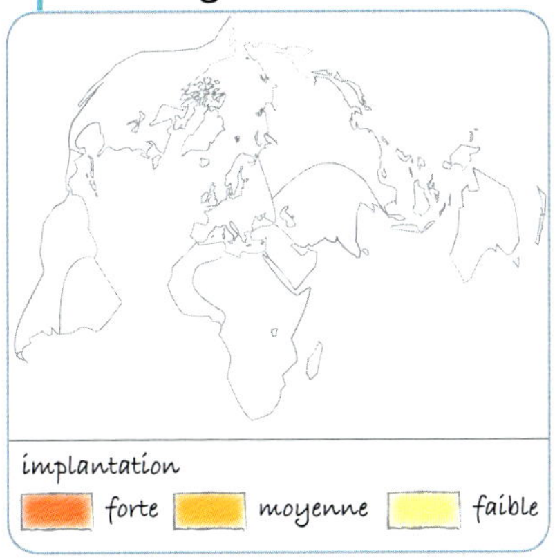

3 Des investissements étrangers inégalement répartis

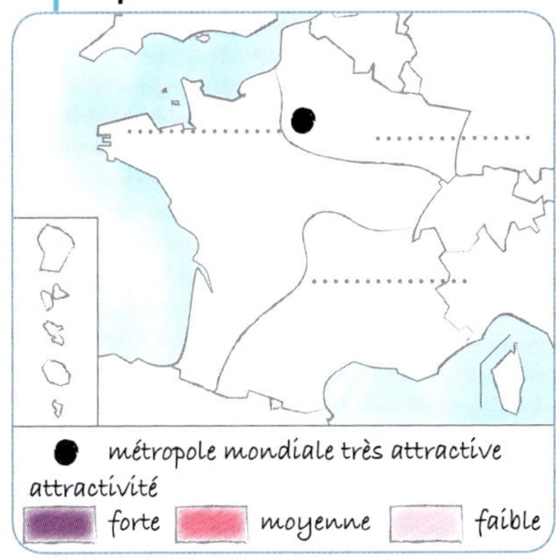

Analyser

une carte

En analysant le document, montrez qu'il témoigne des inégalités d'intégration des territoires français dans la mondialisation.

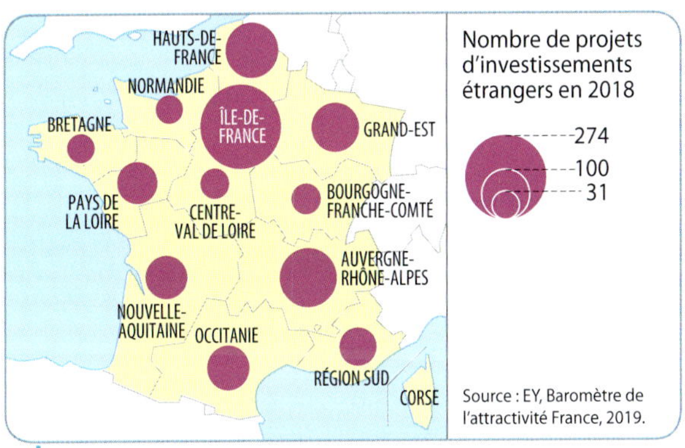

Les investissements en France

Argumenter

en utilisant deux exemples précis pour chaque idée

- L'économie française exerce un rayonnement important dans l'ensemble du monde. Ex : ....
- Le rayonnement de la France en Afrique varie selon les domaines. Ex : ....
- Les grandes métropoles françaises constituent les territoires les plus attractifs dans la mondialisation. Ex : ....
- De nombreux acteurs mènent des politiques de développement de l'attractivité de la France. Ex : ....

Travailler autrement

Analyser une vidéo avec un regard critique

Recherchez sur le site https://youtube.com, la vidéo de présentation de la stratégie humanitaire française 2018-2022, pour la visionner.

Comment l'aide humanitaire permet-elle à la France de maintenir son rayonnement international ? Utilisez votre cours pour porter un regard critique sur le document.

Vidéo

Pour vous guider

1. Dans quelles régions l'action humanitaire de la France se déploie-t-elle, d'après les images ?
2. Pour quelles raisons et avec quels acteurs la France mène-t-elle des interventions humanitaires ?
3. Quelles difficultés ou quelles limites (parmi celles étudiées en cours) peuvent expliquer ou nuancer la politique décrite ici ?

Réalisation d'une production graphique

Sujet : L'inégal rayonnement de la France dans le monde

Consigne : À partir du texte, vous construirez, à l'aide du fond de carte fourni, un croquis correspondant au sujet suivant : « L'inégal rayonnement de la France dans le monde », accompagné d'une légende organisée.

La France exerce dans le monde une influence diplomatique importante, en grande partie héritée de son passé colonial. Ainsi, elle a conservé de nombreux territoires ultramarins où elle exerce sa souveraineté, plus ou moins étroite, et où elle maintient une présence militaire permanente. Ces territoires sont dispersés sur tous les océans : Atlantique (Antilles, Guyane, Saint-Pierre-et-Miquelon), Indien (La Réunion, Mayotte, TAAF), Pacifique (Nouvelle-Calédonie, Polynésie française). Outre ses propres territoires d'Outre-mer, la France dispose aussi de partenariats stratégiques avec des États alliés en Afrique qui l'autorisent à stationner des troupes permanentes. C'est le cas du Sénégal, de la Côte d'Ivoire, du Gabon et de Djibouti. Cependant, si l'héritage colonial est un atout indéniable pour le rayonnement de la France dans le monde, c'est aujourd'hui son rôle moteur dans l'Union européenne qu'elle met en avant.

Le rayonnement culturel de la France, fruit de son passé, est donc inégal. Si Paris s'affirme comme une capitale culturelle de rang mondial au niveau de la mode ou de la gastronomie, la France est surtout influente en Europe, en Afrique du Nord et de l'Ouest (jusqu'au Gabon) et à Madagascar. À l'inverse, son rayonnement reste limité en Afrique orientale et australe, en Amérique centrale et andine, ainsi qu'en Asie centrale et du sud-est. L'usage de la langue française entretient en effet les liens avec la France, notamment en Afrique du nord et de l'ouest, mais également au Québec.

A Sélectionner les informations du texte pour organiser une légende

1. Sélectionnez dans le texte les informations utiles au sujet.
2. Groupez les informations en deux thèmes et reportez-les dans les deux parties de la légende du croquis.
3. Formulez un titre aux deux parties de la légende en marquant clairement leur différenciation.
4. Attribuez un figuré à chaque élément de la légende.

CONSEIL
Repérez dans le texte les deux grands domaines de rayonnement de la France pour organiser votre classement.

B Réaliser le croquis

5. Complétez le fond de carte en vous appuyant sur les éléments de localisation fournis dans le texte.
6. Quel croquis parmi les suivants respecte les règles conventionnelles de la nomenclature ? Justifiez votre réponse.

Méthode
La nomenclature doit être en lien avec le sujet : États majeurs, villes représentées, mers et océans ; l'écriture des noms doit être horizontale, sauf éventuellement pour les fleuves ; la taille des lettres doit être identique pour un même type d'informations ; la taille ou la couleur des lettres doivent varier selon la nature de l'information : FRANCE, GUYANE, Paris, OCÉAN ATLANTIQUE, Méditerranée.

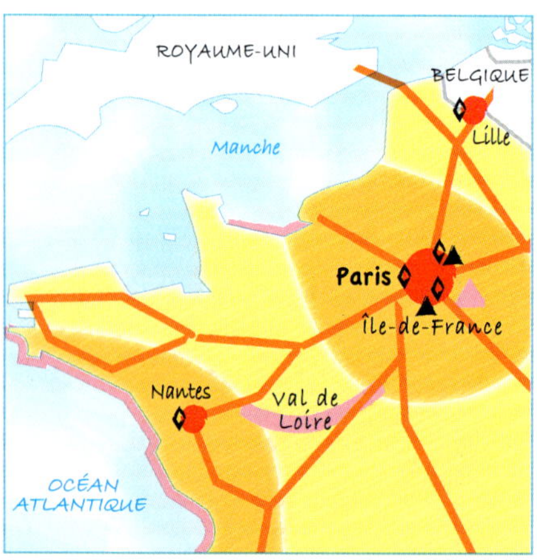

Croquis 1

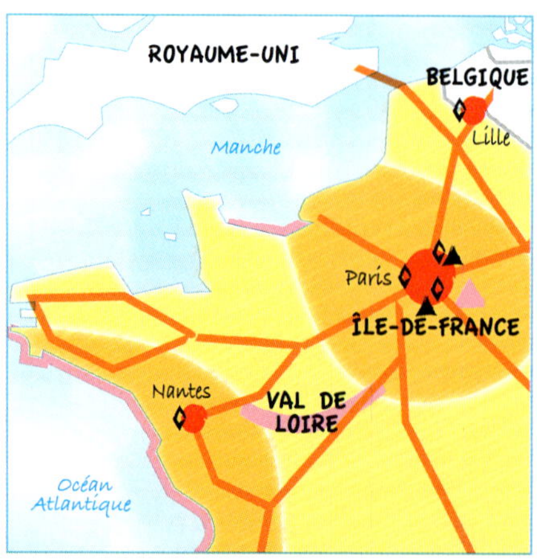

Croquis 2

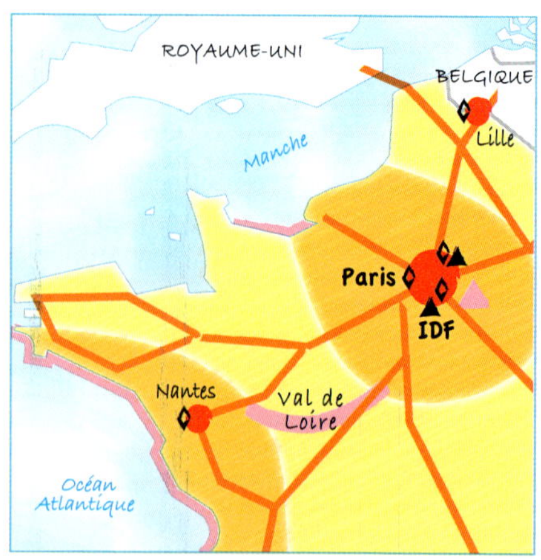

Croquis 3

7. Complétez la nomenclature : mers et océans, territoires mentionnés dans le texte (États, océans, villes, etc.).

CONSEIL
Les noms doivent être entièrement rédigés. Les abréviations ne sont pas recevables.

Titre : ....

Croquis PDF à télécharger

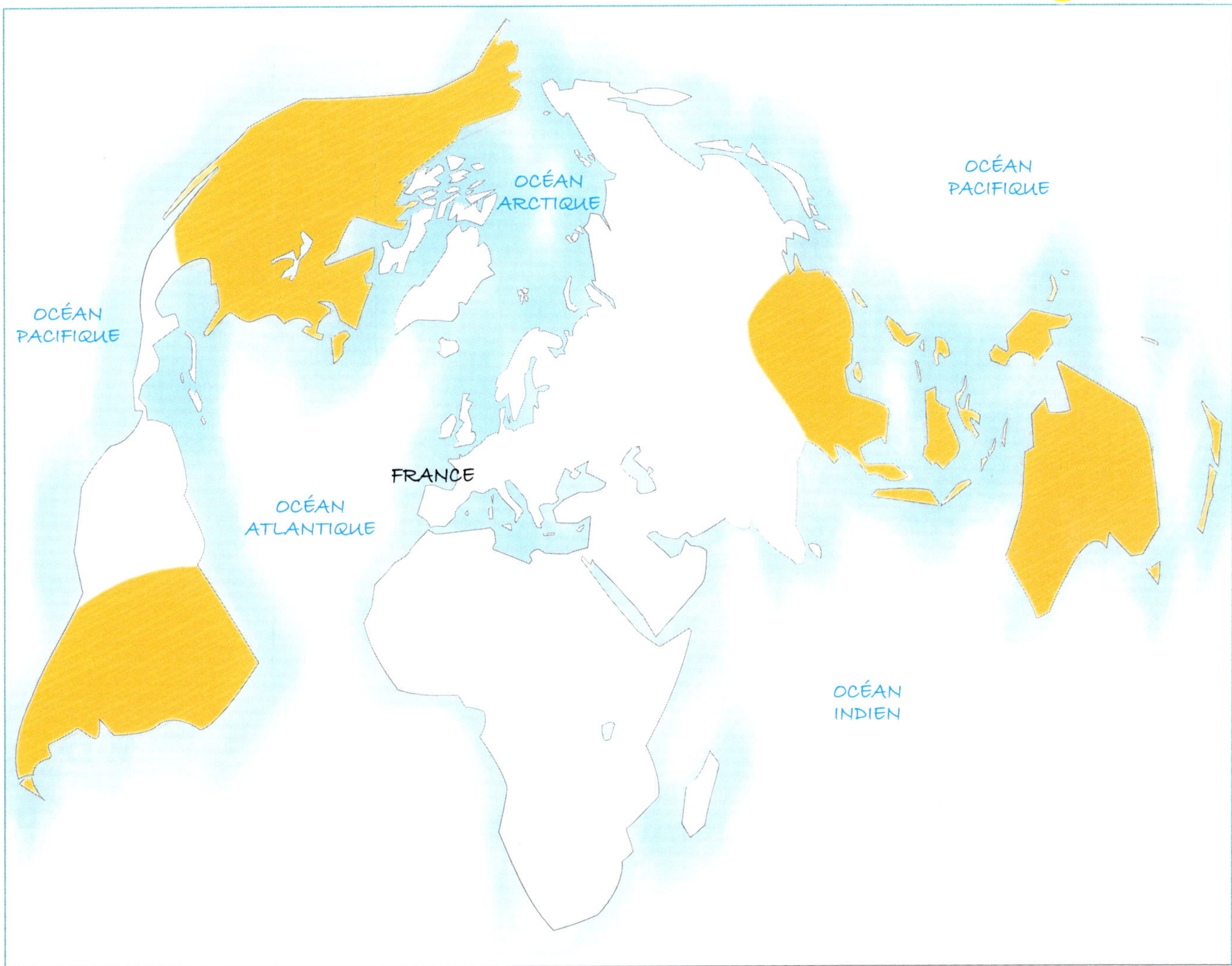

....

....

....

....

....

....

rayonnement culturel

– +

....

8. Vérifiez que les règles de présentation du croquis sont respectées.

Méthode

a. Une carte comporte toujours :
- **T**itre correspondant au sujet ;
- **O**rientation ;
- **N**omenclature (noms des lieux, océans, ...) ;
- **L**égende organisée en grandes parties comportant des figurés associés à des informations ;
- **E**chelle (fournie sur le fond de carte) ;
- **C**adre.

b. Les informations doivent être localisées le plus précisément possible.
c. La réalisation doit être soignée pour que le croquis soit lisible.

Méthode
BAC-E3C

Analyse de documents

En analysant les documents, vous montrerez que l'attractivité touristique est marquée en France, mais qu'elle est inégale selon les territoires.

Source : DGE, Memento du tourisme 2018, 2019.

1 Les 10 sites touristiques les plus attractifs de France

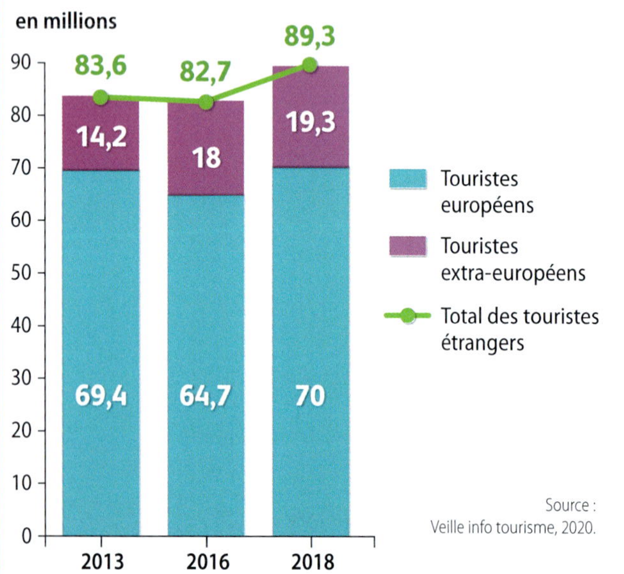

Note de lecture : en 2018, la France a accueilli 70 millions de touristes européens et 19,3 millions de touristes extra-européens.
Au total : 89,3 millions de touristes étrangers.

Source : DGE, Banque de France, Enquête auprès des visiteurs venant de l'étranger, 2020.

2 L'évolution des arrivées touristiques internationales

A Interpréter les documents

1. Hiérarchisez les sites touristiques présentés sur le doc. 1 en fonction de leur localisation et en fonction de leur nature.

Méthode

Pour interpréter un graphique, repérer les éléments de construction (forme du graphique, unité de mesure), tendances générales (augmentation, diminution). Puis utiliser les connaissances extraites du cours pour expliquer les grandes tendances et les exceptions.

2. Sélectionner dans la liste suivante les phrases qui traduisent convenablement le graphique.
   - *Entre 2013 et 2018, le nombre de touristes étrangers en France a augmenté ;*
   - *entre 2013 et 2016, le nombre de touristes européens a chuté de près de 7 % ;*
   - *entre 2013 et 2018, le nombre de touristes internationaux a augmenté ;*
   - *entre 2013 et 2018, le nombre de touristes extra-européens a progressé plus vite que le nombre de touristes européens ;*
   - *les touristes européens représentent deux tiers des touristes français ;*
   - *la part des touristes européens en France a baissé par rapport au total des entrées touristiques.*

CONSEIL
Pour sélectionner les affirmations, veillez à bien distinguer les valeurs brutes (nombre de touristes) des valeurs relatives (part des touristes).

B Organiser et rédiger l'analyse documents

3. Complétez le tableau suivant pour organiser l'analyse de documents.

	Sélectionner les informations	Utiliser les connaissances
La forte attractivité touristique de la France	– des sites touristiques variés –	– patrimoine historique (...) ; ....
Une attractivité touristique différenciée	– en fonction de la provenance (doc. 2) – en fonction	....

4. Rédigez l'analyse des documents en vous aidant de la Méthode p. 10-11.

CONSEIL
Soignez les transitions entre chaque partie de l'analyse afin de renforcer votre démonstration.

Méthode BAC-E3C

Question problématisée

Par quels moyens la France maintient-elle son rayonnement international ?

A Analyser et organiser la question problématisée

1. Identifiez les notions clés. Méthode p. 9
2. À quelle échelle le sujet doit-il être traité ? Justifiez votre réponse.
3. Choisissez le plan le plus adapté pour répondre à la question problématisée.

Plan 1	Plan 2	Plan 3
I. Des facteurs diplomatiques et militaires de rayonnement **II.** Des facteurs culturels **III.** Des facteurs économiques	**I.** Des facteurs de rayonnement nombreux **II.** Un rayonnement inégal dans le monde	**I.** La francophonie, un moyen culturel majeur **II.** La présence militaire dans le monde **III.** Des entreprises internationalisées

B Rédiger la question problématisée

4. Rédigez une ou deux phrases pour introduire la réponse à la question problématisée.
5. Rédigez les paragraphes de la question problématisée en fonction du plan sélectionné dans la question 3.
6. Complétez les schémas suivants qui pourraient illustrer votre rédaction.

Méthode

Intégrer des schémas cartographiques ou fléchés à la réponse à la question problématisée : il peut illustrer une partie de la réponse, ou bien une notion essentielle au sujet. Le schéma, qu'il soit fléché ou cartographique, doit être simple mais clairement organisé.

Schéma 1 (cartographique) :
Titre : ....

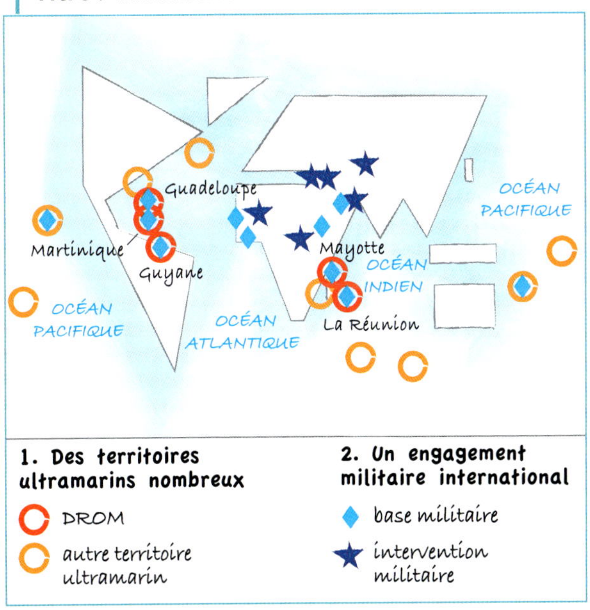

Schéma 2 (fléché) : La France : un rayonnement culturel mondial

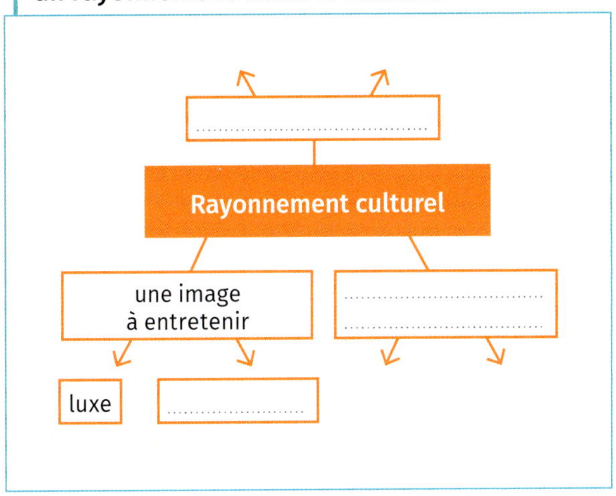

CONSEIL

Soignez ces schémas car les productions graphiques sont valorisées.

Sujet BAC-E3C

Réalisation d'une production graphique

Sujet : L'inégale attractivité des territoires français

Consigne : À partir du texte, vous construirez, à l'aide du fond de carte fourni, un croquis correspondant au sujet suivant : « L'inégale attractivité des territoires français », accompagné d'une légende organisée.

Si la France est un pays très attractif pour les capitaux et les touristes, tous les territoires français ne sont pas dynamisés de manière identique. En effet, les facteurs rendant les territoires attractifs sont inégalement répartis, notamment les aéroports internationaux qui ne desservent que les grandes métropoles (Paris, Lyon, Nice, Marseille, Toulouse, Bordeaux, Lille) ou les métropoles ultramarines (Pointe-à-Pitre, Fort-de-France, Saint-Denis). Les pôles de compétitivité de rang mondial se concentrent eux aussi dans les grandes villes. La localisation des sites touristiques de rayonnement international est, elle aussi, polarisée autour de Paris (musées et monuments de la ville, parc d'attraction Disneyland), le long de la Loire (châteaux du Val de Loire) ou des littoraux atlantique, méditerranéen et ultramarin. Le réseau de transport terrestre, lui aussi, tend à concentrer l'attractivité dans les grandes métropoles qu'il dessert, et en premier lieu la région parisienne.

Il en résulte donc une hiérarchisation des territoires français. La métropole parisienne reste la plus attractive. Porte d'entrée de la France pour les investissements les plus stratégiques comme ceux de la finance, Paris attire par conséquent les flux de capitaux et de touristes (affaires, culture) et dynamise un bassin régional qui s'étend en Île-de-France et jusqu'à la Manche et qui bénéficie de son attractivité. L'attractivité des métropoles régionales dépend de leur localisation : dynamisme de l'Ouest de la France ; attractivité ancienne mais non démentie du littoral méditerranéen ; présence d'un dynamisme transfrontalier (Strasbourg).

Titre : ....

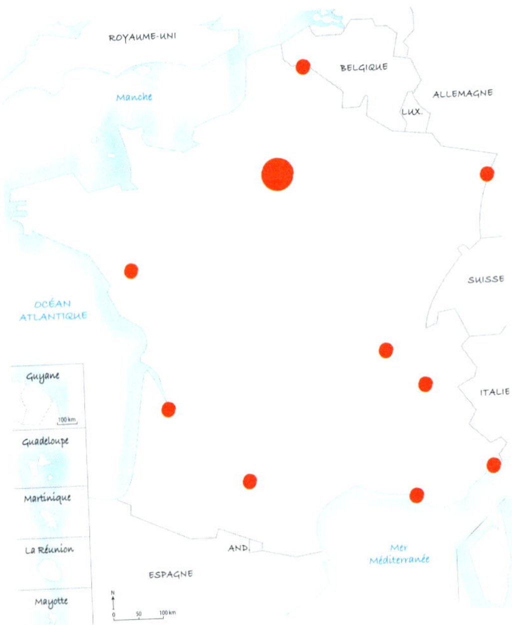

Sujet BAC-E3C

Question problématisée

Comment l'attractivité de la France se traduit-elle sur ses territoires ?

CONSEIL
Pour répondre à la question, il faut à la fois distinguer les différents modes d'attractivité mais également les contrastes territoriaux.

Sujet BAC-E3C

Analyse de documents

En analysant les documents, vous montrerez que la France est à la fois une terre attractive pour les capitaux étrangers, et un pôle de rayonnement économique dans le monde.

L'analyse des documents constitue le cœur de votre travail, mais nécessite pour être menée la mobilisation de vos connaissances, notamment pour nuancer les documents.

1 **L'attractivité de la France sur les investissements internationaux**

CONSEIL
Nuancez le dessin en rappelant que la France s'est hissée au 3e rang mondial de l'attractivité des IDE en 2019, derrière les États-Unis et la Chine, mais que ce retour de l'attractivité est récent.

2 **Les IDE français à l'étranger**

Les firmes transnationales françaises emploient près de 6 millions de salariés à l'étranger, alors que leurs homologues allemandes n'en emploient qu'un peu plus de 5 millions, les italiennes 1,8 million et les espagnoles moins de 1 million. Les investissements directs de la France à l'étranger sont d'ailleurs à l'origine de l'internationalisation de l'économie française et de son intégration dans les chaînes de valeurs mondiales. Les revenus des investissements français à l'étranger sont supérieurs au déficit commercial. Dans le même temps, la France est une économie largement ouverte sur l'extérieur. L'Hexagone compte en effet 28 600 entreprises étrangères, employant 2 millions de personnes, et représentant 21 % des dépenses en R&D et 31 % des exportations.

Mais ce modèle économique français fait face à plusieurs problèmes. D'abord, le monde connaît un regain de protectionnisme. Les investissements à l'étranger se heurtent notamment aux subventions des concurrents locaux, aux réglementations défavorables, aux transferts forcés de technologies, notamment vers la Chine. Ensuite, *« l'Europe ne doit pas devenir le terrain de jeu des grandes puissances »*, a déclaré Jean-Yves Le Drian, le ministre de l'Europe et des Affaires étrangères, mettant en avant le besoin de *« souveraineté européenne »* pour faire barrage aux investissements étrangers dans des entreprises stratégiques pour le Vieux Continent. L'ouverture de la France aux investisseurs étrangers *« n'est pas incompatible avec un certain filtrage des investissements »*.

Les Échos (quotidien spécialisé dans l'économie et la finance), 1er octobre 2019.

CONSEIL
En mobilisant vos connaissances, expliquez le fait que les entreprises françaises se heurtent à des mesures protectionnistes.

THÈME

3

L'Union européenne dans la mondialisation : des dynamiques complexes

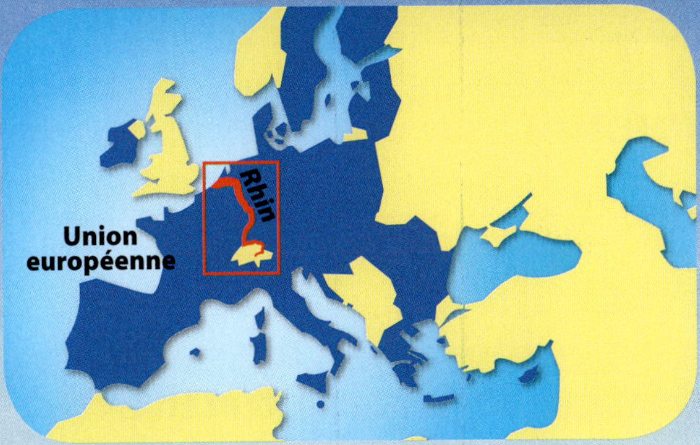

Le Rhin est une artère navigable majeure de l'Union européenne, aménagée pour recevoir les navires distribuant les marchandises depuis les ports maritimes de la Northern Range. Son réseau d'affluents, eux-mêmes navigables, structure un vaste arrière-pays. Lorsqu'ils séparent des pays, les fleuves-frontières deviennent des espaces de contact et non des ruptures, comme ici le Rhin entre la France et l'Allemagne.

Les territoires de l'Union européenne dans la mondialisation

Employer les notions de géographie à bon escient

L'Union européenne, une association économique régionale attractive

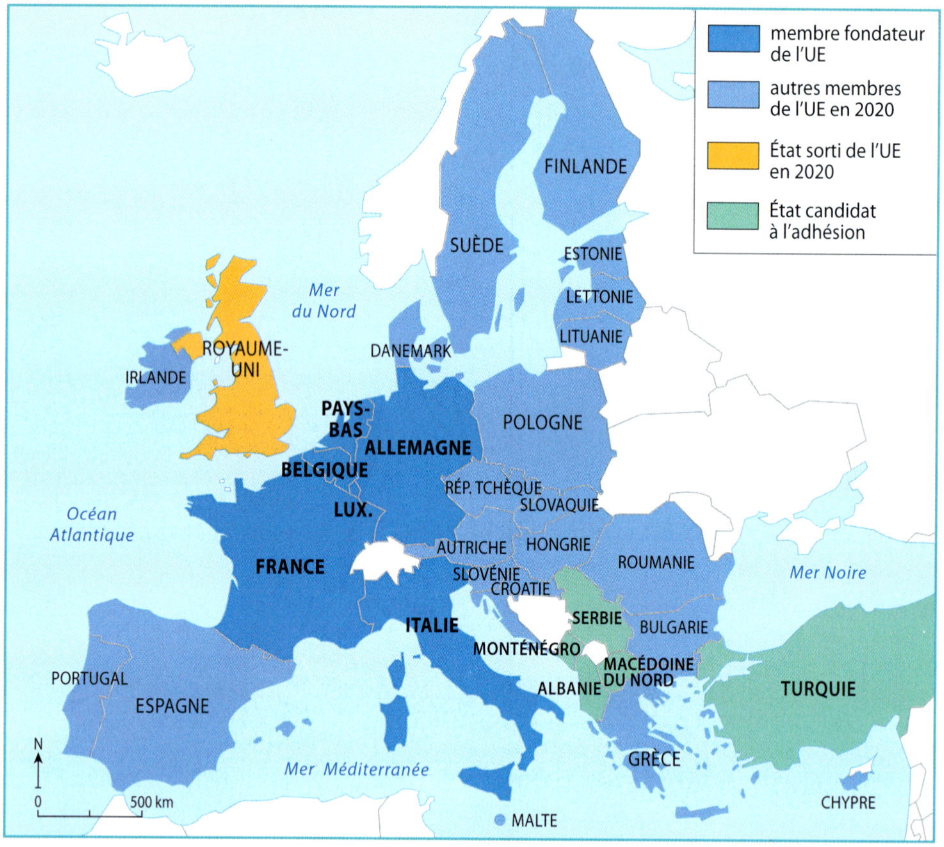

Les paradoxes de l'Union européenne

L'œil du géographe Aujourd'hui, l'europessimisme est plutôt de mise. Les économies de l'Europe sont atones quand celles des autres continents accélèrent. Pourtant, les frontières de l'Europe restent extrêmement attractives. Le nombre de pays candidats à l'adhésion à l'UE reste important. L'afflux de migrants qui, au risque de leur vie, tentent de rejoindre l'Europe montre l'attractivité que représente encore le continent, perçu comme un eldorado : l'Europe représente 6 % de la population du monde, 22 % du PIB et 50 % des dépenses sociales mondiales. L'intégration d'anciens pays communistes (Roumanie, Croatie, ...) a permis une transition pacifique et leur développement économique. L'Europe demeure une terre d'innovations technologiques et d'attraction touristique et elle joue également un rôle majeur dans la lutte contre le réchauffement climatique. Elle reste la zone du monde la plus riche avec le bassin de consommateurs le plus important. Son modèle de construction communautaire demeure une réussite. Le Brexit et l'élection de Donald Trump posent de nouveaux défis à l'Europe, mais offrent également l'opportunité de mieux s'organiser. Mais il manque encore aux pays européens une vision stratégique commune. Ils restent divisés sur l'attitude à avoir face aux États-Unis et à la Russie. Cela ne l'empêche pas de demeurer un pôle majeur de puissance sur la scène internationale.

Pascal Boniface, *La géopolitique en fiches*, Eyrolles, 2019.

Ne pas confondre

- **Europe :** espace de l'Eurasie qui n'a pas de limites définies. Traditionnellement, on considère qu'elle s'étend de l'océan Atlantique à la chaîne de l'Oural (Russie) et compte une quarantaine d'États.
- **Union européenne :** association régionale groupant 27 États européens (depuis le Brexit en 2020).

L'Union européenne, l'association régionale la plus intégrée au monde…

… du point de vue des flux commerciaux et financiers

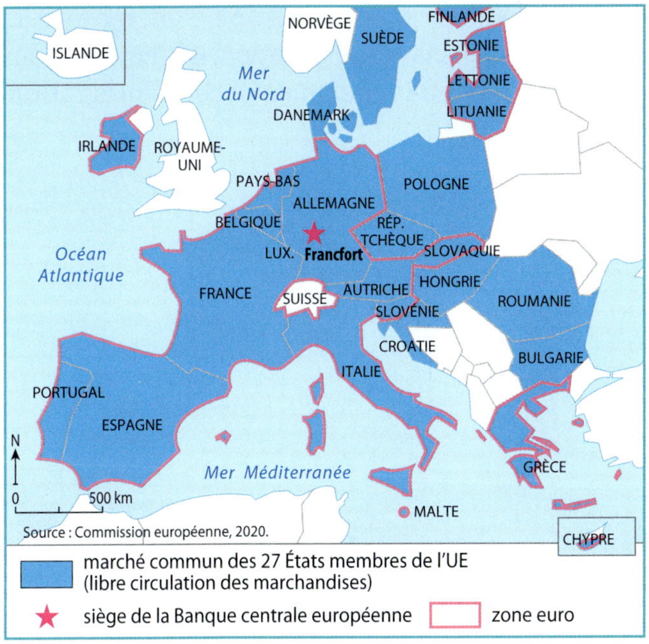

… du point de vue des flux humains

L'Union européenne, un pôle majeur de la mondialisation…

… commerciale et financière

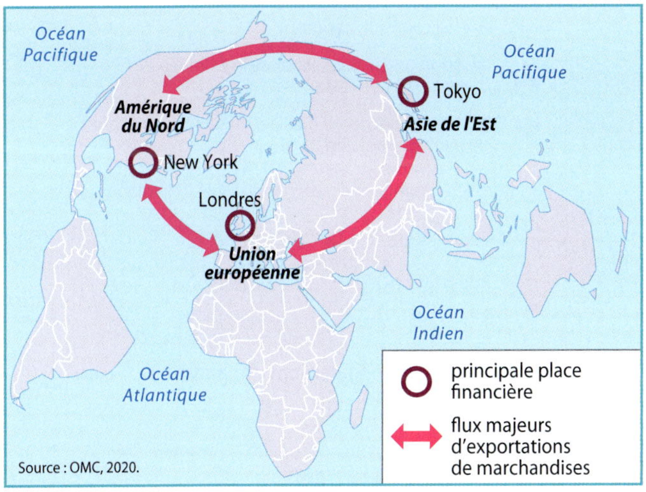

… migratoire

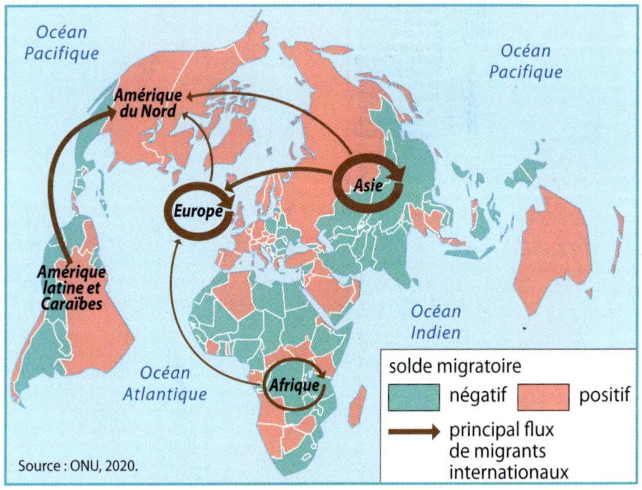

Questions

1. Montrez que l'Union européenne est une association économique régionale, mais qu'elle ambitionne à dépasser ce statut.
2. En utilisant les documents, discutez l'affirmation de Pascal Boniface : « *Le modèle de construction communautaire de l'Union européenne demeure une réussite.* »

Vocabulaire

Association économique régionale : accord entre des États permettant d'établir un marché unifié par la suppression des droits de douane. Il peut aussi harmoniser les services, les investissements ou la protection de la propriété intellectuelle.

L'Allemagne, une puissance européenne aux territoires inégalement intégrés dans la mondialisation

La renommée du « *Made in Germany* » illustre la puissance technologique de l'Allemagne. Elle en fait l'État le plus riche de l'Europe et un moteur de l'intégration de l'Union européenne dans la mondialisation. Néanmoins, tous les territoires allemands ne participent pas également à cette intégration.

A Pourquoi les territoires allemands ne profitent-ils pas tous de sa puissance et de son intégration dans la mondialisation ?

Question 7, p. 232-245

	Allemagne	France	Royaume-Uni
Part des FTN en 2017, en % **– mondiales** – européennes	6,5 (4e rang mondial) 29 (1er rang européen)	6 (5e rang mondial) 25 (2e rang européen)	4 (6e rang mondial) 19 (3e rang européen)
Part dans les exportations de biens en 2017, en % **– mondiales** – européennes	8 (3e rang mondial) 28 (1er rang européen)	3 (8e rang mondial) 10,5 (4e rang européen)	2,5 (10e rang mondial) 11 (2e rang européen)
Part des prix Nobel en 2018, en % **– dans le monde** – en Europe	10 (3e rang mondial) 19 (2e rang européen)	6 (4e rang mondial) 12 (3e rang européen)	12 (2e rang mondial) 23 (1er rang européen)

1 L'Allemagne, un pôle majeur de la mondialisation

Sources : Atlassocio, Eurostat, Forbes et *Le moniteur du commerce mondial*, 2020.

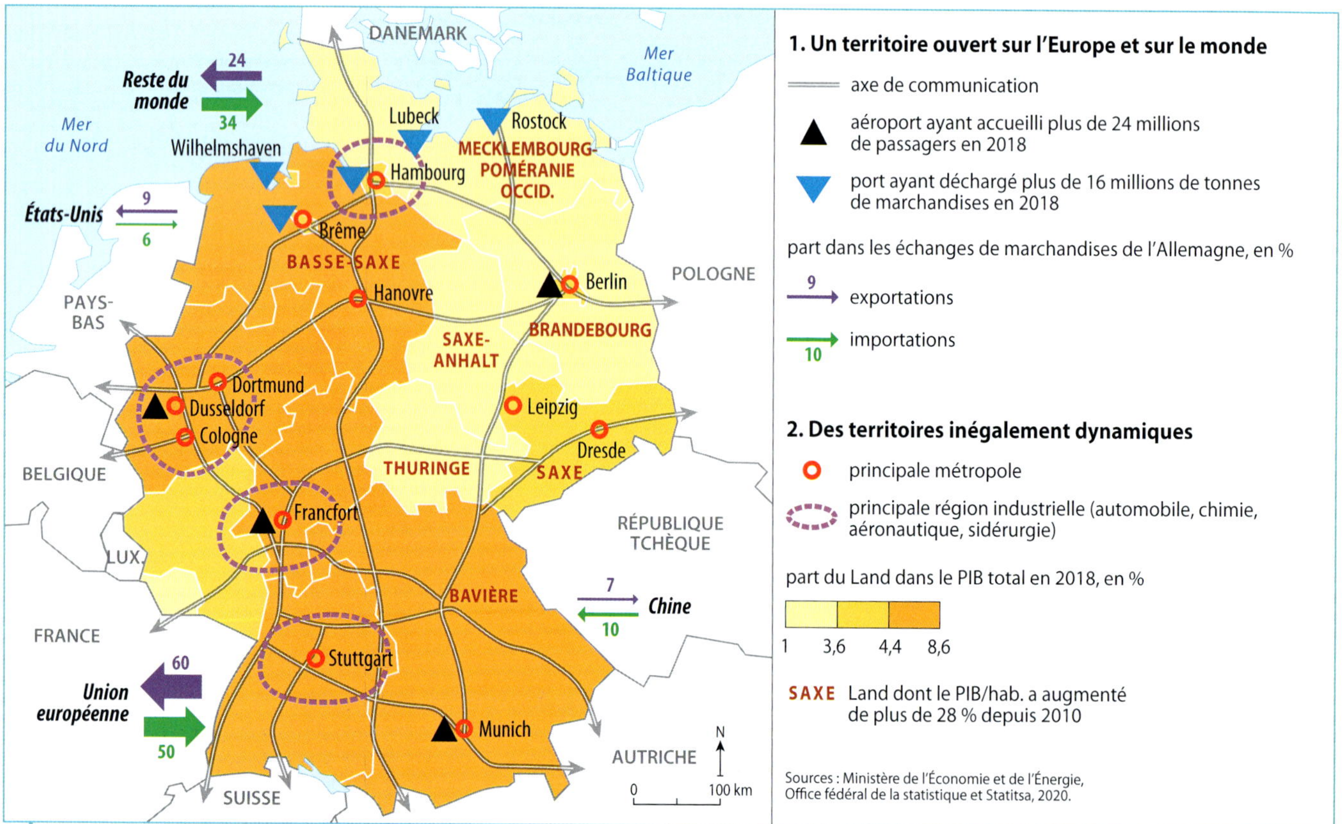

2 Des territoires au service de la puissance allemande

3 Des déséquilibres est/ouest hérités de l'histoire

Depuis la réunification en 1990, les ex-RFA et RDA ont emprunté un chemin commun, mais de fortes disparités persistent encore. De grandes entreprises de l'Ouest, dans l'agroalimentaire ou la chimie, ont racheté de nombreuses entreprises à l'Est. Elles ont reçu des subventions pour les rénover et conserver les emplois mais elles n'ont pas toujours tenu leurs promesses. En Allemagne de l'Est, les principaux employeurs sont aujourd'hui les banques et les écoles. Il y a aujourd'hui beaucoup moins d'entreprises dans l'Est de l'Allemagne et aucune société du DAX[1] n'a installé son siège social à l'Est. Beaucoup d'universités ont été rénovées à l'Est après l'unification, mais les diplômés ont peu de perspectives d'emploi et préfèrent partir à l'Ouest où les emplois sont bien rémunérés. On dit que l'Allemagne de l'Est est un désert industriel avec quelques oasis. Elle pratique aujourd'hui une agriculture très intensive et certains groupes d'intérêt cherchent à introduire dans ces régions des cultures qui rencontreraient une forte opposition à l'Ouest. La société chimique BASF, dont le siège social est à Ludwigshafen (Rhénanie-Palatinat), y a fait ses expérimentations de pommes de terre OGM.

A-M Pailhès (enseignant-chercheur à l'université Paris Nanterre), *France Info*, 9 novembre 2019.

1. Indice boursier allemand

4 « Mainhattan », le quartier d'affaires de Francfort-sur-le-Main

(a) Commerzbank Tower (Banque du commerce, Samsung) (b) Tours jumelles (Deutsche Bank) (c) Silver Tower (Deutsche Bahn, compagnie ferroviaire allemande) (d) Eurotower (Banque centrale européenne) (e) Main Tower (grands cabinets d'avocats) (f) Bourse de Francfort (2e place boursière de l'UE)

5 La Bavière, une région riche aux contrastes marqués

L'œil du géographe D'une superficie un peu inférieure à celle de l'Autriche, avec une population bien plus importante de 12,5 millions d'habitants, la Bavière possède une économie florissante et très exportatrice. Considérée au début des années 1950 comme « la maison de la pauvreté » de la RFA[1], la Bavière a profité du développement de nouvelles activités industrielles dans l'automobile, l'aéronautique et l'électronique. Cependant, si la région autour de Munich est la plus riche d'Allemagne en raison de la concentration des activités performantes et de la qualité du cadre de vie qui y attire les hauts revenus, cette prospérité masque l'autre Bavière des confins orientaux et septentrionaux restée plus rurale. L'essor économique de la Bavière est d'abord celui de sa capitale, Munich, métropole allemande la plus dynamique, principal centre pour les assurances et les médias, second pour les banques. Avec plus de 20 000 entreprises dans l'informatique, l'aéronautique, l'aérospatiale, les biotechnologies, la région de Munich est le principal centre pour les activités high-tech allemande. L'une des grandes réussites est l'essor du pôle de biotechnologies, la BioRegio de Munich, avec 200 entreprises et 20 000 employés constituant le 4e *cluster* de biotechnologie en Europe.

M. Deshaies, *Atlas de l'Allemagne*, 2019.

1. RFA (République fédérale d'Allemagne) : Allemagne de l'Ouest entre 1949 et 1990.

Mettre en œuvre le changement d'échelles

Itinéraire 1

Lire et comprendre les documents

1. Montrez que la puissance de l'Allemagne repose sur l'industrie, la finance et l'ouverture de son économie. (doc. 1, 2 et 3)
2. Identifiez les territoires allemands puissants et intégrés dans la mondialisation et ceux qui le sont moins en les classant par échelle : nationale (doc. 2 et 3), régionale (doc. 5) et locale (doc. 4 et 5)

Itinéraire 2 BAC E3C

Analyse de documents

À l'aide des doc. 2 et 5, montrez que les inégalités en Allemagne se lisent à plusieurs échelles. Quels liens pouvez-vous établir avec la mondialisation ?

B Comment l'Union européenne agit-elle pour réduire les inégalités territoriales en Allemagne ?

Question 8, p. 246-261

Europäische Union

Europa fördert Sachsen.
EFRE
Europäischer Fonds für regionale Entwicklung

6

Le soutien du Feder aux territoires allemands en difficulté

Traduction : L'Europe encourage la Saxe.

(a) encouragement à la robotique (le taux de robotisation en Saxe est inférieur à la moyenne allemande, elle-même record européen avec 300 robots pour 10 000 salariés)

(b) les mines de Saxe (argent, charbon) ont contribué à faire de la région une puissante région industrielle au XIXe siècle. La concurrence mondiale a fragilisé cette activité aujourd'hui en crise. Le Feder aide à la reconversion de la main-d'œuvre.

(c) reconversion des anciennes usines dans des activités technologiques (Silicon Saxony) ou tertiaires.

Vocabulaire

- **Feder (fonds européen de développement régional) :** fonds destinés à corriger les déséquilibres régionaux dans l'Union européenne (projets de développement, reconversion de zones industrielles en déclin).
- **Politique de cohésion :** politique de l'Union européenne qui vise à créer une solidarité financière entre les États membres afin d'améliorer la compétitivité des territoires et de corriger les inégalités régionales.

7

La renaissance de l'Est allemand

L'œil du géographe Quel bilan territorial tirer de la réunification trente ans après la chute du Mur ? Les géographes parlent de « villes rétrécissantes » (*shrinking cities*) à propos des villes petites et moyennes qui ont perdu une partie de leur population : on peut citer, à l'Est, Magdebourg, Halle, Rostock, Cottbus ou Schwedt, mais il y en a aussi à l'Ouest, dans le bassin de la Ruhr notamment. En fait, la situation préoccupante de l'ex-RDA ne l'apparente pas pour autant à une sorte de Mezzogiorno allemand, et ce pour au moins deux raisons. D'une part, contrairement au grand Sud italien, les six Länder orientaux ne sont pas situés aux confins mais au cœur de la nouvelle Europe à 28, au contact de l'ouest de la Pologne et de la Bohême, deux régions dynamiques et en plein essor malgré le coup d'arrêt donné par la crise mondiale de 2009. D'autre part, ils sont bel et bien partie intégrante de l'Allemagne, première puissance économique de l'Europe et pays à forte tradition redistributive. Si l'on additionne tous les transferts bruts, donc les sommes versées à l'Est depuis 1990, financées par le Bund (État fédéral), les Länder de l'Ouest et le système de protection sociale ainsi que par l'Union européenne (UE) au titre des fonds structurels, on obtient la somme assez incroyable de 1 500 milliards d'euros. L'est de l'Allemagne est donc loin d'être abandonné à lui-même.

1. Les trois länder ayant reçu le plus de subventions européennes depuis 2014 sont la Saxe-Anhalt, la Saxe et la Rhénanie du nord.

B. Grésillon, Regards sur l'Europe, LgdJ, 2019.

Itinéraire 1

Lire et interpréter les documents

1. Identifiez les régions allemandes qui reçoivent le plus de subventions de la part de l'UE. Faites des hypothèses pour chacune de ces trois régions pour identifier l'objectif de cette aide. (doc. 7 et doc. 2 p. 218)
2. En analysant le doc. 6 montrez que la **politique de cohésion** de l'UE aux territoires allemands en difficulté est multiforme.
3. Pourquoi peut-on dire que l'Union européenne et l'État fédéral allemand contribuent à lutter contre les inégalités territoriales en Allemagne ? (doc. 6 et 7)

Itinéraire 2 BAC E3C

Question problématisée

Comment les exemples bavarois et saxon montrent-ils que les inégalités entre les territoires restent fortes en Allemagne mais que des outils sont mis en œuvre pour les réduire ?

QCM interactif | Organigramme PDF à télécharger | Croquis interactif + Version PDF à télécharger

Bilan de l'étude de cas

Retenir l'essentiel

Complétez le schéma fléché à l'aide des informations des pages 218 à 220.

Des territoires inégalement mis au service de la puissance de l'Allemagne

- Territoires moteurs de la puissance allemande et leurs atouts : ....
- Territoires périphériques de la puissance allemande et leurs faiblesses : ....

Vers un rééquilibrage territorial : l'œuvre de l'État et de l'Union européenne

- Aides et objectifs : ....
- Territoires concernés et résultats : ....

Schématiser l'essentiel

À l'aide des documents des pages 218-220, complétez le croquis suivant.

Titre : ....

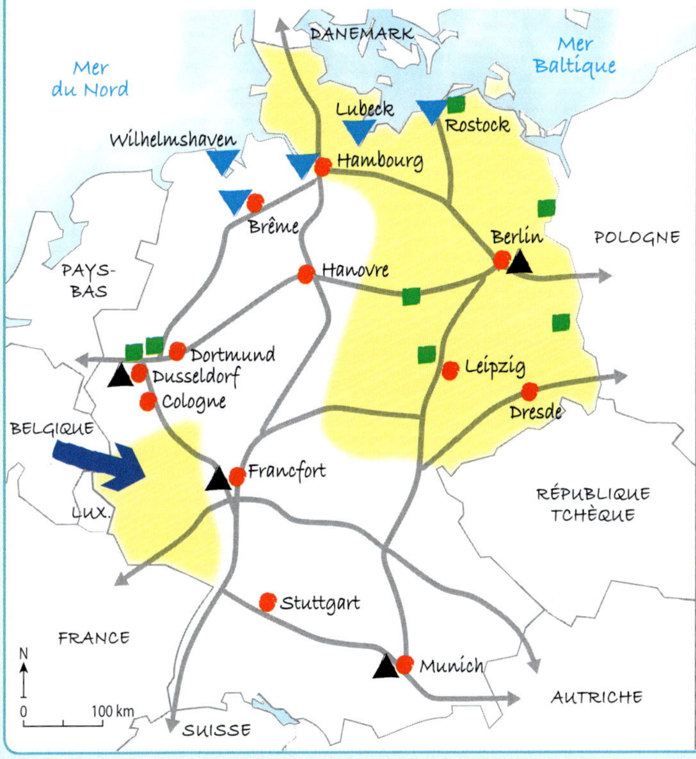

1. Des atouts à exploiter pour l'ouverture à la mondialisation

....

.... aéroport majeur

....

.... principale région industrielle (automobile, chimie, aéronautique, sidérurgie)

.... axe de communication

2. Des territoires inégalement dynamiques

.... région riche, dynamique et attractive

....

....

3. Des politiques publiques pour réduire les inégalités territoriales

....

.... région ayant reçu le plus de subventions européennes

.... subvention de rééquilibrage national

Changer d'échelle

De l'étude de cas... à l'Union européenne

1. Les autres pays de l'Union européenne sont-ils aussi touchés par les inégalités territoriales internes ?
Question 7, p. 232-245

2. Comment les politiques européennes luttent-elles contre les inégalités dans les autres territoires de l'UE ?
Question 8, p. 246-261

Les transports dans l'UE, outil d'ouverture, de compétitivité et de cohésion

À l'heure de l'hypermobilité des hommes et des marchandises, les transports sont devenus un outil essentiel pour rendre les territoires attractifs et dynamiques. Toutefois, tous les territoires de l'UE ne sont pas également intégrés au réseau de transport.

A Comment les transports renforcent-ils l'attractivité de l'Union européenne dans la mondialisation ?

Question 7, p. 232-245

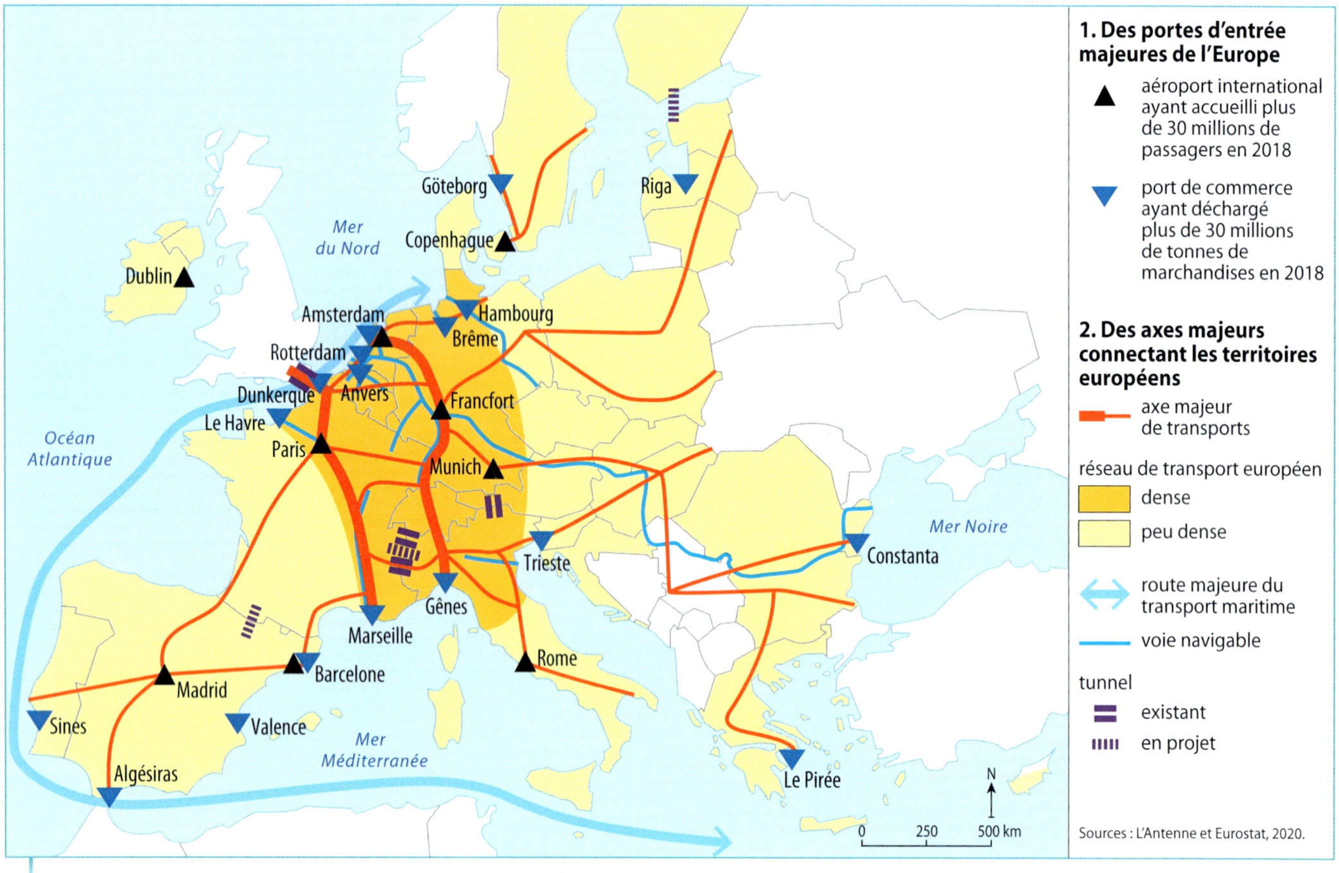

1 Les transports, outils de l'ouverture européenne

2 **Les transports, une priorité pour l'attractivité de l'Union européenne**

Les transports sont un secteur fondamental pour l'économie européenne avec 1,2 million d'entreprises et 10,5 millions d'employés. Des infrastructures de transport efficaces sont essentielles pour exploiter les atouts économiques, pour soutenir la croissance et pour permettre la cohésion économique et sociale. Elles influencent aussi la compétitivité commerciale, car la disponibilité et la qualité des services de transport ont des implications sur les processus de production. Si pour certains pays de l'UE la question principale est de moderniser et d'entretenir les infrastructures existantes (France, Allemagne, Italie), d'autres doivent encore développer ou étendre leur réseau de transport (Roumanie, Croatie, Pologne). La disponibilité et la qualité des infrastructures sont particulièrement faibles dans la partie orientale de l'UE. La rénovation et l'amélioration d'un réseau ferroviaire y sont aussi un défi courant car les efforts se sont surtout concentrés sur l'achèvement du réseau autoroutier. La construction de liaisons manquantes entre les pays et le long des grands axes européens, l'élimination des goulets d'étranglement[1] ou l'interconnexion des modes de transport sont essentiels pour relier l'Union européenne aux marchés extérieurs.

Commission européenne, 2018.

1. Zone où la vitesse est limitée en raison de contraintes physiques ou techniques.

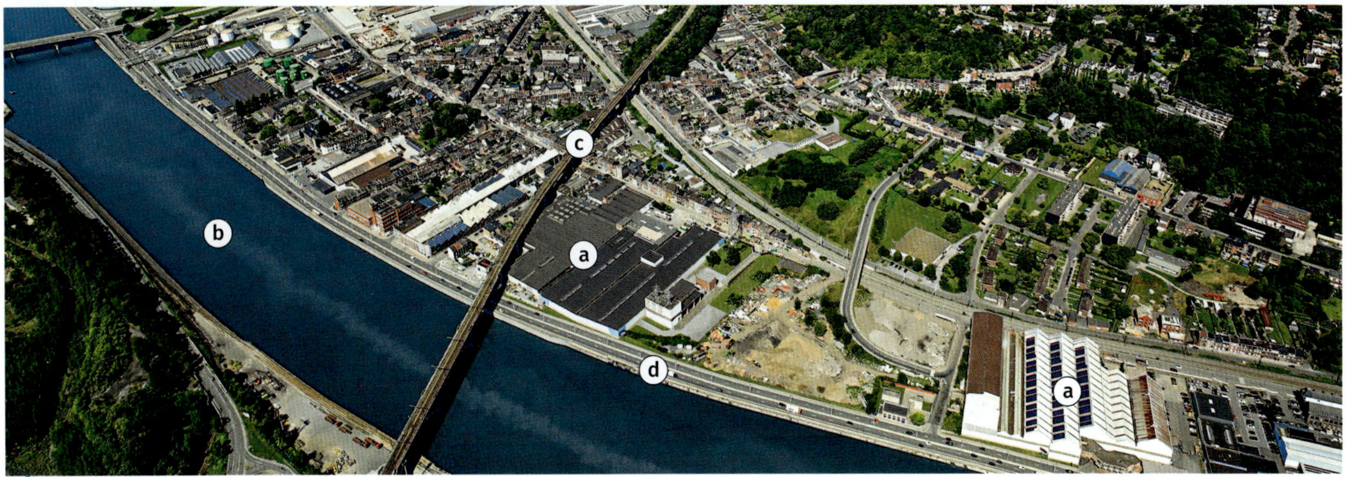

3 La **plate-forme multimodale** de Liège

ⓐ Entrepôts, zones de stockage et de déchargement des marchandises ⓑ La Meuse ⓒ Voie ferrée ⓓ Autoroute E25

4 Les effets de l'arrivée de la **LGV** à Bordeaux

5 L'Alliance Air France-KLM : se grouper pour faire face à la concurrence mondiale

Air France-KLM est une alliance née en 2004 et regroupant les deux compagnies aériennes française et néerlandaise pour constituer le 4ᵉ transporteur aérien mondial. Les États français et néerlandais sont actionnaires du groupe qui s'est récemment ouvert à des actionnaires chinois et étasuniens.

France 24, 4 septembre 2017.

Vocabulaire

- **LGV (ligne à grande vitesse) :** ligne ferroviaire permettant la circulation de trains à grande vitesse (supérieure à 270 km/h).
- **Plate-forme multimodale :** nœud de circulation (portuaire, ferroviaire ou aéroportuaire) qui permet le passage d'un moyen de transport à un autre.
- **Réseau :** ensemble des infrastructures qui permettent aux flux de circuler (transport, communication).

S'approprier un questionnement géographique

Itinéraire 1

Lire et analyser les documents

1. À l'aide des doc. 1, 3 et 5 identifiez les infrastructures de transport qui ouvrent l'Union européenne au monde.
2. Comment la multimodalité organise-t-elle le transport des marchandises ? (doc. 3 et doc. 4 p. 93)
3. À l'aide des doc. 4 et 1 p. 248 montrez les effets des transports sur la compétitivité des territoires à l'échelle locale.
4. Quels défis l'Union européenne doit-elle encore relever en matière de transports ? (doc. 2)

Synthétiser les documents

5. Pourquoi peut-on parler d'une inégale ouverture des territoires de l'Union européenne au monde ?

Itinéraire 2 BAC E3C

Question problématisée

Pourquoi les transports représentent-ils un atout pour renforcer la compétitivité de l'UE dans la mondialisation ?

Pour vous guider

Vous pouvez organiser votre réponse en changeant d'échelle d'analyse entre les différents paragraphes.

B La politique européenne des transports favorise-t-elle le développement des territoires de l'UE ?

Question 8, p. 246-261

6 **La modernisation de la gare de Lodz (Pologne) par le Feder pour lutter contre l'enclavement**

8 **L'action de l'UE pour favoriser les échanges intra-européens**

Deux fois par an, l'UE propose à 15 000 jeunes de prendre en charge leur frais de transport pour découvrir l'Europe.

7 **Les limites de la politique des transports**

Sous impulsion de l'État et de l'Union européenne, l'arrivée de la grande vitesse ferroviaire sur l'axe Rhin-Rhône entre Dijon et Bâle a été perçue par les acteurs locaux comme un facteur favorable à l'émergence de coopérations à travers la constitution d'un réseau de villes, la Métropole Rhin-Rhône. Pourtant, après 8 années de service de la LGV, le bilan est décevant au regard des ambitions de départ. Si les enjeux d'accessibilité ont fédéré les acteurs locaux, le développement territorial souhaité à proximité de chaque gare a affaibli cette perspective de coopération. Les jeux d'acteurs se sont effacés progressivement au profit des velléités de développement local de chaque agglomération comme en témoigne la redondance des projets à proximité des points de desserte des agglomérations de Besançon et de Belfort-Montbéliard seulement distantes d'une centaine de kilomètres. L'espace Rhin-Rhône ne peut donc prétendre au statut de corridor de développement en raison de l'absence d'une gouvernance sur le plan régional et de la présence de maillons concurrents à l'échelle européenne, dont le corridor Rhin-Alpin, qui viennent contrarier ce statut d'interface.

G. Carrouet, « *Les enjeux de la grande vitesse ferroviaire dans l'émergence de coopérations interurbaines* », Échogéo n°49, septembre 2019.

Itinéraire 1

Lire et comprendre les documents

1. Comment l'UE agit-elle en matière de transport pour favoriser l'égalité des territoires ? leur développement ? (doc. 6, 7 et 8)
2. Montrez les limites de la politique des transports pour dynamiser un territoire. (doc. 7)

Itinéraire 2 BAC E3C

Analyse de documents

Confrontez les doc. 6 et 8 pour montrer les actions mises en place en matière de transports par l'Union européenne.

QCM interactif | Organigramme PDF à télécharger | Croquis interactif + Version PDF à télécharger

Bilan de l'étude de cas

Retenir l'essentiel

Complétez l'organigramme à l'aide des informations des pages 222 à 224.

	Des transports au service de la compétitivité	Des transports au service de la politique de cohésion
Des territoires ouverts sur le monde	....	....
Des politiques européennes nombreuses	....	....
Des limites	....	....

Schématiser l'essentiel

À l'aide des documents des pages 222-224, complétez le schéma suivant.

Titre : ....

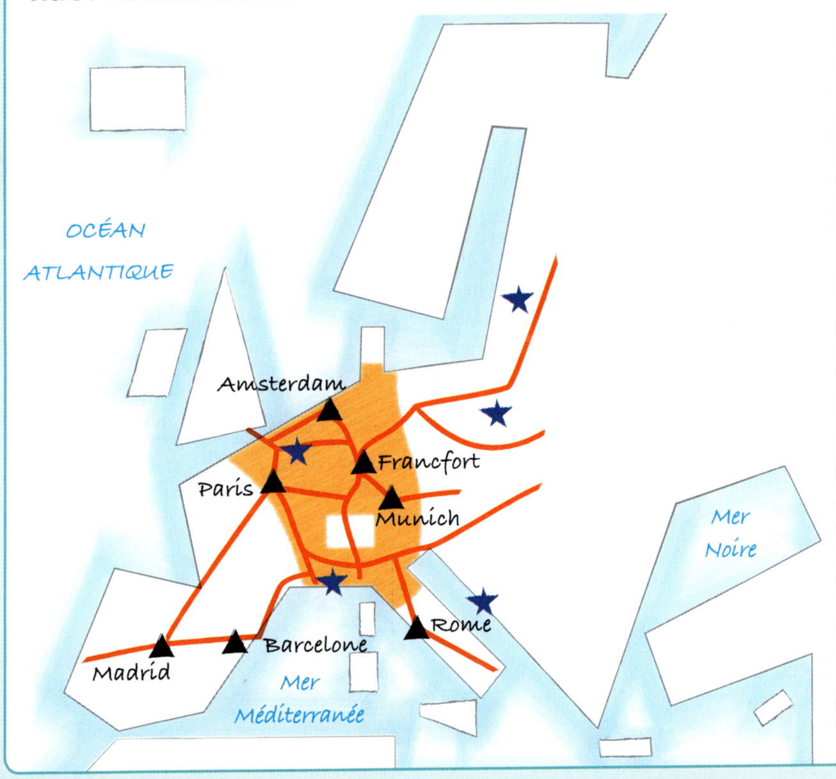

1. Un outil de l'ouverture de l'Union européenne

- (trait orange) ....
- ...... port
- ▲ ....

2. Des inégalités territoriales persistantes

- (aplat orange) ....
- ...... réseau de transport européen peu dense
- ...... projet financé par l'Union européenne pour lutter contre les inégalités

Changer d'échelle

De l'étude de cas... à l'Union européenne

1. Identifiez les autres politiques que celle des transports favorisant l'ouverture de l'UE au monde. Question 7, p. 232-245

2. Quelles sont les autres politiques européennes mises en place pour assurer l'attractivité et la lutte contre les inégalités pour tous les territoires de l'UE ? Question 8, p. 246-261

Étude de cas 3

La politique agricole commune (PAC) : les effets territoriaux d'une politique européenne

Doyenne des politiques européennes, la politique agricole commune a fait de l'UE la 1re puissance agricole au monde. Mais elle est aujourd'hui accusée de favoriser un modèle productiviste et les territoires agricoles, devenus parmi les plus compétitifs au monde, doivent faire face à de nouveaux défis.

A Comment la PAC rend-elle les territoires agricoles européens plus compétitifs ?

Question 7, p. 232-245

1 Les Pays-Bas, des territoires transformés par l'agriculture productiviste

Malgré leur superficie limitée (14 fois plus petit que la France) et seulement 1,6 % de la population active, les Pays-Bas sont le 2e exportateur agricole au monde derrière les États-Unis et devant l'Allemagne. La PAC leur a en effet permis de développer une agriculture innovante (19 % du budget agricole est investi en R&D).

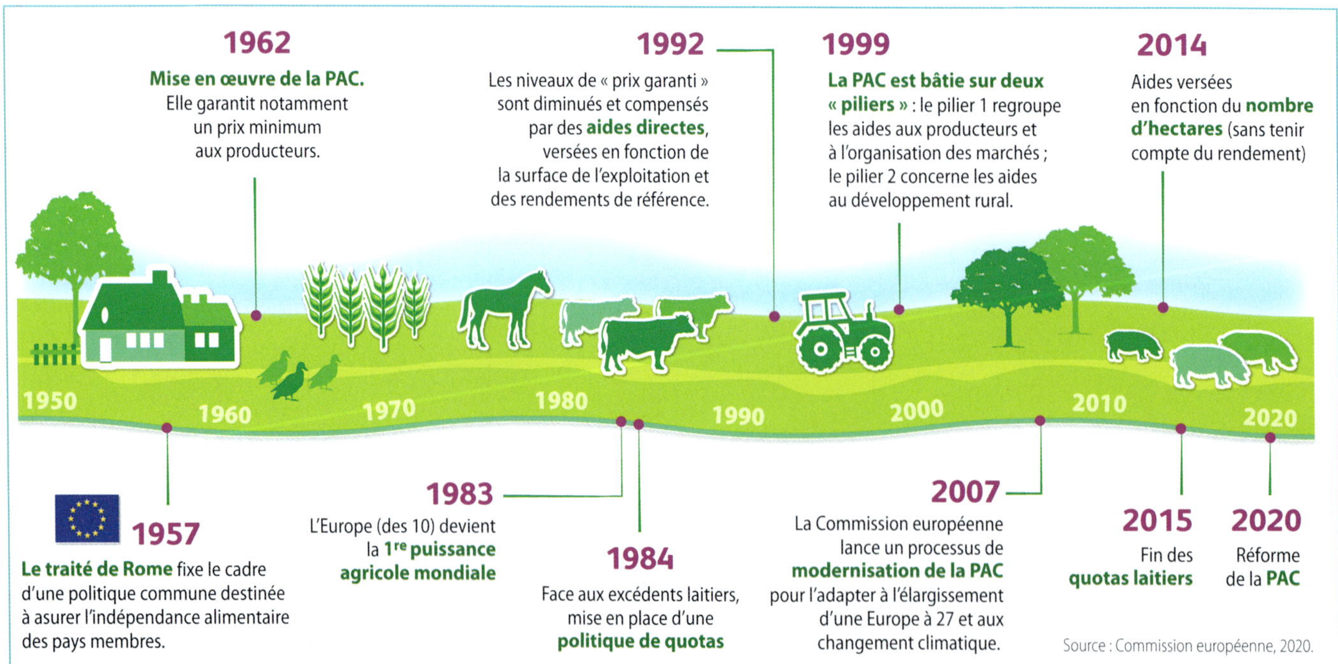

2 Les évolutions de la politique agricole commune

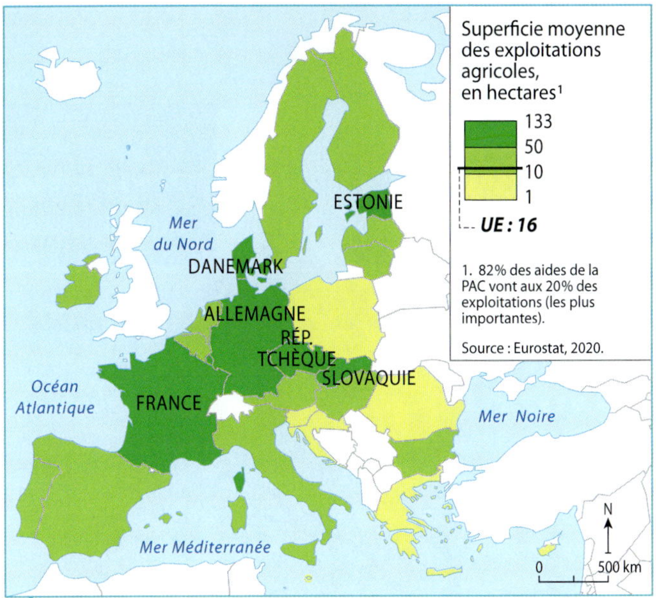

3 La taille moyenne des exploitations agricoles de l'UE

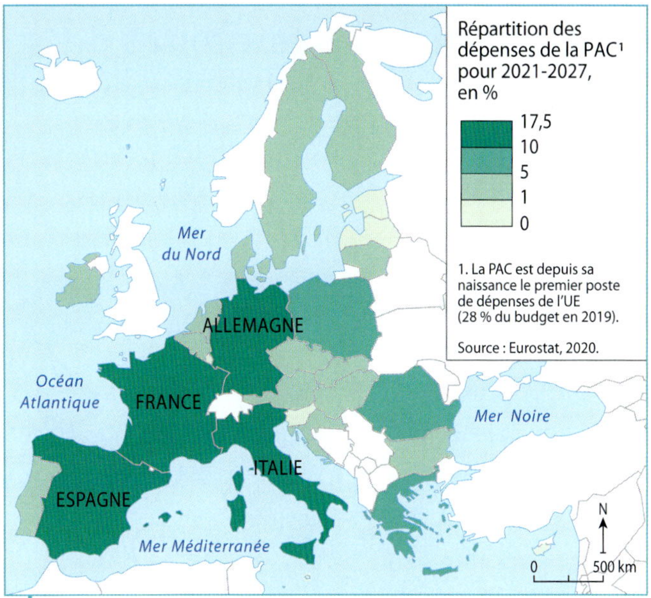

4 Les aides versées aux agriculteurs

5 La PAC, à l'origine d'inégalités territoriales

L'œil du géographe La PAC est la plus ancienne des politiques communes de l'Union européenne et a joué un rôle fondamental pour hisser l'Union européenne aux tout premiers rangs des grands exportateurs mondiaux de produits agricoles et agroalimentaires. Mais en encourageant le productivisme, la PAC soutient de façon privilégiée les exploitations et les régions qui sont déjà les plus favorisées. Contrastes sociaux et contrastes territoriaux sont ainsi devenus de plus en plus accusés dans les campagnes européennes, d'autant plus que l'Union européenne s'est élargie à de nouveaux pays.

Dés lors, des écarts particulièrement sensibles se manifestent dans les domaines de la productivité par hectare, par tête d'animal, et, encore plus, pour la productivité par unité de main-d'œuvre. En Europe centrale et orientale continuent à s'opposer des exploitations de très grande taille[1], héritées d'anciennes fermes collectives du modèle socialiste, et une multitude de micro-exploitations de survie, fonctionnant encore largement en autosubsistance et couvrant au plus quelques hectares, héritées de la phase de décollectivisation[2]. La mise aux normes sanitaires et environnementales occidentales de telles exploitations est problématique.

J.-P. Charvet, *Encyclopedia Universalis*, 2020.

1. En Bulgarie, 3 % des exploitations contrôlent la moitié des terres agricoles et en Roumanie, près d'un tiers sont aux mains d'exploitants étrangers.
2. À la fin de la guerre froide, les terres ont été privatisées et distribuées à des propriétaires privés.

Vocabulaire

- **Agriculture productiviste :** agriculture commerciale recherchant l'augmentation des rendements par l'utilisation des progrès scientifiques et techniques.
- **PAC (politique agricole commune) :** politique européenne de modernisation de l'agriculture. Mise en place en 1962, elle avait pour but d'assurer l'indépendance alimentaire de l'Europe communautaire mais elle a connu de nombreuses réformes (calculs des prix agricoles, verdissement).

Identifier les contraintes et les ressources d'une situation géographique

Itinéraire 1

Lire et analyser les documents

1. Pourquoi peut-on dire que la PAC fait de l'Union européenne un territoire agricole productif et compétitif ? (doc. 1 et 2)
2. En comparant la taille des exploitations et les aides versées, quels territoires semblent favorisés par la PAC ? Lesquels semblent marginalisés ? (doc. 3 et 4)

Confronter les documents

3. Montrez que la PAC contribue à creuser les inégalités territoriales à toutes les échelles. (doc. 3, 4 et 5)

Itinéraire 2 BAC E3C

Question problématisée

Comment la PAC a-t-elle rendu les territoires agricoles de l'Union européenne à la fois plus compétitifs et plus contrastés ?

Pour vous guider
Utilisez des exemples précis extraits des documents pour illustrer votre propos (chiffres, lieux, dates).

B Quels défis les territoires de la PAC doivent-ils aujourd'hui relever ?

Question 8, p. 246-261

6 Faire face aux effets néfastes du productivisme agricole

Dessin de presse de Plantu, *Le Monde*, novembre 2017.

7 Répondre au malaise paysan

L'œil du géographe Le modèle agricole est en crise. Cette crise est d'abord économique : beaucoup d'agriculteurs peinent à joindre les deux bouts, particulièrement chez les éleveurs. Elle est aussi sociétale : le monde paysan se décourage. La moitié des agriculteurs français a plus de 55 ans. Les jeunes générations ne veulent plus poursuivre les exploitations : elles n'ont pas envie de trimer pour s'exposer à la vindicte collective[1] et pour à peine gagner leur vie. Depuis une décennie, la moitié des exploitations agricoles ont disparu. En Europe, une exploitation agricole disparaît tous les deux jours. Soit les exploitations restantes s'agrandissent, soit l'agriculture se financiarise et passe entre les mains d'investisseurs, soit les terres cultivées se perdent, transformées en lotissements ou en friches. Peu de professions doivent aujourd'hui relever autant de défis que les agriculteurs. Le climat qui change ; les attentes croissantes de la société qui a oublié la peur de manquer et exige des produits parfaits, beaux, sains, mais surtout pas chers en toute saison ; la concurrence internationale dans un monde ouvert ; la législation environnementale, de plus en plus exigeante et coûteuse.

S. Brunel, *Plaidoyer pour nos agriculteurs*, 2017.

1. Les agriculteurs se sentent victimes d'« agribashing », c'est-à-dire de critiques collectives et régulières des pratiques agricoles accusées de dégradations environnementales et sanitaires.

Vocabulaire

- **Circuit court :** circuit de distribution d'un produit limitant les intermédiaires et les kilomètres entre le producteur et le consommateur.

8 Mettre en place une politique agricole durable

L'association Pour une autre PAC plaide pour une profonde réforme visant à encourager davantage les pratiques respectueuses de l'environnement (prairies permanentes, agriculture biologique, circuits courts).

Itinéraire 1

Lire et comprendre les documents

1. Identifiez les effets néfastes du modèle agricole promu par la PAC sur les territoires. (doc. 6, 7 et doc. 5 p. 227)
2. Comment la PAC tente-t-elle de remédier aux effets néfastes du productivisme sur ses territoires ? (doc. 8 et doc. 2 p. 226)

Itinéraire 2 BAC E3C

Analyse de document

À l'aide du doc. 7, expliquez les manifestations et les causes du malaise paysan dans les territoires agricoles en illustrant les propos de l'auteure par des exemples précis extraits de vos connaissances sur le sujet.

QCM interactif | Organigramme PDF à télécharger | Croquis interactif + Version PDF à télécharger

Bilan de l'étude de cas

Retenir l'essentiel

Complétez l'organigramme à l'aide des informations des pages 226 à 228.

	Des territoires agricoles compétitifs	Des territoires en mutation	Des contrastes territoriaux
À l'échelle européenne	....	....	....
À l'échelle locale	....	....	....
Des limites	....	....	

Schématiser l'essentiel

À l'aide des documents des pages 226-228, reconstituez la légende du croquis suivant.

Titre : ....

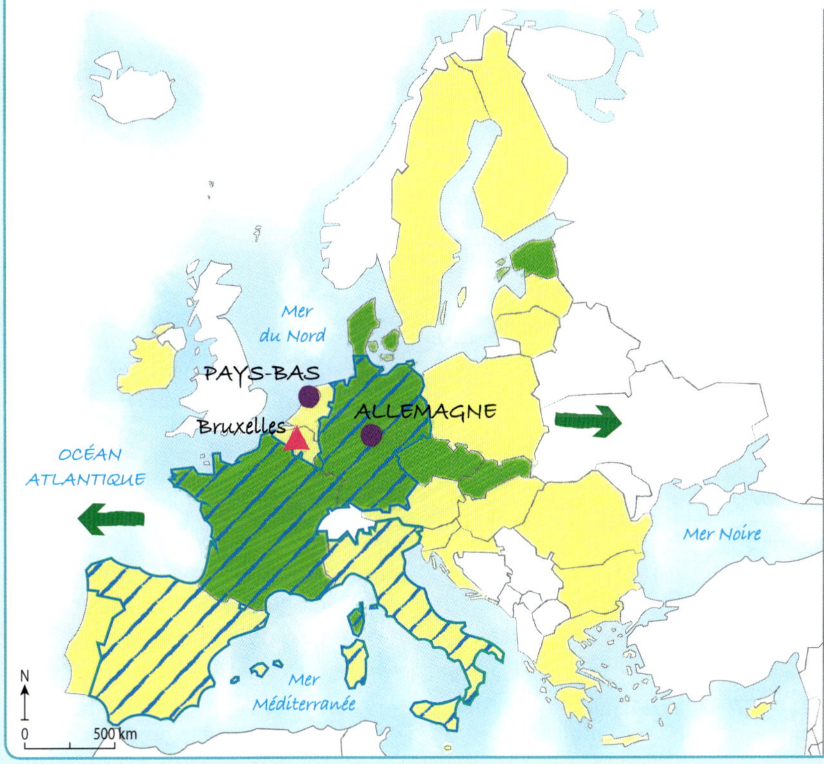

1. Des territoires agricoles à la compétitivité renforcée dans la mondialisation

....

....

....

....

2. Des défis à relever pour les territoires agricoles

....

....

Changer d'échelle

De l'étude de cas... à l'Union européenne

1. Identifiez les autres politiques que celle de l'agriculture favorisant l'ouverture de l'UE au monde.
Question 7, p. 232-245

2. Quelles politiques européennes visent à réduire les inégalités entre les territoires de l'UE ?
Question 8, p. 246-261

Pourquoi Aerospace Valley se cartographie-t-elle à plusieurs échelles ?

À l'image de la Silicon Valley aux États-Unis et de ses industries de haute technologie, Aerospace Valley constitue une **agglomération économique** dynamique du Sud-Ouest de la France. Pourtant, la cartographie de ce réseau aéronautique se lit en réalité à de multiples échelles.

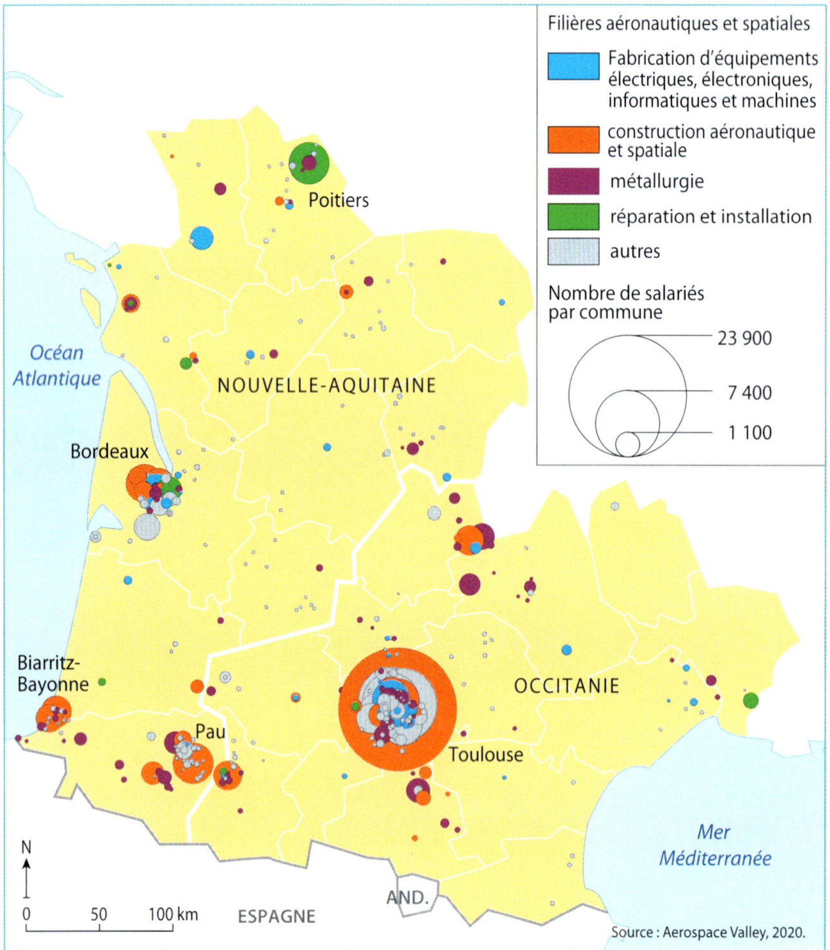

1 Le **pôle de compétitivité** Aerospace Valley, une agglomération technologique du Sud-Ouest de la France

2 Une agglomération technologique élargie à l'échelle européenne : l'exemple d'Arianespace

3 Toulouse, la métropole centrale du système Airbus

Dans la géographie d'Airbus, Toulouse occupe la place centrale. L'agglomération est le siège et le lieu d'assemblage d'Airbus. Bien des observateurs ont souligné le paradoxe de ce choix : une métropole terrienne pour assembler un produit mondialisé mobilisant plus de 1 500 entreprises dispersées sur une quinzaine de sites européens. Plusieurs facteurs expliquent ce choix. Tout d'abord, la ville est le site de l'épanouissement de l'aviation en France avec le siège d'Airbus depuis les années 1970. Cet héritage s'accompagne d'une concentration d'acteurs expérimentés travaillant en réseau aux échelles locale et régionale (cadres de la recherche, pôle de compétitivité Aérospace Valley, sous-traitants). Enfin, d'autres facteurs ont joué, comme les disponibilités foncières au nord-ouest de l'agglomération dans le prolongement de l'aéroport de Blagnac, permettant la création de la vaste zone industrielle abritant le hall de montage. Choisir Toulouse pour assembler un produit dont les pièces proviennent de sites dispersés en Europe crée une organisation productive faite de flux intenses : de matériel lourd, d'informations stratégiques immatériels, de personnels qualifiés, … Les principaux sites de production des éléments des avions sont reliés à Toulouse par des voies maritimes, des axes fluviaux de grand gabarit (dans l'estuaire de la Gironde), des voies routières pour des convois exceptionnels.

S. Dubois et K. Sutton, *La France, géographies d'un pays qui se réinvente*, Bréal, 2018.

4 Le parc technologique de Bordeaux

L'aéroparc de Bordeaux occupe 2 500 hectares accueillant des entreprises spécialisées dans l'aéronautique autour de pistes d'atterrissage permettant les essais. Le technopôle est aujourd'hui en cours d'agrandissement (400 hectares supplémentaires).

5 L'aéronautique, une activité aux dimensions mondiales

L'œil du géographe Le groupe Airbus, à travers ses activités aéronautiques et spatiales, apparaît comme le symbole de la concrétisation du projet européen de coopération industrielle en faisant intervenir différents pays membres de l'UE dans le processus de production. C'est dans le domaine spatial que s'exprime le plus clairement la coopération européenne, par le biais de l'Agence spatiale européenne. C'est la réputation d'excellence et de savoir-faire acquise par le secteur qui permet des exportations à l'international[1], les satellites européens étant devenus leaders sur le marché mondial.

Le groupe Airbus a aussi adopté récemment une stratégie de diversification de ses lieux de production, installant une usine en Chine et des sites en Inde, notamment à Bangalore, capitale indienne de la haute technologie afin de conquérir des marchés émergents jusqu'alors détenus par Boeing. L'un des éléments de l'implantation d'Airbus en Inde et en Chine est la promesse de transferts de technologie et d'une partie de la production (usine d'assemblage d'avions de ligne de Tianjin (Chine), partenariat avec l'entreprise indienne Mahindra pour la fabrication d'hélicoptères).

E. Libourel, *Géographie de la France*, A. Colin, 2017.

1. L'aéronautique représente 73 % des exportations de la région Occitanie, contre une moyenne française de 12 %.

Vocabulaire

- **Agglomération économique :** réseau territorial d'activités économiques qui travaillent en partenariat dans le cadre d'une production commune.
- **Pôle de compétitivité :** regroupement, sur un territoire donné, d'entreprises et de centres de recherche publics ou privés, dans le but de développer l'innovation. Il existe 56 pôles de compétitivité en France en 2020.

Réaliser des productions graphiques dans le cadre d'une analyse

Itinéraire 1

Décrire les documents

1. Comparez les procédés cartographiques utilisés pour la représentation de l'activité aéronautique. (doc. 1, 2)
2. Quelle représentation de l'agglomération économique Aerospace Valley ces procédés donnent-ils à voir ? (doc. 1 et 2)

Interpréter les documents

Constituez des groupes de 4 élèves dans lesquels chacun propose un schéma de l'agglomération économique. Un élève propose un schéma à l'échelle locale (doc. 3 et 4), un second élève, à l'échelle régionale (doc. 1 et 3 p. 325), un autre élève, à l'échelle européenne (doc. 2 et 3 p. 249) et un dernier élève, à l'échelle mondiale (doc. 5). Confrontez ensuite vos représentations.

Itinéraire 2 BAC E3C

Transposer un texte en croquis

À l'aide des documents, complétez le croquis et reconstituez sa légende à l'aide du doc. 5 pour répondre au sujet : « L'industrie aéronautique, un facteur d'intégration du Sud-Ouest français au monde ».

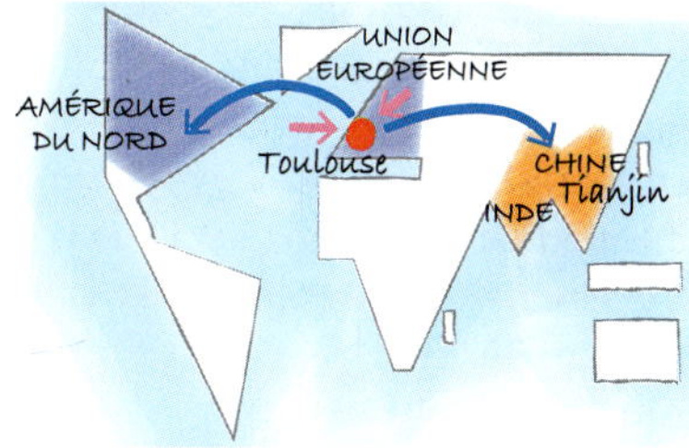

1 L'aéroport de Schipol (Amsterdam), 2e porte d'entrée du trafic aérien européen

Activités numériques

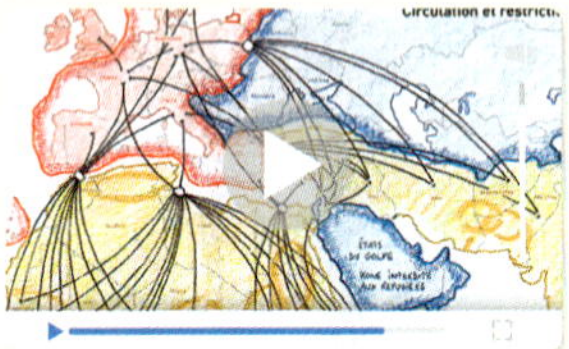

Entretien avec le cartographe Philippe Rekacewicz
Cartographier les migrations
https://www.youtube.com

a. Par quels moyens cartographiques peut-on représenter les migrations ?

b. Sur les cartes réalisées par Philippe Rekacewicz, comment les flux et la politique migratoires de l'Europe sont-ils représentés ?

c. Cherchez dans le manuel des cartes justifiant l'affirmation de Philippe Rekacewicz : « La carte résulte de choix qui tronquent la réalité. »

2 Ceuta (enclave espagnole sur le côtes marocaines), symbole de l'Europe « forteresse »

QUESTION 7

RESSOURCES EN +
Sur le site collection :
lycee.hachette-education.com/hg/geo-tle

L'Union européenne, un espace plus ou moins ouvert au monde

Comment l'UE s'affirme-t-elle comme une puissance, en restant inégalement ouverte au monde ?

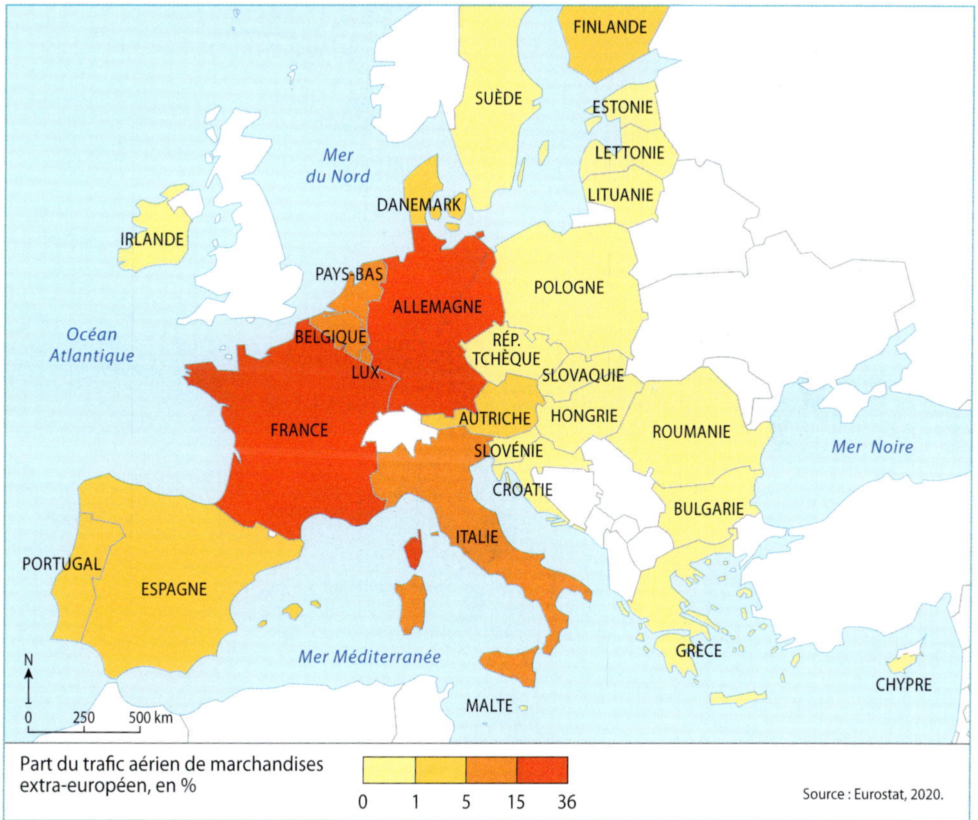

3 **Le trafic aérien international de marchandises**

1. Comment les doc. 1 et 2 montrent-ils l'inégale ouverture des territoires européens aux flux mondiaux ?
2. Montrez que cette inégale ouverture est visible à l'échelle continentale. (doc. 3)
3. En vous appuyant sur les doc. 1 et 2 et vos connaissances, émettez des hypothèses pour expliquer l'inégal accueil de l'Union européenne aux flux de personnes.

Carte interactive

L'Union européenne, un pôle majeur de la mondialisation

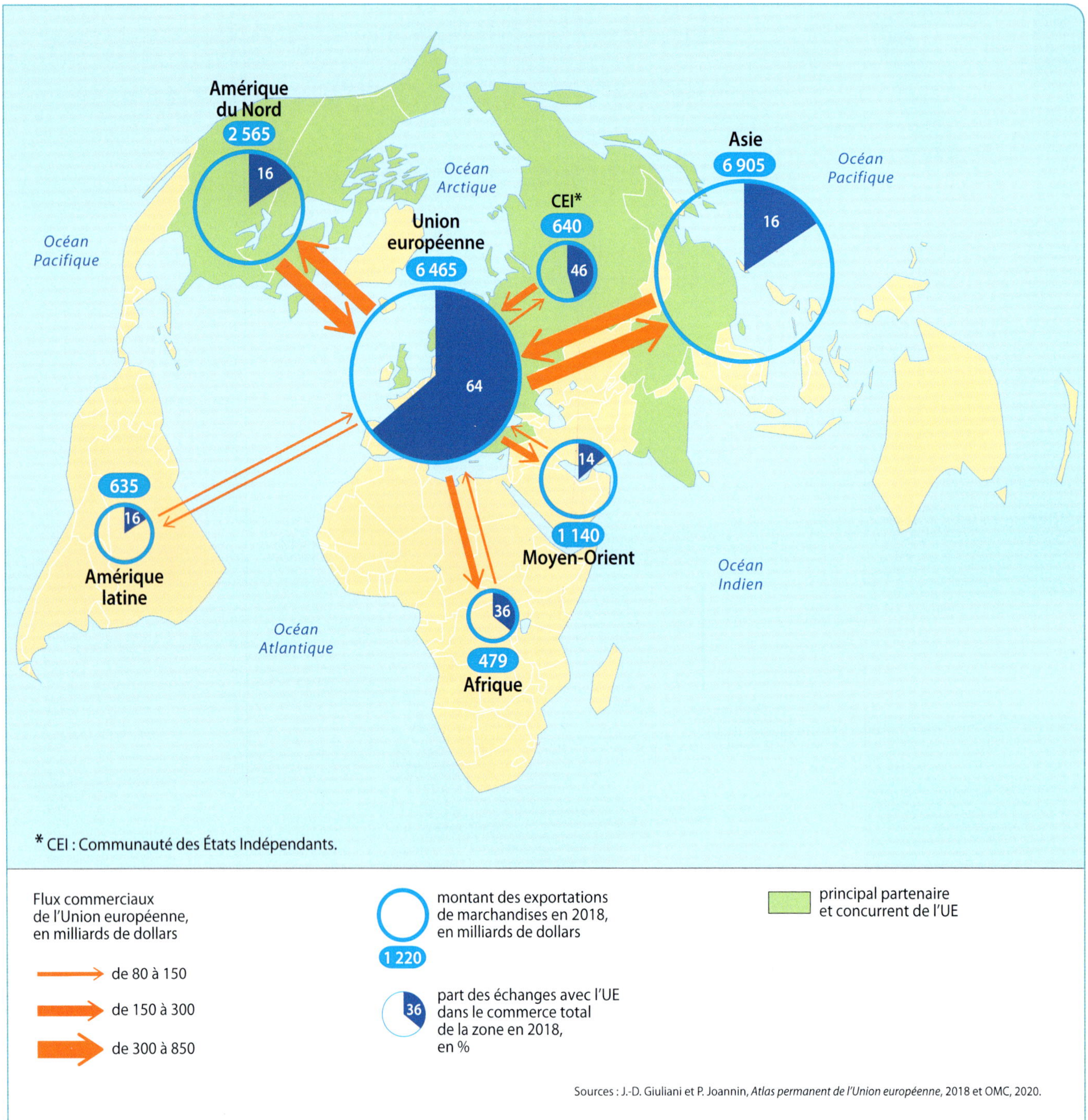

Sources : J.-D. Giuliani et P. Joannin, *Atlas permanent de l'Union européenne*, 2018 et OMC, 2020.

1 **L'Union européenne, 1er pôle du commerce mondial**

Lire les cartes

Cartes 1 et 2

L'UE est, avec l'Asie, l'un des pôles majeurs de la mondialisation des échanges.

Quels sont les principaux partenaires commerciaux de l'UE ? Expliquez l'importance des informations représentées par les graphiques circulaires pour répondre à la question. Pourquoi l'euro renforce-t-il la place de l'UE dans la mondialisation ?

Carte 3

La carte met en évidence des différences d'intégration des territoires de l'UE dans les flux internationaux.

Localisez et identifiez les types de territoires favorisés par la mondialisation. Pourquoi la marginalisation des autres territoires est-elle toutefois à nuancer ? (doc. 3 p. 135)

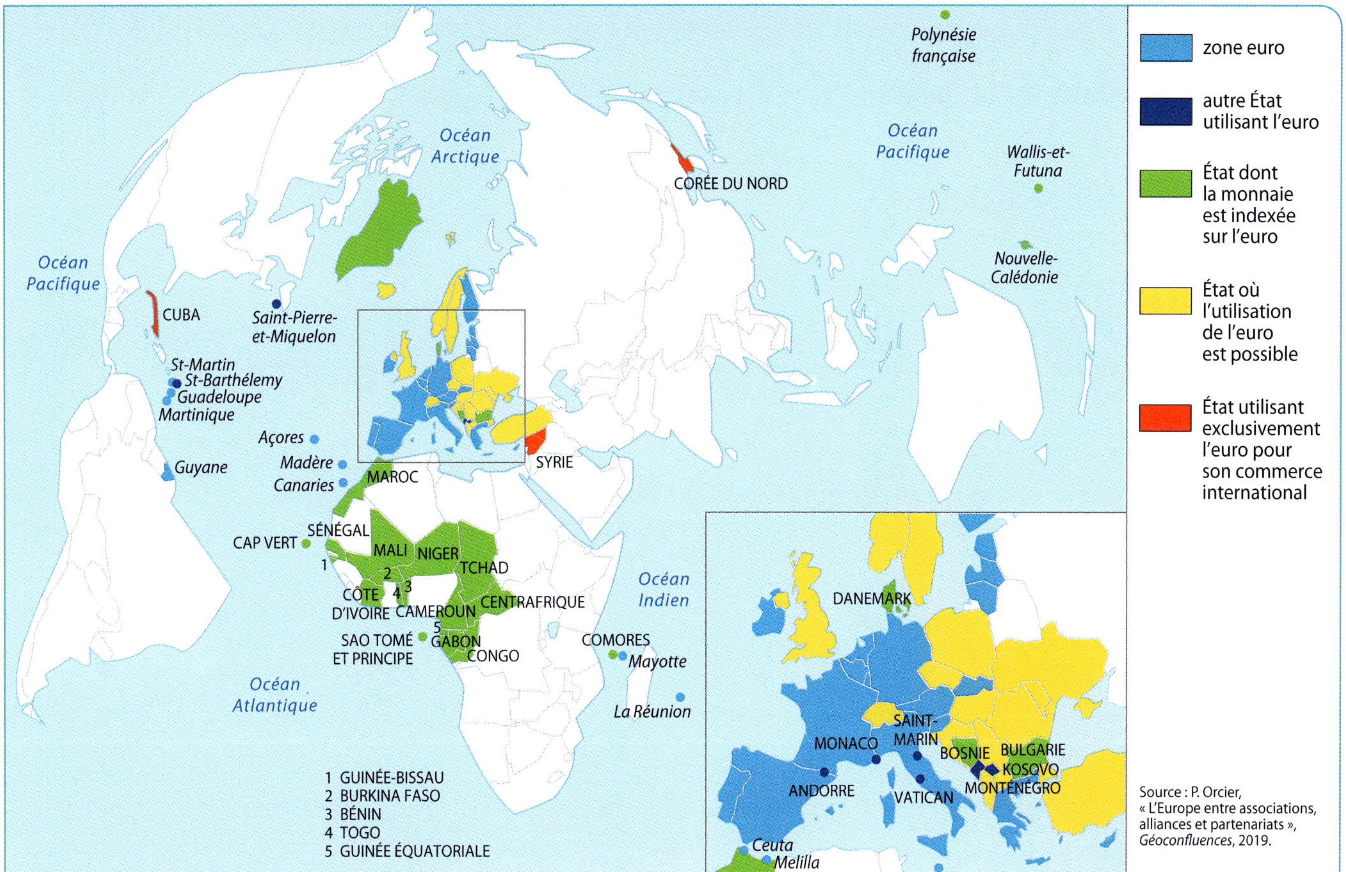

2 **L'euro, outil de l'influence mondiale**

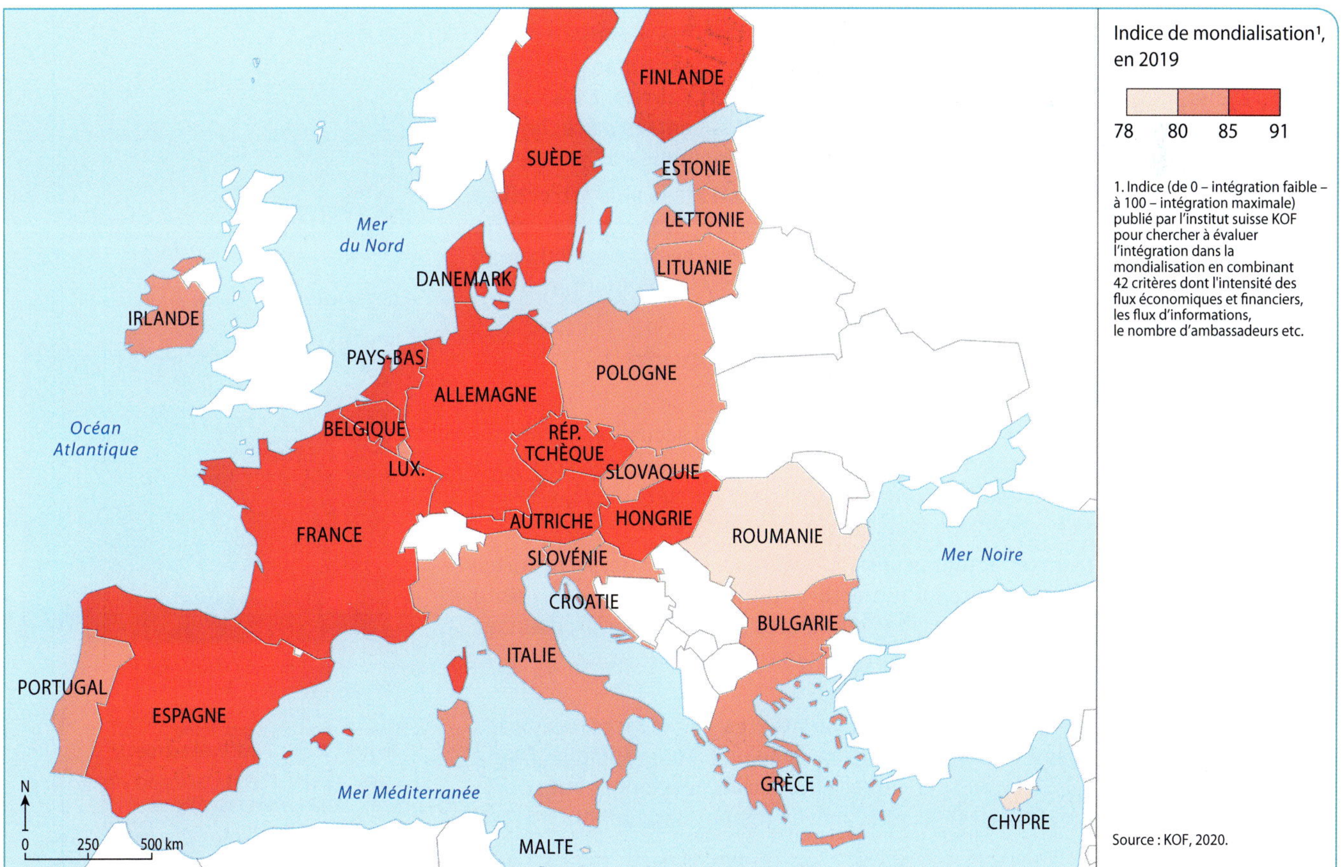

3 **Des États de l'UE inégalement ouverts dans la mondialisation**

Cours 1

QCM interactif cours

Podcast

L'Union européenne, une association régionale inégalement ouverte sur le monde

La forte intégration régionale de l'Union européenne, un atout dans la mondialisation ?

A L'association régionale au degré d'intégration le plus marqué au monde

L'Union européenne associe 27 États autour d'un projet d'unification continentale sans équivalent. C'est un espace unique au monde de libre circulation des marchandises, des hommes et des capitaux. Le territoire des 27 États membres en 2020 se prolonge également outre-mer (9 RUP).

Les frontières internes de l'UE semblent s'effacer avec les accords de libre-échange (Repère). Elles ne sont plus des ruptures mais souvent des espaces de coopération transfrontalière. La frontière germano-polonaise, invisible dans le paysage, est une interface parcourue par des flux de travailleurs et de capitaux valorisant les atouts de chaque pays.

Cependant, ces frontières s'estompent inégalement. L'espace Schengen (26 pays en 2020) comme la zone euro (19 pays) ne concernent pas toute l'UE. De plus, les frontières extérieures de l'UE se renforcent. Les contrôles des personnes s'opèrent surtout aux portes d'entrée de l'espace Schengen : aéroports, ports, frontières extérieures (Melilla, Calais). Celles-ci font l'objet d'une surveillance accrue (Frontex)

B Une intégration, facteur de puissance économique

La forte intégration régionale fait de l'UE la 1re puissance commerciale du monde (2/3 des échanges au sein de l'UE ; doc. 2). Pour accroître encore son poids dans les échanges internationaux, elle multiplie les accords avec d'autres territoires (Canada, Mercosur) tout en défendant ses intérêts à l'OMC.

L'UE cumule les atouts lui permettant une forte intégration à la mondialisation : 2e monnaie mondiale, main-d'œuvre qualifiée, transports performants, marché à haut revenu. Ses métropoles mondiales (Paris, Francfort) abritent les sièges de FTN (Total, Nokia), les bourses (réseau Euronext) et des centres de recherche de rang mondial (Aerospace Valley, Silicon Saxony en Allemagne).

C'est l'une des régions les plus riches (22 % du PIB mondial) et les plus attractives du monde : 1er pôle récepteur et émetteur d'IDE, 1er espace d'immigration et de tourisme (540 millions de visiteurs en 2018), signe de son *soft power*. Les candidatures nombreuses pour intégrer l'UE témoignent de son attractivité (Serbie, Turquie).

C Des territoires inégalement ouverts au monde

La mondialisation valorise les interfaces de l'UE. La Northern Range est une puissante façade maritime dont les ports (Rotterdam, Anvers) accueillent la moitié du trafic maritime de l'UE (doc. 1). Le long des fleuves (Rhin, Elbe), des corridors concentrant de puissants réseaux de transport irriguent l'arrière-pays, visant à relier la Northern Range à la Méditerranée ou à la mer Noire.

Les métropoles concentrent les activités de commandement (quartiers d'affaires, technopôles) et les infrastructures d'ouverture au monde (aéroports, *data centers*). Les plus puissantes sont des villes mondiales (Londres, Paris) ; d'autres rayonnent à l'échelle européenne (Francfort, Milan, Barcelone). La mégalopole européenne constitue le cœur de l'Europe.

Des espaces marqués par l'enclavement sont moins intégrés. Les espaces ruraux peu peuplés ne parviennent pas à enrayer le déclin agricole ou démographique (Ouest de l'Irlande, Sud de l'Italie). Si certains territoires ultramarins développent des ports et aéroports (Saint-Martin, Canaries), leurs échanges restent dépendants de l'UE.

La forte intégration régionale de l'UE en fait un pôle majeur de la mondialisation même si tous les territoires n'en profitent pas équitablement.

Vocabulaire

- **Espace Schengen :** espace de libre circulation des personnes entre les États signataires des accords de Schengen.
- **Frontex :** agence européenne de garde-frontières et de garde-côtes chargée de contrôler les flux migratoires aux frontières extérieures de l'Union européenne.
- **Mégalopole européenne :** vaste espace urbanisé s'étendant de Londres à Milan en englobant l'espace rhénan. Il se caractérise par une forte concentration de métropoles et d'axes de communication.
- **Northern Range :** façade maritime de l'Europe concentrant le long de la mer du Nord les principaux ports européens. Elle s'étire de Hambourg (Allemagne) au Havre (France).
- **RUP (région ultrapériphérique) :** région appartenant à l'Union européenne mais située en dehors du continent européen.

REPÈRE

Les frontières de l'UE

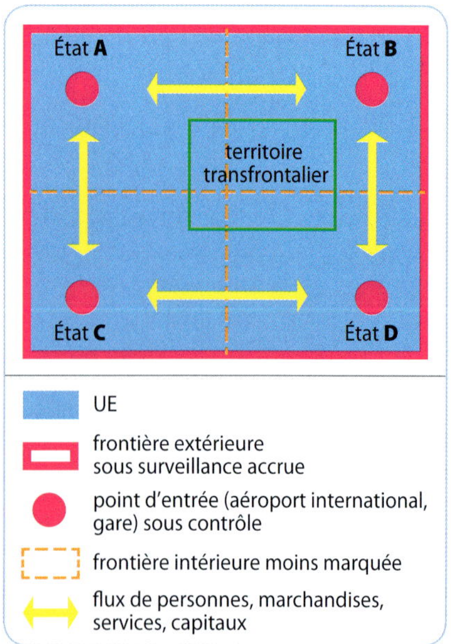

1 La Northern Range, première façade maritime de l'UE

L'œil du géographe Depuis le Moyen Âge, l'Europe du Nord a vu se développer le long des côtes de la Manche et de celles de la mer du Nord des ports qui ont toujours été d'importants lieux d'échanges. La multimodalité, un même conteneur pouvant circuler par les voies maritimes, fluviales, ferroviaires et routières, est un atout fondamental, les réseaux néerlandais et belges étant connectés à ceux de toute l'Europe de l'Ouest et en particulier à la vallée du Rhin, cœur de l'industrie allemande, la première du continent. Cependant, malgré la construction européenne, les logiques d'organisation des espaces portuaires restent très largement nationales avec des formes de compétition entre les sites. Ainsi, l'incertitude qui règne quant à l'avenir du projet de canal Seine-Nord Europe empêche Le Havre de s'intégrer dans le réseau fluvial d'Europe du Nord.

V. Adoumié et J.-M. Escarras, *Lieux et territoires de la mondialisation*, Hachette, 2019.

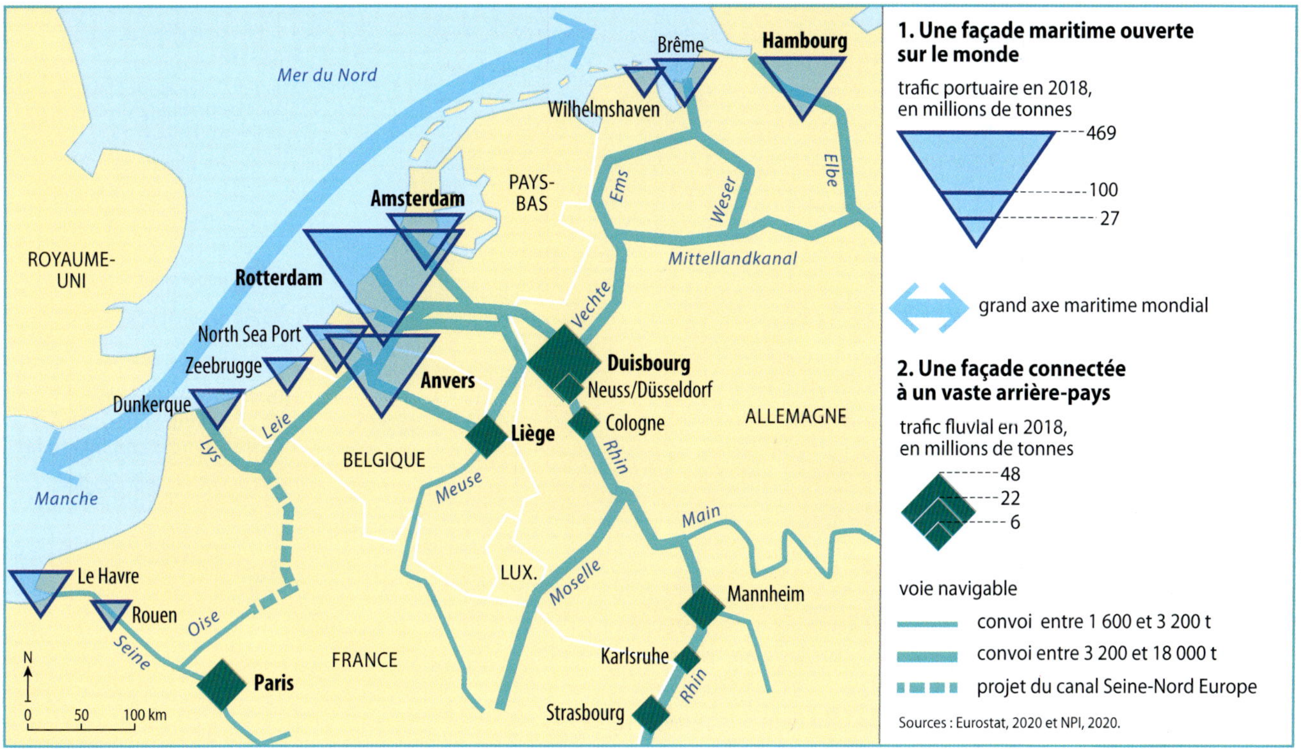

	Union européenne	États-Unis	Chine
Population en 2020, en millions	513	327	1 393
Part dans le PIB mondial en 2018, en %	22	24	16
Croissance annuelle moyenne du PIB entre 2008 et 2018, en %	+ 2	+ 3	+ 6,6
Part dans le commerce mondial en 2018, en %	15	17	13
Nombre de FTN parmi les 500 premières en 2019 (en 2010)	114 (133)	121 (139)	119 (46)

2 L'UE, un géant dans la mondialisation

Sources : Banque mondiale, Eurostat et Fortune Global 500, 2020.

Capacités & Méthodes

Analyser une série statistique (doc. 2)

1. Identifiez dans le doc. 2 les éléments de puissance de l'UE sur la scène mondiale. Illustrez votre réponse par quelques éléments chiffrés soigneusement sélectionnés (valeurs brutes ou pourcentages, comparaison avec les États-Unis et la Chine,...).
2. Identifiez ensuite les éléments de faiblesse de l'UE (par rapport aux autres pôles mondiaux, évolution ...).

Exemple

Comment l'UE peut-elle rester la première puissance commerciale mondiale ?

SECTION EUROPÉENNE
Documents disponibles en anglais sur le site collection
lycee.hachette-education.com/hg/geo-tle

Carte interactive

À l'origine de 40 % des flux mondiaux, l'UE est de loin la première puissance commerciale au monde. Mais 2/3 de ces échanges sont réalisés entre ses pays membres, ce qui interroge sur sa capacité à s'imposer dans le commerce planétaire.

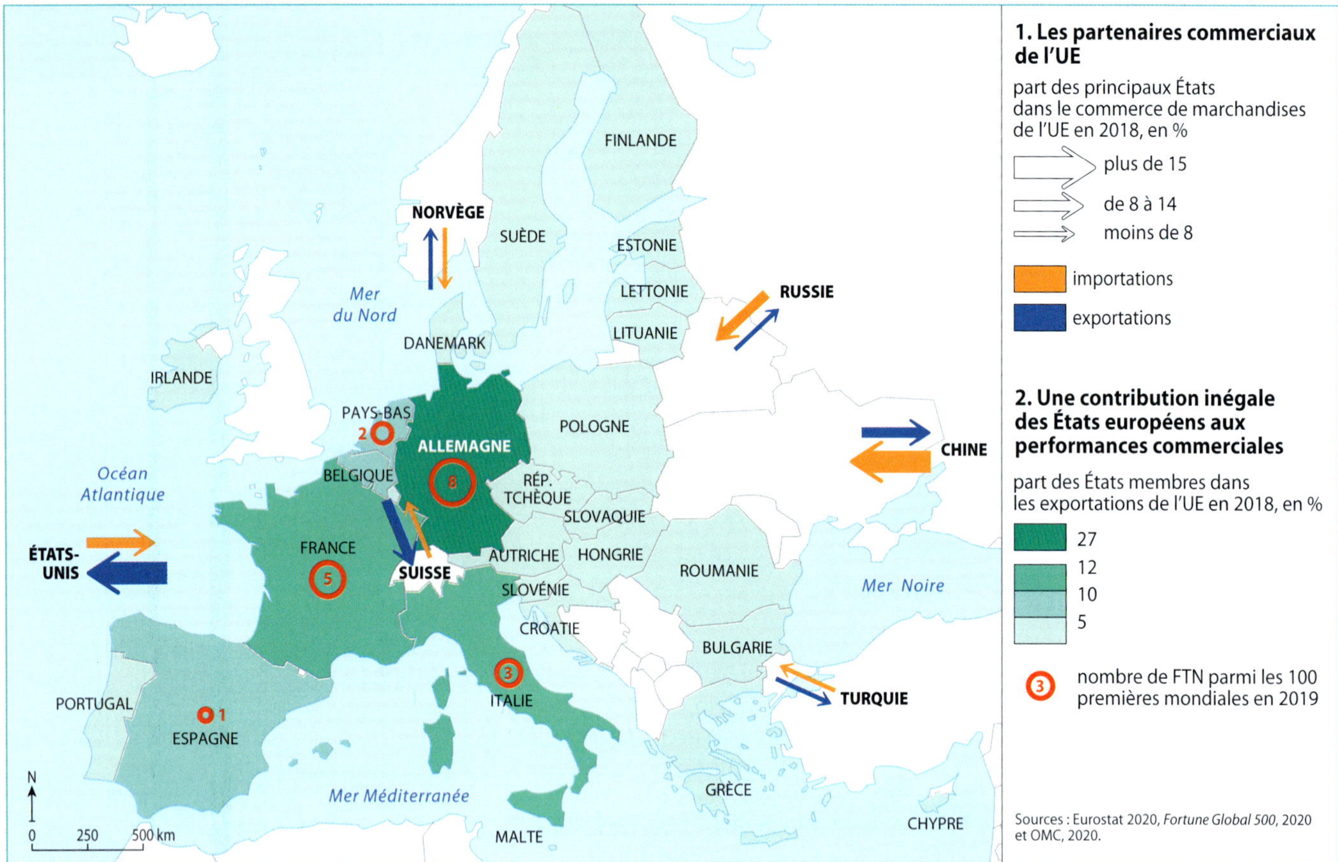

1 Échanger avec le reste du monde

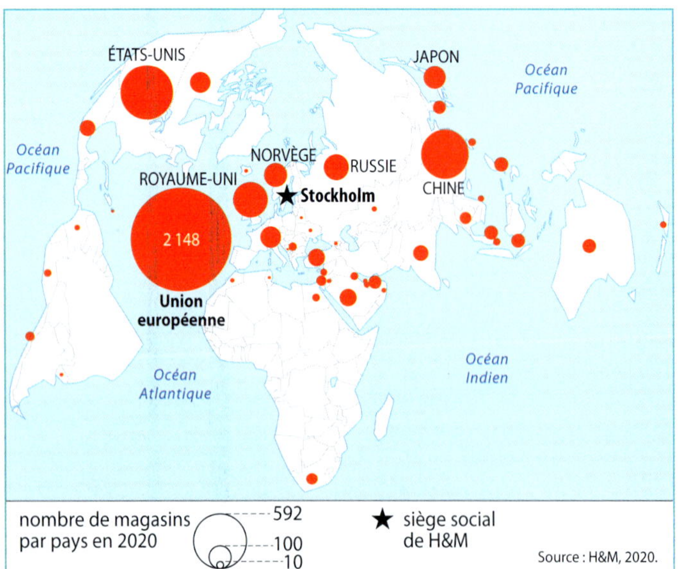

2 Conquérir de nouveaux marchés : l'exemple de la chaîne de magasins H&M

3 Faciliter l'ouverture maritime de la Northern Range

L'œil du géographe Longtemps premier port du monde, Rotterdam n'a été détrôné que très récemment par les ports asiatiques. Son évolution traduit une remarquable capacité d'adaptation aux évolutions de la mondialisation et un véritable savoir-faire néerlandais en termes d'aménagement du territoire. À partir des années 1870, des canaux ont été creusés pour ouvrir davantage le port sur la mer et mieux le relier à la Meuse et au Rhin. Dès les années 1960, l'Europort permet d'accueillir les infrastructures industrialo-portuaires, notamment pétrolières. Aujourd'hui, les terminaux de Maasvlakte, situés très en aval, traitent le trafic de conteneurs. Réalisant 40 % du trafic de la Northern Range, avec plus de 30 000 navires par an, le site néerlandais est devenu un gigantesque hub, un point de redistribution des marchandises qui y arrivent vers d'autres ports de la façade, mais aussi vers le Royaume-Uni et vers la mer Baltique.

V. Adoumié et J.-M. Escarras, *Lieux et territoires de la mondialisation*, Hachette, 2019.

4 **Moderniser ses infrastructures : l'avant-port de Maasvlakte 2 (Rotterdam)**

Gagné sur la mer pour permettre aux navires les plus volumineux d'atteindre les quais en perdant le moins de temps possible, l'avant-port de Maasvlakte 2 est entièrement automatisé et a accru de 60 % la capacité du port à conteneurs de Rotterdam.

5 **Redéfinir les rapports commerciaux avec les pays émergents**

De la guerre commerciale...

En 2013, la Chine a répliqué à la menace de taxation européenne des panneaux solaires chinois par la menace de taxer les vins en provenance de l'Union européenne. Finalement, les deux parties se sont entendues sur une limitation des exportations des panneaux photovoltaïques.

... au partenariat

L'Union européenne et la Chine ont conclu un accord bilatéral visant à protéger 100 indications géographiques (IG) européennes en Chine et 100 IG chinoises dans l'Union contre les imitations et les usurpations. Cet accord historique devrait se traduire par des avantages commerciaux réciproques et une demande de produits de qualité supérieure de part et d'autre. La Chine est la 2e destination des exportations agroalimentaires de l'Union. Elle est également la 2e destination des exportations de produits de l'Union qui sont protégés par une indication géographique, représentant 9 % de leur valeur, en ce compris les vins, les produits agroalimentaires et les boissons spiritueuses. Or, le marché chinois est un marché à forte croissance potentielle pour les denrées alimentaires et les boissons européennes. Ceci est lié à la montée de la classe moyenne qui apprécie les produits européens emblématiques, de qualité supérieure et authentiques. La liste des indications géographiques de l'Union à protéger en Chine comprend des produits tels que le champagne, la feta, l'irish whiskey, le porto, le jambon de Parme...

Commission européenne, 2019.

Conduire et justifier une démarche géographique

Itinéraire guidé

Lire et confronter des documents

Formez un groupe de deux élèves : l'un répond à la question 1 ; l'autre à la question 2.

1. Comment l'UE peut-elle agir sur son territoire pour renforcer son poids commercial dans le monde ? (doc. 3 et 4)
2. Montrez que des stratégies sont mises en place pour conforter la place commerciale de l'UE dans la mondialisation. (doc. 2 et 5)

Confrontez vos réponses avant de répondre ensemble à la question 3.

3. Quels sont les résultats des différentes stratégies de l'UE pour maintenir sa place dans la mondialisation ? (doc. 1 et 5)

Itinéraire en autonomie

La Commission européenne veut développer une stratégie pour soutenir la compétitivité commerciale de l'UE dans le monde.

Préparez un argumentaire selon le plan suivant :
Faire face à une forte concurrence mondiale ; renforcer les atouts de l'UE ; développer de nouvelles stratégies.

Cours 2

QCM interactif cours

Podcast

Les enjeux de l'affirmation de l'Union européenne dans le monde

Quels défis l'UE doit-elle relever pour affirmer sa puissance sur la scène mondiale ?

A Maintenir son poids sur la scène mondiale

L'UE est défiée par de nouveaux concurrents, notamment les pays émergents. Son poids dans le commerce mondial recule et sa puissance économique présente des faiblesses (dépendance énergétique, vieillissement) que le Brexit va sans doute accentuer (doc. 1).

Le rôle politique de l'UE reste faible. Présente dans les organisations internationales (ONU, G20), elle tisse des partenariats stratégiques (**politique européenne de voisinage**, Repère). Elle peine toutefois à parler d'une seule voix. De plus, l'UE n'est pas une puissance militaire malgré les débuts d'une politique étrangère et de sécurité commune.

Face aux enjeux planétaires, l'UE tente de défendre sa vision de la mondialisation : lutte contre les paradis fiscaux, défense de normes juridiques et environnementales, aide au développement (1er donateur mondial). Son action est toutefois freinée par des désaccords internes, comme sur la politique énergétique.

B Faire face aux divisions internes

La mondialisation et les élargissements creusent les inégalités à toutes les échelles au sein de l'UE, entre États (5 pays représentent 2/3 du PIB) et entre régions (écart de 1 à 8 entre le PIB/hab. du Luxembourg et du Nord-Ouest de la Bulgarie). À l'échelle urbaine, les inégalités entre quartiers riches et pauvres sont nombreuses (centre aisé et bidonville Canada Real Galiana à Madrid).

Les disparités internes sont sources de divisions internes, et donc facteurs d'affaiblissement sur la scène mondiale (doc. 2). Les crises financières et migratoires des années 2010 nourrissent la tentation du repli national. Ainsi, la Grèce en 2017 et l'Italie en 2019 ont rejoint le programme chinois des nouvelles routes de la soie, malgré l'inquiétude de leurs partenaires européens.

Ces crises illustrent la difficulté à créer des politiques communes protégeant les territoires et les populations des effets néfastes de la mondialisation. L'ouverture aux flux migratoires divise : les États méditerranéens réclament une redéfinition des règles d'accueil des migrants. La lenteur de la construction d'une Europe sociale fait l'objet de critiques (parité, accès à l'emploi).

C Approfondir l'intégration européenne ?

La puissance de l'UE peut être renforcée par des politiques communes. L'UE s'impose d'ailleurs comme leader mondial dans les domaines où la coopération fonctionne : aéronautique, aérospatiale, environnement. Les territoires de l'UE peuvent cependant être mis en concurrence entre eux, comme le Luxembourg, l'Irlande accusés de miser sur une politique fiscale attractive aux dépens de leurs voisins.

Toutefois, le désir d'approfondissement est inégal selon les États. Certains tentent de renforcer l'intégration (couple franco-allemand) mais d'autres y sont hostiles (**groupe de Visegrad**). Une « Europe à la carte » s'affirme. Un noyau d'États (France) adhèrent à toutes les politiques et mènent des coopérations renforcées ; d'autres bénéficient de clauses d'exemption (Danemark exempté d'obligation de coopération judiciaire avec les autres États).

La montée de l'euroscepticisme constitue un frein à l'approfondissement. Il a conduit le Royaume-Uni au Brexit. Ce départ est un défi majeur pour l'UE, qui entend prévenir tout risque de contagion.

Tout en cherchant à affirmer sa puissance internationale, l'UE doit faire face aux tensions internes auxquelles elle tente de répondre en renforçant les politiques communes, avec des résultats inégaux.

Vocabulaire

- **Approfondissement :** processus d'unification et d'harmonisation favorisé par le renforcement des institutions européennes et la création de politiques communes.
- **Élargissement :** processus d'extension géographique de l'Union européenne qui est passé de 6 États en 1957 à 27 en 2020.
- **Euroscepticisme :** opposition à certains aspects de l'intégration européenne ou à l'Union européenne dans son ensemble.
- **Groupe de Visegrad :** groupe de pays appartenant à l'UE (Hongrie, Pologne, Tchéquie, Slovaquie) défendant des positions communes (restriction de l'immigration, renforcement des souverainetés nationales).
- **Politique européenne de voisinage :** politique de coopération entre l'UE et ses voisins (Europe de l'Est, Maghreb, Proche-Orient). Elle vise à stabiliser les marges de l'UE en assurant la prospérité et la stabilité des frontières.

REPÈRE

L'ouverture de l'UE sur son voisinage

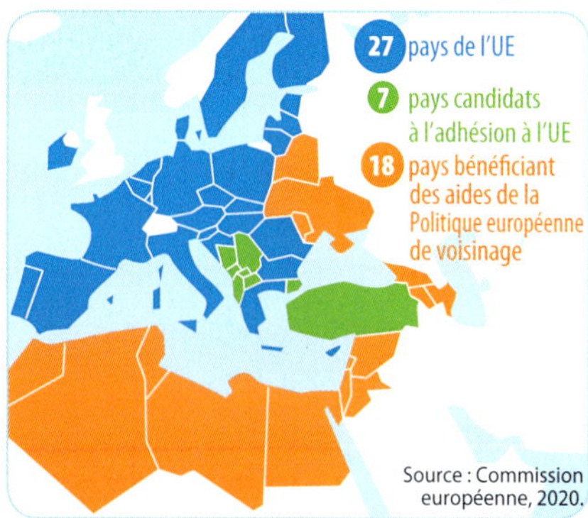

Source : Commission européenne, 2020.

1 Une puissance qui fait face à des défis extérieurs

Dessin de Paresh Nath, 2019.

Traduction : « C'est le moment d'une protection supplémentaire ! » ; Chine ; Monopole des géants du numérique ; migration illégale ; chaos lié au Brexit.

2 Les paradoxes de la puissance européenne dans le monde

Le paradoxe pour l'UE est qu'elle n'est pas perçue comme un acteur majeur dans le système de gouvernance économique mondiale bien qu'elle soit, en termes de PIB, la première puissance économique (avec environ 22 % du PIB mondial). Pour l'heure, elle parvient encore à faire entendre sa voix dans le concert des nations grâce à son héritage historique, mais au fur et à mesure que s'accroîtra la concurrence des économies émergentes, il deviendra de plus en plus difficile pour elle de maintenir une telle position. Pour éviter la marginalisation, le défi pour l'UE est double : il s'agit d'une part de parvenir à maintenir son statut de puissance économique et d'autre part de trouver le moyen de convertir de manière durable son potentiel économique en capacité d'influence, ce qui passe par une réforme interne et une définition claire de sa propre vision de l'avenir.

Dès lors, les efforts de l'UE doivent porter sur trois axes. Tout d'abord, il paraît impératif de relancer l'effort de compétitivité au sein de l'Union. Deuxièmement, si l'UE veut continuer à participer à la structuration du système économique mondial de demain, elle doit se montrer plus unie, plus cohérente, et mieux à même de définir et d'exprimer une position commune. Enfin, la troisième piste est pour l'UE d'apprendre à travailler de manière indépendante et constructive avec les nouveaux acteurs clés du monde de demain, à savoir les grandes économies émergentes.

F. Nicolas, *L'Europe et le monde en 2020*, Septentrion, 2019.

Capacités & Méthodes

Analyser un document iconographique (doc. 1)

1. Complétez le tableau suivant pour décrire et interpréter le dessin de presse.

Décrire les menaces	Interpréter les menaces avec les connaissances personnelles	Interpréter la réaction de l'Union européenne face à ces menaces
Chine	– Concurrent économique –	

2. En confrontant ce dessin avec le doc. 2, portez un regard critique sur le dessin en montrant que les menaces sont autant internes à l'Union européenne qu'externes.

Exemple – L'Union européenne, un moteur de la lutte contre le changement climatique ?

1 Un discours et des politiques volontaristes

Depuis la COP21 de Paris en 2015, l'UE se veut le leader mondial de la lutte pour le climat[1]. L'ambition se traduit par l'engagement de réduire d'ici 2030 ses émissions de gaz à effet de serre de 40 % (par rapport au niveau de 1990) et la promesse d'atteindre à cet horizon 32 % d'énergies renouvelables, un objectif revu à la hausse l'an passé. L'effort réglementaire et financier est indéniable, avec quelque 180 milliards d'euros alloués au plan climat et à l'économie verte sur la mandature. En soutenant le développement des énergies renouvelables (éolien, solaire, biomasse), la rénovation thermique des bâtiments et l'éco-conception des produits, la Commission européenne a joué son rôle d'aiguilleur des États membres. L'effort reste en devenir pour les énergies renouvelables, où l'Europe est le leader mondial des brevets mais manque encore de réalisations concrètes. Si les plans de sortie de l'énergie fossile se développent dans de nombreux États, le charbon reste encore très présent en Grèce, en République tchèque et surtout en Pologne. En Allemagne, 40 % de la production électrique en provient désormais, conséquence de la sortie du nucléaire. L'Europe souffre aussi de ses incohérences avec une fiscalité qui reste favorable aux énergies fossiles, comme le diesel. Au sommet de Sibiu[2], en Roumanie, huit États ont appelé à accélérer l'effort. Mais l'Allemagne, la Pologne, la République tchèque ou encore la Hongrie s'opposent à un tel renforcement des objectifs.

Les Échos, 15 mai 2019.

1. 20 % du budget 2014-2020 de l'UE est consacré à l'action climatique et la part des énergies renouvelables est passée de 10 à 17,5 % entre 2007 et 2017.

2. En mai 2019, France, Belgique, Danemark, Luxembourg, Pays-Bas, Portugal, Espagne, Suède y lancent un appel pour atteindre « zéro émission de GES d'ici 2050 ».

Évolution des émissions de CO_2 provenant de la consommation d'énergie entre 2017 et 2018, en %

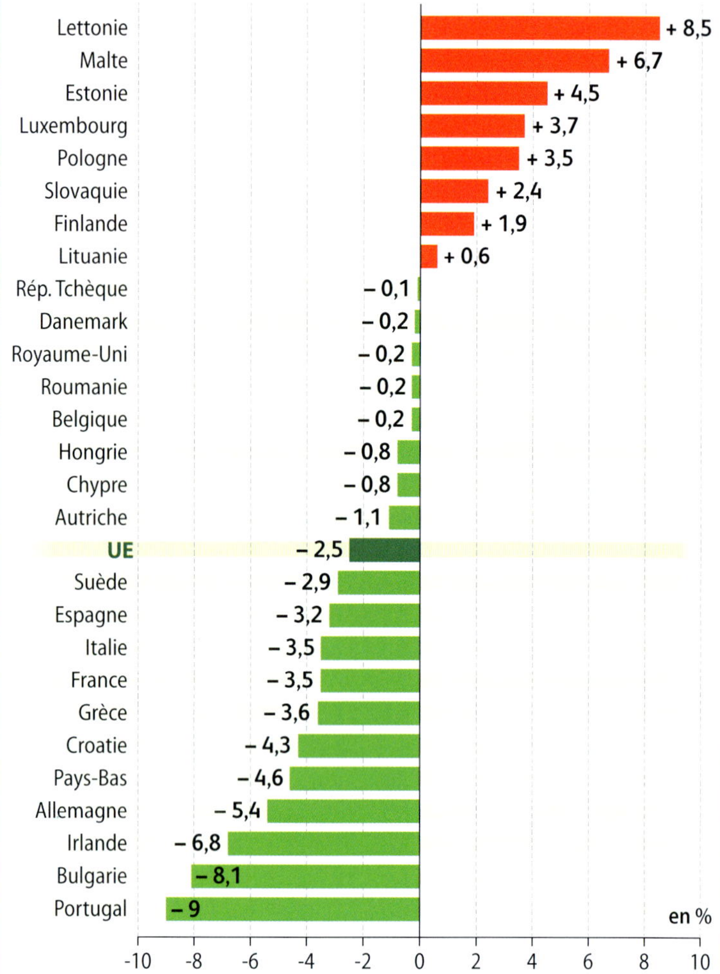

Source : touteleurope, 2020.

2 Des résultats nuancés

Utiliser une approche géographique pour mener une analyse

Itinéraire en autonomie

Complétez le croquis suivant avec les informations fournies dans les doc. 1 et 2 pour montrer les effets contrastés de la politique menée par l'UE contre le changement climatique.

Titre : ....

Croquis PDF à télécharger

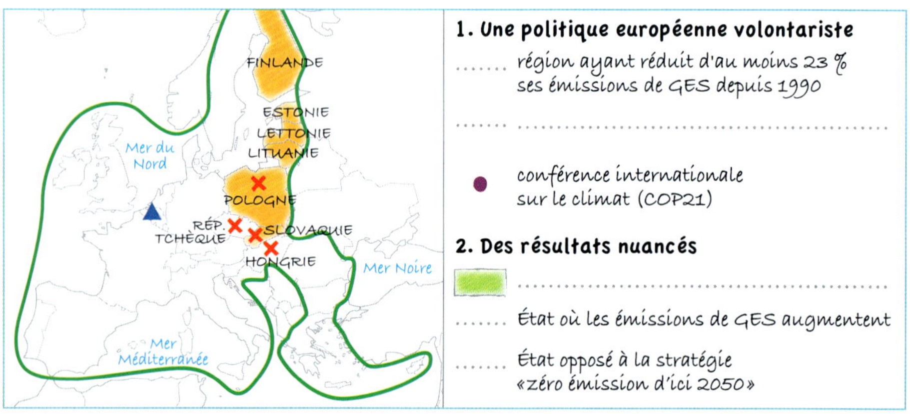

Exemple Existe-t-il une politique étrangère de l'Union européenne ?

1 La lente émergence d'une politique étrangère européenne

En matière de diplomatie et de défense, les États membres conservent l'essentiel des compétences. L'émergence d'une véritable politique étrangère européenne est freinée par les grandes disparités entre les États : 21 des 27 pays sont membres de l'OTAN[1], véritable bouclier militaire de l'Europe ; certains sont attachés à un positionnement neutre (Autriche, Finlande). C'est avec le traité de Maastricht (1993) que l'action extérieure européenne s'institutionnalise avec la politique étrangère et de sécurité. L'UE noue également des partenariats avec son voisinage. Tandis qu'en matière d'aide au développement, les Européens sont les premiers donateurs du monde : l'UE fournirait 57 % de l'aide au développement dans le monde en 2018. À partir de 1997, l'UE se dote d'un chef de la diplomatie officiel, le « haut représentant » afin de mieux incarner son action extérieure. Le Service européen pour l'action extérieure est sous son autorité. Cette montée en puissance de la politique étrangère et de sécurité européenne est encouragée par l'augmentation des zones de conflit près des frontières de l'UE (Ukraine, Syrie) et des facteurs de déstabilisation (terrorisme, changement climatique). Individuellement, les États européens ne sont en outre plus capables de peser face aux puissances que sont les États-Unis, la Chine ou la Russie.

Centre d'information sur l'Europe, 16 septembre 2019.

1. Organisation du traité de l'Atlantique nord : organisation militaire créée en 1949 autour des États-Unis et de ses alliés riverains de l'Atlantique.

2 La faiblesse militaire de l'UE vue par la Russie

Dessin de presse de Vitaly Podvitski paru dans *Sputniknews*, octobre 2016.

Dans un contexte de relations tendues entre l'UE et la Russie (crises ukrainienne et syrienne), le média en ligne *Sputniknews* dénonce la faiblesse militaire de l'UE face aux États-Unis.

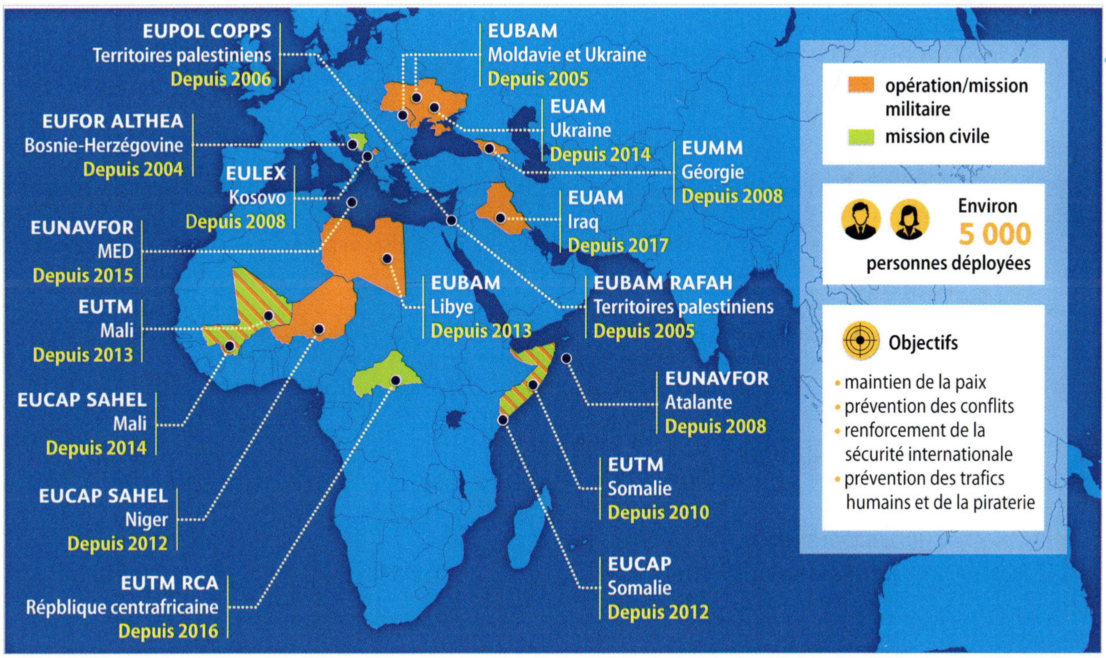

3 Missions et opérations menées par l'UE dans le cadre de la politique de sécurité et de défense commune

Conduire et justifier une démarche géographique

Itinéraire guidé

1. Identifiez les éléments qui témoignent d'une influence diplomatique et militaire de l'Union européenne à l'échelle internationale. (doc. 1 et 3)
2. Comment l'UE cherche-t-elle à avancer sur le terrain d'une politique étrangère commune ? (doc. 1 et 3)
3. Quelles sont les limites à la construction d'une politique étrangère et de défense de l'UE ? (doc. 1 et 2)

RÉVISER

L'essentiel audio-vidéo | Organigramme version interactive

L'essentiel

Comment l'UE s'affirme-t-elle comme une puissance, en restant inégalement ouverte au monde ?

L'UE, une association régionale inégalement ouverte sur le monde

- L'association régionale la plus aboutie au monde
- \+ Un pôle économique majeur de la mondialisation
- \+ Une inégale ouverture à la mondialisation

Les enjeux de l'affirmation de l'UE dans le monde

- Des défis à relever sur la scène mondiale
- \+ Des inégalités internes, frein à la puissance sur la scène mondiale
- \+ Un désir d'approfondissement inégal

Cours 1

En construisant une forme d'**intégration régionale** unique au monde, l'UE s'est imposée comme un **pôle économique** de la mondialisation (1re puissance commerciale).

Son ouverture sur le monde touche les **flux** commerciaux, les flux de capitaux et les **mobilités** mais elle est toutefois inégale.

La mondialisation valorise les **interfaces** maritimes et terrestres et les **métropoles** mais **l'enclavement** persiste dans les espaces ruraux isolés et en Outre-mer.

Cours 2

L'UE doit relever de nombreux **défis** pour peser sur la scène mondiale : **concurrence** planétaire croissante, difficulté à parler d'**une seule voix**.

Les désaccords, les tensions et les **disparités** internes compliquent la construction d'une puissance complète (défense, diplomatie).

Face au Brexit, la capacité à défendre des **politiques communes** et à **approfondir** l'intégration est un enjeu pour son avenir.

Chiffres clés

UNION EUROPÉENNE → **27** États

ESPACE SCHENGEN → **26** États

Chine

États-Unis

Union européenne
1er pôle commercial au monde

Pour aller plus loin

Un documentaire

Géopoliticus, L'Europe, une puissance stratégique ?
(France TV éducation, 2019)
https://www.lumni.fr

Un site Internet

Une réflexion sur l'actualité européenne. Il associe des chercheurs européens de 15 nationalités différentes.
http://www.nouvelle-europe.eu/

Une conférence

« *L'Union européenne est-elle condamnée à l'impuissance ?* »
https://www.diploweb.com

Une bande dessinée

La Fissure, de Carlos Spottorno et Guillermo Abril, Gallimard, 2017.

Les deux journalistes ayant parcouru l'Europe y dessinent leur voyage et leurs rencontres avec les migrants.

EXERCICES

Localiser

Croquis PDF à télécharger

en complétant le croquis suivant

Des territoires ouverts sur le monde

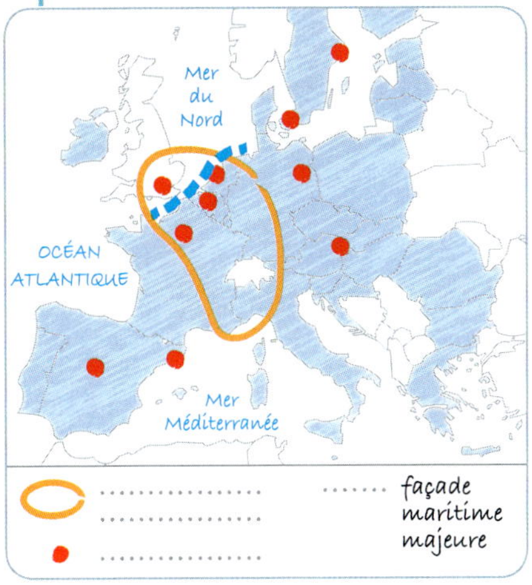

Analyser

un dessin de presse

En analysant le document, identifiez les défis que l'Union européenne doit relever dans la lutte contre le changement climatique. Pourquoi faut-il nuancer la présentation de l'UE proposée par le dessin de presse ?

Traduction : « Nous pouvons montrer l'exemple » ; biocarburants destructeurs ; charbon ; efficacité énergétique limitée ; modestes objectifs 2030 ; subventions pour les énergies fossiles ; système de permis d'émissions de GES.

Analyser

un texte

En analysant le document, vous montrerez les atouts puis les limites de l'affirmation de l'UE dans la mondialisation.

L'UE représente 6 % de la population du monde, 22 % du PIB et 50 % des dépenses sociales mondiales. Même si le système social européen semble lézardé en son sein, il est encore un objectif à atteindre pour les pays asiatiques, latino-américains, pour ne rien dire des pays africains. L'intégration d'anciens pays communistes a permis leur développement économique.

L'Europe représente 50 % de l'aide publique au développement et demeure une terre d'innovations technologiques et d'attraction touristique. L'Europe joue un rôle normatif important dans l'édiction de règles contre la fraude fiscale. La Commission européenne a gagné les batailles qu'elle avait engagées contre les mastodontes américains Google et Amazon. L'Europe joue également un rôle majeur dans la lutte contre le réchauffement climatique. Elle reste la zone du monde la plus riche avec le bassin de consommateurs à fort potentiel le plus important. Mais l'accroissement du nombre de réfugiés a prouvé qu'il existait toujours une coupure Est/Ouest. Le Brexit et l'élection de D. Trump posent de nouveaux défis à l'Europe, mais offrent également l'opportunité de mieux s'organiser. Mais il manque encore aux pays européens une vision stratégique commune. Afin de mieux avancer, l'Europe des 27 doit se diviser en différents cercles.

P. Boniface, *La Géopolitique, 50 fiches pour comprendre l'actualité*, Eyrolles, 2019.

Travailler autrement

Réaliser une revue de presse

1. Choisissez un thème en lien avec la place internationale de l'UE : économie, finances, mobilités, culture, diplomatie, armée, etc.
2. Recherchez sur le site https://www.touteleurope.eu les articles, cartes, vidéos, infographies relatives au thème sélectionné et constituez une revue de presse. Les exemples ainsi collectés pourront servir d'illustrations dans une réponse à une question problématisée.

Pour vous guider

Utilisez la méthode de réalisation d'une revue de presse fournie par les sites spécialisés comme presse-France.com.

1 **L'EuroPromenade, un aménagement sur la frontière germano-polonaise**

Activités numériques

Source : TV Luxembourg, 23 juin 2018.

La reconversion du site de Belval, à Esch-sur-Alzette https://www.tvlux.be/

a. Après avoir localisé ce territoire, expliquez son évolution jusqu'aux années 1990.

b. Montrez comment ce territoire a été reconverti.

c. Les fonds de l'UE ont surtout été destinés à la reconversion du site industriel. Quels autres acteurs interviennent dans la transformation du quartier ?

2 **Une friche industrielle allemande reconvertie en centre de loisirs : Zollverein Essen**

RESSOURCES EN +
Sur le site collection :
lycee.hachette-education.com/hg/geo-tle

QUESTION

8

Des politiques européennes entre compétitivité et cohésion des territoires

Comment, dans un contexte de mondialisation, l'UE concilie-t-elle les politiques d'attractivité et la lutte contre les inégalités territoriales ?

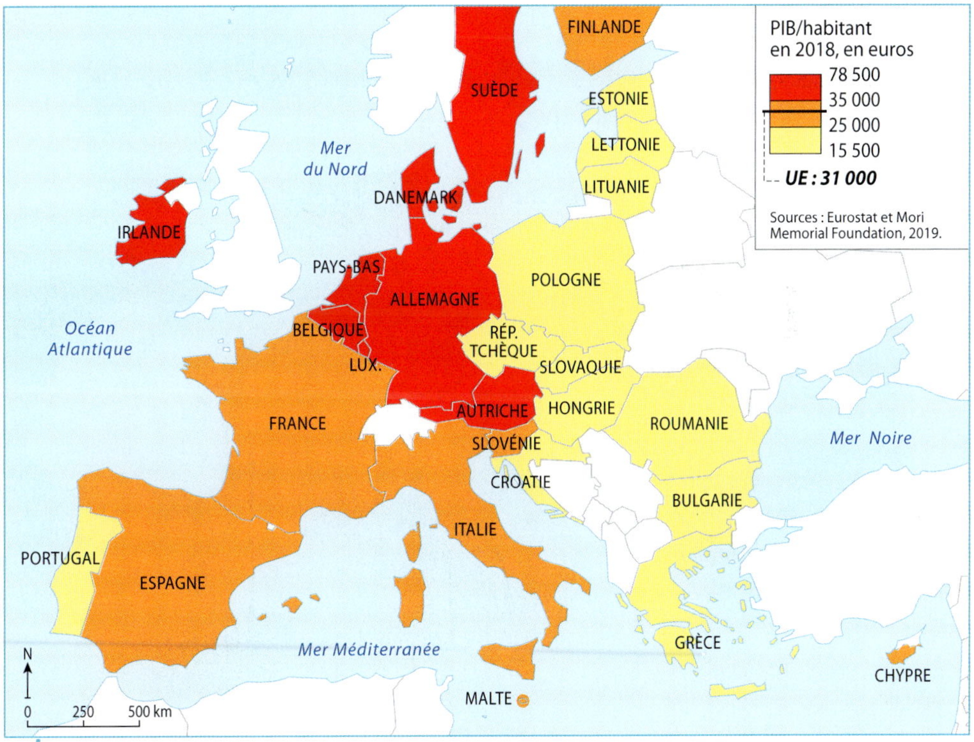

3 **Les inégalités dans l'Union européenne**

1. Décrivez les inégalités de richesse au sein de l'Union européenne. (doc. 3)
2. Formulez des hypothèses pour expliquer l'action de l'UE sur les territoires transfrontaliers. (doc. 1)
3. Sous quelles formes l'UE agit-elle sur les territoires en difficulté ? (doc. 2)

Carte interactive

Des politiques pour renforcer la compétitivité de l'Union européenne

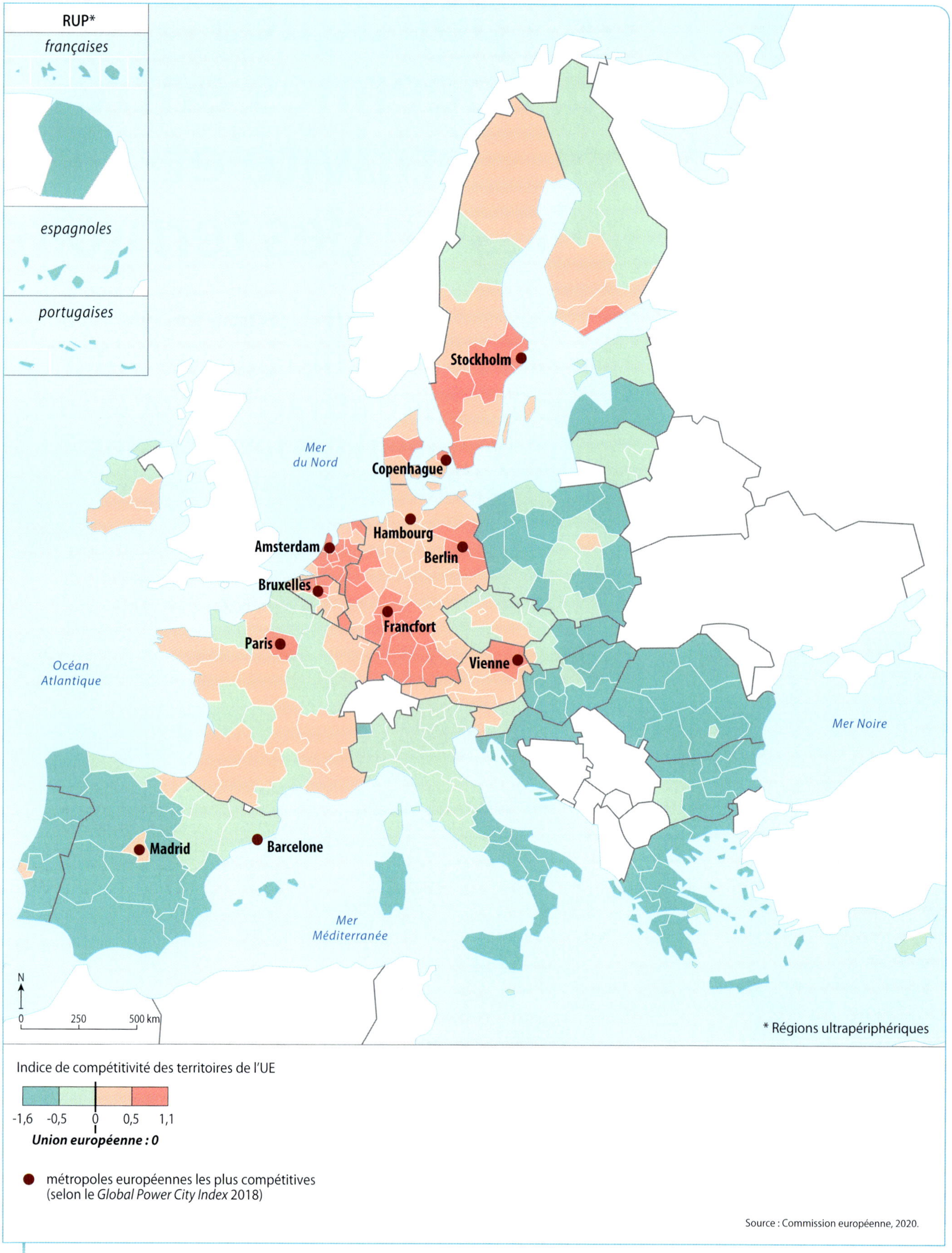

1 Une inégale compétitivité des territoires de l'UE

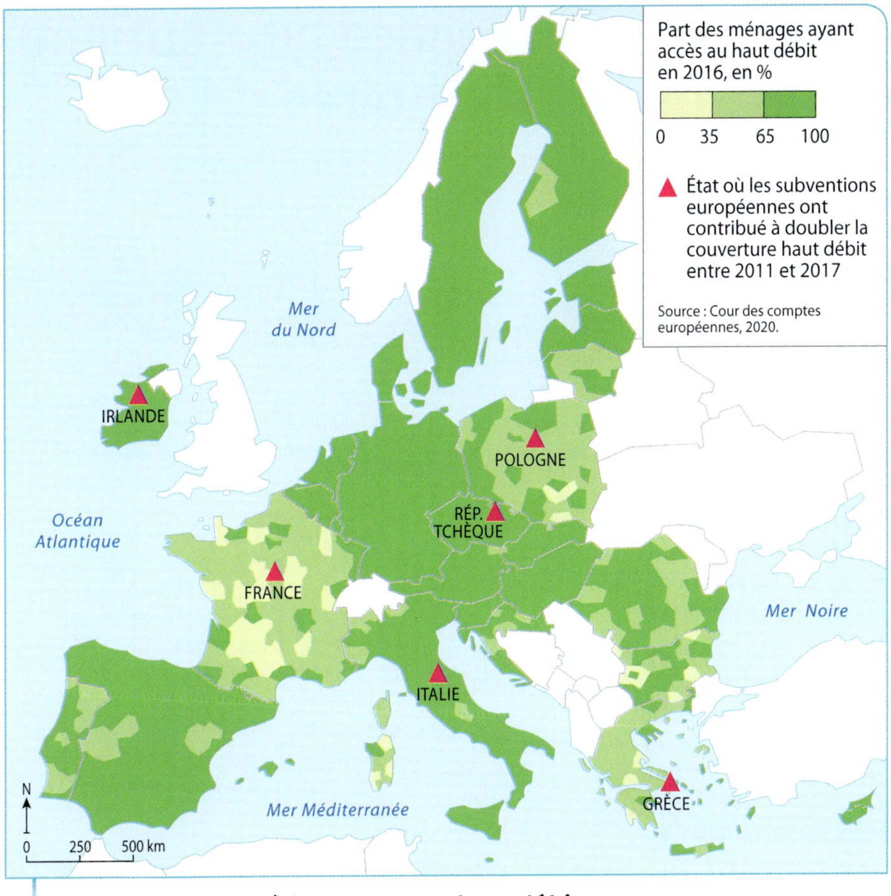

2 **Le soutien de l'UE à la couverture haut débit**

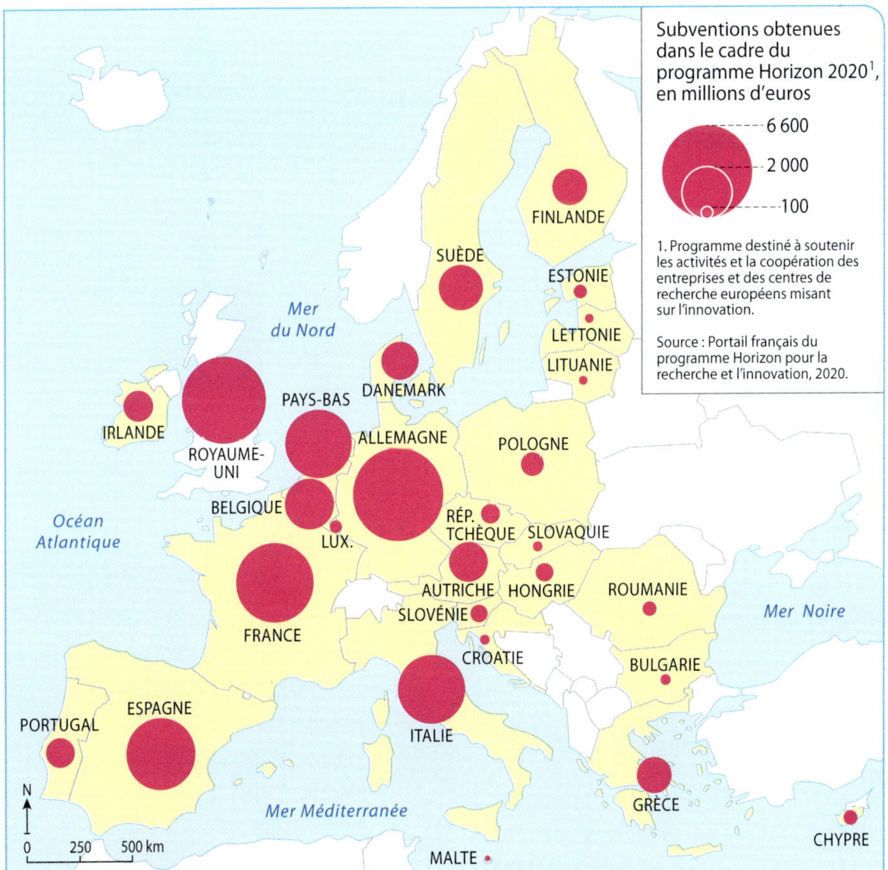

3 **L'action de l'UE pour la recherche et l'innovation**

Vocabulaire

- **Compétitivité :** capacité à faire face à la concurrence des autres territoires dans le cadre de la mondialisation.

Lire les cartes

Carte 1

L'indice de compétitivité permet à l'UE d'évaluer, en croisant différents critères (innovation, transports, qualification de la main-d'œuvre, etc.), la compétitivité de ses territoires.

Quels sont les contrastes territoriaux que la carte 1 met en évidence à l'échelle européenne ? à l'échelle régionale ?

Cartes 2 et 3

Plusieurs leviers sont utilisés pour rendre les territoires européens plus attractifs.

Selon vous, quel rôle la couverture numérique et l'innovation jouent-elles pour favoriser la compétitivité des territoires européens ? Quelles sont les actions et les limites des réalisations présentées ici ?

Cours 1

QCM interactif cours

Podcast

L'Union européenne, un espace qui soutient la compétitivité de ses territoires

Comment l'UE agit-elle pour faire face à la concurrence internationale ?

A Des politiques pour encourager la compétitivité

L'accessibilité des territoires de l'UE est une nécessité dans le contexte de concurrence des territoires dans la mondialisation. L'UE finance les réseaux européens de transport pour faciliter les échanges internes par route, voie ferrée ou voie navigable. De puissantes infrastructures ouvrent l'UE au reste du monde : Paris, 1er aéroport européen, a accueilli 72 millions de passagers en 2019 ; Rotterdam reste le 1er port mondial (hors Asie de l'Est).

L'UE finance des politiques économiques pour valoriser les atouts des États-membres. La PAC a permis la puissance agricole de l'Europe en encourageant le productivisme. L'UE a soutenu la reconversion des anciennes régions industrielles comme le Nord de la France, de l'Italie, ou la Ruhr en Allemagne.

Face à la concurrence internationale, l'UE mise aujourd'hui sur la recherche et l'innovation grâce au soutien financier du programme Horizon 2020. Les programmes technologiques communs sont une réussite (Airbus, Agence spatiale européenne). La stratégie numérique européenne vise à renforcer l'accessibilité numérique des territoires européens et encourager l'Intelligence artificielle.

B La mise en réseau des acteurs économiques

L'UE favorise les partenariats public-privé (Repère A). Par le cofinancement, des infrastructures coûteuses ont pu être réalisées, à 87 % dans les communications (autoroutes en Grèce ou en Espagne, déploiement numérique en Moselle). Pourtant, le bilan est mitigé (retard de livraison, hausse du coût). L'ouverture aux investisseurs étrangers fait débat (achat du port du Pirée par le chinois Cosco).

Pour faire face à la concurrence internationale, l'UE encourage la mise en réseau des acteurs d'une même branche d'activité, ce qui crée des agglomérations économiques. Elles peuvent être industrielles (Airbus, Food Valley aux Pays-Bas) ou tertiaires (assurances à Niort, Inclusilver autour de la *silver* économie en Suède).

Les agglomérations économiques diffèrent selon leur échelle : continentale (réseau aéronautique ou boursier), régionale (pôles de compétitivité français, danois, espagnols - doc. 1) ou locale (bassin rural industriel comme en Vendée, zone industrielle périurbaine). La coopération économique transfrontalière est aussi encouragée par l'UE (EuraTechnologies à Lille).

C Des résultats inégaux

La mise en réseau des acteurs économiques est inégalement efficace. Mis à part quelques secteurs comme l'aéronautique, la robotique ou l'efficacité énergétique, les efforts de R&D sont peu mutualisés. La coopération industrielle n'enraye pas la délocalisation des activités les moins productives hors de l'UE (automobile, textile).

L'absence d'une politique industrielle et fiscale commune crée une concurrence entre territoires européens. Les choix économiques des entreprises entraînent une redistribution des activités (délocalisation d'usines vers la Roumanie ou la Bulgarie ou de sièges sociaux vers l'Irlande et le Luxembourg) et des flux de travailleurs au sein de l'UE (Repère B).

Parfois, les principes de l'intégration européenne peuvent être perçus comme des freins à la compétitivité. Au nom du principe de concurrence, l'UE s'oppose à certaines fusions d'entreprises (doc. 2) ou dénonce les pratiques de soutien des États membres à leurs fleurons industriels.

L'UE soutient ses territoires face à la concurrence mondiale à travers des politiques communes et la mise en réseau des acteurs économiques, même si les résultats sont inégaux.

Vocabulaire

- **Agglomération économique :** réseau territorial d'acteurs économiques (entreprises, centres de recherche) qui travaillent en partenariat dans le cadre d'une production commune.
- **PPP (partenariat public-privé) :** accord permettant la mise en place d'un aménagement public par des entreprises privées qui, en échange de tout ou d'une partie du financement, obtiennent l'usage de cet aménagement durant une période déterminée.
- **Pôle de compétitivité :** regroupement, sur un territoire donné, d'entreprises et de centres de recherche publics ou privés, dans le but de développer l'innovation. Il existe 56 pôles de compétitivité en France en 2020.

REPÈRE A

Partenariat public-privé

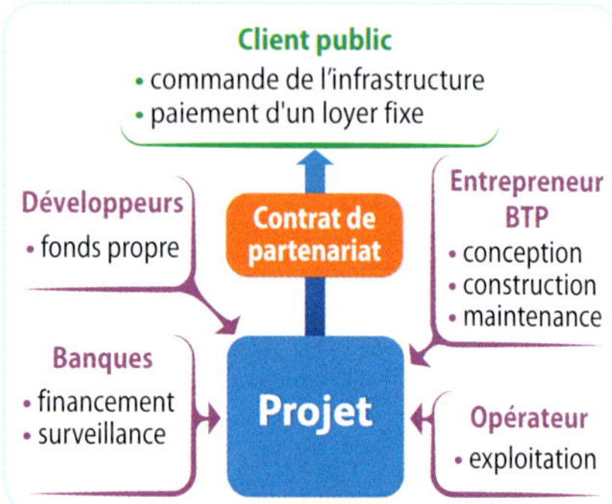

REPÈRE B

Les disparités salariales au sein de l'UE

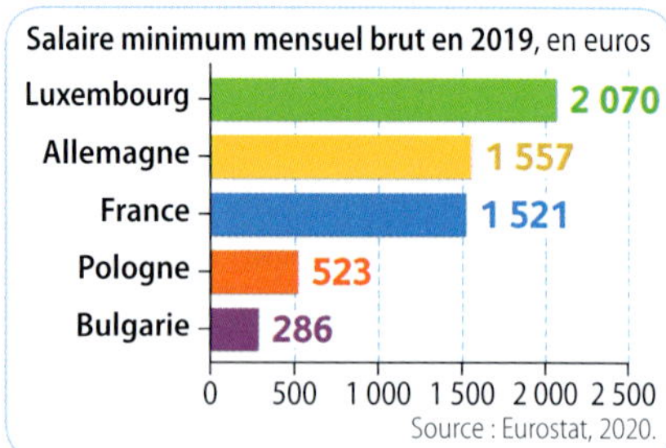

Source : Eurostat, 2020.

1 **La Silicon Saxony (Allemagne), un territoire électronique dynamique**

Réunissant plus de 300 entreprises (Siemens, Zeiss, ...) et plus de 40 000 salariés, ce réseau d'entreprises fait de la Saxe le plus grand *cluster* de microélectronique d'Europe.

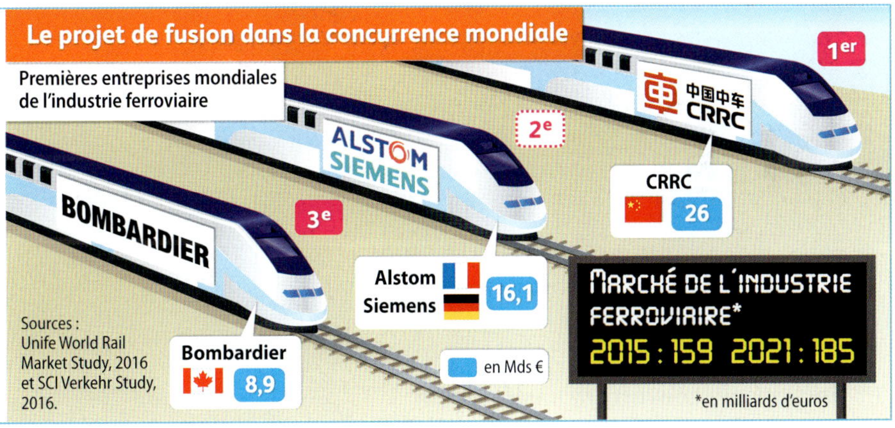

2 **Le veto de l'UE à la fusion de deux géants industriels européens**

La Commission européenne a refusé en 2019 la fusion du Français Alstom avec l'Allemand Siemens au nom du principe de concurrence qui vise à donner le choix aux consommateurs. Elle a été alors accusée de bloquer la constitution d'un groupe européen du transport ferroviaire capable de faire face à la concurrence chinoise.

Capacités & Méthodes

Confronter le savoir en géographie avec ce qui est lu (doc. 2)

1. Comment le dessin de presse montre-t-il le rôle de l'UE dans l'échec de la fusion entre Alstom et Siemens ? Selon le dessin, qui en est le bénéficiaire ?
2. En confrontant ce dessin de presse à l'infographie qui l'accompagne, expliquez le point de vue de l'auteur.
3. En consultant le site de la Commission européenne, https://europa.eu, recherchez l'article « IP-19-88 » pour repérer et expliciter les deux arguments majeurs qui ont dicté la décision de l'UE.

Exemple

Vers une politique numérique commune dans l'Union européenne ?

SECTION EUROPÉENNE
Documents disponibles en anglais sur le site collection
lycee.hachette-education.com/hg/geo-tle

En retard dans la course aux innovations face aux États-Unis et à la Chine, l'Union européenne encourage aujourd'hui l'économie numérique sous toutes ses formes : e-commerce, intelligence artificielle... Pourtant, des freins persistent.

Carte interactive

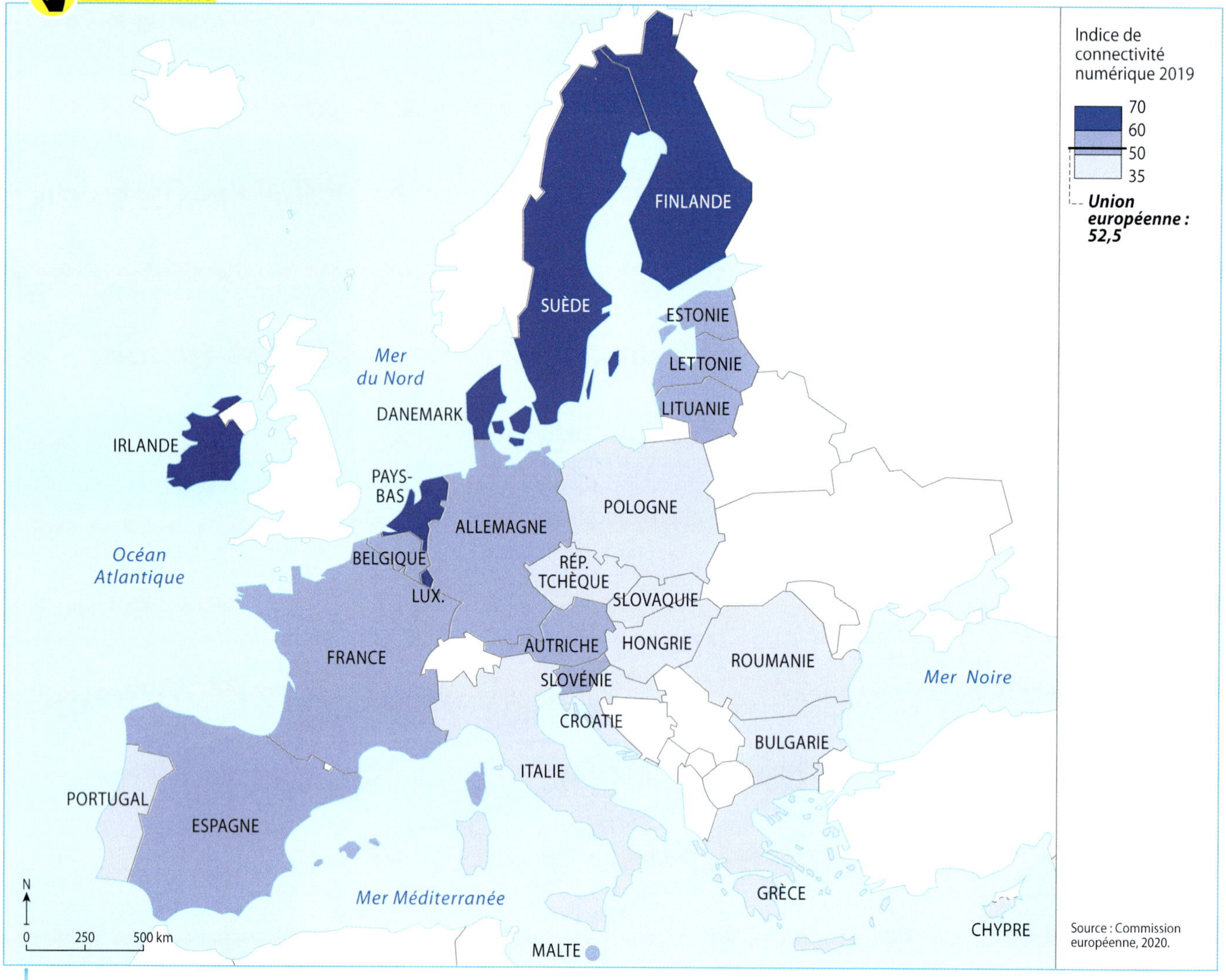

1 Une inégale couverture numérique

2 Une stratégie numérique récente

L'UE est marquée par des inégalités entre ses États membres et par un retard vis-à-vis des États-Unis et de la Chine dans le secteur numérique. Pourtant, elle dispose d'atouts prometteurs. Avec 48 % des parts de marché, l'UE s'impose sur le marché mondial des services numériques. Les pays nordiques ont amorcé une transition vers le numérique : l'Estonie, avec sa carte d'identité numérique, fait figure de précurseur européen ; la Finlande a misé sur une numérisation prononcée de son économie et a fait de l'accès à Internet haut débit un droit légal. Les compétences européennes, ses importants investissements en R&D, en logiciels et bases de données, son marché et sa diversité en font un concurrent qui compte : l'UE héberge trois entreprises de plus de 10 milliards de dollars : Supercell (en Finlande), Zalando (en Allemagne) et Spotify (en Suède).

Mais l'absence de politique industrielle européenne relègue au niveau des États les programmes de soutien à l'économie numérique, même si les choses sont en train de changer. Les investissements, le regroupement des forces européennes en matière d'intelligence artificielle marquent une orientation plus volontariste de l'UE. L'usage du numérique dans la production, indispensable à la compétitivité européenne, va s'imposer. La question est de savoir si les acteurs européens sont capables d'en assumer le rythme imposé par la mondialisation.

S. Guillou et C. Gaglio, « L'Europe, future puissance numérique », *Cogito* (magazine de recherche de Sciences Po), 24 janvier 2019.

3

Campagne de promotion de l'UE pour l'intelligence artificielle

ⓐ associations européennes de promotion de la robotique
ⓑ centres de recherche de Poznan (ville polonaise d'accueil de la Semaine européenne de la robotique en 2019)
ⓒ fondation chargée de soutenir la recherche scientifique en Europe

4 **Les atouts d'un marché unique numérique selon la Commission européenne**

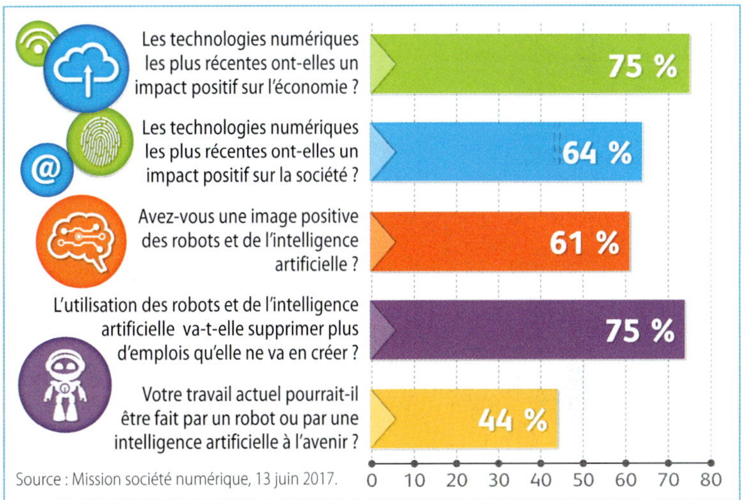

5 **Une robotisation qui inquiète selon les sondages**

Vocabulaire

- **Intelligence artificielle :** ensemble des technologies mises en œuvre pour simuler l'intelligence.

Justifier des choix

Itinéraire guidé

Décrire les documents

1. Présentez les objectifs de la politique numérique de l'UE ? (doc. 1, 2 et 4)
2. Quels moyens sont déployés par l'UE ? (doc. 2 et 3)

Interpréter les documents

3. Quelles sont les réussites et les limites de l'action de l'UE dans le domaine numérique ? (doc. 1, 2, 4 et 5)

Itinéraire en groupe

La classe est divisée en deux groupes pour discuter l'affirmation de M. Mahjoubi, secrétaire d'État français au Numérique :

« La seule option du futur numérique est européenne ». (1er groupe - doc. 1, 2, 3 et 5)

« Réciproquement, la seule option du futur européen est numérique ». (2e groupe - doc. 1, 3 et 4)

Carte interactive

Des politiques pour diminuer les inégalités au sein de l'Union européenne

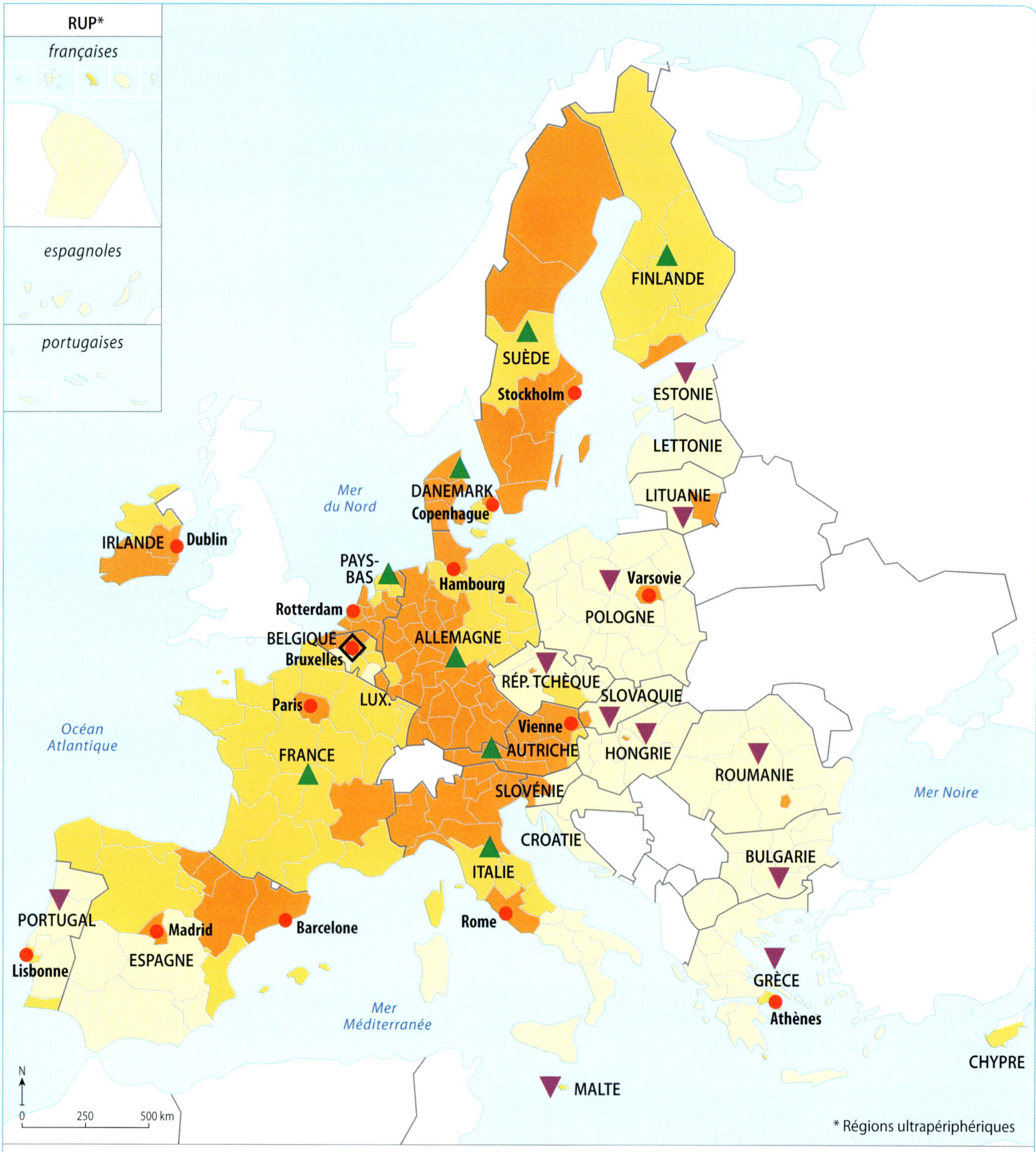

1. Des territoires marqués par de fortes inégalités socio-économiques

- grande métropole
- région très développée (PIB/hab. > 100 % de la moyenne de l'UE)
- région déceloppée (PIB/hab. compris entre 75 et 100 % de la moyenne de l'UE)
- région moins développée (PIB/hab. < 75 % de la moyenne de l'UE)

2. Une politique de cohésion pour gommer les inégalités

- centre décisionnel (débats et vote du budget de la politique de cohésion)
- État ayant reçu plus de 3 000 euros d'aides par habitant entre 2014 et 2020
- État qui contribue plus qu'il ne reçoit

Sources : Centre d'information sur l'Europe, 2020 et Commission européenne, 2020.

1 Les inégalités territoriales au sein de l'UE

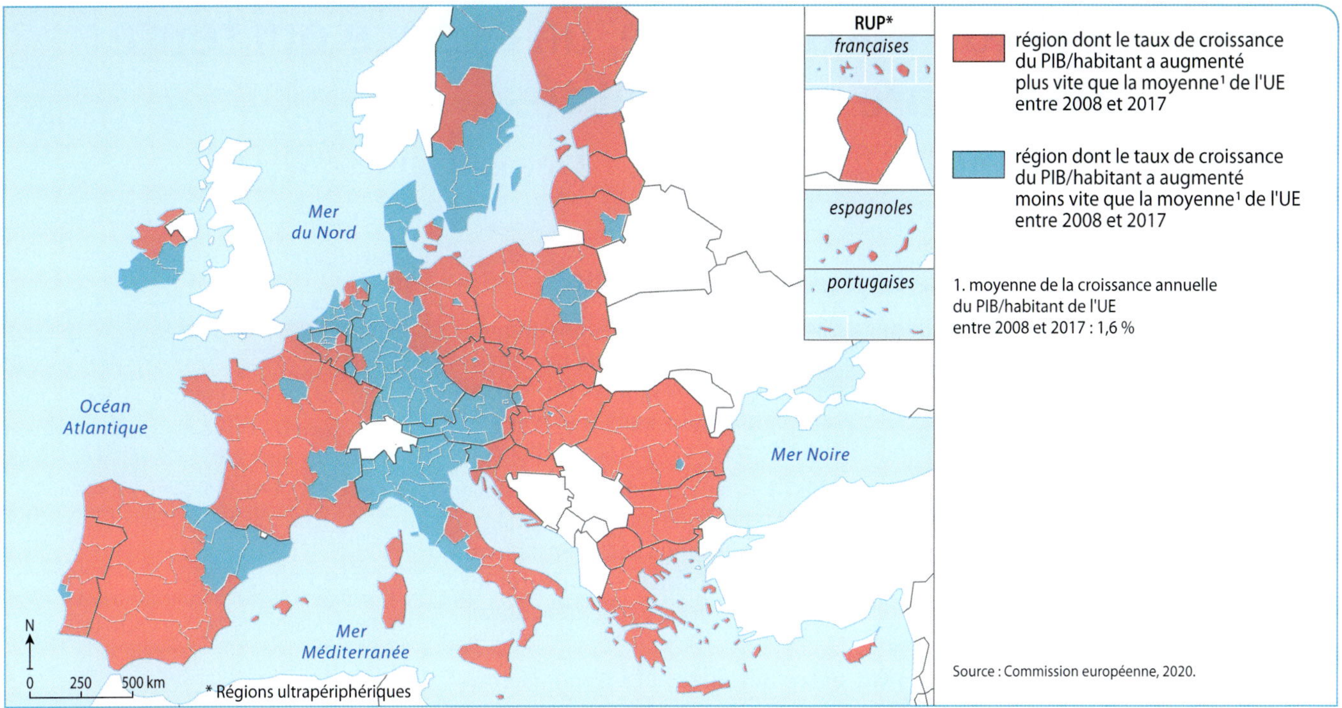

2 **L'évolution du PIB par habitant**

Des cartes...

1. Localisez les régions qui bénéficient le plus des aides européennes. Celles-ci permettent-elles un rattrapage économique ?
2. Pourquoi dit-on que la politique de cohésion repose sur une solidarité entre les États membres de l'UE ?
3. Pourquoi certains États demandent-ils que le taux de chômage soit intégré aux nouveaux critères déterminant les bénéficiaires des fonds européens ?

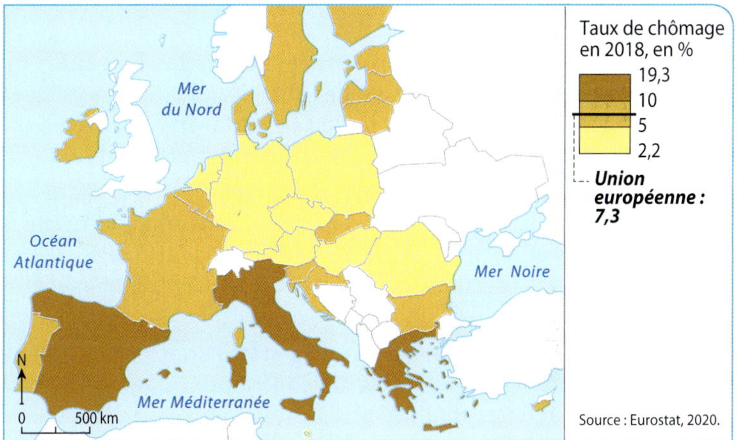

3 **Le chômage dans l'UE**

... au schéma

4. En vous appuyant sur les documents 1 et 2, complétez le schéma répondant au sujet : « Comment l'UE lutte-t-elle contre les inégalités territoriales ? »

Schéma PDF à télécharger

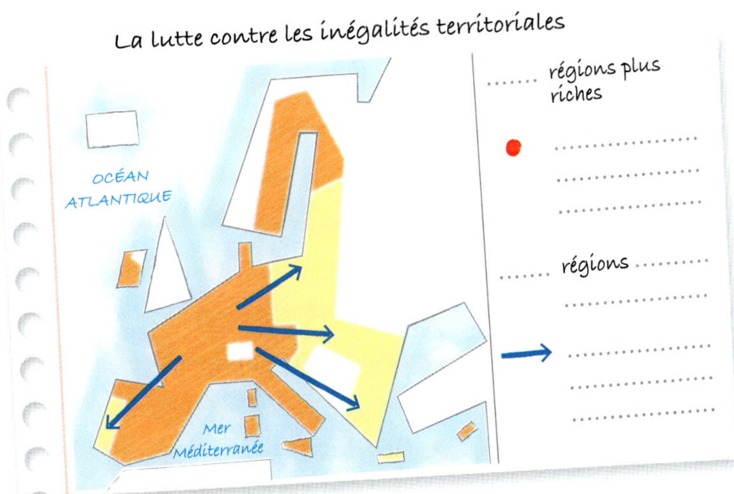

Cours 2

QCM interactif cours

Podcast

L'Union européenne, un espace qui tente de réduire ses inégalités

Comment l'UE lutte-t-elle contre les inégalités entre ses territoires ?

A Une politique ancienne de lutte contre les inégalités

La lutte contre les inégalités repose sur une politique de cohésion économique, sociale et territoriale à laquelle l'UE consacre 1/3 de son budget. Dans un esprit de solidarité, les aides sont d'abord redistribuées aux régions et pays les moins développés (Europe de l'Est et du Sud). Des aides spécifiques sont réservées à certaines régions : territoires d'outre-mer, régions de pays candidats (Balkans).

Cette politique est assurée par des Fonds structurels (Repère) : le Fonds de cohésion aide les États les plus pauvres (doc. 3). Le Feder agit pour le développement des régions (transports, transition énergétique) en lien avec le Fonds social européen centré sur les ressources humaines (emploi, formation). D'autres fonds, tel le FEADER (Fonds européen agricole pour le développement rural) participent aussi à la lutte contre les inégalités territoriales.

Cette politique repose sur un partenariat entre acteurs. Si la Commission européenne supervise l'ensemble, la gestion des fonds est partagée avec les autorités nationales et locales. En France, où les Régions distribuent les budgets européens, un projet est cofinancé par les fonds européens toutes les 3 minutes.

B Des résultats contrastés

La politique de cohésion a permis une réduction des inégalités internes. Elles sont moindres dans l'UE qu'au sein des autres aires de puissance (Asie de l'Est, Amérique du Nord). Les fonds ont permis la reconversion de régions industrielles en crise (Ruhr, Irlande du Nord) et aident les régions périphériques à surmonter leurs handicaps (doc. 1).

Elle favorise aussi les projets de coopération territoriale (programmes Interreg) que cette coopération soit transfrontalière, transnationale (région Danube) ou interrégionale (zone Caraïbes). Entre 2014 et 2020, 60 programmes transfrontaliers ont été financés dans l'UE.

Cette politique fait toutefois débat. Ses effets sont mitigés (dépendance des régions aidées). Dans un contexte de contrainte budgétaire, le coût de cette politique et l'usage des fonds sont discutés (pont entre la Guyane et le Brésil sans utilité). Certains contributeurs (pays scandinaves) refusent de verser plus de 1 % de leur PIB au budget européen et demandent qu'on soutienne davantage la compétitivité (doc. 2).

C Une politique aujourd'hui repensée

La politique de cohésion se recentre sur la croissance économique et la lutte contre le chômage. Ses fonds, devenus plus sélectifs, vont à des projets qui répondent aux objectifs de compétitivité fixés par l'UE (innovation en Estonie et en Allemagne, lutte contre la pauvreté en Grèce et en Roumanie).

Les aides financières sont attribuées sur des critères supplémentaires comme la prise en compte du changement climatique ou l'accueil des migrants. Ainsi, certains États parfois peu sensibles à ces nouveaux enjeux (Hongrie, Pologne) sont incités à les prendre en compte.

Pour lutter contre le chômage et favoriser la compétitivité, l'approche se veut plus territoriale. Chaque région doit identifier ses points forts pour bâtir une stratégie de spécialisation (numérique à Malte, tourisme en Grèce) sur laquelle les fonds se concentrent. Le rôle de la région est donc renforcé.

L'UE fait évoluer sa politique de cohésion pour concilier les exigences de solidarité et de compétitivité mais les défis restent nombreux.

Vocabulaire

- **Feder (fonds européen de développement régional) :** fonds destinés à corriger les déséquilibres régionaux dans l'Union européenne (projets de développement, reconversion de zones industrielles en déclin).
- **Politique de cohésion :** politique de l'Union européenne qui vise à créer une solidarité financière entre les États membres afin d'améliorer la compétitivité des territoires et de corriger les inégalités régionales.

REPÈRE

Les outils de la politique de cohésion

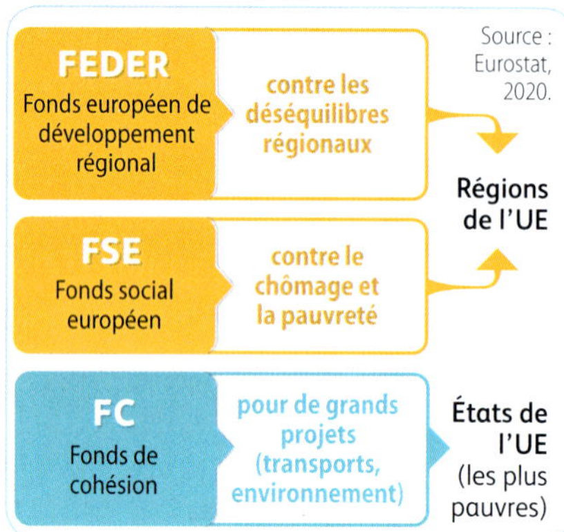

1 Une centrale solaire en Pologne aménagée grâce aux fonds de cohésion européens

2 Une politique de cohésion débattue

L'œil du géographe La politique de cohésion doit-elle se focaliser sur les régions les plus défavorisées ou ne devrait-elle pas s'adresser à toutes les régions, voire se concentrer sur les plus performantes en comptant sur des effets d'entraînement sur les régions voisines ? Une partie des pays les plus développés remettent en cause le principe de solidarité, les moins développés insistant sur l'utilité des Fonds et la nécessité de les renforcer. Dans les régions moins développées, les investissements ont été principalement réalisés dans la construction des infrastructures de base (transports, télécommunications, énergie). En revanche, dans les régions plus développées, les enveloppes ont eu davantage tendance à être utilisées pour favoriser le développement de l'esprit d'entreprise, l'économie de la connaissance. Cette répartition des fonds peut conduire à une division du travail permanente en Europe, où les régions riches seraient spécialisées dans l'économie de la connaissance et les régions périphériques baseraient leur compétitivité sur des coûts de main-d'œuvre et de production moins élevés, renforçant dès lors les inégalités régionales.

S. Bourdin, « Concevoir autrement la politique de cohésion de l'UE : la spécialisation intelligente comme approche davantage territorialisée ? », *Économie et institutions*, 2019.

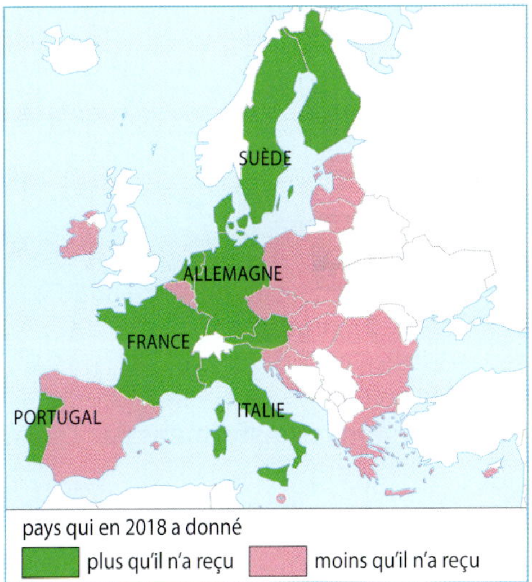

3 Contributeurs et bénéficiaires du budget de l'Union européenne

Capacités & Méthodes

Mettre en relation des faits de natures différentes

1. Quels sont les principaux espaces bénéficiaires de la politique de cohésion ? Comment utilisent-ils ces fonds ? (Repère et doc. 2)
2. Pourquoi la politique de cohésion peut-elle alors paraître contre-productive ? (doc. 1 et 2)

Exemple

L'entrée dans l'UE, un facteur de dynamisme pour les États européens ?

Lorsque la Bulgarie, la Roumanie et la Croatie sont entrées dans l'UE entre 2007 et 2013, elles étaient en retard par rapport à la moyenne de l'UE. Or, depuis leur entrée, ces territoires qui représentent seulement 2 % du PIB de l'UE ont bénéficié de 12 % des fonds européens, avec des résultats inégaux.

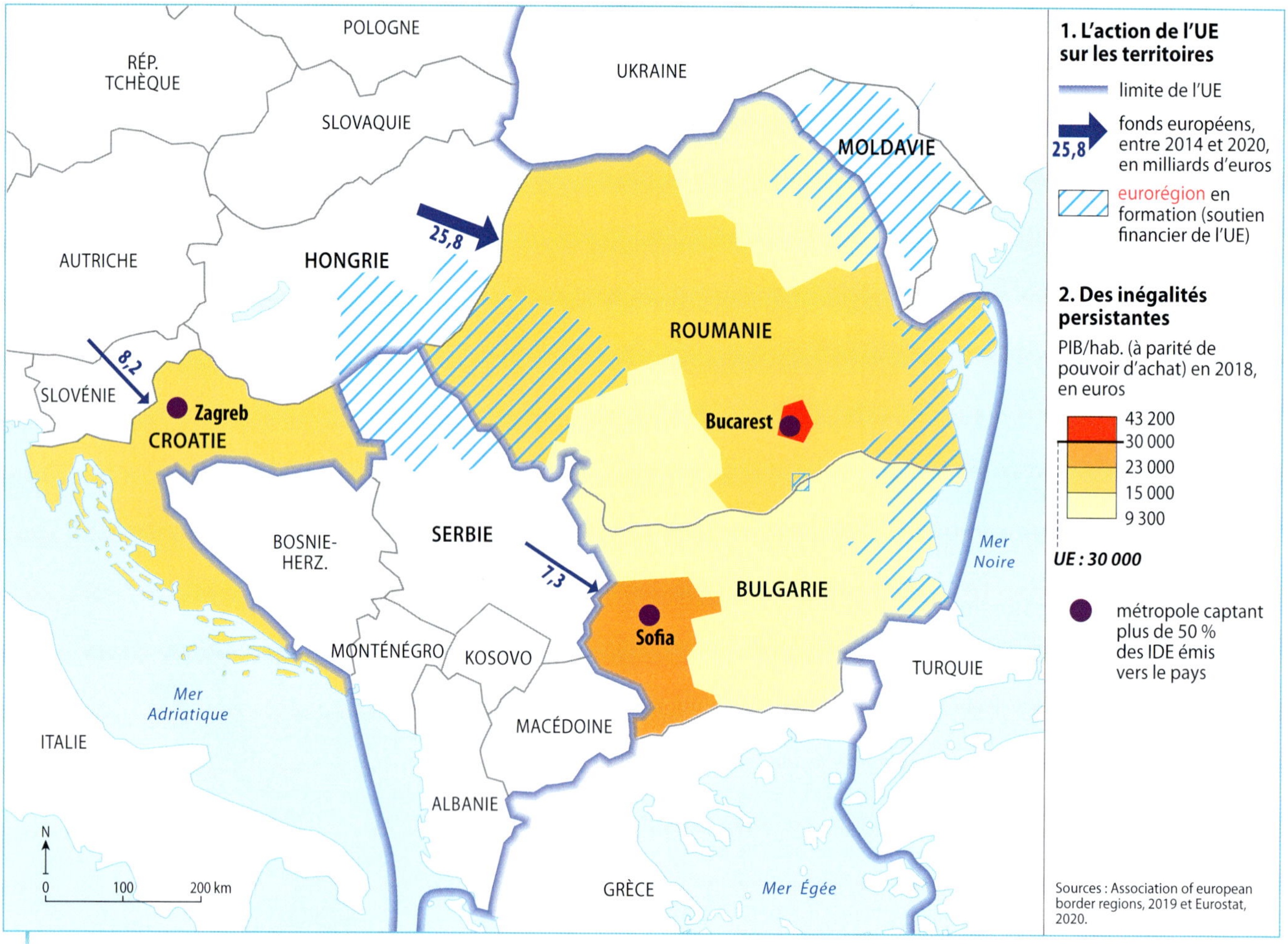

1 Des régions transformées par l'entrée dans l'UE

	Bulgarie	Croatie	Roumanie	UE
PIB/hab., en % du PIB moyen de l'UE				
en 2008	41	61	43	100
en 2018	50	63	64	100
Part de la population utilisant Internet, en %				
en 2008	40	44	32	64
en 2018	65	73	71	84
Salaire mensuel minimum, en euros				
en 2009	123	373	149	
en 2019	286	506	446	-

2 Une réduction des inégalités en cours

Sources : Banque mondiale et Commission européenne, 2020.

3 Les effets contrastés de la politique européenne de cohésion

Paradoxalement, la pauvreté s'aggrave même si la Roumanie enregistre de forts taux de croissance. Les campagnes roumaines manquent encore d'infrastructures et les fonds européens sont souvent mal utilisés. Si la Bulgarie, et surtout la Roumanie, attirent nombre d'entreprises européennes comme Renault sur leur sol, c'est parce que leurs salaires restent largement plus bas que ceux de leurs partenaires d'Europe de l'Ouest. Ces délocalisations bénéficient en partie à l'économie des pays, mais elles freinent l'augmentation des rémunérations. On estime que 3,4 millions de Roumains travaillent à l'étranger sur une population de 18,8 millions d'habitants. Côté bulgare une étude révèle que 43 % d'entre eux projettent de quitter leur patrie.

ARTE Info, « Roumanie, Bulgarie : dix ans d'UE pour quel résultat ? », 2018.

4

Des investissements pour améliorer cohésion et attractivité du territoire

Le pont de Peljesac (Croatie), financé à 85 % par l'UE, doit permettre, en 2021, de mieux relier la région de Dubrovnik au reste du territoire sans passer par le territoire bosnien.

5

Un village roumain transformé par les fonds européens

À Ciugud, en Transylvanie, toutes les maisons sont équipées de toilettes, les routes sont goudronnées, certaines sont dotées de pistes cyclables, la connexion Internet dans les zones publiques est gratuite et l'éclairage urbain est obtenu de manière intelligente via un système éolien ou des panneaux solaires[1]. Ciugud est aussi la commune roumaine championne quand il s'agit d'attirer les fonds européens, puisqu'elle a réussi au fil du temps à obtenir plus de 27 millions d'euros de financement. La population augmente d'une année à l'autre et compte actuellement plus de 3 200 habitants.

Des pâturages de la commune ont été transformés en zone industrielle pour les investissements. L'administration locale s'est concentrée sur les moyens d'attirer des fonds européens, elle a soumis des projets et obtenu des financements, devenant rapidement la commune roumaine championne des subventions européennes »

1. Le maire entend en faire un modèle de *smart village* « village intelligent ».

Courrier International, 14 mai 2019.

Vocabulaire

- **Eurorégion :** espace de coopération transfrontalière au sein de l'UE bénéficiant d'aides européennes pour mener des politiques communes (transports, économie, environnement).

La zone industrielle de Ciugud

Construire et vérifier des hypothèses sur une situation géographique

Itinéraire guidé

Hypothèse à vérifier : L'entrée dans l'UE, un facteur de dynamisme pour les États européens ?

Analyser et interpréter les documents

1. Comment se manifeste l'action de l'UE en faveur de la Bulgarie, de la Roumanie et de la Croatie ? (doc. 1, 4 et 5)
2. Identifiez les éléments témoignant d'un rattrapage économique en cours et leurs limites. (doc. 1 et 2)
3. L'intégration à l'UE a-t-elle rendu les territoires plus compétitifs ? (doc. 1, 2 et 3)

Itinéraire en autonomie

En 2017, le Premier ministre roumain déclarait : « Pour les Roumains, les dix années passées dans l'UE peuvent être visibles au quotidien : de jeunes gens ont la possibilité d'aller étudier dans des pays de l'UE et la communauté rurale a réussi à faire de meilleures routes pour les villageois grâce aux fonds européens. »

Après avoir étudié les doc. 1 à 5, expliquez dans quelle mesure vous partagez cet enthousiasme. Cette déclaration pourrait-elle s'appliquer à la Bulgarie et à la Croatie ? Justifiez votre réponse.

L'essentiel audio-vidéo — Organigramme version interactive

L'essentiel

Comment l'UE concilie-t-elle les politiques d'attractivité et la lutte contre les inégalités territoriales ?

Un espace qui soutient sa compétitvité

- Des politiques communes dans différents domaines
- + Des stratégies de mise en réseau
- Des résultats contrastés

Cours 1

L'UE met en place des aménagements et des politiques pour favoriser **l'attractivité** de ses territoires : infrastructures pour améliorer **l'accessibilité** (port, aéroport), **politiques économiques** (PAC, reconversion des anciennes régions industrielles), **innovation**.

Elle encourage aussi les **partenariats** des acteurs de l'économie : partenariats public-privé, **agglomérations économiques** comme les pôles de compétitivité.

Mais la **mise en réseau** des acteurs économiques est inégalement efficace car les territoires européens sont aussi en **concurrence** entre eux (délocalisation d'usines vers la Roumanie ou la Bulgarie).

Un espace qui lutte contre les inégalités

- Une politique de cohésion ambitieuse
- Des effets débattus
- Une politique repensée dans une logique de compétitivité

Cours 2

La lutte contre les **inégalités** repose sur une **politique de cohésion** assurée par des fonds structurels (Feder, FSE) qui permettent de cofinancer des projets de développement et de favoriser le rattrapage économique des régions les plus pauvres.

Cette politique de cohésion a permis de réduire les inégalités internes et de favoriser les **coopérations territoriales** (Interreg) mais ses effets font désormais débat (coût, usage des fonds).

Elle est aujourd'hui repensée pour s'adapter à de **nouveaux défis** (changement climatique) et pour favoriser davantage la compétitivité des régions aidées.

Chiffres clés

Politique européenne d'**aide aux territoires** :

960 milliards d'euros pour la période 2014-2020

Taux de chômage européen :

Europe 6,9 %

France 8,2 %

Allemagne 3,1 %

Pour aller plus loin

Un site Internet

Le site « Eurostat », qui dépend de la Commission européenne, offre de nombreux outils (cartes, quiz, applications, etc.) indispensables pour approfondir une question ou préparer un exposé

https://ec.europa.eu/eurostat

Une vidéo

La PAC, une politique qui fait débat depuis 60 ans

Une bande dessinée

Carnet d'Europe, de Jérémie Dres, présente un tour de l'Union européenne par un ancien étudiant d'Érasmus.

Voir l'interview de l'auteur.

EXERCICES

Localiser
Croquis PDF à télécharger

en complétant le croquis suivant

Les disparités au sein de l'UE

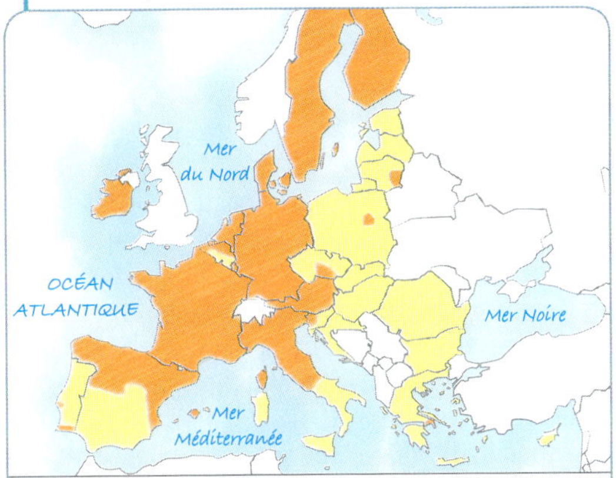

.... régions plus développées
.... régions les moins développées qui captent la majorité des fonds de cohésion
● ....

Analyser
un graphique

En analysant le document, vous montrerez que les politiques d'attractivité et de lutte contre les inégalités territoriales sont au cœur des stratégies de l'UE.

Principales dépenses du budget de l'UE en 2018, en %

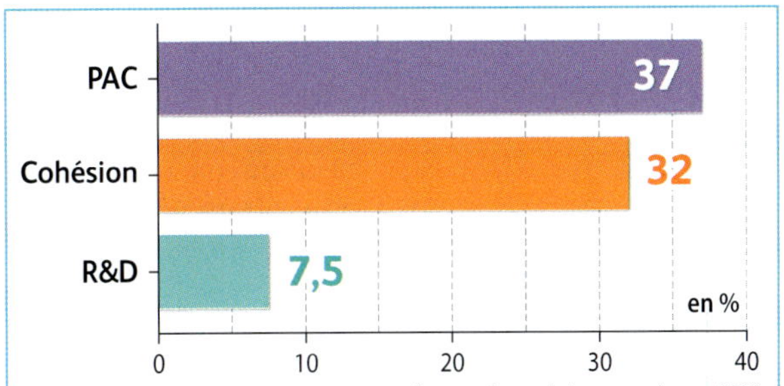

Source : Commission européenne, 2020.

Argumenter
à l'aide d'exemples précis ...

- L'UE mène des politiques communes qui renforcent sa puissance économique. Par exemple ...
- La mise en réseau des espaces productifs est encouragée par l'UE, notamment ...
- La politique de cohésion ne vise pas uniquement à aider les régions les plus pauvres. Ainsi ...
- Concilier soutien à l'attractivité et lutte contre les inégalités territoriales est un défi pour l'UE. En effet, ...

Identifier
les politiques européennes

	Rôle
PAC	....
Programme Horizon 2020	....
....	Politique visant à corriger les inégalités régionales au sein de l'UE
....	Encourager la coopération transfrontalière en Europe

Travailler autrement
Analyser un discours et confronter des points de vue d'acteurs

Quelles sont, d'après ces échanges, les réussites et les limites de la politique de cohésion de l'UE ?

« Il est important de rappeler que cette politique [de cohésion] est la plus visible dans la vie des gens et qu'elle devrait continuer à aider non seulement les régions pauvres, mais aussi les régions riches. Car il existe des poches de pauvreté et de chômage. »

C. Cretu, Commissaire européenne en charge de la politique régionale, débat sur Euronews, 2019.

Vidéo

https://fr.euronews.com

« Quand nous avons rejoint l'UE en 1986, notre taux de mortalité infantile était de 20 % au-dessus de la moyenne européenne. Aujourd'hui, nous sommes en dessous de cette moyenne. L'écart économique entre les régions les plus riches et les plus pauvres a été réduit de 70 %. »

A. Costa, Premier ministre du Portugal, débat sur Euronews, mars 2018.

« Je veux être très clair : si les fonds de cohésion sont un symbole de solidarité, la solidarité ne signifie pas seulement recevoir. La solidarité, c'est aussi aider les autres pays quand ils en ont besoin. Lorsque des pays comme l'Italie, l'Allemagne, la Grèce ont besoin d'aide en matière d'immigration, nous avons besoin de solidarité de la part des pays qui bénéficient des fonds de cohésion. »

A. Tajani, président du Parlement européen, débat sur Euronews, 2019.

Méthode
BAC-E3C

Réalisation d'une production graphique

Sujet : Inégalités territoriales et politiques de cohésion de l'Union européenne

Consigne : À partir du texte, vous construirez, à l'aide du fond de carte fourni, un croquis correspondant au sujet suivant : « Inégalités territoriales et politiques de cohésion de l'Union européenne » accompagné d'une légende organisée.

L'Union européenne, et plus exactement la Commission européenne dont le siège est à Bruxelles, est à l'origine d'une politique de cohésion visant à réduire les déséquilibres entre ses territoires. Pour cela, elle distribue sous des formes diverses (Feder, Fonds social européen, Fonds de cohésion) des subventions visant à soutenir divers projets dans les territoires les plus fragiles. Les espaces qui reçoivent le plus de subventions sont donc souvent les plus pauvres, tant au titre des populations (niveau de vie modeste, faible qualification) que des activités économiques qui sont le plus souvent réduites aux tâches d'exécution. Ces régions sont les territoires périphériques à l'est et au sud de l'Union européenne. À l'inverse, les territoires les plus développés et attractifs de l'Union (Europe rhénane et scandinave) ont des populations plus qualifiées et au niveau de vie en moyenne plus élevé. Ils constituent les territoires décisionnels et innovants de l'Union européenne, particulièrement dans la mégalopole européenne s'étirant de Londres à Milan et qui constitue son cœur économique. À l'échelle locale, les métropoles concentrent la richesse, mais elles sont aussi fracturées par de profonds clivages socio-spatiaux. C'est vérifié pour les plus développées d'entre elles (Paris, Rotterdam, Bruxelles, Berlin, Copenhague, Stockholm, Vienne, Rome, Barcelone, ou Madrid) mais également pour les plus périphériques de l'Union (Athènes, Varsovie, Dublin ou Lisbonne). Quelle que soit l'échelle observée, les territoires les plus riches reçoivent moins de subventions que leurs voisins. Pourtant, si les territoires les plus récemment entrés dans l'Union européenne (Europe de l'Est) parviennent ainsi à compenser un peu leur retard, comme le montrent les taux de croissance importants de leur production, les régions périphériques plus anciennement intégrées (Grèce, péninsule ibérique) peinent à le faire, à l'exception du sud de l'Irlande.

A Préparer la légende du croquis

1. Définissez les termes du sujet en vous aidant du lexique p. 360-364.
2. Classez les informations, sélectionnées dans le texte, dans les deux parties de la légende du croquis.
3. En vous aidant du memento cartographique, attribuez un figuré à chaque élément de la légende.

B Réaliser le croquis

D'abord les figurés de surface au crayon de couleur

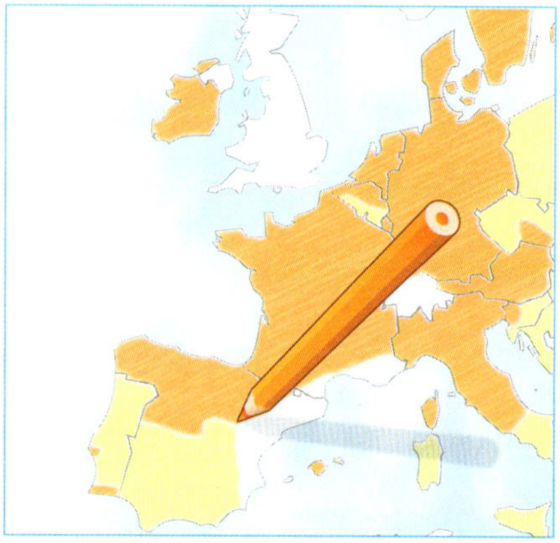

Puis les figurés ponctuels et linéaires au feutre

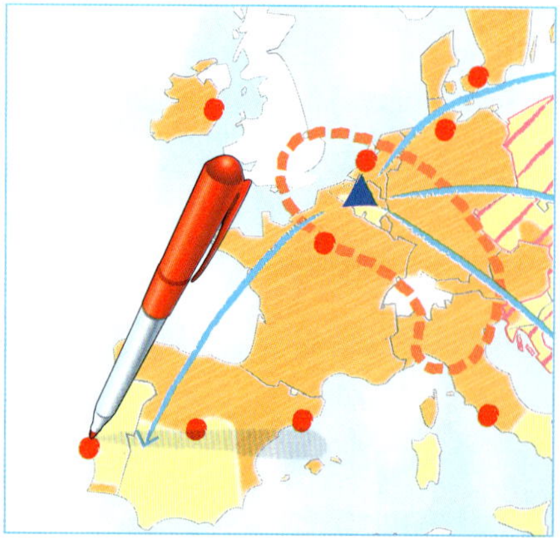

Enfin, la nomenclature et le titre au feutre fin

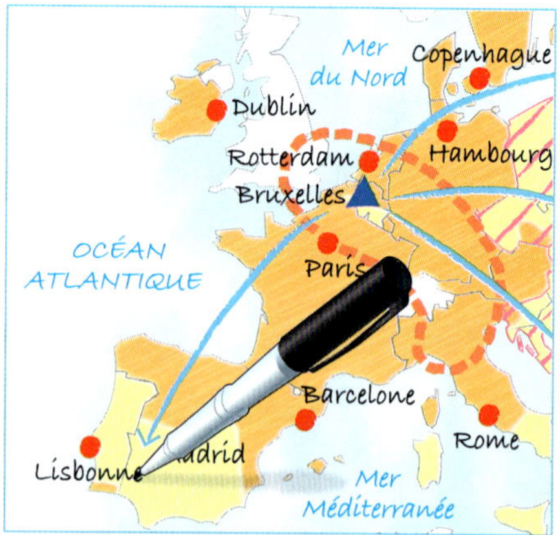

4. Complétez le fond de carte en vous appuyant sur les éléments de localisation fournis dans le texte.

5. Complétez la nomenclature : mers et océans, territoires mentionnés (villes, régions).

Titre : ....

Croquis PDF à télécharger

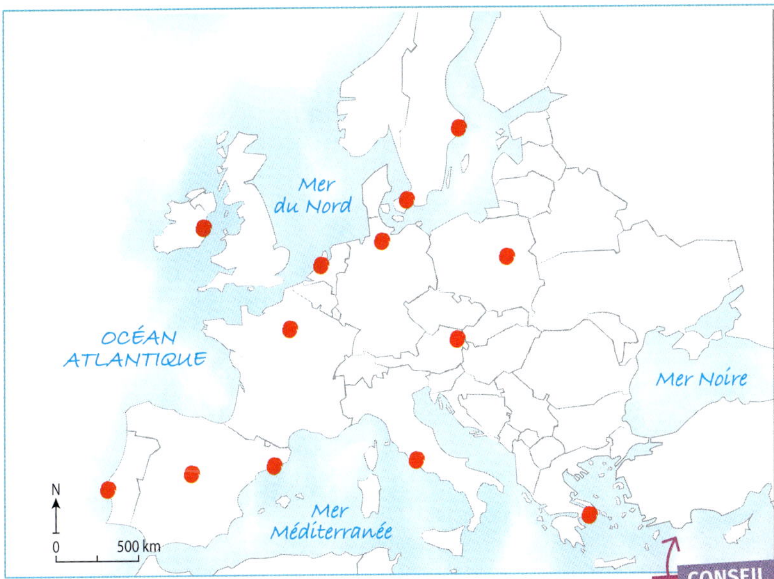

1. Des territoires inégalement développés et attractifs

....

....

....

....

2. Les politiques européennes de rééquilibrage

....

....

....

CONSEIL

Soignez votre travail (écriture, coloriage, tracés des figurés, ...).

Sujet BAC-E3C Réalisation d'une production graphique

Sujet : L'archipel des Canaries, un territoire européen inégalement ouvert sur le monde

Consigne : À partir du texte, vous construirez, à l'aide du fond de carte fourni, un croquis correspondant au sujet suivant : « L'archipel des Canaries, un territoire européen inégalement ouvert sur le monde », accompagné d'une légende organisée.

L'archipel des Canaries est une région périphérique de l'Union européenne sous souveraineté espagnole. Longtemps un handicap au développement, l'insularité est en passe de devenir un atout. Si la nature volcanique de l'archipel peut être une contrainte, elle devient aussi une opportunité comme le montrent les nombreux parcs naturels (parc naturel du Teide, principal volcan actif à l'est de Tenerife ; parc de Garajonay au centre de La Gomera ; parc de la Caldeira de Taburiente au nord de La Palma ; parc national de Timanfaya sur l'île de Lanzarote). L'insularité est d'ailleurs en partie surmontée par les infrastructures de connexion des îles entre elles, notamment les liaisons maritimes qui forment une ligne continue d'est en ouest. Les ports de Santa Cruz de Tenerife, Los Cristianos et Las Palmas de Gran Canaria sont particulièrement actifs (marchandises, croisières). Trois aéroports permettent aussi les liaisons internationales (au sud de Lanzarote, à l'est de Grande Canarie et celui de Santa Cruz de Tenerife). Les activités économiques des îles Canaries témoignent aussi de leur ouverture au monde. Toutes bénéficient de littoraux balnéaires, le plus souvent aux extrémités nord et sud de leur territoire, même si Tenerife, Grande Canarie et Lanzarote accueillent à elles seules 4/5 des touristes. L'archipel reste enfin très dépendant de l'Union européenne. Les importations en provenance d'Espagne en témoignent : elles sont deux fois supérieures aux exportations et représentent les deux tiers des échanges de l'archipel. Les subventions européennes jouent donc un rôle majeur de soutien de l'économie et du développement de ces territoires qui restent pourtant un eldorado pour les candidats à l'immigration depuis l'Afrique subsaharienne. Les patrouilles Frontex assurent donc la surveillance maritime de l'archipel.

Méthode
BAC-E3C

Analyse de documents

En analysant les documents, vous montrerez que l'Union européenne est une puissance contestée dans la mondialisation. Utilisez le doc. 2 pour nuancer la présentation faite de l'UE dans le doc. 1.

1 L'UE, une puissance menacée ?
Traduction bulle : *« Allez venez ! Ceci est l'occasion de s'imposer en politique ! »*
Source : dessin de Nath Paresh, mai 2019.

CONSEIL
Expliquez que « Russian aggression » sur le dos de V. Poutine, fait allusion aux agressions russes et rappelle l'attitude de la Russie aux portes de l'UE, notamment en Ukraine avec l'annexion de la Crimée en 2014.

2 Les atouts de l'UE sur la scène internationale

L'Europe doit parler d'une voix à la Chine pour exister entre Pékin et Washington, et défendre ses intérêts. C'est pourquoi la relation avec le géant chinois s'européanise – la seule manière de peser face à la 2e puissance mondiale et ses 1,4 milliard d'habitants. C'est un virage important, après une décennie durant laquelle la Chine a profité des contradictions européennes pour faire son marché sur le continent. Elle avait développé un dialogue privilégié avec un groupe de pays d'Europe de l'Est et du Sud, baptisé « 16 + 1 », le « 1 » étant la Chine et ses financements. Or, il y a eu une prise de conscience du risque de pillage de l'Europe. L'Allemagne a eu un choc lors du rachat d'un de ses fleurons de la robotique par une entreprise chinoise en 2016, alors que la réciproque serait tout bonnement impossible en Chine. Malgré ses contradictions, l'Europe commence enfin à comprendre que si elle veut exister dans un monde dominé par les géants américain et chinois, elle doit défendre ses intérêts communs, notamment en termes de règles commerciales ou de propriété intellectuelle.

Récemment le président allemand Frank-Walter Steinmeier soulignait que l'Europe était composée de petits pays qui se savent petits, et de petits pays qui se croient grands. Face à la Chine, nous sommes tous petits, en effet, à moins de parler d'une seule voix.

Pierre Haski, France Inter, 4 novembre 2019.

CONSEIL
Faites une petite recherche pour identifier Pierre Haski (métier, centres d'intérêt, ...).

A Préparer l'analyse de documents

Activité interactive

1. Analysez la consigne pour comprendre ce qui est attendu : mots clés, mots de liaison, ponctuation...

Pour analyser les documents, il faut en repérer les idées principales, l'organisation générale, leur point de vue (objectif, subjectif).

À quelle échelle se comprend le sujet : à l'échelle de l'Union européenne ? à l'échelle mondiale ?

En analysant les documents, vous montrerez que l'Union européenne est une puissance contestée dans la mondialisation. Utilisez le doc. 2 pour nuancer la présentation faite de l'UE dans le doc. 1.

Complétez la liste des éléments qui peuvent faire d'un pays une puissance : économie, poids de la langue dans le monde, ...

Cette consigne met l'accent sur la confrontation des documents. Sur quels points ces documents s'opposent-ils ? Se complètent-ils ?

2. Complétez le tableau suivant pour confronter les documents.

	Les informations des doc. 1 et 2 s'accordent	Les informations des doc. 1 et 2 s'opposent
Les atouts de la puissance		
Les limites de la puissance		

B Rédiger l'analyse de documents

3. Rédigez une introduction à l'analyse de documents en présentant les documents et leur nature.

CONSEIL
Précisez la source de chacun des documents. Vous semblent-elles fiables ?

4. Terminez la rédaction des deux paragraphes de l'analyse de documents, en confrontant les points de vue des documents.

Méthode

Pour rédiger la conclusion de l'analyse de documents :
- Commencer chaque partie par une phrase indiquant l'idée générale ;
- Utiliser les informations des documents, complétées ou nuancées par les connaissances personnelles ;
- Utiliser des mots de liaison pour donner du sens à la démonstration ;
- Terminer chaque partie par une phrase de transition avec la suivante.

5. Rédigez une phrase de conclusion de l'analyse de documents en rappelant leur apport respectif au traitement du sujet.

Tout d'abord, l'Union européenne apparaît comme une puissance contestée sur la scène internationale. Les documents proposés à l'étude le montrent, mais de manière contrastée. Le document 1 insiste surtout sur...

....

Cependant, l'Union européenne dispose aussi de nombreux atouts. En effet, le document 1 laisse apparaître l'importance du modèle démocratique que peut représenter l'Union européenne sur la scène mondiale.

....

CONSEIL
Dans votre analyse, décrivez le dessin de presse en y portant un regard critique.

Méthode BAC-E3C

Analyse de document

En analysant la carte, vous montrerez quelles sont les politiques européennes mises au service de la compétitivité des territoires et de la lutte contre les inégalités.

	PIB/hab SPA[1], en % de la moyenne de l'UE	Part des aides en 2014-2020, en %	Part des aides en 2021-2027, en %
Fonds structurels (destinés à accroître la compétitivité des territoires)	–	**78**	**87**
Fonds de cohésion (destinés aux États les plus pauvres de l'UE)	–	**22**	**13**
régions les moins développées	<75	53	62
régions en transition	entre 75 et 100	10	14
Régions les plus développées	>100	15	11

1. en standard de pouvoir d'achat.

Source : Commission européenne, 2020.

Les inégalités régionales au sein de l'UE

A Préparer l'analyse de document

1. Analysez la consigne en en définissant précisément les termes.
2. Complétez le tableau suivant pour préparer l'analyse de document.

Des politiques...	Sélectionner les informations	Expliciter les informations
... pour encourager la compétitivité des territoires.	....	....
... pour réduire les inégalités territoriales.	....	....

B Rédiger l'analyse de documents

Méthode

Pour rédiger l'introduction de l'analyse de document, présenter le sujet en analysant les notions clés de la consigne ; présenter le document (auteur, nature, source) et son utilité pour répondre à la consigne ; enfin, poser la problématique qui guidera l'analyse.

3. Rédigez une phrase de présentation du thème à traiter et du document en insistant sur sa source.
4. Complétez la question suivante pour formuler la problématique : En quoi ce document illustre-t-il... ?
5. Rédigez le reste de l'analyse de document en vous appuyant sur la Méthode p. 10-11.

Question problématisée

Pourquoi l'Union européenne est-elle un espace inégalement ouvert au monde ?

CONSEIL
Chaque terme de la question doit être analysé avec soin pour en comprendre l'enjeu.

A Analyser et organiser la question problématisée

1. Identifiez les notions clés et l'espace concerné. Méthode p. 8
2. Choisissez le plan le plus adapté pour répondre à la question problématisée.

Plan 1	Plan 2	Plan 3
I. Des territoires plus ou moins connectés aux infrastructures de transport et de communication II. Des territoires plus ou moins attractifs aux flux mondiaux	I. Un territoire ouvert au monde II. Des territoires inégalement ouverts au monde	I. La connexion des territoires de l'Union européenne au monde II. Les politiques d'attractivités des territoires européens

CONSEIL
La question problématisée commençant par « Pourquoi », sélectionnez le plan qui aborde la question par le biais des facteurs d'intégration.

B Rédiger la question problématisée

3. Rédigez une ou deux phrases pour introduire la réponse à la question problématisée.
4. Rédigez les deux paragraphes de la question problématisée en fonction du plan sélectionné dans la question 2.
5. Complétez les schémas suivants qui pourraient illustrer votre rédaction.

Schéma 1 : La Northern Range, un espace ouvert au monde par l'interface maritime

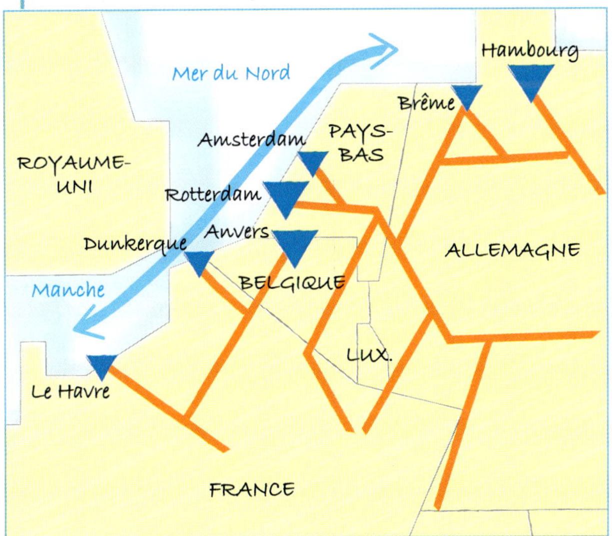

....
....
....
....

Schéma 2 : ....

Sujet BAC-E3C Réalisation d'une production graphique

Sujet : L'Allemagne, puissance européenne intégrée à la mondialisation

Consigne : À partir du texte, vous construirez, à l'aide du fond de carte fourni, un croquis correspondant au sujet suivant : « L'Allemagne, puissance européenne intégrée à la mondialisation », accompagné d'une légende organisée.

En tant que troisième exportateur et quatrième puissance économique au monde, l'Allemagne participe au rayonnement de l'Union européenne sur la scène internationale. La puissance allemande est le résultat de nombreux atouts. Parmi ces atouts se distingue tout d'abord la puissance industrielle. Volkswagen, Audi, Siemens ou encore Bayer sont de grands noms de l'industrie du pays. Ces industries se concentrent autour des villes de Munich et Stuttgart pour l'industrie automobile ou pour l'aérospatiale, Essen et Düsseldorf pour les industries énergétique et sidérurgique ou encore Leverkusen pour l'industrie pharmaceutique.

Outre la puissance industrielle, l'Allemagne profite de son ouverture au monde pour exporter ses fabrications et devenir l'une des grandes puissances commerciales de l'UE. Ainsi, ses ports de Bremerhaven, Hambourg ou Rostock lui permettent d'exporter par la voie maritime plus de 24 milliards d'euros de marchandises en 2018. Ses nombreuses autoroutes et ses grands aéroports tels Munich, Berlin ou Francfort complètent cet atout stratégique. Enfin, l'Allemagne jouit également d'une puissance financière en accueillant la Banque centrale européenne à Francfort et l'une des plus grandes places boursières. Cependant, il est inexact de penser que tout le territoire allemand participe équitablement au rayonnement du pays. Héritage de son histoire, un fossé s'observe entre l'Ouest et l'Est du pays. Alors que les régions de l'Ouest jouissent d'un PIB par habitant de plus de 31 000 euros (et même de plus de 40 000 euros pour le Sud du pays), les régions de l'Est souffrent d'un retard de développement avec un PIB/habitant inférieur à 31 000 euros, à l'exception de la capitale, Berlin. Pour gommer ces disparités, l'UE intervient à travers des subventions pour développer l'industrie et les universités, par exemple à Dresde ou Leipzig. Grâce aux aides européennes et à l'action gouvernementale, les régions qui ont vu leur PIB croître le plus depuis 2010 sont les régions de l'Est amenant les spécialistes à parler d'un rattrapage économique en cours.

CONSEIL
Appuyez-vous sur l'étude de cas p. 218-221 pour comprendre les lignes de force du territoire allemand.

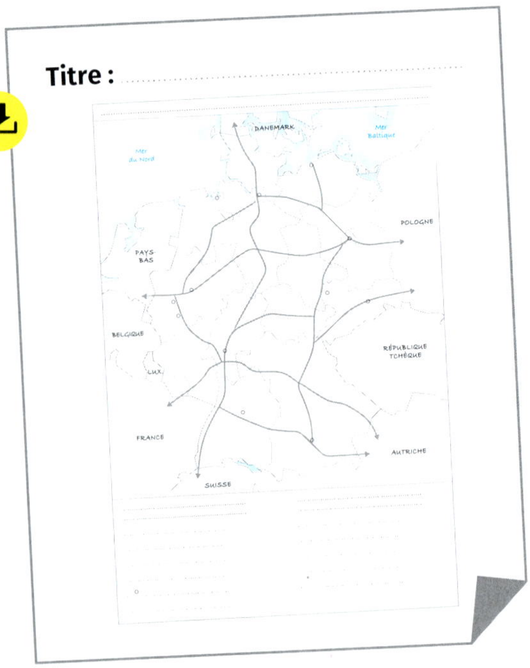

Sujet BAC-E3C Question problématisée

Comment l'Union européenne agit-elle pour valoriser les atouts de ses territoires et en accroître la compétitivité ?

CONSEIL
Classez les politiques mises en œuvre par l'UE à l'échelle régionale et à l'échelle locale.

Sujet BAC-E3C Analyse de documents

En analysant les documents, vous montrerez les priorités, les effets et les évolutions de la politique de cohésion de l'UE dans les années 2010.

L'analyse des documents constitue le cœur de votre travail, mais nécessite pour être menée la mobilisation de vos connaissances.

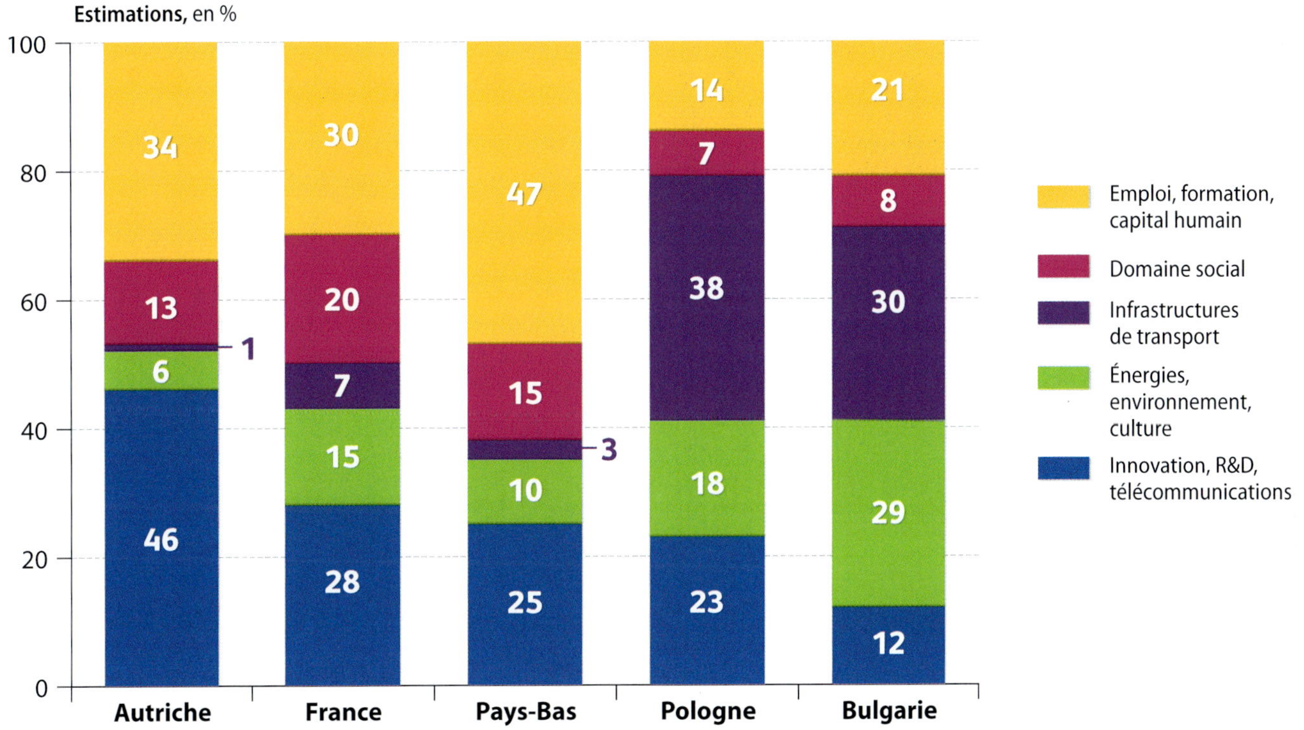

Source : Sébastien Bourdin, « Concevoir autrement la politique de cohésion de l'UE : la spécialisation intelligente comme approche davantage territorialisée ? », *Économie et institutions*, 2019.

1 L'usage des fonds européens selon les pays

CONSEIL
Classez les pays selon la priorité donnée à la compétitivité ou à la lutte contre les inégalités.

2 **La réorientation de la politique de cohésion**

La question de savoir quel est le meilleur usage des fonds de cohésion est régulièrement posée. Les Allemands ont pesé pour que l'utilisation des fonds de cohésion soit réorientée. La politique de cohésion aidera l'ensemble des régions à moderniser leur industrie et à investir dans l'innovation, ainsi que dans la transition vers une économique circulaire à faibles émissions de carbone. En somme : on arrête avec les routes, les lampadaires et les pistes cyclables... L'outil lui-même sera également piloté différemment. La Commission européenne entend privilégier une « approche sur mesure ». Le PIB par habitant reste le critère prépondérant, mais de nouveaux critères viennent pondérer celui-ci puisque la Commission prendra en compte le taux de chômage chez les jeunes, le faible niveau d'éducation, les effets du changement climatique et l'intégration des migrations. Ces critères ont été pensés pour réorienter une partie importante des fonds de cohésion vers l'Espagne (35 % des jeunes au chômage en mars 2018), la Grèce et l'Italie. Les pays de l'Est ne connaissant quasiment pas le chômage reçoivent nettement moins ... Ce qui est une habile façon de mettre la Hongrie et la Pologne sous pression. Mais également de montrer à l'Italie pourquoi l'Europe est bonne pour elle.

Le Point, 31 mai 2018.

CONSEIL
Expliquez les deux dernières phrases en montrant que l'auteur fait allusion aux États accusés de ne pas jouer le jeu de la solidarité (accueil des migrants) ou de véhiculer des discours europhobes.

Conclusion

L'union européenne dans la mondialisation : des dynamiques complexes

Cartographier

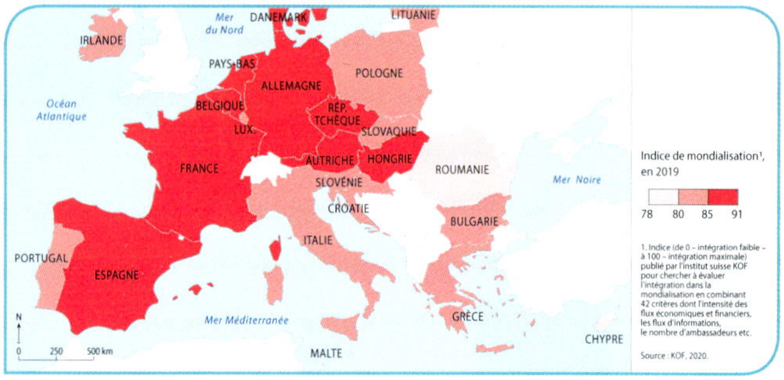

Question 7 Carte 3 p. 235

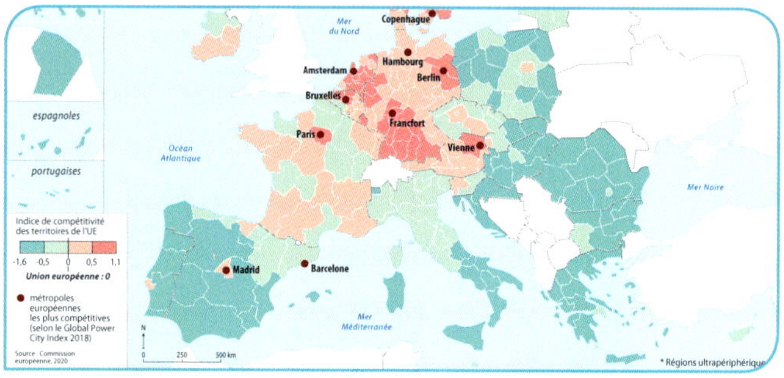

Question 8 Carte 1 p. 248

À l'aide des documents ci-dessus, complétez le croquis de typologie suivant.

Titre : ....

Croquis PDF à télécharger

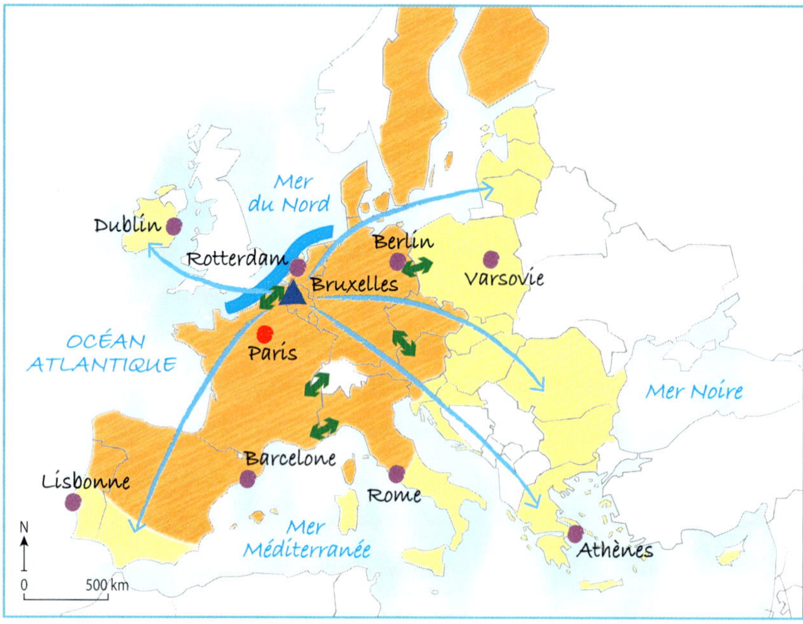

1. Des territoires inégalement intégrés à la mondialisation

....

....

....

....

....

2. Des politiques européennes nombreuses

....

....

....

Ne pas confondre

• **Politique de cohésion des territoires :** politique qui vise à créer une solidarité financière entre les États membres afin de corriger les inégalités régionales.
Ex : installation de services ou d'équipements publics à l'intention des populations (cabinet médical, transport pour désenclaver une région, ...).

• **Politique de compétitivité des territoires :** politique qui vise à valoriser les atouts d'un territoire face à la concurrence et dans le cadre de la mondialisation.
Ex : installation d'infrastructures visant à favoriser les activités économiques (LGV pour favoriser la mobilité des cadres d'une métropole, *cluster* pour mettre en réseau les entreprises, ...).

Ces politiques peuvent être complémentaires (désenclaver une région peut attirer les entreprises ou les habitants et la rendre plus compétitive) ou **concurrentes** (les fonds favorisant la compétitivité bénéficient le plus souvent aux régions les plus riches et les plus intégrées).

Mettre en relation

- **L'Union européenne dans la mondialisation**
  - **Une association régionale plus ou moins ouverte au monde**
    - L'association régionale la plus intégrée au monde
    - Des territoires européens plus ou moins ouverts au monde
  - **Les défis d'une puissance mondiale**
    - Des concurrences extérieures
    - Des divisions internes
  - **Des efforts pour réduire les inégalités**
    - Politique de cohésion
    - Des résultats contrastés
  - **Le soutien de la compétitivité**
    - Des politiques pour valoriser les atouts des États membres
    - Des acteurs en réseaux
    - Des résultats inégaux

Changer d'échelle

De l'Union européenne...

1. À l'aide de votre cours, illustrez chaque case de l'organigramme ci-dessus à partir d'exemples précis. Dans le choix des exemples, pensez à varier l'échelle.

... à la France

2. À quelle catégorie du croquis de typologie de la page ci-contre la France appartient-elle ? Comment le doc. 1 p. 342 nuance-t-il cette classification ?
3. À partir de vos connaissances sur l'inégale intégration des territoires européens dans la mondialisation et sur les politiques européennes, faites des hypothèses pour identifier les régions qui bénéficient le plus de la politique de compétitivité et celles qui bénéficient le plus de la politique de cohésion des territoires. Complétez la légende du croquis ci-dessous avec ces hypothèses.

Titre : ....

Croquis PDF à télécharger

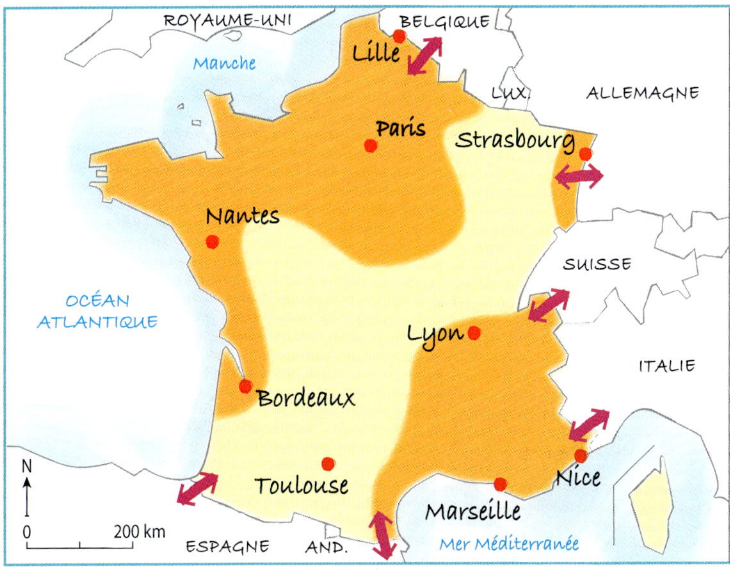

....

....

....

4. Vérifiez la justesse de vos réponses en les confrontant au doc. 1 p. 351.

1 Une coopération universitaire transfrontalière

Activités numériques

À partir du site du site https://www.youtube.com, recherchez la vidéo « Liaison Lyon Turin » et répondez aux questions suivantes :

a. Comment s'effectue aujourd'hui la liaison entre les villes de Lyon et de Turin ? Quels sont les problèmes de cette liaison ?

b. Expliquez les avantages de la future ligne Lyon-Turin.

c. Montrez que la vidéo est un outil de communication. Quels pourraient être les adversaires du projet ?

2 La construction de la LGV Lyon-Turin, une coopération transfrontalière soutenue par l'Union européenne

QUESTION

9

RESSOURCES EN +
Sur le site collection :
lycee.hachette-education.com/hg/geo-tle

La France, les dynamiques différenciées des territoires transfrontaliers

Pourquoi les territoires transfrontaliers français sont-ils inégalement dynamiques ?

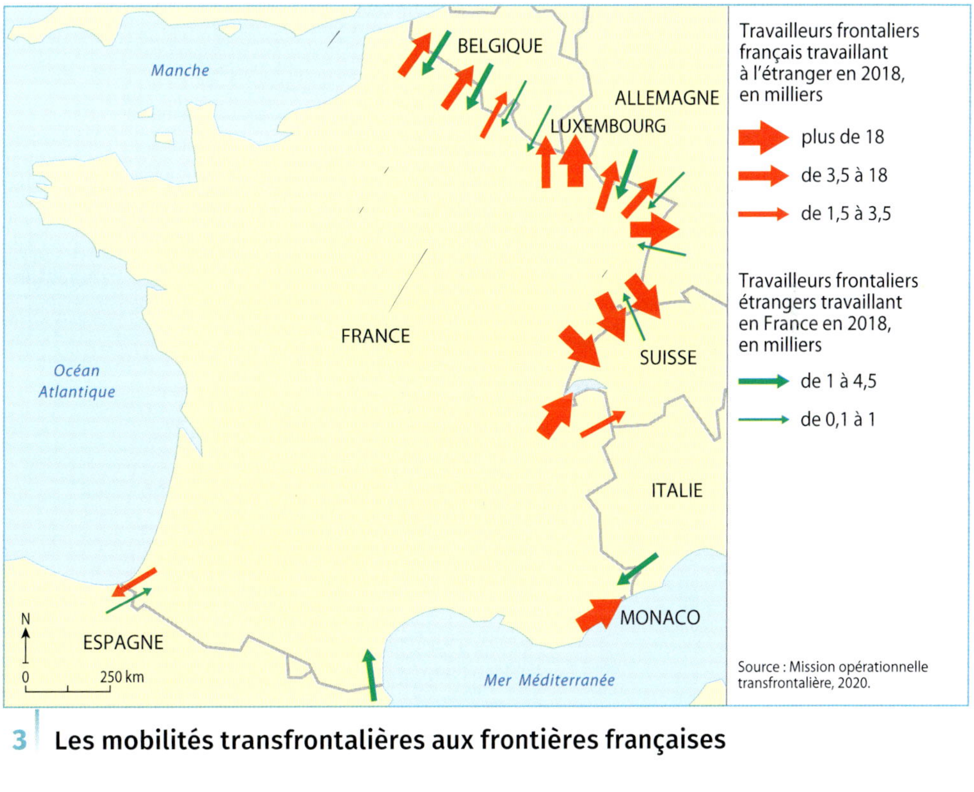

Source : Mission opérationnelle transfrontalière, 2020.

3 Les mobilités transfrontalières aux frontières françaises

1. Identifiez les flux traversant les territoires transfrontaliers. (doc. 1 à 3)
2. Relevez les aménagements mis en place pour faciliter la coopération et les échanges transfrontaliers. (doc. 1 et 2)
3. Comment le doc. 3 illustre-t-il l'inégal dynamisme des territoires transfrontaliers français ? Formulez des hypothèses pour expliquer cette situation.

Étude de cas 1 La frontière des Hauts-de-France, entre inégale attractivité et coopération

Les 350 km de la frontière franco-belge sont le lieu d'une riche coopération transfrontalière. Pourtant, les territoires des Hauts-de-France qui la bordent ne participent pas également à cette dynamique.

A Pourquoi la coopération franco-belge privilégie-t-elle certains territoires ?

Cours 1, p. 282-283

Les territoires transfrontaliers franco-belges en 2018 regroupent 11 millions d'habitants

10 500 travailleurs frontaliers belges dans les Hauts-de-France

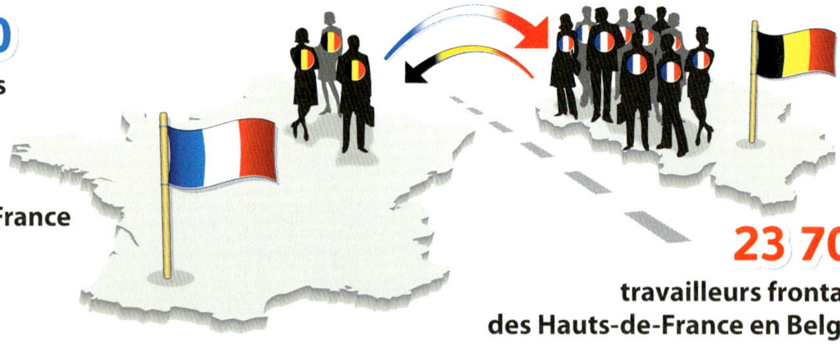

23 700 travailleurs frontaliers des Hauts-de-France en Belgique

1 L'inégale mobilité des travailleurs frontaliers

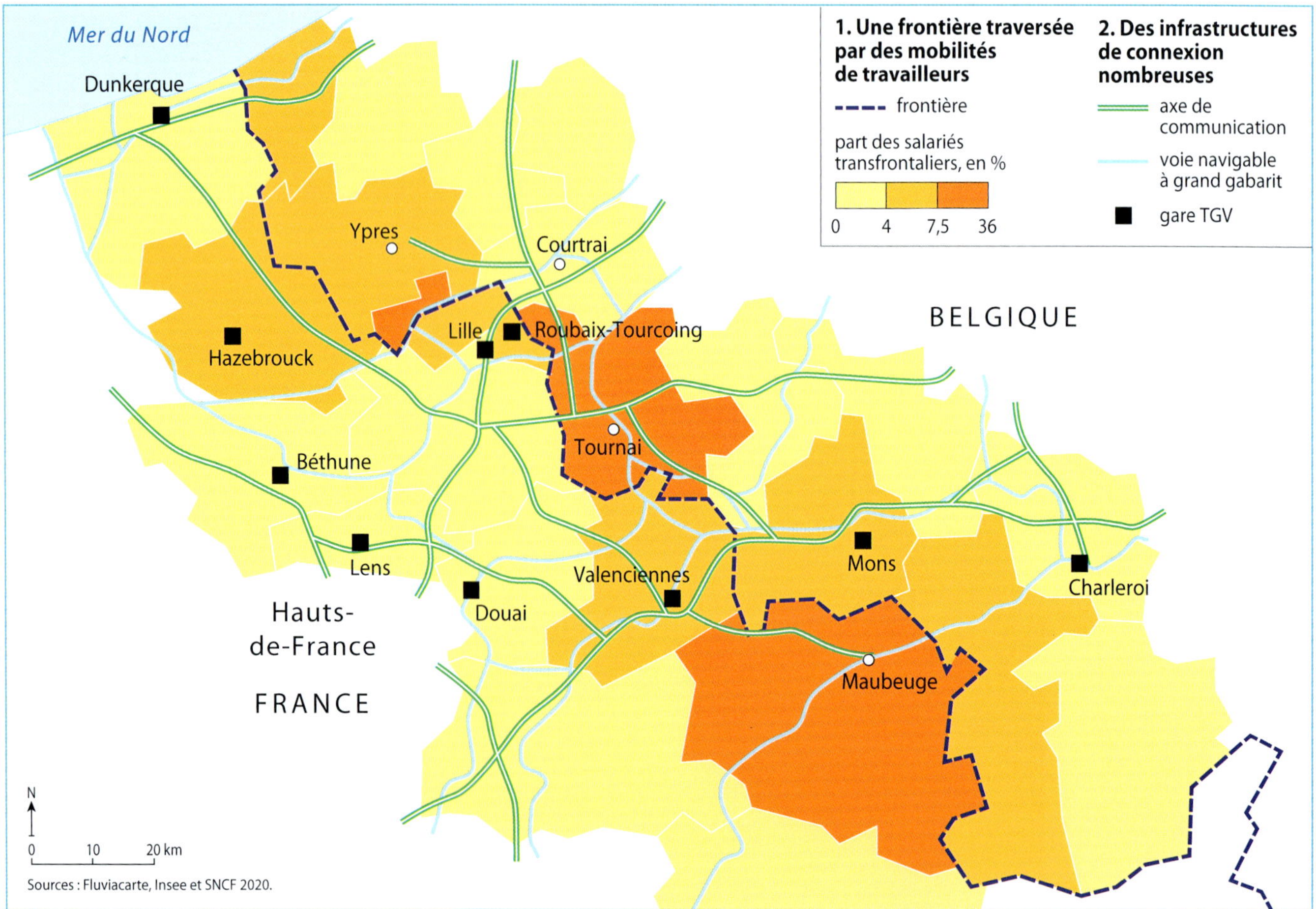

2 Les territoires transfrontaliers de la région Hauts-de-France

3 Le numérique, vecteur de coopération transfrontalière

Digital Eurométropole est un réseau transfrontalier franco-belge né en 2018 à l'initiative de l'**Eurométropole** Lille-Courtrai-Tournai. L'objectif est de créer le premier réseau européen d'entreprises numériques transfrontalier basé sur la coopération de trois pôles d'excellence : EuraTechnologies (Lille), Hangar K (Courtrai) et Quartier numérique de Wallonie picarde (Tournai). Ce réseau a pour ambition tout d'abord d'unir et de connecter les entrepreneurs innovants mais aussi de former et conseiller les futures *start-up* du digital. Pour mieux répondre à leurs besoins, l'Eurométropole s'engage à les soutenir en facilitant la création de parcours spécifiques de formation ou en participant à la levée de fonds pour financer leurs projets numériques. Le réseau doit aussi promouvoir l'entrée de ces jeunes entreprises sur les marchés français et belge mais aussi sur le marché international, notamment par la participation à des salons internationaux. Digital Eurométropole participe donc à la promotion de la coopération transfrontalière mais aussi à la création d'emplois. L'Eurométropole Lille-Courtrai-Tournai souhaite ainsi appuyer le redéploiement de son économie à travers les différents champs du numérique et dépasser les frontières.

Eurometropolis, 2020.

Vidéo

4 Le site d'EuraTechnologies à Lille

Devenue un pôle d'excellence des technologies de l'information et du numérique, l'ancienne filature lilloise abrite plus de 300 entreprises et 5 laboratoires.

5 Des espaces transfrontaliers hétérogènes

Les territoires de la frontière franco-belge sont marqués par une forte densité. La continuité urbaine est parfois telle que la frontière se trouve gommée, les rues se prolongeant d'un pays à l'autre. Deux espaces urbains transfrontaliers se distinguent particulièrement : l'agglomération Dunkerque-Flandre-Côte d'Opale et l'Eurométrople Lille-Courtrai-Tournai, qui constituent les centres de la coopération, du développement économique et de la mobilité transfrontalière. La continuité urbaine est cependant à nuancer du fait de la grande hétérogénéité de la frontière. Les territoires ruraux conservent une forte spécificité et une certaine autonomie. La Thiérache, composée des Hauts-de-France ainsi que du sud des provinces belges du Hainaut et de Namur, constitue un espace rural autonome structuré par un réseau de petites villes indépendantes les unes des autres. L'unité géographique de cet espace permet la mise en place de projets transfrontaliers communs, notamment en matière de santé. L'imbrication extrême des territoires a favorisé l'émergence d'une culture linguistique commune entre Wallons et Français. Cependant, les trois communautés qui les composent – française, flamande et wallonne – ont conservé chacune leur identité et leur mode de fonctionnement (différences de fiscalité, différences administratives et organisationnelles entre les régions belges et françaises, langues…).

Mission opérationnelle transfrontalière (MOT), 2020.

Vocabulaire

- **Eurométropole :** espace de coopération organisé autour d'un ou plusieurs pôles urbains transfrontaliers.

Utiliser une approche géographique pour construire une argumentation

Itinéraire 1

Lire et analyser des documents

1. Rappelez la définition d'« interface » puis montrez que l'on peut qualifier la frontière entre les Hauts-de-France et la Belgique d'interface dynamique. (doc. 1, 2 et 3)
2. Identifiez les pôles moteurs et les espaces en marge de cet espace transfrontalier. Quels sont les facteurs de cette inégale attractivité ? (doc. 4 et 5)
3. Justifiez l'affirmation suivante : l'étude des mobilités (doc. 2) confirme l'inégale attractivité de la frontière franco-belge.

Itinéraire 2 BAC E3C

Question problématisée

Pourquoi peut-on dire que la frontière belge ne dynamise pas les territoires frontaliers des Hauts-de-France de manière identique ?

Pour vous guider

Définissez dans votre réponse les notions suivantes : interface, échanges, mobilités, liberté de circulation, coopération.

B Comment l'UE agit-elle pour renforcer la coopération transfrontalière ?

Cours 2, p. 286-287

6 Encourager le travail transfrontalier

Sur les 170 millions d'euros de subventions allouées par l'Union européenne à 181 projets de coopération transfrontalière pour la période 2014-2020, près de 60 % sont consacrés à des projets en faveur de l'insertion sur le marché du travail tels que de la formation, l'accompagnement personnalisé des demandeurs d'emploi....

7 Faciliter la mobilité transfrontalière

Il n'est pas difficile de franchir la frontière franco-belge en voiture grâce à l'espace Schengen, mais les personnes qui ne peuvent pas se déplacer en voiture et optent pour les transports publics éprouvent des difficultés à trouver les correspondances qui traversent la frontière, car elles sont quasi inexistantes. Ainsi, les 21 partenaires du projet Transmobil (2018-2021) s'engagent à travailler ensemble pour l'amélioration de la mobilité dans les zones rurales transfrontalières où l'on trouve peu, voire pas d'alternatives à l'utilisation de la voiture individuelle. Les partenaires du projet proposeront de nouvelles solutions de mobilité, en premier lieu pour les personnes qui n'ont pas de voiture à leur disposition. Le projet cible aussi les personnes concernées par un mode de vie plus durable, prêtes à utiliser d'autres formes de mobilité et souhaitant réduire leur dépendance à l'égard de la voiture. Le projet s'articule autour de la mise en place d'un réseau transfrontalier de hubs. Les hubs sont des points centraux dans les villages de la région frontalière, où les gens peuvent se rendre pour louer un vélo, partager une voiture, prendre une correspondance sur le réseau de transports publics existants... Ces pôles peuvent aussi intégrer des fonctions sociales ou économiques, par exemple une épicerie locale. L'Union européenne subventionne ce projet à hauteur de 1,8 million d'euros.

Groupement européen de coopération territoriale Eurométropole, 2020.

Vidéo

« Le projet Transmobil lancé entre la France et la Belgique »

Source : Belgique21.TV

Itinéraire 1

Lire et interpréter les documents

1. Comment l'UE soutient-elle le développement des espaces frontaliers les moins dynamiques ? (doc. 6 et 7)
2. Identifiez les atouts de l'Eurométropole Lille-Courtrai-Tournai pour assurer son développement transfrontalier. Comment l'UE y contribue-t-elle ? (doc. 4 p. 275)

Itinéraire 2 BAC E3C

Analyse de documents

Confrontez le doc. 6 et le doc. 4 p. 275 pour montrer la place et le rôle de l'Union européenne en matière de coopération transfrontalière. Montrez que, malgré la coopération, les inégalités de dynamisme persistent.

QCM interactif | Organigramme PDF à télécharger | Croquis interactif + Version PDF à télécharger

Bilan de l'étude de cas

Retenir l'essentiel

Complétez l'organigramme à l'aide des informations des pages 274 à 276.

	Des territoires frontaliers dynamiques	Des territoires frontaliers en marge du dynamisme
Des territoires connectés au pays voisin	....	....
Des coopérations soutenues par l'UE	....	....
Des limites	....	....

Schématiser l'essentiel

À l'aide des documents des pages 274 à 276, complétez le schéma suivant.

Titre : ....

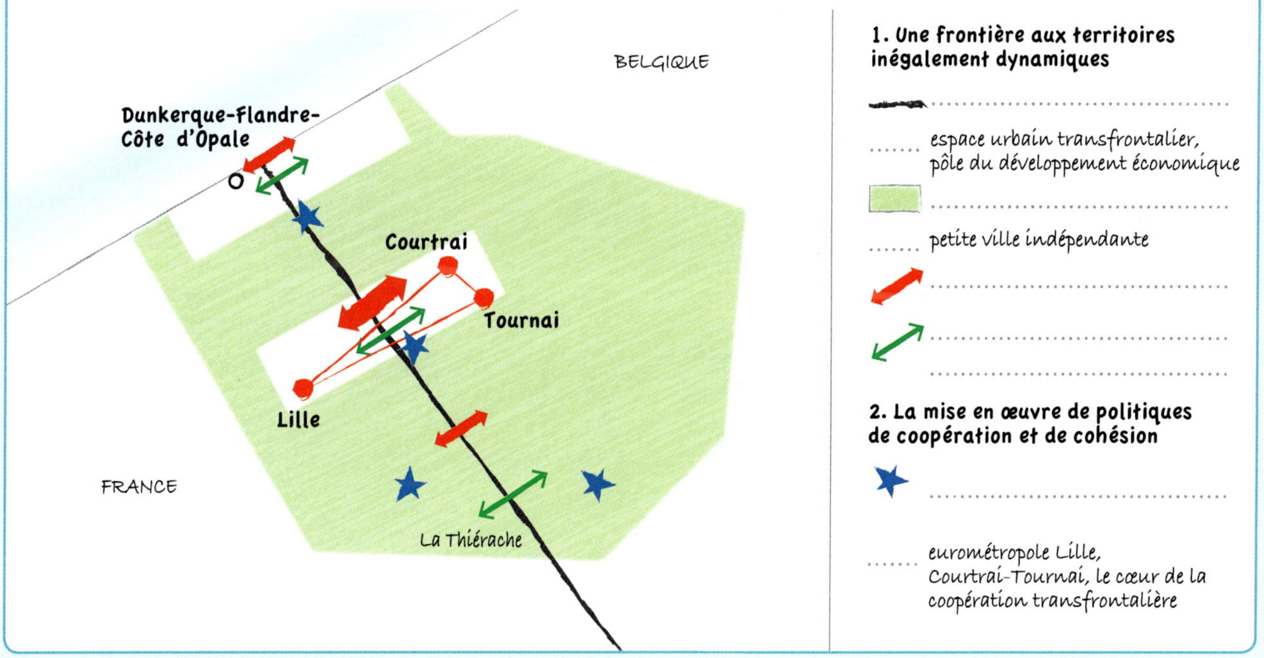

Changer d'échelle

De l'étude de cas... à la France

1. Quels autres types de flux parcourent les espaces transfrontaliers français ? cours 1, p. 282-283
2. Quels espaces transfrontaliers sont aussi dynamiques que ceux de la frontière franco-belge ? cours 2, p. 286-287

Étude de cas 2

Comment la protection de l'environnement transforme-t-elle les territoires frontaliers guyanais ?

Couverte à 96 % par la forêt, la Guyane recèle une biodiversité exceptionnelle. La protection de son environnement devient l'objet d'une coopération transfrontalière de plus en plus intense malgré la pauvreté des pays voisins.

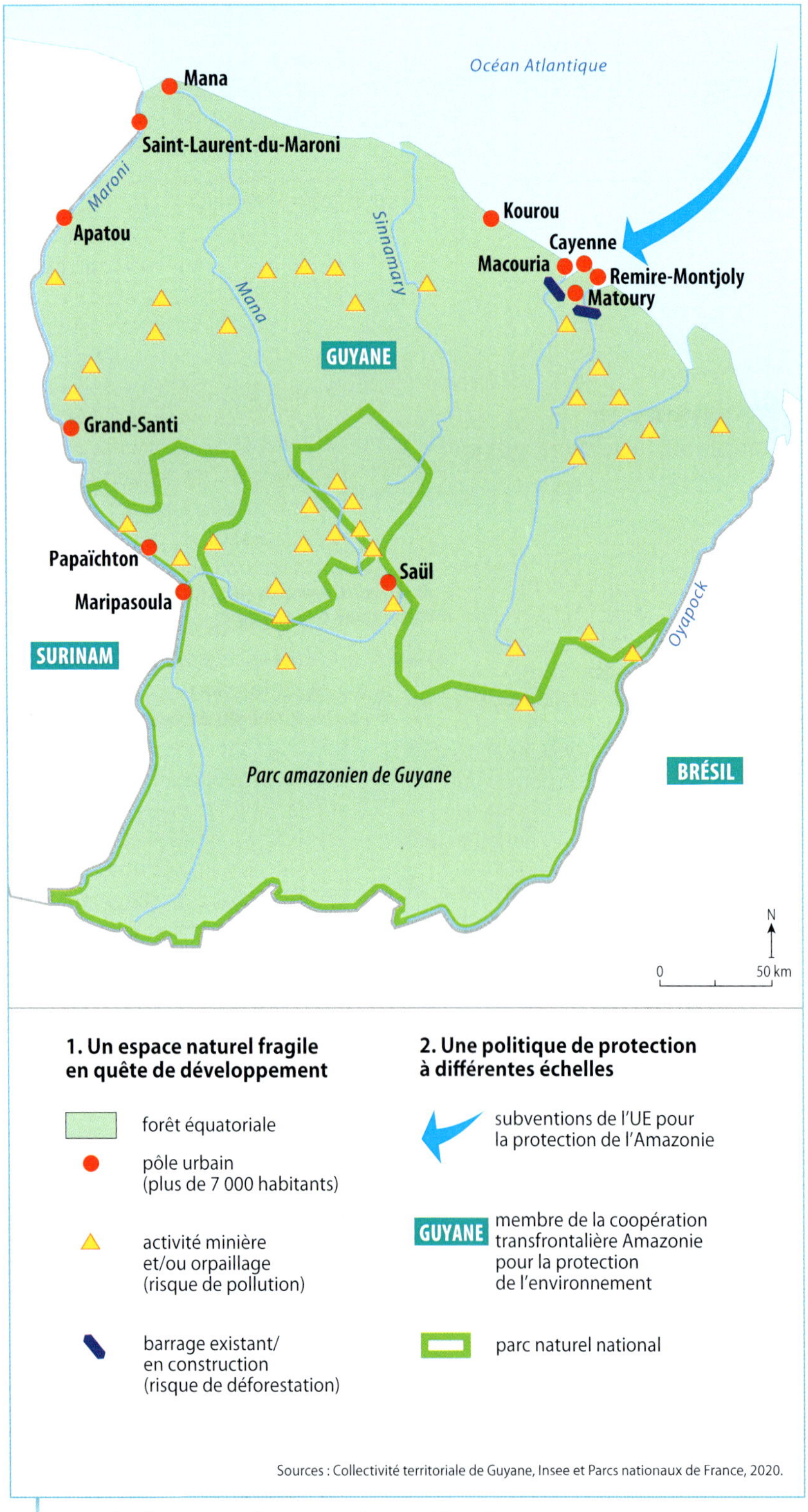

1 Une forêt guyanaise transfrontalière à protéger

2 Une coopération transfrontalière pour préserver l'environnement

La coopération entre les rangers du Surinam et les fonctionnaires guyanais de la police de l'environnement s'inscrit dans le programme de renforcement du réseau des aires protégées du plateau des Guyanes, le Renforesap. Lancé en 2018, ce programme vise à structurer une véritable coordination et à renforcer le dialogue entre les aires protégées des trois pays du Plateau des Guyanes. L'objectif est de consolider la capacité de la Guyane, du Surinam et du Guyana à répondre à des défis communs, en montrant le rôle fondamental des aires protégées pour le développement durable des territoires à travers des actions concrètes. Quatre thématiques ont été retenues : l'écotourisme, la science participative pour la gestion durable des ressources naturelles, les stratégies de lutte contre les menaces liées à l'orpaillage illégal et la transmission des patrimoines culturels vivants. D'un montant total de 662 000 euros pour une durée de trois ans, le projet est financé à hauteur de 75 % par des fonds européens via le Programme de coopération **Interreg** Amazonie.

Parc amazonien de Guyane, 2020.

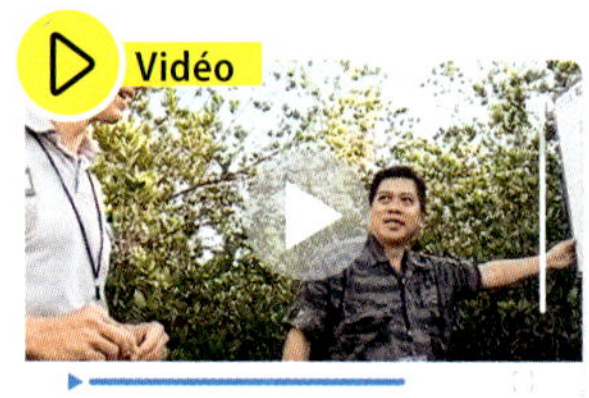

Vocabulaire

- **Interreg :** programme européen encourageant la coopération entre les régions européennes par le développement de projets communs dans des domaines variés (développement économique, gestion de l'environnement…).

3 Une gestion des aires protégées en cours d'harmonisation

4 Un cadre règlementaire pour renforcer la coopération

Le programme Interreg V-Amazonie concerne la coopération transfrontalière et transnationale entre la Guyane, le Surinam et les États de l'Amapa et de l'Amazonas au Brésil. Ce programme se décline en quatre priorités. La première est de renforcer l'offre de transport dans l'espace de coopération pour y accroître la mobilité, avec en particulier la mise en place d'un nouveau bac sur le fleuve Maroni pour assurer la liaison routière entre la Guyane et le Surinam. Vient ensuite la volonté de protéger et valoriser la biodiversité, le patrimoine naturel et culturel grâce à des actions conjointes de préservation de l'environnement, notamment pour la restauration de la biodiversité après les projets d'exploitation minière et des actions pour la protection de la faune et de la flore. Le troisième objectif est la poursuite de la lutte contre le VIH et les maladies comme le paludisme. Reste le développement des échanges économiques dans des secteurs-clés, notamment l'agroalimentaire, les énergies renouvelables, les technologies de l'information et de la communication, et l'écotourisme. Les résultats attendus sont notamment le renforcement de la lutte contre la pollution sur les sites d'exploitation aurifère et l'augmentation des échanges commerciaux entre la Guyane et ses voisins.

Commission européenne, 2020.

Source : Plantu, *Le Monde*, 1er juillet 2019.

5 Des oppositions transfrontalières

Depuis 2017, en encourageant les entreprises minières et la déforestation, le Brésil relance la destruction de l'Amazonie. Cela provoque des oppositions au sein de l'UE, tiraillée entre sa politique de collaboration (accord commercial avec le Mercosur dont le leader est le Brésil) et ses efforts pour le climat.

Identifier les contraintes et les ressources d'une situation géographique

Itinéraire 1

Lire et analyser les documents

1. Identifiez les menaces qui touchent la forêt guyanaise et les formes de protection mises en œuvre par l'UE. Quels autres acteurs entrent en jeu ? (doc. 1, 2 et 3)

Interpréter les documents

2. Montrez que la coopération transfrontalière cherche un équilibre entre protection de la forêt et développement économique. (doc. 3 et 4)
3. Quelles sont les limites de la coopération frontalière pour préserver le milieu naturel ? (doc. 5)

Itinéraire 2 BAC E3C

Question problématisée

Comment la protection de l'environnement permet-elle de dynamiser les territoires frontaliers guyanais ?

Pour vous guider

Montrez que la protection de l'environnement est aussi un facteur de développement économique.

Cartes

Carte interactive

La diversité des territoires transfrontaliers français

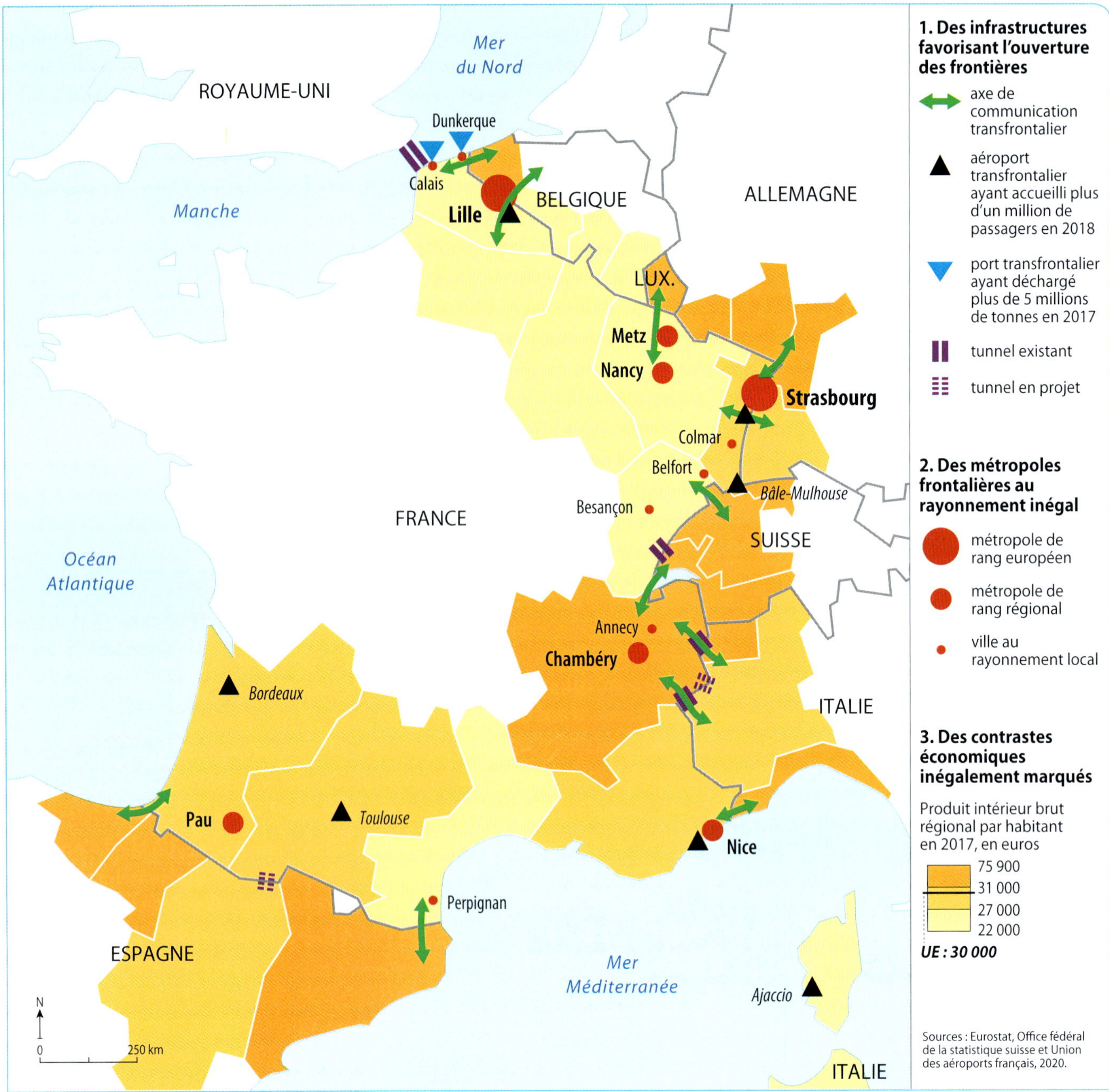

1 Les dynamiques des territoires transfrontaliers français

Lire les cartes

Carte 1

Dans le cadre de la construction européenne, les territoires transfrontaliers sont devenus des interfaces stratégiques pour la France et sont donc mis en valeur. Or cette valorisation demeure inégale.

Identifiez les types d'aménagements mis en place pour valoriser ces territoires. Ces aménagements profitent-ils également à tous les territoires transfrontaliers français ? Montrez que ces aménagements ne gomment pas les inégalités économiques de part et d'autre de la frontière.

Cartes 2 et 3

Par ses fonds, l'Union européenne investit dans ses territoires transfrontaliers et les aménage pour soutenir leur développement.

Comment et à quelle échelle l'Union européenne encourage-t-elle la coopération transfrontalière ? Comment les territoires français en profitent-ils ? Pourquoi peut-on dire que la coopération transfrontalière ne se limite pas aux territoires de l'UE ?

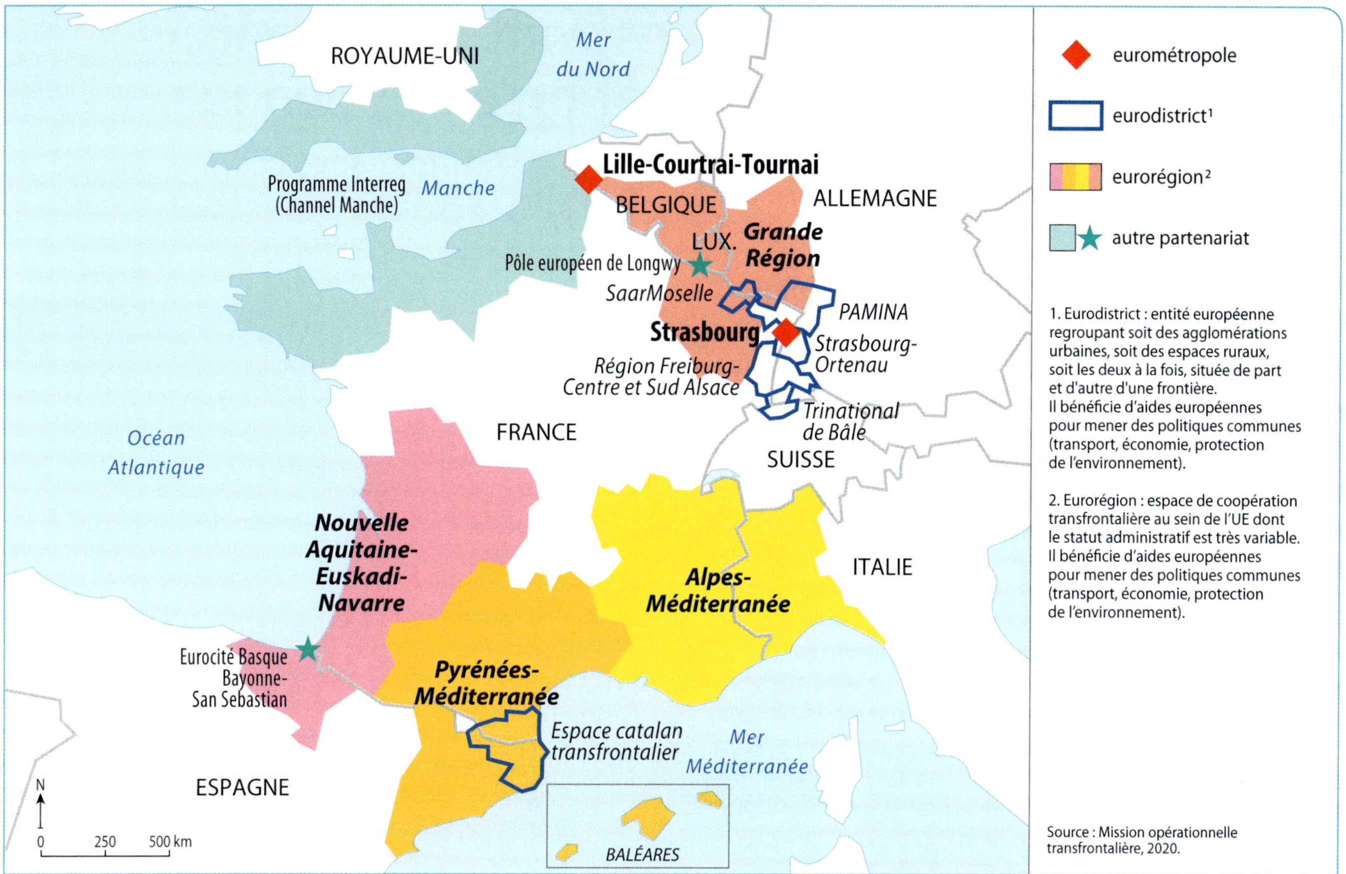

2 **Des espaces de coopération transfrontalière au cadre réglementaire différencié**

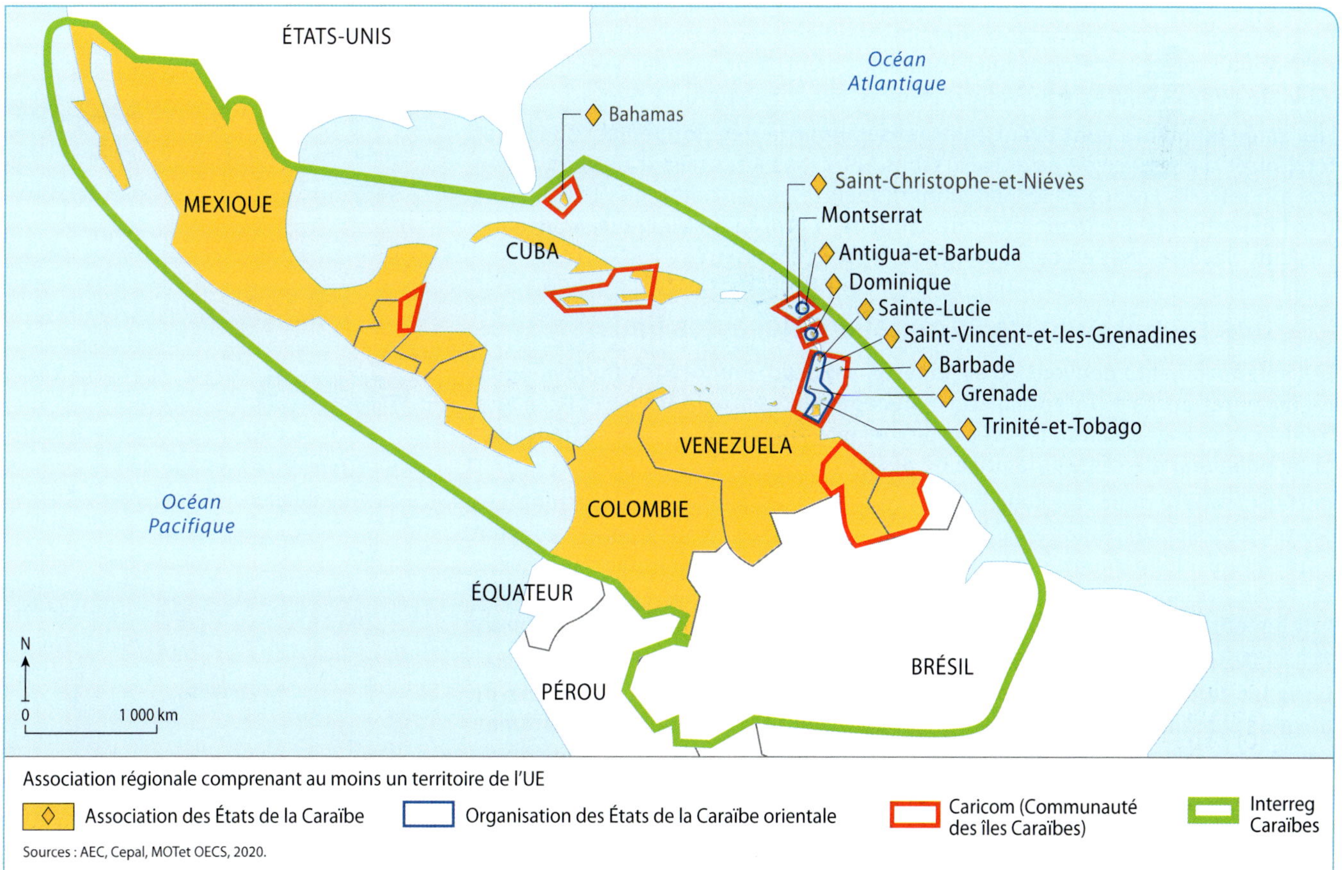

3 **Les Caraïbes, un espace aux multiples formes de coopération transfrontalière**

Cours 1

QCM interactif cours

Podcast

Des territoires transfrontaliers français au cœur de l'intégration européenne

Comment l'intégration de la France à l'Union européenne dynamise-t-elle les territoires transfrontaliers français ?

A Des territoires ouverts aux échanges et aux mobilités avec l'UE

Les territoires frontaliers terrestres couvrent 20 % du territoire de la France métropolitaine (15 départements). Aux frontières continentales qui s'étendent sur plus de 2 900 km avec 8 pays voisins s'ajoutent les 1 263 km de frontières de l'Outre-mer, ouvrant les espaces transfrontaliers sur d'autres continents (Afrique, Amérique et Océanie).

Le territoire transfrontalier est un espace situé de part et d'autre d'une frontière (doc. 2). Plus les échanges sur l'interface sont nombreux, plus ce territoire est attractif. Ces flux sont de nature variée : échanges de marchandises, mobilités liées au commerce, tourisme, travail. Leur intensité s'explique en partie par les différences entre les pays frontaliers (différences de prix, de salaire).

La frontière donne parfois naissance à un effet-frontière (Repère A) qui peut être un levier de développement pour ces territoires. On observe alors l'installation de nouveaux habitants (14 000 Sarrois en Moselle) ou l'arrivée d'entreprises (Mercedes à Hambach) créant ainsi de nouveaux emplois et un dynamisme économique renforcé.

B Des territoires qui s'adaptent à la libre-circulation

L'effacement des frontières dans le cadre de l'Union européenne donne un nouveau rôle aux territoires transfrontaliers. Désenclavés par de nombreux axes de communication (autoroutes, lignes à grande vitesse (LGV), aéroports), ils sont aujourd'hui des carrefours de flux internationaux.

Les acteurs des aménagements frontaliers sont nombreux. L'UE réserve une partie de ses aides régionales (Feder, Interreg) aux zones frontalières. États et collectivités locales participent aussi au financement de projets de développement (pôle de compétitivité de BioValley) et/ou à leur connexion.

Les aménagements sont avant tout pensés pour le développement local des territoires. Le service de navette Kussbus (doc. 1) assurant les trajets domicile-travail entre la France et le Luxembourg facilite le quotidien des travailleurs frontaliers tandis que la plate-forme santé de l'eurorégion Nouvelle-Aquitaine-Euskadi-Navarre met en commun les dispositifs médicaux.

C Une coopération transfrontalière qui a des limites

Les aménagements peuvent être freinés par des différences techniques ou de réglementation. La différence d'écartement des rails entre la France et l'Espagne freine les échanges, et les différences de compétences entre les régions françaises et allemandes ralentissent la prise de décision.

L'effet-frontière peut être source de concurrences spatiales et de tensions. Les contrastes (fiscaux, salariaux, immobiliers - Repère B) avec le voisin peuvent nuire au développement local. En Haute-Savoie, le prix du m² équivaut à celui de Paris, freinant l'accession à la propriété des résidents. La précarité est localement entretenue par la frontière (70 % des intérimaires au Luxembourg sont des frontaliers).

Dans les territoires ultramarins, l'insularité, l'éloignement et les écarts de développement sont des freins à la coopération transfrontalière. Le premier voisin de la Réunion est situé à 9 400 km tandis que la population vivant sous le seuil de pauvreté est trois fois plus élevée au Surinam qu'en Guyane.

L'Union européenne a transformé les espaces transfrontaliers en espaces privilégiés de l'intégration européenne, même si des concurrences entre les territoires se développent.

Vocabulaire

- **Effet-frontière :** ensemble de phénomènes géographiques liés à la présence d'une frontière. Ces phénomènes peuvent être discriminants (écarts de développement, mauvaise connexion des réseaux de transport), ou dynamisants (création d'emplois, installation de populations).
- **Interface :** zone de contact entre un espace et le reste du monde.

REPÈRE A

Un effet-frontière dynamisant

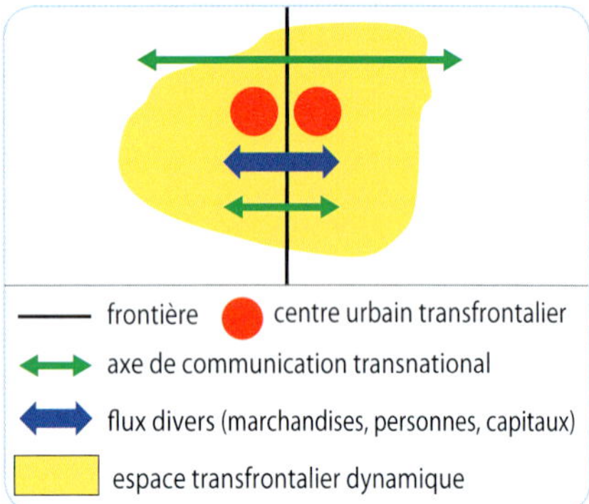

REPÈRE B

Les effets de la frontière sur l'immobilier

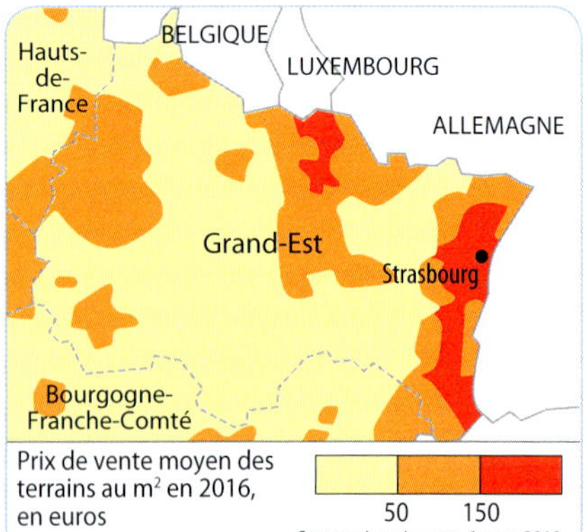

Source : *Lorraineactu*, 6 mars 2019.

1 La première structure de *coworking* tranfrontalier à Thionville

2 Le Pays basque, un territoire de vie transfrontalier

L'espace de l'eurocité basque est un étroit couloir de 50 km de long, entre les Pyrénées et l'océan. Il forme un ensemble urbain continu de plus de 600 000 habitants et constitue un axe de communication majeur entre le Nord-Ouest de l'Europe et l'Espagne. Bien que ce corridor soit une source de dynamisme et de richesse, il est aussi source de nuisances environnementales et présente de nombreux dysfonctionnements : saturation des voies routières, discontinuités ferroviaires (écartements des rails différents entre la France et l'Espagne), emplois doubles d'infrastructures (les aéroports d'Irun et Biarritz à 20 km l'un de l'autre). Les flux de travailleurs restent faibles en raison des difficultés liées aux transports. On observe en revanche, dans les zones les plus proches de la frontière, un nombre croissant d'Espagnols s'installant en France (20 % de la population d'Hendaye est espagnole) en raison de la pression foncière du côté espagnol (le territoire du Guipuscoa est très accidenté et quasi saturé). Les échanges commerciaux sont importants et s'effectuent dans les deux sens. Enfin, il existe une communauté culturelle forte entre Basques français et espagnols. Le basque est parlé par plus de la moitié des Basques espagnols et par 10 % des Basques français.

Mission opérationnelle transfrontalière, 2020.

Capacités & Méthodes

Transposer un texte en schéma

À partir du doc. 2, complétez le schéma suivant pour montrer pourquoi la frontière basque est un territoire parcouru par ses habitants.

Titre : ....

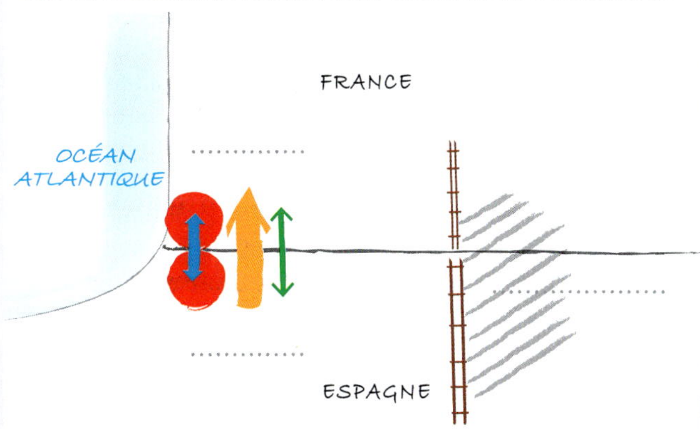

1. Un territoire de vie traversé par des flux multiples

- (cercle rouge) ....
- .... installation définitive d'Espagnols en France
- (flèche bleue) ....
- .... territoire à la culture commune (langue, coutumes...)

2. Une connexion imparfaite

- .... relief accidenté
- (flèche verte) ....
- (voie ferrée) ....

Exemple

Comment la frontière transforme-t-elle le quotidien des Français frontaliers ?

Les frontaliers ont une expérience intime et quotidienne avec la frontière. Malgré des difficultés linguistiques ou administratives, cette frontière offre aux frontaliers des opportunités et des avantages multiples.

1

L'ouverture des frontières

Depuis la mise en place de l'espace Schengen en 1995, les frontières françaises se sont ouvertes, entraînant la disparition des postes frontières et la libre circulation des citoyens.

2 **La frontière, un territoire de vie**

L'œil du géographe Dans un contexte de fréquente continuité urbaine de la France à la Belgique, la frontière en est presque gommée. Les échanges n'en sont que plus intenses : 45 % des frontaliers français fréquentent souvent les magasins belges, 59 % des frontaliers belges se rendent fréquemment dans les centres commerciaux français. Dans l'agglomération lilloise, la frontière franco-belge est reconstruite en permanence au moyen de la fête, principale cause de transit transfrontalier en fin de semaine. Depuis une vingtaine d'années, l'ouverture totale de la frontière se traduit paradoxalement par une réduction des échanges classiques liés au travail. Alors que sa dimension administrative, politique et économique diminue avec une simple indication par un panneau de signalisation dans une continuité urbaine monotone, ce sont ces pratiques festives qui entretiennent l'existence de la frontière. La frontière se rappelle au souvenir des Lillois qui vont fréquenter les boîtes de nuit, les discothèques et les bars belges. Elle est aussi avantageuse quand on exploite des législations différentes en matière de taxes sur les produits (prix de l'essence ou du tabac). Aujourd'hui, Lille tente cependant d'inverser le sens des déplacements liés à la détente et à l'amusement afin de renforcer son attractivité sur l'environnement belge.

V. Adoumié, *Les Nouvelles Régions françaises*, Hachette, 2018.

3 **Des différences de réglementations sources de tensions**

Les projets de révision de la réglementation de la Sécurité sociale par la Commission européenne inquiètent les frontaliers. En cas de chômage, ils ne seraient pas pris en charge par le pays dans lequel ils ont exercé leur activité professionnelle, mais par leur pays de résidence.

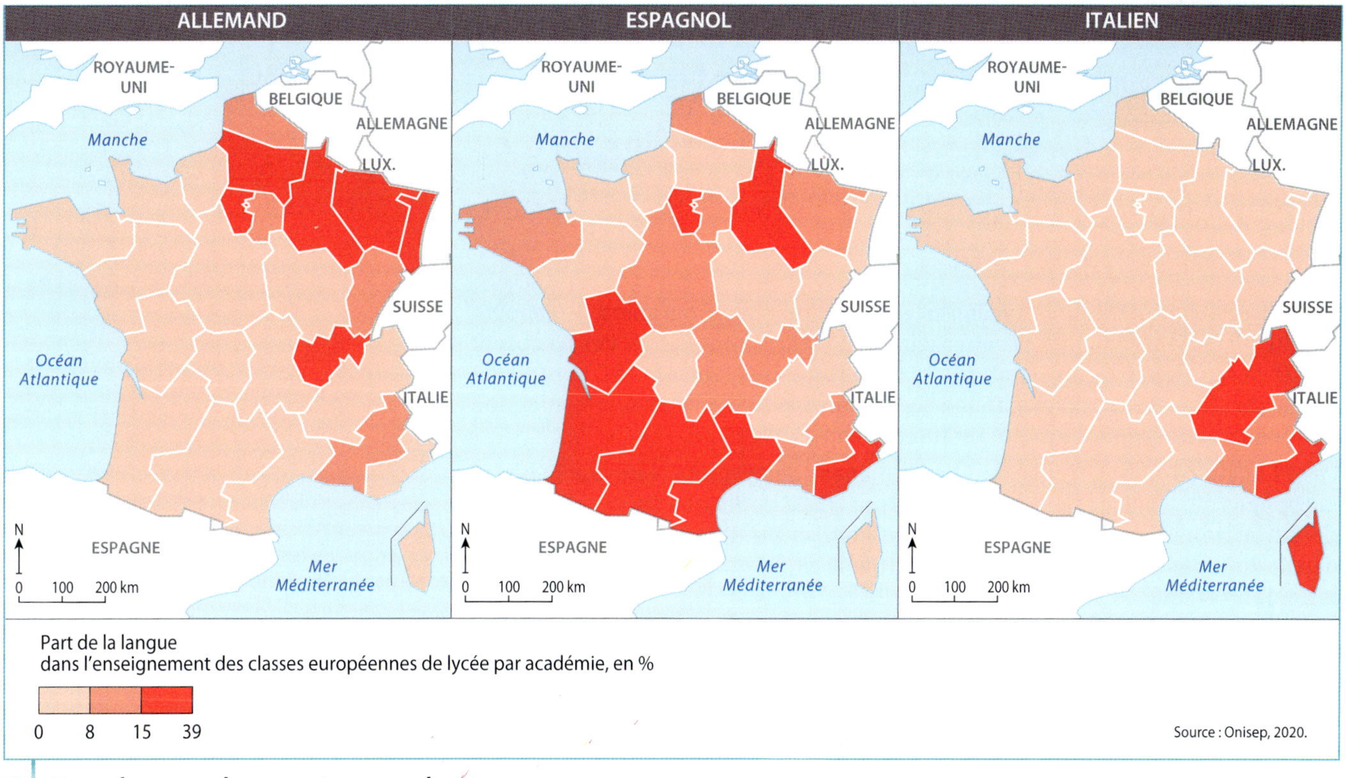

4 **Une plus grande ouverture aux langues**

5 **La frontière, un espace traversé et aménagé**

Lionel était convoyeur de fonds à 1 700 euros par mois. Après avoir repris ses études, il est parti travailler au Luxembourg où il gagne 3 100 euros mensuels comme *Web designer*. Chaque matin, il met 55 minutes à 1 h 25 pour parcourir les 55 kilomètres qui le séparent du Luxembourg. Les 164 000 transfrontaliers comme lui ramènent du pouvoir d'achat et dépensent cet argent en France. L'Insee estime les revenus frontaliers du Grand Est à 6 milliards d'euros par an. La région encourage donc ces flux avec, en 2018, un budget de 1,66 million d'euros pour promouvoir l'apprentissage des langues voisines. Elle les incite aussi à effectuer leur apprentissage dans des métiers « en tension », tels que charpentier, aide à domicile... Ces flux génèrent malgré tout des problèmes avec des besoins d'infrastructures de transport croissants côté français, d'où quelques coopérations transfrontalières. Entre Erstein (France) et Lahr (Allemagne), un bus circule aux horaires de travail des entreprises de la région. Il faudrait mieux répartir l'activité des deux côtés de la frontière pour éviter l'activité d'un côté et des cités dortoirs de l'autre. De plus, les villages limitrophes se développent rapidement entraînant une hausse des prix de l'immobilier.

Capital, 4 décembre 2018.

6 **La mobilité transfrontalière, un enjeu pour les élections municipales de 2020**

Dessin de presse de Régis Hector, *Le Républicain Lorrain*, 2020.

S'approprier un questionnement géographique

Itinéraire guidé

Comprendre le sens général des documents

1. Comment l'effacement des frontières se traduit-il dans l'espace et le quotidien des frontaliers ? (doc. 1 et 2)
2. À l'aide des doc. 4 et 5, montrez les atouts de la frontière sur le quotidien des frontaliers.
3. Montrez que la vie de frontalier peut aussi être source de contraintes et de tensions. (doc. 3, 5 et 6)

Itinéraire à l'oral

1. En binôme, préparez un débat sur les atouts et les contraintes de la frontière sur le quotidien des frontaliers français.
2. Choisissez chacun un point de vue à défendre et relevez-en les arguments dans les documents.
3. Lors du débat, prenez en note les arguments de votre contradicteur afin de les discuter.

Cours 2

QCM interactif cours

Podcast

Des territoires transfrontaliers français contrastés

Quels facteurs expliquent l'inégal dynamisme des territoires frontaliers français ?

A La présence d'une métropole

La présence d'une métropole dynamise les territoires transfrontaliers. Strasbourg ou Lille s'imposent comme des centres d'impulsion transfrontaliers. Elles disposent de services rares pour les habitants et les entreprises (universités, centres de recherche, hôpitaux) et d'une bonne connexion aux réseaux de communication nationaux et internationaux qui renforcent leur attractivité.

Les 11 agglomérations transfrontalières mènent des projets avec leurs voisins européens qui transforment le territoire (doc. 1). Le jardin des Deux Rives est un parc transfrontalier de part et d'autre du Rhin, entre Strasbourg et Kehl, relié depuis 2004 par une passerelle. L'Eurométropole Lille-Courtrai-Tournai encourage les mobilités douces par l'aménagement de pistes cyclables.

Le Groupement européen de coopération territoriale vise à faciliter la gouvernance des agglomérations transfrontalières. Cette structure permet la coopération des différents acteurs locaux, régionaux ou nationaux pour réaliser les projets : l'université franco-italienne Grenoble-Turin favorise la mobilité des étudiants, l'hôpital franco-espagnol de Cerdagne soigne 30 000 habitants, de part et d'autre de la frontière franco-espagnole.

B La mise en place d'un cadre institutionnel

L'eurorégion est la structure clé de la coopération transfrontalière. Cadre règlementaire, elle réunit les partenaires de deux ou plusieurs régions frontalières d'États de l'UE. Devenue le symbole des territoires transfrontaliers, elle reçoit les financements du programme **Interreg** (Repère A).

Par les projets mis en place, les eurorégions sont des laboratoires de la cohésion territoriale. L'Eurorégion Pyrénées-Méditerranée a développé par exemple un programme d'énergies marines renouvelables tandis que celle du Grand Est mise plutôt sur un salon de l'emploi franco-allemand.

Les territoires transfrontaliers ultramarins profitent aussi d'aides pour financer des projets (pont sur le fleuve Oyapock entre la Guyane et le Brésil, formation interrégionale des médecins de la Caraïbe). L'UE encourage ces territoires à s'intégrer dans leur aire régionale pour accélérer leur développement : Martinique (doc. 2) et Guadeloupe ont intégré l'Association des États de la Caraïbe.

C La création de politiques transfrontalières

La protection du paysage ou la promotion du tourisme dessine de nouveaux périmètres de coopération transfrontalière. Des territoires s'allient pour créer des parcs naturels transfrontaliers (commission transfrontalière du Mont blanc, parc pyrénéen des Trois Nations).

D'autres territoires transfrontaliers se construisent sur une coopération culturelle. L'identité transfrontalière est valorisée par la promotion de la langue (catalan, alsacien), de fêtes (Pays basque) ou de rencontres culturelles constituant un nouveau levier de développement transfrontalier.

Certains territoires peinent à créer des projets communs avec leur voisin. Victimes de recul démographique et agricole (Ardennes, Alpes du Sud), les zones peu denses ou peu accessibles ne parviennent pas à valoriser la proximité frontalière pour mener des programmes communs. Elles sont donc exclues des dynamiques transfrontalières (Repère B).

Les territoires transfrontaliers français sont inégalement dynamisés par la frontière en raison de facteurs internes (présence d'une métropole) et externes (dynamisme des territoires européens voisins, volonté politique).

Vocabulaire

- **Eurorégion :** espace de coopération transfrontalière au sein de l'UE bénéficiant d'aides européennes pour mener des politiques communes (transports, économie, environnement).
- **Interreg :** programme européen encourageant la coopération entre les régions européennes par le développement de projets communs dans des domaines variés (développement économique, gestion de l'environnement…).

REPÈRE A

Les fonds européens pour la coopération transfrontalière

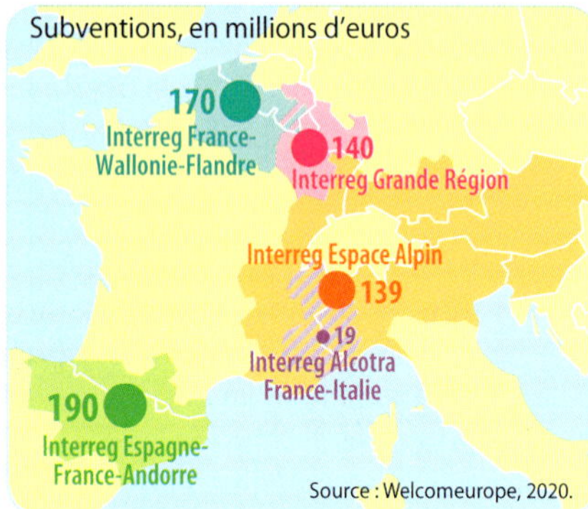

Source : Welcomeurope, 2020.

REPÈRE B

Des frontières inégalement dynamiques

	Flux de travailleurs français
Frontière France-Luxembourg	94 700 personnes
Frontière France-Allemagne	46 000 personnes
Frontière France-Espagne	5 510 personnes

Sources : Europe en France et MOT, 2020.

1 La frontière franco-allemande à Strasbourg

Trait d'union entre Strasbourg et Kehl, le parc des Deux Rives et sa passerelle créent un espace transfrontalier dédié à la nature, aux cyclistes et aux piétons depuis sa création en 2004.

2 Une coopération ultramarine récente : l'exemple des Antilles françaises

Outre une coopération régionale sur les sujets de santé, la Guadeloupe et la Martinique ont intégré l'OECO.

Vidéo

« L'intégration de l'OECS expliquée »
Source : Région Guadeloupe

Capacités & Méthodes

Réaliser une carte mentale à partir d'une vidéo (doc. 2)

Organisez vos idées à partir des trois branches suivantes :

De nombreux acteurs à toutes les échelles ;
des domaines d'action variés ;
des objectifs ambitieux.

Exemple Une coopération frontalière catalane en difficulté ?

1 Un espace frontalier catalan contraignant

2 **Les limites de la coopération frontalière catalane**

Les politiques de coopération sont promues par les élus pour insuffler une nouvelle dynamique au développement local. Ainsi, une eurorégion a été créée dans l'espace est-pyrénéen autour de la Catalogne et de l'Occitanie comme si l'espérance d'un redressement économique reposait sur une meilleure articulation intercatalane. Les deux parties s'engagent à mettre en œuvre une coopération approfondie pour améliorer le quotidien des habitants[1]. Cependant, les coopérations restent peu nombreuses. Le transfrontalier butte ici sur divers obstacles. D'abord, les coopérations ont un caractère précaire : leur pérennité est incertaine une fois les subventions européennes arrivées à leur terme ou les objectifs sont compromis par des conflits car des décideurs s'engagent sur la scène transfrontalière dans le but de servir leur propre intérêt. Enfin, les différences administrative, institutionnelle, politique, législative persistent. Les frontières demeurent des enveloppes qui différencient juridictions, cultures politiques, modèles administratifs… Ces asymétries sont des obstacles à l'action. Le cas catalan n'est pas isolé : des recherches ont montré le faible degré d'institutionnalisation de la coopération transfrontalière sur d'autres localités (comme les Ardennes ou les projets de faible envergure entre la France et l'Italie).

J. Gomez (chercheur en sciences politiques), *Les limites de la coopération transfrontalière : l'exemple catalan*, Pôle Sud, 2018.

1. Comme l'hôpital transfrontalier de Cerdagne. Vidéo

Vérifier des hypothèses sur une situation géographique

Itinéraire guidé

Lire les documents

1. Identifiez les infrastructures qui facilitent la coopération transfrontalière. Quels éléments freinent cette coopération ? (doc. 1)

Interpréter les documents

2. Pourquoi les caractéristiques naturelles du territoire ne suffisent-elles pas à expliquer le faible dynamisme de cette coopération ? (doc. 2)

3. Montrez, à travers l'exemple de l'hôpital transfrontalier de Cerdagne, que la création d'aménagements communs peut dynamiser la coopération. (vidéo)

Itinéraire en autonomie

Un journaliste enquête sur la frontière catalane. À l'aide des documents, rédigez son article d'une quinzaine de ligne intitulé : « Pourquoi la coopération frontalière catalane est-elle en panne ? ».

Exemple — Une coopération frontalière franco-allemande dynamique ?

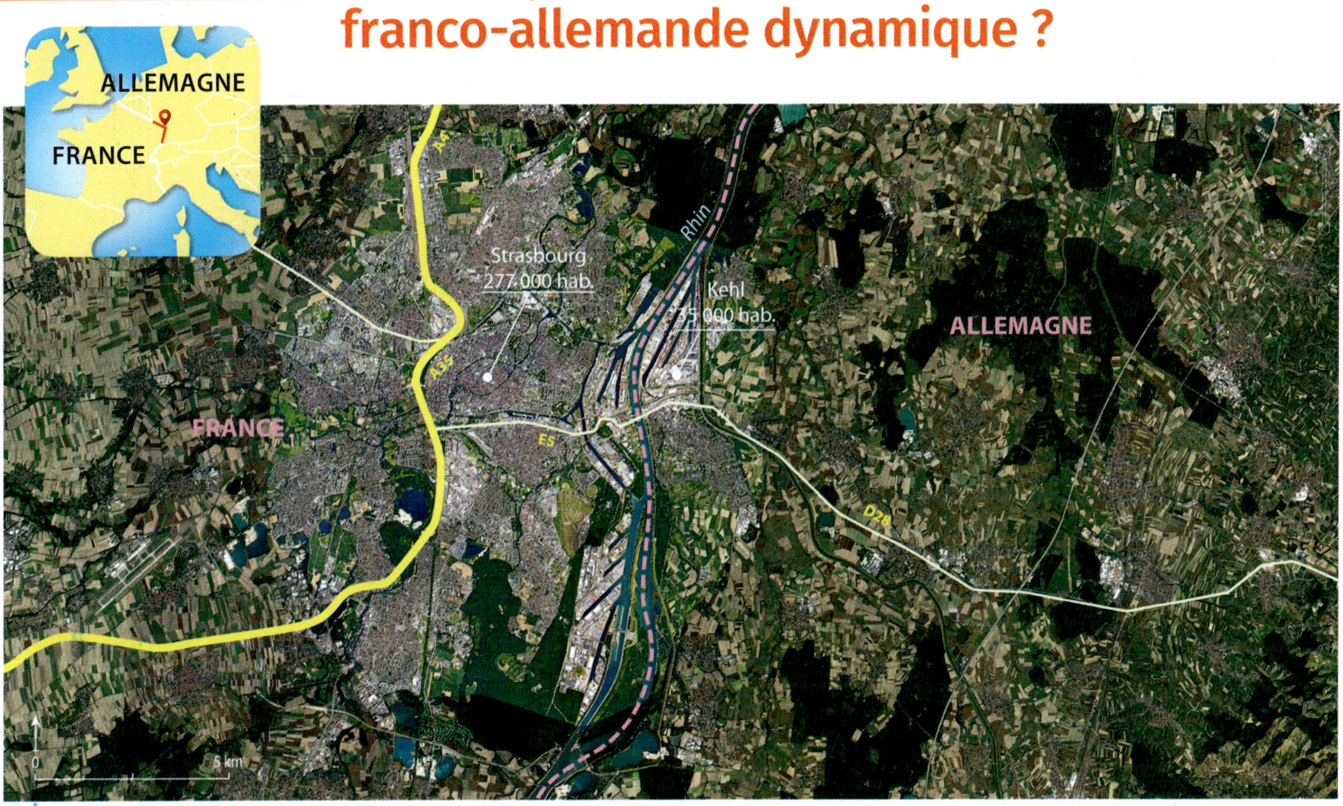

1 Les potentialités de l'espace frontalier allemand

2 **La coopération transfrontalière, une stratégie de développement pour l'Alsace**

Les acteurs en Alsace et Bade-Wurtemberg sont motivés et se mobilisent pour mettre en œuvre l'ensemble des projets à développer : immobilier d'entreprises, ZIP franco-allemande EcoRhena, centre technologique d'excellence, centre d'affaires transfrontalier… Différents événements sont déjà organisés pour le développement de l'emploi transfrontalier et portés par plusieurs des partenaires du Haut-Rhin dans le cadre de l'emploi et de l'insertion. De plus, rouvrir la ligne ferroviaire entre Colmar et Volgelsheim au transport de voyageurs participera à la revitalisation du territoire de Fessenheim, mais elle contribuera aussi à créer un bassin d'emploi transfrontalier permettant aux Haut-Rhinois en recherche d'emploi, notamment les jeunes, de postuler au sein des entreprises du Bade-Wurtemberg qui affiche un taux de chômage de 3,4 % contre 8,4 % et 21 % pour les jeunes dans le Haut-Rhin. Cette ligne permettra aussi l'interconnexion de deux villes parmi les plus importantes du Rhin que sont Colmar (70 000 habitants) et Fribourg (230 000 habitants) et contribuera en outre à un développement socio-économique très important pour l'ensemble du territoire de l'eurodistrict (1,2 million d'habitants).

Conseil départemental du Haut-Rhin, 1er mars 2018.

Vidéo

« Strasbourg-Kehl : main dans la main »
Source : France Info, 19 avril 2018.

Mettre en relation des faits de localisations différentes

Itinéraire guidé

Complétez le tableau suivant pour comparer les exemples catalan (p. 288) et alsacien (p. 289) et expliquer l'inégal dynamisme des espaces frontaliers français.

	La coopération frontalière catalane	La coopération frontalière franco-allemande
Situation géographique	....	....
Population (densité)	....	....
Axes de communication	....	....
Travailleurs transfrontaliers	660 Français et 1 200 Espagnols	46 000 Français et 4 000 Allemands
Nature des projets transfrontaliers	....	....
Bilan	....	....

RÉVISER

L'essentiel audio-vidéo

Organigramme version interactive

L'essentiel

Quelles sont les dynamiques qui traversent les territoires transfrontaliers français ?

Des territoires transfrontaliers français au cœur de l'intégration européenne

Des territoires ouverts aux échanges avec l'UE

+

Des territoires qui s'adaptent à la libre circulation

=

Une coopération transfrontalière qui a des limites

Cours 1

Les **territoires transfrontaliers** français se caractérisent par des **flux multiples** de part et d'autre de la frontière (travailleurs frontaliers, échanges commerciaux, culturels...).

Pour faciliter ces échanges, différentes formes de **coopérations transfrontalières** sont mises en place (eurorégion, eurodistrict, eurométropole) avec le **soutien de l'UE**.

L'objectif est de mettre en œuvre des **projets communs** et de renforcer leur **connexion** pour assurer le développement de leurs territoires.

Des territoires transfrontaliers français contrastés

... par la présence d'une métropole

+

... par la mise en place d'un cadre institutionnel

+

... par la création de politiques transfrontalières

Cours 2

La vitalité d'un territoire transfrontalier se caractérise par la présence d'une métropole dynamique et par une **connexion des réseaux de transport** de part et d'autre de la frontière.

Les **eurorégions** créent un cadre réglementaire pour organiser la coopération transfrontalière et percevoir des soutiens financiers de l'UE (programme **Interreg**)

Les **politiques transfrontalières** renforcent les liens et s'inscrivent dans des domaines variés (culture, environnement, développement économique) mais les espaces peu dynamiques peinent à établir des politiques efficaces.

Chiffres clés

LUXEMBOURG 1er 70 300

Les flux de travailleurs frontaliers français les plus intenses

→ 2e Allemagne 46 000

→ 3e Belgique 37 800

Les populations françaises en situation transfrontalière

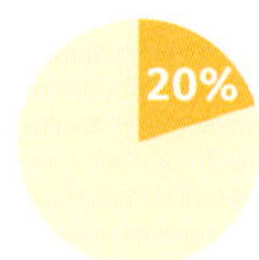

de la population française totale

Pour aller plus loin

Des sites Internet

- Une sélection d'articles et de cartes sur les espaces transfrontaliers, leurs projets et l'action de l'Union européenne : http://www.espaces-transfrontaliers.org
- Un site pour découvrir l'Eurométropole Lille-Courtrai-Tournai : https://eurometropolis.eu/

Un documentaire

Salariés sans frontières, de G. Balbastre. Sur les destructions d'emploi en Lorraine et sur l'attrait du Luxembourg pour ces salariés.

Un film

Rien à déclarer, réalisé par D. Boon, en 2011. Une comédie illustrant la suppression de la frontière franco-belge lors de la création de l'espace Schengen.

Un livre

La Grande Région Saar-Lor-Lux, vers une suprarégionalisation transfrontalière, E. Evrard, Presses universitaires de Rennes, 2018. Ouvrage consacré à l'espace frontalier concentrant le plus grand nombre de travailleurs frontaliers en Europe.

EXERCICES

Localiser

Croquis PDF à télécharger

en complétant le croquis suivant

Les eurorégions et eurométropoles en France

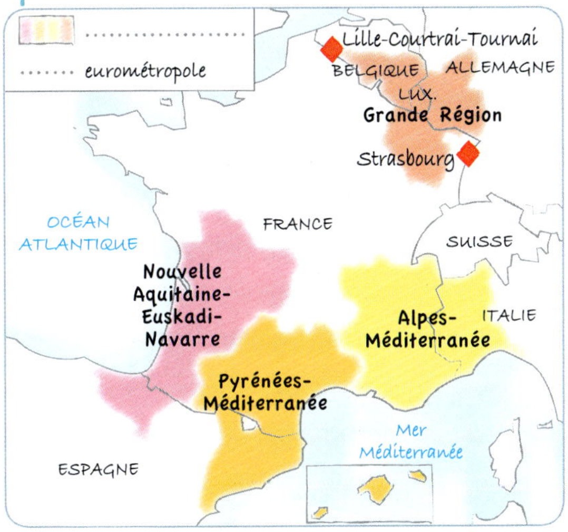

Identifier

Organigramme PDF à télécharger

les acteurs et leurs actions en faveur du développement frontalier

Échelle	Acteurs	Actions
européenne	Interreg	....
nationale	....	• bourses aux étudiants • ....
locale	....	....

Analyser

un graphique

En analysant le document, montrez que la part des salariés travaillant à l'étranger est inégale entre les régions frontalières. Formulez des hypothèses permettant d'expliquer cette situation.

Part des salariés travaillant à l'étranger

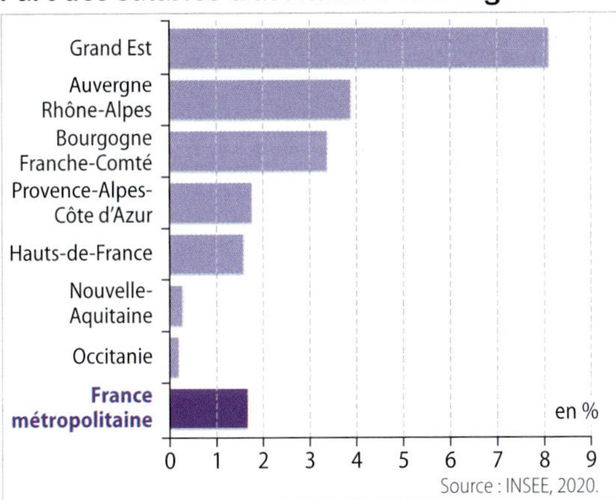

Source : INSEE, 2020.

Argumenter

par des exemples précis puis nuancer le propos

- Les eurométropoles sont un facteur clé dans le développement d'un territoire frontalier car .... Mais ....
- Les flux transfrontaliers permettent un développement du territoire car .... Cependant, ...
- Les espaces frontaliers français sont dynamiques grâce à .... Or, ...
- La coopération frontalière dans les territoires ultra-marins nécessite le soutien de l'Union européenne car .... Mais ....

Travailler autrement

Analyser une vidéo

À l'aide de la vidéo *Le Statut frontalier dans le Grand Est*, présentez la région transfrontalière Grand-Est et les politiques mises en place pour dynamiser l'emploi et l'apprentissage transfrontaliers à destination des jeunes.

Vidéo

Source : Alsace20, 13 mars 2018.

Méthode
BAC-E3C

Réalisation d'une production graphique

Sujet : Atouts et défis de la coopération transfrontalière : l'Eurométropole Lille-Courtrai-Tournai

CONSEIL
Attention à la formulation de la consigne qui le plus souvent propose de transposer le texte en croquis mais peut aussi proposer de le transposer en schéma fléché.

Consigne 1 : **Transposer un texte en schéma fléché**
À partir du texte, vous construirez un schéma fléché correspondant au sujet suivant : « Les atouts et les défis de la coopération transfrontalière : l'Eurométropole Lille-Courtrai-Tournai ».
OU
Consigne 2 : **Transposer un texte en croquis**
À partir du texte, vous construirez à l'aide du fond de carte fourni, un croquis correspondant au sujet suivant : « Les atouts et les défis de la coopération transfrontalière : l'Eurométropole Lille-Courtrai-Tournai », accompagné d'une légende organisée.

Premier territoire transfrontalier à adopter le nouveau statut de GECT (Groupement Européen de Coopération Territoriale en 2008), l'Eurométropole (EM) Lille-Courtrai-Tournai est très structurée institutionnellement mais peine encore à se présenter en tant qu'entité lisible par ses habitants, intelligible par les acteurs et visible de l'extérieur. Il s'agit d'un ensemble de 152 communes, appartenant à deux pays et dépendant de trois Régions : les Hauts-de-France ; la Wallonie, francophone ; et la Flandre, néerlandophone. Il y a ainsi deux jeux de limites qui traversent ce territoire : l'un est politique, étatique, l'autre est linguistique, culturel, et les deux ne coïncident pas. Et le périmètre de l'Eurométropole est tout à fait arbitraire : il découle des cinq associations intercommunales qui se sont regroupées en 1991, sous une forme d'abord spontanée puis associative. L'EM revendique un statut de territoire « inter-régional ». En effet, son agence se définit depuis 2016 comme « facilitatrice » des interactions entre régions, une entité incitative pour la coopération. Ces enjeux, s'ils sont transfrontaliers, sont aujourd'hui définis et cadrés à l'échelle européenne via les programmes Interreg.

Le fait régional principalement unifiant est sa métropolisation, en colonne vertébrale transfrontalière, même si celui-ci ne correspond néanmoins qu'à une partie centrale du territoire. Il ressort que l'Eurométropole est tiraillée entre des positionnements assez opposés : d'un côté, elle cherche à se construire comme une entité régionale pluriculturelle, pour les besoins de visibilité et d'attractivité qui poussent toutes les villes à la métropolisation. Elle a pour cela quelques « faits régionaux » à invoquer, que ce soit la conurbation, les continuités de la géographie, un même rapport de porosité ville-campagne, une histoire commune, etc. D'un autre côté elle est couramment ramenée à s'envisager comme une somme de territoires, la « métropole tri-régionale », une mosaïque de fragments juxtaposés qui doivent être considérés comme égaux. Mais pour y arriver, d'autres déséquilibres ont été engendrés : le partage du budget pour moitié entre France et Belgique survalorise la contribution de la Métropole européenne de Lille ; la superficie augmentée a intégré des territoires peu concernés par le transfrontalier et amène l'Eurométropole aux portes de Bruxelles.

D'après Bénédicte Grosjean (géographe), « Les ambiguités de l'Eurométropole Lille-Courtrai-Tournai à travers ses représentations régionales », *Belgéo*, 2019.

Consigne 1 : Transposer un texte en schéma fléché

A Sélectionner et hiérarchiser les informations à schématiser

CONSEIL
Sélectionnez les propositions qui couvrent l'ensemble des informations du texte.

1. Parmi les propositions suivantes, identifiez les trois grandes idées du texte qui permettent de répondre au sujet.
   - *Un territoire favorable à la coopération*
   - *L'histoire de la coopération transfrontalière*
   - *Des formes de coopérations multiples*
   - *Une coopération encouragée par l'UE*
   - *Des défis à relever pour approfondir la collaboration transfrontalière*
2. Attribuez une couleur à chaque idée principale, et surlignez les informations dans le texte en fonction de ces idées.

B Réaliser le schéma fléché

3. Écrivez au centre de votre feuille le titre du schéma fléché : « L'Eurométropole Lille-Courtrai-Tournai ».
4. Complétez le schéma fléché suivant en y organisant les informations prélevées.

CONSEIL
Soignez la présentation du schéma en traçant les traits à la règle et en écrivant lisiblement.

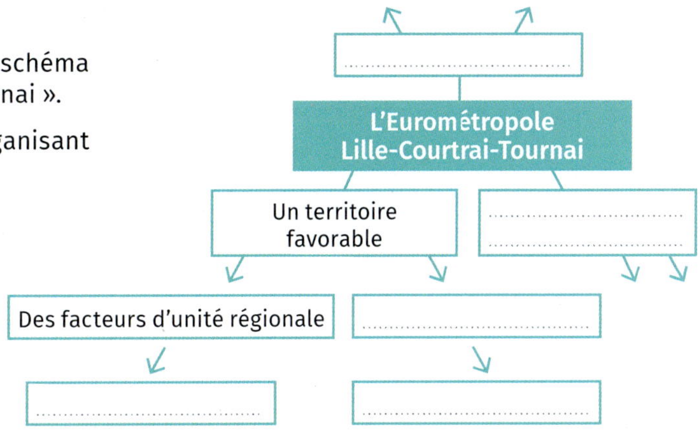

Consigne 2 : Transposer un texte en croquis

A Préparer la légende du croquis

1. Sélectionnez les informations du texte en fonction des titres proposés dans la légende du croquis.
2. Associez un figuré à chaque information sélectionnée.

CONSEIL
Choisissez une gamme de couleurs chaudes ou froides pour chacune des parties de la légende.

B Réaliser le croquis

3. Complétez le croquis suivant en vous appuyant sur les informations fournies par le texte.

Croquis PDF à télécharger

Titre : ....

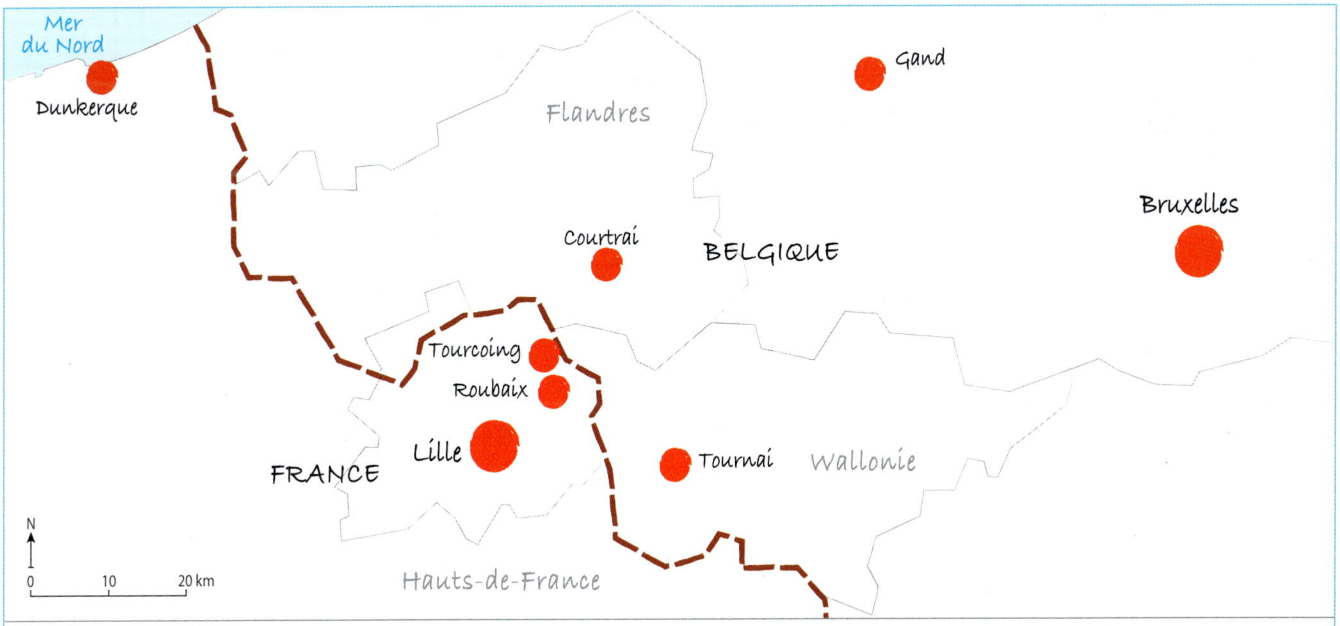

1. Une région transfrontalière aux nombreux points communs

....

....

....

2. Des limites à la coopération transfrontalière

....

....

....

....

Méthode BAC-E3C

Analyse de documents

En analysant les documents, vous montrerez que les projets communs transfrontaliers sont portés par des acteurs divers. Vous expliquerez aussi pourquoi ils dynamisent les territoires transfrontaliers français.

1 La mise en place d'actions communes

La coopération transfrontalière est indissociable des incitations émanant de l'échelle communautaire, l'action territoriale de l'UE se portant historiquement sur les espaces frontaliers, par exemple avec le Feder, créé en 1975. Elle incite à la coopération entre territoires frontaliers autour de problématiques du quotidien (mobilité, environnement) ou d'ordre organisationnel (mise en place d'Eurorégions). Plusieurs initiatives ont ainsi permis le développement de services transfrontaliers qui contribuent à redéfinir les territoires français. Le Briançonnais (Hautes-Alpes) souffre d'un enclavement prononcé à l'échelle nationale. Toutefois, de l'autre côté de la frontière, en Italie, la gare d'Oulx est desservie par les TGV Paris-Milan. En conséquence, le département des Hautes-Alpes et la province de Turin obtiennent au titre du programme Interreg un financement pour mettre en place un service de navette par car entre cette gare et Briançon, en desservant la station Montgenèvre, elle-même reliée à d'autres stations italiennes pour former le domaine skiable de la Voie lactée. Les territoires frontaliers connaissent aussi des dynamiques spécifiques autour de la question de l'emploi. Le cas des périphéries françaises de Genève, de Bâle ou de Luxembourg en sont des exemples. La transfrontaliarité ne nie pas la frontière, mais joue avec les différentiels qu'elle offre.

Sophie Dubois et Kevin Sutton, *La France, Géographies d'un pays qui se réinvente*, Bréal 2018.

2 La culture au service de la coopération transfrontalière

A Comprendre la consigne

Activité interactive

1. Répondez aux questions suivantes pour analyser le sujet.

Identifiez les territoires transfrontaliers français évoqués dans les documents.

En variant les échelles, listez les acteurs impliqués dans la coopération transfrontalière.

Dans quels domaines des projets communs peuvent-ils se mettre en place entre territoires frontaliers ?

En analysant les documents, vous montrerez que les projets communs transfrontaliers sont portés par des acteurs divers. Vous expliquerez aussi pourquoi ils dynamisent les territoires transfrontaliers français.

Trouvez des exemples vus en cours pour justifier le fait que la coopération dynamise les territoires transfrontaliers.

Définissez la notion de territoire transfrontalier. Pourquoi l'intégration de la France à l'Union européenne fait-elle de ces territoires des centres d'impulsion ?

B Préparer l'analyse de documents

CONSEIL
Identifiez les informations dans les documents en choisissant une couleur de surlignage pour chaque thème.

2. Complétez la 2e colonne du tableau suivant pour identifier les informations.

3. Complétez ensuite la 3e colonne en utilisant vos connaissances pour interpréter les documents.

	Identifier les informations	Interpréter les informations à l'aide des connaissances personnelles
Des projets divers	– transport (doc. 1) –	– Politiques (navette Kussbus entre le Luxembourg et la France) ; infrastructures (pont pour le tramway à Strasbourg) – ....
Des acteurs multiples	....	....
Des territoires inégalement dynamisés	....	....

C Rédiger l'analyse de documents

CONSEIL
Faites directement allusion aux documents dans votre rédaction, en les citant. Cela évite la paraphrase.

4. Rédigez l'introduction de l'analyse de documents en vous appuyant sur la Méthode p. 10-11.

5. Rédigez l'analyse de documents en complétant les paragraphes suivants.

Les projets de coopération transfrontalière des territoires français sont nombreux et divers. Ils sont d'abord liés aux transports, ces derniers étant déterminants dans la connexion des espaces de part et d'autre de la frontière. Ainsi, le doc. 1 évoque........................

Les acteurs encourageant la coopération transfrontalière sont nombreux à toutes les échelles. Le doc. 1 rappelle notamment le rôle moteur de l'Union européenne, à travers le Feder (Fonds européen de développement régional) ou Interreg (........................*)*........................

Les territoires français sont donc dynamisés par ces différentes formes de coopération. Ainsi, le pays basque et la Navarre bénéficient de mobilités étudiantes visibles dans le doc. 2. ....

6. Terminez la rédaction de la conclusion suivante, en rappelant l'apport des documents au traitement du sujet.

Les documents proposés à l'étude ont donc permis de montrer que les projets de coopération transfrontalière des territoires français sont nombreux et........................

Méthode
La conclusion doit apporter une réponse globale à la question posée dans l'introduction pour guider l'analyse de document(s). Elle doit être rédigée de manière concise en insistant sur l'apport du ou des document(s) dans le traitement du sujet.

Méthode BAC-E3C

Question problématisée

Pourquoi les territoires transfrontaliers français sont-ils inégalement dynamiques ?

A Préparer la réponse à la question problématisée

Activité interactive

1. Analysez la question posée en répondant aux questions suivantes.

L'inégal dynamisme peut être lié à plusieurs facteurs. Lesquels ?

Sans précision, le sujet porte sur la France métropolitaine et ultramarine. Montrez la grande diversité des territoires transfrontaliers français, en métropole et en Outre-mer.

Pourquoi les territoires transfrontaliers français sont-ils inégalement dynamiques ?

Pourquoi l'effet-frontière peut-il dynamiser ou au contraire être un frein au développement des territoires ? Donnez des exemples de chacune de ces situations.

2. Complétez le plan suivant pour dégager les principaux arguments de la démonstration.

1er paragraphe : Des territoires inégalement dynamisés par l'environnement local	2e paragraphe : Des territoires inégalement dynamisés par l'existence de projets communs
– La présence ou non d'une métropole de rang européen –	... ...

B Rédiger la réponse à la question problématisée

3. En vous aidant du tableau proposé dans la question précédente, terminez la rédaction de l'introduction suivante.

Pour répondre à la question « Pourquoi les territoires transfrontaliers français sont-ils inégalement dynamiques ? », il convient dans un premier temps de ...

Méthode
Pour rédiger l'introduction, rappelez d'abord la question problématisée, puis présentez le plan choisi pour la réponse.

4. Rédigez les deux paragraphes du développement en vous aidant du travail réalisé dans la question 2.

5. Rédigez la conclusion en complétant le paragraphe suivant.

Ainsi, les territoires transfrontaliers français sont inégalement dynamiques pour deux raisons principales :
...
...

Méthode
Pour rédiger la conclusion, rappelez les principaux éléments qui constituent la réponse à la question problématisée.

Réalisation d'une production graphique

Sujet : L'inégal dynamisme des territoires transfrontaliers français

Consigne : À partir du texte, vous construirez à l'aide du fond de carte fourni, un croquis correspondant au sujet suivant : « L'inégal dynamisme des territoires transfrontaliers français », accompagné d'une légende organisée.

CONSEIL
L'organisation du texte constitue souvent un guide pour l'organisation de la légende. Il convient alors d'en dégager les principales idées et d'en problématiser la formulation.

Les territoires transfrontaliers français sont inégalement dynamiques. Leur ouverture dépend d'abord des infrastructures matérielles et politiques. Ainsi, les principaux axes de communication qui ouvrent le territoire français au reste du monde emprunte les couloirs naturels de pénétration du territoire : le long des littoraux (Côte d'Azur, Pays basque à l'ouest des Pyrénées ou catalan à l'est, mer du Nord), à la faveur de vallées perçants les massifs montagneux (Jura, Ardennes, Alpes). D'ailleurs, pour franchir les principaux massifs, des tunnels sont percés (Fréjus, Mont-Blanc, Tunnel sous la Manche, axe Lyon-Turin). De même, les structures politiques de coopération encouragées par l'Union européenne sont des cadres privilégiés de coopération : eurodistricts (Alsace, Moselle, Catalogne) ou Eurorégions (Alpes méditerranéenne, Pays basque).

La présence de métropoles frontalières de rang européen (Lille, Strasbourg, Genève) ou régional (Pau, Nice, Nancy-Metz, Chambéry) est un facteur de dynamisme. C'est particulièrement vrai dans les territoires connectés à la mégalopole européenne, vaste région urbaine qui de Londres à Milan, concentre les zones de fortes densités démographiques et économiques de l'Europe. Certaines de ces métropoles étendent leur territoire d'influence au-delà de la frontière et bénéficient du statut européen d'eurométropole (Lille, Strasbourg).

L'ensemble de ces leviers de développement explique l'inégale intensité des mobilités transfrontalières. Massives avec la Suisse, particulièrement vers Genève, elles sont également fortes, dans les deux sens, avec l'Allemagne, le Luxembourg, et dans une moindre mesure avec la Belgique ou l'Italie, via Nice. Les mobilités sont en revanche plus réduites avec l'Espagne.

Titre : ....

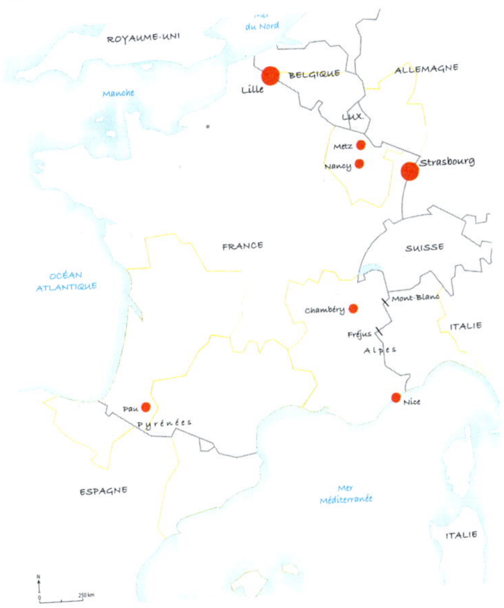

Question problématisée

Comment la frontière transforme-t-elle le quotidien des Français frontaliers ?

CONSEIL
Aidez-vous de l'exemple p. 284-285.

Analyse de documents

En analysant les documents, vous montrerez que les flux transfrontaliers franco-suisses sont intenses. L'analyse des documents constitue le cœur de votre travail, mais nécessite pour être menée la mobilisation de vos connaissances.

1 L'essor des navettes frontalières dans le Genevois

CONSEIL
Identifiez les auteurs de l'affiche et les procédés graphiques utilisés (couleurs, dessins, mise en page, textes, ...).

CONSEIL
Illustrez les tensions évoquées dans le texte par des exemples précis étudiés en classe.

2 **Interview de Jean Peyrony, directeur général de la Mission opérationnelle transfrontalière**[1]

Le Grand Genève est présenté comme l'agglomération transfrontalière la plus intégrée au monde. À quoi cela tient-il ?

Genève, situé au bout du lac, est enclavée par rapport au reste du territoire suisse mais c'est aussi une ville extrêmement dynamique, qui « déborde » sur les territoires voisins. Genève a besoin de la main-d'œuvre française, et un certain nombre de citoyens suisses trouvent aussi à se loger côté français. Les flux sont supérieurs à 100 000 travailleurs résidant en France qui vont travailler chaque jour à Genève. Un certain nombre de travailleurs ont un emploi en Suisse mais dépensent leur argent côté français, cela fait tourner une économie résidentielle. Au cours des vingt-trente dernières années, les deux versants ont mis en place des institutions qui ont permis d'amorcer des projets. Et en 2019, plusieurs projets majeurs vont se concrétiser, en particulier le maillon manquant du réseau ferroviaire entre Genève et Annemasse, le Ceva. Cela fait un siècle qu'on en parle ! Un tramway sera aussi inauguré. Le réseau du Léman express n'est pas seulement un projet de transport, c'est un projet d'aménagement. Il devra permettre un rééquilibrage en matière d'habitat et d'emploi entre Genève et le Genevois français. Autour de la gare d'Annemasse vont par exemple être construits des logements mais aussi des bureaux...

Mais les flux transfrontaliers génèrent aussi des tensions : question fiscale, augmentation des coûts du logement côté français, concurrence entre travailleurs français et suisses, qui a amené le versant suisse à appliquer une dose de « préférence locale » dans les emplois. Qu'est-ce qui est fait pour répondre à ces tensions ?

Tout d'abord, les salariés français qui travaillent à Genève y payent leur impôt sur le revenu, mais le Canton applique un « reversement fiscal » à la France. Par ailleurs, le Ceva est financé en France par les collectivités, la région, l'État mais aussi le Canton de Genève et la Confédération suisse. Tout cela peine à exister sur d'autres frontières, par exemple entre la France et Luxembourg.

Pour ce qui est de la préférence locale, elle a abouti à la mise en place de ce qu'on appelle la « préférence indigène light ». Il s'agit de favoriser l'emploi des travailleurs suisses qui se voient proposer les postes vacants en priorité. Mais la Confédération a aussi besoin de la ressource des travailleurs frontaliers. Les négociations entre la Suisse et l'Union européenne sont difficiles sur tous ces aspects. La cohésion d'un pays, la cohésion transfrontalière sont un combat permanent. Il importe de maintenir un dialogue citoyen entre des personnes qui apprennent à se connaître et à vivre ensemble. Elles doivent admettre qu'elles ne sont plus seulement dans la vie locale des temps jadis mais tributaires de pays voisins, de l'Europe, de la globalisation, dans un monde interdépendant. Mais cela nécessite d'assurer une équité sociale et territoriale pour que l'intégration bénéficie à tous.

1. La MOT a été créée par le gouvernement français et bénéficie du partenariat de l'Union européenne.

Banque des territoires, 18 mars 2019.

CONSEIL
Expliquez l'expression « équité sociale et territoriale ».

Analyse de document

En analysant le document, vous montrerez que les espaces transfrontaliers français sont inégalement dynamiques.

L'analyse du document constitue le cœur de votre travail, mais nécessite pour être menée la mobilisation de vos connaissances.

CONSEIL
Utilisez les exemples de votre cours pour illustrer les différents espaces transfrontaliers classés dans la légende.

1. Des territoires dynamisés par la mondialisation et l'intégration européenne

- frontière
- **ITALIE** État membre de l'UE disposant d'une frontière avec la France
- métropole étrangère dynamique
- tunnel transfrontalier
- principales mobilités transfrontalières quotidiennes
- flux de capitaux (investissements, achats)
- grand axe de communication et d'échanges économiques
- métropole française intégrée dans des politiques de coopération transfrontalière

2. Des territoires transfrontaliers contrastés

- territoire transfrontalier ouvert aux mobilités et aux échanges
- territoire transfrontalier aux mobilités et échanges encouragés par l'UE
- territoire montagnard en cours de recomposition sous l'effet de la coopération transfrontalière
- territoire transfrontalier étranger bien intégré à l'espace français sous l'effet de la coopération transfrontalière
- frontière-barrière, symbole des tensions frontalières en matière d'immigration

Source : Dalila Messaoudi et Cécile Michoudet, *La géographie de la France*, Ellipses, 2019.

Les espaces transfrontaliers français

THÈME

4

La France et ses régions dans l'Union européenne et dans la mondialisation : lignes de force et recompositions

Cinquième commune de France la plus peuplée, Nice doit son rayonnement à sa situation géographique privilégiée sur la Méditerranée, proche de la frontière italienne. Son aéroport, aménagé sur la mer, occupe le premier rang français en dehors de l'Île-de-France (14,5 millions de passagers en 2019). La métropole accueille en effet de nombreux flux touristiques, mais également des industries de haute technologie, notamment dans le technopôle voisin de Sophia-Antipolis. La métropolisation et la littoralisation de cette région incarnent ainsi les recompositions des territoires français.

Les acteurs de l'aménagement des territoires français dans la mondialisation

Employer les notions de géographie à bon escient

Des acteurs publics nombreux à toutes les échelles

Les acteurs de l'aménagement des territoires

L'œil du géographe L'image du mille-feuille territorial tend à caractériser à la fois la superposition de nombreux échelons politico-administratifs et un certain flou dans l'attribution des compétences entre ceux-ci. Cette situation résulte de deux grands processus de redéfinition de la répartition des compétences entre les différents acteurs territoriaux : la décentralisation entamée en 1982 et l'intercommunalité, entraînant une multiplication du nombre des acteurs institutionnels en France qui a pour point commun de renforcer toujours plus le rôle des **collectivités territoriales**. Celles-ci sont devenues des acteurs publics majeurs de la vie et de la démocratie locales. Les relations entre les différentes strates de cet empilement sont multiples, ne serait-ce que par les jeux de redistribution des recettes fiscales. Comme le précise la géographe Magali Reghezza-Zitt, « dans un contexte de crise des finances publiques, alors même que la défiance à l'égard des pouvoirs traditionnels s'est accrue, l'État n'est plus le seul pilote. Dans le même temps, du fait de la décentralisation ou de la mondialisation, de nouveaux acteurs sont apparus aussi bien à l'échelon supranational (UE, organisations de régulation internationales, FTN) qu'infranational (intercommunalités). »

Sophie Dubois et Kevin Sutton, *La France, Géographies d'un pays qui se réinvente*, Bréal, 2018.

Ne pas confondre

• Les acteurs publics de l'aménagement des territoires français

Le rôle croissant des collectivités territoriales

La région, un acteur au rôle croissant

Compétences privilégiées :
- **orientation économique**
- **développement durable**
- **transports, emploi.**

L'intercommunalité

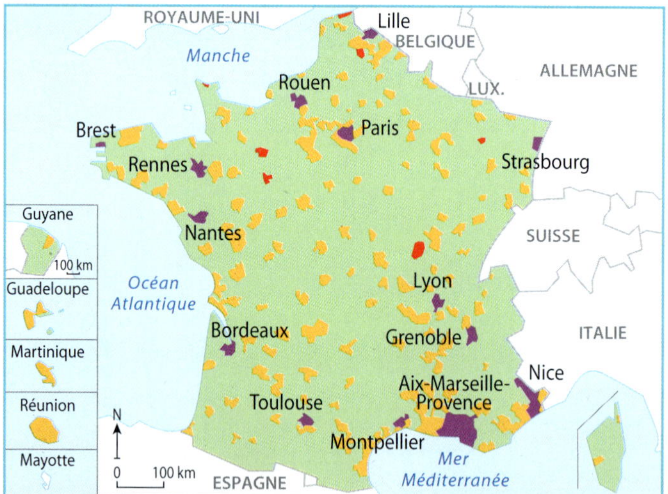

communauté de communes · communauté d'agglomération · communauté urbaine · métropole

Compétences privilégiées : urbanisme, déchets, distribution et assainissement de l'eau, social, transports urbains.

Source : Assemblée des communautés de France, 2020.

Une coopération croissante des acteurs publics...

... avec les entreprises

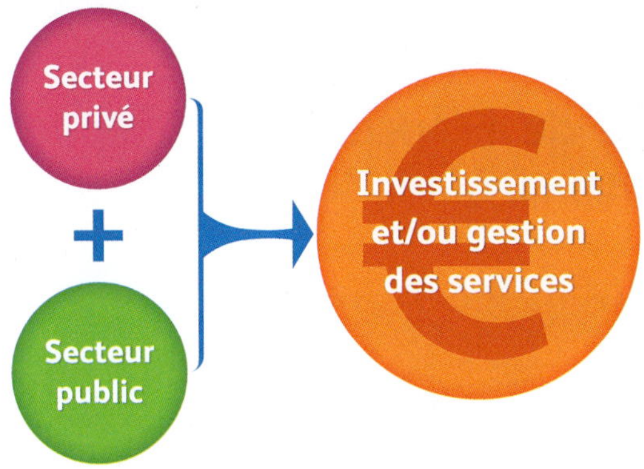

Pour attirer les investissements des entreprises, les collectivités territoriales aménagent leur territoire (zone industrialo-portuaire, *cluster*).

Dans le cadre des projets d'aménagement les plus coûteux, des **Partenariats public-privé** se mettent en place.

... avec les associations de citoyens

L'aménagement des territoires associe de plus en plus les citoyens dans le cadre d'une **démocratie participative**. Les enquêtes publiques menées pour toute procédure d'aménagement collectent l'avis des citoyens. Les conseils de quartier sont parfois forces de proposition, même si leur rôle reste limité.

Les finalités de l'aménagement des territoires

Assurer le développement économique	Réduire les disparités territoriales	Assurer la transition environnementale
Pour faire face à la concurrence dans la mondialisation, les territoires sont aménagés pour développer leur compétitivité (infrastructures, pôles de compétitivité). Ex : le technopôle de Saclay.	La cohésion des territoires passe par l'aide aux régions en difficultés : anciennes régions industrielles en reconversion, quartiers prioritaires en ville, zones de revitalisation rurale. Ex : bus de service public.	Face au changement global, les territoires engagent une transition environnementale qui passe par des aménagements durables. Ex : champ d'éoliennes dans les Hauts-de-France.

Questions

1. En utilisant les documents, justifiez l'affirmation de Magali Reghezza-Zitt : « *Dans le même temps, du fait de la décentralisation ou de la mondialisation, de nouveaux acteurs sont apparus aussi bien à l'échelon supranational (UE, organisations de régulation internationales, FTN) qu'infranational (intercommunalités)* ».
2. Formulez des hypothèses pour expliquer pourquoi les coopérations entre acteurs publics et acteurs privés augmentent pour répondre aux objectifs de l'aménagement des territoires.

Vocabulaire

- **Collectivité territoriale :** structure administrative (commune, département, région) compétente sur un territoire délimité. Elle est représentée par des élus qui disposent d'un pouvoir de décision, de compétences propres et d'un budget pour répondre aux besoins des habitants.
- **Démocratie participative :** forme d'exercice et de partage du pouvoir qui implique la participation des citoyens.
- **PPP (partenariat public-privé) :** accord permettant la mise en place d'un aménagement public par des entreprises privées qui, en échange de tout ou partie du financement, obtiennent l'usage de cet aménagement durant une période déterminée.

L'Île-de-France, la région capitale

Région îledeFrance

Avec 1/3 du PIB et 20 % de la population française, la région Île-de-France incarne la région-capitale. Mais à l'image des autres territoires métropolitains, elle doit faire face aujourd'hui au creusement de ses inégalités sociales et territoriales et renouveler sa gouvernance.

A Pourquoi l'organisation régionale de l'Île-de-France reste-t-elle marquée par de forts contrastes ?

Cours 1, p. 340-341

1 Paris, le cœur économique de la région Île-de-France

Paris regroupe 1/3 des emplois franciliens. Le quartier de la Défense, qui est le 2e grand bassin d'emplois régional, accueille plus de 180 000 salariés. Cependant, cette concentration n'empêche pas le développement de 40 pôles d'emplois dans la périphérie régionale, à plus de 25 km de la capitale.

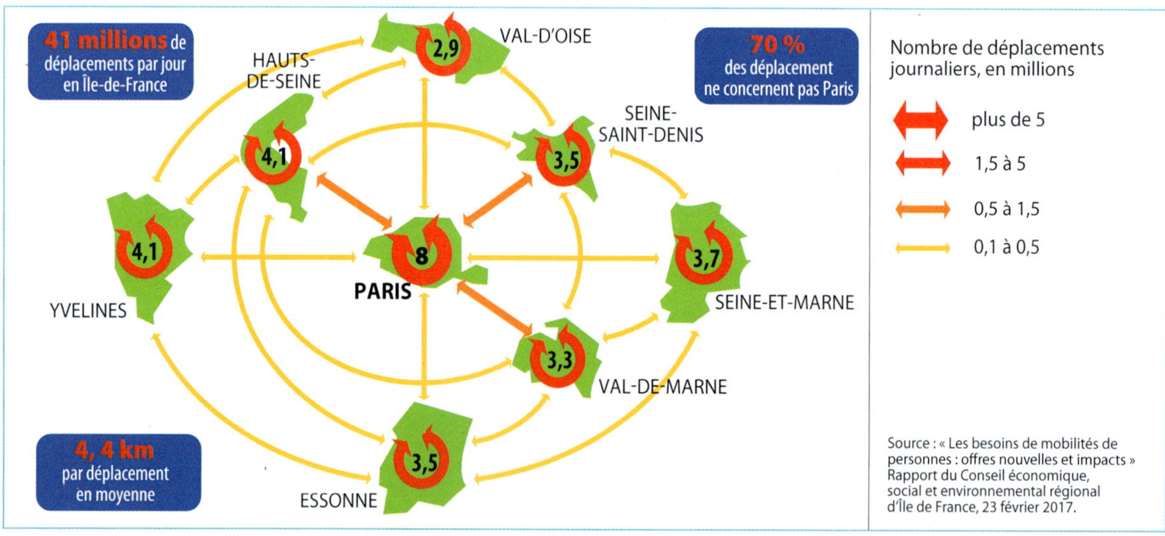

2 Une région au cœur des migrations pendulaires

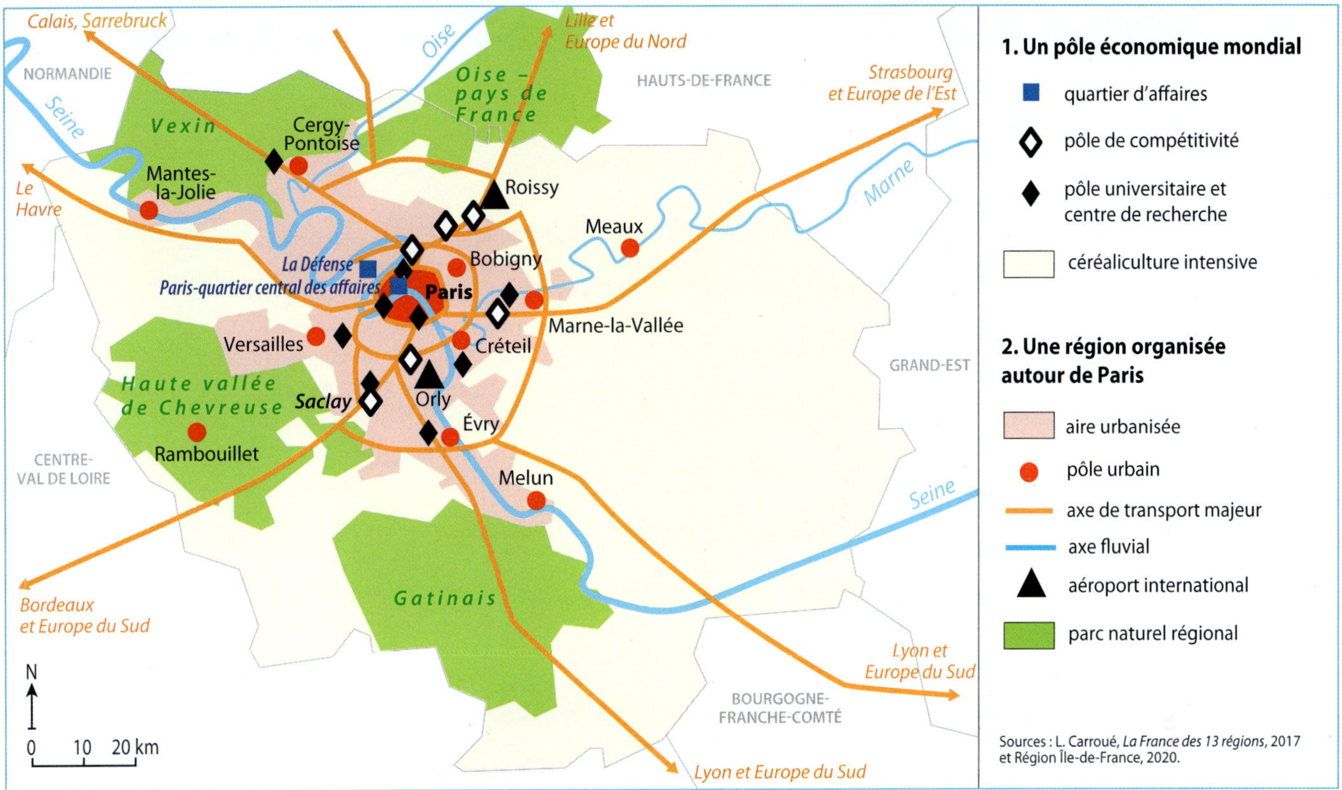

3 De grands contrastes régionaux de l'Île de France

4 Une accentuation des inégalités sociales

Une enquête de l'Institut d'aménagement et d'urbanisme (IAU) intitulée « Gentrification et paupérisation au cœur de l'Île-de-France » met en exergue la polarisation sociale de la région. D'un côté Paris (2,2 millions d'habitants) et les Hauts-de-Seine, départements les plus aisés du pays, continuent à « s'embourgeoiser ». De l'autre, la Seine-Saint-Denis, le territoire le plus pauvre. « La richesse est plus marquée, plus concentrée que la pauvreté ». Sans surprise, la différenciation sociale reflète surtout le marché immobilier. Paris n'échappe pas au phénomène de gentrification observé dans de nombreuses capitales, qui se traduit par l'arrivée de cadres dans des quartiers populaires, entraînant ainsi une baisse de la pauvreté. À Paris comme ailleurs, c'est le renchérissement des prix du logement qui exclut progressivement les plus modestes des quartiers centraux.

À noter toutefois, quelques villes pauvres de grande couronne ont réussi à inverser la situation, en utilisant le levier de la construction (Chanteloup-les-Vignes, Saint-Ouen-l'Aumône), ou en diversifiant l'offre de logements grâce à des programmes menés par l'Agence nationale pour la rénovation urbaine (Meaux, Persan, Mantes-la-Jolie). Alors que le conflit des « gilets jaunes » a amené à opposer « souvent de façon caricaturale » deux France, « celle des métropoles » « qui gagnent » et de la périphérie « qui perd », l'étude de l'IAU montre au contraire que la situation financière des ménages s'améliore dans les secteurs périurbains de grande banlieue. L'auteure parle de « moyennisation » des territoires périphériques.

« En quinze ans, Paris s'est enrichi et sa région appauvrie », *L'Express*, 3 juin 2019.

Construire une argumentation géographique

Itinéraire 1

Décrire et analyser

1. Quels territoires et quelles infrastructures favorisent l'attractivité régionale et l'intégration de la région dans la mondialisation ? (doc. 1 et 3)
2. Pourquoi peut-on dire que Paris joue encore un rôle majeur dans l'organisation de l'Île-de-France ? (doc. 1, 2 et 3)
3. Montrez cependant que les mobilités ne se résument pas à un simple échange entre Paris et sa périphérie et qu'elles se complexifient. (doc. 2 et 3)
4. Comment évoluent les inégalités socio-spatiales régionales ? (doc. 4)

Itinéraire 2 BAC E3C

Question problématisée

Comment les grands contrastes sociaux et économiques se manifestent- ils sur le territoire francilien ?

B Pourquoi les politiques de réduction des inégalités territoriales et d'attractivité créent-elles des tensions ?

Cours 2, p. 344-345 et cours 3, p. 350-351

5 L'État, un acteur majeur des mutations régionales

L'œil du géographe L'Île-de-France n'a pas profité comme les autres régions des lois de décentralisation des années 1980 : les principaux leviers en matière d'aménagement – les transports et la planification urbaine – ne lui ont été transférés par l'État qu'au début des années 2000. Jusqu'en 2013, toute opération d'urbanisme devait être compatible avec le schéma directeur élaboré par l'État en 1994, qui avait pourtant été rejeté par l'ensemble des collectivités locales.
Cette décentralisation est, par ailleurs, restée inachevée. Ainsi, l'État contrôle des opérations d'intérêt national concernant de grands secteurs stratégiques : les aéroports de Roissy et d'Orly, la vallée de la Seine en amont et en aval de Paris, le faisceau nord de Paris à Roissy et enfin le plateau de Saclay. En 2010, il promulgue la loi relative au Grand Paris[1] qui confie le pilotage de la construction du Grand Paris Express à un opérateur, la Société du Grand Paris (SGP). La région, pourtant autorité organisatrice des transports depuis 2000, est ainsi prise en tenaille entre la SGP et les deux exploitants du réseau francilien (la SNCF et la RATP) qui relèvent tous les trois de l'État.

D. Béhar et A. Delpirou, *Atlas du Grand Paris, une métropole en mutations*, 2020.

1. Intercommunalité regroupant les communes de Paris et celles des trois départements de la petite couronne. Elle vise à développer la continuité des aménagements entre Paris et sa proche banlieue.

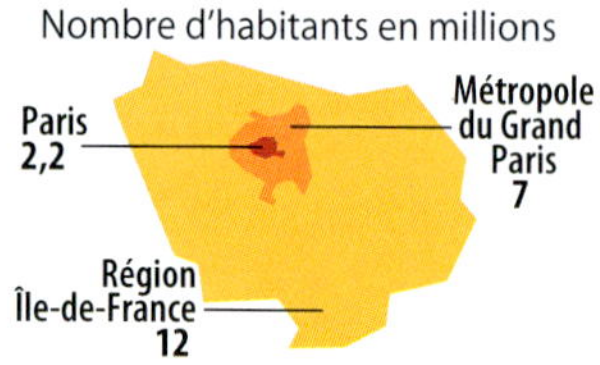

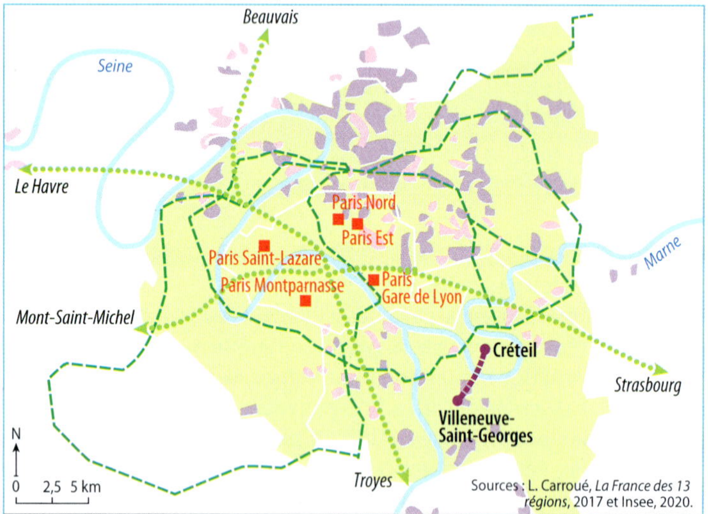

Sources : L. Carroué, *La France des 13 régions*, 2017 et Insee, 2020.

1. Des projets pour favoriser les mobilités
- ligne de métro du Grand Paris Express
- principal pôle multimodal
- téléphérique urbain en projet
- piste cyclable

2. Des aménagements au service du logement
- rénovation urbaine dans le cadre du Grand Paris express (construction, densification)
- autre politique qui bénéficie de la Politique de la ville (construction, réhabilitation)

6 Des aménagements inégaux en faveur de la mobilité et du logement

7 Des tensions sur les choix d'aménagement : l'exemple du projet EuropaCity

En 2019, le gouvernement décide d'abandonner le projet EuropaCity (boutiques, hôtels, espaces de loisirs) au nord de Paris qui avait le soutien des élus locaux. Mais les opposants sont encore actifs face aux autres projets d'urbanisation qui se succèdent sur ces 80 hectares de terres agricoles fertiles à proximité de Gonesse.

Itinéraire 1

Décrire et confronter les documents

1. Quels aménagements favorisent la réduction des inégalités territoriales ? l'attractivité régionale ? (doc. 5 et 6)
2. Pourquoi peut-on affirmer que les choix en faveur d'une transition environnementale sont encore faibles ou en débat ? (doc. 6 et 7)
3. Montrez que l'aménagement régional est source de fortes tensions entre les acteurs. (doc. 5 et 7)

Itinéraire 2 BAC E3C

Analyse de document

En analysant le doc. 6, vous montrerez que les aménagements en Île-de-France tentent de rééquilibrer le centre et sa périphérie.

Bilan de l'étude de cas

Retenir l'essentiel

Complétez le schéma fléché à l'aide des informations des pages 304 à 306

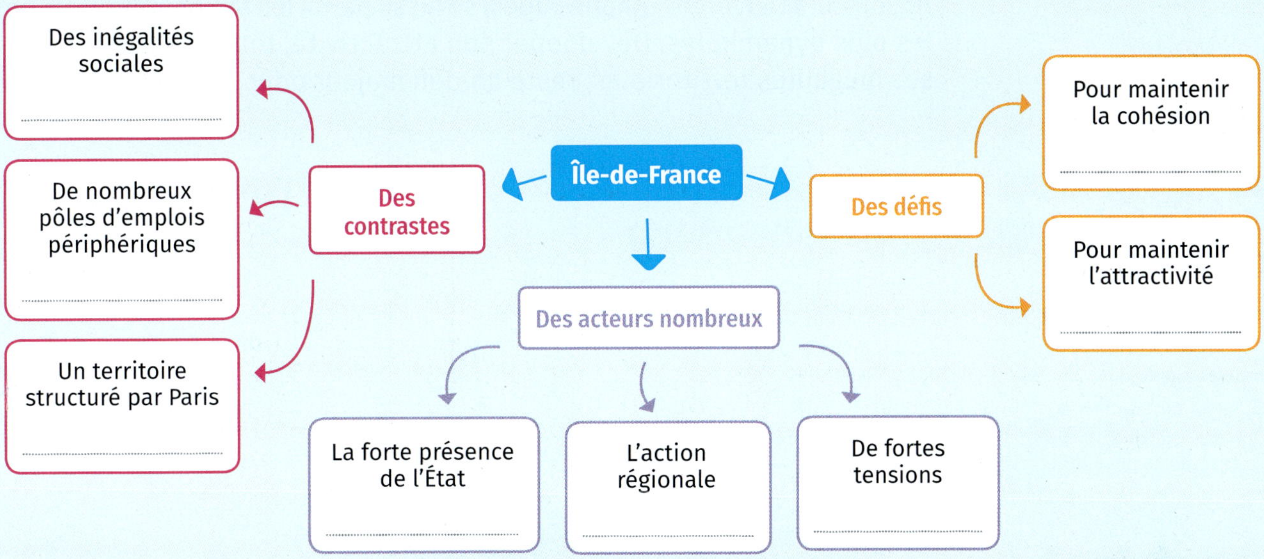

Schématiser l'essentiel

À l'aide des documents des pages 304 à 306 complétez le croquis suivant.

Titre : ……………………………………………………

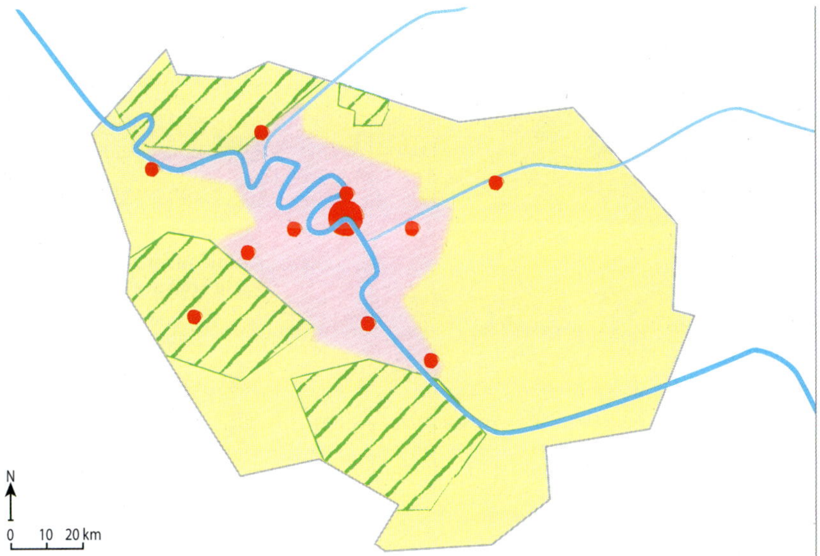

……………………………………………
…… ……………………………………
…… ……………………………………
…… ……………………………………
…… ……………………………………
…… ……………………………………

……………………………………………
…… ……………………………………
…… ……………………………………
…… ……………………………………
…… ……………………………………
…… ……………………………………
…… ……………………………………

Changer d'échelle

De l'étude de cas... au territoire français

1. Quelle autre région occupe une position de carrefour du territoire français comme l'Île-de-France ?
cours 1, p. 340-341

2. Toutes les régions françaises bénéficient-elles de la même attractivité que la région Île-de-France ?
cours 2, p. 344-345 et cours 3, p. 350-351

Étude de cas 2

La région Auvergne-Rhône-Alpes, entre attractivité et contrastes territoriaux

La Région
Auvergne-Rhône-Alpes

2e région française par son PIB et sa population (8 millions d'habitants), la région Aura (Auvergne-Rhône-Alpes) se hisse parmi les régions européennes les plus dynamiques. Développer son attractivité, tout en luttant contre ses inégalités territoriales, reste un défi majeur pour cette jeune région.

A Les contrastes territoriaux sont-ils un frein à l'attractivité de la région Auvergne-Rhône-Alpes ?

Cours 1, p. 340-341

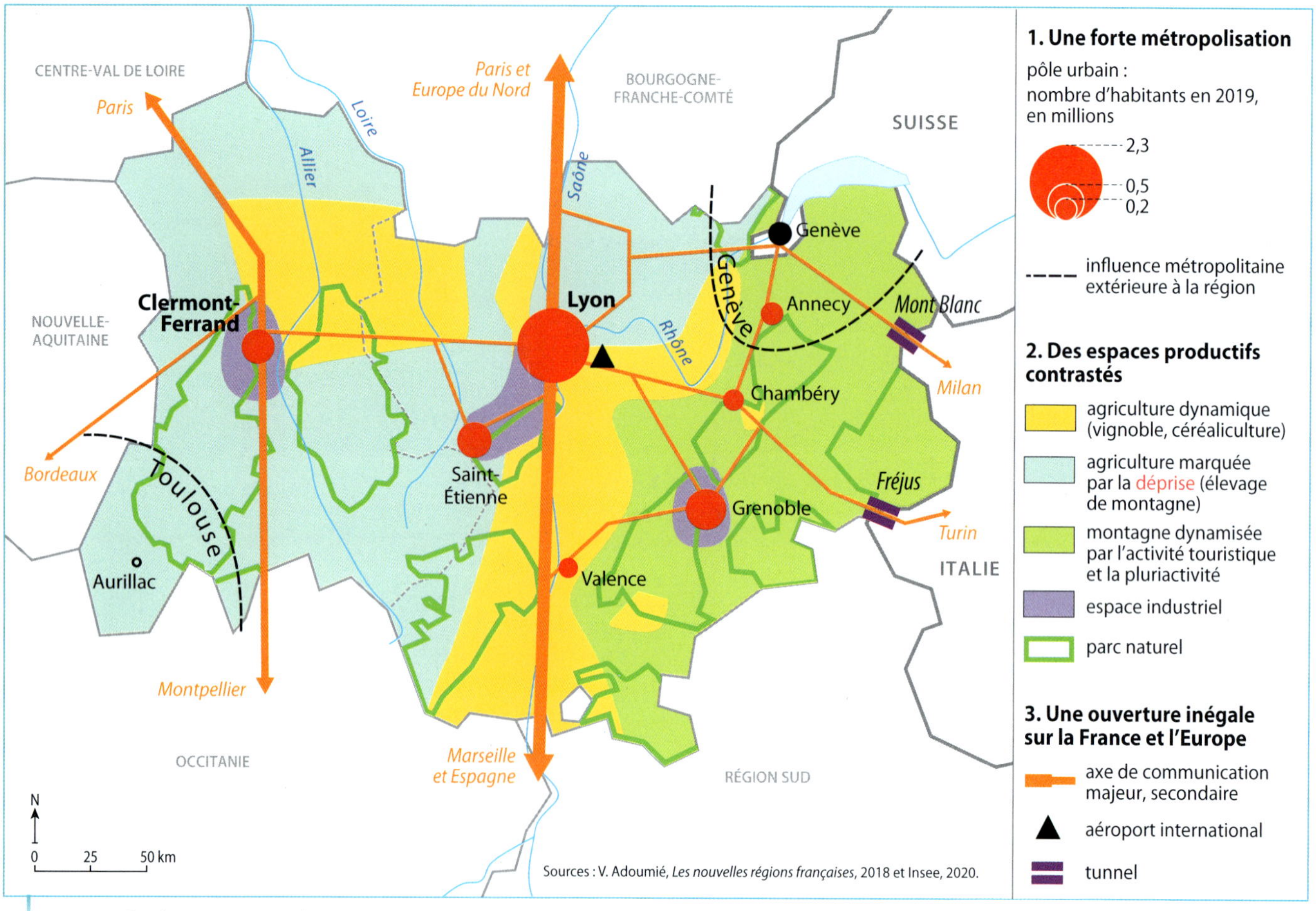

1 Un territoire contrasté aux activités complémentaires

En 2018	Département du Rhône[1]	Département du Cantal[2]	Région AURA	France métropolitaine
Densité de population, en hab./km²	561	25	115	120
Part des plus de 60 ans	21 %	34 %	25 %	25 %
Évolution annuelle de la population depuis 2010	+ 1,1 %	- 0,3 %	+ 0,8 %	+ 0,5 %
Part des cadres et professions intellectuelles dans la population active	19 %	5,5 %	13,7 %	13,4 %

2 Des inégalités socio-économiques régionales : l'exemple du Rhône[1] et du Cantal[2]

Source : Insee, 2020.

1. préfecture Lyon ; **2.** préfecture Aurillac.

3 Lyon, pôle métropolitain attractif de la région : le quartier d'affaires de la Part-Dieu

4 Un développement économique contrasté

L'œil du géographe L'Aura est la 2e région industrielle de France, derrière l'Île-de-France. Elle est marquée par un fort dynamisme grâce à sa spécialisation sectorielle (chimie-pharmacie, énergie, transports) et fonctionnelle (innovation, services hauts-de-gamme). La production manufacturière s'articule autour de trois pôles principaux (Lyon, Clermont-Ferrand, Grenoble) et de nombreux bassins secondaires (St-Étienne, Montluçon, etc.). Avec 19,5 % des dépôts de brevets nationaux, Aura est au 4e rang des régions européennes grâce à son potentiel de recherche et de formation (40 000 chercheurs, 10 universités et 43 grandes écoles). Des synergies nouvelles se créent à l'échelle de la Région : en 2014, 6 laboratoires des universités de Lyon, Clermont, Chambéry, Grenoble et l'ENS de Lyon ont fondé la Fédération de recherche en mathématiques AURA. La région vient également au 3e rang national pour les investissements étrangers, essentiellement grâce à la partie Est. Mais rhodanienne plutôt qu'auvergnate, urbaine plus que rurale, l'inégale attractivité économique de la région se lit aussi sur le plan démographique. L'attractivité migratoire favorise prioritairement les villes et d'abord l'agglomération lyonnaise.

L. Carroué, *La France des 13 régions*, A. Colin, 2017.

Vocabulaire

- **Déprise :** recul de l'activité agricole qui se traduit par des friches et la progression de la forêt.

Identifier les contraintes et les ressources d'une situation géographique

Itinéraire 1

Décrire les documents

1. Quelles caractéristiques économiques font de la région Aura une région puissante ? (doc. 2, 3, 4 et doc. 1 p. 336)
2. À l'échelle régionale, identifiez les territoires dynamiques du point de vue économique et du point de vue démographique. Quels sont ceux qui le sont moins ? (doc. 1 et 2)
3. Pourquoi peut-on dire que la métropolisation organise le territoire régional ? (doc. 1, 3 et Repère B p. 202)

Interpréter les documents

4. Comment expliquer les contrastes économiques et démographiques entre les territoires de la région ? (doc. 1 et 4)

Itinéraire 2 BAC E3C

Analyse de documents

En analysant les documents 1 et 2, vous montrerez et expliquerez les contrastes persistants au sein de la région Aura.

Pour vous guider

Justifiez dans votre analyse le choix des départements du Cantal et du Rhône pour illustrer les contrastes régionaux.

B Comment les acteurs publics aménagent-ils le territoire régional pour renforcer son unité et son attractivité ?

Cours 2 p. 344-345 et cours 3, p. 350-351

5 Le renforcement du transport régional

L'œil du géographe L'autoroute transeuropéenne A89[1] concrétise la continuité de la circulation autoroutière entre Genève, Lyon, et Bordeaux, contribuant à désenclaver les hautes terres du Massif central. L'engagement imminent des travaux de la nouvelle autoroute A45[2] entre Lyon et St-Étienne, à travers les monts du Lyonnais permettra de doubler l'obsolète A47, totalement saturée. De fait, les grandes convergences autoroutières concernent en premier lieu le carrefour lyonnais et sa périphérie urbaine, le sillon alpin et la dynamique grenobloise, et le Pays du Léman français, articulé à Genève. En termes de réseau ferré, la gare Lyon-Part-Dieu-TGV concentre tous les flux nationaux ou régionaux. Lyon est ainsi une plaque tournante ferroviaire de niveau européen. Les élus d'Auvergne et du pays roannais se mobilisent pour la réalisation d'un nouveau trajet de LGV entre Paris, Clermont-Ferrand, Roanne et Lyon, sans cesse repoussé.

V. Adoumié, *Les nouvelles régions françaises*, Hachette, 2018.

1. financée à la fois par des fonds publics (UE, État français, région, collectivités locales) et privés (Vinci).
2. ce projet a finalement été abandonné en octobre 2018.

6 Le soutien des pouvoirs publics à l'innovation

Plastics Vallée participe au pôle de compétitivité Plastipolis mettant en réseau 200 entreprises et 50 centres de R&D travaillant dans l'innovation en plasturgie (plastique biocompatible, plastique connecté).

7 Le difficile maintien des services publics dans les territoires ruraux

a) Le point de vue des pouvoirs publics

Depuis 2018, en Auvergne-Rhône-Alpes, l'État se mobilise pour assurer une égalité d'accès aux services publics. En Ardèche par exemple, l'État soutient le dispositif de télémédecine avec pour développer la régulation médicale du SAMU. Au total, 167 maisons de services au public ont été co-construites par l'État, les Conseils départementaux et la région Aura. L'objectif est d'assurer une présence pérenne et équitable sur tout le territoire régional.

Préfecture de la région Auvergne-Rhône-Alpes, 5 juin 2019.

b) Manifestation contre la fermeture de l'hôpital de Die (Drôme)

Itinéraire 1

Complétez le tableau suivant pour répondre à la question

« Comment les acteurs publics aménagent-ils le territoire régional pour renforcer son unité et son attractivité ? »

	Acteurs	Moyens	Limites
Encourager l'attractivité des territoires (doc. 6 et doc. 1 p. 336)			
Lutter contre les inégalités territoriales (doc. 5 et 7)			

Itinéraire 2 BAC E3C

Question problématisée

Comment la région Aura tente-t-elle de concilier attractivité et unité de ses territoires ?

QCM interactif | Organigramme PDF à télécharger | Croquis interactif + Version PDF à télécharger

Bilan de l'étude de cas

Retenir l'essentiel

Complétez le schéma fléché à l'aide des informations des pages 308 à 310.

Région AURA

- **Un territoire contrasté**
  - Des contrastes démographiques ....
  - Des contrastes économiques ....
  - Une inégale ouverture à la mondialisation ....
- **Une région aménagée par de nombreux acteurs**
  - ....
  - ....
  - ....
- **Des défis à surmonter**
  - Des partenariats entre les acteurs publics ....
  - Pour favoriser l'attractivité et la compétitivité ....
  - Pour favoriser la cohésion des territoires ....

Schématiser l'essentiel

À l'aide des documents des pages 308 à 310, complétez le croquis suivant.

Titre : ....

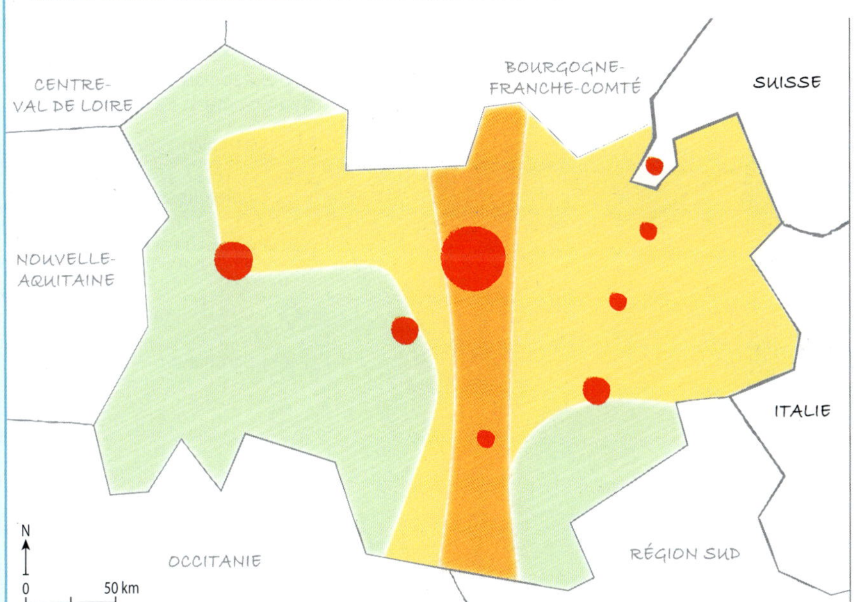

....

Changer d'échelle

De l'étude de cas... au territoire français

1. Comment la région Auvergne-Rhône-Alpes s'articule-t-elle au reste du territoire français ?
Cours 1, p. 340-341

2. Toutes les régions françaises doivent-elles relever les mêmes défis de cohésion de leurs territoires ?
Cours 2 p. 344-345 et cours 3, p. 350-351

Étude de cas 3

Les Hauts-de-France, une région carrefour de l'Europe

Région
Hauts-de-France

Encore souvent associée aux mines fermées et aux usines désaffectées, la région Hauts-de-France et ses 6 millions d'habitants (3e région française) profite aujourd'hui de sa situation de carrefour européen. Elle renforce ainsi son attractivité mais doit aussi lutter contre les inégalités territoriales.

A Comment la région des Hauts-de-France renforce-t-elle son identité et son attractivité ?

Cours 1, p. 340-341

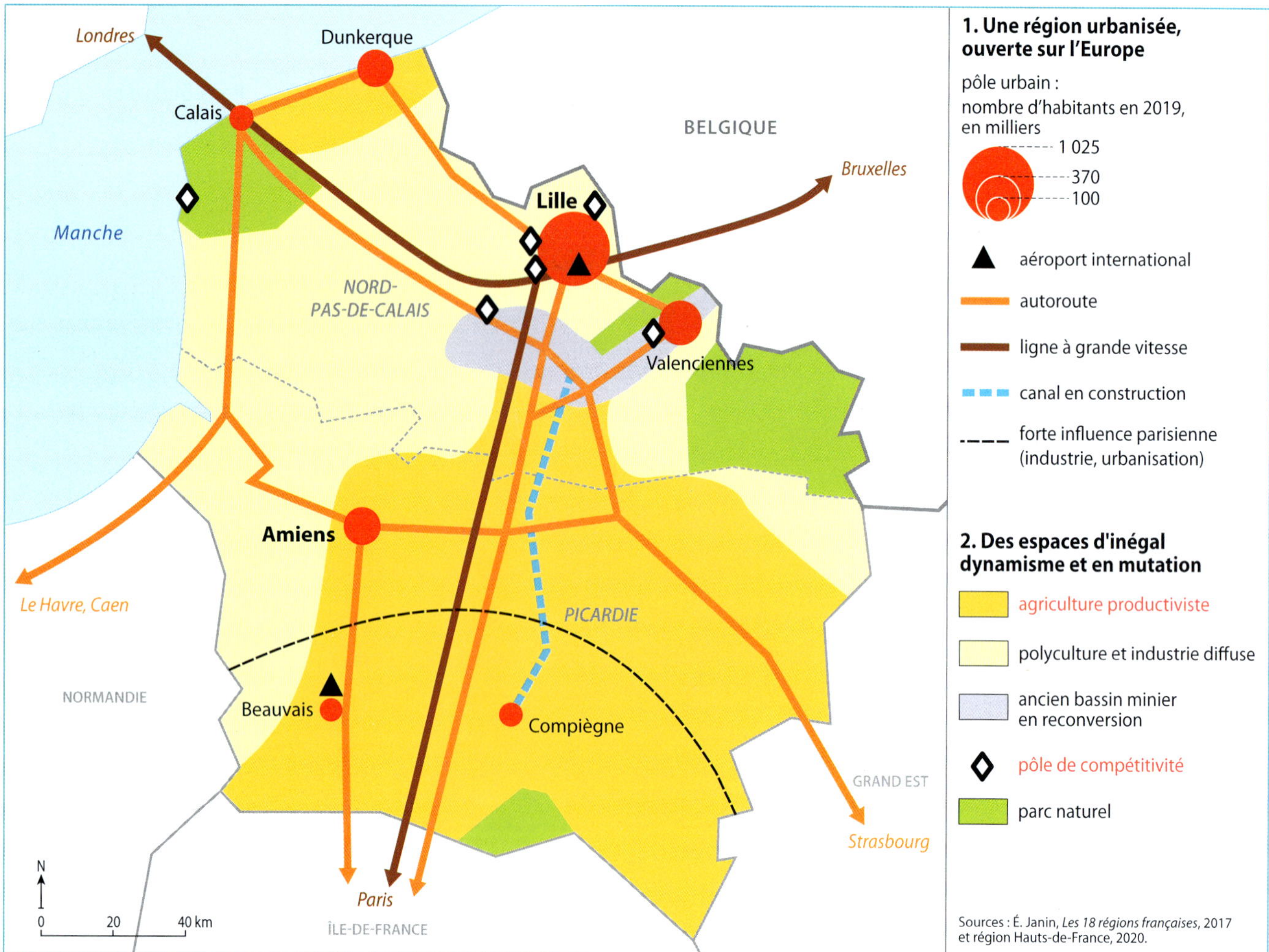

1 Une région aux forts contrastes territoriaux

2 Un territoire de vie en quête d'identité et d'unité

L'œil du géographe La région est dorénavant représentée par un graphisme stylisé du cadre géographique de la France entrelacé d'une forme de cœur, calée sur le nord du pays. Il s'agit d'insister visuellement, sans aucun contenu géographique ou historique, sur le lien affectif unissant les habitants de la région. Pourtant, aujourd'hui encore la population locale peine à s'approprier le nouveau nom et se définit toujours comme soit picarde, soit du Nord. Une recomposition des territoires fusionnés doit se poursuivre. Désormais, le conseil régional des Hauts-de-France est dans l'obligation de penser les deux anciens espaces régionaux ensemble, au service d'une population très affectée par le chômage et la pauvreté. De nouvelles orientations sont prises : soutien aux entreprises, aides à la création d'emplois, dynamisation de l'apprentissage. Il s'agit de la mise en place du dispositif « Proch'emploi » pour rapprocher les demandeurs d'emploi et les entreprises, d'un plan d'urgence pour les producteurs de lait, et d'une aide à la création d'emplois pour les petites entreprises.

V. Adoumié, *Les nouvelles régions françaises*, Hachette, 2018.

En 2020	Hauts-de-France	France métropolitaine
Densité de population, en hab./ km²	189	120
Évolution annuelle de la population depuis 2010, en %	+0,2	+ 0,5
PIB/hab., en euros	25 522	33 000
Taux de chômage, en %	10,8	8,2
Dépenses en recherche et développement, en % du PIB	1,1	2,2

3 Indicateurs socio-économiques de la région

Source : Insee, 2020.

4 La valorisation du patrimoine touristique

Que ce soit à travers la valorisation du patrimoine architectural flamand (comme ici à Lille), celle du passé industriel et minier de la région, ou du littoral balnéaire, le tourisme rapporte 6,3 milliards à la région, deux fois plus qu'à la région Corse.

5 Des atouts pour une reconversion industrielle réussie

Région de tradition industrielle, les Hauts-de-France apparaissent durement touchés par les difficultés d'une reconversion encore inachevée. Les mutations que connaît son tissu productif s'accompagnent de fractures économiques et sociales profondes : 2e taux de pauvreté le plus important (18,3 %), niveau de formation des habitants inférieur à la moyenne nationale, ... La région dispose cependant d'importants atouts pour retrouver le chemin d'une croissance durable et partagée. Elle accueille sur son sol des filières de pointe, aux perspectives de croissance : construction ferroviaire (Alstom, Bombardier), industrie automobile (Renault, PSA, Toyota, Sevelnord, Valeo), fabrication de verre creux (Arc international, Saverglass). Elle bénéficie également de la présence des centres de décision de plusieurs leaders européens ou mondiaux comme Bonduelle ou Auchan. Elle poursuit son ancrage vers des secteurs porteurs et des filières d'excellence (santé-nutrition, numérique, activités logistiques...). Neuf pôles de compétitivité capitalisent sur les techniques innovantes dans des activités industrielles traditionnelles. Enfin, le dynamisme de la Métropole européenne de Lille est porteur de profondes mutations, notamment dans le secteur tertiaire.

Stratégie régionale de la région Hauts-de-France, 2018.

Vocabulaire

- **Agriculture productiviste :** agriculture commerciale recherchant l'augmentation des rendements par l'utilisation des progrès scientifiques et techniques.
- **Pôle de compétitivité :** regroupement, sur un territoire donné, d'entreprises et de centres de recherche publics ou privés, dans le but de développer l'innovation. Encouragés par l'État, il existe 56 pôles de compétitivité en France en 2020.

Identifier les contraintes et les ressources d'une situation géographique

Itinéraire 1

Lire les documents

1. Identifiez les caractéristiques identitaires, démographiques et sociales de la région des Hauts-de-France. (doc. 1, 2, 3 et 4)

Interpréter les documents

2. Pourquoi peut-on dire que la région des Hauts-de-France est une région économique puissante ? Quelles sont les difficultés rencontrées par la région ? (doc. 1, 4 et 5)
3. Sur quels atouts la région s'appuie-t-elle pour s'adapter à la mondialisation ? (doc. 1, 4, et 5. doc. 4 p. 275 et doc. 8 p. 190)

Itinéraire 2 BAC E3C

Réaliser une production graphique

À l'aide des documents, préparez une carte mentale sur les atouts et les limites de la région Hauts-de-France en termes de cohésion et d'attractivité.

Pour vous guider

Tracez d'abord les deux branches principales (cohésion, attractivité) puis utilisez un code couleur différent pour écrire les atouts (en rouge) et les limites (en vert).

B Comment le conseil régional des Hauts-de-France agit-il pour valoriser sa situation européenne ?

Cours 2 p. 344-345 et cours 3, p. 350-351

6 Renforcer l'ouverture de la région sur l'Europe

Les travaux du canal Seine Europe ont débuté en 2019 et devraient fournir 10 000 emplois pour les travaux, 30 000 emplois indirects ensuite. Cette jonction fluviale reliera la Seine au réseau fluvial belge et à la mer du Nord.

Source : Région Hauts-de-France, 2020.

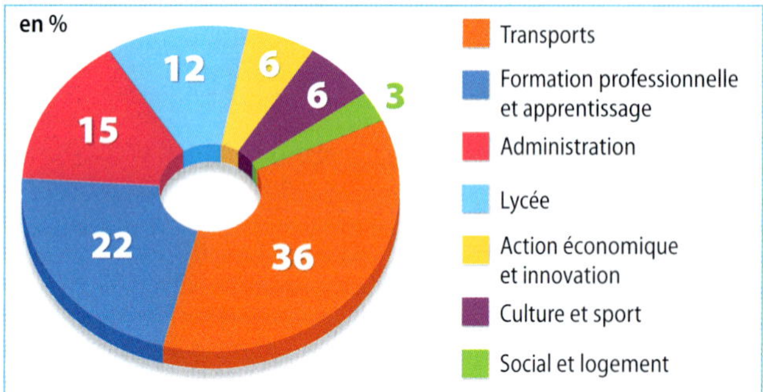

Source : Conseil régional des Hauts-de-France, 2020.

8 Le budget régional en 2020

7 Promouvoir l'attractivité internationale

Le projet d'implantation Kubota débute en janvier 2013. Pour le lancement de son nouveau tracteur de grande taille, Kubota avait besoin d'un site dédié. Trois pays sont envisagés : l'Allemagne, les Pays-Bas et la France. Après une étude rigoureuse des sites, le groupe décide fin novembre 2013 de s'implanter à Bierne dans les Hauts-de-France. Deux raisons principales à ce choix : la France est le marché n°1 de Kubota ; les infrastructures logistiques de la région permettent une distribution en toute fluidité vers la France et l'Europe mais également vers le grand international grâce au Port de Dunkerque.

Kubota installe son usine à Bierne, en investissant 40,3M€. Le site d'assemblage compte 160 employés qui ont exporté en 2017, 3 000 tracteurs : 1 500 pour l'Europe, 1 000 pour les USA et le Canada, 400 pour l'Asie et 100 pour l'Australie. La direction de l'usine des Hauts-de-France témoigne de sa satisfaction envers la qualité de la main-d'œuvre. Elle souligne également le soutien des autorités locales et régionales, notamment Nord France Invest[1] qui ont joué un rôle décisif dans ce dossier.

Nord France invest, 2020.

1. Organisme chargé de la promotion internationale de la région Hauts-de-France.

Itinéraire 1

Lire les documents

1. Identifiez les acteurs publics qui financent l'aménagement du territoire dans la région. Classez-les selon leur échelle territoriale. (doc. 6 et 7)
2. Montrez que les transports jouent un rôle essentiel dans l'affirmation de la situation régionale de carrefour européen. (doc. 6 et 8)
3. Pourquoi l'innovation est-elle un atout indispensable pour renforcer l'attractivité internationale de la région ? Quels peuvent être les autres leviers de développement ? (doc. 7, doc. 6 et 7 p. 276 et doc. 8 p. 190)

Critiquer les documents

4. Pourquoi faut-il porter un regard critique sur la source des doc. 6 et 7 ?

Itinéraire 2 BAC E3C

Analyse de documents

À travers les doc. 6 et 7, montrez le rôle de la région dans le développement économique de la région Hauts-de-France.

Pour vous guider

Apportez un regard critique sur ces documents, notamment par rapport à leur source.

QCM interactif | Organigramme PDF à télécharger | Croquis interactif + Version PDF à télécharger

Bilan de l'étude de cas

Retenir l'essentiel

Complétez l'organigramme bilan à l'aide des informations des pages 312 à 314.

Un territoire contrasté	Des défis à relever
Des contrastes démographiques	Pour renforcer l'ouverture européenne ....
+	+
Des contrastes économiques	Pour favoriser l'innovation ....
+	≠
Un territoire inégalement ouvert à la mondialisation	Des difficultés persistantes à surmonter ....

Schématiser l'essentiel

À l'aide des documents des pages 312 à 314, complétez le croquis suivant.

Titre : ....

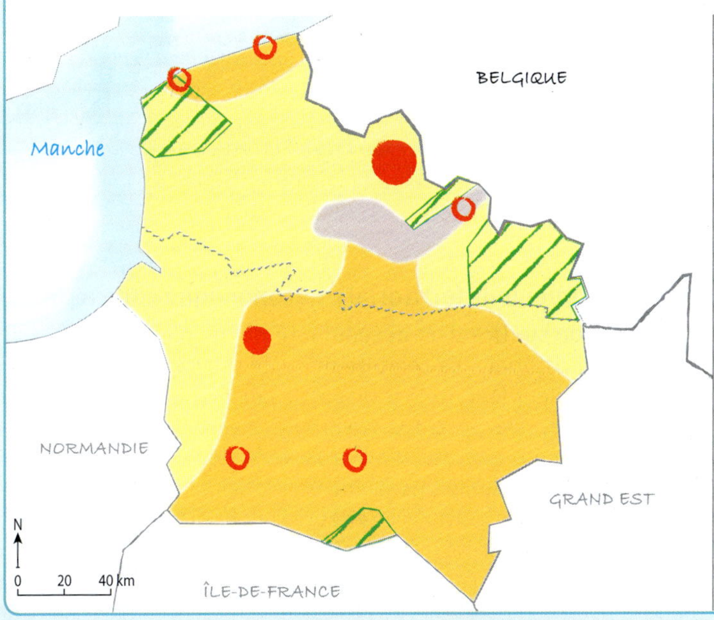

....
....
....
....

....
....
....
....
....
....

Changer d'échelle

De l'étude de cas... au territoire français

1. Comment la région Hauts-de-France s'articule-t-elle au reste du territoire français ? Cours 1, p. 340-341
2. Toutes les régions frontalières françaises doivent-elles relever les mêmes défis d'attractivité de leurs territoires ? Cours 2 p. 344-345 et cours 3, p. 350-351

Étude de cas 4

Les défis du développement de La Réunion

#RÉGIONRÉUNION

Malgré son climat tropical et ses plages de sable fin, La Réunion est touchée par des difficultés économiques, sociales et environnementales qui contraignent son développement. Accroître son attractivité et lutter contre les inégalités territoriales sont les deux enjeux majeurs de l'île.

A Pourquoi les territoires réunionnais sont-ils inégalement attractifs ?

Cours 1, p. 340-341

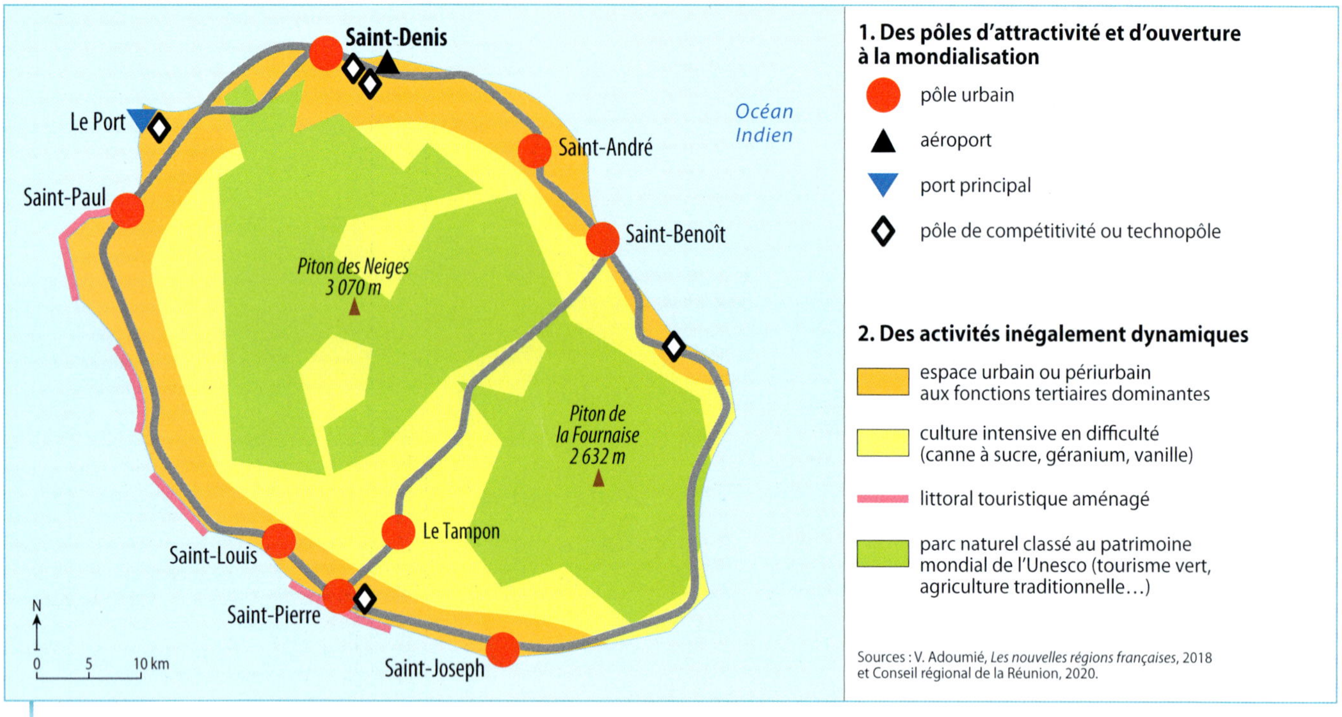

1 Des territoires contrastés

	Les Bas[1]	Les Hauts[1]	France métropolitaine
Part des moins de 25 ans	40 %	38 %	30 %
Part des cadres dans la population active	16 %	14 %	17,5 %
Part de la population occupant un emploi	43 %	49 %	64,7 %

2 Un développement économique déséquilibré

Source : Insee, 2020.

1. Les Bas correspondent à la couronne périphérique de faible relief entourant l'île de La Réunion ; les Hauts correspondent à la partie centrale, marquée par de forts reliefs.

3 Un développement territorial et économique contrasté

La Réunion souffre d'un déséquilibre de peuplement et de mise en valeur territoriale. La ceinture littorale est fortement urbanisée et mise en valeur (services, transports, commerce…). Coincée entre la mer et les basses pentes, cette première auréole s'articule autour d'aires urbaines regroupant environ 90 % de la population sur le tiers de la superficie de l'île. Saint-Denis, Saint-Paul et Saint-Pierre ont bénéficié des migrations intérieures et de l'attractivité de la côte occidentale. La ceinture intermédiaire entre les Bas et les Hauts de l'île constitue un territoire de transition qui a connu de profondes mutations. Les périmètres autrefois consacrés à la canne à sucre ont fortement diminué subissant les conséquences du déclin de l'activité des plantations mais surtout de l'intense périurbanisation. Les Hauts de l'intérieur sont très peu peuplés, entre 15 et 20 000 habitants. L'activité repose sur une polyculture vivrière et sur le tourisme vert. Les petits noyaux de peuplement (Salazie, Cilaos) sont difficilement désenclavés par des routes sinueuses. En revanche, le cirque de Mafate est totalement enclavé et seul l'hélicoptère permet le ravitaillement des quelques centaines de résidents permanents qui vivent de l'agriculture et d'**écotourisme**.

E. Janin, *Les 18 régions françaises*, Ellipses, 2017.

4 Une économie dépendante

Du fait de sa situation insulaire et de son emplacement géographique, la Réunion se voit obliger d'importer énormément (près de 5 milliards d'euros par an). La balance commerciale réunionnaise est extrêmement déficitaire, puisque les exportations sont quant à elles de 500 millions d'euros. L'agriculture est le principal fer de lance de l'économie réunionnaise. Elle repose notamment sur la canne à sucre mais également sur l'élevage. La production locale couvre près de la moitié de la demande en produits alimentaires de l'île et le secteur représente 6 % de la population active. Le sucre et les produits de la pêche sont les deux premiers postes à l'export. Le secteur agroalimentaire est le principal secteur industriel de l'île et constitue 32 % de ses emplois et 42 % de son PIB. Avec une Zone économique exclusive de 315 000 km², quasiment identique à celle de la France continentale, la Réunion entend bien exploiter les ressources qui s'y trouvent, et notamment les produits de la pêche. De plus, les pêcheurs réunionnais sont autorisés à se rendre dans la ZEE malgache, suite à un accord bilatéral entre Antananarivo et Bruxelles. Cependant, force est de constater que l'importance de la pêche à la Réunion décroît au fil du temps. Le tourisme constitue également une part importante dans l'économie réunionnaise. Trois quarts des touristes proviennent de la France métropolitaine.

Ministère des Outre-mer, 2020

5 Le tourisme, un facteur d'attractivité pour l'île

Près de 80 % des 580 000 touristes visitant chaque année l'île de la Réunion viennent de métropole, et la moitié d'entre eux s'y rendent pour des raisons affinitaires (visite familiale ou amicale).

Vocabulaire

- **Écotourisme :** forme de tourisme respectueuse de l'environnement.

Identifier les contraintes et les ressources d'une situation géographique

Itinéraire 1

Décrire les documents

1. Sur quels atouts l'île de la Réunion peut-elle miser pour assurer son attractivité et son développement ? (doc. 1, 5 et 2 p. 97)
2. Relevez puis expliquez les difficultés auxquelles La Réunion est confrontée. (doc 2, 3 et 4)
3. Identifiez les territoires dynamiques du point de vue économique et ceux qui le sont moins (doc. 1 et 3)

Interpréter les documents

4. Faites des hypothèses pour expliquer les contrastes économiques et démographiques entre La Réunion et la France métropolitaine. (doc. 2 et 3)

Itinéraire 2 BAC E3C

Analyse de documents

En analysant les doc. 1 et 2, vous montrerez et expliquerez les contrastes persistants au sein de l'île de La Réunion.

Pour vous guider
Aidez-vous de la méthode p. 80 pour analyser la série statistique.

B Comment les acteurs publics interviennent-ils pour renforcer l'unité et l'attractivité de la région ?

Cours 2 p. 344-345 et cours 3, p. 350-351

Vidéo

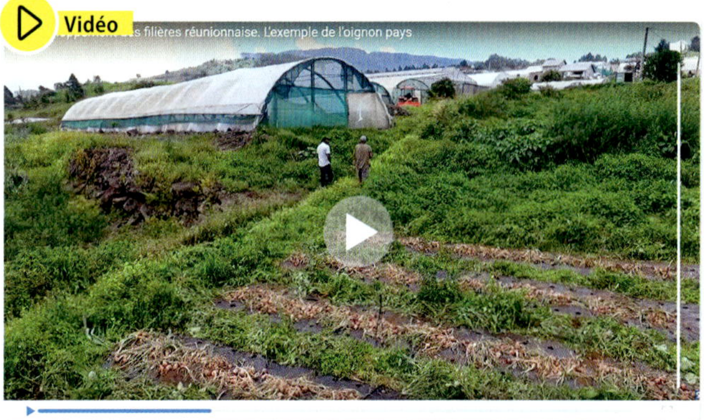

6 Développer les productions agricoles réunionnaises

Source : Conseil régional de la Réunion, 2019.

La région Réunion et l'UE se mobilisent pour développer les productions agricoles locales (ail, piment, fraise, gingembre, ou comme ici oignon...) et encourager les petites exploitations agricoles en apportant une aide technique et financière. L'ambition est de promouvoir les filières courtes et l'agriculture bio.

8 L'engagement des pouvoirs publics pour la Réunion

Le Pacte de solidarité territoriale est l'un des projets phare de la Collectivité. L'objectif est de rééquilibrer l'ensemble du territoire réunionnais autour d'un développement cohérent et solidaire. Ce Pacte comporte deux volets : un volet investissement et un volet social pour un total de 75 millions d'euros. Le premier volet a pour priorité le soutien à l'agriculture, l'attractivité touristique et le développement durable. Il finance par exemple 13 projets de valorisation écotouristique dans la commune de Saint-Paul, dont la mise en accessibilité du site de la Tour des Roches par des chemins de randonnée et la création de parcours de visite. La ville du Port finance l'équipement des écoles en outils numériques. Le second volet vise quant à lui l'accompagnement des familles confrontées à des difficultés éducatives et sociales, le soutien des actions destinées à maintenir le lien social, l'aménagement d'équipements de proximité ou encore l'insertion des publics les plus éloignés dont les jeunes. Ainsi, à La Possession, un projet d'accompagnement au permis de conduire pour les 18-30 ans est mis en place afin de faciliter leur insertion sur le marché du travail.

Département de la Réunion, 2020.

7 La Réunion, une île qui renforce son attractivité régionale

Grâce à l'allongement des quais et à l'installation de trois nouveaux portiques à conteneurs financés par l'UE, l'État et le conseil régional, le port de la Réunion est devenu le 4e port français pour le trafic de conteneurs.

Lien Internet

Itinéraire 1

Sélectionner et hiérarchiser les informations

1. Complétez le tableau suivant

	Acteurs	Moyens	Limites
Encourager l'attractivité des territoires (doc. 6 à 8)			
Lutter contre les inégalités territoriales (doc. 8)			

2. Expliquez pourquoi la source de ces documents appelle un regard critique.

Itinéraire 2 BAC E3C

Question problématisée

Comment les pouvoirs publics agissent-ils pour renforcer la cohésion et la compétitivité des régions françaises ? Vous utiliserez l'exemple de La Réunion pour illustrer votre réponse.

QCM interactif · Organigramme PDF à télécharger · Croquis interactif + Version PDF à télécharger

Bilan de l'étude de cas

Retenir l'essentiel

Complétez le schéma fléché à l'aide des informations des pages 316 à 318.

- **La Réunion**
  - **Un territoire contrasté**
    - Des contraintes géographiques fortes ……………
    - Des difficultés économiques et sociales ……………
    - Des atouts à valoriser ……………
  - **Des défis à surmonter**
    - ……………
    - ……………
    - ……………
  - **Une région aménagée**
    - Des acteurs publics impliqués ……………
    - Des actions pour l'attractivité et l'ouverture des territoires ……………
    - Des actions pour la cohésion des territoires ……………

Schématiser l'essentiel

À l'aide des documents des pages 316 à 318, complétez le croquis suivant.

Titre : ……………………………………………

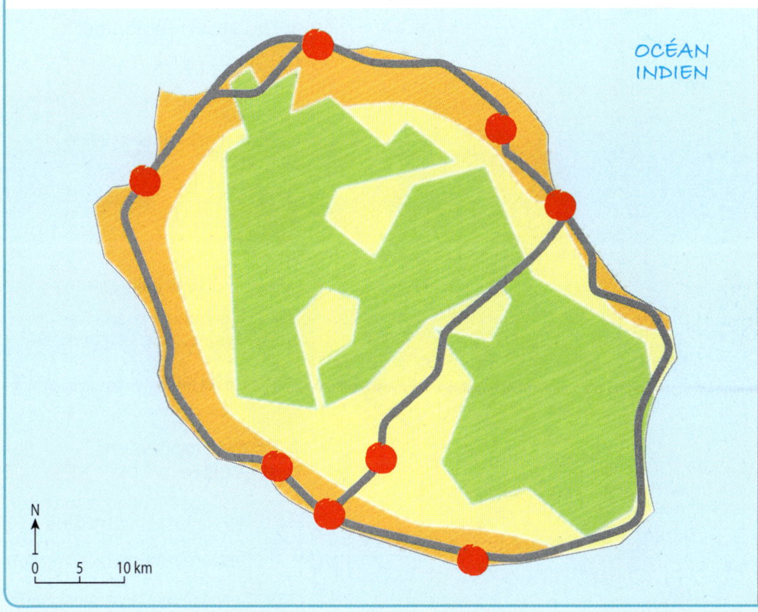

……………………………………………
……. ……………………………………
……. ……………………………………
……. ……………………………………
……. ……………………………………
……. ……………………………………

……………………………………………
……. ……………………………………
……. ……………………………………
……. ……………………………………
……. ……………………………………

Changer d'échelle

De l'étude de cas... au territoire français

1. Pourquoi les territoires réunionnais constituent-ils un atout pour la diversité des territoires français ? Cours 1, p. 340-341

2. Tous les territoires ultramarins doivent-ils relever les mêmes défis de développement et de cohésion de leurs territoires ? Cours 2 p. 344-345 et cours 3, p. 350-351

L'Occitanie, une région face aux inégalités socio-économiques

La Région Occitanie Pyrénées - Méditerranée

2e plus grande région de France dont plus de la moitié est située en montagne, l'Occitanie bénéficie d'une image positive : situation méridionale, rayonnement de Toulouse et de Montpellier. Cependant, les acteurs régionaux doivent valoriser les atouts économiques et environnementaux de ce territoire pour qu'il reste attractif.

A Pourquoi l'attractivité de la région Occitanie profite-t-elle inégalement aux territoires ?

Cours 1, p. 340-341

1 L'Occitanie, entre unité et contrastes

L'œil du géographe Dans toute la région Occitanie, des caractères communs apparaissent : on trouve de vastes espaces presque vides d'hommes ; le territoire a été marqué par l'influence romaine ; une culture bâtie autour de la langue d'oc s'est maintenue à travers les siècles (troubadours au Moyen Âge). L'architecture romane (l'église de Conques), la gastronomie (le cassoulet), la pratique identitaire omniprésente du rugby participent d'une civilisation typique du Midi. Les deux villes métropolisent de façon incontestable la région. La métropole toulousaine s'est imposée comme capitale de la région et comme l'une des villes les plus attractives de France. Elle connaît une croissance démographique et économique soutenue, notamment grâce aux activités de la haute technologie (industries aéronautiques et spatiales). Les catégories socio-professionnelles aisées et dynamiques (cadres, ingénieurs, jeunes chercheurs) préfèrent résider à Toulouse que dans la région (opportunités des emplois très qualifiés, activités culturelles de haut niveau, situation géographique et accessibilité remarquables à une heure d'avion de Paris, la Méditerranée à une heure trente par autoroute, proximité des Pyrénées). Ainsi, les territoires ruraux et urbains proches (mais aussi plus éloignés) ne bénéficient que modestement de la dynamique toulousaine.

V. Adoumié, *Les nouvelles régions françaises*, Hachette, 2018.

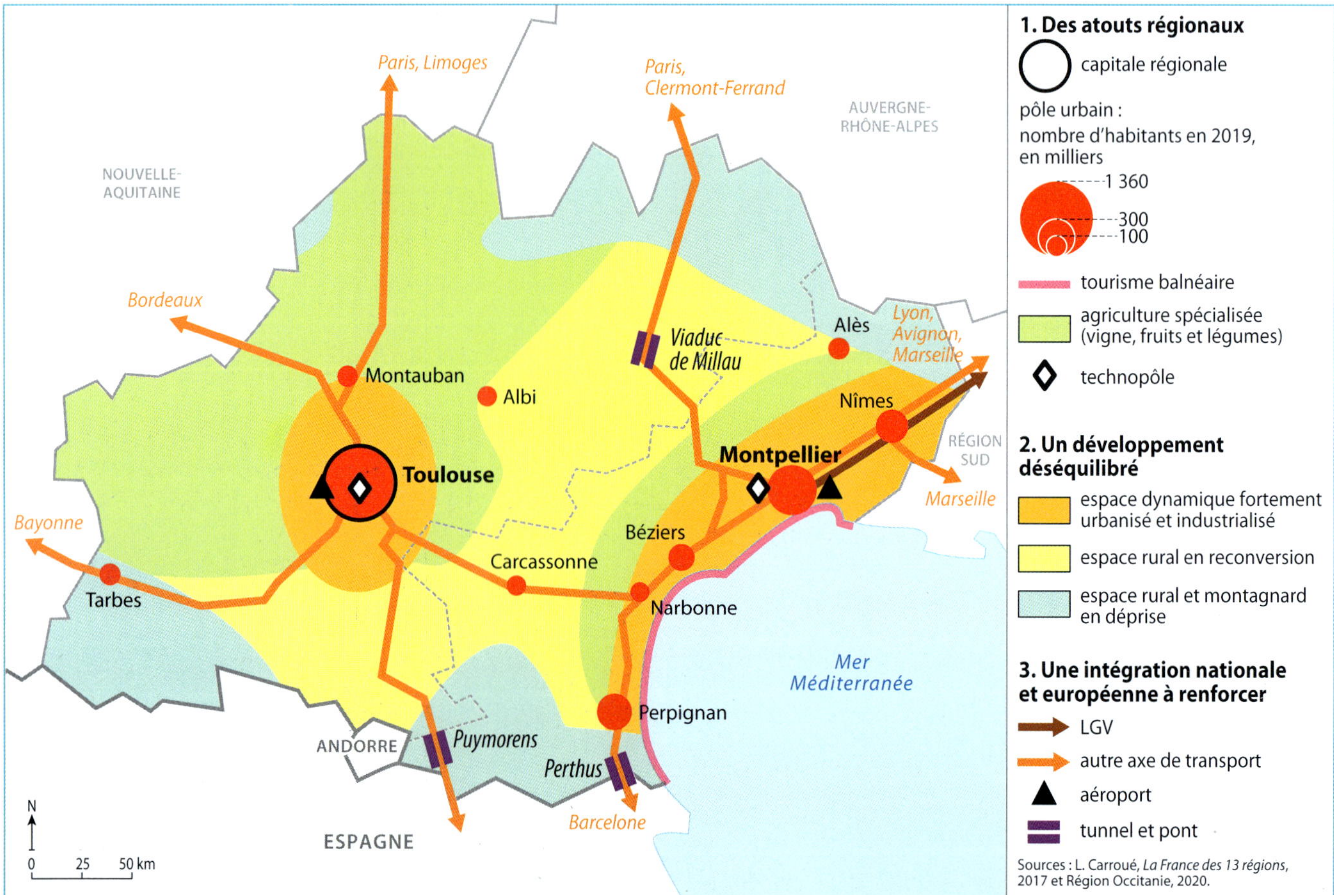

2 Une vaste région contrastée

3 **Des territoires agricoles dynamiques**

1re région agricole et 1er vignoble de France en superficie, l'Occitanie mène une politique volontariste pour soutenir la production.

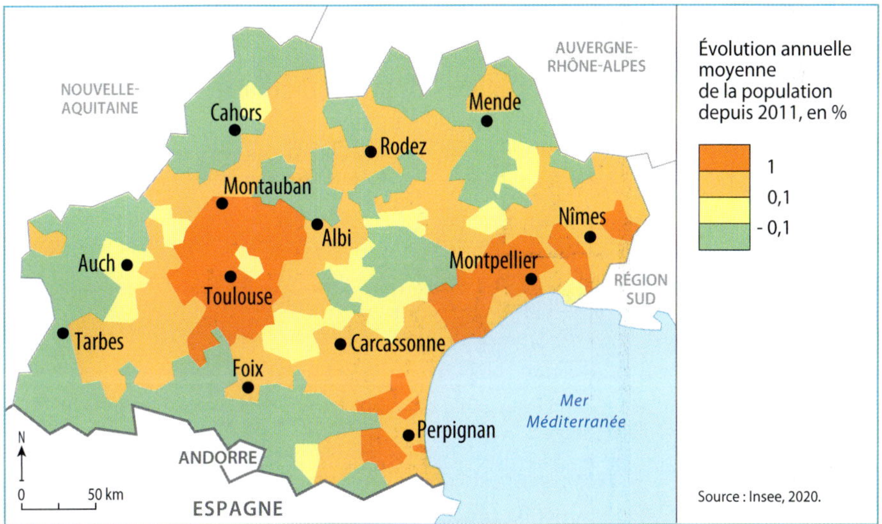

5 **Une attractivité forte mais inégale**

4 **Une situation frontalière peu valorisée**

L'œil du géographe La montagne pyrénéenne a longtemps constitué une barrière entre la France et l'Espagne en raison à la fois des fortes contraintes physiques de la zone centrale (peu de grands cols, vallées étroites en cul-de-sac, etc.) et de la situation géopolitique. Avec l'adhésion de l'Espagne à l'UE en 1986, les flux ont fortement augmenté permettant de penser à une alternative au franchissement des Pyrénées. Ainsi, la traversée centrale par un tunnel d'une quarantaine de kilomètres à basse altitude est un dossier qui date maintenant d'une trentaine d'années. Le coût très élevé de cet équipement n'a pas permis jusqu'à présent de programmer ce projet dans le cadre des réseaux européens de transport prioritaires à l'échelle de l'UE. Toulouse/Tarragone n'est pas Lyon/Turin[1]. Si une association s'est créée avec les collectivités locales concernées pour soutenir le projet, le tracé n'est pas encore arrêté. Des opposants sont par ailleurs fortement mobilisés contre l'impact attendu de ce tracé. Pourtant, le trafic actuel ne cesse de progresser et les axes passant par le Perthus sont complètement saturés. À un trafic local ou régional s'ajoutent des flux internationaux qui provoquent pollution et saturation des voies routières et ferroviaires.

L. Carroué, *La France des 13 régions*, Colin, 2017.

1. allusion à la LGV en construction entre Lyon (France) et Turin (Italie).

Identifier les contraintes et les ressources d'une situation géographique

Itinéraire 1

Décrire les documents

1. À l'échelle régionale, identifiez les territoires attractifs du point de vue économique et du point de vue démographique. Quels sont ceux qui le sont moins ? (doc. 1, 2, 5 et doc. 2 p. 203)

Interpréter les documents

2. Comment expliquer les contrastes économiques et démographiques entre les territoires de la région ? (doc. 1, 2, 3 et 5)

3. Pourquoi la région Occitanie ne profite-t-elle pas pleinement de l'effet-frontière ? (2, 4 et doc. 2 p. 288)

Itinéraire 2 BAC E3C

Analyse de documents

En analysant les doc. 1 et 4, vous montrerez et expliquerez l'attractivité de la région Occitanie dans la mondialisation.

B Comment les acteurs publics aménagent-ils le territoire régional pour conforter son attractivité ?

Cours 2, p. 344-345 et cours 3, p. 350-351

6 Valoriser les atouts régionaux et lutter contre l'enclavement

Les projets de LGV opposent le conseil régional d'Occitanie (dont la seule LGV se termine à Montpellier) et l'État. Si le prolongement de la LGV Montpellier-Perpignan est différé à 2040, les travaux de la LGV Bordeaux-Toulouse devraient débuter en 2022.

La Région Occitanie Pyrénées · Méditerranée

Axe	Montant	Exemple
Soutenir l'emploi et la formation	450*	Exemple : création de maisons de l'orientation
Favoriser les productions locales	160*	Exemple : soutien à l'économie bleue et à l'innovation
Accompagner les mobilités régionales	822*	Exemple : modernisation des lignes et gratuité des transports scolaires
Aménager le territoire, favoriser la transition écologique	110*	Exemple : soutien aux énergies renouvelables

* en millions d'euros

Source : région Occitanie, 2020.

7 Les 4 axes prioritaires du budget régional en 2020

8 Une transition énergétique

La transition énergétique est au cœur des préoccupations (et du budget[1]) de la région Occitanie. Son principal objectif est de devenir la première région à énergie positive d'ici 2050. Dès 2015, 21 % de l'énergie consommée en Occitanie est issue des énergies renouvelables, c'est la première étape pour avancer encore et toujours plus vite. Et malgré une augmentation de la population, la consommation d'énergie est stable. L'Occitanie a ciblé 6 défis : massifier la rénovation énergétique des logements ; structurer la filière photovoltaïque (parc de 60 000 panneaux) ; développer l'éolien flottant et terrestre (2 des 3 sites pilotes en Méditerranée) ; mobiliser la biomasse pour la production de gaz et chaleur (63 projets de méthanisation recyclant les déchets organiques) ; optimiser le potentiel hydroélectrique ; innover. Les objectifs sont déterminés en fonction de trois axes : environnemental : le mot d'ordre est d'agir au plus vite pour qu'aucun des habitants d'Occitanie ne pâtisse de la raréfaction des matières fossiles ; social : en Occitanie, 12 % des ménages souffrent de vulnérabilité énergétique (difficultés à régler la facture énergétique), la région veut limiter ce chiffre et l'éradiquer le plus rapidement possible ; économique : la transition énergétique est génératrice d'emplois. L'Occitanie capitalise sur cette nouvelle source potentielle d'emplois.

Le monde de l'énergie (site de presse en ligne spécialisé dans les questions écologiques), 3 décembre 2018.

1. Le conseil régional d'Occitanie a investi 106 millions d'euros dans la transition énergétique en 2018, 87 millions en 2019 et 90 millions en 2020.

Itinéraire 1

Lire et interpréter les documents

1. Identifiez les actions mises en avant pour favoriser l'attractivité de ses territoires et maintenir son unité. (doc. 6, 7 et doc. 3 p. 321)
2. Identifiez les acteurs de l'aménagement du territoire régional. En prenant l'exemple de l'aménagement des transports, montrez qu'ils peuvent être en opposition. (doc. 6, 7 et doc. 4 p. 321)
3. Portez un regard critique sur les documents en examinant leur source et en les confrontant pour relever les limites de l'action régionale. (doc. 6, 7 et 8)

Itinéraire 2 BAC E3C

Question problématisée

Comment les acteurs publics aménagent-ils les territoires de la région Occitanie ?

QCM interactif
Organigramme PDF à télécharger
Croquis interactif + Version PDF à télécharger

Bilan de l'étude de cas

Retenir l'essentiel

Complétez le schéma fléché à l'aide des informations des pages 320 à 322.

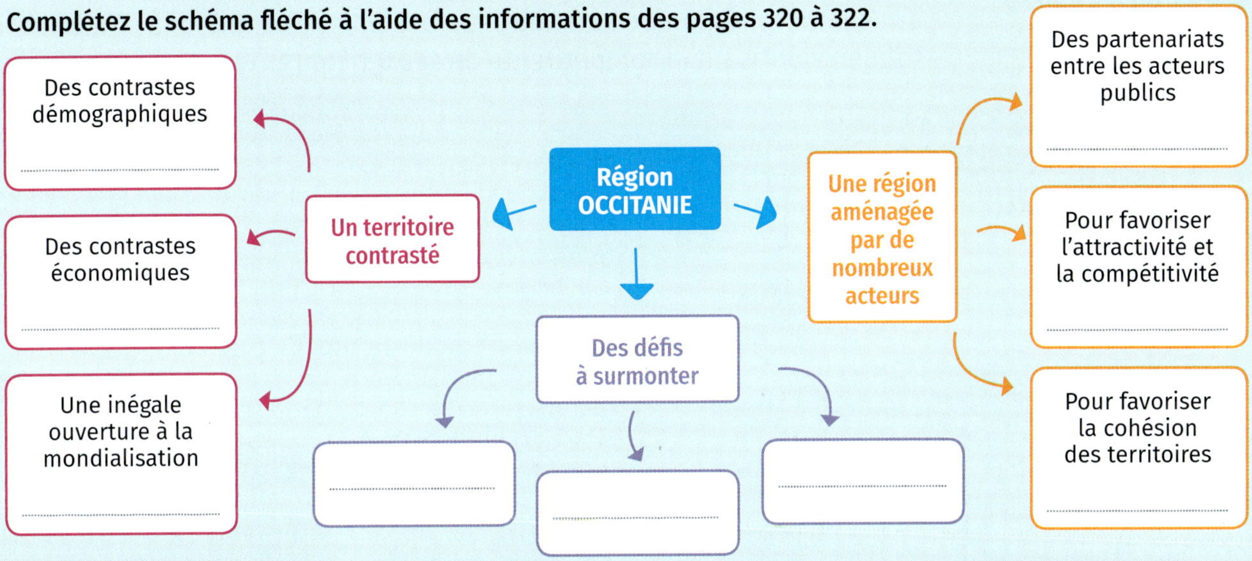

Schématiser l'essentiel

À l'aide des documents des pages 320 à 322, complétez le schéma suivant.

Titre : ....

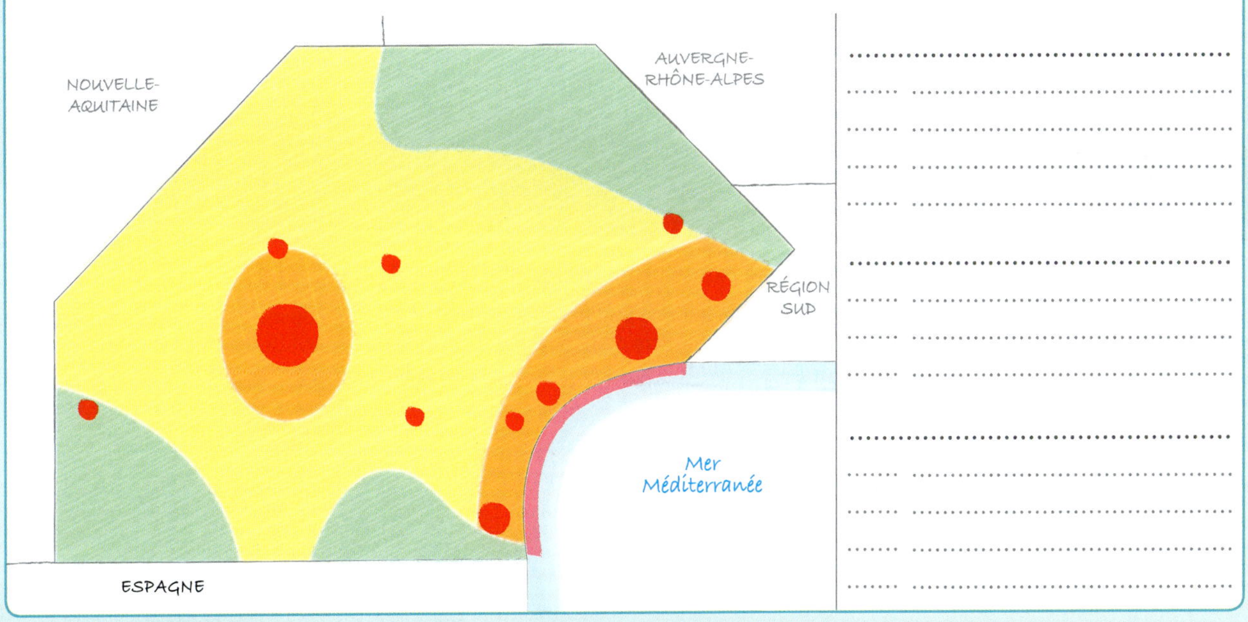

Changer d'échelle

De l'étude de cas... au territoire français

1. Quelle place la région Occitanie occupe-t-elle dans l'organisation du territoire français ? cours 1, p. 340-341

2. Toutes les régions françaises bénéficient-elles de la même attractivité que la région Occitanie ?
Cours 2 p. 344-345 et cours 3, p. 350-351

La Nouvelle-Aquitaine, les défis de la plus grande région française

RÉGION Nouvelle-Aquitaine

Du marais poitevin aux cimes pyrénéennes, la plus grande région de France est marquée par de fortes disparités économiques. Le défi est donc pour la région de satisfaire les besoins des 6 millions d'habitants tout en valorisant la compétitivité de ses territoires les plus dynamiques.

A Quels sont les défis posés par la grande disparité entre les territoires de la Nouvelle-Aquitaine ?

Cours 1, p. 340-341

1 **Une forte métropolisation : Euratlantique, le nouveau quartier d'affaires de Bordeaux**

Bâti près de la gare Saint-Jean rénovée pour l'accueil de la ligne LGV Paris-Bordeaux en 2017, ce nouveau quartier d'affaires conforte le poids de Bordeaux dans le PIB régional. Il a bénéficié du financement de la région Nouvelle-Aquitaine, l'État, le département de la Gironde, la Métropole et la ville de Bordeaux.

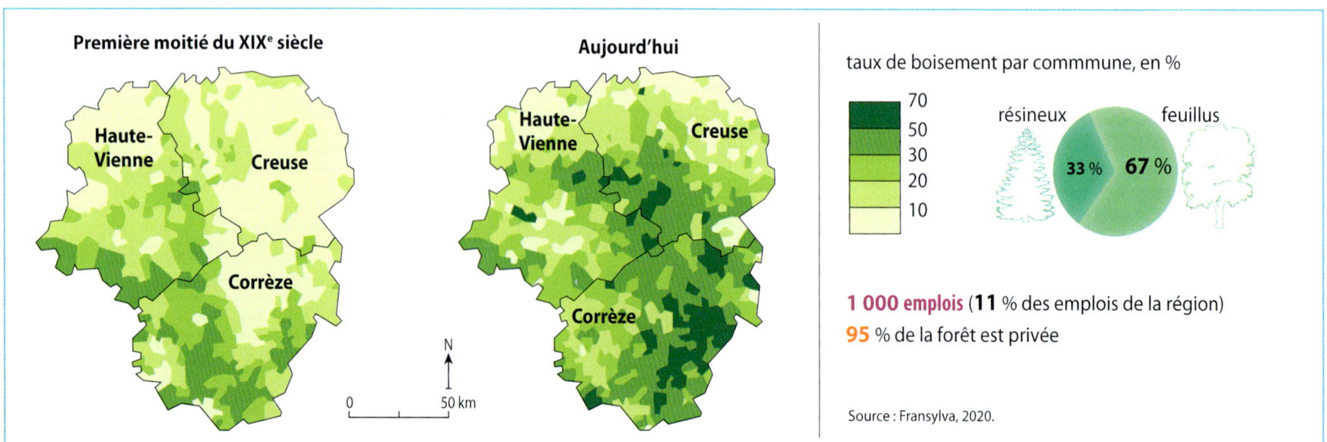

2 **La progression de la forêt dans le Limousin**

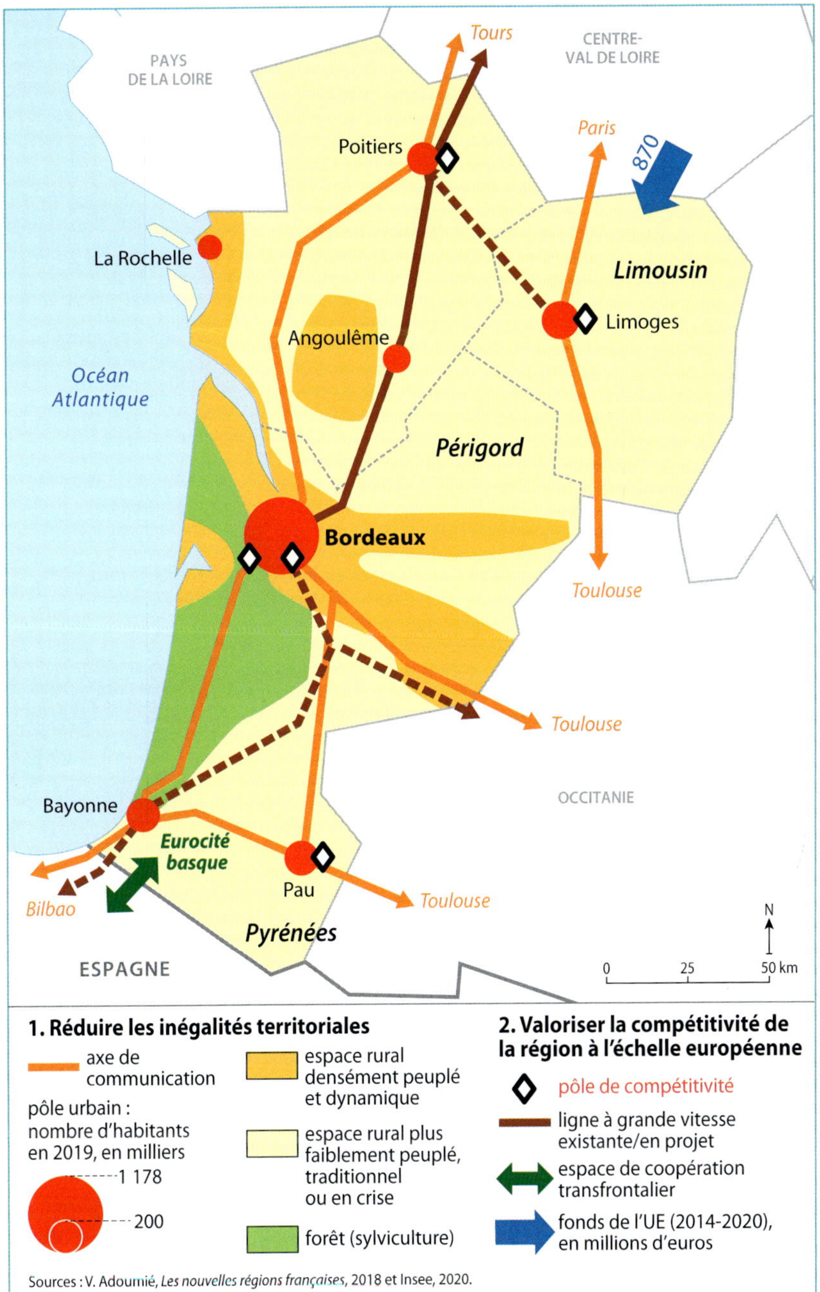

3 Les défis de l'aménagement de la plus grande région de France

4 Des disparités territoriales source d'inégalités entre les habitants

L'œil du géographe Polarisée par Bordeaux, la région oppose une façade atlantique dynamique à des territoires périphériques marqués par la ruralité et confrontés au vieillissement de la population. Le territoire régional n'est en effet que partiellement concerné par la métropolisation qui profite avant tout à la région bordelaise et à l'arrière-pays des villes littorales. Plus sensibles, les territoires au tissu économique peu diversifié (petits pôles industriels spécialisés comme Aubusson dans la tapisserie ou Fumel dans la métallurgie) enregistrent un déclin démographique. Les zones de montagne cumulent aussi les fragilités. La région est donc caractérisée par des disparités criantes en matière d'accès aux services (déserts médicaux de la Creuse ou du Lot-et-Garonne). Si les territoires ruraux, en particulier ceux situés en montagne (Limousin, Pays Basque, Béarn), sont sous perfusion et dépendent des transferts publics nationaux et européens, bien des aménagements tendent à renforcer les déséquilibres régionaux à l'image des pôles de compétitivités qui profitent avant tout aux métropoles.

N. Le Brazidec, *Les 18 régions françaises*, Ellipses 2017.

Vocabulaire

- **Métropolisation :** concentration croissante de la population, de la richesse et des fonctions de commandement dans les métropoles.
- **Pôle de compétitivité :** regroupement, sur un territoire donné, d'entreprises et de centres de recherche publics ou privés, dans le but de développer l'innovation. Encouragés par l'État, il existe 56 pôles de compétitivité en France en 2020.

Identifier les contraintes et les ressources d'une situation géographique

Itinéraire 1

Décrire les documents

1. Montrez que la métropole bordelaise occupe une place majeure dans l'organisation régionale. (doc. 1, 4 et doc. 4 p. 223)
2. Identifiez les autres territoires régionaux dynamiques et ceux qui le sont moins. Quelles activités portent ce dynamisme ou ce déclin ? (doc. 2, 3, 4 et doc. 2 p. 103)

Interpréter les documents

3. Comment expliquer les contrastes économiques et démographiques entre les territoires de la région ? (doc. 1, 3 et 4)

Itinéraire 2 BAC E3C

Analyse de documents

En analysant les doc. 3 et 4, vous montrerez les contrastes de la région Nouvelle-Aquitaine.

Pour vous guider

Organisez votre réponse en suivant les idées ci-dessous :

Une région marquée par la métropolisation bordelaise ; Des territoires périphériques au dynamisme local ; Des territoires en difficulté.

B Comment la Nouvelle-Aquitaine peut-elle aménager ses territoires pour réduire les inégalités ?

Cours 2, p. 344-345 et cours 3, p. 350-351

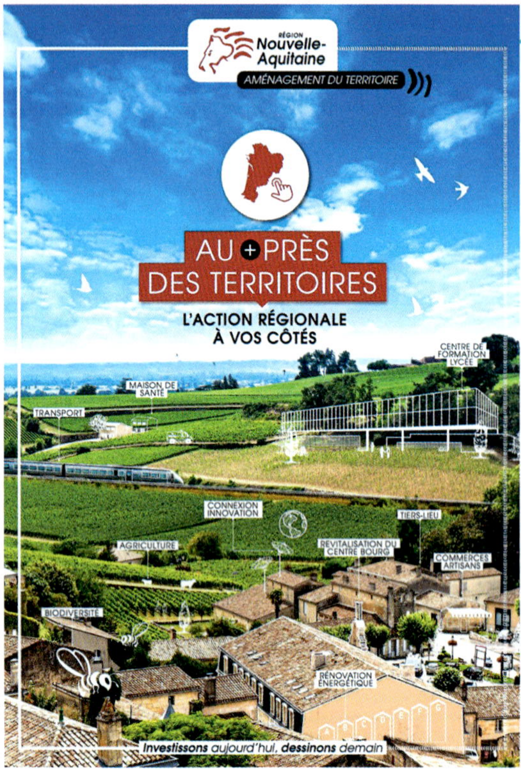

5 L'action régionale au service des habitants

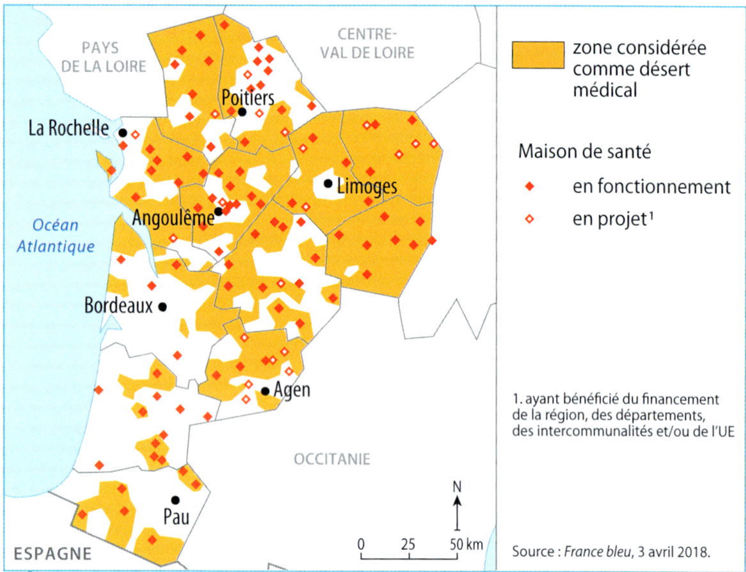

6 Un soutien aux services de santé porté par de nombreux acteurs

7 La revitalisation par l'ouverture au monde

L'œil du géographe Bordeaux, la capitale de la région, doit d'abord sa renommée internationale à son vignoble, souvent considéré comme le plus prestigieux au monde. Plus récemment, elle est devenue une métropole à l'attractivité retrouvée (secteur aéronautique, tourisme de croisière, ...). Mais l'autre Aquitaine, celle de la ruralité, profite aussi de dynamiques diversifiées. Le Limousin bénéficie aujourd'hui d'une valorisation relative d'éléments jugés autrefois négatifs : ses vastes espaces dépeuplés apparaissent comme un havre de paix, l'exode rural a considérablement fait baisser le prix du foncier, l'accessibilité est apparue meilleure qu'on se l'imaginait. Ainsi, le territoire a accueilli un nombre conséquent d'étrangers (Britanniques et Néerlandais) désireux de s'installer dans une région mieux arrimée à l'espace national et surtout européen. Les lignes aériennes à bas coût relient d'abord Limoges à Londres, mais aussi à Manchester. Le succès de ces relations a poussé la compagnie British Airways à ouvrir une liaison Limoges-Londres Gatwick en 2017. De même la Creuse bénéficie du développement récent du tourisme vert tandis que Brive-la-Gaillarde et sa région profitent d'un pôle commercial dont la zone de consommation déborde sur les départements du Lot et de la Dordogne.

V. Adoumié, *Les nouvelles régions françaises*, Hachette, 2018.

Itinéraire 1

Lire et comprendre les documents

1. Identifiez les acteurs publics qui financent l'aménagement du territoire dans la région. Classez-les selon leur échelle territoriale. (doc. 5, 6, 1 p. 324 et 4 p. 231)
2. Quelles actions sont menées pour lutter contre les inégalités territoriales ? (doc. 5 et 6)
3. Pourquoi l'ouverture sur l'Europe et la mondialisation est-elle une solution pour dynamiser les territoires ? (doc. 7 et doc. 2 p. 283)
4. Montrez que la recherche d'attractivité et la lutte contre les inégalités territoriales ne sont pas incompatibles. (doc. 7)

Itinéraire 2 BAC E3C

Analyse de documents

En analysant le doc. 5, vous montrerez le rôle de la région dans l'aménagement de la région Nouvelle Aquitaine.

Pour vous guider

Portez un regard critique sur ce document en le confrontant au doc. 4 p. 325.

QCM interactif | Organigramme PDF à télécharger | Croquis interactif + Version PDF à télécharger

Bilan de l'étude de cas

Retenir l'essentiel

Complétez l'organigramme bilan à l'aide des informations des pages 324 à 326.

Un territoire contrasté

- Une forte métropolisation ……………………
- Des territoires ruraux en difficulté ……………………
- Une inégale ouverture à la mondialisation ……………………

De nouveaux enjeux d'aménagement

- De nombreux acteurs ……………………
- Deux axes privilégiés
  - Favoriser l'ouverture sur l'Europe et le monde ……………………
  - Assurer les besoins des habitants ……………………

Schématiser l'essentiel

À l'aide des documents des pages 324 à 326, complétez le croquis suivant.

Titre : ……………………

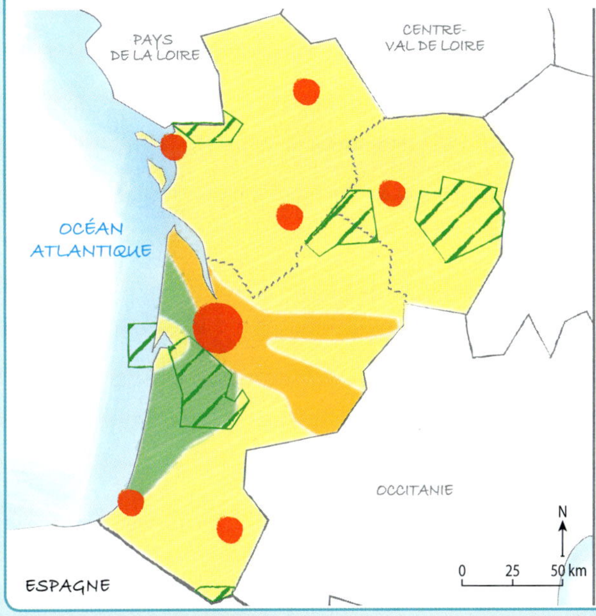

……………………
……. ……………………
……. ……………………
……. ……………………
……. ……………………

……………………
……. ……………………
……. ……………………
……. ……………………
……. ……………………
……. ……………………

Changer d'échelle

De l'étude de cas... au territoire français

1. Quelle place la région Nouvelle-Aquitaine occupe-t-elle dans l'organisation du territoire français ?
cours 1, p. 340-341

2. Toutes les régions françaises doivent-elles relever les mêmes défis de cohésion de leurs territoires ?
cours 2, p. 344-345 et cours 3, p. 350-351

Grand-Est, les défis d'une région frontalière

Avec 5,5 millions d'habitants, la région Grand-Est se positionne au 5e rang national du point de vue économique. Elle profite aujourd'hui de la proximité de la frontière pour renforcer son attractivité mais elle doit aussi lutter contre les inégalités territoriales.

A Pourquoi la proximité de la frontière dynamise-t-elle inégalement les territoires de la région Grand-Est ?

Cours 1, p. 340-341

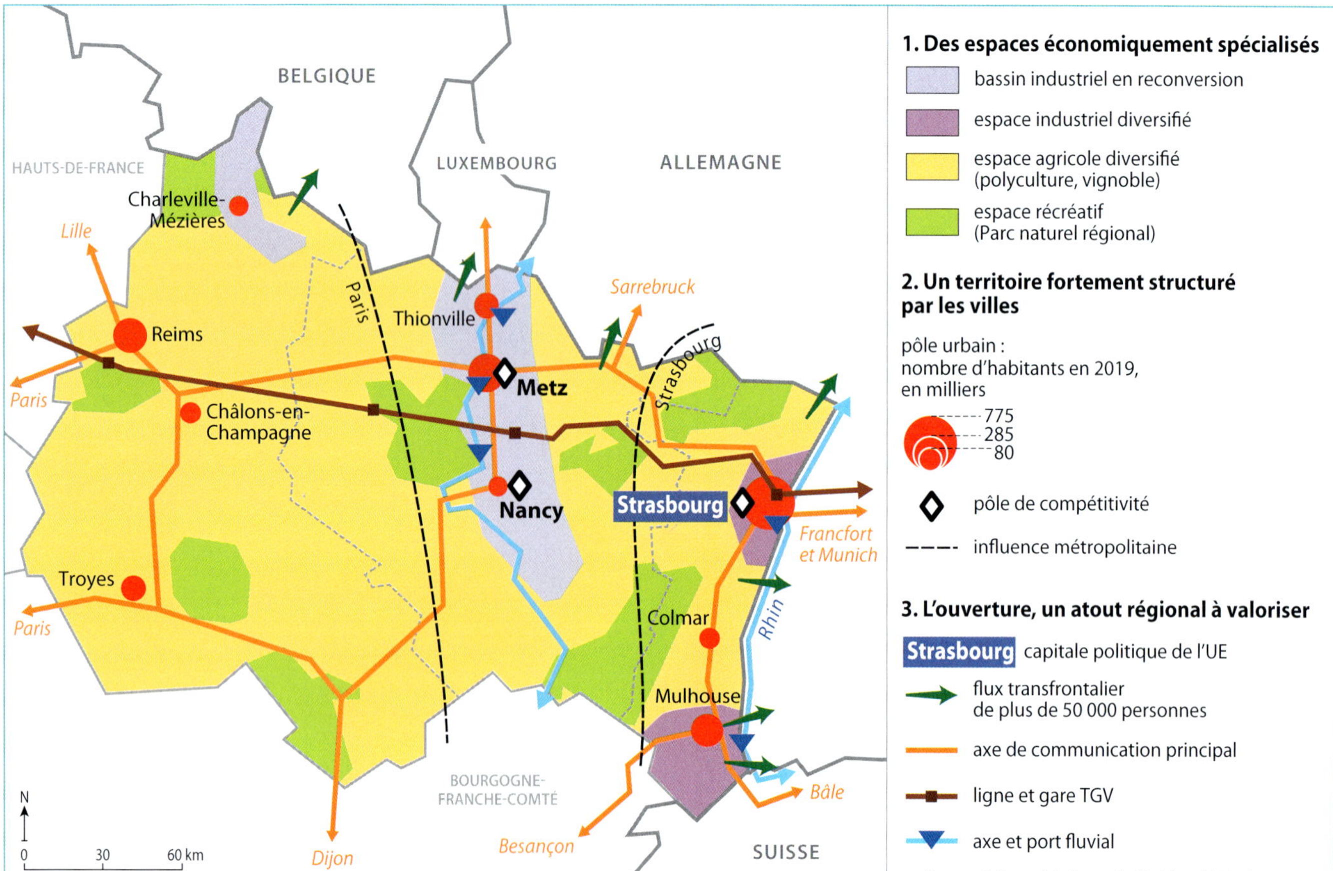

Sources : L. Carroué, *La France des 13 régions*, 2017 et Insee, 2020.

1 Une région frontalière contrastée

En 2019 (ou date la plus récente)	Ardennes[1]	Bas-Rhin[2]	Grand-Est	France métropolitaine
Densité de population, en hab./ km²	53	234	97	120
Évolution annuelle de la population depuis 2010, en %	- 0,6	0,4	+ 0,1	+ 0,5
Revenu médian par habitant, en euros	18 800	21 800	20 500	20 800
Taux de chômage, en %	10,1	7,2	8,8	8,2
Emploi par secteur économique, en %				
agriculture et pêche	4,5	1,5	1,4	2,7
industrie et construction	26,9	22,6	21,8	19,1
services	68,6	75,9	76,8	78
Part des diplômés de l'enseignement supérieur, en %	18,7	29,8	24,8	29,1

2 **Des inégalités socio-économiques régionales : l'exemple des Ardennes[1] et du Bas-Rhin[2]** Source : Insee, 2020.

1. préfecture Charleville-Mézières ; **2.** préfecture Strasbourg.

3 Une situation de carrefour européen : ciment d'unité de la nouvelle région Grand-Est

L'œil du géographe Dans le passé, le Grand-Est a été perçu selon une logique stratégique de « marche » par rapport au voisin germanique avec tout ce que cela suppose de lectures militaires pour le territoire concerné. Aujourd'hui, la donne a bien changé. Le Grand-Est appartient à une eurorégion majeure, avec le fleuve Rhin comme axe principal (certes excentré) de développement, avec, à l'est les horizons de l'Allemagne et de la Suisse et au nord ceux de la Belgique et du Luxembourg. La région a ainsi la possibilité de réactiver l'axe historique nord-sud pour joindre l'économie du nord de l'Europe avec celle du sud. Mais être au cœur de l'Europe ne peut suffire pour s'imposer au niveau européen, si cet indéniable avantage géographique n'est pas accompagné d'une puissante modernisation des infrastructures associée à des coopérations urbaines plus ambitieuses, à des stratégies opérationnelles de renforcement de la compétitivité et de l'attractivité régionale. Si l'intégration transfrontalière demeure un vrai atout pour le positionnement européen du Grand-Est, il s'agit toujours d'un espace encore faiblement intégré sur le plan intrarégional.

V. Adoumié, *Les nouvelles régions françaises*, Hachette, 2018.

4 Le tourisme au service de la reconversion industrielle en Lorraine

L'ultime haut-fourneau du site sidérurgique d'Uckange accueille chaque année 30 000 visiteurs (dont un quart étranger, essentiellement belges ou allemands), autour d'expositions, de performances artistiques, etc.

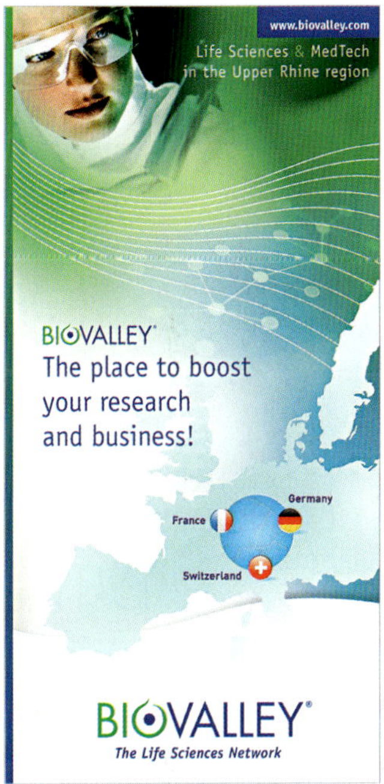

5 Biovalley, un moteur de la coopération transfrontalière

Ce *cluster* fédère des entreprises et des centres de recherche français, allemands et suisses spécialisés dans l'innovation de la santé.

Identifier les contraintes et les ressources d'une situation géographique

Itinéraire 1

Décrire les documents

1. Identifiez les territoires régionaux dynamiques et ceux qui le sont moins. Quelles activités portent ce dynamisme ou ce déclin ? (doc. 1, 2 et doc. 1 p. 287)

Interpréter les documents

2. Montrez que la proximité de la frontière dynamise le territoire régional. (doc. 3, 4 et 5 et doc. 1 p. 272)
3. Quels défis la région Grand-Est doit-elle relever pour valoriser davantage sa position de carrefour européen ? (doc. 1, 2 et 3)

Itinéraire 2 BAC E3C

Question problématisée

Pourquoi la frontière ne dynamise-t-elle pas tous les territoires de la région Grand-Est ?

B Comment la région Grand-Est agit-elle pour concilier unité territoriale et attractivité ?

Cours 2 p. 344-345 et cours 3, p. 350-351

6 Campagne de promotion de l'action régionale pour la jeunesse

Source : Région Grand-Est, 2019.

Dépenses en 2020
2,2 milliards d'euros

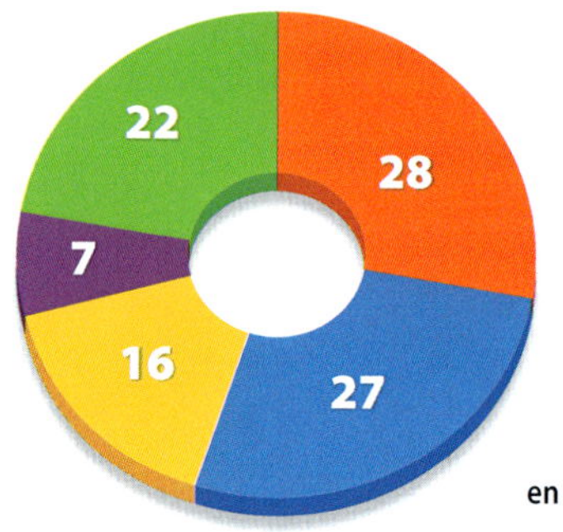

- Transport
- Formation et emploi
- Attractivité économique
- Territoire (transition énergétique, numérique...)
- Administration et autres

Source : Conseil régional du Grand-Est, 2020.

7 Des domaines d'action multiples

8 Le développement de partenariat transfrontalier dynamique : la Grande région

Groß / Grande REGION

La Grande Région regroupe des territoires allemands, français (Lorraine), belges ainsi que le Grand Duché de Luxembourg. Structure de coopération interrégionale créée en 1995, elle développe des coopérations entre les quatre États, sur un territoire marqué à la fois par une grande diversité et par des enjeux communs. Avec environ 2,5% du PIB de l'Union européenne, la Grande Région présente un réseau urbain, industriel et rural, source de relations économiques et culturelles riches et permanentes. Cet espace est traversé par des flux continus de travailleurs et de consommateurs transfrontaliers. Le Grand-duché de Luxembourg est ainsi un moteur de la coopération transfrontalière dans la Grande Région et la considère comme son territoire de développement de référence. Elle a mené de nombreux projets d'amélioration du territoire, de ses équipements et de la vie quotidienne de ses citoyens : TGV Nord Sud entre Bruxelles, le Luxembourg et Strasbourg, Université de la Grande Région, Observatoire interrégional du marché de l'emploi, carte de visite numérique permettant la mise en réseau des produits touristiques, etc. De nombreuses actions sont donc mises en place pour répondre aux attentes des citoyens du bassin de vie interrégional, et aux besoins du territoire, afin de pallier les déséquilibres territoriaux, et les difficultés d'identification culturelle des habitants de cet espace.

Mission opérationnelle transfrontalière, 2020.

Itinéraire 1

Lire et comprendre les documents

1. Identifiez les acteurs publics qui financent l'aménagement du territoire dans la région. Classez-les selon leur échelle territoriale. (doc. 6, 8 et doc. 1 p. 283)
2. Comment les acteurs publics luttent-ils contre les inégalités territoriales ? (doc. 7, 8 et doc. 1 p. 283)
3. Pourquoi l'ouverture sur l'Europe et la mondialisation est-elle une solution pour dynamiser les territoires ? Quelles en sont les limites (doc. 6, Repère B p. 282 et doc. 5 p. 285)

Itinéraire 2 BAC E3C

Analyse de document

En analysant le doc. 7, vous montrerez le rôle de la région dans l'aménagement de la région Grand-Est.

Pour vous guider

Illustrez chacun des domaines d'intervention de la région par des exemples extraits de vos connaissances.

QCM interactif | Organigramme PDF à télécharger | Croquis interactif + Version PDF à télécharger

Bilan de l'étude de cas

Retenir l'essentiel

Complétez l'organigramme bilan à l'aide des informations des pages 328 à 330.

Région GRAND-EST

- **Un territoire contrasté**
  - Des contrastes démographiques ……
  - Des contrastes économiques ……
  - Une inégale ouverture sur l'UE ……
- **Des défis à surmonter**
  - ……
  - ……
- **Une région aménagée par de nombreux acteurs**
  - Des partenariats entre les acteurs publics ……
  - Pour favoriser l'attractivité et la compétitivité ……
  - Pour favoriser la cohésion des territoires ……

Schématiser l'essentiel

À l'aide des documents des pages 328 à 330, complétez le croquis suivant.

Titre : ……

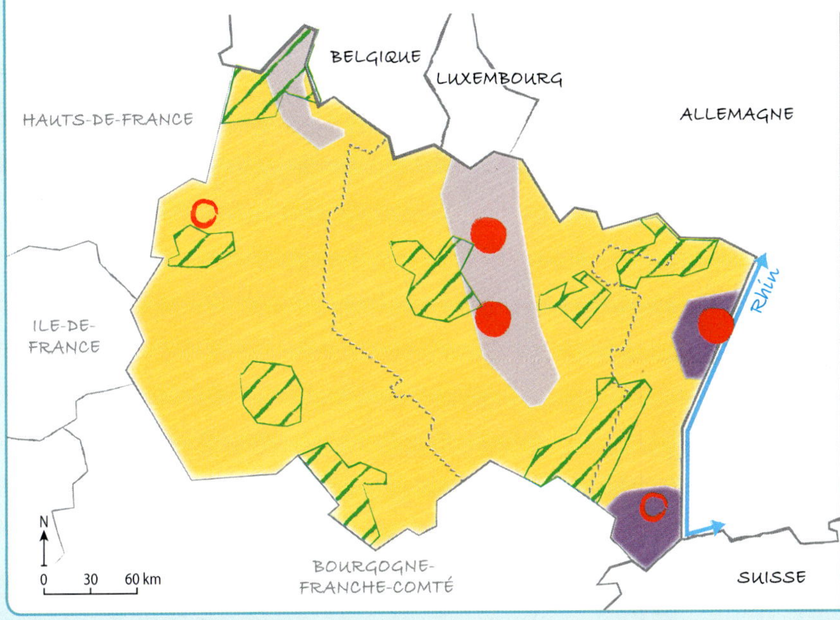

Changer d'échelle

De l'étude de cas... au territoire français

1. Comment la région Grand-Est s'articule-t-elle au reste du territoire français ? cours 1, p. 340-341

2. Toutes les régions françaises doivent-elles relever les mêmes défis de cohésion de leurs territoires ? cours 2, p. 344-345 et cours 3, p. 350-351

Étude de cas 8 Les Pays de la Loire, relever les défis de l'attractivité

Région
PAYS DE LA LOIRE

Longtemps sous l'influence de puissantes régions voisines du point de vue identitaire (Bretagne) ou décisionnel (Paris), la région Pays de la Loire s'affirme aujourd'hui comme une région homogène et attractive. La 8e région française par son PIB et sa population (3,8 millions d'habitants) œuvre aujourd'hui pour conforter son dynamisme.

A La forte attractivité de la région Pays de la Loire profite-t-elle à tous ses territoires ?

Cours 1, p. 340-341

1 Saint-Nazaire, un pôle industriel dynamique

Spécialisés dans la construction navale, les Chantiers de l'Atlantique de Saint-Nazaire bénéficient de savoir-faire de réputation mondiale qui leur assurent des commandes jusqu'à l'horizon 2030.

2 Les raisons du dynamisme régional

L'œil du géographe La région des Pays de la Loire enregistre le plus faible taux de chômage de France, *ex æquo* avec la Bretagne. Elle est aussi une des régions les plus attractives de France, notamment pour les jeunes ménages. Même si la Sarthe échappe en partie à ce dynamisme, l'économie régionale est diversifiée ce qui la rend peu sensible à la conjoncture : industrie agroalimentaire, numérique, hôtellerie-restauration, tourisme, agriculture... De grosses entreprises sont implantées sur le territoire de manière équilibrée (Airbus à Nantes, MMA et Renault au Mans, Bénéteau en Vendée, Lactalis en Mayenne, ...), ce qui n'exclut pas un tissu diversifié de PME. D'ailleurs, le partenariat entre les différents acteurs de l'économie est riche et certains bassins industriels ont des taux de chômage compris entre 7 et 5 % (Laval, Mayenne, Cholet, et surtout Ancenis et les Herbiers).

Interview d'Arnaud Gasnier (enseignant-chercheur à Le Mans Université), 2020.

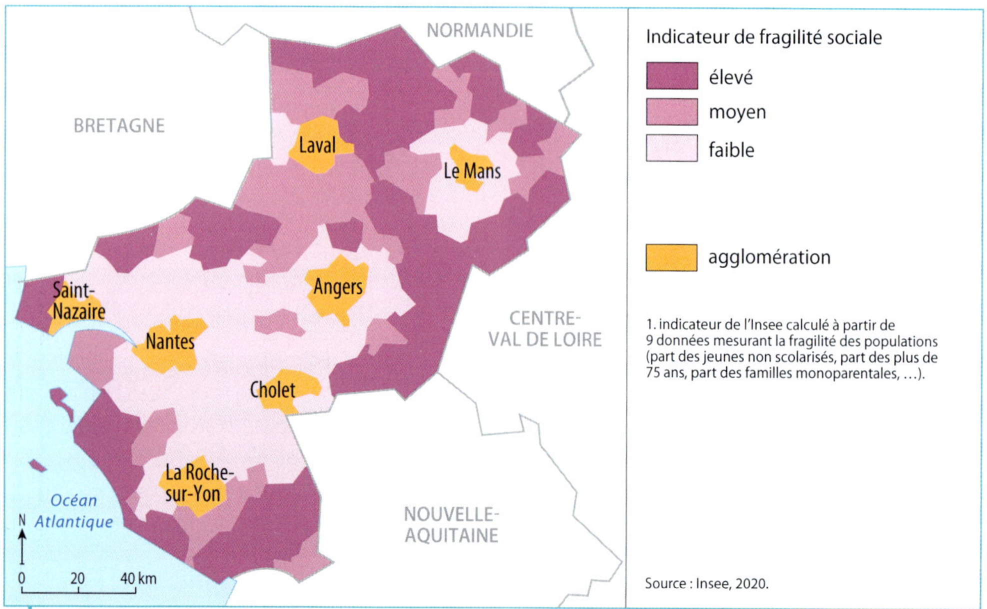

3 Des inégalités persistantes

Vocabulaire

- **Parc naturel :** espace protégé soumis à une réglementation spécifique afin d'y préserver l'environnement tout en favorisant le développement économique. Il peut être régional, national ou marin.
- **Pôle de compétitivité :** regroupement, sur un territoire donné, d'entreprises et de centres de recherche publics ou privés, dans le but de développer l'innovation. Encouragés par l'État, il existe 56 pôles de compétitivité en France en 2020.

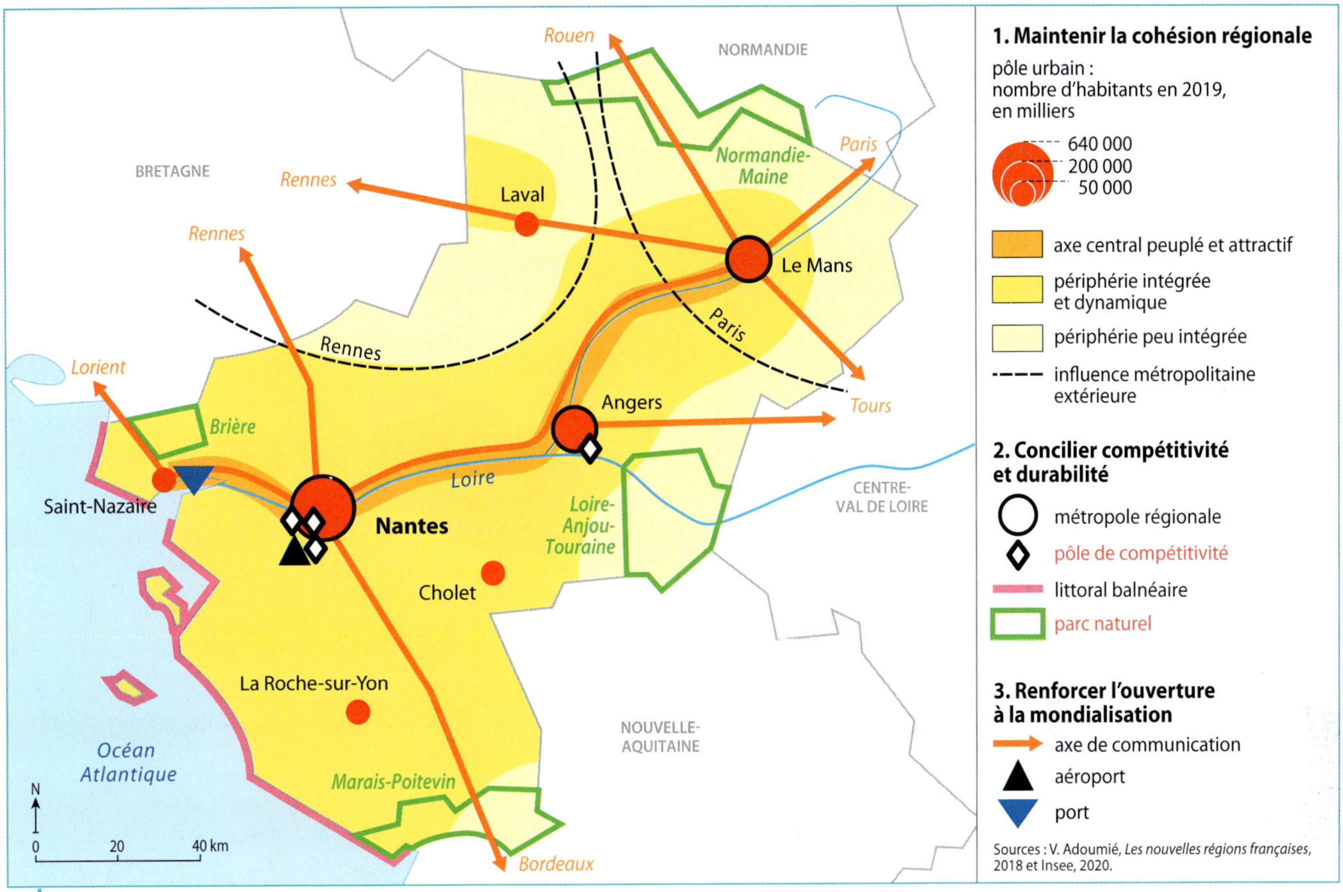

4 Les défis de la région Pays de la Loire

5 Une région homogène ?

L'œil du géographe Région de développement récent, les Pays de la Loire ont été classés en tête des régions pour leur capacité à combiner performances économiques et cohésion sociale. La région est maillée par une armature urbaine allant de la grande métropole aux bourgs. La région compte trois villes universitaires – Nantes, Angers et Le Mans -, ayant chacune des antennes dans les villes moyennes. D'importantes petites villes industrielles dépassant souvent 10 000 habitants quadrillent les campagnes (Ancenis, Les Herbiers, Évron, Mamers, ...), qui sont elles-mêmes peuplées. Et bien qu'une majorité des habitants vivent en espace rural, l'accès aux équipements est excellent. Les Pays de la Loire forment une région égalitaire où les écarts sociaux sont faibles et la région est épargnée par la très grande pauvreté. Enfin, la région est une région de mobilisation et de solidarité. L'intercommunalité est une pratique ancienne et très avancée. La solidarité s'exprime aussi entre les nombreuses entreprises familiales qui recourent plus qu'ailleurs à des collaborations financières ou organisationnelles, qui soutiennent leur compétitivité.

L. Carroué, *La France des 13 régions*, A. Colin, 2017.

Identifier les contraintes et les ressources d'une situation géographique

Itinéraire 1

Lire les documents

1. Identifiez les caractéristiques économiques qui font de la région Pays de la Loire une région attractive. (doc. 1, 2 et 4)
2. Montrez comment la métropolisation organise le territoire régional. (doc. 4 et 5)

Interpréter les documents

3. Expliquez « la capacité régionale à combiner performances économiques et cohésion sociale ». (doc. 5)
4. Montrez que l'unité régionale peut néanmoins être nuancée. (doc. 3 et doc. 8 p. 334)

Itinéraire 2 BAC E3C

Analyse de documents

En analysant les doc. 2 et 4, vous montrerez et expliquerez l'attractivité de la région Pays de la Loire dans la mondialisation.

Pour vous guider

Lisez les autres documents de l'étude de cas pour illustrer votre réflexion.

B Comment les acteurs publics aménagent-ils le territoire régional pour conforter son unité et son attractivité ?

Cours 2 p. 344-345 et cours 3, p. 350-351

6 La promotion régionale à l'international

Lien Internet

L'agence Western France est co-financée par la Région Pays de la Loire, l'État, et les chambres régionales de Commerce et d'Agriculture, pour promouvoir le rayonnement international de la région.

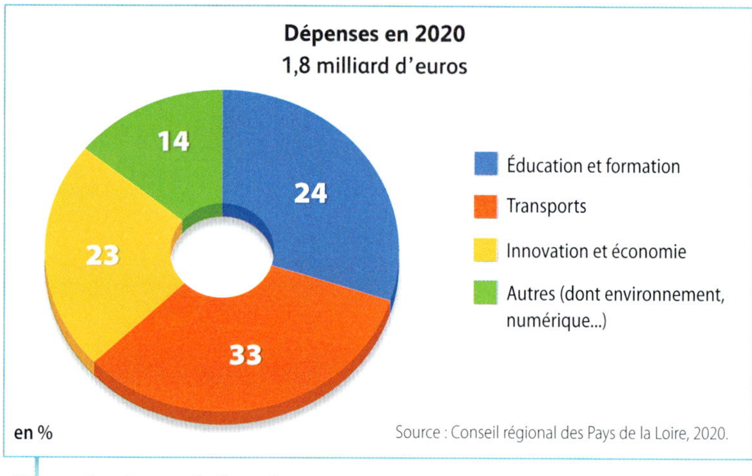

7 Le budget régional en 2020

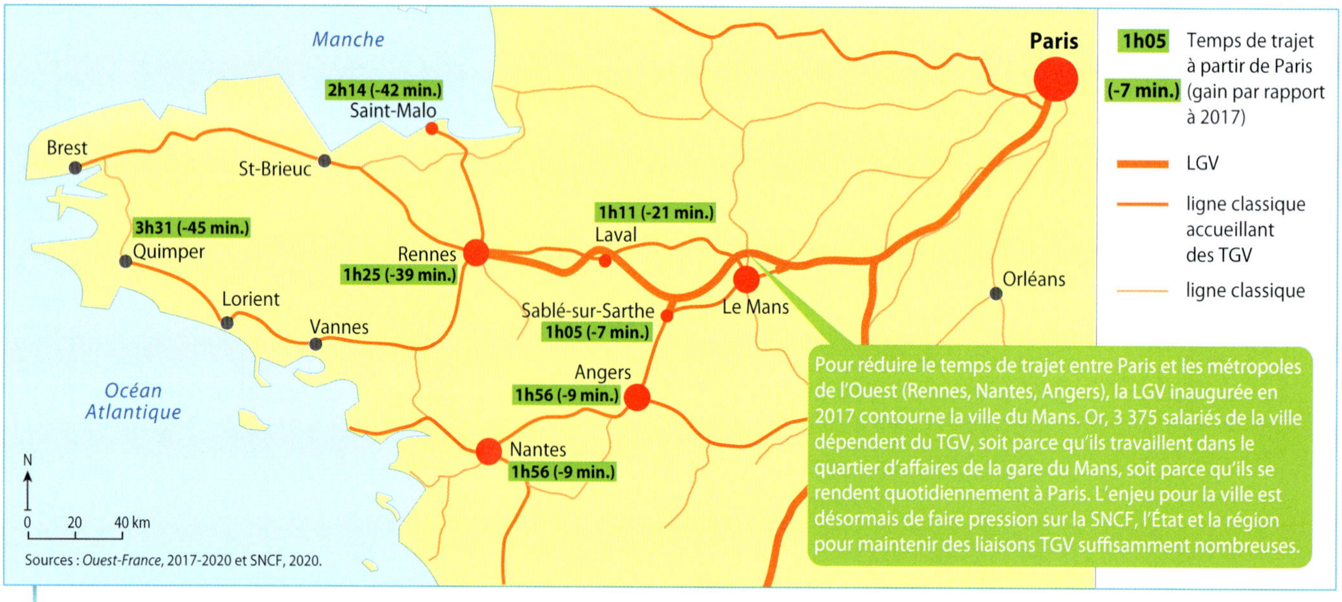

8 La difficile conciliation de l'attractivité et de l'unité régionale

Itinéraire 1

Cerner le sens général des documents

1. Identifiez les actions menées par la région pour favoriser l'attractivité de ses territoires et maintenir son unité. (doc. 6, 7 et 8)
2. Montrez que l'action régionale est concertée avec d'autres acteurs. (doc. 6 et 8)
3. Quelles sont les limites à l'action régionale ? (doc. 8)

Itinéraire 2 BAC E3C

Question problématisée

Comment la région Pays de la Loire tente-t-elle de concilier attractivité et unité de ses territoires ?

Bilan de l'étude de cas

Retenir l'essentiel

Complétez le schéma fléché à l'aide des informations des pages 332 à 334.

Région Pays de la Loire

- **Un territoire relativement homogène et attractif**
  - Du point de vue démographique et social ....
  - Du point de vue économique ....
  - Une inégale ouverture à la mondialisation ....
- **Des défis à surmonter**
  - ....
  - ....
- **Une région aménagée par de nombreux acteurs**
  - Des partenariats entre les acteurs publics ....
  - Pour favoriser l'attractivité et la compétitivité ....
  - Pour maintenir la cohésion des territoires ....

Schématiser l'essentiel

À l'aide des documents des pages 332 à 334, complétez le croquis suivant.

Titre : ....

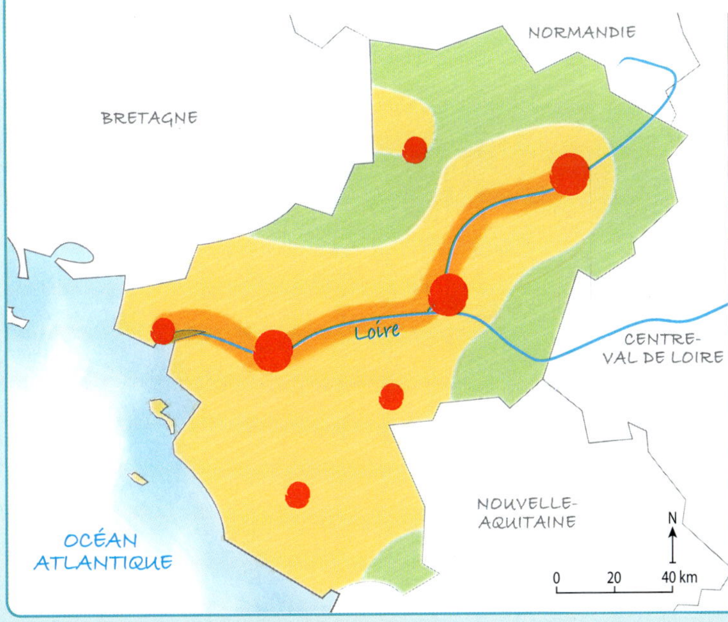

....
....
....
....
....
....
....

....
....
....
....
....

Changer d'échelle

De l'étude de cas… au territoire français

1. Quelle place la région Pays de la Loire occupe-t-elle dans l'organisation du territoire français ? cours 1, p. 340-341

2. Toutes les régions françaises bénéficient-elles de la même attractivité et cohésion que la région Pays de la Loire ? cours 2, p. 344-345 et cours 3, p. 350-351

1 Lyon Confluence : un territoire métropolitain en mutation

Activités numériques

Site de l'IGN
https://remonterletemps.ign.fr

a. Recherchez les photographies aériennes de 1950 des documents 1 et 2.

b. Comparez l'évolution du paysage (architecture, tracé des parcelles, activités, voies de communication). Montrez que les aménagements réalisés ont transformé ces paysages.

c. Formulez des hypothèses pour expliquer le lien entre les transformations de ces territoires et la mondialisation.

2 Loix, un territoire de l'île de Ré en mutation

QUESTION

10 La France et ses régions dans l'Union européenne et dans la mondialisation

RESSOURCES EN +
Sur le site collection : lycee.hachette-education.com/hg/geo-tle

Comment la mondialisation transforme-t-elle les territoires français à toutes les échelles ?

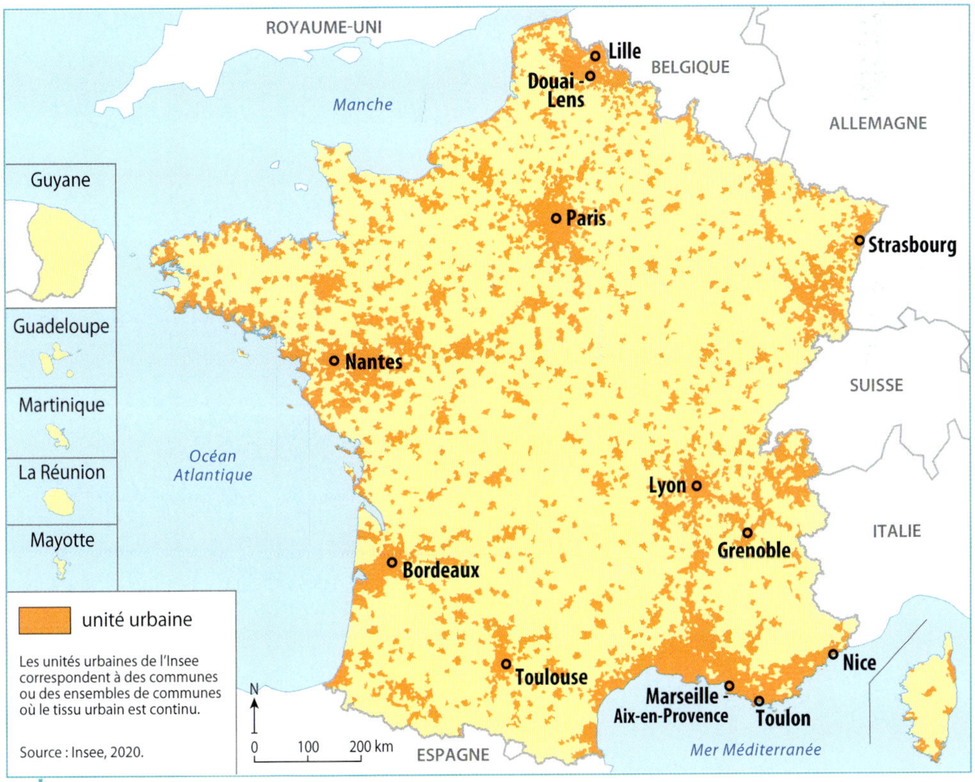

3 Les territoires urbanisés en France en 2020

1. Montrez que la métropolisation transforme le quartier de la Confluence. (doc. 1)
2. Montrez comment l'agriculture et le tourisme structurent ce paysage rural. (doc. 2)
3. Montrez que les métropoles organisent le territoire français et que la périurbanisation transforme certains espaces ruraux. (doc. 2 et 3)

Les contrastes des territoires français

Carte interactive

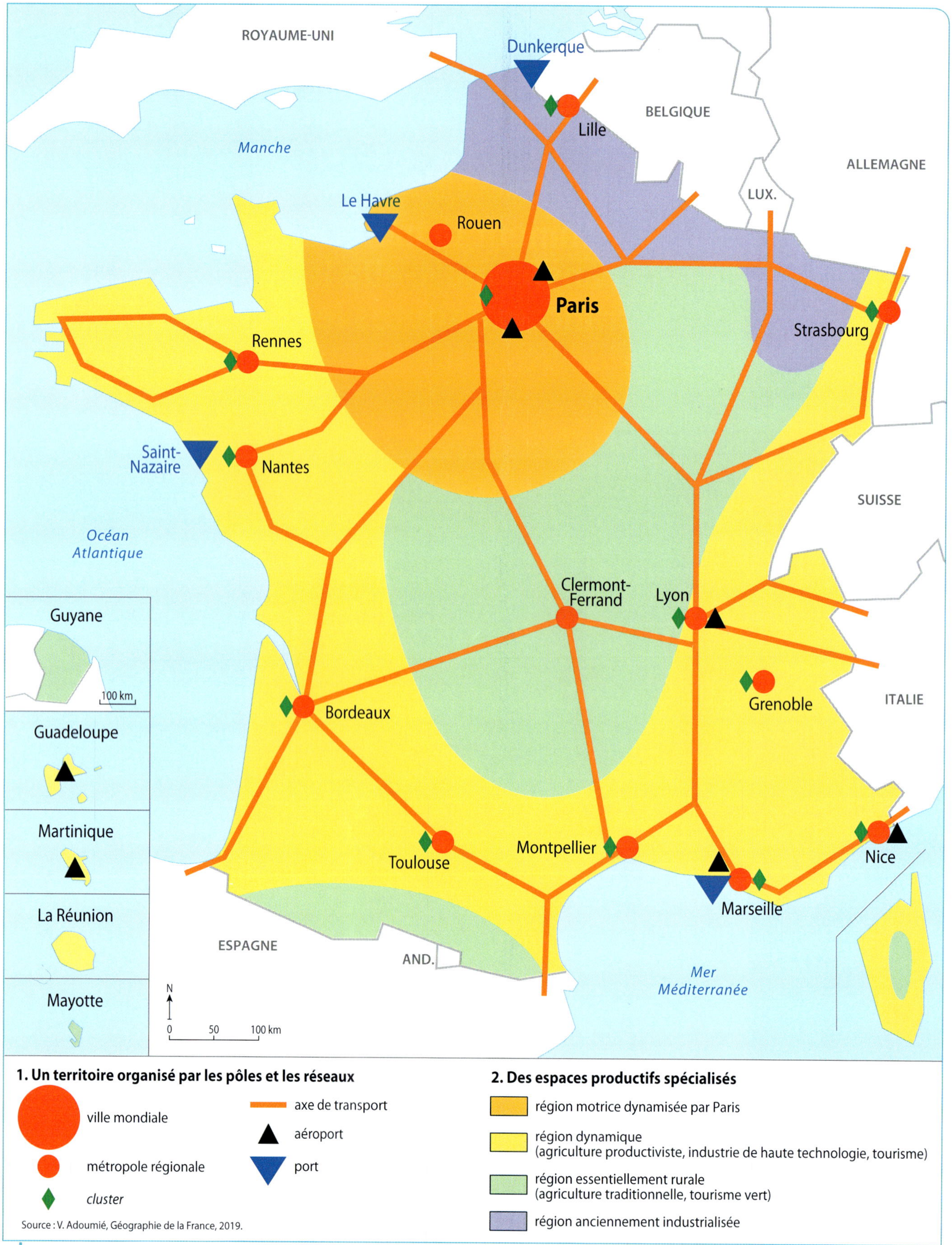

1 Les lignes de force du territoire français

2 Des territoires français contrastés

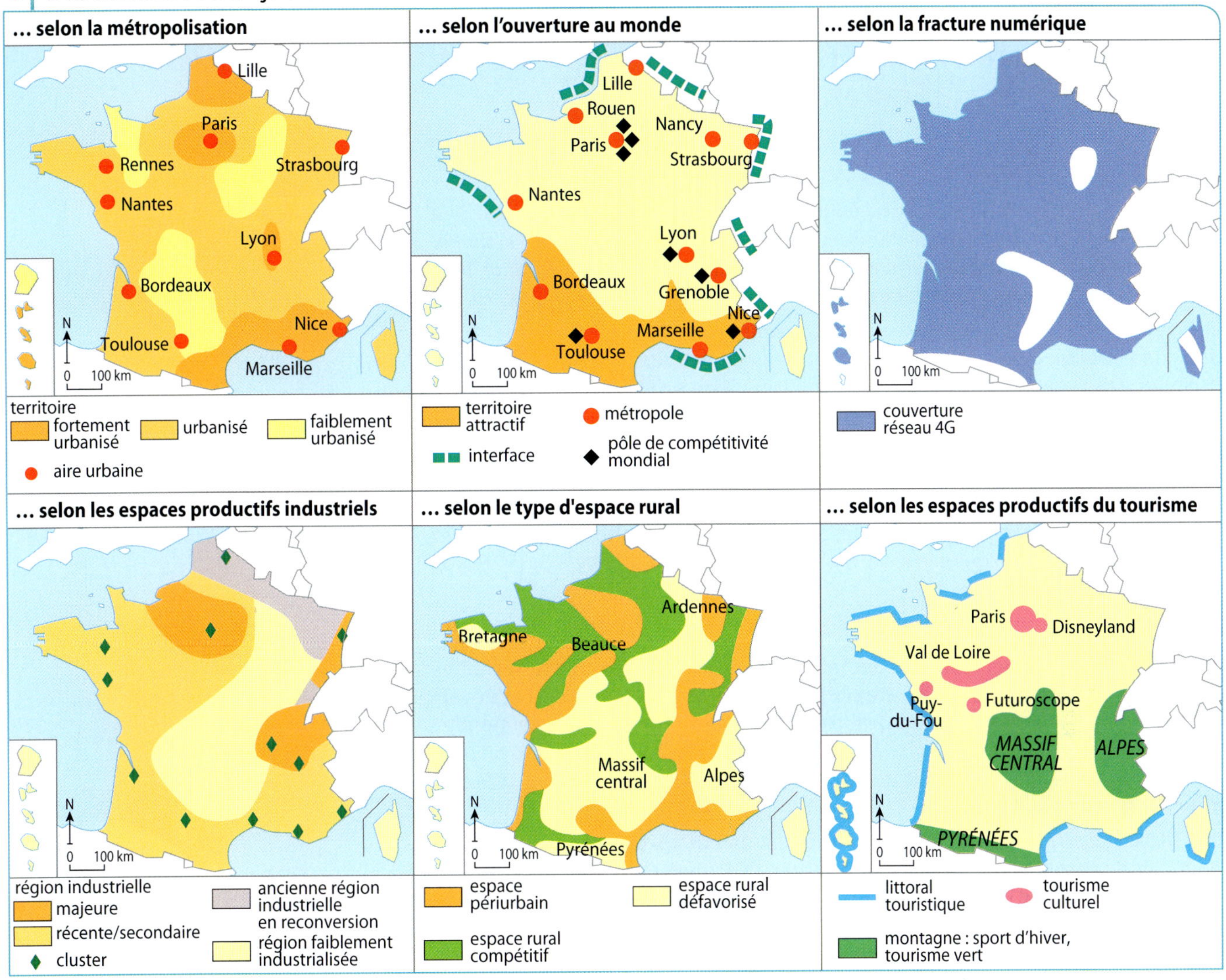

> Des cartes...

1 À l'aide des doc. 1 et 2, complétez le tableau suivant pour comprendre les contrastes des territoires français.

	Caractéristiques	Localisations
Les contrastes liés à la métropolisation	– les métropoles : des territoires concentrant les activités et les hommes –	
Les contrastes liés aux systèmes productifs	– une France anciennement industrialisée à l'est d'une ligne Le Havre-Marseille –	
Les contrastes dans l'ouverture au monde	– interface –	

Vocabulaire

– **Ligne de force :** principe de lecture d'un territoire selon des axes et des espaces structurants.

... au schéma

2 La classe est divisée en trois groupes. À l'aide des doc. 1 et 2, chacun des groupes réalise un schéma sur l'un des trois sujets suivants :
- La France : un territoire métropolisé ;
- La France : des espaces productifs contrastés ;
- La France : un territoire inégalement ouvert au monde.

Cours 1 Les lignes de force du territoire français

QCM interactif cours

Podcast

Quels sont les grands éléments structurants du territoire de la France ?

A Des métropoles dynamiques

Seule ville mondiale française, Paris domine le territoire par macrocéphalie. Elle concentre les fonctions de commandement politique, économique (31 % du PIB en 2019) et culturel. Le quartier d'affaires de La Défense abrite à lui seul 18 % des sièges sociaux des grandes entreprises françaises.

Les métropoles régionales organisent le territoire. Les 15 premières concentrent 33 % de l'emploi. Elles se concentrent le long des fleuves (Lyon), des littoraux (Nice) et des régions frontalières (Strasbourg). En Guadeloupe, Pointe-à-Pitre assure presque les deux tiers de l'emploi.

Les métropoles dynamisent et transforment les campagnes périurbaines qui les entourent. Les modes de vie urbains des néo-ruraux modifient les paysages : les lotissements pavillonnaires, les zones d'activités, de loisirs et les infrastructures de transport artificialisent les territoires (doc. 1). Certaines petites villes stimulent un dynamisme local (économie résidentielle à Aubenas, tourisme à Saint-Malo).

B Des espaces qui ouvrent le territoire sur le monde

Les espaces les plus accessibles sont les plus dynamiques à toutes les échelles (Repère). À l'échelle nationale, la France est un territoire bien desservi et ouvert sur le monde. Paris dispose des infrastructures qui relient la France au monde : 2 aéroports internationaux (Roissy, Orly) et 4 gares TGV en font un hub majeur. L'accessibilité numérique étant déterminante, l'Île-de-France abrite 36 % des *data centers* du pays.

Les littoraux sont des territoires privilégiés de l'ouverture au monde. Avec 7000 km de littoral en comptant l'outre-mer, la France dispose de l'ensemble côtier le plus long d'Europe, avec des ports ouverts sur un large arrière-pays (Le Havre, Nantes/St-Nazaire, Marseille). Les ports ultramarins modernisent leurs infrastructures pour devenir des hubs régionaux (Saint-Denis, Fort-de-France).

L'ouverture sur l'Europe valorise certaines interfaces frontalières. Le Nord et l'Est de la France sont bien intégrés à la mégalopole européenne : les métropoles frontalières deviennent des hubs du trafic ferroviaire (Lille, Lyon) ou fluvial (Strasbourg) européen. Des corridors se mettent en place et dynamisent les régions Ouest (Nouvelle-Aquitaine) et Sud (Montpellier, Nice).

C Des réseaux qui intègrent inégalement les territoires à la mondialisation

Les territoires français sont de plus en plus intégrés dans les flux mondiaux, mais surtout européens. 61 % des investissements étrangers qu'ils accueillent sont d'origine européenne. À l'inverse, la géographie productive de la France est de plus en plus mondialisée, en particulier grâce aux FTN (Renault à Tanger, Carrefour en Afrique de l'Ouest).

Les métropoles régionales sont bien intégrées à l'échelle nationale mais peu à l'échelle internationale (doc. 2). En effet, Paris reste le carrefour de tous les réseaux nationaux : 70 % du trafic ferroviaire national y transite. Si les grandes villes françaises sont bien reliées à Paris, elles le sont moins entre elles ou avec le reste du monde.

Les espaces les plus isolés sont en conséquence peu intégrés. Les espaces ruraux peu peuplés ne parviennent pas à enrayer le déclin agricole ou démographique (Cantal, Corse). Les territoires ultramarins restent dépendants des échanges avec la métropole : elle représente 55 % de leurs importations et 70 % de leurs exportations.

Métropolisation et ouverture sur le monde conditionnent les lignes de force des territoires français dont l'intégration à la mondialisation est encore inégale.

Vocabulaire

- **Économie résidentielle :** ensemble des activités essentiellement destinées à satisfaire les besoins des résidents permanents ou des touristes (services aux personnes, transports, commerces).
- **Ligne de force :** principe de lecture d'un territoire selon des axes et des espaces structurants.
- **Macrocéphalie :** situation d'une métropole dominant nettement les autres villes du pays.

REPÈRE

Les premiers hubs du territoire français

Sources : Eurostat, 2020 et Journal du Net, 2020.

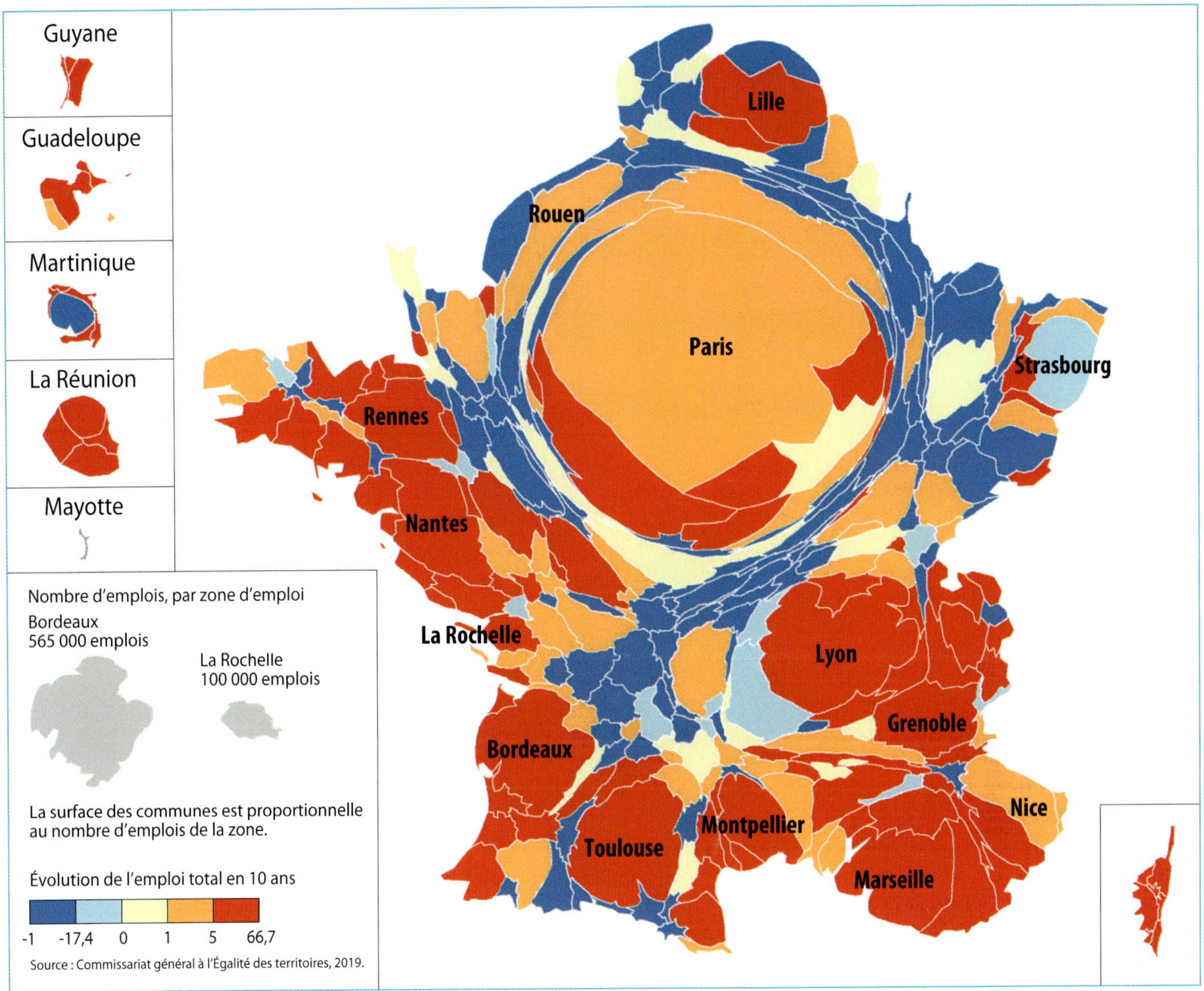

1 Des métropoles régionales dynamiques

2 Un réseau métropolitain structuré mais déséquilibré

L'œil du géographe On ne dira jamais assez combien le TGV a changé la France. Paris, Lyon, Marseille, Bordeaux, Strasbourg, Nantes, Rennes et tant d'autres villes grandes ou moyennes, font désormais partie d'un cercle urbain qui, vu de Delhi ou de Beijing, a toutes les caractéristiques d'une agglomération unique. Chaque entreprise, chaque individu de ce cercle a désormais accès à un espace de contacts immense, accessible dans un aller-retour dans la demie-journée. Les dix premières villes de France (celles qu'on vient de citer, plus Nice et Toulouse, à une heure d'avion) accueillent un Français sur trois. Elles produisent la moitié du PIB national. Ce *cluster* métropolitain constitue un atout majeur pour la France car la constellation de ces grandes villes forme une structure d'appui et de services dont tout le territoire bénéficie ; on le voit par défaut lorsque le relais métropolitain est lointain et faible, comme dans une partie du Grand Est.

Si le réseau métropolitain est toujours inégal, il est en voie de rééquilibrage. À Toulouse, Nantes, Montpellier, les emplois ont crû fortement depuis dix ans, à la fois dans les activités résidentielles (liées à la population) et dans les activités productives. Lyon et Bordeaux ont également vu une forte croissance, avec une proportion moindre pour la sphère productive. L'ampleur de la prédominance parisienne reste toutefois frappante : Paris regroupe la moitié des habitants des 10 premières métropoles mais fournit les 3/5e du PIB.

P. Veltz, *La France des territoires, défis et promesses*, L'Aube, 2019.

Capacités & Méthodes

Analyser une carte par anamorphose (doc. 1)

1. Décrivez la carte puis expliquez sur quel principe une carte par anamorphose est construite.
2. Quels sont les atouts et les inconvénients d'une telle représentation ?

Carte interactive

Les mutations du territoire français dans la mondialisation

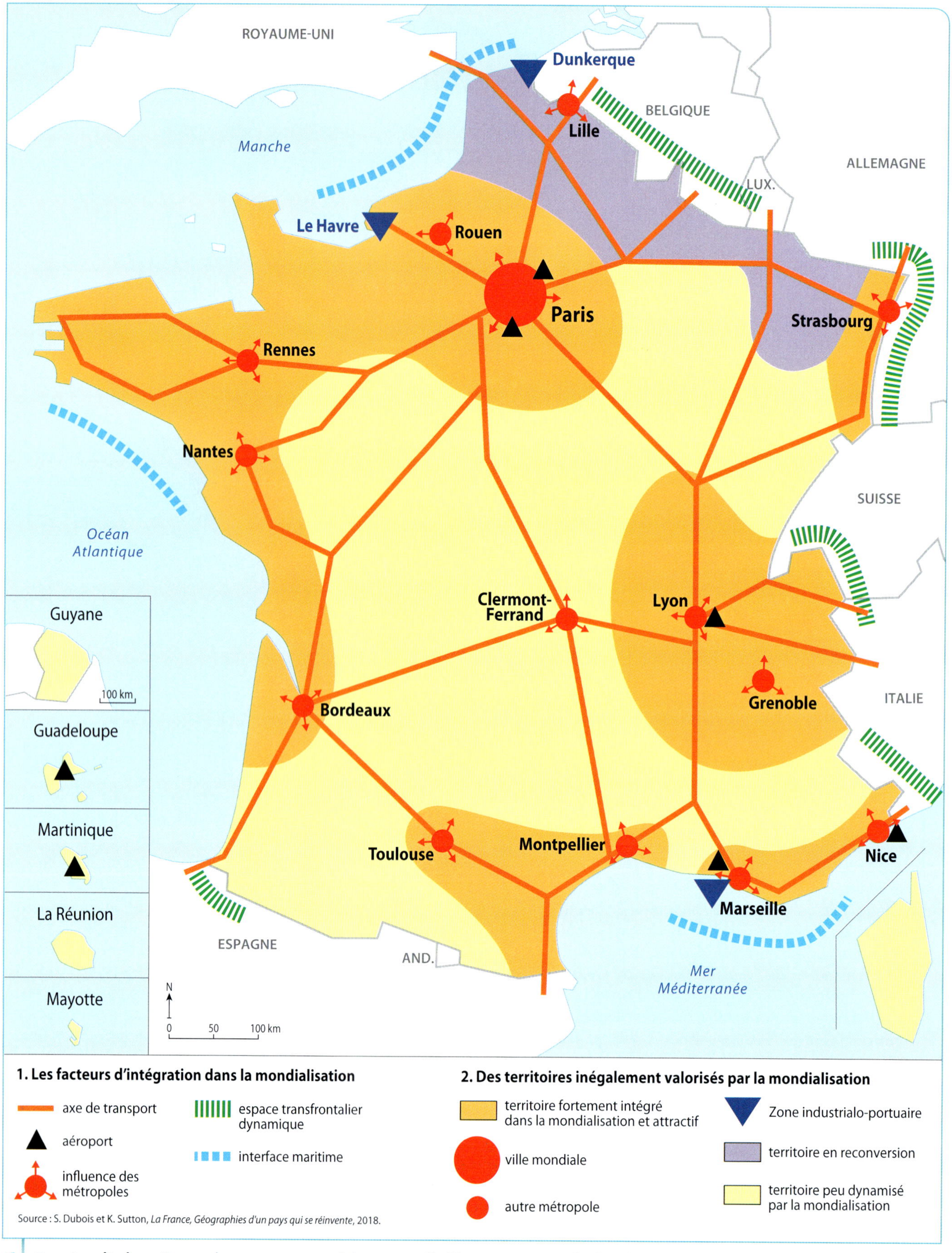

1 Des territoires français en recomposition sous l'effet de la mondialisation

2 Des territoires français inégalement dynamiques

… selon le dynamisme industriel

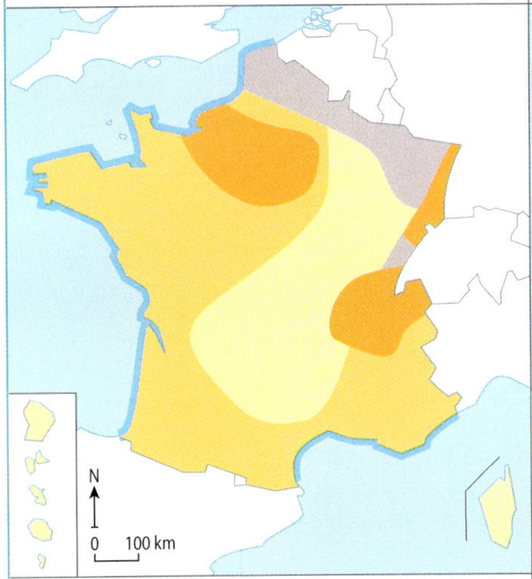

- territoire industriel moteur et attractif
- territoire industriel récent et attractif
- faible activité industrielle
- ancienne région industrielle en reconversion
- littoral

… selon le dynamisme agricole

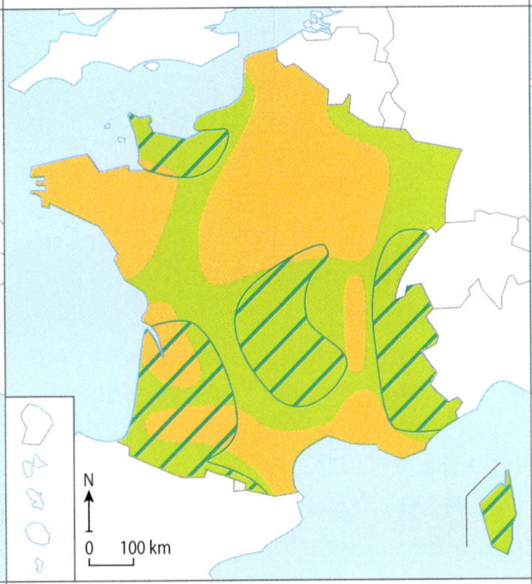

- agriculture dynamique
- espace agricole fragile (élevage extensif, polyculture)
- agritourisme

… selon la multifonctionnalité rurale

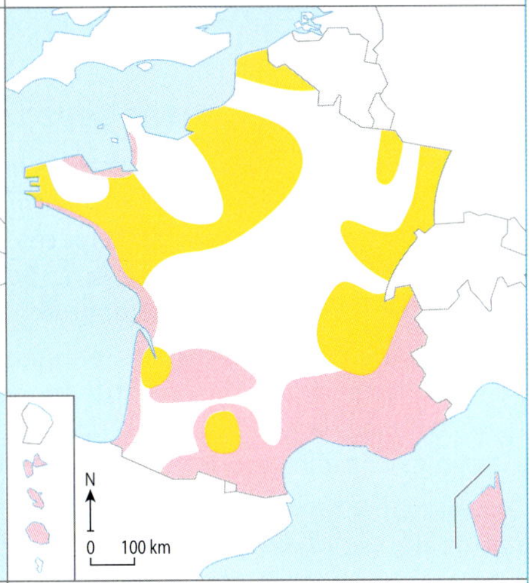

campagne à dominante
- périurbaine
- touristique

… selon le dynamisme démographique

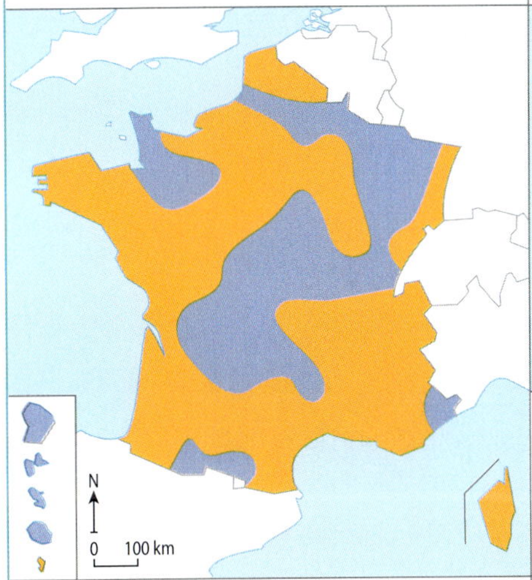

- des régions en croissance démographiques
- des régions qui se dépeuplent

… selon le dynamisme transfrontalier

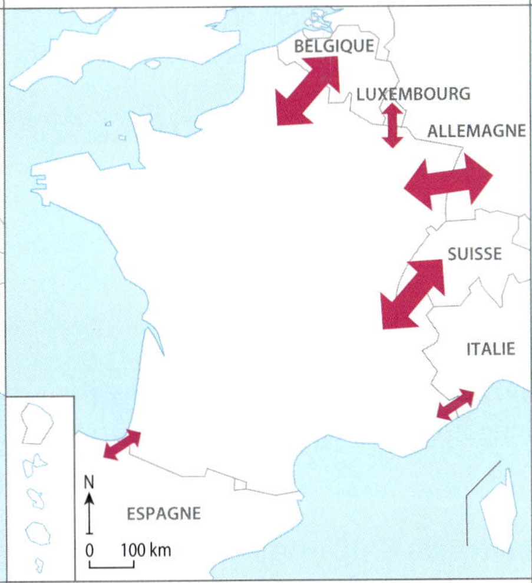

- forte coopération transfrontalière

… selon le dynamisme des métropoles

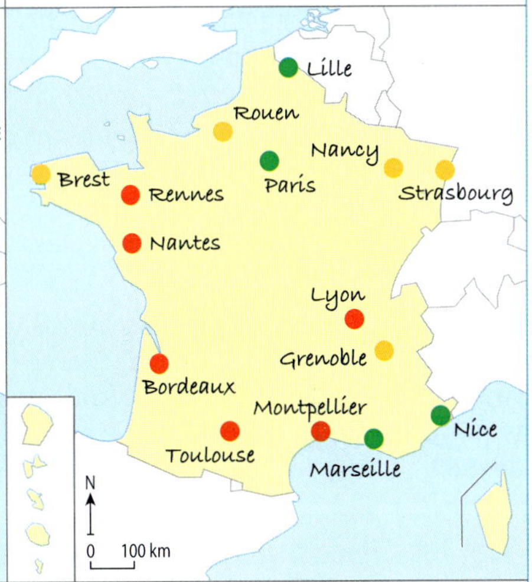

attractivité démographique
- faible
- moyenne
- forte

Lire les cartes

Carte 1

La mondialisation recompose les territoires français. Elle les met en concurrence entre eux et avec les autres territoires de la mondialisation. Une hiérarchisation s'établit donc en fonction de la capacité des territoires à s'adapter.

Localisez les territoires les plus attractifs dans la mondialisation et ceux qui le sont moins. Mobilisez vos connaissances pour expliquer cette hiérarchie.

Carte 2

La mondialisation n'est pas le seul facteur de recomposition des territoires français. D'autres forces participent aussi à ces mutations.

Localisez les territoires dynamisés par la métropolisation et ceux valorisés par l'intégration européenne. Montrez que cette liste rejoint celle des territoires dont l'attractivité est renforcée par la mondialisation (doc. 1). Justifiez ce constat.

Cours 2 Des recompositions à toutes les échelles

Quelles mutations transforment les territoires de la France ?

QCM interactif cours

Podcast

A Des recompositions sous l'effet de la mondialisation

Les FTN s'imposent comme des acteurs majeurs des recompositions territoriales. Elles mettent en concurrence les territoires français entre eux et avec les autres territoires du monde. Ainsi, les espaces qui misent sur la connaissance sont les plus attractifs (Saclay au sud de Paris, Sophia Antipolis près de Nice) (doc. 2) pour les investissements étrangers et nationaux.

L'organisation des territoires en systèmes productifs locaux accroît leur compétitivité : pôles de compétitivité pour les industries de haute technologie (aéronautique dans le Sud-Ouest), régions agricoles spécialisées (bassin parisien, vignobles), bassins touristiques (Outre-mer, Côte d'Azur).

La mondialisation creuse les inégalités entre les territoires français. À l'échelle nationale, les régions marquées par la désindustrialisation et les territoires ultramarins sont les plus pauvres. À l'échelle locale, la fragmentation socio-spatiale progresse dans les villes comme dans les campagnes (espace périurbain dynamisé par les métropoles, espace rural en déclin).

B Des recompositions sous l'effet de l'intégration à l'UE

L'UE occupe une place centrale dans les échanges de la France. Ainsi, près des 2/3 des IDE et plus des 3/4 des touristes qu'elle accueille sont d'origine européenne. De même, 8 des 10 premiers partenaires commerciaux de la France sont européens. Des infrastructures sont d'ailleurs financées pour améliorer les liaisons avec le reste de l'Europe. (doc. 1)

L'UE agit pour renforcer les territoires les plus compétitifs. Le soutien à l'innovation, à la coopération transfrontalière ou à l'agriculture représente la moitié des aides versées à la France. Ainsi, la France est le 1er pays bénéficiaire de la PAC. Dans le cadre de la politique Horizon 2020, les PME françaises sont accompagnées dans leurs démarches d'innovation.

L'UE tente aussi de réduire les inégalités territoriales. Les efforts européens ont ainsi longtemps soutenu la reconversion industrielle (Nord, Lorraine). Si ces régions bénéficient toujours de l'aide pour l'emploi ou la transition énergétique, la politique de cohésion, aux résultats inégaux, s'est élargie : lutte contre les déserts ruraux, soutien aux quartiers prioritaires (Repère A).

C Des recompositions sous l'effet de l'aménagement du territoire

Les acteurs impliqués dans l'aménagement des territoires sont de plus en plus nombreux. Si les grands projets se pensent par l'État à l'échelle nationale (LGV, réseau autoroutier), voire européenne (tunnels transalpins – doc. 1), l'implantation d'un écoquartier ou d'un centre de recherche se décide à l'échelle locale. L'augmentation du nombre des acteurs rend l'aménagement des territoires plus complexe : la création d'un réseau de transport doit non seulement se concevoir à l'échelle des communes, de l'intercommunalité, mais également de la région.

L'aménagement vise à assurer l'égalité des territoires, mais également à promouvoir le développement économique, tout en préservant l'environnement. Ainsi, les parcs naturels élaborent des chartes pour favoriser l'exploitation raisonnée des ressources (forêt dans le Morvan, pêche en mer d'Iroise). Des zones franches urbaines sont créées dans les quartiers prioritaires pour favoriser l'emploi.

Les résultats des politiques d'aménagement sont inégaux selon les échelles. Malgré la décentralisation, la région parisienne reste le cœur décisionnel de la France. À l'échelle locale, le déclin rural n'est enrayé que dans les zones périurbaines et se poursuit ailleurs, malgré le soutien des pouvoirs publics (ZRR – Repère B).

Mondialisation, intégration européenne et politiques d'aménagement recomposent les territoires français à toutes les échelles.

Vocabulaire

- **Intercommunalité :** regroupement de communes ayant des projets de développement communs et qui sont soumises à des règles identiques (fiscalité, urbanisme).
- **Quartier prioritaire :** quartier qui bénéficie en priorité des aides publiques en raison du faible niveau de vie de ses habitants.
- **ZRR (zone de revitalisation rurale) :** espace rural présentant des difficultés et bénéficiant de l'aide des acteurs publics pour mener des projets de développement économique.

REPÈRE A

La politique de la ville à Marseille

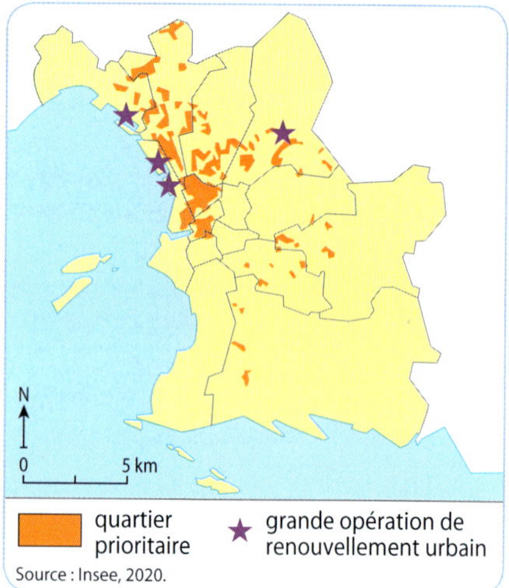

Source : Insee, 2020.

REPÈRE B

Les zones de revitalisation rurale

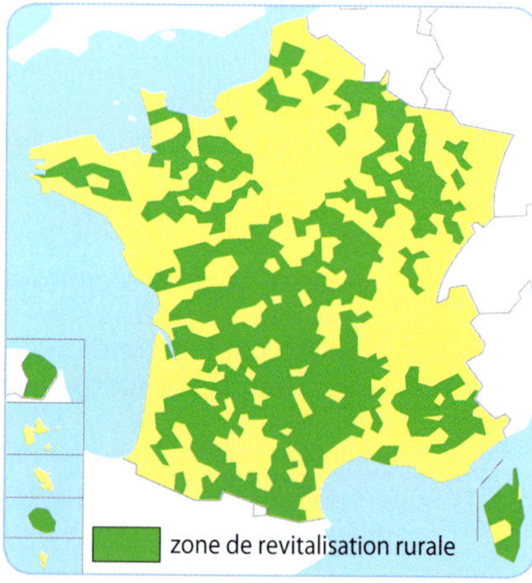

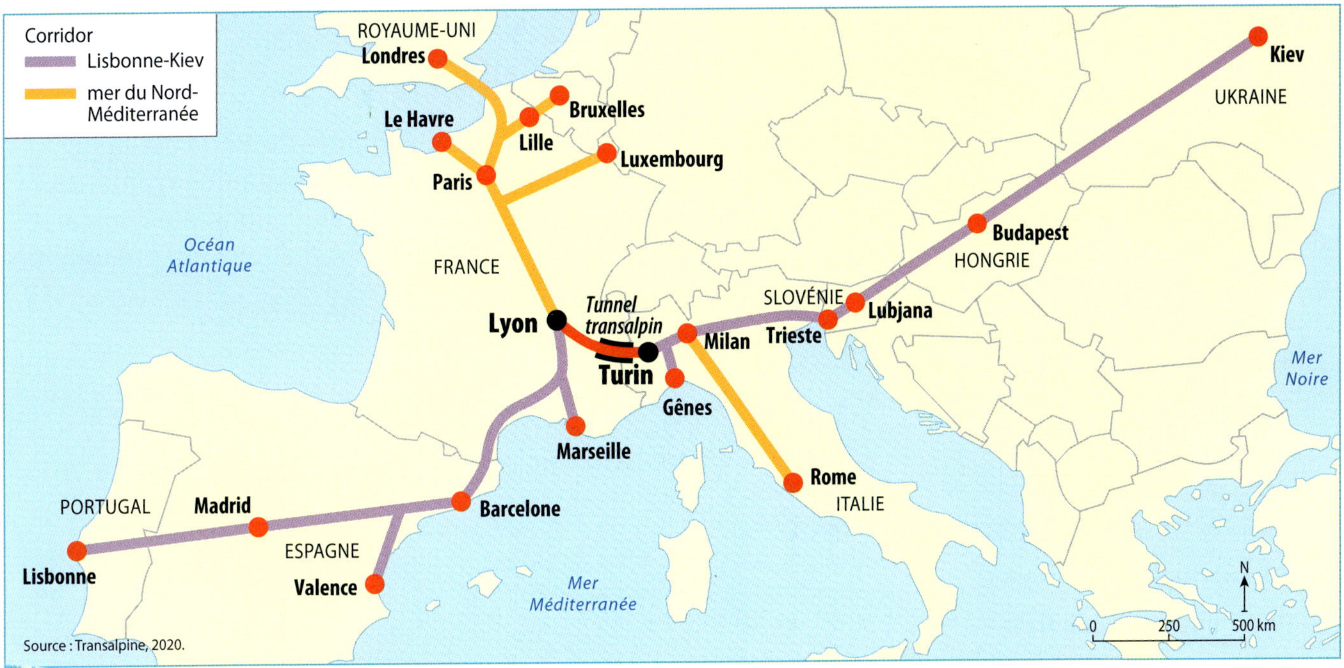

1 La LGV Lyon-Turin, des travaux d'aménagement destinés à favoriser l'intégration européenne

L'UE s'est engagée à financer la moitié des travaux nécessaires pour percer les tunnels de la liaison ferroviaire Transalpine Lyon-Turin, le reste à charge étant partagé entre la France et l'Italie. Concernant les autres travaux liés à la LGV, la France envisage d'associer des entreprises dans le cadre d'un partenariat public-privé.

2 L'innovation, une priorité pour l'attractivité des territoires dans la mondialisation

L'œil du géographe Dès les années 1970, l'établissement de technopôles est planifié en France. Les premiers naissent à Grenoble et Sophia Antipolis (à proximité de Nice). Aujourd'hui, la France accueille 47 technopôles, répartis sur l'ensemble du territoire national. Ces lieux de haute technologie se sont le plus souvent spécialisés en lien avec les universités locales. L'électronique, l'informatique, les biotechnologies, les télécommunications sont autant de domaines développés dans ces nouveaux territoires de l'innovation. Savoie Technolac par exemple, financé par le département de la Savoie et la communauté d'agglomération Chambéry, accueille aujourd'hui près de 180 entreprises et l'université Savoie-Mont-Blanc, avec 19 laboratoires de recherche et 69 programmes scientifiques et techniques d'enseignement supérieur. L'implantation à la fin des années 2000, de l'Institut de l'énergie marque un soutien de l'État dans le développement de cette structure qui ne cesse de s'étendre. Les technopôles constituent alors le tissu territorial dans lequel s'épanouissent aujourd'hui les pôles de compétitivité. Mais si les technopôles sont des structures spatiales locales et localisables, les pôles de compétitivité sont quant à eux des structures de projet d'échelle régionale qui prennent la forme de réseaux. Il s'agit donc de deux dispositifs distincts quoique complémentaires parce qu'emboîtés[1].

S. Dubois et K. Sutton, *La France, géographies d'un pays qui se réinvente*, Bréal, 2018.

1. Le technopôle Savoie Technolac a par exemple intégré les pôles de compétitivité Trimatec (dissous en 2018) et Tenerrdis.

Capacités & Méthodes

Utiliser les outils numériques

En vous aidant du doc. 2 et en consultant le site du pôle de compétitivité Tenerrdis (https://www.tenerrdis.fr/fr/) et celui du technopôle Savoie Technolac (https://www.chambery-grandlac.fr/parc-activite/savoie-technolac/), complétez le tableau suivant pour différencier « pôle de compétitivité » et « technopôle ».

	Pôle de compétitivité Ex : Tenerrdis	Technopôle ex : Savoie Technolac
Définition		
Initiative		
Acteurs (publics, privés)		
Territoire de compétence		
Objectifs		

Exemple

Pourquoi Paris reste-t-elle l'hypercentre de la France ?

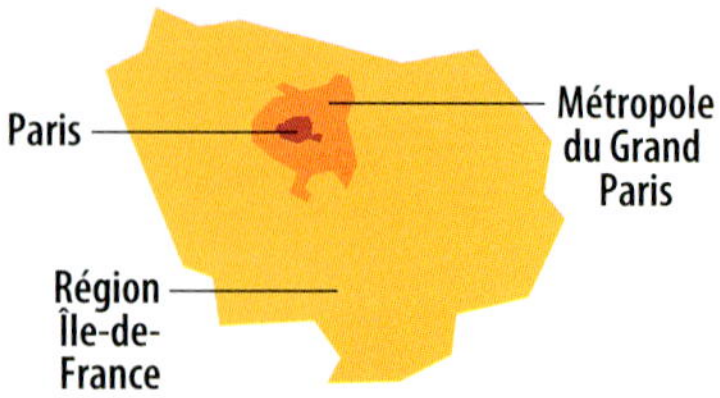

Avec ses deux aéroports internationaux, la métropole de Paris est la première porte d'entrée du territoire français. Malgré les aménagements visant à rééquilibrer le territoire national, la seule ville mondiale française demeure le principal centre d'impulsion, produisant à elle seule presque un tiers du PIB du pays.

Paris en 2020 (ou date la plus récente)	Rang mondial	Poids à l'échelle nationale
12,6 millions d'habitants	28e	19 %
649 milliards de richesse produites	5e	31 %
13 000 entreprises étrangères	3e	46 %
17 millions de touristes internationaux	3e	22 %

1 Paris, une ville mondiale

Sources : Gouvernement français, *Forbes 500* et ONU, 2020.

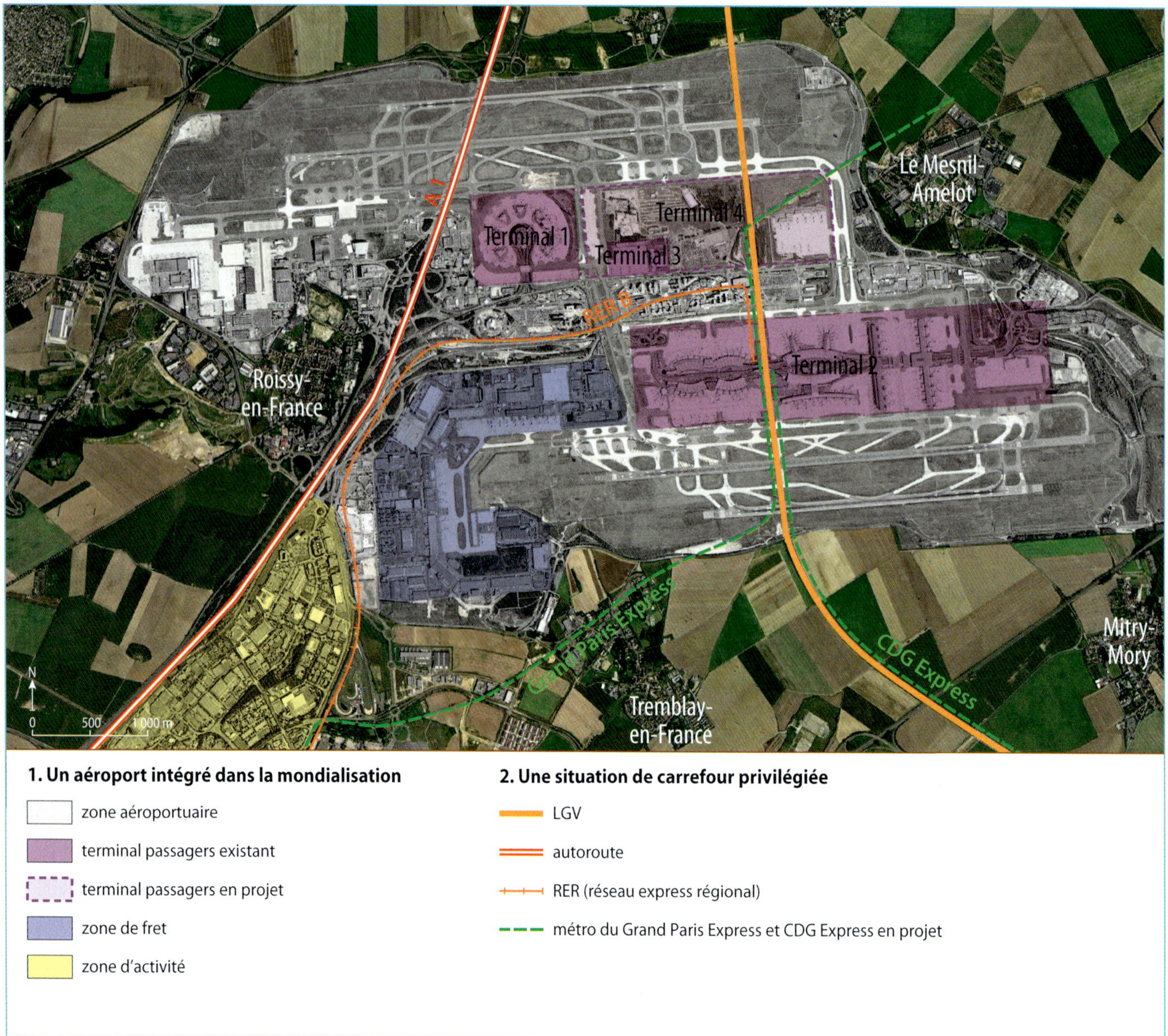

2 Roissy, une interface majeure avec le monde

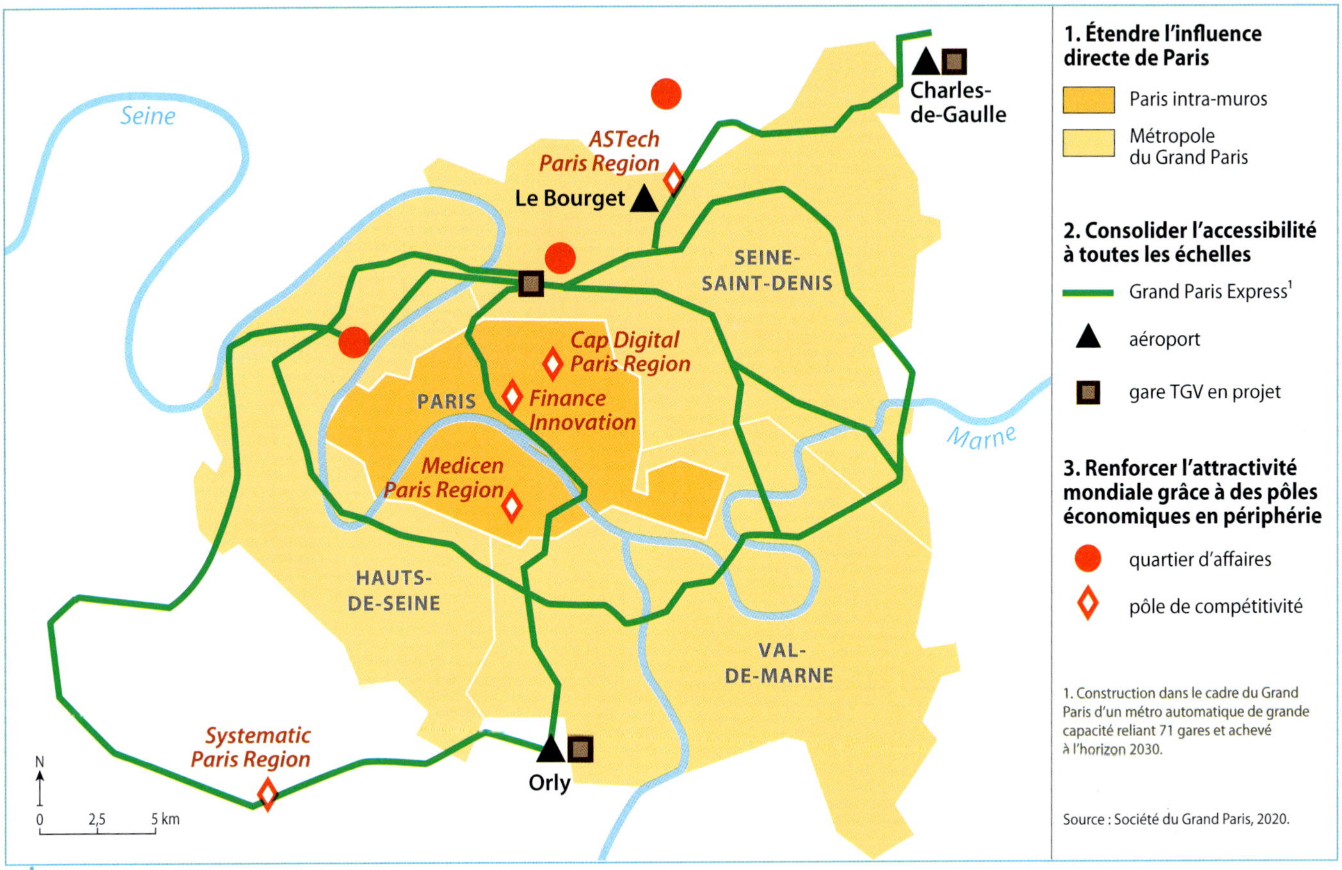

3 **Des aménagements qui renforcent l'attractivité parisienne**

4 **Des liens Paris-province, fondements de la puissance mondiale**

L'œil du géographe Pour l'instant, Londres et Paris restent concurrentes. Mais leurs relations avec leurs espaces nationaux sont très différentes. Alors que Londres semble de moins en moins concernée par ce qui se passe dans le reste du pays, Paris reste liée par mille fibres au territoire français. Le dynamisme de Paris se nourrit de celui des autres territoires, à commencer par celui des métropoles régionales, et réciproquement. De nombreux facteurs expliquent une telle différence, à commencer par l'ultra-spécialisation financière de Londres, qui contraste avec la diversité de l'économie parisienne et ses liens étroits avec l'économie productive française. Mais il y a d'autres facteurs, culturels, politiques. Dans tous les domaines, Londres joue à fond l'appel aux ressources extérieures, alors que la France et Paris restent focalisés sur l'optimisation de nos ressources internes. Ainsi, en matière universitaire, nos universités parisiennes sont beaucoup moins « globalisées » que les grands centres anglais. Paris regroupe environ 40 % de la recherche publique mais avec de nombreuses connexions en province. Autre atout majeur de Paris : sa position de hub, notamment aérien. Pour le transport maritime, on a aussi pris conscience du caractère crucial de la relation entre Paris, Rouen, Le Havre, pour donner à la capitale, non seulement un débouché, mais une véritable composante maritime, présente dans la majorité des villes-mondes.

P. Veltz, *La France des territoires, défis et promesses*, L'Aube, 2019.

Conduire une démarche géographique

Itinéraire guidé

Lire les documents

1. Listez les domaines dans lesquels Paris joue un rôle majeur dans l'organisation du territoire français. Illustrez chacun de ces domaines par un exemple précis. (doc. 1 et 4)
2. Identifiez les éléments qui font de Paris une ville mondiale. (doc. 1, 2 et 3)

Confronter et synthétiser les documents

3. Montrez que l'affirmation de Paris dans la concurrence mondiale contribue au déséquilibre territorial en France, mais qu'elle constitue également un moteur de l'intégration des autres régions dans la mondialisation. (doc. 3 et 4)

Itinéraire en groupe

Divisez la classe en deux pour un débat portant sur le thème : Paris, handicap ou moteur de l'affirmation des territoires français dans la mondialisation ?

Pour vous guider
Listez les arguments montrant d'une part que les territoires français subissent la domination parisienne et d'autre part, que les liens restent forts et permettent l'intégration de Paris et des régions dans la mondialisation.

Cartes — La place des régions françaises dans l'Union européenne et dans la mondialisation

Carte interactive

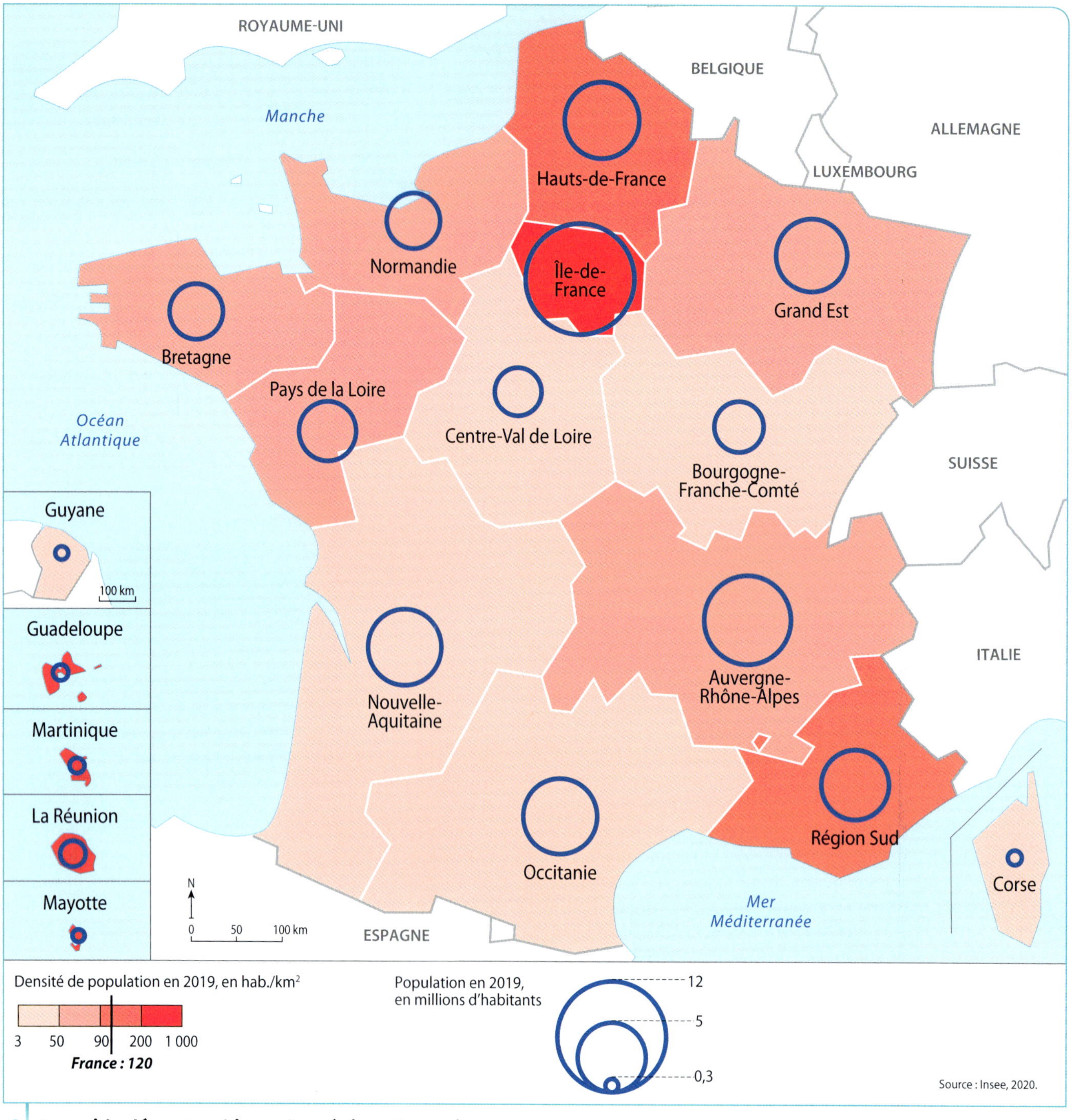

1 **Le poids démographique des régions françaises**

Lire les cartes

Carte 1

Le découpage actuel de la France en régions date de 2015 et a conduit à l'émergence de régions moins nombreuses mais plus grandes et plus peuplées.

Montrez que ce découpage n'a pas gommé les inégalités entre les régions en termes de population.

Cartes 2 et 3

Bien qu'inégales, les régions françaises sont désormais plus attractives à l'échelle européenne.

Comment les régions françaises se positionnent-elles par rapport au reste de l'Europe en termes de poids économique ? de dynamisme économique ? Quelles sont les conséquences des inégalités de richesse sur la capacité d'action des régions ?

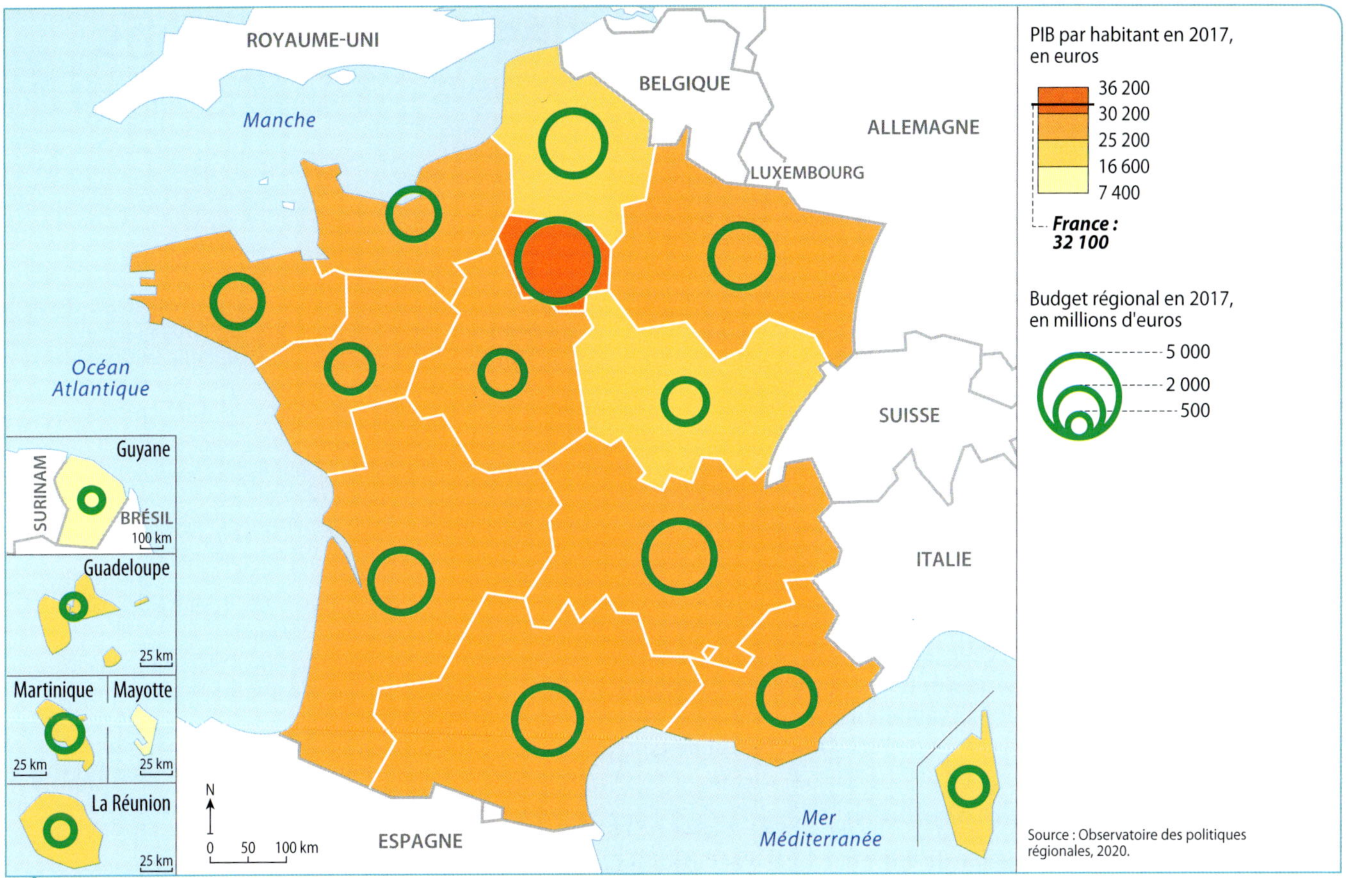

2 Des régions aux moyens d'action inégaux

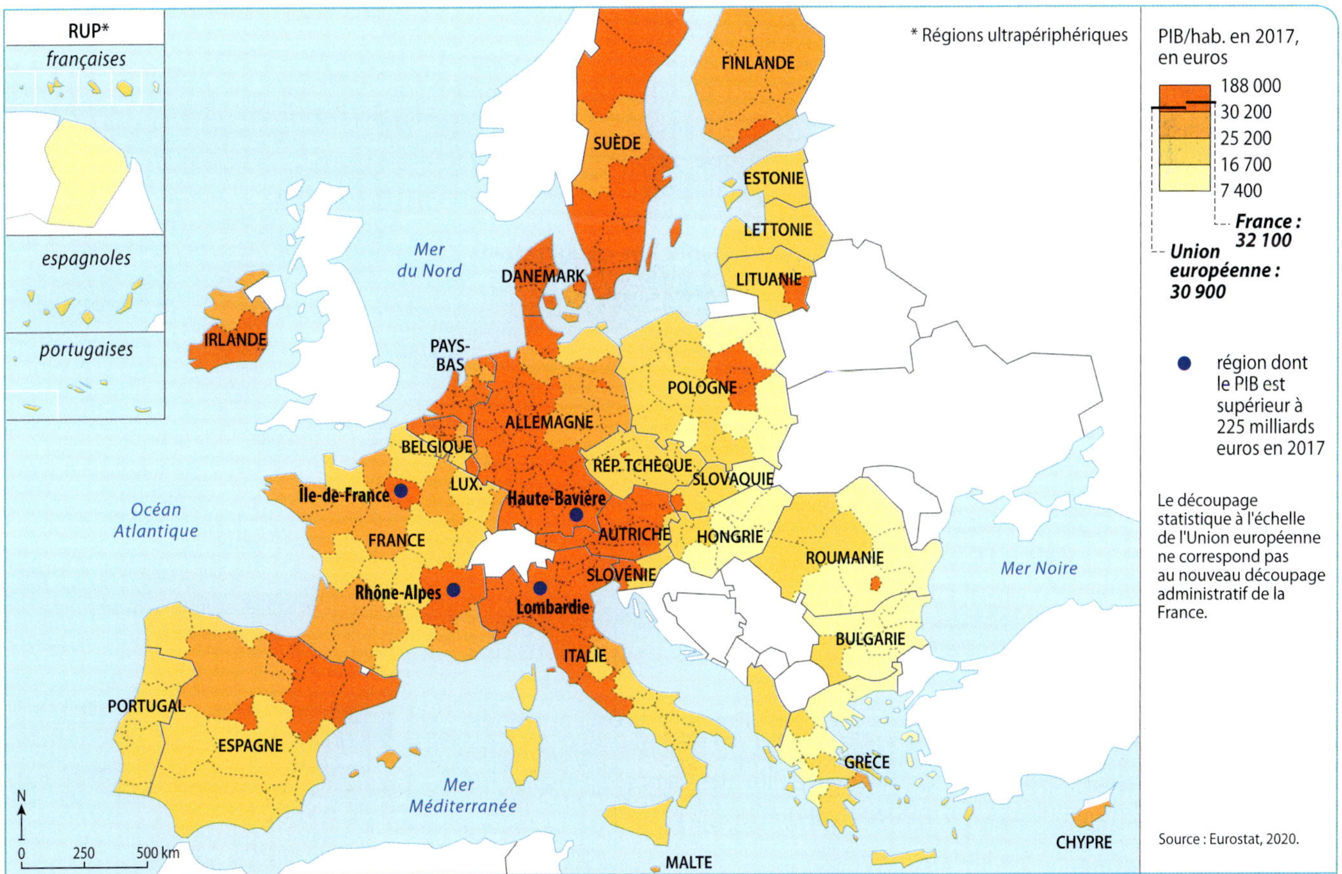

3 Les régions françaises dans l'Union européenne

Cours 3 Les régions, au cœur des recompositions territoriales

QCM interactif cours

Podcast

Comment en France la région devient-elle un acteur des recompositions spatiales ?

A Un acteur majeur de la compétitivité des territoires

Dans le cadre de la mondialisation, les régions françaises sont en concurrence avec les autres territoires, notamment les autres régions européennes. Elles s'engagent donc dans des opérations de marketing territorial, pour renforcer leur image auprès des habitants et des investisseurs (Lyon, Bordeaux).

La réforme territoriale de décentralisation de 2015 vise à faire des régions françaises des pôles plus compétitifs à l'échelle européenne (Repère A). Elle a d'ores et déjà renforcé leur poids démographique et économique dans la concurrence internationale : la France compte en 2020 six régions parmi les 20 plus riches de l'Union européenne. (doc. 1)

Dans ce contexte, les régions aménagent leur territoire pour les rendre plus attractifs. Elles sont également chargées d'anticiper les mutations économiques des territoires (transport, tourisme, innovation dans le cadre des pôles de compétitivité) pour les adapter à la mondialisation : innovation numérique à la Réunion, pratiques touristiques innovantes en Centre-Val de Loire.

B Un acteur soutenant le développement des territoires

La région est le partenaire privilégié de l'UE pour favoriser l'égalité des territoires (doc. 1). Elle reçoit et redistribue les fonds européens de la politique de cohésion (15 milliards d'euros pour 2014-2020) : création de maisons de services en région Auvergne-Rhône-Alpes, lutte contre les épidémies liées aux moustiques en Guyane, lutte contre la fracture numérique en Bretagne.

La région s'affirme comme un acteur important de la transition environnementale. La région Sud (ex-PACA), par exemple, a développé son propre plan climat. Les régions impliquent de plus en plus les habitants en organisant des débats sur la planification urbaine ou la transition énergétique, à l'image de la région Auvergne-Rhône-Alpes.

À l'échelle internationale, la région porte une politique de développement par la coopération. Ainsi, en 2019, les 749 programmes des régions françaises financent des partenariats dans des domaines divers (éducation, patrimoine, environnement). La région Grand Est encourage par exemple des coopératives agricoles féminines au Togo.

C Les limites à l'action régionale

Même si leurs compétences sont renforcées, les régions restent très dépendantes de l'État, et de plus en plus, des entreprises privées, notamment financièrement. En outre, les régions doivent coordonner leurs actions avec des intercommunalités de plus en plus vastes, (Lyon Métropole, Métropole du Grand Paris) avec lesquelles elles entrent en concurrence.

L'action des régions françaises reste ainsi limitée (doc. 2). Même si leur budget a presque doublé depuis 2000, il est encore 5 à 10 fois plus faible que les budgets régionaux des autres pays européens (Repère B). Les budgets sont aussi inégaux d'une région à l'autre et certaines se désengagent financièrement (ouverture à la concurrence du train régional Marseille-Toulon-Nice).

La recherche de l'attractivité est difficile à concilier avec la lutte contre les inégalités territoriales. Par exemple, les travaux de la Métropole du Grand Paris tentent de renforcer le rayonnement mondial de l'Île-de-France, au risque de creuser le déséquilibre avec les métropoles régionales.

Dans la mondialisation, la région joue un rôle croissant car elle est un acteur essentiel de la recomposition des territoires.

Vocabulaire

- **Marketing territorial :** campagne de communication (affiche, presse institutionnelle, sites Internet) visant à renforcer l'image d'un territoire.
- **Métropole du Grand Paris :** intercommunalité regroupant les communes de Paris et celles de 3 départements de la petite couronne. Elle a vocation à s'élargir. Elle vise à développer et à assurer la continuité des aménagements entre Paris et sa proche banlieue.
- **Plan climat :** plan d'action visant à adapter un territoire (commune, département, région) au changement climatique dans l'objectif de la neutralité carbone à l'horizon 2050.
- **Transition environnementale :** transformations visant à remédier aux changements environnementaux et à en limiter les conséquences.

REPÈRE A

La décentralisation

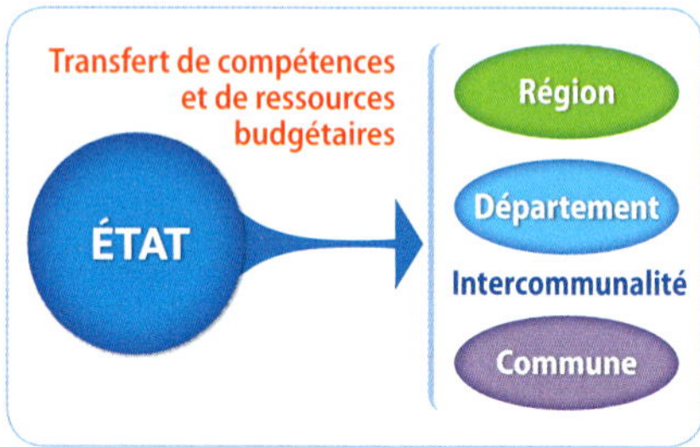

REPÈRE B

Des moyens financiers régionaux inégaux en Europe

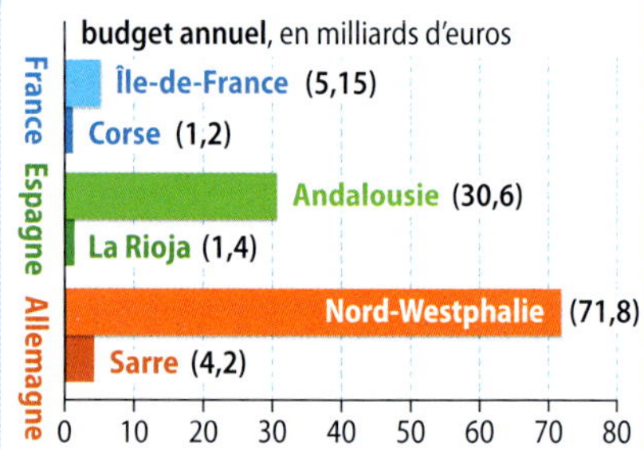

Sources : sites des régions concernées, 2020.

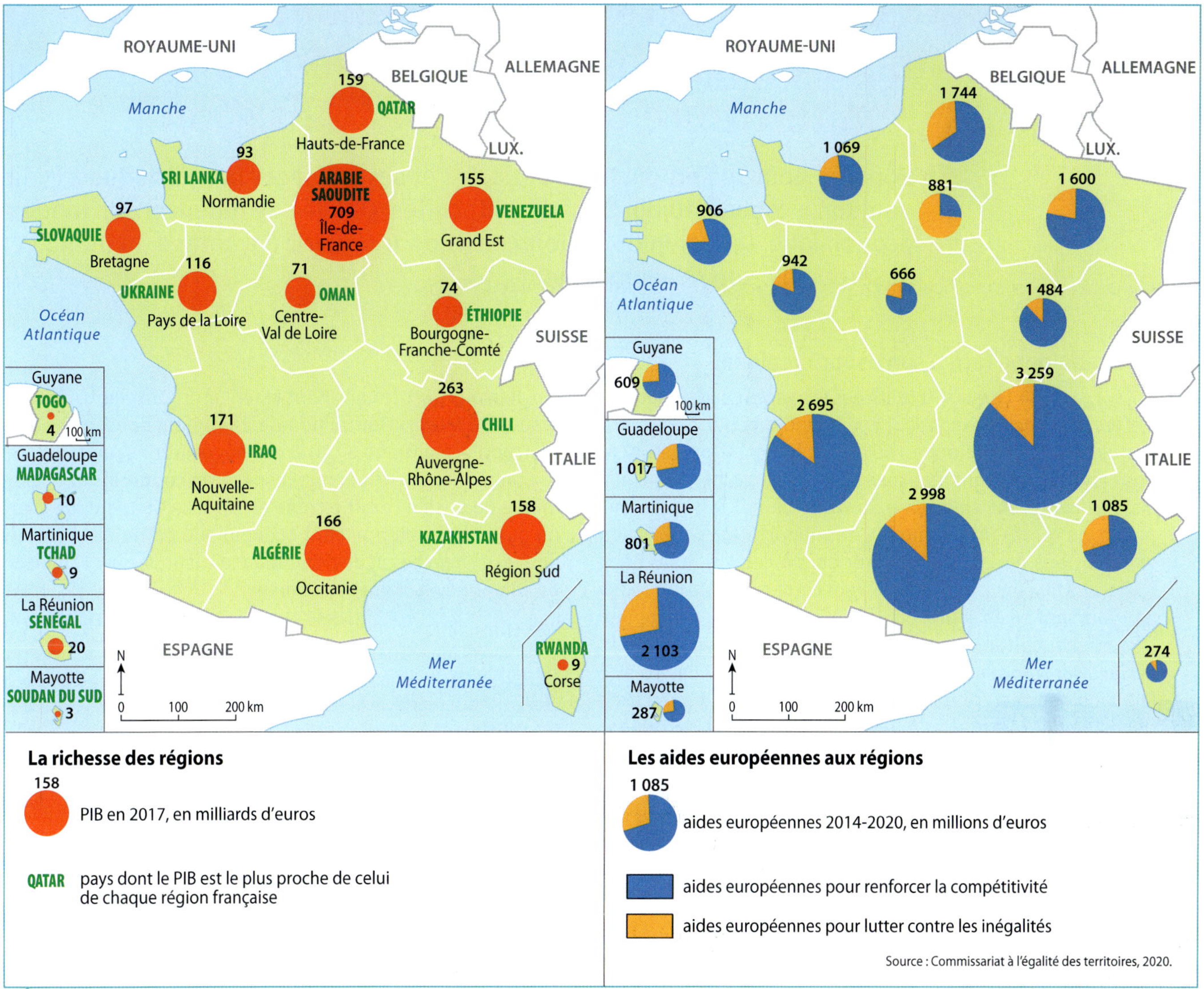

1 **L'action de l'UE pour renforcer compétitivité et égalité des territoires**

2 La place des régions françaises en Europe et dans le monde

L'œil du géographe Les régions françaises sont conscientes des exigences de la compétitivité internationale. En coordination avec l'État, elles s'efforcent de mettre en œuvre des projets de développement économique innovants dans des secteurs scientifiques, technologiques et industriels performants. Elles s'efforcent aussi de renforcer leurs atouts extérieurs : notoriété internationale, voisinage européen, flux touristiques, investissements internationaux, coopérations diverses et échanges commerciaux. Les régions françaises affichent toutes une volonté de « mettre le cap sur l'international ». C'est certes avant tout un slogan politique des conseils régionaux, mais il témoigne d'une prise de conscience de l'importance de l'échelle mondiale et de ses enjeux. Pour le moment, les régions françaises peinent à y parvenir : vue de loin, la France reste toujours le pays d'une seule grande ville, Paris. L'émergence d'une nouvelle territorialité régionale semble donc inévitable. C'est sûrement l'échelle européenne qui lui permettra de relever les défis de demain.

V. Adoumié, *Les Nouvelles Régions françaises*, Hachette, 2018.

Capacités & Méthodes

Confronter deux documents (doc. 1 et 2)

1. Quelles régions disposent du plus fort budget de fonctionnement ? du plus faible ? Montrez que ce budget ne dépend pas seulement de la richesse régionale.
2. Les régions les plus riches sont-elles favorisées dans la compétition internationale?
3. Comment la région Centre-Val de Loire cherche-t-elle à attirer les entreprises ? (vidéo, doc. 2) Cherchez dans le manuel des exemples du marketing territorial des régions et montrez les atouts qu'elles mettent en avant.

Exemple

Comment la région Guadeloupe agit-elle pour une meilleure intégration de son territoire dans la mondialisation ?

Réputée pour ses productions agricoles et ses paysages paradisiaques, l'« île papillon » connaît aujourd'hui des difficultés. Obligée de repenser son modèle économique, la région Guadeloupe agit pour s'ouvrir davantage au monde et assurer ainsi son développement.

1 La Guadeloupe face à son espace régional

L'œil du géographe La quasi-totalité des échanges guadeloupéens[1] s'effectue avec l'Hexagone. La métropole est le partenaire exclusif de la Guadeloupe : 60 % des importations et 40 % des exportations sont réalisées avec la France. Les échanges avec le continent américain, dont l'archipel fait pourtant partie, ne représentent que 7 % des importations et 5 % des exportations et sont même inférieurs à ceux réalisés avec l'Asie. Les flux migratoires montrent cette polarisation : 63 % des vols sont en direction ou en provenance de la métropole. L'Amérique du Nord ne représente que 3 % des mouvements aériens. Air France et Air Caraïbes accaparent 66 % des vols. Si la Guadeloupe est très bien reliée à la métropole et aux autres départements français d'Amérique, il en va tout autrement des liaisons avec le continent américain. Consciente de cette mauvaise intégration régionale, la région, soutenue par la métropole, a entamé en 2015 des négociations pour intégrer la Communauté caribéenne, espace de coopération économique du bassin caraïbe créée en 1973. La Guadeloupe y voit un outil de développement économique par la conquête de nouveaux marchés et de promotion touristique avec l'ambition de rompre avec son enclavement.

E. Janin, *Les 18 régions françaises*, Ellipses, 2017.

1. La Guadeloupe exporte essentiellement des produits agricoles tropicaux (sucre, banane même si cette production est en recul depuis 2017) ; elle importe majoritairement des produits énergétiques et industriels.

2 Promouvoir le tourisme guadeloupéen

La région poursuit la promotion touristique de l'île. L'objectif est de faire de l'île une destination incontournable de la Caraïbe, notamment en provenance d'Amérique du Nord, et de mettre en avant les richesses de l'archipel.
Source : Région Guadeloupe, 2020.

3 Aménager le territoire : le cas du Port Caraïbes

Pour s'adapter aux évolutions du transport maritime, la région Guadeloupe a modernisé le port de Pointe-à-Pitre avec l'installation de deux nouveaux portiques et de quais agrandis pour accueillir porte-conteneurs et navires de croisière. Le port ambitionne de devenir un hub entre l'Europe, les Caraïbes et le continent américain.

4 Une ouverture au monde, source de nouvelles inégalités

L'œil du géographe Le modèle de développement extraverti contribue à l'affirmation de forts déséquilibres spatiaux – urbains et économiques – alors que se déploie un vaste processus de métropolisation dans lequel la ville-capitale écrase tout l'espace régional. Ainsi, l'agglomération de Pointe-à-Pitre/Les Abymes concentre 64 % de la population et 66 % des emplois totaux, largement devant Basse-Terre (13 %). Si la ville-centre de Pointe-à-Pitre et Les Abymes perdent des habitants, sa vaste conurbation (le Gosier, Lamentin) connaît une forte urbanisation et surtout capte l'essentiel de la croissance des activités économiques et des services modernes dont, par exemple, 88 % des cadres de la recherche et du développement, et ce malgré la présence historique de la préfecture à Saint-Claude, au sud-ouest, largement marginalisée.

L. Carroué, *La France des 13 régions*, Colin, 2017.

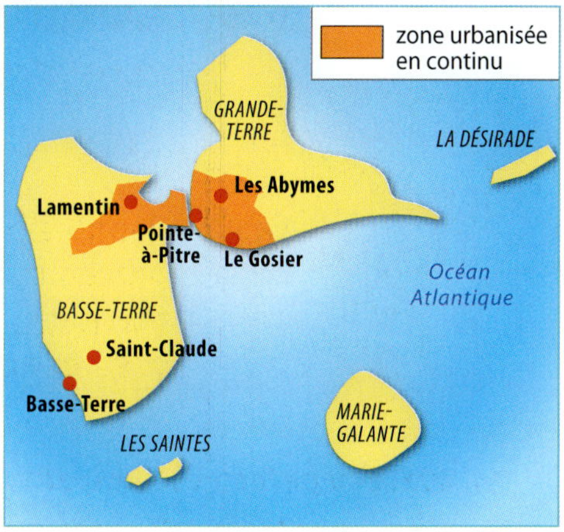

5 Les problèmes environnementaux : une menace pour l'attractivité ?

Les sargasses sont des algues polluantes qui s'entassent sur les plages de Guadeloupe, notamment sur celles de Marie-Galante, entraînant des nuisances importantes (odeur, corrosion) qui font fuir les touristes.

Identifier les contraintes et les ressources d'une situation géographique

Itinéraire guidé

Lire les documents

1. Identifiez les atouts de la Guadeloupe pour s'insérer dans la mondialisation. Comment le conseil régional les valorise-t-il ? (doc. 2 et 3)

Interpréter les documents

2. Expliquez pourquoi la région Guadeloupe fait de l'intégration régionale un levier pour l'insertion de l'île dans la mondialisation. (doc. 1 et doc. 2 p. 287)
3. Quels défis l'action régionale doit-elle encore relever pour l'avenir ? (doc. 1, 4 et 5)

Itinéraire en autonomie

Question problématisée

« Comment la région Guadeloupe agit-elle pour permettre une meilleure intégration de son territoire dans la mondialisation ? »

Pour vous guider

Rédigez votre réponse à partir des trois idées suivantes :
- Des atouts locaux à valoriser (doc. 2 et 3)
- Promouvoir la coopération pour s'intégrer à la mondialisation (doc. 1 et 4)
- La difficile conciliation entre attractivité et lutte contre les inégalités (doc. 4 et 5)

RÉVISER

L'essentiel audio-vidéo · Organigramme version interactive

L'essentiel

Comment la mondialisation transforme-t-elle les territoires français à toutes les échelles ?

Les lignes de force du territoire français

- Des métropoles au rôle structurant
- + Des interfaces connectées au monde
- ≠ Des territoires inégalement intégrés à la mondialisation

Des recompositions à toutes les échelles

- Unes mise en concurrence des territoires par les acteurs de la mondialisation (FTN)
- ↓ L'UE, un acteur au rôle croissant
- + Des acteurs de l'aménagement de plus en plus nombreux à toutes les échelles

Les régions au cœur des recompositions territoriales

- Pour améliorer l'attractivité de leur territoire
- + Pour soutenir le développement de leur territoire
- ≠ Des limites à l'action régionale

Cours 1

Les **métropoles** organisent le territoire français. Paris est la seule **ville mondiale** et domine le territoire national.

La mondialisation valorise les espaces les plus accessibles à toutes les échelles : **interfaces** maritimes ou frontalières, **quartier d'affaires**.

Certains territoires isolés souffrent d'**enclavement** (espaces ruraux peu peuplés, territoires ultramarins).

Cours 2

La **mondialisation** met les territoires français en concurrence entre eux et avec le reste du monde. Ils misent donc sur l'**innovation** (*clusters*, pôles de compétitivité).

Les politiques de l'**UE** valorisent les territoires français les plus compétitifs tout en luttant contre les inégalités.

Ces actions rejoignent celles des autres acteurs de l'aménagement du territoire : État, et surtout **collectivités locales**.

Cours 3

La **réforme territoriale** de 2015 vise à faire des régions françaises des pôles compétitifs.

Dans ce contexte, elles aménagent leur territoire pour le rendre plus **attractif** et pour favoriser l'égalité territoriale.

Mais leur action reste limitée en raison de leur **faiblesse financière** et de la concurrence des autres acteurs publics (État, intercommunalités).

Chiffres clés

18 régions en France :
13 régions métropolitaines
+ 5 régions ultramarines

12,5 millions d'habitants
18 % de la population ;
31 % du PIB national

Pour aller plus loin

Un site Internet

L'observatoire des politiques régionales permet de comparer les choix des régions dans l'aménagement de leur territoire.

http://regions-france.org

Des publications

Les rapports annuels du Commissariat général à l'égalité des territoires.

https://www.cget.gouv.fr

Un média

Les reportages du journal régional (France 3) évoquent l'actualité économique, sociale et culturelle de la région. Certains reportages mettent en avant l'action des acteurs publics dans l'aménagement du territoire et les réactions qu'elle peut susciter dans l'opinion publique.

EXERCICES

Localiser

Croquis PDF à télécharger

en complétant le croquis suivant.

L'inégale adaptation à la mondialisation des territoires français

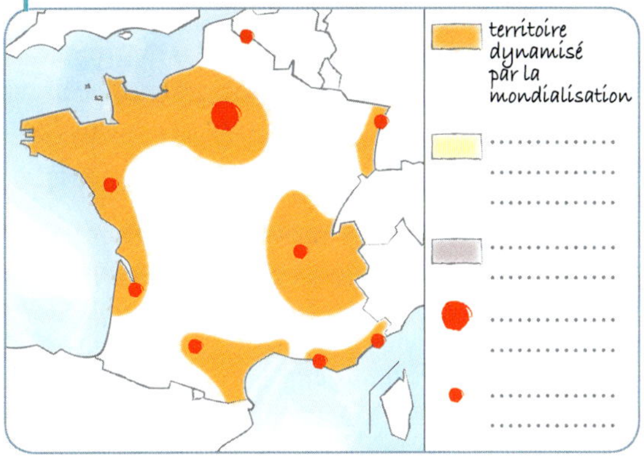

Argumenter

à l'aide d'exemples précis

- Paris domine le territoire français car ....
- La réforme territoriale de 2015 vise à renforcer la compétitivité des régions françaises à l'échelle européenne. Ainsi, ...
- La mondialisation hiérarchise les territoires français en les mettant en concurrence comme le montre l'exemple de ....
- Les interfaces maritimes et frontalières françaises sont ouvertes au monde grâce à ....

Travailler autrement

Sélectionner des informations sur des sites institutionnels

Sur le site du Conseil régional de votre région : consultez le budget de l'année en cours et identifiez les principaux postes de dépenses. Classez-les dans un schéma fléché dont les deux branches sont : les actions renforçant l'attractivité des territoires ; les actions visant à réduire les inégalités territoriales.

Définir

Organigramme PDF à télécharger

les notions principales

Partenariat public-privé

....

....

Mise en valeur et transformation à usage public d'un territoire. Il peut résulter d'une politique à l'échelle nationale (réseau de communication) ou locale (construction d'un pont, d'un lycée).

Enclavement

....

....

Transfert de compétences et de ressources budgétaires de l'État vers les collectivités territoriales.

Analyser

une carte

En analysant le document, vous montrerez que les régions françaises ont un poids économique inégal, puis vous identifierez les évolutions qui tendent à un rééquilibrage ou au renforcement de ces contrastes.

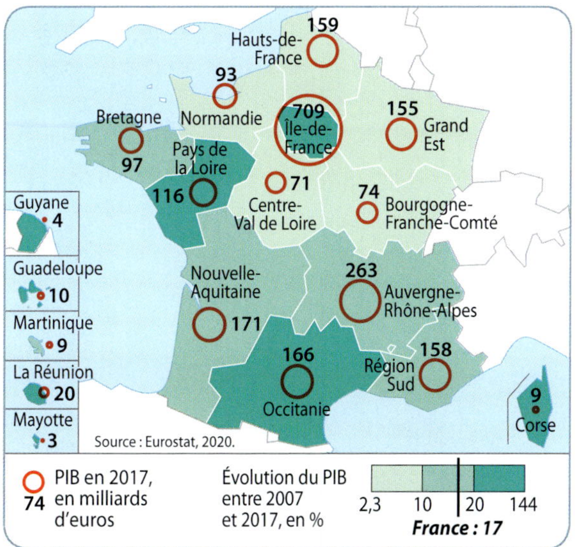

Des régions inégalement puissantes et dynamiques

Sujet BAC-E3C Transposer un texte en croquis

À partir du texte, vous construirez à l'aide du fond de carte fourni, un croquis correspondant au sujet suivant : « Le rôle des acteurs publics dans les recompositions des territoires français », accompagné d'une légende organisée.

Le territoire français est marqué par de forts contrastes que les acteurs publics tentent aujourd'hui de corriger. La macrocéphalie parisienne, héritée de la tradition centralisatrice de la France, persiste : Paris reste le centre décisionnel du pays et constitue l'hypercentre d'une vaste région motrice qu'elle dynamise : Île-de-France et vallée de la Seine jusqu'à son embouchure. Les autres métropoles françaises (Lyon, Lille, Marseille, Toulouse, ...) constituent une armature structurée du territoire, polarisant les hommes et les activités. Les lignes de force organisent le territoire français en vastes régions inégalement dynamiques : les régions anciennement industrialisées du nord et de l'est de la France peinent à se reconvertir ; le centre du pays (diagonale Ardennes-Massif central) reste essentiellement rural et la polyculture et l'élevage y persistent, même si le tourisme vert peut localement dynamiser certains territoires ; les périphéries de l'ouest et du sud sont aujourd'hui des régions attractives accueillant des activités variées (agriculture productiviste, industrie de haute technologie, tourisme).

Ces contrastes constituent aujourd'hui des défis pour l'aménagement des territoires. Les axes de transport marquent toujours la centralité parisienne (toutes les métropoles sont reliées à Paris), mais l'État encourage aussi les liaisons entre les métropoles. Pour faciliter l'ouverture à la mondialisation, des aéroports internationaux sont aménagés (Orly et Roissy à Paris, mais également à Lille, Lyon, Marseille, Nice, ...), ainsi que des hubs portuaires plus ou moins spécialisés (Le Havre, Marseille, Saint-Nazaire). Enfin, l'État encourage également l'innovation, notamment par le financement de pôles de compétitivité dans les grandes métropoles. Cependant, d'autres acteurs publics jouent aujourd'hui un rôle croissant : l'Union européenne, dans le cadre de la politique de cohésion et de compétitivité des territoires, finance de nombreux projets, de même qu'elle encourage la coopération transfrontalière. Les régions deviennent également des acteurs incontournables de la recomposition des territoires, dans le domaine des transports ou de la compétitivité économique par exemple.

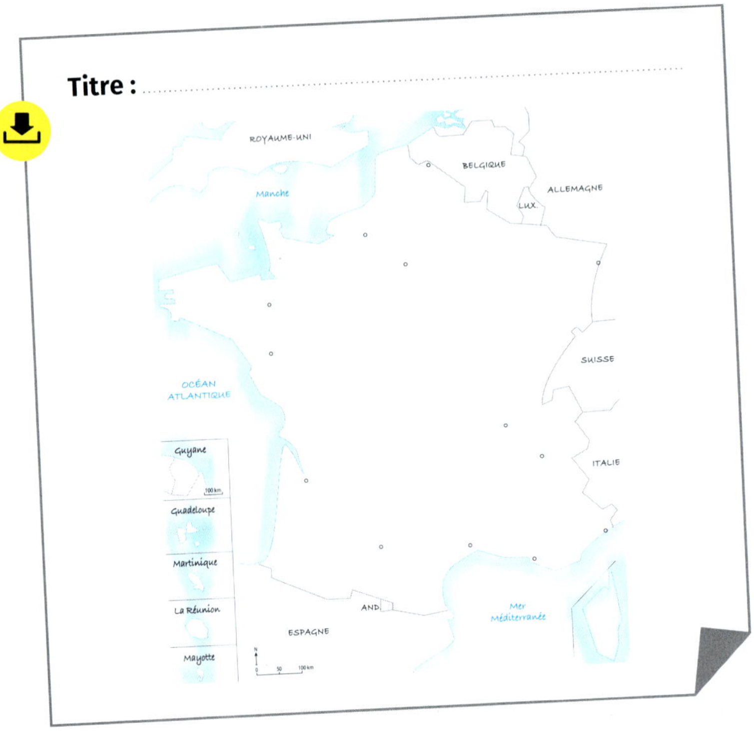

Sujet BAC-E3C Question problématisée

Comment les lignes de force structurent-elles les territoires français ?

CONSEIL
Utilisez le lexique pour définir l'expression « lignes de force » ce qui vous permettra de bien cerner le sujet.

Analyse de document

En analysant le document, vous montrerez l'importance de la métropolisation dans l'organisation des territoires français et son rôle inégal dans leur recomposition.

L'analyse du document constitue le cœur de votre travail, mais nécessite pour être menée la mobilisation de vos connaissances.

CONSEIL

Faites des hypothèses pour expliquer pourquoi le Commissariat général à l'égalité des territoires ne calcule le score de fragilité que pour les villes de moins de 200 000 habitants.

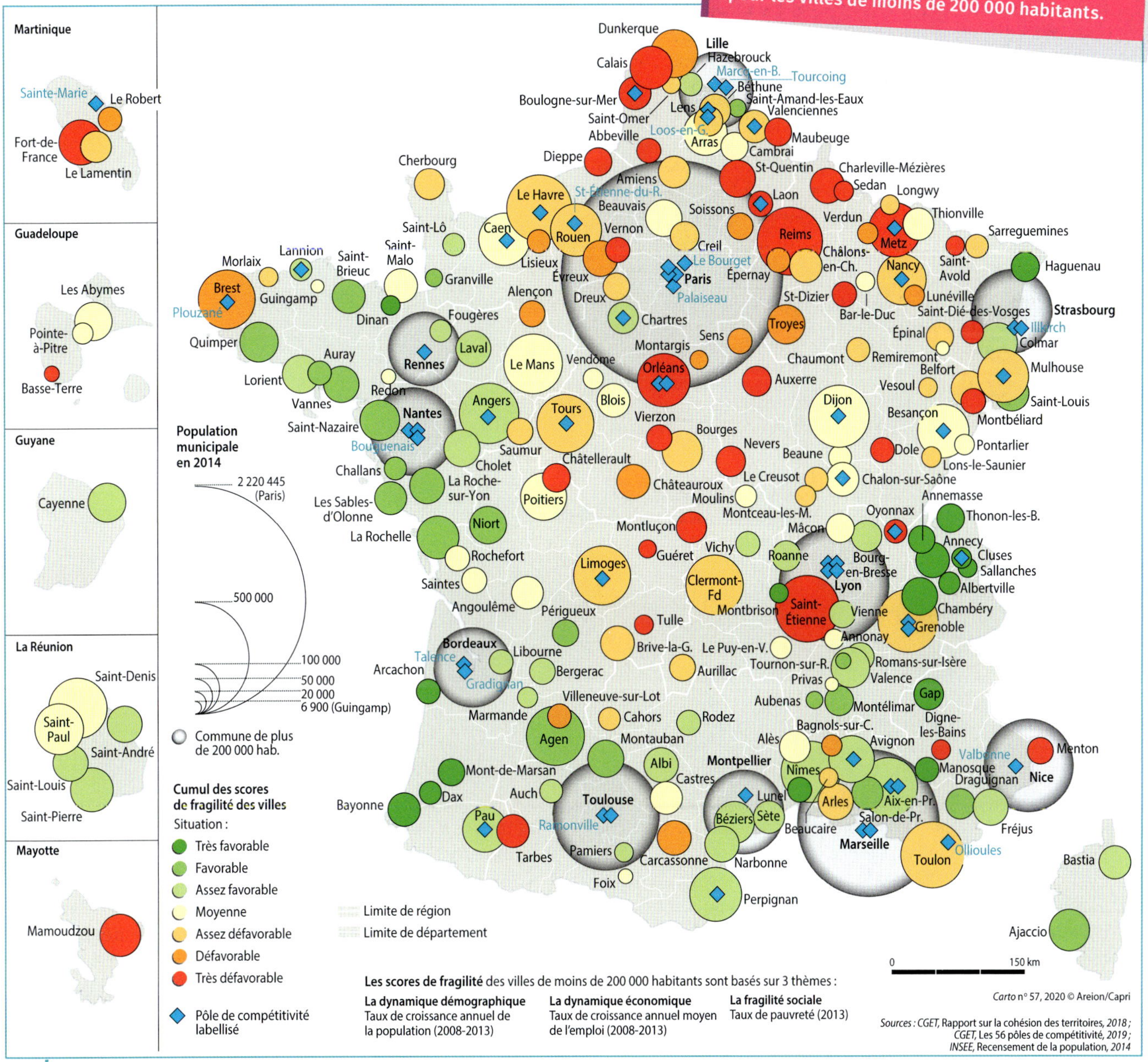

L'attractivité des villes de France

Analyse de documents

En analysant les documents, vous montrerez les recompositions des territoires français à toutes les échelles.

L'analyse des documents constitue le cœur de votre travail, mais nécessite pour être menée la mobilisation de vos connaissances.

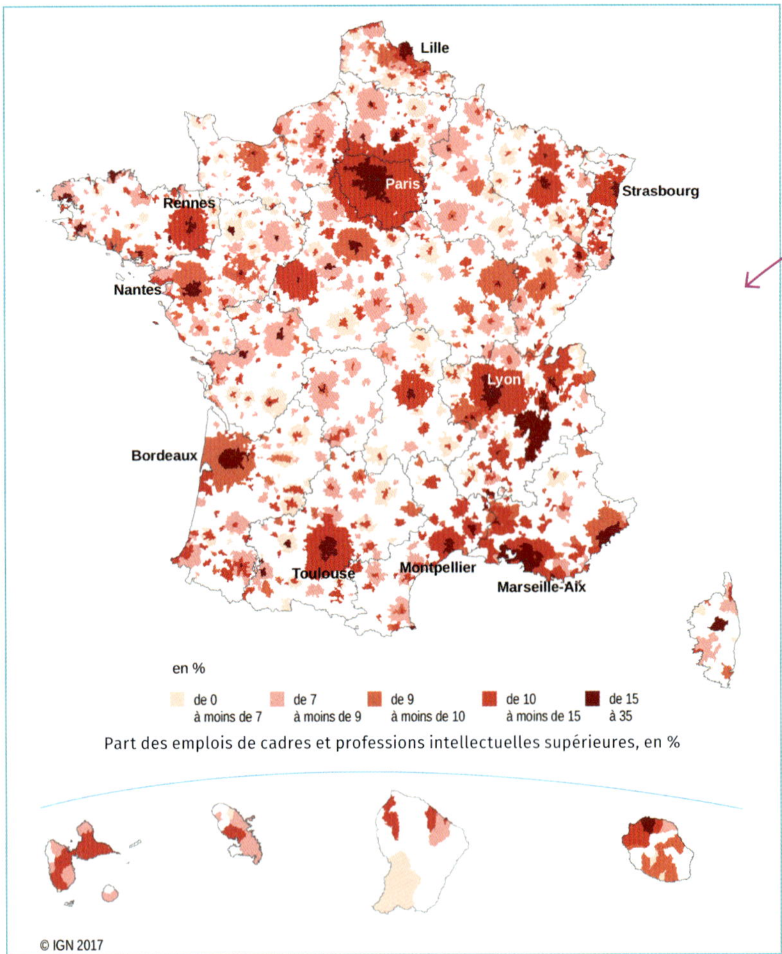

1 **Des activités décisionnelles concentrées**

CONSEIL
Expliquez dans votre analyse pourquoi la concentration des emplois de cadres et de professions intellectuelles supérieures est une caractéristique des espaces décisionnels.

CONSEIL
Utilisez vos connaissances sur l'organisation du territoire allemand (étude de cas p. 218 à 221) pour expliquer la différence avec l'armature métropolitaine française.

2 **Des territoires français plus homogènes ?**

La France n'est pas l'addition de ses régions, de ses départements ou de ses villes. Depuis les années 1950-1960, l'idée même d'économie régionale ou locale est devenue problématique, tant les flux qui parcourent et solidarisent l'espace national sont désormais multiples et puissants, du fait de l'intégration économique. L'espace français est aussi traversé de multiples flux d'origine externe (investissements étrangers, tourisme, subventions européennes), mais ceux-ci restent inférieurs aux flux intranationaux. Ces flux produisent deux dynamiques opposées. À l'échelle du pays, on voit l'homogénéisation, le recul des spécialisations régionales, l'atténuation de vieilles divisions comme l'opposition rural/urbain. Lorsqu'on zoome pour regarder les cartes de plus près, on voit au contraire des différenciations croissantes, parfois à très courte distance.

La profonde diversité française résiste en profondeur. Mais force est de constater que la France des nappes pavillonnaires, des giratoires, des centres commerciaux géants et des rues piétonnes s'est considérablement uniformisée. Les chiffres le confirment. Prenons, par exemple, les profils sectoriels des régions françaises. Vous avez encore en tête l'image de la Lorraine ou du Nord comme bastions de l'industrie ? En 2016, celle-ci regroupait 12,6 % des emplois dans le département du Nord, 13,7 % dans celui du Pas-de-Calais, 10,8 % en Meurthe-et-Moselle : contre 21 % en Vendée, 20 % dans l'Eure, 20 % dans la Mayenne, 19 % dans l'Orne. Les profils d'activités de nos régions ne cessent de converger. La spécialisation sectorielle des métropoles est elle-même assez peu marquée. Cela nous distingue de l'Allemagne, où l'on assiste au contraire à la consolidation de spécialisations et de complémentarités au sein du réseau métropolitain : la finance à Francfort, les médias à Hambourg, l'automobile à Stuttgart et à Munich, etc. Toulouse et sa spécialisation aéronautique, ou Grenoble et la micro-électronique, sont des exceptions.

Pierre Veltz, *La France des territoires, défis et promesses*, L'Aube, 2019.

Sujet BAC-E3C Analyse de documents

En analysant les documents, nous montrerez le rôle des régions et son évolution dans l'intégration à la mondialisation et les recompositions des territoires.

L'analyse des documents constitue le cœur de votre travail, mais nécessite pour être menée la mobilisation de vos connaissances.

1 **Des régions aux compétences multiples**

CONSEIL Portez un regard critique sur le document, notamment en raison de sa source.

CONSEIL Utilisez vos connaissances sur les partenariats public-privé pour expliquer les coopérations possibles entre les différents acteurs des transports.

2 **Des choix politiques en débat : l'exemple de l'ouverture à la concurrence des TER**

La SNCF s'apprête à ouvrir à la concurrence pour les TER. La région Sud (ex-Paca) est la première à lancer un appel d'offres. Huit opérateurs, dont deux français, ont déjà fait part de leur intérêt. La France se conforme ainsi au droit européen, en optant pour une suppression progressive du monopole de l'entreprise publique dans les transports ferroviaires régionaux. « On va avoir les trains à l'heure, des rabais, avec une qualité de service ! » a affirmé Renaud Muselier (LR), président de la région. Une vision qui fait bondir les cheminots de la CGT : « On a pu voir dans d'autres pays que l'ouverture à la concurrence signifiait moins de trains, des trains plus chers, et moins de trains à l'heure », a réagi Rémy Hours, le responsable local du syndicat. « Les profits seront privatisés pour des actionnaires, mais les coûts d'investissement dans les infrastructures resteront pour le contribuable », un point sensible dans une région où elles sont saturées et vieillissantes. Si l'on observe ce qui s'est passé en Allemagne ou en Angleterre, il semblerait que ses projections soient justes. Dans ces deux pays les usagers souhaitent renationaliser les chemins de fer. Au-delà de la région Sud, l'enjeu est de taille pour la SNCF. Trois autres régions sont susceptibles de suivre : Grand Est, les Hauts-de-France, et les Pays de la Loire. L'État, qui est soumis à la même règle pour les Intercités qu'il subventionne, veut de son côté ouvrir les lignes Nantes-Bordeaux et Nantes-Lyon à la concurrence.

L'écho touristique (média spécialisé en ligne), 16 décembre 2019.

Sujet BAC-E3C Question problématisée

Comment l'intégration de la France dans l'Union européenne et la mondialisation recompose-t-elle ses territoires ?

CONSEIL Intégrez un schéma dans votre réponse à la question problématisée, par exemple sur la dynamisation des territoires transfrontaliers français.

A

Accaparement des terres : acquisition de grandes étendues agricoles par des FTN, des États étrangers ou des investisseurs locaux dans un pays en développement.

Acidification : modification chimique liée à la dissolution du CO_2 dans l'eau.

Acteur : personne ou organisme ayant, directement ou indirectement, une action sur un territoire. Cet acteur peut être public (collectivités territoriales, État, UE) ou privé (entreprises, associations usagers).

Agglomération économique : réseau territorial d'acteurs économiques (entreprises, centres de recherche) qui travaillent en partenariat dans le cadre d'une production commune.

Agriculture productiviste : agriculture commerciale recherchant l'augmentation des rendements par l'utilisation des progrès scientifiques et techniques.

Aire marine protégée : espace délimité en mer qui répond à des objectifs de protection de l'environnement à long terme.

Aire urbaine : espace constitué d'un pôle urbain central et d'une couronne périurbaine. Elle regroupe des communes dans lesquelles au moins 40 % de la population ayant un emploi travaille dans le pôle urbain central.

Aménagement du territoire : mise en valeur et transformation à usage public d'un territoire. Il peut résulter d'une politique à l'échelle nationale (réseau de communication) ou locale (construction d'un pont, d'une zone industrielle).

Approfondissement : processus d'unification et d'harmonisation favorisé par le renforcement des institutions européennes et la création de politiques communes.

Appropriation : action, pour un acteur, de s'emparer ou de contrôler un territoire de manière concrète ou symbolique.

Archipel métropolitain mondial : ensemble de métropoles étroitement connectées en réseaux (de transport et numérique) nouant des relations privilégiées entre elles.

Armateur : personne ou entreprise qui possède une flotte de navires et qui s'occupe de son exploitation commerciale.

Arrière-pays : espace terrestre en liaison avec un port.

Association économique régionale : accord entre des États permettant d'établir un marché unifié par la suppression des droits de douane. Il peut aussi harmoniser les services, les investissements ou la protection de la propriété intellectuelle.

B

Biodiversité : diversité des êtres vivants et des écosystèmes dans un espace donné.

***Brain drain* (fuite des cerveaux) :** migration des élites à la recherche de meilleures conditions de travail.

BRICS (Brésil, Russie, Inde, Chine et Afrique du Sud) : groupe de puissances ascendantes appelées à remettre en cause la domination des pays développés dans l'économie mondiale.

C

Centre d'impulsion : ville ou région motrice de la mondialisation dans laquelle sont concentrées des fonctions de commandement internationales (économique, politique, culturelle).

Chaîne de valeur ajoutée : ensemble des activités menées par les entreprises pour amener un produit ou un service de sa conception à son utilisation finale par le consommateur. À chaque étape de la chaîne, de la valeur est ajoutée au produit.

Changement climatique : transformation du climat depuis le début du XXe siècle due à un réchauffement rapide de l'atmosphère et des océans causé principalement par les activités humaines.

Circuit intégré asiatique : spécialisation des territoires asiatiques dans des secteurs d'activité qui se complètent, occasionnant de nombreux échanges de matières premières et de produits manufacturés.

***Cluster* :** regroupement d'entreprises spécialisées dans un même secteur d'activités innovantes et fonctionnant en réseau.

Collectivité territoriale : structure administrative (commune, département, région) compétente sur un territoire délimité. Elle est représentée par des élus qui disposent d'un pouvoir de décision, de compétences propres et d'un budget pour répondre aux besoins des habitants.

Compétitivité : capacité à faire face à la concurrence des autres territoires dans le cadre de la mondialisation.

Conflit d'usage : concurrence entre différents acteurs pour le contrôle et l'utilisation d'un espace ou d'une ressource.

Conteneur : boîte métallique de taille standardisée facilitant le transport et la manutention des marchandises.

Convention de Bâle : traité international signé en 1992 par 166 pays (mais non ratifié par les États-Unis et Haïti) qui vise à contrôler les échanges internationaux de déchets dangereux. Depuis décembre 2019, il interdit l'exportation de déchets dangereux à partir de pays développés en direction de pays en développement.

Corridor de développement : espace combinant infrastructures de transport et activités productives permettant le développement économique d'un territoire, qui traverse le plus souvent plusieurs pays, qui, jusque-là, était en marge.

D

***Data center* :** lieu de stockage des données numériques.

Délocalisation : transfert d'activités vers un pays étranger pour diminuer les coûts de production et/ou gagner de nouveaux marchés.

Démocratie participative : forme d'exercice et de partage du pouvoir qui implique la participation des citoyens.

Déprise : recul de l'activité agricole qui se traduit par des friches et la progression de la forêt.

Déréglementation : démantèlement des règles organisant un secteur économique pour accroître la libre concurrence.

Désenclavement : opération consistant à rendre accessible un territoire isolé en améliorant la desserte par les voies de communication et de transport pour le relier aux autres territoires.

Développement : amélioration des conditions sociales et économiques apportant aux hommes la satisfaction de leurs besoins essentiels.

Diaspora : communauté d'expatriés maintenant des liens économiques, financiers et culturels importants avec son pays d'origine.

Division internationale du travail : spécialisation des territoires dans un type d'activités (conception, production, montage).

Droit de la mer : ensemble des règles internationales relatives à l'utilisation des espaces maritimes. Il résulte en grande partie de la Convention des Nations Unies sur le Droit de la mer, signée à Montego Bay (Jamaïque) en 1982 (création de ZEE, libre circulation dans les détroits, haute mer ouverte à tous les États).

Dumping **:** pratique consistant à pratiquer ou utiliser des coûts bas (production, prix de vente ou main-d'œuvre) pour être plus concurrentiel sur les marchés extérieurs.

E

E-commerce : achat et vente de biens, de services ou d'informations par l'intermédiaire des réseaux informatiques, notamment Internet.

Économie bleue : économie garantissant la meilleure utilisation possible des espaces maritimes en conciliant développement économique et protection.

Économie de rente : économie faiblement diversifiée reposant sur l'exploitation des ressources naturelles.

Économie résidentielle : ensemble des activités essentiellement destinées à satisfaire les besoins des résidents permanents ou des touristes (services aux personnes, transports, commerces).

Économie sociale et solidaire (ESS) : ensemble d'entreprises organisées sous forme de coopératives, mutuelles, associations dont les activités reposent sur la solidarité, l'utilité sociale et une gestion participative.

Écotourisme : forme de tourisme respectueuse de l'environnement.

Effet tunnel : situation dans laquelle un espace est traversé par une voie de transport rapide mais sans y avoir accès (pas de gare, par exemple). L'espace supporte les nuisances du trafic sans bénéficier des effets économiques ou sociaux dynamisants

Effet-frontière : ensemble de phénomènes géographiques liés à la présence d'une frontière. Ces phénomènes peuvent être discriminants (écarts de développement, mauvaise connexion des réseaux de transport), ou dynamisants (création d'emplois, installation de populations).

Élargissement : processus d'extension géographique de l'Union européenne qui est passé de 6 États en 1957 à 27 en 2020.

Émergence : situation d'un pays en développement dont la croissance économique est forte et dont les conditions de vie des populations s'améliorent, mais de manière inégale.

EMR (énergies marines renouvelables) : technologies permettant de produire de l'électricité à partir du milieu marin (vents, courants marins...).

Enclavement : situation d'un espace géographique isolé du fait d'une desserte insuffisante par les voies de communication et de transport.

Énergie fossile : énergie non renouvelable produite à partir du pétrole, du gaz, du charbon ou de l'uranium contenus dans le sous-sol.

Énergie renouvelable : énergie fournie par la nature en quantité illimitée (soleil, vent, eau) ou se régénérant à l'échelle humaine (biomasse, agrocarburant).

Espace maritime : ensemble formé par les mers et les océans qui recouvrent 71 % de la surface terrestre.

Espace productif : espace dans lequel se développent des activités économiques qui peuvent être industrielles, agricoles ou de services.

Espace Schengen : espace de libre circulation des personnes entre les États signataires des accords de Schengen.

Eurométropole : espace de coopération organisé autour d'un ou plusieurs pôles urbains transfrontaliers.

Europe : espace de l'Eurasie qui n'a pas de limites définies. Traditionnellement, on considère qu'elle s'étend de l'océan Atlantique à la chaîne de l'Oural (Russie) et compte une quarantaine d'États.

Eurorégion : espace de coopération transfrontalière au sein de l'UE bénéficiant d'aides européennes pour mener des politiques communes (transports, économie, environnement).

Euroscepticisme : opposition à certains aspects de l'intégration européenne ou à l'Union européenne dans son ensemble.

Exode rural : migration de populations rurales vers les villes.

F

Feder (fonds européen de développement régional) : fonds destinés à corriger les déséquilibres régionaux dans l'Union européenne (projets de développement, reconversion de zones industrielles en déclin).

Feedering **:** technique qui consiste à redistribuer des conteneurs entre des ports secondaires et le port principal (hub) où ils sont chargés et déchargés sur des navires transocéaniques.

Flux : quantité de personnes, de biens, d'informations ou de capitaux qui se déplacent dans l'espace mondial.

Fonds souverain : fonds d'investissement contrôlé par un État, le plus souvent alimenté par des recettes provenant de revenus de matières premières (pétrole), investis afin de procurer des ressources à cet État.

Francophonie : ensemble des populations qui partagent l'usage de la langue française.

Fracture numérique : inégalité d'accès aux technologies de l'information et de la communication.

Fragmentation socio-spatiale : division des territoires urbains en fonction des catégories sociales de population. Elle s'oppose à la mixité sociale.

French Tech : mouvement qui réunit les acteurs du numérique (investisseurs, start-up...) pour favoriser le recrutement de travailleurs qualifiés.

Front pionnier : espace en cours de peuplement dans le cadre d'une mise en valeur agricole, minière ou énergétique.

Frontex : agence européenne de garde-frontières et de garde-côtes chargée de contrôler les flux migratoires aux frontières extérieures de l'Union européenne.

FTN (firme transnationale) : grande entreprise, développant son activité à l'échelle internationale à travers la présence de filiales productives ou commerciales dans plusieurs pays.

G

G7 (groupe des Sept) : groupe de discussion et de partenariat économique entre les chefs d'État et de gouvernement de l'Allemagne, du Canada, des États- Unis, de la France, de l'Italie, du Japon et du Royaume- Uni, créé en 1975. Depuis 1999, 12 pays ainsi que l'Union européenne s'y sont ajoutés pour former le G20.

Gated community **:** quartier résidentiel fermé et surveillé.

Gentrification : afflux d'une population aisée dans un quartier auparavant populaire, à la suite d'opérations immobilières.

GES (gaz à effet de serre) : gaz (dioxyde de carbone, méthane ou ozone) piégé dans l'atmosphère contribuant au changement climatique.

Globalisation : étape ultime de la mondialisation qui aboutit à un marché planétaire, organisé par des acteurs et des réseaux qui ignorent les frontières.

***Greenwashing* (écoblanchiment) :** pratique commerciale qui consiste à utiliser des arguments environnementaux parfois trompeurs pour vendre des produits ou une politique.

Goulet d'étranglement : passage stratégique en matière de transports. Les goulets d'étranglement maritimes (détroits, canaux) sont étroits, peu profonds et leur traversée limite la capacité des navires.

Gouvernance : coordination de l'ensemble des acteurs et des règles qui constituent une autorité pour gérer les affaires publiques.

Groupe aéronaval : groupe de navires de combat naval intégrant un porte-avions et une escorte composée d'un sous-marin nucléaire d'attaque et de frégates.

Groupe de Visegrad : groupe de pays appartenant à l'UE (Hongrie, Pologne, Tchéquie, Slovaquie) défendant des positions communes (restriction de l'immigration, renforcement des souverainetés nationales).

H

Haute mer : espace maritime situé au-delà de la ZEE ouvert à tous les États, côtiers ou sans littoral, qui ont la liberté de navigation, de pêche, de survol et de pose de câbles et pipelines sous-marins.

Hub : point d'un réseau (aéroport, port) drainant passagers ou marchandises pour les redistribuer à une échelle internationale.

Hydrocarbure : composé formé de carbone et d'hydrogène (pétrole, gaz).

I

IAA (industrie agroalimentaire) : industrie de transformation et de valorisation d'un produit agricole.

IDE (investissement direct à l'étranger) : investissement d'une FTN à l'étranger par la création ou le rachat d'une entreprise, ou encore la prise de participation dans son capital.

IDH (indice de développement humain) : indicateur de développement qui prend en compte l'espérance de vie à la naissance, la durée de scolarisation et le revenu national brut par habitant.

Indication géographique : signe identifiant des produits possédant des qualités et une notoriété liée à son lieu d'origine. Elle est protégée par l'OMC et l'Organisation mondiale de la propriété intellectuelle.

Indice de Gini : instrument de mesure de l'écart entre les revenus des habitants (indice 100 = inégalité maximale).

Insularité : caractère isolé d'une île ou d'un archipel.

Intégration : processus d'insertion des territoires dans des réseaux d'échanges à toutes les échelles.

Intégration à la mondialisation : insertion aux échanges mondiaux de toute sorte (mobilités humaines, marchandises, capitaux, ...) dans le cadre de la mondialisation.

Intégration régionale : participation à une association économique régionale qui encourage les échanges avec les pays voisins membres de l'association.

Intelligence artificielle : ensemble des technologies mises en œuvre pour simuler l'intelligence.

Intercommunalité : regroupement de communes ayant des projets de développement communs et soumises à des règles identiques (fiscalité, urbanisme).

Interface : zone de contact entre un espace et le reste du monde.

Interreg : programme européen encourageant la coopération entre les régions européennes par le développement de projets communs dans des domaines variés (développement économique, gestion de l'environnement...).

L

LGV (ligne à grande vitesse) : ligne ferroviaire permettant la circulation de trains à grande vitesse (supérieure à 270 km/h).

Ligne de force : principe de lecture d'un territoire selon les axes et des espaces structurants.

Littoral : zone de contact entre la terre et la mer.

Littoralisation : processus de concentration des hommes et des activités sur les littoraux.

M

Macrocéphalie : situation d'une métropole dominant nettement les autres villes du pays.

Malédiction des ressources : expression désignant le paradoxe des pays riches en ressources naturelles qui ne parviennent pas à les valoriser pour leur développement, en raison de facteurs internes (corruption, gaspillage) ou externes (conflit, domination des puissances étrangères).

Maritimisation : processus d'accroissement des échanges par les voies maritimes depuis les années 1970 dans le contexte de la mondialisation.

Marketing territorial : campagne de communication (affiche, presse institutionnelle, sites Internet) visant à renforcer l'image d'un territoire.

Méditerranée : espace maritime semi-fermé traversé par des flux intenses et variés et suscitant une volonté d'appropriation par une puissance riveraine : mer Méditerranée, mer de Chine, Caraïbes, mer Baltique...

Mégalopole : vaste espace urbanisé qui se caractérise par une forte concentration de métropoles et d'axes de communication.

Mégalopole européenne : vaste espace urbanisé s'étendant de Londres à Milan en englobant l'espace rhénan. Il se caractérise par une forte concentration de métropoles et d'axes de communication.

Métropole du Grand Paris : intercommunalité regroupant les communes de Paris et celles de 3 départements de la petite couronne. Elle a vocation à s'élargir. Elle vise à développer et à assurer la continuité des aménagements entre Paris et sa proche banlieue.

Métropole : grande ville qui concentre la population, les activités et les fonctions de commandement et qui exerce une influence sur le territoire qui l'entoure.

Métropolisation : processus de concentration des hommes et des activités dans les métropoles.

Migration climatique : déplacement d'un individu dans son pays ou vers un autre pays en raison d'une catastrophe ou d'un changement climatique.

Milieu : ensemble des éléments physiques (relief, climat, végétation), plus ou moins transformés par les aménagements, constituant le cadre de vie d'une société.

Mobilité douce : ensemble des modes de transport jugés plus respectueux de l'environnement (vélo, tramway, téléphérique).

Mobilité pendulaire : déplacement quotidien effectué entre le domicile et le lieu de travail.

Mondialisation : processus de mise en relation des différentes parties du monde par l'intensification des flux. Elle résulte de la diffusion mondiale du capitalisme et engendre une intégration différenciée des territoires dans un monde de plus en plus interdépendant.

Multilatéralisme : mode de relations interétatiques visant à établir des règles communes.

N

Nappe phréatique : nappe d'eau souterraine qui se recharge à l'infiltration des eaux de surface.

Northern Range : façade maritime de l'Europe concentrant le long de la mer du Nord les principaux ports européens. Elle s'étire de Hambourg (Allemagne) au Havre (France).

Nouvelles routes de la soie : programme chinois visant à développer les infrastructures de transport entre la Chine, l'Europe et l'Afrique grâce à des partenariats avec les pays traversés.

O

ODD (objectifs du développement durable) : ensemble des 17 objectifs de développement pour la planète fixés en 2015 par l'ONU et à atteindre en 2030.

***Offshore* :** activité se déroulant en mer.

OMC (organisation mondiale du commerce) : organisation régulant le commerce international et réglant les différends commerciaux. Son objectif est de réduire les obstacles au libre- échange.

ONG (organisation non gouvernementale) : acteur de la société civile aux divers domaines d'intervention (environnement, humanitaire, droits de l'homme).

Organisation internationale (de coopération ou de régulation) : organisation spécialisée de gouvernance visant à réguler les relations internationales et à encourager la coopération : FMI pour la coopération monétaire et la stabilité financière mondiale ; OMC pour réguler les échanges commerciaux ; etc.

OTAN (organisation du Traité de l'Atlantique Nord) : alliance militaire qui rassemble la plupart des pays d'Europe, la Turquie, le Canada et les États-Unis.

P

PAC (politique agricole commune) : politique européenne de modernisation de l'agriculture. Mise en place en 1962, elle avait pour but d'assurer l'indépendance alimentaire de l'Europe communautaire mais elle a connu de nombreuses réformes (calculs des prix agricoles, verdissement).

Paradis fiscal : territoire sans fiscalité ou à fiscalité très basse qui attire les capitaux internationaux.

Parc naturel : espace protégé soumis à une réglementation spécifique afin d'y préserver l'environnement tout en favorisant le développement économique. Il peut être régional, national ou marin.

Pays émergent : pays dont la croissance économique est forte et dont les conditions de vie s'améliorent.

Piraterie : acte de violence ou de détention dirigé contre un navire ou ses occupants à des fins privées (vol, demande de rançon, ...).

Plan climat : plan d'action visant à adapter un territoire (commune, département, région) au changement climatique dans l'objectif de la neutralité carbone à l'horizon 2050.

Plate-forme logistique : zone de stockage et de redistribution de marchandises reliée à des axes de communication rapides (autoroute, voie ferrée ou aérienne).

Plate-forme multimodale : nœud de circulation (portuaire, ferroviaire ou aéroportuaire) qui permet le passage d'un moyen de transport à un autre.

PMA (pays les moins avancés) : États les plus pauvres et les moins développés selon l'ONU (47 États en 2020).

PME (petites et moyennes entreprises) : entreprise qui emploie moins de 250 salariés.

Pôle de compétitivité : regroupement, sur un territoire donné, d'entreprises et de centres de recherche publics ou privés, dans le but de développer l'innovation. Il existe 56 pôles de compétitivité en France en 2020.

Pôle d'excellence rurale : projet de développement d'un territoire rural fondé sur l'innovation.

Pôle logistique : espace de stockage et de redistribution de marchandises favorisant l'implantation d'entreprises.

Politique de cohésion : politique de l'Union européenne qui vise à créer une solidarité financière entre les États membres afin d'améliorer la compétitivité des territoires et de corriger les inégalités régionales.

Politique de compétitivité des territoires : politique qui vise à valoriser les atouts d'un territoire face à la concurrence et dans le cadre de la mondialisation.

Politique européenne de voisinage : politique de coopération entre l'UE et ses voisins (Europe de l'Est, Maghreb, Proche-Orient). Elle vise à stabiliser les marges de l'UE en assurant la prospérité et la stabilité des frontières.

PPP (partenariat public-privé) : accord permettant la mise en place d'un aménagement public par des entreprises privées qui, en échange de tout ou partie du financement, obtiennent l'usage de cet aménagement durant une période déterminée.

Projection : intervention militaire d'un État en dehors de ses frontières.

Protectionnisme : politique visant à protéger l'économie nationale de la concurrence étrangère (contraire du libre-échange).

Q

Quartier d'affaires : quartier qui concentre les activités économiques décisionnelles des métropoles (sièges sociaux des grandes entreprises, places boursières).

Quartier prioritaire : quartier qui bénéficie en priorité des aides publiques en raison du faible niveau de vie de ses habitants.

R

Rayonnement : fait pour un État d'exercer une influence sur un espace géographique extérieur.

R&D (recherche et développement) : activité créatrice des entreprises et des laboratoires de recherche basée sur l'innovation scientifique et technologique.

Recomposition des territoires : réagencement d'un espace dans la durée, et sous l'effet combiné de facteurs externes (développement des échanges) ou internes (action des acteurs publics ou privés sur les territoires).

Réfugié : personne qui fuit son pays et demande la protection d'un autre. Le plus souvent, la fuite est associée à une persécution.

Remise : part de leurs revenus que les migrants envoient vers leur pays d'origine.

Remontée de filière : processus économique qui vise à fabriquer des produits de plus en plus innovants et élaborés.

Renouvellement urbain : transformation d'un espace urbain existant par une opération ayant des objectifs durables (mixité sociale, densification, amélioration du cadre de vie...).

Réseau : ensemble des infrastructures qui permettent aux flux de circuler (transport, communication).

Résilience : capacité d'un individu ou d'une société à s'adapter ou à atténuer les effets d'un changement ou d'une catastrophe.

Ressource : élément naturel mis en valeur pour les besoins des sociétés.

Ressources halieutiques : ressources vivantes (animales et végétales) des milieux aquatiques exploitées par l'homme (pêche, aquaculture).

Route circumterrestre : route maritime faisant le tour de la terre en passant par les principaux foyers de l'économie mondiale.

Route polaire : route maritime arctique en cours d'ouverture (passage du nord-est, passage du nord-ouest et route transpolaire).

RUP (région ultrapériphérique) : région appartenant à l'Union européenne mais située en dehors du continent européen.

S

***Shrinking city* (« ville en décroissance ») :** ville marquée par le déclin démographique et économique (diminution de la population, perte d'emplois, hausse de la pauvreté).

***Silver* économie :** ensemble d'activités économiques et industrielles dédiées aux seniors (loisirs, transports, santé, sport, habitat).

***Smart city* :** « ville intelligente » tirant profit de l'innovation et des nouvelles technologies pour améliorer la qualité des services urbains (gestion des transports, de l'énergie et des déchets).

***Soft power* :** capacité d'un État à influencer les autres États par des moyens culturels ou/et idéologiques.

Solde migratoire : différence entre les flux migratoires entrants et les flux migratoires sortants.

Solde naturel : différence annuelle entre les naissances et les décès.

Souveraineté : autorité suprême qui s'exerce sur un territoire.

Surpêche : pêche qui menace le renouvellement des ressources marines.

T

Technopôle : parc d'activités spécialisé dans les industries de haute technologie.

Terminal portuaire : infrastructure spécialisée dans le chargement et déchargement des conteneurs transportés par les porte-conteneurs.

Terres rares : métaux non ferreux servant à la fabrication de produits électroniques de grande consommation (écrans plats, smartphones) et de technologie verte (moteurs hybrides, éoliennes).

Territoire : espace vécu et approprié par ses habitants. Il donne lieu à des aménagements d'infrastructures dans des objectifs variés (protection, compétitivité, lutte contre les inégalités, ...).

Tourisme : déplacement temporaire de plus d'une nuit le plus souvent à des fins de récréation (loisirs), même si on y intègre parfois des déplacements liés aux affaires.

Tourisme d'affaires : ensemble des activités liées aux déplacements et séjours des hommes et femmes d'affaires et visiteurs des congrès.

Tourisme de vision : activité touristique fondée sur l'observation du milieu naturel, et notamment des animaux dans leur environnement naturel.

Transition environnementale : transformations visant à remédier aux changements environnementaux et à en limiter les conséquences.

Très haut débit : accès à Internet performant, qui permet d'envoyer et de recevoir un grand nombre de données dans un temps court.

U

Unesco : agence de l'ONU spécialisée dans la mise en place de projets destinés à favoriser la collaboration des États dans les domaines de l'éducation et de la culture.

Union européenne : association régionale groupant 27 États européens (depuis le Brexit en 2020).

V

Ville mondiale : grande métropole concentrant des fonctions de commandement et exerçant une influence à l'échelle mondiale dans les domaines politique, économique et culturel.

Vulnérabilité : fragilité des sociétés face à un aléa. Elle varie selon leur préparation et leur capacité à y faire face.

Z

ZEE (zone économique exclusive) : espace marin large de 200 milles nautiques (370 km) dans lequel l'État côtier dispose de droits exclusifs sur l'exploration et l'exploitation des ressources.

ZIP (zone industrialo-portuaire) : espace côtier associant des fonctions portuaires (accueil de gros navires) et industrielles liées au transport maritime (transformation des matières premières).

Zonage : spécialisation des territoires urbains en fonction des activités.

Zone blanche : zone géographique où les habitants n'ont pas accès à un service de communication numérique 4G ou Internet haut débit.

Zone franche : zone délimitée par un acteur public qui présente des avantages fiscaux pour attirer les entreprises et développer l'activité économique.

Zone grise : espace où les institutions internationales et nationales ne parviennent pas à imposer leurs règles.

ZRR (zone de revitalisation rurale) : espace rural présentant des difficultés et bénéficiant de l'aide des acteurs publics pour mener des projets de développement économique.

CRÉDITS ICONOGRAPHIQUES

Couverture:
Haut: Ho/Afp
Bas: Adrian-Catalin Lazar/Alamy Stock Photo/Hemis

20-21: Xinhua/Rea
22h: Majority World CIC/Alamy Stock Photo/Hemis
22m: Xinhua News Agency/Afp
22bg: Xu congjun-Imaginechina/Afp
22bd: DR
23hg: Carnival Cruise Line
23hd : Ho/Afp
24: Qatargas
25: Cosco
26: Stephan Peray/Cagle Cartoons
29h: Cai Mep Terminal
29b: Hainan
30: Vitaly Podvitsky/Sputnik News
32: Peter Schrank
33: Port of Gwadar
34hg: Sullan Pradeep
34hd: Commission de l'Océan Indien
37: Ministère de la Défense/ECPAD
38h:Royal Caribbean
38b: www.marinetraffic.com
45b: Ahmed Zakaria/Anadolu Agency/Afp
49: Port de Marsaxlokk
50: Andy Johnstone/Panos-Rea
54h: Arnaud Chicurel/Hemis
54bg: Donut holes in international waters
54bd: KKP News
59: Heng/The New York Times
61: Ministère de la Transition écologique et solidaire
65: Total
67h: Pierre Gleizes/Rea
67b: Sommet de Lomé
69h: Marine Protected Area South Africa
69b: Medsealitter
70: Martin Berry/Alamy Stock Photo/Hemis
71h: Steve Sack/Cagle Cartoons
71m: surfrider.org.au
73: Gestes Propres
86h: MSC Croisières
86b: Tara Expeditions
89: Bora Bora Pearl Beach Resort
90hg: Miguel Riopa/Afp
90hd: Richard Bouhet/Afp
93: Google Earth
97: Ile de la Reunion
98h: A & J Visage/Alamy Stock Photo/Hemis
98b: Twitter
99: Nino - 2424.mg
103: A & J Visage/Alamy Stock Photo/Hemis
105h: Sabella
105m: HO/ideol/Afp
108: Laure Chamias/Port de Marseille Fos
115: Gouvernement de la Nouvelle Calédonie
116-117: Shutterstock
118hg: Lufthansa/AP/Sipa
118hd: Invest In Philippines
118md: Martchan/Alamy/Hemis
119hg: Tang Chhin Sothy/Afp
119hd: Nicolas Vadot
120: Trade and invest Jamaica
121: Peal Of Caribbean
125h:Anton Vaganov/TASS/Getty Images
125b: Alexander Nemenov/Afp
126b: Gazprom
129: Port of Singapore
130: Paresh Nath/Cagle Cartoons
132: Belgrano
133: Christopher Pillitz/Getty Images
134h: Duffour / Andia.fr
134b: Tanger Free Zone
141h: CHEC Port City Colombo
141m: Lakruwan Wanniarachchi/Afp
145: Goodbingdetroit
147: Google Earth
149: Shutterstock
150: Richard Green/Alamy Stock Photo/Hemis
151: Thomas Mukoya/Reuters
154h: Ludovic Marin/Afp
154b: Rob Crandall / Alamy / Hemis
159h: Journée Mondiale Anti-Contrefaçon/Unifab
159b: deligne/Iconovox
160: Friedrich Stark / Alamy/Hemis
161: Maria Salvador Tan/Afp
165: Tada Images/Alamy/Hemis
167: Aurel- Le Monde- 30 septembre 2015
169: Jean François Monier/Afp
171h: Jorge Duenes/Reuters
171b: Paresh Nath/Cagle Cartoons
177, reprise 11: Paresh Nath/Cagle Cartoons
178: Carlos Jasso/Reuters
179: Paresh Nath/Cagle Cartoons
186h: Simon Tranter Photography/Alamy Stock Photo/Hemis
186b: Karim Sahib/Afp
188: Chaunu
189: Perry van Munster/Alamy Stock Photo/Hemis
190: Angus McComiskey/Alamy Stock Photo/Hemis
192h: Paris 2024
192b: WWF
196: France.fr
197: La Francophonie
199: Antony Dickson/Afp
203: Toulouse A tout-Agence d'Attractivité de Toulouse Métropole
204: Technopole Sophia Antipolis
205: Shutterstock
213: Deligne-Iconovox
214-215: Jean-Marc Rauschenbach/Clipimage
219: Allan Baxter/The Image Bank RF/Getty Image
220: EFRE Sachsen
223h: Entre Ciel Terre et Mer/ECTM
223m: Philippe Desmazes/Afp
224h: Shutterstock
224b: European Union 2019
226: Bertrand Rieger/Hemis
228hg: Plantu dessin paru dans Le Monde du 29 novembre 2017
228hd: Pour une autre PAC
231: Bordeaux Métropole
232: Bildagentur-online/Schoening/Alamy Stock Photo/Hemis
233: Jesus Blasco De Avellaneda/Reuters
239h: Marco van Middelkoop
239b: Nicolas Vado
241: Paresh Nath/Cagle Cartoons
243: Vitaly Podvitski/Sputnik News
245: Jampur Fraize/WWF
246h: Peter Schickert/Alamy/Hemis
246b: Zollverein
251hg: Silicon Saxony
251hd: Silicon Saxony
251bg: Miss Lilou-Fusion ALSTOM-SIEMENS : L'UE met son veto
253: European Robotics Week
257: Jacek Nowak/Alamy/Hemis
259h: European Commission 2017
259b: Unirea/DR
264: Paresh Nath/Cagle Cartoons
272h: Université de la Grande Region
272b: Jean-Pierre Clatot/Afp
275: Renaud Wailliez/EuraTechnologies
276: Mie de Roubaix
279h: Google Earth
279b: Plantu dessin paru dans Le Monde du 2 juillet 2019
283hg, hd: Julio Pelaez/PhotoPqr/LeRépublicain Lorrain/Maxppp
284h: DR
284b: Darek Szuster/PhotoPqr/L'Alsace/Maxppp
285: Régis Hector
287h: Jean-Marc Rauschenbach/Clipimage
287b: Région Guadeloupe
288: Google Earth
289: Google Earth
294: Université de Pau
298: Ceva-Leman Express
300-301: L'Europe vue du ciel
303hd: Ville du Robert
303bg: J.Barande/Ecole Polytechnique
303bm: Jean-Christophe Marmara/Figaro Photos
303bd: T.Thorel/PhotoPqr/Voix du Nord/Maxppp
304: Alexander Spatari/Getty Images
306: Martin Noda/Hans Lucas
309: Pluquet/Alpaca/Andia
310bg: Plastics Vallee-Oyonnax Haut-Bugey
310bd: Fabrice Anteron/PhotoPqr/Le Dauphine Libéré/Maxppp
313: PhotoPqr/Voix du Nord/Maxppp
314: Région Hauts-de-France
317g: Istockphoto/Getty Images
317d: Richard Bouhet/Afp
318: Port Reunion
321: Manin/Hemis
322: Région Occitanie
324: Fabien Cottereau/PhotoPqr/Sud Ouest/Maxppp
326: Région Nouvelle Aquitaine
329g: Cavf2018-L'U4 se plie en 4
329d: BioValley France
330: Région Grand Est
332: Jérome Fouquet/PhotoPqr/Ouest France/Maxppp
334: Western France
336h: Stephane Syn/AirTechphoto
336b: Francis Leroy/Hemis
346: Google Earth
352g: Région Guadeloupe
352d: Guadeloupe Port Caraibes
353: André Pascal/Biosphoto
357: Areion 24 News/ Carte
358: Insee
359: Région Hauts de France

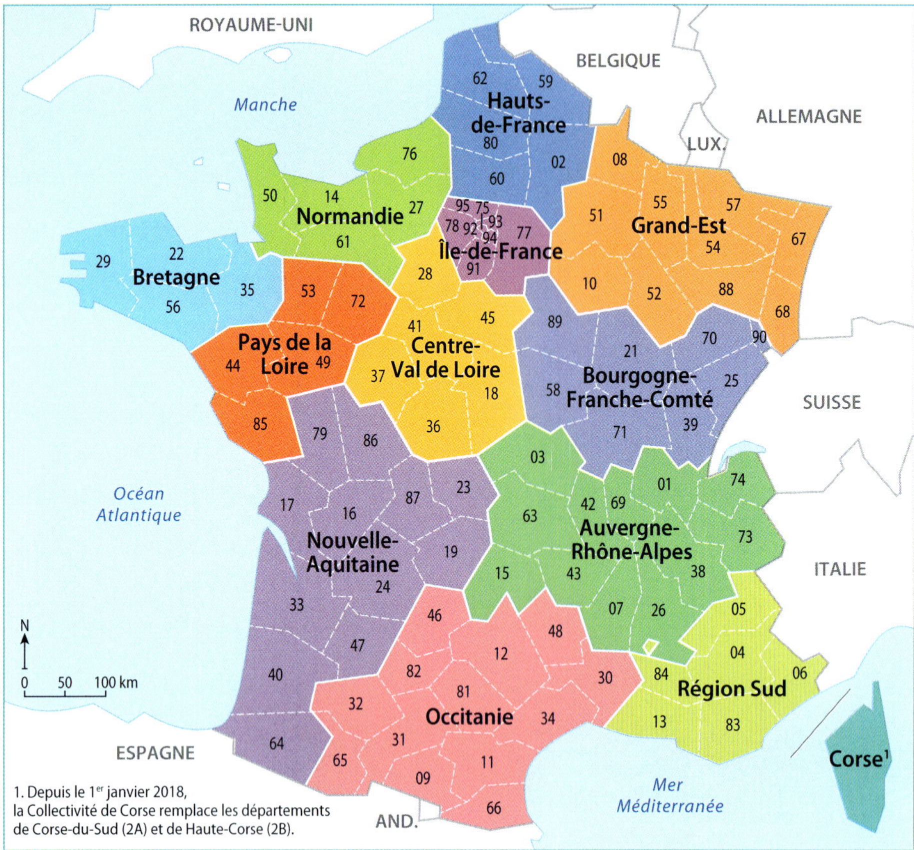

1. Depuis le 1er janvier 2018, la Collectivité de Corse remplace les départements de Corse-du-Sud (2A) et de Haute-Corse (2B).

DÉPARTEMENTS :

1 Ain
2 Aisne
3 Allier
4 Alpes de Haute-Provence
5 Hautes-Alpes
6 Alpes-Maritimes
7 Ardèche
8 Ardennes
9 Ariège
10 Aube
11 Aude
12 Aveyron
13 Bouches du Rhône
14 Calvados
15 Cantal
16 Charente
17 Charente Maritime
18 Cher
19 Corrèze
2A-2B collectivité de Corse
21 Côte d'Or
22 Côtes d'Armor
23 Creuse
24 Dordogne
25 Doubs
26 Drôme
27 Eure
28 Eure-et-Loir
29 Finistère
30 Gard
31 Haute-Garonne
32 Gers
33 Gironde
34 Hérault
35 Ille-et-Vilaine
36 Indre
37 Indre-et-Loire
38 Isère
39 Jura
40 Landes
41 Loir-et-Cher
42 Loire
43 Haute-Loire
44 Loire-Atlantique
45 Loiret
46 Lot
47 Lot-et-Garonne
48 Lozère
49 Maine-et-Loire
50 Manche
51 Marne
52 Haute-Marne
53 Mayenne
54 Meurthe-et-Moselle
55 Meuse
56 Morbihan
57 Moselle
58 Nièvre
59 Nord
60 Oise
61 Orne
62 Pas-de-Calais
63 Puy-de-Dôme
64 Pyrénées-Atlantiques
65 Hautes-Pyrénées
66 Pyrénées-Orientales
67 Bas-Rhin
68 Haut-Rhin
69 Rhône
70 Haute-Saône
71 Saône-et-Loire
72 Sarthe
73 Savoie
74 Haute-Savoie
75 Paris
76 Seine-Maritime
77 Seine-et-Marne
78 Yvelines
79 Deux-Sèvres
80 Somme
81 Tarn
82 Tarn-et-Garonne
83 Var
84 Vaucluse
85 Vendée
86 Vienne
87 Haute-Vienne
88 Vosges
89 Yonne
90 Territoire-de-Belfort
91 Essonne
92 Hauts-de-Seine
93 Seine-St-Denis
94 Val-de-Marne
95 Val-d'Oise

1 Le découpage administratif de la France métropolitaine

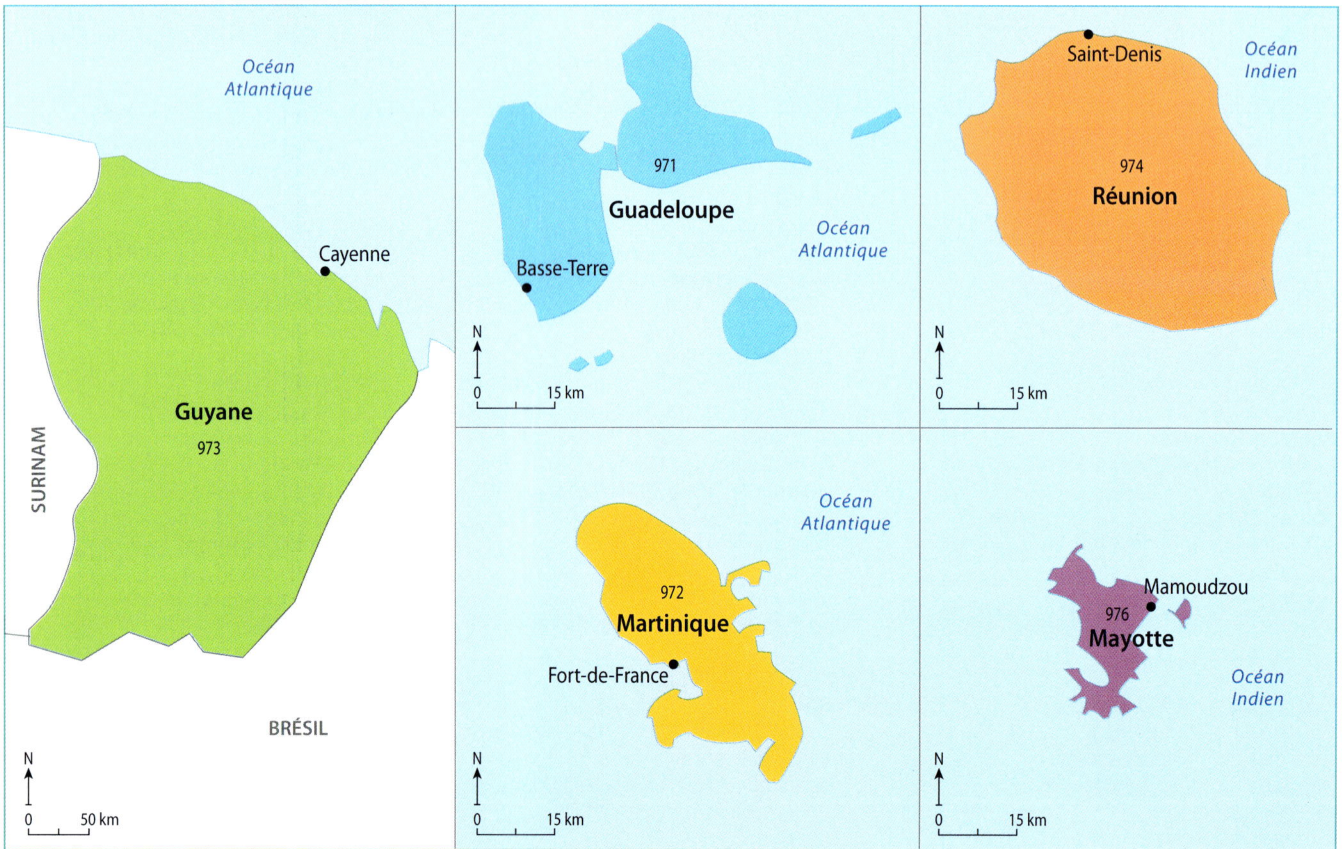

2 Les 5 départements et régions d'Outre-mer français

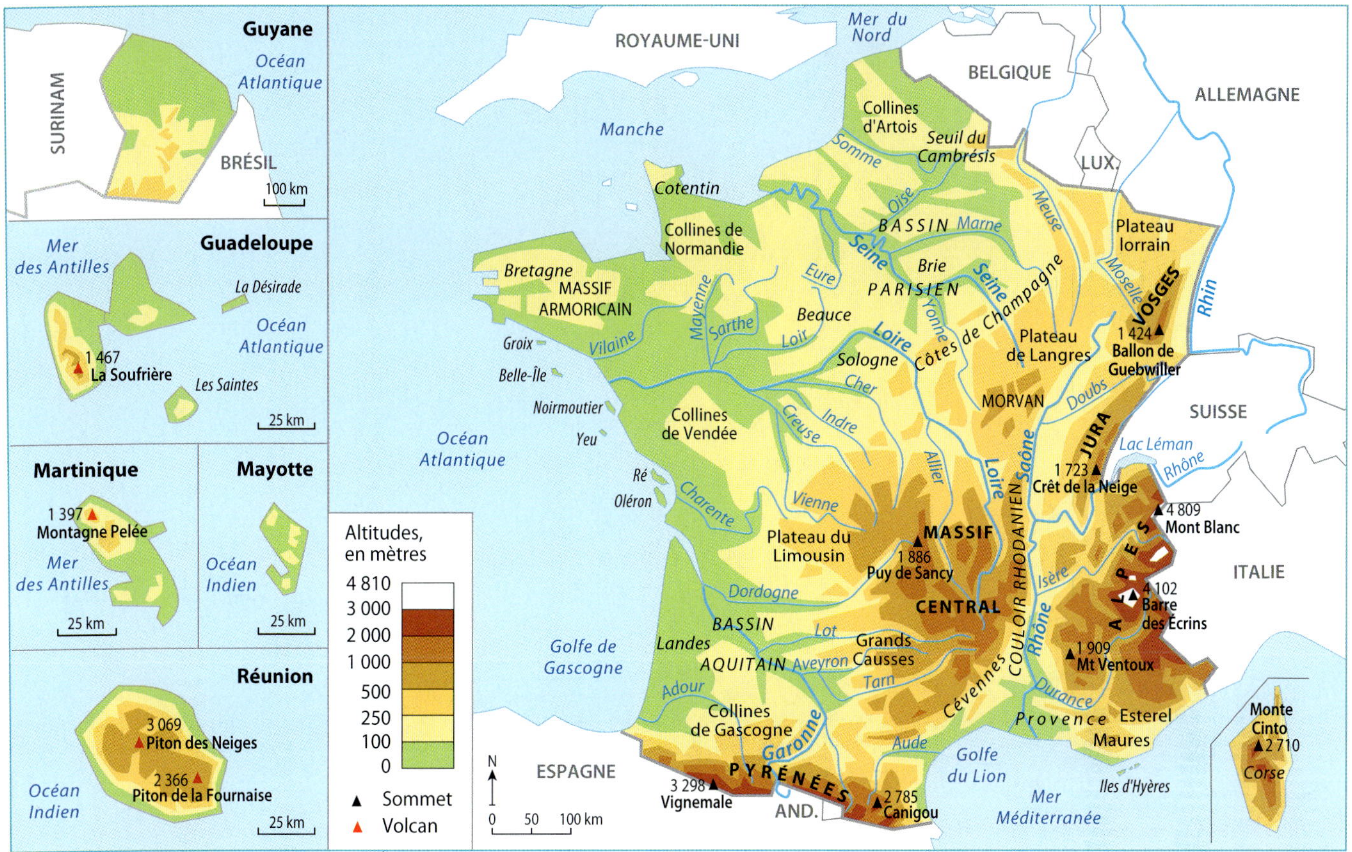

3 Le relief de la France

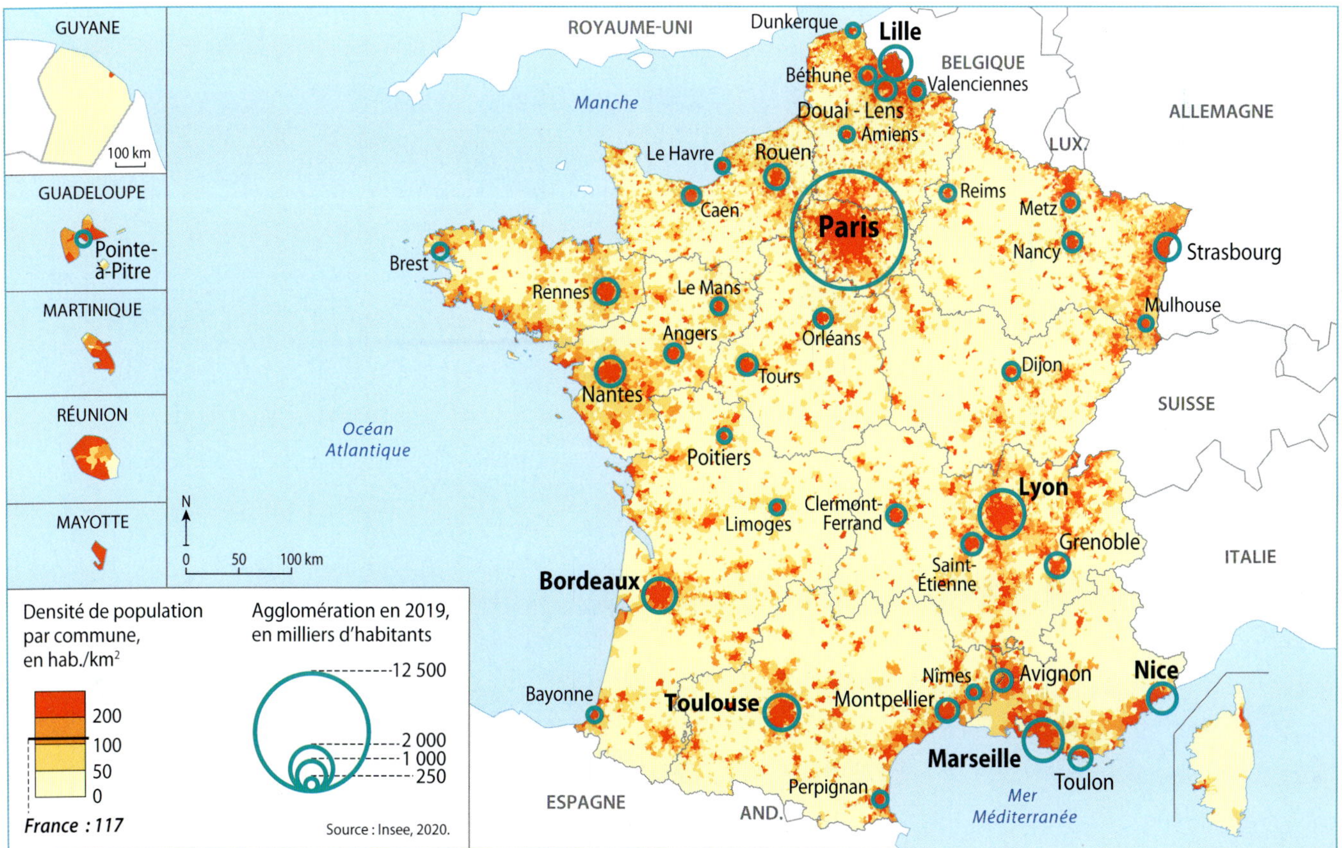

4 La répartition de la population française

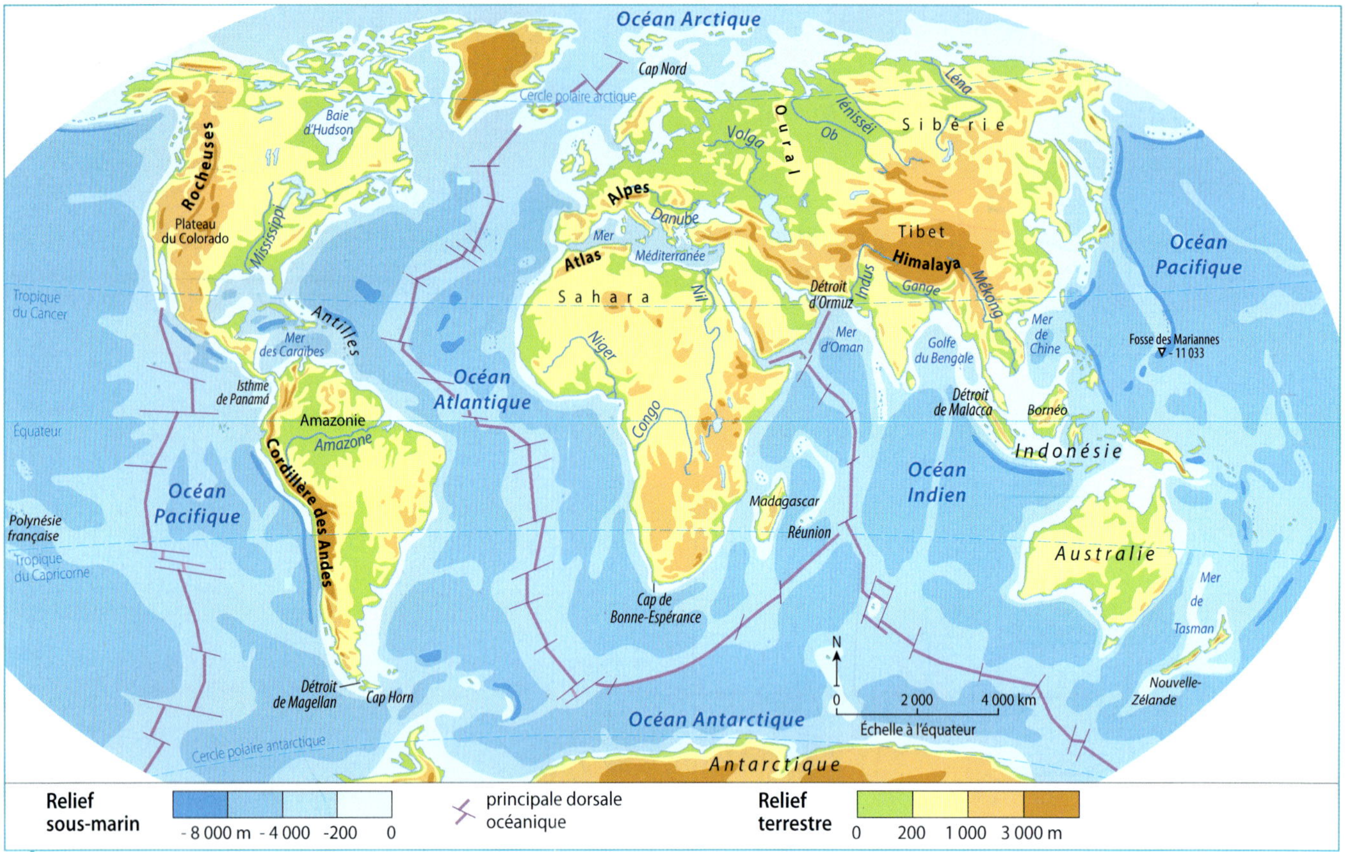

5 Le relief dans le monde

6 Les États de l'Union européenne

Achevé d'imprimer en Italie par Grafica Veneta
Dépôt légal : Août 2020 - Collection 33 - édition 03 - 33/0121/5